MUSÉE DRAMATIQUE.

TOME DEUXIÈME.

21.	Carmagnole, com.-vaud. 1 acte.
22.	Une Maîtresse femme, com. en 1 a.
23.	La Page 24, com.-vaud. en 1 acte.
24-25.	Le Chevalier d'Eon, com. en 3 actes.
26.	Vive le Galop, folie-vaud. en 1 a.
27-28.	Les deux Mères, vaud. en 2 actes.
29-30.	C'est encore du guignon, v. en 3 a.
31.	Treize à table, vaud. en 1 acte.
32-33.	Louise Duval, drame en 4 actes.
34.	Pour ma Mère, drame en 1 acte.
35.	Mes Bottes neuves, c.-v. en 1 acte.
36-37.	Les Enfants du fermier, dr. en 3 a.
38-39.	Micaéla, drame en 3 actes.
40.	Crouton, chef d'École, v. en 1 a.

PARIS.

NOBIS, éditeur, rue du Caire, 5;
L. MICHEL, rue Marie-Stuart, 6;
MENORET, boulevart Saint-Martin, 2,
Mme LAVIGNE, passage de l'Ancre;

BARBA, Palais-Royal;
POSTEL, rue du Roule;
J. LAISNÉ, galerie Véro-Dodat, 1.
PAUL, galerie de l'Odéon, 12.

DÉPOT CENTRAL
CHEZ MIFLIEZ, éditeur des *Costumes français*, quai des Augustins, 19.

1837.

Nous offrons au public une série de livres qui, nous l'espérons, doit être accueillie avec faveur, car nous avons voulu mettre la librairie dramatique à la portée de tous au moyen d'éditions soignées, correctes, pittoresques, joignant l'élégance au très bon marché. Une longue expérience des procédés typographiques nous a mis à même de résoudre ce problème : le lecteur jugera.

L'accueil fait à notre premier volume, où se trouve réuni en partie tout ce que la littérature dramatique française compte de notabilités actuelles, nous encourage à redoubler d'efforts et de sacrifices pour continuer à mériter l'approbation des connaisseurs. Des dessinateurs et des graveurs réputés nous ont promis leur utile concours. La musique des airs nouveaux, imprimée à la suite des textes par des moyens dont nous possédons le secret, fera de ce recueil un ouvrage hors ligne où les directeurs des théâtres des départemens et les amateurs de société trouveront tous les renseignemens, toutes les indications nécessaires à la mise en scène des pièces qu'ils voudront représenter.

LE MUSÉE DRAMATIQUE paraît par livraisons, dans le format in-8° de luxe, imprimé sur carré vélin satiné, avec des caractères fondus spécialement pour cette collection.

Chaque Pièce est ornée d'une Vignette représentant une des principales scènes.

PRIX DE LA LIVRAISON : 20 CENTIMES.

Les pièces en plusieurs actes forment deux Livraisons publiés ensemble. — Vingt livraisons forment un volume.

En souscrivant pour un volume, on reçoit les Pièces *franco*, à Paris, aussitôt leur publication.

CHAQUE PIÈCE ET CHAQUE VOLUME SE VENDENT SÉPARÉMENT,

Et forment toujours un ouvrage complet.

EN VENTE :

PREMIER VOLUME.

Cent francs par mois, vaudeville.
Il Signor Barilli, vaudeville.
Sœur grise et l'Orphelin, mélod.
Vallée-des-Fleurs, ballade.
Un serment de femmes, vaudev.
Le premier pas de Son Altesse.
La Maison du Bon Dieu, vaud.
Trois Cœurs de femmes, id.
Un Secret d'état, comédie.
Camarade de Chambrée, vaud.
Avis aux Coquettes, comédie.
Petits Souliers, vaudeville.
Marie-Honnête, imitation burlesq.
Le Diable à Paris, folie fantastique
Scipion, comédie-vaudeville.

DEUXIÈME VOLUME.

Carmagnole, épisode de guerre.
Une maîtresse femme, comédie.
La page 24, vaudeville.

CARMAGNOLE,

OU

LES FRANÇAIS SONT DES FARCEURS,

ÉPISODE DES GUERRES D'ITALIE,

EN UN ACTE,

PAR MM. THÉAULON, DE FORGES ET JAIME.

REPRÉSENTÉ POUR LA PREMIÈRE FOIS, SUR LE THÉATRE DES VARIÉTÉS,
LE 31 DÉCEMBRE 1836.

Je les fais aller et ils me payent à boire!.. (SCÈNE XIV.)

PARIS,
NOBIS, ÉDITEUR, RUE DU CAIRE, N° 5.

1837.

Personnages. *Acteurs.*

LE COLONEL BLÉMONT, commandant une demi-
  brigade de l'armée française.   MM. Dussert.
CARMAGNOLE, paysan piémontais, maréchal-ferrant.   Odry.
MIKÉLI, aubergiste piémontais.   Lamarre.
LOREAU, sergent français.   Daudel.
UN INDIVIDU, vêtu en colporteur.   Édouard.
UN MAJOR français.   Mayer.
OFFICIER français.   George.
UN OFFICIER autrichien.   Emmanuel.
ROSELLA, fille de Mikéli.   Mmes Georgina.
CATHERINE, vivandière.   Alberty.
SOLDATS FRANÇAIS.

La scène se passe à San-Giuliano, petit village du Piémont, près d'Alexandrie,
en l'an VIII de la république française.

Imp. J.-R. MEVREL, pass. du Caire, 54.

CARMAGNOLE,

ÉPISODE DES GUERRES D'ITALIE, EN UN ACTE.

Le théâtre représente une place de village. — Une auberge à droite; à gauche, une boutique de forgeron avec cette enseigne : CARMAGNOLE, MARÉCHAL-FERRANT. Un gros arbre au milieu du théâtre; au fond, une ravine et un pont de bois.

SCÈNE I.
MIKÉLI, PAYSANS.

(Au lever du rideau, les paysans des deux sexes sont groupés sur le théâtre; ils sont chargés de paquets; plusieurs femmes tiennent des enfans par la main. — Bruit du canon dans le lointain.)

CHOEUR.
Air du Hussard.

Partons, amis, l'heure s'avance,
Les Français s'avancent aussi...
Pour nous, il n'est plus d'espérance;
Au plus vite, partons d'ici.

MIKÉLI.
Allons! adieu, ma pauvre auberge...adieu, mon pauvre pays...dans une heure le plus joli village du Piémont sera au pouvoir des Français... maudite guerre!.. Eh bien! vous autres, avez-vous fait comme moi?.. le peu que je possédais est déjà à l'abri, près du camp des Autrichiens.

UN PAYSAN.
Ne craignez rien, père Mikéli, nous emportons nos effets avec nous, et bientôt, il n'y aura plus une épingle à ramasser dans notre village de San-Giuliano.

MIKÉLI.
Ah! dam! c'est qu'on a de la peine à quitter l'endroit où c' qu'on est né! malgré ça, c'est prudent. Dans la dernière campagne, les Français avaient mis le pays à contribution; et au lieu de vivres et de vin, ils n'ont trouvé ici que de la paille qui n'était pas fraîche... s'il y en a là-dedans qui ont de la mémoire, ils pourront bien se venger sur ceux qui resteront.

UN PAYSAN.
Ah ça! où donc est Carmagnole?

MIKÉLI.
Pardine! ça ne se demande pas, je gage qu'il est sur la hauteur, à voir si les Français s'approchent... il adore les Français...

UN PAYSAN.
Il est si bête!

MIKÉLI.
Est-ce que ma fille serait avec lui. (Il appelle.) Rosella! Rosella!

SCÈNE II.
LES MÊMES, ROSELLA.

ROSELLA, sortant de l'auberge.
Me voilà, mon père! me voilà!..Ah! mon Dieu! que c'est triste, là-dedans... plus rien que les quatre murs.

MIKÉLI.
Que veux-tu, ma pauvre fille, c'est la faute de ces Français endiablés; mais nous voici réunis, nous allons tous partir.

ROSELLA.
Partir sans Carmagnole?..

MIKÉLI.
Certainement; pourquoi n'est-il pas là?

ROSELLA.
Au moins, il faut l'attendre un peu... vous savez bien que nous nous aimons, et ça serait dur de se quitter comme ça... et puis, il partira peut-être avec nous.

MIKÉLI.
Lui, je t'en souhaite! et pourquoi faire, pour nous embarrasser... un

nigaud! un paresseux, qui ne fait rien de ses dix doigts... pas seulement un demi-florin à son service... qui n'est ni jeune ni beau... et il veut t'épouser!..

ROSELLA.

Il travaillera, ce garçon... comme il dit, il s'oriente, il cherche son point de départ, et une fois qu'il l'aura trouvé, vous verrez comme il fera du chemin.

MIKÉLI.

En attendant qu'il fasse son chemin, il faut nous mettre en route.

ROSELLA.

Mon père!

MIKÉLI.

Silence, mamzelle!   (On entend crier au dehors.)

CARMAGNOLE, au dehors.

Les voilà! les voilà!

SCÈNE III.
LES MÊMES, CARMAGNOLE.
(Il arrive en courant par le pont qui est au fond.)

TOUS.

C'est Carmagnole!

CARMAGNOLE.

Les voilà! je les ai vus du haut de la montagne... Ah! quelle belle armée!.. quels beaux hommes!.. ils arrivent par la route de Tortone... ça a commencé par de la poussière, et une fois dans la plaine ça s'est débrouillé avec le soleil... avant deux heures ils seront ici. (Il va près de Rosella.)

MIKÉLI, aux paysans.

Alors, adieu! vous autres... hâtez-vous de gagner Alexandrie, pendant que les chemins sont encore libres, moi et ma fille, nous avons un asile tout trouvé; chez sa marraine, à Castel-Cériolo.

TOUS.

Adieu, adieu! père Mikéli.

REPRISE DU CHOEUR.

Partons, amis, l'heure s'avance, etc.

(On entend quelques coups de canon, les paysans prennent leurs paquets et s'éloignent avec leurs femmes et leurs enfans.)

SCÈNE IV.
CARMAGNOLE, MIKÉLI, ROSELLA.

CARMAGNOLE.

Père Mikéli, un mot... je n'ai pas le temps de vous faire des phrases, attendu que ça chauffe.

MIKÉLI.

Parle.

CARMAGNOLE.

Voilà une fille qui est la vôtre, à ce que vous dites, et dont je ferais volontiers ma femme, si vous vouliez...

MIKÉLI.

Mais...

CARMAGNOLE.

C'est pas encore à vous! dites un mot, et je conduis mon épouse et mon beau-père dans Alexandrie, où les Autrichiens sont encore.

ROSELLA.

Oh! mon père, dites oui!

CARMAGNOLE.

Oui, oui; dites oui! ou sinon, j'attends les Français dont mon grand-père en était... je leur lis une proclamation... oui, tout bête que je suis, j'en ai composé une de proclamation! la voilà! avec ces mots qui font de la peine : « Soldats Français, je suis le petit-fils d'un quelqu'un de chez » vous; le sang français est mon sang naturel, mon brave grand-père est » mort de vieillesse, je brûle de l'imiter. » Rien que ces paroles déchirantes... monté dessus quelque chose, et avec émotion, toute l'armée va me sauter au cou.

MIKÉLI.

Comment, tu serais capable de renier le Piémont, ton pays...

CARMAGNOLE.

Pourquoi me laisse-t-il dans la misère, mon pays? voilà-t-il pas un beau sort, que j'ai? plus d'habits, tout mon restant sur le dos... des meubles... rien, plus de lit; comment, monsieur, la nuit, je dors sur mon enclume; le jour, je crève de faim, et j'engraisse! voilà le taquinant... j'engraisse... quand j'ai le ventre creux, on m'appelle gros plein de soupe... laissez donc... c'est décourageant!

ROSELLA.

Mon pauvre Carmagnole.

CARMAGNOLE.

Aussi, il n'y a que toi, Rosella, que je regrette... ce n'est pas ton père qui m'a amené dans le pays pour me faire mon malheur.

MIKÉLI.

Comment! comment!

CARMAGNOLE.

J'étais maréchal-ferrant à la ville, vous m'engagez à venir m'établir ici, vous me promettez tous les chevaux de l'endroit, et depuis un an que j'y suis, je n'ai trouvé que des ânes... dans l'endroit.

MIKÉLI.

Assez causé, mon garçon, je ne me soucie pas de tomber entre les mains de l'ennemi! bon courage! et au revoir!

ROSELLA.

Mais mon père, s'il reste, on le tuera, et vous en serez cause.

MIKÉLI.

Je ne l'empêche pas de venir; mais je ne m'engage à rien.

CARMAGNOLE.

Bon! eh bien! c'est fini, mon parti est pris... je cherche mon point de départ, je m'enrôle dans l'armée française... je deviens général, d'ici à quinze jours... et j'épouse Rosella, malgré vous, et malgré le roi de Sardaigne.

MIKÉLI.

Tu es trop capon, pour ça... écoute, quand tu seras général, je te donnerai Rosella de bon cœur.

CARMAGNOLE.

Dans ce cas-là au revoir, ma petite femme... père Mikéli, avant bientôt vous aurez de mes nouvelles.

MIKÉLI.

Au revoir donc, général!

CARMAGNOLE.

Bon! bon! allez votre train...

MIKÉLI.

Vraiment, ce garçon-là est d'une bêtise amère, il resterait par obstination!.. mais malheureux, tu ne sais donc pas ce que c'est que les Français?

CARMAGNOLE.

Tiens, c'est vous qui me l'apprendrez, peut-être?.. les Français sont des Français...

MIKÉLI.

Les Français sont des farceurs...

CARMAGNOLE.

Des farceurs!

MIKÉLI.

Quand ils verront qu'un imbécile comme toi, veut prendre du service avec eux, ils t'en feront avaler de toutes les couleurs...

CARMAGNOLE.

Ah! bah!

MIKÉLI.

Afin de voir si t'as du courage, ils te feront les cent coups... Sais-tu ce que c'est que les Francs-Maçons?..

CARMAGNOLE.

Tiens... Pardine, je n'ai entendu parler que de ça... avant d'en être on vous essaie... on vous fait des surprises... des bamboches... un tas de machines...

MIKÉLI.

Oui, des épreuves... eh bien! ils t'en feront subir de solides, comme à mon frère Tonio, dans le temps, qu'avait fait aussi la bêtise de s'engager chez eux... sous le prétexte qu'il avait maraudé des poules... ils l'ont jugé, et ils l'ont pendu !

CARMAGNOLE et ROSELLA.

Pendu !..

MIKÉLI.

C'est-à-dire, pendu pour la frime !

CARMAGNOLE.

On l'a donc décroché !.. ah ben ! alors, c'était pour rire ! ils s'amusaient entr'eux... satanés farceurs !... on ne peut pas s'ennuyer avec des gens comme ça.

ROSELLA.

Excepté que mon oncle Tonio, a manqué en mourir de peur.

MIKÉLI.

Et qu'il en a gardé un tremblement dans le cou, qui fait de sa tête une girouette.

CARMAGNOLE.

Ah ! ça, c'est une disposition dans votr' famille.

MIKÉLI.

Ou bien, ils te diront que t'as fait un mauvais coup, et ils te donneront la savate ; ils te mettront en sentinelle perdue, la nuit : si tu t'endors, ils te condamneront à être fusillé, et puis, quand t'auras eu bien peur, ils te feront grâce, et ils te feront payer à boire.

CARMAGNOLE.

Ça m'est égal, ils peuvent me pendre, ils peuvent me fusiller, ils peuvent me couper en quarante quatre mille morceaux ! du moment que c'est pour rire, ça m'est égal !

MIKÉLI.

Te voilà prévenu, bonne chance... viens, Rosella.

(On entend un coup de canon.)

ROSELLA.

Mon Dieu ! v'là que ça s'approche ! de grace, venez avec nous...

CARMAGNOLE.

Ça dépend de ton père. (A Mikéli.) Me la donnez-vous, si je pars ?.. une fois ?.. deux fois ?..

MIKÉLI.

Non, mille fois non ! va-t-en au-devant de tes farceurs de Français... je suis Piémontais, moi ! et je reste Piémontais !

CARMAGNOLE, à part.

Savoyard, va ! (Haut) Sans rancune, poignée de main, père Mikéli... ma petite Rosella, ne pleure pas, je sens là quelque chose qui me dit que bientôt tu seras ma femme !

Air des Chemins de fer.

Allons, ma chère, prends courage,
Un meilleur temps pourra venir,
Le soleil brille après l'orage,
En rose je vois l'avenir.

ENSEMBLE.
{ Allons, ma chère prends courage, etc.
ROSELLA et MIKÉLI.
Adieu, mon ami, prends courage, etc.

(Mikéli et Rosella s'éloignent.)

SCÈNE V.

CARMAGNOLE, seul, les suivant des yeux.

Adieu, Rosella ! adieu, ma petite femme... (Essuyant ses yeux.) Ça fait mal, tout de même de se quitter comme ça...Ah ! les Français sont des farceurs ! Eh bien ! tant mieux, ça me va... il a très-bien fait de me prévenir... Je vas me tenir sur mes gardes, je leur en ferai aussi moi, et des rudes ! ah ! mes gaillards !.. Voyons... si je pouvais trouver une bonne niche...(Il s'assied sur un banc et réfléchit.)

SCÈNE VI.

CARMAGNOLE, UN INCONNU, vêtu en colporteur, arrivant par le pont.

L'INCONNU.

Voici bien le village de San-Giuliano, le pont et l'arbre désignés dans ma lettre au général autrichien? j'arrive avant les Français... hâtons-nous de remplir ma mission... (Il regarde autour de lui.)

CARMAGNOLE, se levant.

Tiens, un étranger.

L'INCONNU, l'apercevant.

Ah! mon ami...

CARMAGNOLE.

Monsieur...

L'INCONNU.

Etes-vous de ce village?..

CARMAGNOLE.

J'en suis encore, mais bientôt je n'en serai plus.

L'INCONNU.

Vous allez donc partir avec les autres...

CARMAGNOLE, à part.

Est-ce qu'il saurait?.. (Haut.) Où?.. avec les autres? lesquels?

L'INCONNU.

Toutes les maisons sont fermées... et les boutiques par conséquent...

CARMAGNOLE.

Dam!.. attendu qu'il n'y a plus de marchands...

L'INCONNU.

Et, sans doute, ils ont tout emporté?..

CARMAGNOLE, à part.

Oh!.. que c'est bête, on voit ben que c'est un étranger. (Haut.) Ils se sont bien gardés de rien laisser.

L'INCONNU.

Tant pis, j'aurais voulu acheter quelques gros clous!

CARMAGNOLE.

Des clous!.. pour ferrer votre cheval, peut-être... ça se trouve bien... je suis maréchal-ferrant... avez-vous besoin d'être ferré?..

L'INCONNU.

Vous avez des clous!.. là, sous la main?...

CARMAGNOLE.

Ah ça! mais... qu'est-ce donc qu'il a, ce monsieur?.. certainement, j'en ai... dans ma maison, à côté.

L'INCONNU.

A merveille! eh bien! il ne tient qu'à vous de gagner cette pièce d'or...

CARMAGNOLE.

De l'or? que faut-il faire pour ça?..

L'INCONNU.

Il faut planter à l'instant six clous dans le tronc de cet arbre... à hauteur d'homme..

CARMAGNOLE.

Six clous? dans cet arbre?..

L'INCONNU.

Oui, dans cet arbre!

CARMAGNOLE, riant d'un air malin.

Hum! hum!.. voyons! voyons... dites donc, mon cher ami, de quel pays êtes-vous?

L'INCONNU.

De quel pays?..

CARMAGNOLE.

Oui, oui, je parie que vous êtes Français.

L'INCONNU

Mais pourquoi?

CARMAGNOLE.

C'est que vous êtes un fameux farceur... un louis, pour planter six clous! en voilà une bonne d'attrape.

L'INCONNU.

Du tout! payé d'avance... le voici!

CARMAGNOLE.

Comment, mais tout reluisant... tout reluisant... l'idée n'est pas mauvaise; allons, on les fait bonnes dans votre pays.

L'INCONNU.

Vous acceptez?..

CARMAGNOLE.

Gouailleur, méchant gouailleur!.. il va me le reprendre... ah! ça... il vous faut peut-être des clous bien gros pour ce prix-là?..

L'INCONNU.

La grosseur n'y fait rien... il suffit qu'ils soient plantés de manière à être vus... et à ne pouvoir être arrachés par les enfans...

CARMAGNOLE.

D'abord, les enfans, il n'y en a plus dans le village... et puis, vous n'avez pas affaire à un conscrit... Je les enfoncerai jusqu'à la tête...

L'INCONNU.

Très bien! mais, hâtez-vous!.. si vous tardiez un instant cela deviendrait inutile...

CARMAGNOLE, riant.

Je crois bien, vous avez raison... faut que ça serve à quelque chose... je m'y mets!..

L'INCONNU, lui tendant la main.

Je puis compter sur vous.

CARMAGNOLE, qui tendait la main où est la pièce d'or, la retire pour lui donner celle où il n'y a rien.

Oh! je suis un honnête garçon... qui ai toujours loyalement gagné mon argent... d'ailleurs, je vais commencer devant vous. (A part.) Mais, c'est qu'il ne le reprend pas... si le père Mikéli était là... lui qui m'appelait malheureux... quelle chance, quelle chance!.. (Il entre dans sa cabane.)

L'INCONNU.

Une fois assuré de l'exactitude de ce garçon, il faudra que je m'éloigne; rester plus long-temps ici, serait une imprudence! je n'ai pu arriver plus tôt, et peut-être on est déjà venu.

CARMAGNOLE, rentrant.

Voilà!.. voilà! regardez-moi ces clous-là, première qualité... des pointes comme des aiguilles!.. vous y mettez le prix... mais aussi c'est joli... c'est de la belle marchandise... (Il enfonce trois clous.) Hein?.. je dis que ça tient joliment...

L'INCONNU.

Vous savez qu'il en faut six...

CARMAGNOLE.

Oui, oui.

L'INCONNU.

Très bien. (Il s'éloigne à travers le taillis.)

CARMAGNOLE.

Comme ça, hein? (Se retournant.) Eh bien! il n'y est plus... je vois ce que c'est, c'est une épreuve... il me laisse à moi-même, pour voir si j'ai de la probité, attends, attends... je te vas montrer que je suis un honnête homme?.. Sept, huit, neuf, dix, onze, douze, treize... J'espère que la voilà complète la farce... ah! tu me dis de t'en mettre six... attends, attends... je dois encore en avoir dans un vieux tiroir... faut que tout y passe, un louis!.. mais un cent de clous, ça ne serait pas encore assez. (Bruit de tambour.) Tiens! v'là les Français qui approchent, ah! pour sûr il en est... il sera allé leur conter sa plaisanterie, eh bien! ils peuvent m'en faire comme ça tant qu'il voudront à un louis la pièce... Je vas continuer devant eux.

(Il entre dans sa cabane ; à peine a-t-il disparu, qu'un officier autrichien, enveloppé d'un manteau, s'approche mystérieusement de l'arbre, compte les clous, et fait un geste de surprise.)

L'OFFICIER AUTRICHIEN.

Treize! treize!.. courons porter cette nouvelle au feld-maréchal.

SCÈNE VII.

CARMAGNOLE, puis LOREAU, SOLDATS FRANÇAIS.

CARMAGNOLE, rapportant des clous.

Encore douze, c'est le restant!.. (Il plante des clous.) C'est égal, il est très amusant, ce monsieur, un louis!.. il en aura pour son argent... quand il n'y en a plus, il y en a encore... allez donc... allez donc... (Il chante.)

» Ah! que les plaisirs sont doux...
» Quand on a des clous...
» Traderidera...

(Pendant ces derniers mots on a vu paraître sur le pont le sergent Loreau suivi d'un tambour et de quelques hommes. Carmagnole occupé à planter ses clous ne les aperçoit pas.)

LOREAU, qui est arrivé sur la scène.

Décidément, ce village est abandonné... ah! enfin... voilà un paysan... il va nous dire... (Il s'avance derrière Carmagnole, et lui frappe sur l'épaule en lui disant :) Eh! l'ami...

CARMAGNOLE, surpris.

Hein? qui va là?

LOREAU.

Français...

CARMAGNOLE.

Vous êtes français... parole d'honneur!.. (Aux soldats.) Vous aussi... vous aussi... vous aussi... et le tambour aussi?.. oh! je suis bien enchanté de vous voir.

LOREAU.

Que faisais-tu là?

CARMAGNOLE.

Là? ah! rien... des bêtises. (Regardant les soldats.) Qué beaux hommes... qué belle race!..

LOREAU.

Où est le municipal de ton endroit?

CARMAGNOLE.

Le municipal? qui ça, le municipal?..

LOREAU.

Eh! oui... le bailli, le podestat, le bourgmestre... comme tu voudras!

CARMAGNOLE.

Ah! c'est l'autorité que vous demandez? bien, bien... je vas vous dire; Français : pour l'instant, je représente à moi seul toutes les autorités de l'endroit.

LOREAU.

Toi?..

CARMAGNOLE.

Pas vrai, ça vous semble drôle... c'est pourtant pas une colle!.. (D'un air malin.) Je ne suis pas français, moi, c'est-à-dire... quand je dis que je ne suis pas français j'ai l'intention de le devenir.

LOREAU.

Quel galimatias nous fait-il là?

CARMAGNOLE.

Non... v'là c' que c'est... ce matin, quand on a appris que vous approchiez... notre podestat... (A Loreau.) C'est un podestat, ici...

LOREAU.

Après?

CARMAGNOLE.

C'est que vous disiez un municipal... notre podestat a donc rassemblé tout le village sur la place... il nous a dit : « Mes enfans... voilà ces brigands » de Français qui arrivent...

TOUS, le menaçant.

Insolent!..

CARMAGNOLE.

Mais, c'est pas moi... quand je vous dis que c'est le podestat... un vieux, très chagrin, très grognon... ça lui dérangeait ses petites habitudes à cet homme, il ne faut pas lui en vouloir... voilà donc qu'il dit : « Ces brigands » de Français...

LOREAU.

Ah ça! dis donc, clampin, je crois que tu fais aller les anciens avec ton air bête...

CARMAGNOLE.

Moi, Français, moi, faire aller un peuple que j'estime, que je porte dans mon cœur... une nation, dont je brûle d'en être membre.... ah! vous me faites bien de la peine, Français.

LOREAU.

C'est bon! c'est bon... pleurard!.. si tu nous aimes... faut le prouver... nous mourons de chaud et de soif...

CARMAGNOLE.

Vous mourez de soif, comme ça se trouve!.. je n'ai que des clous! et encore ils sont enfoncés... mais la fontaine du village est à deux pas... une eau claire comme un vrai cristal...

LOREAU.

A-t-on jamais vu!.. cet animal!.. de l'eau à l'avant-garde de la 35ᵉ demi-brigade !

CARMAGNOLE.

Comment, vous êtes l'avant-garde de la 35ᵉ demi-brigade?.. de cette intrépide 35ᵉ demi-brigade!.. de cette colossale 35ᵉ...(A part.) Je n'en ai jamais entendu parler, mais c'est égal, ça les flatte. (Haut.) Je vous aurais bien offert du vin, parbleu... mais il n'y en a plus une goutte dans le pays... notre podestat a dit qu'il fallait tout boire... toujours à cause de l'arrivée de ces brig... cause de votre arrivée, Français.

LOREAU.

Quel chien de pays! allons, camarades, je vois que nous serons forcés de doubler l'étape...

CARMAGNOLE.

Ah! oui... c'est une bonne idée que vous avez là, Français... si vous pouvez tant seulement gagner le village de Marengo... qui est à une petite lieue d'ici... vous y trouverez du vin, du lard, une foule de pommes de terre, toutes les douceurs de la vie, quoi!..

LOREAU.

Eh bien! c'est ça, prends ton sac et tes quilles; toi, l'enflé, tu va nous servir de guide.

CARMAGNOLE.

Ah! non.

LOREAU.

Hein?

CARMAGNOLE.

Ah! non.

LOREAU.

Comment?

CARMAGNOLE.

Je dis... ah! non, c'est pas une personnalité, vous êtes trop susceptible, sergent... puisque je vous répète que j'admire les Français... et que toute mon ambition, c'est d'être admis sous les drapeaux de la victoire, avec un habit bleu, un plumet, une cocarde... toute la boutique, quoi...

LOREAU.

Tu veux endosser notre uniforme? c'est une autre paire de manches... voyons! tiens-toi droit... fixe, immobile.

CARMAGNOLE, se plaçant.

Les yeux à quatorze pas devant soi.

LOREAU.

A quinze pas devant soi.

CARMAGNOLE.

A quatorze pas.

LOREAU.

A quinze, qu'on te dit.

CARMAGNOLE.

Alors, c'est qu'on a augmenté d'un pas.

LOREAU, l'examine et lui frappe sur la poitrine.

Le coffre est solide... et tu veux t'enrôler?

CARMAGNOLE.

Oui, Français?

LOREAU.

Ça peut se faire; quand le commandant arrivera, je te présenterai à lui, et tu signeras ton engagement.

CARMAGNOLE.

Bravo!

LOREAU.

Et dès ce moment, tu peux te considérer comme étant des nôtres...

CARMAGNOLE.

Bien vrai?..

LOREAU.

Mais, sais-tu que pour être admis parmi nous, il faut savoir triompher des ennemis et des belles.

CARMAGNOLE.

Oh! les ennemis, je ne les ai pas encore vaincus; mais les belles... allez votre train!

LOREAU.

Tambour, n'as-tu pas là, sur ton sac, l'habit de ce pauvre Finard, qui s'est fait descendre à la dernière affaire?

CARMAGNOLE.

Il s'est laissé descendre, M. Finard?

LOREAU.

Ça lui ira comme un gant.

CARMAGNOLE.

Ah! vous croyez que l'habit de M. Finard...

LOREAU, lui jetant l'habit que le tambour lui a donné.

Tiens, essaie...

CARMAGNOLE.

Merci, sergent... qué beau drap!.. comme c'est cousu... comme c'est établi... et vous dites que ça m'ira. (Il ôte sa veste et endosse l'habit.) Ah! mais... ah! mais... il est un peu ginglé, l'habit de M. Finard.

LOREAU.

Bah! bah! ça se fera en marchant.

CARMAGNOLE.

A la bonne heure! car, comme ça... je disais... (Se promenant.) Oh! mais, c'est étonnant... depuis que j'ai sur le dos l'habit de M. Finard, je ne suis plus le même, je sens comme une envie de faire le diable à quatre... de boire et de battre, et d'être un vert-galant. Oh! vert-galant, surtout!..

AIR de Plantade.

Quand j' s'rai français, je séduirai les belles,
Par des moyens qui s'ront vraiment fameux;
Je ne crains pas d'en trouver de rebelles,
   Toutes vont se rendre à mes vœux
     C' n'est pas qu' je m' pique;
     Qu' ça soit le physique
     Ou ben l' moral,
     Ça m'est égal!
     Tout c' que j' peux dire,
     C'est qu' pour séduire;
     J' ferai z'un troupier
     Qu'a du métier!
     J'ai tant d'ardeur,
     Dedans le cœur;
     Et tant de flamme,
      Dans mon âme;
   Que j' veux qu'on m'appelle un jour,
    Le beau volcan d'amour.

Vous me verrez sur le champ de bataille,
Je veux l'être un lion, je veux l'être un vautour;
Je suis construit pour braver la mitraille,
Mais j' suis encore mieux bâti pour l'amour.
     Rien qu' mon oreille
     Est sans pareille,
     Et j'ai tant d' feux,
     Dedans les yeux;
     Qu' faut qu'on se r'cule,
     Car ça vous brûle,
     Quand par hasard,
     J' lance un regard!..
     J'ai tant d'ardeur,
     Dedans le cœur;
     Et tant de flamme
      Dans mon âme;
   Que j' veux qu'on m'appelle un jour,
    Le beau volcan d'amour.

LOREAU.

Il est jovial, ce sera le loustic de la brigade.

CARMAGNOLE.

Ah ça! Français, c'est pour tout de bon, que j' suis des vôtres... c'est pas une farce!

LOREAU, fumant et lui lâchant une bouffée au visage.

Je n'en fais jamais.

CARMAGNOLE, toussant.

Jamais, jamais, jamais... (A part.) Eh ben! qu'est-ce qu'il m'avait donc dit, ce vieux bêta de Mikéli?.. c'est pas fort c' qui vient de m' faire-là, je suis fâché qu'ils ne m'aient pas tâté autrement que ça, parce que j'étais prévenu, et je leur z'y aurais fait voir... (On entend le tambour.)

LOREAU, aux soldats.

Camarades, le reste du détachement ne va pas tarder à arriver, nous allons bientôt repartir.

CARMAGNOLE.

Dans ce cas-là, je vas faire mon paquet... fermer ma boutique... et en route. Quel bonheur! je suis Français... je suis sur la route de la gloire et des honneurs. (Il rentre chez lui en reprenant le refrain de l'air précédent.)

(Le tambour s'est rapproché et l'on voit un détachement de soldats français arriver par le pont Le colonel Blémont marche à la tête. Loreau et ses hommes se mettent sous les armes.)

SCÈNE VIII.

LE COLONEL, LE MAJOR, LOREAU, Officiers et Soldats Français.

LE COLONEL; il entre en parlant à un officier.

Oui, major, c'est bien ici l'endroit qui m'a été désigné. (Il regarde autour de lui.) Voici l'arbre. (Il s'en approche.) Eh! tenez... voyez vous-même ces clous.

LE MAJOR.

En effet... mais quelle peut être la nature de ce signal?

LE COLONEL.

Je l'ignore! je soupçonne, d'après ce qu'on m'écrit du quartier-général, qu'un espion a employé ce moyen pour faire connaître nos mouvemens aux Autrichiens... et j'ai ordre de faire mon possible pour m'emparer de ce misérable.

LE MAJOR.

Ce sera difficile... car ces gens-là sont si adroits...

LE COLONEL, à Loreau.

Sergent.

LOREAU.

Mon colonel.

LE COLONEL.

Vous, qui êtes arrivé ici avant nous, n'avez-vous pas aperçu dans les alentours aucun étranger qui vous ait paru suspect.

LOREAU.

Mon Dieu, non, commandant, ce village était abandonné, et nous n'avons trouvé qu'un espèce de paysan... assez bête, par parenthèse, et que je crois un peu timbré; car, quand nous sommes arrivés, il s'amusait à planter des clous dans cet arbre.

LE COLONEL, faisant un signe au major.

Bah! et où est-il?

LOREAU.

Il va venir nous rejoindre, car il a demandé à s'enrôler parmi nous.

LE COLONEL, bas au major.

C'est cela! (Haut à Loreau.) Faites-le chercher, et qu'on l'amène ici sur-le-champ.

LOREAU.

Eh! tenez, mon colonel, justement, le voici.

SCÈNE IX.

Les Mêmes, CARMAGNOLE; il porte un petit paquet.

CARMAGNOLE.

Voilà ce que c'est... quand on voudra partir...

LE COLONEL, à Loreau.

Veillez à ce qu'il ne puisse s'échapper.

LOREAU, étonné.

Quoi, mon colonel... ce garçon.

LE COLONEL.

C'est un espion!

CARMAGNOLE, apercevant le colonel.

Ah! ah! en voilà des nouveaux... Oh! oh! c'est des gros bonnets...il s'agit d'avoir de la tenue. (Il se redresse, et met ses mains sur la couture de sa culotte.) Le petit doigt sur la couture de la culotte.

LE COLONEL, l'examinant.

Qui croirait qu'avec une pareille figure...

CARMAGNOLE.

Il me trouve bel homme... bien sûr.

LE COLONEL.

Approche...

CARMAGNOLE.

Présent!

LE COLONEL.

C'est toi qui a planté ces clous?

CARMAGNOLE.

Ah! vous l'avez donc vu? il vous l'a dit, je savais bien qu'il allait leur dire... oui, oui, un peu, que c'est moi. (A part.) C'est drôle, tout de même, je ne le vois pas parmi eux, mon farceur de ce matin.

LOREAU.

L'infâme gredin!

CARMAGNOLE, regardant le colonel qui parle à voix basse à un des officiers.

Il est enchanté de moi. (Criant.) Vivent les Français, mes braves compatriotes...

LOREAU.

Oui, oui, cache ton jeu... scélérat!

CARMAGNOLE.

Je crois que c'est le moment de lire ma proclamation. (Il tire un papier de sa poche et commence à lire.) «Français... le moment est venu...

LE COLONEL.

Sergent.. arrêtez cet homme, conduisez-le en lieu de sûreté.

CARMAGNOLE, regardant autour de lui.

Qui ça... qui ça qu'on arrête? j'en suis...

LOREAU.

Toi, parbleu...

CARMAGNOLE.

Moi?..

LE COLONEL, au major.

Major... vous voudrez bien donner des ordres pour que le conseil de guerre s'assemble immédiatement.

CARMAGNOLE.

Le conseil de guerre... pourquoi faire? hein?

LOREAU.

Pour te juger, donc?

CARMAGNOLE, étonné.

Me juger?.. le conseil de guerre?.. (Il est frappé d'une idée subite.) Ah! bon! bon! j'y suis! voilà la chose qui commence, on va me tâter... Je disais aussi, on ne me tâte pas.

LOREAU.

Malheureux! faire vil métier d'espion...

CARMAGNOLE.

Ah! je suis un espion... un scélérat d'espion... bon! bon! allez votre train... appelez-moi si vous voulez, déserteur, maraudeur, spadassin, férailleur... ça m'est égal, battez-moi, pendez-moi, fusillez-moi... je vous prouverai que j'ai du cœur comme un Français.(A part.) Et que je suis aussi malin que vous.

LOREAU, lui donnant une bourrade.

Marche!

CARMAGNOLE.

Oh! oh! qu' c'est bête! non, non elle est drôle, ça commence bien! oh! si ça continue nous allons nous tordre.

CHOEUR DES SOLDATS, le poussant.
Air de Robert le Diable
De ta trahison infâme!
Oui, nous saurons nous venger,
Et personne, sur mon ame,
Ne pourra te protéger.

CARMAGNOLE, se frottant les reins
Allez votr' train, j' vous prie,
Je ne me fach'rai pas vraiment...
J'aim' la plaisanterie
Surtout, quand on la fait gaiment!

ENSEMBLE.
De ma trahison infâme!
Messieurs, il faut vous venger...
(A part) Par mon sang-froid, sur mon ame,
Je vais les faire enrager.
CHOEUR.
De ta trahison infâme, etc. (On l'emmène.)

SCÈNE X.
LE COLONEL, LE MAJOR, LOREAU, Officiers.

LE COLONEL, aux officiers.
Messieurs, je ne vous cache pas que notre situation est dangereuse... nous sommes séparés de notre corps d'armée, et entièrement isolés au milieu de ces bois... et de ces ravins... si nous ne pouvons rejoindre la division du général Gardanne... nous risquons d'être enveloppés par l'ennemi... et maintenant que les espions s'en mêlent... aussi le misérable que nous avons saisi paiera pour tous. Sergent Loreau, placez ici un factionnaire. Suivez-moi, messieurs, nous allons reconnaître la position.
(Il sort avec les officiers.)

SCENE XI.
LOREAU, Soldats.

LE CAPORAL,
Ah! ça... dites donc, sergent... est-ce que nous allons bivouaquer longtemps ici?..

LOREAU.
Ça dépend de l'idée du commandant... si le commandant il veut qu'on s'en aille, on s'en ira.

UN SOLDAT.
Le village est abandonné.

LE CAPORAL.
Et nous n'avons pas mangé depuis trente-six heures.

LOREAU.
Ça ne vous regarde pas.

LE CAPORAL.
D'abord, si ça continue... je déserte le tabernacle et j'irai prendre du pain où on m'en donnera. (Il jette son fusil.)

TOUS, jetant leurs fusils.
Il a raison.

LOREAU.
De quoi! de quoi vous plaignez-vous? comment, grace à votre courage, le drapeau tricolore flotte sur les murs de vingt capitales... les peuples gémissent dans l'esclavage, vous accourez, ils sont libres... et vous vous plaignez!.. A part ce malheureux village où il n'y a rien!.. Vous êtes dans cette belle Italie, séjour de l'abondance... et vous avez faim!.. pour arriver ici, vous avez gravi, vous avez brisé, pulvérisé des montagnes... planté votre drapeau sur le sommet du mont St-Bernard, vous êtes restés vingt jours dans la neige jusqu'aux genoux, et vous vous plaignez!.. quand maintenant, vous allez avoir chaud, quand le vin va couler comme les torrens que vous avez franchis. Le premier qui parle, on lui donne son congé... et il ne pourra pas dire un jour à ses enfans : « J'ai servi dans le » peloton du sergent Loreau, dit risque-tout... J'étais de l'armée d'Italie et » compagnie.

LE CAPORAL, ramassant son fusil.

Allons, c'est bon! c'est bon! on reste... n'en parlons plus; ce n'est pas moi qui parlais, c'est mon estomac.

LOREAU.

Un soldat n'écoute que son cœur. Allons, ramassez vos armes. D'ailleurs, est-ce que ma femme, ma Catherine, la meilleure vivandière de l'armée ne va pas bientôt revenir, elle et des provisions...

TOUS.

La voilà!

LOREAU.

Je vous le disais bien.

SCÈNE XII.
LES MÊMES, CATHERINE.

Air : du Final de l'Autorité dans l'embarras.

CHOEUR.

C'est elle enfin !
Voici du vin,
Du pain
De l'eau-de-vie,
Buvons, puisqu'elle nous convie,
C'est autant d' pris
Sur les enn'mis,

CATHERINE.

Plein d'honneur,
De valeur,
Quand vous soutenez la victoire
A chacun son emploi
C'est moi
Qui doit nourrir la gloire.

ENSEMBLE.

CHOEUR.	CATHERINE.
C'est elle enfin, etc.	J'arrive enfin, etc.

CATHERINE.

Et je vous réponds que ça n'est pas sans peine; allons, mon homme, maintenant qu'ils en ont tous, fais comme eux.

LOREAU.

Un instant, un instant, c'est-y vrai que tout le monde en a?

TOUS.

Oui, oui...

LOREAU.

Eh! ben, alors, Catherine... c'est pas de refus... car, tout à l'heure, je les appelais gourmands, et si j'avais aperçu un morceau de pain, j'y aurais fais de drôles de z'yeux.

CATHERINE.

Eh ben! mes vieux loups... vous voilà gentils comme des agneaux, je parie que vous commenciez à vous impatienter?

LOREAU.

Je crois bien, ils voulaient prendre leur congé sous la semelle de leurs souliers.

UN SOLDAT.

Ça serait difficile, nous n'en avons pas.

LOREAU.

Qu'est-ce qu'a parlé?

LE SOLDAT.

C'est moi.

LOREAU.

C'est toi, Cramaillon, avance à l'ordre. (Le soldat s'avance; il a les pieds entourés de paille.) Le fait est que v'là de coquets escarpins. Mais, le citoyen premier Consul a dit : « Avec du fer et du pain on va partout » il n'a pas parlé de chaussures... pars de là.

(Il fait pirouetter le soldat qui rentre à son rang.)

CATHERINE.

Je leur z'y conseille de vouloir filer... où ça trouveriez-vous un sergent

comme mon homme... et une vivandière comme Catherine, qu'en a toujours de la soignée, et qui fait des crédits indéfinis.
LE SOLDAT.
Avec deux yeux noirs, et une taille...
CATHERINE.
C'est bon! c'est bon! mange donc ta croûte, toi, maigriot. Allons, pour votr' dessert, on va vous chanter la romance du troupier.

Air : de Gasparo. (RIFAUT.)

Tin, tin, tin,
Une vivandière,
Tin, tin, tin,
A l'humeur guerrière!
Riche d'amour et de cognac,
Doit partout fidèle troupière;
Pour charmer l'ennui du bivouac,
Vous offrir son cœur et son verre.
Un verr' de vin,
Pour boire à la victoire!
Un verr' de vin
Du fantassin,
C'est le réveill' matin.

CHOEUR.
Un verr' de vin, etc.

LOREAU.
Tin, tin, tin,
Multiplions les rasades,
Tin, tin, tin,
Trinquons camarades.
Le coude en haut, le verre en main,
Buvons, chantons, faisons ripaille;
Qui sait si nous boirons demain?
C'est demain un jour de bataille!
Un verr' de vin, etc.

CHOEUR.
Un verr' de vin, etc.

UN FACTIONNAIRE, au fond.
Qui vive!
ROSELLA, au dehors.
Qu'est-ce qu'il faut répondre?
LOREAU.
Oh! qué petite voix! (Allant regarder.) Une femme! (Il crie au factionnaire.) Laissez passer cotillon.

SCÈNE XIII.
LES MÊMES, ROSELLA.
TOUS LES SOLDATS, l'entourant.
Une femme! une femme!
ROSELLA, se débattant.
Mais, laissez-moi donc, messieurs, laissez-moi donc.
LOREAU, les repoussant.
L'enfant a raison; le troupier français doit respect au sexe, c'est dans son essence... et le premier qui s'émancipe. (S'approchant de Rosella la main au chapeau.) Hommage à la beauté.
CATHERINE, le prenant par le bras et le faisant passer de l'autre côté.
C'est bon, c'est bon! monsieur l'enflammé, c'est moi qui s'en charge de c'te jeunesse... voyons, ma petite belle... n'ayez pas peur... la mère Catherine vous prend sous son aile.
ROSELLA.
Vous êtes bien bonne, madame.
LOREAU.
Dites donc la petite mère, savez-vous que ça n'est pas prudent, à votre âge, de courir les champs comme ça toute seule.

ROSELLA.

Dam! monsieur le militaire, c'est pas ma faute... je me sauvais avec mon père; nous avons été poursuivis par des cavaliers français, mon pauvre père a été pris, moi, je leur ai échappé; et ne sachant plus où aller, je suis revenue dans ce village, où j'espérais retrouver quelqu'un...

CATHERINE.

Un amoureux, je parie...

LOREAU.

Tiens... elle est assez gentille pour ça.

CATHERINE.

On ne te demande pas ton avis, bouffi!

LOREAU.

C'est bon, rageuse. (A Rosella.) Et comment s'appelle-t-il ce chéri?

ROSELLA.

Carmagnole!

LOREAU.

Tiens, comme la chanson de la république, l'une et invisible... je connais pas.

ROSELLA.

Il était resté tout seul dans ce village, parce qu'il aime les Français, et qu'il voulait s'engager avec eux.

LOREAU.

Attendez donc, attendez donc, c'est-il pas un blond ardent, tirant sur la carotte?

ROSELLA.

Juste... l'auriez-vous rencontré?..

LOREAU, à part.

C'est notre espion. (Haut.) Oui, oui, nous l'avons rencontré. (A part.) Pauvre fille, faut pas lui dire...

ROSELLA.

Et savez-vous où il est, maintenant?

LOREAU, embarrassé.

Maintenant... mais dam! il est peut-être loin... et...

ROSELLA.

Oh! faites-moi conduire auprès de lui... je vous en prie...

CATHERINE.

Mais... dis-y donc tout de suite à c't'enfant... où est son amoureux.

LOREAU.

Tais ton bec, toi, et emmène-la; elle me fait de la peine.

CATHERINE.

Cependant...

LOREAU.

Assez causé, Catherine, obéis à ton chef, ou je bats la générale.

CATHERINE.

Brutal! (A Rosella.) Allons... venez avec moi, mon enfant.

AIR : Partons, vite, vite.

Suivez-moi, ma chère ;
Bientôt en ces lieux,
Vous pourrez j'espère,
R'voir votre amoureux.

CHOEUR.

Suivez-la, ma chère, etc. (Elle sort avec Rosella.)

SCENE XIV.

LOREAU, SOLDATS, puis LE COLONEL LES OFFICIERS, composant le conseil de guerre.

LOREAU.

Pauvre jeune fille, elle arrive là bien mal à propos pour voir fusiller son amoureux. (Il essuie une larme.) Ah! mais, v'là le conseil... attention, vous autres... (Tous les soldats se rangent. Le colonel Blémont et les officiers entrent, et vont se placer autour d'une table que deux soldats apportent.)

LE COLONEL.

Vous savez déjà, messieurs, le sujet pour lequel le conseil est rassemblé.

UN OFFICIER.

Oui, Colonel.

LE COLONEL.

Dans la position critique où se trouve notre corps d'armée, il importe d'effrayer les espions par un exemple prompt et terrible. (A Loreau.) Faites venir l'accusé. (Loreau sort, le conseil se forme. Musique.)

SCÈNE XV.

Les Mêmes, LOREAU, CARMAGNOLE, amené par quatre soldats. Il entre en dansant.

CARMAGNOLE.

Vivent les Français! vive la victoire! vive tout!

L'OFFICIER.

Silence, en présence du conseil.

CARMAGNOLE.

C'est juste!.. oh! ça, c'est trop juste, par exemple!

LOREAU, à part.

A-t-il l'air dégagé, ce coquin-là!

CARMAGNOLE, à part.

Il paraît que la drôlerie continue de plus fort en plus fort... de l'aplomb; il s'agit d'être reçu!

LE COLONEL.

Faites asseoir l'accusé. (On lui avance un tambour.)

CARMAGNOLE.

Vous êtes bien honnête! mais j'ai peur de crever le fauteuil... je suis un peu lourd de ma nature.

LE COLONEL.

Asseyez-vous...

CARMAGNOLE.

Si ça vous fait plaisir. (Il s'assied et crève le tambour.) Oh! je vous l'avais bien dit. (A part.) Encore une, je m'y attendais...

LE COLONEL.

Ou cet homme ne comprend pas sa situation, ou son courage était digne d'une autre destinée... Le conseil commence. (Roulement de tambours.)

CARMAGNOLE.

Nous allons rire...

LOREAU.

Silence, criminel.

CARMAGNOLE.

Oh! vous, là-bas! criminel; dites donc, vous n'êtes pas tribunal.

L'OFFICIER.

Silence!

CARMAGNOLE.

Oh! très bien! vous, très bien! mais lui, pas! non, non, lui pas.

LE COLONEL.

Messieurs, en vertu des pouvoirs qui me sont confiés par le général en chef, tant pour maintenir la discipline de l'armée, que pour veiller à sa conservation; moi, Charles Blémont, commandant la 35e demi-brigade d'infanterie de l'armée d'Italie, j'ai convoqué le conseil pour juger ce paysan piémontais, accusé d'espionnage et de trahison envers l'armée française.

CARMAGNOLE, à part.

Où diable vont-ils chercher tout ça... ont-ils reçu une éducation, ces gens-là. (Haut.) Allez votre train.

LOREAU.

J'admire son sang-froid!

LE COLONEL.

Accusé, vos nom et prénoms.

CARMAGNOLE.

Pierre Carmagnole. (A part.) Notez qu'il les sait aussi bien que moi.

LE COLONEL.
Votre âge ?
CARMAGNOLE.
Il y a dix-neuf ans que j'ai vingt ans, et j'vas avoir tout ça ensemble à Pâques-Fleuries.
LOREAU, à part.
C'est-à-dire qu'il ne les aura jamais, le pauvre diable.
LE COLONEL.
Votre profession...
CARMAGNOLE.
Ex-maréchal-ferrant, et je pourrais dire, passé maître... personne ne plante un clou de cheval...à preuve...que le sergent m'a vu, là, ce matin.
LOREAU.
Je crois bien, que je t'ai vu... gredin!
LE COLONEL.
Ainsi, vous avouez que c'est vous qui avez planté les clous à cet arbre.
CARMAGNOLE.
Je crois ben que j'avoue.
LE COLONEL.
Dans quel but?..
CARMAGNOLE.
Ah! voilà! dans quel but?.. pour gagner mon argent, donc... je vous en souhaite, des clous à ce prix-là.
LE COLONEL.
Le malheureux! et n'avez-vous rien à dire pour votre défense?
CARMAGNOLE, se levant.
Ma foi non!..quand je dis ma foi non, ma foi si!..Pour ma défense, je vous dirai que je suis un espion de naissance, un gueux d'espion; à l'école, en bas-âge, j'étais un rapporteur, je dénonçais mes camarades; plus tard, je devins un tyran, je m'attaquais aux animaux les plus naïfs; mon nom est en exécration chez les pierrots, cet insecte volatile... quand on prononçait le nom de Carmagnole devant un pierrot, il se sauvait en criant : Ah! seigneur! Mais aujourd'hui, c'est du sang qu'il me faut; oui, j'en conviens, je suis un profond scélérat, j'ai planté une quantité exorbitante de clous, et j'en aurais planté bien davantage si l'on ne m'avait pas interrompu... et voilà ! (Il se rassied.)
LE COLONEL.
Pouvez-vous signaler d'autres personnes avec qui vous auriez eu des intelligences.
CARMAGNOLE.
Ah! ça non, par exemple, je n'ai jamais eu d'intelligence... c'est connu ! c'est moi seul qu'a fait le coup... et je m'en vante. (A part.) J'espère que je les enfonce horriblement.
LE COLONEL.
Vous l'entendez, messieurs, il ne vous reste plus qu'à prononcer...
(Le conseil va aux voix. Musique pendant ce temps.)
LOREAU.
Criminel... vous avez du cœur... c'est moi qui vous le dis.
CARMAGNOLE.
vous êtes content, Français?.. ça me fait bien plaisir... (A part.) Avec ça, le père Mikéli a bien fait de me prévenir... car ils ont un air sérieux... qui n'est pas plaisant du tout....
L'OFFICIER.
Tambour, faites faire silence... (Roulement.)
LE COLONEL, se plaçant au milieu du cercle.
Levez-vous, accusé. — Oui les aveux réitérés de l'accusé... le conseil de guerre, jugeant sans révision, condamne Pierre Carmagnole, piémontais, convaincu d'espionnage et d'avoir tenté de livrer les secrets de l'armée française à l'ennemi, à être passé sur l'heure par les armes... sur la place même du village de San-Giuliano... Fait dans ce village le etc, etc.
CARMAGNOLE.
Et cœtera, et cœtera, et cœtera... quel caractère! quel aimable caractère!
LOREAU, après avoir pris les ordres du colonel.
Criminel... il vous reste un quart-d'heure pour vous préparer à la mort.

CARMAGNOLE, *lui frappant sur le ventre.*
Allons donc. (Il lui porte des bottes.) Une, deux...
LOREAU.
Son intrépidité ne se dément pas.
LE COLONEL.
Sergent, le condamné est remis à votre garde... vous ne laisserez personne communiquer avec lui.
LOREAU, *bas au colonel.*
Colonel... il y a là une jeune fille qui se dit sa fiancée... et qui voudrait bien le voir encore une fois...
LE COLONEL.
Soit!.. mais, elle seulement, et dépêchez-vous d'en finir... d'un moment à l'autre nous pouvons être débusqués d'ici. (Au moment de sortir il regarde Carmagnole qui s'est placé les deux mains sur les coutures de sa culotte.) Pauvre diable! (Il fait un geste de pitié et sort suivi des officiers.)

SCÈNE XVI.
LOREAU, CARMAGNOLE, Soldats.
CARMAGNOLE.
Qu'est-ce qu'il a donc avec ses z'haussemens d'épaules... ce monsieur, il n'est pas poli...
LOREAU.
Restez là... je vas la chercher.
CARMAGNOLE.
Qui ça?
LOREAU.
Elle, donc...
CARMAGNOLE.
Qui, elle donc?
LOREAU.
La jeune fille, ta fiancée...
CARMAGNOLE.
Ma fiancée! vous savez que j'avais une fiancée... une petite brune... qui répond au nom de Rosella, blonde avec un collier!
LOREAU.
Juste, elle est là. (Il entre dans la maison à gauche.)
CARMAGNOLE.
Comment, comment, Rosella en serait aussi, elle serait bien bonne par exemple... ces satanés Français, je dis qu'ils les font conditionnées; faut-il qu'ils aient l'habitude!

SCÈNE XVII.
Les Mêmes, ROSELLA.
ROSELLA, *sortant de la maison.*
Carmagnole!.. mon ami...
CARMAGNOLE.
Ma petite Rosella... te revoilà donc!
LOREAU, *bas à Carmagnole.*
Vous avez cinq minutes...
CARMAGNOLE.
Pourquoi faire?
LOREAU, *faisant le geste de mettre en joue.*
Cinq minutes!..
CARMAGNOLE, *d'un air fin.*
Ah! bon!.. bon!.. (Loreau sort par le fond avec les soldats.)

SCÈNE XVIII.
CARMAGNOLE, ROSELLA.
ROSELLA.
Que veut-il dire?..
CARMAGNOLE.
Oh! fais donc l'ignorante... comme si tu ne savais pas...

ROSELLA.
Mais, je te jure...

CARMAGNOLE.
Comment, tu n'es pas dans le complot, avec ton père?

ROSELLA.
Mais non...

CARMAGNOLE.
Eh ben, alors, tu vas rire... je suis condamné à mort.

ROSELLA, avec effroi.
Hein?

CARMAGNOLE.
Ris donc... tu ne vois pas qu'on me fait comme à ton oncle Tonio... (Il rit aux éclats.) Et tout dans les règles... le conseil... les tambours... et puis tout à l'heure, on va venir me chercher pour me fusiller...

ROSELLA.
Te fusiller?

CARMAGNOLE.
Pour rire, toujours... et puis quand l'épreuve sera finie, quand ils en auront assez... ils récompenseront mon courage, ils me recevront sergent, puis caporal, puis général... et puis... et puis... je t'épouserai... je donnerai ma démission... et je reviendrai m'établir ici... dans mon état de maréchal-ferrant.

ROSELLA.
Quel bonheur!

CARMAGNOLE, la prenant par la main et la faisant danser.
Tra deri dera la la...   (Loreau paraît au fond, et s'arrête stupéfait.)

SCÈNE XIX.
Les Mêmes, LOREAU.

LOREAU, avec une bouteille et deux verres.
Par exemple, si je ne le voyais pas de mes deux yeux!.. (Il s'approche de Carmagnole et lui frappant sur l'épaule.) A nous deux, mon brave.

CARMAGNOLE.
Tiens! ce n'est pas de refus... j'ai une soif d'enfer, et toi, Rosella, as-tu soif?

LOREAU, bas à Carmagnole.
Vous lui avez dit?

CARMAGNOLE.
Oui, oui, elle a bien pris la chose...

LOREAU, versant à boire.
Ceci peut s'appeler le coup de l'étrier...

CARMAGNOLE.
Tiens... est-ce que vous allez partir?

LOREAU.
Non, c'est vous...

CARMAGNOLE.
Moi?

LOREAU.
Vous savez bien, le grand voyage... à votre santé.

CARMAGNOLE, donnant un coup de coude à Rosella, lui dit tout bas.
Tu vois bien! tu vois bien!.. je les fais aller et ils m'payent à boire.

LOREAU.
Dépêchez-vous, car nous allons nous porter en avant, et nous ne voulions pas laisser d'arriéré... le piquet va venir...

CARMAGNOLE.
Ah! nous allons faire une partie de...

LOREAU.
Eh! non... il s'agit... de... vous savez bien...   (Il fait signe de tirer.)

CARMAGNOLE, à part.
Ça se prolonge. (Haut.) A votre santé, sergent.

LOREAU.
A la vôtre... voici justement le piquet commandé.

CARMAGNOLE, à Rosella.
V'là le piquet... tu vas rire...
ROSELLA, à part.
C'est drôle; je ne me sens pas rassurée, moi...

SCÈNE XX.
Les Mêmes, LE PIQUET et CATHERINE.

CARMAGNOLE.
Ah! ça... il faut espérer que ça va s'arrêter là.
LOREAU.
Voulez-vous qu'on vous couvre les yeux... camarade?
CARMAGNOLE.
Du tout! je veux être français jusqu'au bout. (A Rosella.) Ça va être fini tout à l'heure.
LOREAU.
Voulez-vous commander le feu?
CARMAGNOLE.
Ça n'est pas de refus. (A Rosella.) C'est une politesse qu'ils me font.
ROSELLA.
Dis donc? si les fusils étaient chargés?
CARMAGNOLE.
Puisqu'on te dit que c'est une charge... ôte-toi donc de là, tu me gênes... laisse-moi faire mon article.
LOREAU.
Catherine, emmène donc cette petite femme. (Rosella sort avec Catherine.)

SCÈNE XXI.
Les Mêmes, excepté CATHERINE et ROSELLA.

LOREAU, à Carmagnole.
Maintenant, quand il vous plaira.
CARMAGNOLE.
Qu'est-ce qui faut faire?
LOREAU.
Faites porter les armes.
CARMAGNOLE, aux soldats.
Portez armes! (Les soldats exécutent le mouvement.) Ensemble! donc, ensemble. (A Loreau.) Après?
LOREAU.
Faites apprêter armes!
CARMAGNOLE.
Apprêtez armes!

SCÈNE XXII.
Les Mêmes, LE COLONEL, Les Officiers, CATHERINE, ROSELLA.

LE COLONEL.
Portez vos armes!
CARMAGNOLE.
Allons, v'là l'autre qui vient déranger tout!
(Les soldats relèvent leurs armes. Le colonel s'approche de Carmagnole et lui met sans parler la main sur le cœur.)
LE COLONEL.
Pas la moindre émotion; voilà notre homme!..
CARMAGNOLE.
Ah! enfin, c'est bien heureux. (A Rosella.) Tu vois bien, je suis leur homme!..
LE COLONEL, aux officiers.
Vous le voyez, messieurs, notre position devient de plus en plus inquiétante... nous sommes cernés dans cette gorge, par des forces supérieures...
CARMAGNOLE, à Rosella.
Ils sont cernés dans la gorge.
LE COLONEL.
Il ne nous reste qu'une chance de salut... la cavalerie du général Kel-

lermann, est répandue dans la plaine... du haut de ces rochers, on aperçoit ses éclaireurs... en le faisant prévenir de notre situation...

LOREAU, à mi-voix.

Mais il faut pour cela passer sous le feu des Autrichiens... c'est courir à une mort certaine... C'est égal, si vous voulez, j'irai...

LE COLONEL, de même

Non, je ne veux pas risquer un de mes braves. (Appelant Carmagnole.) Approche, toi!.. je suis arrivé à temps n'est-ce pas?

CARMAGNOLE.

Je ne dis pas non; ça commençait à m'asticoter un peu.

LE COLONEL.

Tu as du cœur... c'est ce qu'il me faut.

CARMAGNOLE, à Rosella.

V'là que je triomphe.

ROSELLA.

Quel bonheur!..

LE COLONEL.

Ecoute. (Il le mène au fond) Tu vas prendre ce sentier... il te mènera dans la plaine.

CARMAGNOLE.

Bien!

LE COLONEL.

Tu rencontreras des factionnaires autrichiens, qui te crieront QUI VIVE?

CARMAGNOLE.

Et je répondrai...

LE COLONEL.

Rien.

CARMAGNOLE.

Très bien...

LE COLONEL.

Alors, on fera feu sur toi.

ROSELLA.

Ah! mon Dieu!

CARMAGNOLE.

Hein?

LE COLONEL.

On fera feu sur toi; mais tu passeras sans y faire attention.

ROSELLA.

N'y va pas.

CARMAGNOLE, la regardant.

Laisse donc, laisse donc. (A part.) Il paraît que nous passons à d'autres exercices.

LE COLONEL.

Tu courras jusqu'à ce que tu rencontres des cavaliers français... tu les reconnaîtras bien?..

CARMAGNOLE.

Pardine! il y en a des grands, bleus... et puis des petits, verts.

LE COLONEL.

Dès que tu en verras un, tu lui remettras ceci. (Il lui donne un petit papier.) En lui recommandant de le porter sur-le-champ à son général... tu comprends...

CARMAGNOLE.

Pardine, si je comprends... le sentier qui descend dans la plaine... les coups de feu... le papier... ça va marcher comme sur des petites roulettes.

LE COLONEL.

Songe à bien t'acquitter de ta mission. (Montrant Rosella.) Cette jeune fille, nous répondra de ta fidélité.

CARMAGNOLE.

Oui, mais dites donc, pourvu que vous m' répondiez de la sienne... Ah ça! après, ce sera fini, hein? on ne me fera plus rien.

LE COLONEL.

Je t'en donne ma parole.

CARMAGNOLE.

Alors, je pars. (Il va à Rosella.) Dis donc, Rosella, je vas faire une commission pour le commandant... vous n'avez pas besoin d'autre chose, en même temps, commandant?..

ROSELLA.

Il n'y a pas de danger?

CARMAGNOLE.

Bah! du danger! ils vont brûler un peu de poudre... toujours pour m'éprouver, ne t'impatiente pas.

Air : Allons, allons. (RIGOLETTI.)

CHOEUR.

Par son courage et son humeur altière,
Dans le danger, il peut nous secourir ;
Que le hasard le dirige et l'éclaire,
Et dans ces lieux le fasse revenir.

(Carmagnole embrasse Rosella ; il s'éloigne ensuite en courant. Le colonel et les officiers le suivent des yeux avec anxiété. On entend plusieurs coups de feu dans le lointain et par intervalles.)

LE COLONEL.

Il n'est pas atteint... je le vois... il ne se presse pas pour cela... quel courage... quel sang-froid.

SCÈNE XXIII.

LE COLONEL, ROSELLA, LOREAU, LES OFFICIERS, SOLDATS, MIKÉLI.

L'OFFICIER.

Commandant, nos sentinelles avancées viennent d'arrêter un paysan qui s'est dit porteur d'un message pour vous.

LE COLONEL.

Amenez-le. (Sur un geste de l'officier deux soldats introduisent le père Mikéli.)

ROSELLA.

Mon père !

MIKÉLI.

Ma fille !

LE COLONEL.

Que voulez-vous?

MIKÉLI.

Le colonel Blémont.

LE COLONEL.

C'est moi.

MIKÉLI.

Fait prisonnier et conduit près de votre général, j'ai appris par des soldats que ma fille était ici, j'ai voulu la revoir, et au péril de mes jours, je me suis chargé de ce message. (Mikéli lui remet un petit billet roulé.)

LE COLONEL.

Une lettre du général Kellermann. (Lisant.) Écoutez, messieurs... « Com-
» mandant, si vous avez arrêté l'individu que je vous avais signalé, et s'il
» en est temps encore, suspendez son exécution ; les clous plantés dans
» l'arbre de San-Giuliano, devaient indiquer le nombre de nos régimens,
» j'apprends qu'au contraire il a complètement trompé les Autrichiens sur
» nos forces ; et en ce moment, quoique réellement ils nous soient très su-
» périeurs, ils abandonnent toutes leurs positions, et se concentrent vers
» le plateau de Marengo, où ils vont sans doute accepter la bataille que
» nous leur offrons depuis si long-temps... hâtez-vous de diriger sur ce
» point le corps que vous commandez. »

TOUS.

Vivat!

LE COLONEL.

Pauvre garçon... et c'est moi, qui serai cause de sa mort.

ROSELLA et MIKÉLI. (On entend crier au loin.)

Comment?

CARMAGNOLE, en dehors.

Me voilà! me voilà!

ROSELLA.
C'est lui, je reconnais sa voix.
CATHERINE.
Oui, mon enfant, c'est lui; n'ayez pas peur. (Tout le monde se groupe au fond. On entend encore quelques coups de fusil.)

SCÈNE XXIV.
Les Mêmes, CARMAGNOLE.

CARMAGNOLE, tout essoufflé.
Ouf! me v'là! j'espère que je n'ai pas été long, j'ai remis votre lettre au général lui-même, en personne... à cheval... cré coquin! il est bien ficelé, celui-là. (Apercevant Mikéli.) Tiens... vous v'là, père Mikéli, bonjour.
LE COLONEL.
Eh bien! le général?..
CARMAGNOLE.
Il a dit que c'était bien.
LE COLONEL, lui prenant la main.
Mon camarade, tu es un brave!
CARMAGNOLE.
Quoique ça, mon commandant, ils n'ont pas joué leur rôle si bien que ceux-ci, les autres...
LE COLONEL.
Que veux-tu dire?
CARMAGNOLE.
Oui, quand j'ai passé dans le sentier pour aller faire votr' commission, ils ne m'ont tiré que quelques méchans coups de fusil... pan! pan! pan! moi, qui s'attendais à un bon feu de peloton, bien nourri... j'ai bien vu tout de suite que c'était un' plaisanterie.
LE COLONEL.
Quoi, tu as cru?
CARMAGNOLE.
Pardine! aussi, à chaque coup de fusil, pour leur faire voir que j'avais pas peur, je leur z'y ôtais mon chapeau... monsieur, je vous salue bien, bien le bonjour, bien des choses chez vous... (En parlant il ôte son chapeau, il en tombe deux balles.) Hein? qu'est-ce que c'est que ça?
MIKÉLI, les ramassant.
Des balles...
CARMAGNOLE.
De plomb?
MIKÉLI, les lui donnant.
Tiens!
CARMAGNOLE.
Comment, c'était pour de bon. (Il se tâte la tête.) Eh ben! et la fusillade.
LOREAU.
Aussi... et tu l'as échappé belle.
CARMAGNOLE.
Ah! mais... ah! mais... (Il se trouve mal, on le soutient.)
ROSELLA.
Mon pauvre Carmagnole!
LOREAU.
Comment, il n'y croyait pas?.. je ne m'étonne plus de son courage...
CARMAGNOLE, revenant à lui.
Oh! mais... oh! mais... Ah ça! père Mikéli, qu'est-ce que vous êtes donc venu me chanter, que les Français étaient des farceurs... elles sont jolies leurs farces... Oh! mais... oh! mais...
LE COLONEL, riant.
Remets-toi, mon garçon... tu n'en as pas moins rendu un grand service.
CARMAGNOLE.
Où donc?
LE COLONEL.
Ces clous, qu'on t'avait chargé de planter dans cet arbre; ils devaient indiquer le nombre de nos régimens.
CARMAGNOLE.
Quoi! les six clous... vous n'aviez donc que six régimens, et moi qui en

ai planté plus de vingt... c'est donc ça qu'ils s'en sauvent, qu'ils s'en sauvent... les capons !.. Ah ben ! à la bonne heure, sans le savoir, j'en ai fait une bonne...

LE COLONEL.

Aussi, dès ce moment, tu as dans ma demi-brigade, le grade de caporal.

MIKÉLI.

A moins que tu n'aimes mieux épouser Rosella, car, maintenant, tu en es digne.

CARMAGNOLE.

Épouser Rosella, tout de suite... Colonel, je donne ma démission de caporal, j'aime mieux être simple maréchal... dans tous les cas, vivent les Français !

LE COLONEL, aux soldats.

Mes amis... en route pour Marengo !

CARMAGNOLE.

Il n'y a pas de mal d'aller à Marengo.

TOUS.

A Marengo !

CHŒUR.

AIR

Ajoutons à notre gloire,
Amis, courons aux combats ;
Demain pour notre victoire,
Les lauriers ne manqu'ront pas.

CARMAGNOLE, au public.

AIR : Vaudeville de la Haine d'une Femme.

Messieurs, je n' suis plus militaire,
J' m'adresse à vous qu'êtes civils ;
N'allez pas me faire la guerre,
J'ai déjà couru tant d' périls.
Parfois aussi, vous faites du carnage,
Contre nous lançant vos rigueurs ;
De ball's vous ne fait's point usage,
Mais ça siffle encor davantage ;
Prouvez ce soir, en m' donnant vos faveurs,
Que les Français sont d'aimables farceurs.

REPRISE DU CHŒUR.

(Les soldats défilent pendant ce chœur, et forment tableau.)

FIN.

UNE

MAITRESSE FEMME,

COMÉDIE EN UN ACTE, MÊLÉE DE CHANTS.

PAR M. LAURENCIN.

REPRÉSENTÉE POUR LA PREMIÈRE FOIS A PARIS, PAR LA TROUPE DU GYMNASE CASTELLI,
SUR LE THÉATRE ROYAL DE L'ODÉON, LE 29 DÉCEMBRE 1836.

QUE vous mériteriez bien...   SCÈNE XX.

PARIS,
NOBIS, ÉDITEUR, RUE DU CAIRE, N° 5.
—
1836.

Personnages.	Acteurs.
MONTGADIN, propriétaire.	M. Alexandre.
CLORINDE, sa femme.	Mlle Régine.
DUPRAT, ami de Montgadin.	M. Paul.
MICHEL, fermier.	M. Frédéric.
ÉMILE.	M. Eugène.
ADÈLE, nièce de Montgadin.	Mlle Delphine.
FRANÇOISE, domestique.	Mlle Irma.
UN TAILLEUR.	M. Gardeleroy
INVITÉS.	

J.-R. MEVREL, Passage du Caire, 54.

UNE MAITRESSE FEMME,

COMÉDIE EN UN ACTE, MÊLÉE DE CHANTS.

Le théâtre représente un salon assez élégant. — Au fond, une porte ouvrant sur un vestibule. — A droite, au fond, un buffet. — Sur le premier plan, à droite, une cheminée sur laquelle on aperçoit des cafetières, une tasse, des fioles. — Plus loin, une fenêtre ouvrant sur un jardin. — Et ensuite une porte. — A gauche, sur le premier plan, un secrétaire. — Plus loin, la chambre de Clorinde et la porte de la cuisine. Table, fauteuils.

SCÈNE I.
ADÈLE, ÉMILE.

(Au lever du rideau, Adèle est assise auprès de la table et fait de la tapisserie.)

ÉMILE, entrant par le fond.

La voilà, elle est seule. (Il descend la scène.)

ADÈLE, se levant.

Ah! comment, vous ici, M. Emile.

ÉMILE.

Rassurez-vous... (Montrant le jardin.) J'ai aperçu Mme Montgadin.

ADÈLE.

Ma tante?

ÉMILE.

Oui, elle est occupée à donner des ordres aux ouvriers du petit pavillon qu'elle fait bâtir au fond de son jardin.

ADÈLE.

N'importe, je crains...

ÉMILE.

Pardonnez-moi, chère Adèle, mais je n'ai pu résister au désir de vous annoncer une bonne nouvelle.

ADÈLE.

Laquelle?

ÉMILE.

M. Serval, l'ami de votre famille e de la mienne, veut bien se charger de parler, aujourd'hui même, de notre mariage à M. Montgadin.

ADÈLE.

Eh non! ce n'est pas à lui qu'il faut s'adresser d'abord, c'est à ma tante; vous savez bien que dès qu'elle y consentira, mon oncle dira : Oui, tout de suite.

ÉMILE.

En effet, vous avez raison, j'avais oublié; mais alors, il faut que je prévienne M. Serval; oui, je retourne chez lui, il est si bon... si obligeant... (Prêtant l'oreille à droite.) Écoutez, j'ai cru entendre...

ADÈLE.

Mon oncle? il va venir, peut-être; mais allez, partez donc, monsieur, s'il vous trouvait ici... sans l'autorisation de ma tante, nous serions tous grondés.

ÉMILE.

Eh bien! je pars, mais je vous reverrai.

AIR : Douce et jolie.

Ah! je l'espère,
Bientôt, ma chère,
Je vais reparaître à vos yeux.

ADÈLE, montrant la chambre de Montgadin.

Faites silence,
De la prudence,
Que ma tante sache nos vœux;
En ces lieux elle est la maîtresse,
Si notre sort, grace à vous, l'intéresse,
Nous verrons le plus doux hymen
Finir bientôt notre destin.

ENSEMBLE.

ÉMILE.	ADÈLE.
Ah! je l'espère,	Ah! du mystère,
Bientôt, ma chère,	Il faut vous taire,
Je vais reparaître à vos yeux.	Vite revenez en ces lieux.
Oui du silence,	Faites silence,
De la prudence,	De la prudence,
Sa femme connaîtra nos vœux.	A ma tante dites nos vœux.

(Il s'éloigne rapidement en la regardant, et se jette sur Michel qui entrait; Adèle est sortie par la gauche.)

SCÈNE II.
MICHEL, puis FRANÇOISE.

MICHEL, se frottant l'épaule et ramassant son chapeau.

Sapredienne!.. hé, dites donc, vous, est-ce que ça vous aurait gêné de passer à côté...

FRANÇOISE, entrant par le fond.

Eh bien! eh bien!.. taisez-vous donc, Michel, vous allez réveiller monsieur.

MICHEL.

Pardienne!.. faut-il donc pas se laisser bousculer par cet ustrubrélu qui arrive comme une diligence Laffitte et Baillard, sur moi et sur ma dinde. (Regardant sa dinde.) Ah! s'il est possible... la voilà-t-elle pas bien présentable actuellement, moi qui lui avais si gentiment fait sa toilette pour l'offrir à Mme Montgadin.

FRANÇOISE.

Ah! vraiment.

MICHEL, baissant la voix.

Oui, parce que je vas vous dire : Le bail de la ferme va t'expirer, et comme je voudrais bien, au moment de le renouveler, obtenir quelque petits avantages.

FRANÇOISE.

Bah!.. mais vous avez fait des affaires superbes.

MICHEL, haut.

Du tout! du tout!.. (Bas.) Chût! dites donc pas ça, c'est vrai, mais on demande toujours, et si les bourgeois consentent...

FRANÇOISE.

On en profite.

MICHEL.

Voilà! mais ça n'est pas trop facile avec Mme Montgadin, cette petite femme-là vous a t'un astuce diabolique; c'est pas t'a celle-là que les fermiers feraient manger de l'avoine pour du froment; et puis elle vous a des raisonnemens que j'en demeure tout hébété drès qu'elle me parle; c'est pour ça que je m'ai fait accompagner de la camarade... (Il montre la dinde.) Elle me soutiendra.

FRANÇOISE.

Comment ça?

MICHEL.

Air de l'Opéra-Comique.

Avec madame, c'est en vain
Que j' voudrais lutter d'éloquence,
Mais aujourd'hui j'espère enfin,
Pouvoir la réduire au silence,
Contre ell', dès qu'elle paraîtra,
Moi, je commence l'escarmouche,
Et si j' fléchis, ma dind' s'ra là
Pour lui fermer la bouche.

FRANÇOISE.

Ah! ah!.. c'est égal, mon pauvre Michel; madame est bien fine.

MICHEL.

Oh! je sais, et j'aimerais bien mieux avoir affaire à monsieur... Ah!

Voilà un brave et digne homme d'homme ; c'est doux... c'est causant... c'est pas défiant, et s'il était resté garçon...

FRANÇOISE.

Il y a long-temps qu'il serait ruiné, un homme si doux... si bon... qu'il en est...

MICHEL.

Bête...

FRANÇOISE, sévèrement.

Ah ! Michel.

MICHEL.

Non, non, faible... faible...

FRANÇOISE.

Oui, trop faible, car sans sa femme, le premier venu lui ferait faire tout ce qu'il voudrait ; heureusement, madame est là qui veille à tout. A la bonne heure, voilà un maîtresse femme !

MICHEL.

Elle peut s'en flatter !.. dire qu'une toute petite femme, car enfin, c'est haut comme un abricotier de quinze mois...

FRANÇOISE.

Il faut la voir s'occuper de tout, donner des ordres à tout le monde, faire démolir par-ici, bâtir par-là ; payer les ouvriers, écrire, compter, calculer, diriger tout à la fois, depuis la cave jusqu'au grenier, depuis le dernier de ses herbages jusqu'à son jardin. Eh bien ! ça me fait plaisir, ça me flatte.

MICHEL.

Parce que ?

FRANÇOISE.

Parce que ça prouve que nous sommes encore bonnes à quelque chose, et que si on voulait laisser faire les femmes...

MICHEL.

Les femmes... les femmes ! en v'là une.

FRANÇOISE.

Oh ! il y en a d'autres.

MICHEL.

Dans queu pays ?

FRANÇOISE.

Plus près que vous ne croyez... (Montgadin tousse.) Ah ! mon Dieu, j'entends monsieur, et moi qui oubliais, si madame arrivait... (Elle souffle le feu et en rapproche une cafetière.) C'est que lorsqu'il s'agit de son mari, elle n'entend pas raison. (Elle prépare une tasse.)

SCÈNE III.

LES MÊMES, MONTGADIN.

MONTGADIN. Il est en robe de chambre et coiffé d'un foulard.

Hum ! hum !.. Françoise !.. ah ! vous voilà, c'est bien ; où est Clorinde ?

FRANÇOISE.

Madame ? elle est dans le jardin à presser les ouvriers.

MONTGADIN.

Dans le jardin, du froid qu'il fait... (Toussant.) Hum !

FRANÇOISE, lui présentant la tasse.

Tenez, prenez cela.

MONTGADIN.

Qu'est-ce que c'est ?

FRANÇOISE.

C'est ce que madame m'a dit de vous donner.

MONTGADIN.

Ma femme... ah !.. (Il boit.) Ça suffit, c'est bon, vous devriez bien aller lui dire de venir, il me semble que mon rhume commence à passer.

FRANÇOISE.

Eh bien ?

MONTGADIN.

Eh bien ! je voudrais savoir si je ne me trompe pas.

FRANÇOISE.

Dam, vous devez pourtant le savoir mieux que personne.

MONTGADIN.

Oui, mais c'est égal, je serais bien aise d'avoir son avis, allez-y tout de suite.

FRANÇOISE.

Je veux bien; Michel restera avec vous.

MONTGADIN.

Qui ca, Michel?.. Ah! tiens, c'est toi, mon garçon? approche-toi donc du feu... Françoise, allez.

FRANÇOISE.

Oui, monsieur. (Elle sort.)

SCÈNE IV.
MONTGADIN, MICHEL.

MICHEL, à part.

Nous sommes seuls, si j'osais, je vas toujours essayer, ça ne peut pas nuire.

MONTGADIN.

Assieds-toi donc... Eh bien! comment ça va-t-il à la ferme?

MICHEL, prenant un air piteux.

Mais, comme ci comme ça, notr' maître, v'là quelques années qui ne sont pas de ces meilleures, les inondations... la sécheresse...

MONTGADIN.

C'est fâcheux.

MICHEL.

Oui, c'est pénible pour les pauvres malheureux fermiers; aussi, que me suis-je fait, puisque nous v'là à la veille de renouveler le bail, je vas l'aller trouver M. Montgadin, c'est un honnête homme, et il est trop juste pour ne pas me faire une petite diminution.

MONTGADIN.

Tu parleras de ça à Mme Montgadin.

MICHEL.

Pourquoi faire? dès que vous voulez bien, c'est-il pas vous qu'êtes le maître?

MONTGADIN.

Assurément; mais...

MICHEL.

Quand on est l'homme, on est toujours le maître, c'est la règle, la femme c'est né et créé pour nous obéir.

MONTGADIN.

Sans doute; mais elle a l'habitude...

MICHEL.

C'est que je suis un peu pressé, et si vous aviez voulu... j'avais préparé... (Il tire un contrat.) Là, et d'un coup de plume... drigne, drigne, drigne, ça serait bientôt fait.

MONTGADIN.

Non, non... ma femme va venir, tu lui diras tes raisons... Eh! tiens, il me semble que je l'entends.

MICHEL, allant regarder.

Oui, c'est elle. (A part.) Ah! sapredienne! le coup est manqué. (Haut.) Eh bien! notre maître... si vous aviez la bonté... parce que madame... elle m'intimide... elle m'impose... elle vous a un air si... comme il faut... ça n'est pas comme vous...

MONTGADIN.

Hein?

MICHEL.

Non; je dis... avec vous... je me sens plus à l'aise... La voilà; vous lui parlerez, n'est-ce pas?

MONTGADIN.

Sois tranquille.

SCÈNE V.
Les Mêmes, CLORINDE, FRANÇOISE, un Tailleur, un Chapelier, un Cordonnier, un Marchand de Vin.

CLORINDE, au tailleur.

Mais encore une fois, je suis bien certaine de ce que je vous dis, M. Coupart, vous deviez me donner ce manteau il y a quinze jours; vous êtes cause que M. Montgadin a gagné un rhume affreux avant-hier. (Montgadin tousse ; elle va à lui.) Ah ! vous voilà, mon ami ; comment vous trouvez-vous ?

MONTGADIN.

Mais... heu! heu !.. qu'est-ce que tu en penses, toi ?

CLORINDE, le regardant et lui tâtant le pouls.

Le teint est meilleur... il n'y a presque plus de fièvre.

MONTGADIN.

N'est-ce pas? (A Françoise.) Vous voyez bien que j'avais raison... je suis mieux... je pourrai sortir.

CLORINDE.

De ce temps-là, y pensez-vous ?

MONTGADIN.

Mais, je pourrai manger.

CLORINDE.

Avec la fièvre? allons donc. (Au tailleur.) Eh bien! monsieur, ce manteau. (A Montgadin.) Pardon, mon ami; levez-vous un instant pour l'essayer. (Le tailleur lui essaie le manteau; au cordonnier qui lui montre les souliers.) Les avez-vous tenus plus larges, les derniers gênaient beaucoup mon mari. (Apercevant Michel.) Ah ! c'est vous, Michel? vous venez pour votre bail?.. je suis à vous dans un instant, mon garçon. (A son mari.) Eh bien! qu'en dites-vous, mon ami ?

MONTGADIN.

Moi... mais, je... qu'est-ce que tu en penses, toi ?

CLORINDE.

M. Coupart, pourquoi l'avez-vous fait si étroit ?

MONTGADIN.

Ça me va... il me semble que ça me va très bien.

CLORINDE.

Mais, du tout... comment pouvez-vous dire cela, monsieur? le collet tombe mal... c'est étriqué... sans grace... voyez comme ça bride d'ici, et l'étoffe, l'étoffe! mais voyez donc, c'est de la véritable camelotte. Mon mari ne prendra pas ce manteau, monsieur; vous lui en ferez un autre, s'il vous plaît.

LE TAILLEUR.

Pourtant madame... puisque monsieur...

MONTGADIN.

Cependant, chère amie...

CLORINDE, bas.

Taisez-vous donc. (Haut.) Mon mari est de mon avis, monsieur; n'est-ce pas, Théodore, tu ne veux pas de ce manteau ?

MONTGADIN.

Moi! certainement; mais, certainement, que je n'en veux pas.

CLORINDE.

Et surtout, faites l'autre plus ample, plus étoffé; nous ne regardons pas au prix.

LE TAILLEUR.

Il suffit, madame. (Le cordonnier essaie les souliers à Montgadin.)

CLORINDE, au marchand de vin qui lui présente sa note.

Ah ! M. Duclos, c'est la note de votre dernier envoi de vins, n'est-il pas vrai?.. vous vous rappelerez que je ne veux plus de Bordeaux, M. Montgadin a l'estomac très paresseux.

MONTGADIN.

Oui, oui... j'ai les digestions difficiles.

CLORINDE, bas à son mari.

A qui la faute, gros gourmand? (Haut.) Vous m'enverrez du Bourgogne, du Richebourg, des crûs de M. de Joursenvault, et nous les préférons. (Lisant la note.) Ah! du Malaga, veux-tu du Malaga, Théodore?

MONTGADIN.

Du Malaga?..eh! mais... ça n'est déjà pas si... qu'est-ce que tu en penses, toi?

CLORINDE.

Vous en mettrez vingt bouteilles, monsieur. (Au chapelier.) Le chapeau.

MONTGADIN.

Ah! oui, voyons...

CLORINDE.

Non, non, vous l'essaierez dans un autre moment, gardez votre foulard.

MONTGADIN, qui essaie toujours ses souliers.

Ah! c'est juste...

CLORINDE, s'approchant vivement.

Comment, encore! monsieur, s'ils vous gênent, il ne faut pas les prendre.

MONTGADIN.

Eh! non, non, je dis... c'est juste... je garde mon foulard, parce que le froid... mais les souliers sont très bien. (Il se lève.)

CLORINDE.

Voyons cela... marchez.

MONTGADIN.

Oh! très bien... je marche... hein... Ah! mais, oh! mais, je ne me sens pas aller... je ferais soixante-quatorze lieues sans me reposer, avec ça... et je battrais trois six consécutifs avec plaisir. (Il veut s'élancer.)

CLORINDE, l'arrêtant.

Je vous le conseille... pour vous donner encore un lombago, n'est-ce pas? bon Dieu, quel étourdi vous faites... vous n'avez pas plus de raison... asseyez-vous.

MONTGADIN.

Mais...

CLORINDE.

Mais, mais, asseyez-vous donc auprès du feu. (Passant les notes des fournisseurs.) Messieurs, surtout, n'oubliez pas mes recommandations...

LES FOURNISSEURS.

AIR : Final de la Femme de l'Épicier.

Merci, merci, madame;
Nous partons!
Ailleurs on nous réclame,
Dépêchons!

CLORINDE.

De l'exactitude!

LE TAILLEUR.

Nous ferons de notre mieux!
C'est notre habitude.

CLORINDE.

Très bien; au revoir, messieurs.

REPRISE DE L'ENSEMBLE.

Jusqu'au revoir, madame, etc.

SCÈNE VI.

LES MÊMES, excepté LES FOURNISSEURS.

CLORINDE, elle examine les notes.

A nous, maintenant, mon garçon; comment se porte-t-on chez vous?

MICHEL.

Vous êtes bien honnête, madame; ça va t'assez gentiment, si ce n'est pourtant que mon aînée a la fièvre chaude; oui, et ma seconde qu'a téu une indigéquesion de galette.

MONTGADIN.

Il fallait lui faire prendre du thé... moi, dans ces cas-là...

CLORINDE, bas.

Taisez-vous donc, monsieur... il est inutile que tout le monde sache... (Haut à Michel.) Il faut prendre garde.

MICHEL.
Oh! il n'y a pas de risques, elle en a l'habitude... quant au petit gas, votre filleul, ça fera un luron; c'est fort comme un turc de trois ans.

CLORINDE, même jeu.
Tant mieux, il pourra vous aider sur vos vieux jours.

MICHEL.
Oui, mais en attendant, il faut nourrir tout ça; ça mange comme des rats, et les temps sont si durs... comme je le disais à monsieur; pas vrai, notre maître? (Il le pousse du coude.)

MONTGADIN.
En effet... Michel me disait... (Bas.) Qu'est-ce que tu me disais donc?

MICHEL, bas.
Les inondations.

MONTGADIN.
Il paraîtrait que les inondations...

CLORINDE.
Comment cela; mais la rivière n'a jamais dépassé la propriété de M. Fleuriot.

MICHEL, à part.
Ah! sapredienne... (Bas à Montgadin.) La sécheresse.

MONTGADIN.
Oui; mais il paraîtrait que la sécheresse...

CLORINDE.
Vous voulez rire... il a plu tout l'été.

MICHEL.
Non, c'est la neige que je voulais dire.

CLORINDE.
La neige, au mois de juillet?

MICHEL, à part.
Oh! queu bêtise! (Offrant sa dinde.) Si madame voulait accepter.

MONTGADIN.
Ah ça! mais, qu'est-ce que tu nous contes donc?

MICHEL.
Vrai... madame, si vous aviez vu mes foins... ça n'était pas mangeable.

CLORINDE.
C'est pour cela que vous les avez vendus plus cher que jamais à M. Duval.

MICHEL, se grattant l'oreille.
Aïe! aïe! (Lui présentant sa dinde.) Si madame voulait accepter.

CLORINDE.
Avez-vous apporté l'ancien bail?

MICHEL, le tirant de sa poche.
Oui... et puis... j'ai aussi... madame verra. (Il lui donne les papiers; bas à Montgadin.) Parlez-lui donc...

MONTGADIN.
Il paraîtrait aussi que ce pauvre Michel a éprouvé des pertes... et alors, à cause de tout cela... il desirerait... (A Michel.) N'est-ce pas?

CLORINDE.
Je comprends; mais si vous écoutez, si vous croyez toutes les fables de vos fermiers.

MONTGADIN.
Il paraîtrait, néanmoins...

MICHEL.
C'est pourtant bien sûr, madame.

CLORINDE, le regardant.
Quoi, sûr?.. quoi?.. voyons, expliquez-vous.

MICHEL, intimidé.
Je vais vous dire... il y a d'abord eu... les moutons.

CLORINDE.
Eh bien! les moutons?

MICHEL.
Eh bien!.. c'est la clavelée... elle a été terrible, la clavelée... ces pauvres bêtes...

CLORINDE.
Il vous en est mort dix sur trois cents, je le sais.
MICHEL, stupéfait.
Ah! (Offrant sa dinde.) Si madame voulait...
CLORINDE.
Après?
MICHEL, se grattant l'oreille.
Et puis... et puis...
MONTGADIN.
Va donc?
MICHEL.
Il y a téu aussi les chenilles... l'année a été très chenilleuse... et les hannetons donc, les hannetons donc...
MONTGADIN.
J'ai ouï dire, en effet, que ce petit volatile avait montré une voracité peu commune.
MICHEL.
C'est comme les pierrots et les corbeaux... Dieu! queux dégats, queux dégats! je ne sais pas pourquoi qu'ils viennent tous chez nous...
CLORINDE.
Tu ne le sais pas? (Lui frappant sur la joue avec le bail.) Mon garçon? je vais te le dire : c'est pour te rendre service... oui... pour t'aider à obtenir 500 francs de diminution sur ton bail. (Riant.) Ah! ah! ce brave Michel... c'est un rusé compère.
MICHEL, présentant sa dinde.
Si madame voulait accepter...
CLORINDE.
Volontiers... merci, mon garçon. (Elle met le bail dans le secrétaire et le ferme.) Mais nous causerons du bail dans la journée; il faut que je sorte.
MICHEL.
Vous consentez, n'est-ce pas?
CLORINDE.
A le renouveler aux mêmes conditions? certainement. (Elle sonne, Françoise paraît.) Mon châle, mon chapeau. (Elle les met pendant ce qui suit.)
MICHEL.
Dites donc, notre maître.
MONTGADIN.
Ah! dam... qu'est-ce que tu veux... je n'avais pas réfléchi à tout ce que...
MICHEL.
Vous m'abandonnez?
MONTGADIN.
Eh non! mais, Clorinde ta donné des raisons...
CLORINDE.
Mon ami... je vais jusques chez Mme Serval qui m'a fait prier de passer chez elle... Michel, attendez-moi, vous déjeunerez ici.
MICHEL.
C'est que... j'ai promis à mon cousin Pierre Lerouge.
CLORINDE.
Ah! si vous avez promis.
MICHEL.
C'est égal... j'accepte. (A part.) La cuisine de Mlle Françoise est plus copieuse, et le vin du bourgeois plus chenu.
CLORINDE.
Je passe par ici, c'est le plus court... surtout, mon ami, tenez-vous bien chaudement; couvrez-vous bien. Françoise, fermez les fenêtres, les portes. (A Montgadin.) Si vous continuez d'être bien raisonnable, on vous fera une tasse de chocolat, entendez-vous, Françoise?
MONTGADIN.
Du chocolat! j'aimerais bien mieux une aile de n'importe quoi.
CLORINDE.
Non, monsieur, non.
MONTGADIN.
Mais...

CLORINDE.

Mais, taisez-vous donc ; vous êtes malade, et vous parlez toujours de manger, en vérité vous êtes pire qu'un enfant.

Air :

Mais il faut que je vous quitte,
Restez ici, ne sortez pas.

MONTGADIN.

Va ; mais reviens vite,
Pour assister à mon repas.

ENSEMBLE.

CLORINDE.	MONTGADIN.
Oui mes ami, je vous quitte,	A te hâter je t'invite,
Restez ici, ne sortez pas ;	Non, je ne sortirai pas ;
Je vais revenir bien vite,	Va, mais surtout reviens vite
Pour surveiller mon repas.	Pour assister à mon repas.
FRANÇOISE, à Michel.	MICHEL, à Françoise.
Allez, puisqu'ell' vous invite,	Pour un moment je vous quitte ;
Et croyez-moi, pressez le pas ;	Mais je saurai presser le pas,
Ici revenez bien vite,	Afin de revenir bien vite,
Je vais préparer le repas.	Ici partager leur repas.

SCÈNE VII.

MONTGADIN seul.

Chère Clorinde ! quelle femme... quel phénix de femme, et dire que c'est la mienne... une femme qui prend tout le fardeau du ménage et qui ne m'en laisse que les béatitudes ; car enfin... je ne fais rien... je ne m'inquiète de rien... je ne pense à rien... je mange quand je veux... je digère quand je... quand je peux... malheureusement, j'ai l'estomac si susceptible... et puis, j'aime tant la croûte de pâté... mais qu'est-ce que ça me fait... Clorinde n'est-elle pas toujours là pour me faire du thé... Ah! Dieu! qu'on est bien ainsi... les pieds sur les chenets... mon foulard sur les oreilles, enseveli dans ma douillette, et plongé dans cette dormeuse... mon journal entre mes mains et les yeux fermés... qu'on me fasse donc voir, maintenant, un mortel plus fortuné que moi... ô félicité conjugale... ô!.. si je m'assoupissais, ça me ferait prendre patience en attendant mon chocolat. (Il s'enfonce dans son fauteuil et fredonne :) « L'hymen est un lien charmant ! »

SCÈNE VIII.

MONTGADIN, DUPRAT.

DUPRAT.

Eh bien! personne ici non plus?

MONTGADIN, sans se déranger.

Qui est là?

DUPRAT.

Ah! enfin, voici quelqu'un.

MONTGADIN, même jeu.

Qui est là?

DUPRAT.

M. Montgadin, s'il vous plaît.

MONTGADIN.

Parlez à ma femme.

DUPRAT, s'approchant de lui et l'examinant.

Mais je ne me trompe pas, c'est lui-même. (Lui frappant sur l'épaule.) Hé! Montgadin.

MONTGADIN.

oi donc tranquille, vous voyez bien que je m'endors...

DUPRAT.

Mais...

MONTGADIN.

Ça ne me reg de pas, parlez à ma femme.

DUPRAT.

Allons, réveille-toi donc... et reconnais-moi... (Montgadin le regarde.) Je suis Duprat, ton ancien camarade de collége.

MONTGADIN, se levant.

Bah!.. Rodolphe Duprat, qui m'a donné tant de...

DUPRAT, lui frappant vivement sur l'épaule.

Juste.

MONTGADIN.

Oui, oui, c'est bien toi, je te remets parfaitement maintenant, et qu'est-ce qui me procure... (Il se frotte l'épaule.) le plaisir de te voir... d'où viens-tu?

DUPRAT.

Mais, d'assez loin, mon cher.

MONTGADIN.

Assieds-toi donc.

DUPRAT.

Merci, j'arrive de Constantinople.

MONTGADIN.

De Constan...ti... (Apportant une chaise.) Mais assieds-toi donc bien vite; comment peut-on arriver de Constantinople? et qu'est-ce que tu faisais dans ce pays-là?

DUPRAT.

J'étais employé à l'ambassade de France, il me semble te l'avoir écrit.

MONTGADIN.

Ah! oui, oui, il y a cinq ans de cela, je m'en souviens, c'était au moment de mon mariage.

DUPRAT.

Ainsi tu es marié?

MONTGADIN, se rengorgeant.

Je m'en fais gloire.

DUPRAT.

Comment cela? est-ce que aurais épousé... une princesse russe?

MONTGADIN.

Non, mon cher, mais j'ai épousé... une femme... oh! mais une femme... tu la verras, car tu vas passer quelques jours avec nous.

DUPRAT.

Volontiers, je suis appelé à Bayeux par quelques affaires et puis j'ai formé un projet, je te conterai cela en déjeunant... A quelle heure déjeunes-tu?

MONTGADIN.

Heu! heu!.. je ne puis pas te dire au juste. d'ordinaire c'est ma femme qui...

DUPRAT.

Je comprends; c'est que la route, la fatigue... ne pourrais-tu pas me faire donner quelque chose en attendant?

MONTGADIN.

C'est que... Clorinde est sortie, et à te dire vrai... comme c'est elle qui...

DUPRAT.

Eh bien, indique-moi du moins l'appartement que tu me destines, je profiterai de cet instant...

MONTGADIN.

C'est que... ma femme... je crois avoir entendu parler de réparations qu'elle fait faire à la maison, et à dire vrai, je ne pourrais pas t'indiquer au juste.

DUPRAT.

Dis-le-moi toujours à peu près.

MONTGADIN.

Franchement, je ne puis pas te le dire du tout; j'aime mieux te le dire tout de suite.

DUPRAT.

Que le diable t'emporte.

MONTGADIN.

Attends un peu, ma femme va rentrer.

DUPRAT.

Ta femme, ta femme, serait-ce elle que je viens d'apercevoir.

MONTGADIN.

Non, elle est sortie... des courses... des visites, je ne sais pas trop; tu auras vu ma nièce.

DUPRAT.

Ah! oui, ta nièce, une jeune personne fort intéressante.

MONTGADIN.

Comment sais-tu?

DUPRAT.

Il y a un mois, j'étais à Rouen, j'accompagnais un de mes amis qui allait conduire sa fille chez Mme Berthaud.

MONTGADIN.

La maîtresse de pension d'Adèle, c'est là que tu l'auras vue.

DUPRAT.

Précisément; j'appris que c'était ta nièce, et l'on m'en dit un bien, on m'en fit un éloge, et comme depuis mon retour, j'ai des idées de mariage.

MONTGADIN.

Vraiment!

DUPRAT.

Oui, et puis c'était un moyen de me rapprocher d'un ancien ami. (Il lui serre la main.) Je me suis dit : j'irai voir Théodore, c'est un bon enfant, je suis assez bien tourné, dit-on, j'ai quelques économies, je ferai le bonheur de cette jeune fille; c'est sans doute quelque pauvre orpheline recueillie par cet excellent Montgadin?

MONTGADIN.

Adèle, pauvre? allons donc, elle aura quinze mille livres de rente.

DUPRAT.

Ah! vraiment? (A part.) Très bien, on ne m'avait pas trompé. (Haut.) Mais tu avais peut-être déjà des projets.

MONTGADIN.

Moi? non du tout, c'est-à-dire, je n'en sais rien, je demanderai à ma femme.

DUPRAT.

Ta femme, il me semble que ça te regarde plus qu'elle, c'est ta nièce et non la sienne; mais nous en reparlerons, j'ai quelques courses à faire, j'ai bien envie de m'en débarrasser; tu devrais bien venir avec moi.

MONTGADIN.

Moi? oh! non, Clorinde ne veut pas que je sorte.

DUPRAT.

Comment? Ah ça! mais on dirait que tu ne peux rien faire...

MONTGADIN.

Sans elle, précisément; parce que vois-tu, c'est elle qui se mêle de tout cela.

DUPRAT.

Et toi?

MONTGADIN.

Moi, c'est différent, je ne me mêle de rien, voilà l'avantage d'avoir une femme, mon ami.

Air de l'Écu de six francs.

Oui, mon cher, dans un bon ménage,
Tu le sais aussi bien que moi,
Travail, repos, tout se partage;
Je m'en trouve fort bien, ma foi,
Je m'en trouve très bien, ma foi.
Ah! c'est une excellente chose,
Cette loi chez nous a son cours,
Ma femme travaille toujours,
Et moi toujours je me repose.

DUPRAT.

Et les affaires?

MONTGADIN.

C'est elle.

DUPRAT.

La gestion de tes biens?

MONTGADIN.

C'est encore elle.

DUPRAT.

Mais.

MONTGADIN.

Toujours elle, mon ami, c'est une femme phénoménale, te dis-je, c'est un Napoléon en petit bonnet, elle fait tout, dirige tout... Clorinde a manqué son état; elle devrait être reine ou impératrice.

DUPRAT.

Fort bien, je commence à comprendre ce qu'un de tes voisins avec qui j'ai voyagé m'a dit ce matin, je vois que c'est la vérité, tu te laisses mener, on te conduit à la lisière comme un marmot... (Mouvement de Montgadin.) On t'opprime et tu ne t'en doutes pas, parce qu'on s'y prend adroitement; mais malheureux, tu es en puissance de femme... tout ce qu'il y a de plus humiliant, tu as laissé tombé l'autorité maritale en quenouille. aveugle que tu es.

MONTGADIN.

Qu'est-ce que ça fait, si je suis heureux.

DUPRAT.

Mais tu ne l'es pas, mais tu ne peux pas l'être, dans l'état d'esclavage où je te vois plongé, tu ravales la dignité d'homme.

MONTGADIN.

Tu crois que je...

DUPRAT.

Eh! sans doute... ah! ça te mènera loin si tu continues, tu verras plus tard... Ah! ce pauvre ami... Il ne te manque plus que de te coiffer d'une cornette et de prendre un ridicule... tu me diras que tu en as déjà bien assez comme ça.

MONTGADIN.

Hein?

DUPRAT.

Mais tu dois être la risée de la toute ville.

MONTGADIN.

Par exemple! si je le savais!

DUPRAT, riant.

Ah! ah! ce pauvre garçon qui n'ose pas franchir le seuil de sa porte sans la permission de sa femme.

MONTGADIN.

C'est-à-dire...

DUPRAT.

Ah! ah! qui ne peut pas donner une chambre à son meilleur ami, ou disposer de la main de sa nièce sans consulter sa femme.

MONTGADIN.

Eh! si.

DUPRAT.

Eh! non.

MONTGADIN.

Eh! si.

DUPRAT.

Je t'en défie bien.

MONTGADIN.

Tu verras.

DUPRAT, à part.

C'est cela, il y vient, et quand il se met quelque chose dans la tête, il est comme tous les hommes faibles... d'une témérité...

MONTGADIN.

Tu dis?

DUPRAT.

Je dis que le dernier des charbonniers est maître chez lui, et toi tu n'es qu'un zéro... une machine... un ilote... un nègre, quand tu devrais commander, ordonner.

MONTGADIN.
Au fait, c'est juste, je n'avais jamais pensé à ça.
DUPRAT.
Madame sort, va faire des visites; toi, tu restes ici à veiller les tisons, tu gardes la maison, tu rampes, tu végètes comme une plante.
MONTGADIN.
C'est qu'il a raison, et moi qui n'avais jamais pensé...
DUPRAT.
Et tu appelles cela être heureux.
MONTGADIN.
Du tout, par exemple!
DUPRAT.
Quand on te mène comme un petit garçon; dis donc... (Ricanant.) Est-ce que ta femme ne te met pas quelquefois au pain sec?
MONTGADIN.
Ma foi, ma foi, je le préférerais encore à cette maudite diète.
DUPRAT.
La diète, ah! ah! allons donc, usage pernicieux et débilitant, imite-moi, mon ami, bois de bon vin.
MONTGADIN.
Je ne demanderais pas mieux, mais ma femme dit que ma santé...
DUPRAT.
Bon! il ne lui manquait plus que de te traiter comme un infirme.
MONTGADIN.
Un infirme!
DUPRAT.
Allons, morbleu! du cœur, relève la tête, brise tes fers, redeviens le maître, fais tes affaires toi-même, commande ici et... et marie ta nièce à ton gré, choisis un bon enfant qui la rende heureuse, très-heureuse.
MONTGADIN.
Eh bien! oui.
DUPRAT.
Bah! tu consens?
MONTGADIN.
Non... je dis oui, je brise mes fers, je me révolte, je romps mes chaînes, je casse les vitres, je les foule aux pieds, parce qu'après tout ça doit être amusant de commander; je n'avais jamais pensé à ça, et puis enfin je ne veux pas qu'on me montre au doigt comme une bête... curieuse.
DUPRAT.
A la bonne heure! ainsi tu es bien décidé.
MONTGADIN.
Très décidé... résolu! sapristi! n'est-ce pas assez de cinq années d'esclavage! dire que j'ai passé cinq ans dans les fers sans m'en apercevoir, l'habitude du malheur m'avait blasé sur mon état... Ah! mon ami, mon rédempteur, car tu es mon rédempteur, toi! aussi, tu vas rester, je le veux, je te ferai donner une chambre, la plus belle.
DUPRAT.
C'est bien, mais veux-tu m'accompagner.
MONTGADIN.
Non, je l'attends, je veux parler à Clorinde.
DUPRAT.
Tiens! regarde... là-bas...
MONTGADIN, effrayé.
C'est elle... Oh! c'est elle, mon ami.
DUPRAT.
Eh bien! je te quitte.
MONTGADIN.
Non, reste, tu me soutiendras...toi qui viens de la patrie du grand Turc, tu dois avoir l'habitude...
DUPRAT.
Non, il vaut mieux lui laisser croire que cela vient de toi... cela te fera plus d'honneur.
MONTGADIN.
Tu crois ça... au fait, c'est juste; je ne pensais pas à ça; mais tu vas re-

venir déjeuner, et pour célébrer le jour de mon émancipation, je donne un grand dîner. (Il écrit.)

DUPRAT.

Mais ta femme?..

MONTGADIN.

Laisse donc... je vais donner des ordres.

DUPRAT.

Très bien!.. Au revoir! (Il sort.)

SCÈNE IX.
MONTGADIN, FRANÇOISE, puis MICHEL.

MONTGADIN, sonnant.

Françoise. (Frappant du pied.) Françoise. (Elle entre.) Allons donc, allons donc, Françoise!

FRANÇOISE.

Eh! mon Dieu! qu'est-ce qu'il y a donc?.. j'ai cru que vous étiez tombé dans le feu!

MONTGADIN, criant.

Il y a, il y a... pourquoi n'êtes-vous pas venue tout de suite?

FRANÇOISE.

J'étais occupée.

MONTGADIN, plus fort.

Occupée... occupée... vous êtes toujours occupée quand on vous appelle! (Il tousse.)

FRANÇOISE.

Je faisais le déjeuner de M. Michel.

MICHEL, entrant.

Ah! bon, ah! bon, bon... ça ne me fera pas de mal, j'ai l'estomac qui crie vengeance.

MONTGADIN.

Eh bien!

MICHEL.

Plaît-il!

MONTGADIN.

Eh bien! après... qu'est-ce que tu veux?

MICHEL.

Je veux... que madame m'a invité à déjeuner.

MONTGADIN.

C'est possible; mais je ne t'ai pas invité, moi, et tu peux aller chercher ta pâtée ailleurs.

MICHEL.

Ma pâtée ailleurs... et où que c'est ça?.. puisque je viens de remercier Pierre Lerouge et qu'il doit être parti.

MONTGADIN.

Tant pis pour toi!

FRANÇOISE.

Mais puisque madame...

MONTGADIN.

Madame, madame... madame a eu tort... je suis le maître... et j'entends, et je prétends qu'on m'obéisse... Ah! ah!

FRANÇOISE, le regardant avec inquiétude.

Ah ça! mais...

MONTGADIN, à Michel qui lui parle.

Oui, je suis le seul maître ici.

FRANÇOISE.

Ah! mon Dieu! est-ce qu'il aurait quelque chose de dérangé.

MICHEL.

Ah! très bien! notre maître; voilà ce que je lui disais ce matin: l'homme ça doit être comme qui dirait le roi dans son ménage, il faut que le chapeau soit à la tête de la maison.

MONTGADIN.

Très bien... touche là mon garçon... je t'estime... tu déjeuneras avec moi.

MICHEL.
Avec plaisir, notre maître; mais, voyez-vous, moi, pour ce qui est du chocolat.
MONTGADIN.
Et qu'est-ce qui te parle de chocolat... non, non, du pâté... de la croûte de pâté... du jambon... du homard... Oh! du homard...
FRANÇOISE.
Miséricorde! vous voulez donc vous détruire?
MONTGADIN.
Ça ne vous regarde pas... vous irez m'acheter un homard... je veux du homard... j'en veux beaucoup... allez... allez...
FRANÇOISE.
Non, monsieur.
MONTGADIN.
Françoise, ne m'exaspérez pas... courez vite.
FRANÇOISE.
Non, monsieur.
MICHEL.
Eh bien! j'y vais; moi, j'y vais, je passe de votre côté... parce que entre maris... entre s'hommes, il faut se soutenir!
MONTGADIN.
A merveille!.. va! et apportes-en deux, chacun un... ah! attends. (Il écrit vivement deux ou trois lettres.) Tu porteras ces lettres en même temps... ce brave Michel... sois tranquille, je ne t'oublierai pas.
MICHEL.
Ni mon bail non plus.
MONTGADIN.
Certainement... tiens...

Air : Ayez en moi confiance. (PROSPER ET VINCENT.)

Vite, car la faim me presse,
Obéis, mais sans retard;
Mon cher, cela t'intéresse,
Tu dois en avoir ta part.
MICHEL.
Votre fermier fidèle,
Toujours vous obéit;
Comptez donc sur son zèle,
(A part.) Et sur son appétit.
ENSEMBLE.

MICHEL.	FRANÇOISE, à Michel
J'y cours, la faim me presse,	Ah! je vais à ma maîtresse,
Et j'obéis sans retard;	De tout cela faire part;
Car ce repas m'intéresse,	Et de cette hardiesse,
Puisque j'en aurai ma part.	Ell' vous punira plus tard.

MONTGADIN.
Vite, car la faim me presse, etc.
MONTGADIN, sortant, à Françoise.
Et vous, à votre cuisine, tout de suite... je le veux, je l'ordonne.
FRANÇOISE.
C'est fini! il est fêlé pour sûr, il est très fêlé.

SCÈNE X.
MONTGADIN, puis CLORINDE.

MONTGADIN.
Ah! c'est elle... nous allons voir. (Marchant.) Ah! je suis la risée de toute la ville... ah! je suis un serin... nous allons voir...
CLORINDE.
Eh bien! eh bien, que faites-vous donc là, mon ami... pourquoi n'êtes-vous pas auprès du feu...
MONTGADIN, résolûment.
Parce que!..

CLORINDE.

Mais, que vois-je!.. et votre chocolat, Françoise ne l'a donc pas encore fait?

MONTGADIN.

Non.

CLORINDE.

Pourquoi donc cela?

MONTGADIN.

Parce que je n'en veux pas.

CLORINDE.

Mais il est temps de déjeuner.

MONTGADIN.

Et si je ne veux pas déjeuner, moi!

CLORINDE.

Mais il est onze heures, vous devez avoir faim.

MONTGADIN.

Ah! je dois... et si je ne veux pas avoir faim, moi.

CLORINDE.

Vous dites?

MONTGADIN.

Eh bien! non... je n'ai pas faim... je ne mangerai pas... je ne déjeunerai pas... je mangerai quand ça me fera plaisir...demain... après-demain... la semaine prochaine... à Pâques... ou à la Trinité...

CLORINDE, l'examinant.

Ah ça... que signifie...

MONTGADIN.

Ça signifie... ça signifie que mon estomac m'appartient... c'est ma propriété, et je ne veux pas qu'on en dispose comme d'un four bannal, où le premier venu peut introduire à toute heure ce qui lui fait plaisir...

CLORINDE.

Qu'entends-je?

MONTGADIN.

J'y mettrai ce que je voudrai... ce qui me conviendra le mieux... à l'heure qui me plaira.

CLORINDE.

Mais en vérité, mon ami, je vous écoute depuis dix minutes sans vous comprendre.

MONTGADIN, avec ironie.

Ceci prouve peu en faveur de votre intelligence, chère amie.

CLORINDE.

Monsieur...

MONTGADIN.

Enfin... je ne veux pas déjeuner... je ne déjeunerai pas... est-ce assez clair.

SCÈNE XI.
Les Mêmes, MICHEL.

MICHEL, qui a entendu les derniers mots.

Hein? ah! par exemple... en voici bien d'une autre à présent. (Haut.) Ah ça! et moi; moi qui les ai commandés...

MONTGADIN.

Qui! quoi?

MICHEL.

Les zhomards.

MONTGADIN.

Ah! oui.. oui... mais je ne veux rien prendre. (Bas.) Dès qu'ils seront ici, tu m'avertiras.

CLORINDE.

C'est singulier, qu'ont-ils donc à se dire. (Haut.) Ainsi, mon ami, vous refusez votre chocolat.

MONTGADIN.

Parfaitement... allons donc, du chocolat.

MICHEL.

Fi donc! c'est bon pour votre chat.

CLORINDE.
Michel, taisez-vous.
MICHEL.
Faut-il me taire, notre maître ?
CLORINDE.
Silence ! vous dis-je... et laissez-nous... sortez...
MICHEL.
Faut-il sortir sortir? notre maître.
MONTGADIN.
Non, non ; et les invitations ?
MICHEL.
C'est fait... on viendra.
CLORINDE.
Qui cela ?
MONTGADIN.
Ah ! c'est juste. (Prenant un ton de maître.) Chère amie... je donne aujourd'hui un dîner de douze couverts.
CLORINDE.
Comment, encore ? la plaisanterie peut vous paraître fort spirituelle, mon ami ; mais je la trouve un peu longue et de fort mauvais goût.
MONTGADIN.
Je ne plaisante pas, madame.
CLORINDE.
Ah ! alors, monsieur, il faut que je sache. (A Michel.) Sortez, sortez donc.
MONTGADIN.
Reste.
CLORINEE.
Je vous ordonne de sortir.
MONTGADIN.
Je l'ordonne de rester.
MICHEL.
Je reste.

ENSEMBLE.

CLORINDE.		MONTGADIN, à Clorinde.
Air : Téméraire.		
Du silence !		Ah ! silence !
Sortez,	(A Michel.)	Partez
Redoutez		Et restez,
Ma vengeance,		Ma présence,
Partez, éloignez-vous,		Contre son fier courroux,
Ou craignez mon courroux.		Vous protégera tous.

CLORINDE.
Michel, sortez, je le veux, fermez la porte du vestibule que vous avez laissée ouverte.
MONTGADIN.
Ne la ferme pas.
CLORINDE, à part.
Ah ! quelle patience... (Haut.) Mon ami, il fait très froid.
MONTGADIN.
Moi, je trouve qu'il fait trop chaud... j'étouffe, Michel, ouvre les portes, ouvre les fenêtres.
CLORINDE.
Mais perdez-vous l'esprit ? enrhumé comme vous l'êtes.
MONTGADIN.
Je ne suis pas enrhumé.   (Il tousse.)
CLORINDE.
Là, vous voyez ?
MONTGADIN.
C'est une toux d'échauffement... c'est nerveux, vous me contrariez... vous m'agacez... vous me crispez...   (Il tousse.)
CLORINDE, avec douceur en lui préparant une tasse de tisane.
Allons, calmez-vous, car en vérité je ne conçois rien... (Elle lui présente la tasse.) Tenez, buvez cela... vite donc, monsieur, je le veux, dépêchez-vous.   (Montgadin prend la tasse machinalement et se prépare à boire.)

MICHEL, bas.

Eh bien! qu'est-ce que vous faites donc, notre maître.

MONTGADIN.

Comment!.. ah! oui, comment! je le veux... de la tisane... de la tisane! je la repousse... (Avec indignation.) Je la méprise... (Il jette la tisane dans le feu.)

CLORINDE.

Ah! monsieur, monsieur, c'en est trop, si vous avez entrepris de me pousser à bout, si c'est une gageure, je vous déclare que vous êtes bien près de la gagner, vous pouvez faire tout ce que vous voudrez.

MONTGADIN.

C'est bien comme cela que je l'entend.

Air : Ces postillons sont d'une maladresse.

Oui, c'en est fait, mon ame grande et fière
S'indigne, enfin, d'un joug aussi honteux,
Je veux agir et vivre à ma manière,
Je veux... je veux... pouvoir quand je le veux,
Dire : je veux... voilà ce que je veux!
Je ne veux pas qu'on puisse encore dire
Qu'à la lisière on me conduit...

CLORINDE.

Allons,
Je vois, monsieur, qu'il faudra vous conduire
Aux petites maisons.

MONTGADIN.

Qu'est-ce que vous dites?.. silence! oui, madame, oui, j'ai ouvert les yeux... je suis le mari... je suis le maître.

CLORINDE.

Quel langage!.. mais c'est inconcevable, il faut que quelqu'un vous ait monté la tête.

MONTGADIN.

Ah! c'est-à-dire que vous me croyez incapable... d'avoir une volonté, n'est-ce pas... je suis une machine, une plante, n'est-ce pas... un infirme? Ah! oui dà! un infirme... et à qui la faute, quand vous me tenez plongé dans l'eau de riz, dans l'eau d'orge, dans l'eau de gomme et dans toutes les eaux imaginables, sans compter les sirops... les... Mais attendez... (Il ouvre la fenêtre et jette les pots de tisane, les flacons de sirop.) Allez donc... allez.

MICHEL, prenant la tasse et la jetant.

Faut-il vous donner un coup de main, notre maître?

MONTGADIN et MICHEL.

Allez donc.

CLORINDE, se croisant les bras.

Très bien, fort bien, continuez...

MONTGADIN.

Ah! un infirme!.. (Il ôte son foulard et le jette par terre.) Et allez donc... (Otant sa robe de chambre.) Michel, donne-moi mon habit, je veux sortir, je vais me promener.

CLORINDE.

Non, monsieur, non, je ne vous le permettrai pas.

MONTGADIN.

Qu'est-ce que c'est?

CLORINDE.

Non, certainement, et si décidément vous êtes fou, je dois m'opposer...

MONTGADIN, avec dignité.

Fou! Mme Montgadin, vous me manquez de respect.

MICHEL.

C'est vrai, et si ma ménagère se permettait jamais...

MONTGADIN.

Michel, donne-moi mon pantalon de nankin.

CLORINDE.

Monsieur.

MONTGADIN.

Mon pantalon de nankin, vite que j'aille voir mes ouvriers... (Appuyant en regardant sa femme.) Mes ouvriers, mon pavillon ne me plaît pas ainsi, je veux un pavillon chinois, un pavillon algonquin, un kiosque... (A Michel.) Mon chapeau, non, je n'en ai pas besoin... Ah! ah! ça vous étonne, chère amie, c'est pourtant comme ça... Ah! je ne suis rien... Ah! on se moque de moi dans la ville?

CAROLINE.

Qui vous dit cela?

MONTGADIN.

Qui?.. je le sais, je le sais; au revoir...

CLORINDE.

Monsieur, je vous préviens qu'il y a beaucoup de verglas, vous tomberez, vons vous ferez mal.

MONTGADIN.

Je tomberai si je veux, je me ferai mal... si ça me fait plaisir... (A Michel.) Donne-moi ton bras, Michel, mon bon Michel, viens; à mon retour, je signerai le bail de ma ferme... (Regardant sa femme.) De ma ferme, à moi... (A Clorinde qui garde le silence.) Qu'est-ce que vous dites?

CLORINDE.

Moi?.. rien, monsieur.

MONTGADIN.

Silence!.. je ne souffrirai pas d'observation... (Même jeu.) Hein! silence!.. je suis le maître, j'ai la loi... le code est là, je suis le maître, ça m'est permis... j'ai l'autorisation.

CLORINDE.

Eh! mon Dieu, monsieur, si c'est là où vous vouliez en venir, il était inutile de faire tant de bruit, il fallait le dire tout de suite; vous le voulez, soyez le maître, j'y consens.

MONTGADIN.

Oh! j'y consens, dis donc, Michel, j'y consens... parbleu!

CLORINDE.

Ordonnez, commandez, mon Dieu, je ne demande pas mieux; tenez, voici les clés. (Elle lui remet deux énormes trousseaux de clés; Montgadin les regarde avec embarras.) Oh! vous pouvez les compter, elles y sont toutes, il y en a soixante-quinze... (Avec volubilité.) Voici celles de la lingerie, du bûcher, de la bibliothèque, du buffet, du secrétaire, de la cuisine, du fruitier, de la commode, des trois placards, du garde-manger... (Montgadin la regarde d'un air hébété.) de la chambre verte, du cabinet jaune, du grenier, de la cave, du caveau...

MICHEL.

Remarquez bien, remarquez bien, notre maître.

CLORINDE.

Voici celles de la buanderie, du jardin, de l'argenterie, du coffre aux liqueurs...

MONTGADIN.

Et cœtera, et cœtera... c'est bien. (Il la met dans sa poche.)

CLORINDE.

Et maintenant, je vous déclare que je ne suis plus responsable de rien... je ne me mêle plus de rien... Allez, monsieur, commandez, j'obéirai.

MONTGADIN.

C'est cela! bravo!.. Ah! enfin, je reprends donc mon rang d'homme... je suis affranchi!

AIR : Assez dormir, ma belle.

Je ne suis plus esclave;
C'en est fait, plus d'entrave,
Telle est ma volonté.
Pour moi, quelle victoire!
Quel honneur, quelle gloire!
Je tiens ma liberté.

C'est en vain qu'on espère
Sous un joug trop sévère,
Encor me retenir;
Ah! je ferai connaître,
Qu'ici je suis le maître;
Femme, il faut m'obéir.

ENSEMBLE.

MICHEL.
Vous n'êtes plus esclave ;
Oui, brisez votre entrave,
Faites vot' volonté.
Pour lui, quelle victoire !
Quel honneur, quelle gloire !
Il a sa liberté.

CLORINDE, avec ironie.
Oui, brisez votre entrave ;
Monsieur, faites le brave ;
Ah ! quelle absurdité !
Chantez votre victoire,
Célébrez votre gloire,
J'en ris, en vérité !

MONTGADIN.
Je ne suis plus, etc.

Viens, viens, Michel... Ah ! il me semble déjà que je respire plus librement. (Il tousse très fort.)

CLORINDE.
En effet..

MONTGADIN.
Viens ! (Il sort en chantant.) ALLONS ENFANS DE LA PATRIE, etc.

SCÈNE XII.
CLORINDE, seule.

Je ne reviens pas de ma surprise... un tel changement !.. Mais que s'est-il donc passé pendant mon absence ? Impossible de s'en faire écouter... il est dans un état d'exaspération... lui, si doux ordinairement, si calme, et même si... (Avec précaution.) si faible... je puis bien dire ça, puisque personne ne m'écoute. Eh bien ! le voilà devenu tout à coup, taquin, grondeur, presque brutal ; il m'a fallu une patience... il aurait mérité que je... mais je suis trop indulgente... l'ingrat !.. me reprocher mes attentions, comme si tout ce que je fais n'est pas pour lui, pour sa santé, son repos. Ah ! les hommes ! les hommes !.. quels fous, quels écervelés !.. si nous n'étions pas plus raisonnables qu'eux... enfin... (Allant à la fenêtre.) Ah ! le voilà... auprès du pavillon... un étranger vient à lui. Que vois-je ? mais non, je ne me trompe pas... c'est M. Rodolphe... oui, lui-même... mon mari l'accueille sans étonnement, comme s'ils s'étaient déjà vus... ils regardent par ici... M. Montgadin gesticule... (Elle l'imite.) On dirait qu'il parle de moi... M. Rodolphe a l'air d'approuver ce qu'il dit, plus de doute, c'est bien cela, je n'ai pas besoin de chercher davantage, je sais à qui je dois la nouvelle résolution de M. Montgadin... heureusement, je sais le moyen... ils reviennent ensemble... Ah ! M. Rodolphe, vous vous êtes conduit de la façon la plus indigne envers ma famille et moi ; et vous venez encore six ans après jeter le trouble dans mon ménage... mais dans quel but, pourquoi ?.. je le saurai... les voici, si je pouvais... oui, c'est cela. (Elle entre dans la chambre à droite.)

SCÈNE XIII.
CLORINDE, cachée, MONTGADIN, DUPRAT, MICHEL, puis ADÈLE.

MONTGADIN.
Je te dis que si, je le veux, je l'ai mis dans ma tête, tu l'épouseras.
(Il va sonner.)

CLORINDE.
De qui parle-t-il ?

MONTGADIN, à la porte de droite.
Eh bien ! eh bien ! Françoise !.. Françoise ! Mme Montgadin... (Avec colère.) Madame... voyez si elles viendront !.. (Apercevant Adèle qui accourt.) Ah ! c'est toi, mon enfant.

MICHEL, entrant avec un plat de homards.
Tenez, notre maître, voilà le chose, c'est tout prêt.

MONTGADIN.
Bien bien... mets la table... Adèle va t'aider, n'est-ce pas ?

ADÈLE.
Volontiers, mon oncle. (Elle va au buffet et met le couvert avec Michel.

MONTGADIN.
C'est cela, à la bonne heure, voilà de l'obéissance... (Retournant à la porte de droite et criant.) Les autres prendront peut-être aussi l'habitude d'obéir, morbleu !..

DUPRAT.

Allons, allons, calme-toi.

MONTGADIN, même jeu.

C'est qu'il faut que ça finisse, sapristi! (Il tousse.)

DUPRAT.

Ainsi, tu es certain que la nièce?..

MONTGADIN.

Tu l'épouseras, te dis-je!

ADÈLE, à part.

Ciel!..

CLORINDE, à part.

Qu'entends-je?..

DUPRAT.

Mais madame Montgadin?..

MONTGADIN.

Ma femme?.. ma femme, ne dira rien.

(Duprat salue.)

CLORINDE, à part.

C'est ce que nous verrons.

MONTGADIN.

Je lui ordonnerai de se taire et...

CLORINDE, paraissant à côté de lui.

Et elle parlera.

MONTGADIN, poussant un cri étouffé.

Ah! ah! mon Dieu... (Avec résolution.) C'est à dire, non, je n'ai pas peur... (A part.) C'est plus fort que moi, dès que je l'entends... c'est l'effet de l'habitude... allons, allons, morbleu! (A Duprat.) Mon cher Duprat, je te présente madame Montgadin.

DUPRAT, saluant.

Madame... (S'arrêtant stupéfait, à part.) Ah! que vois-je!..

MICHEL.

Venez-vous, notre maître?..

MONTGADIN, bas à sa femme.

J'espère, madame, que vous ne ferez pas de scène scandaleuse devant des étrangers.

CLORINDE.

Des scènes?.. ah! monsieur.

MONTGADIN.

J'y compte sans cela. Brrr!.. (Il va se mettre à table.)

DUPRAT.

C'est bien elle!.. fâcheuse rencontre... allons, de l'assurance, feignons de ne pas la reconnaître.

MONTGADIN.

A table donc!.. Mme Montgadin, est-ce que ces homards ne vous tentent pas?

MICHEL.

Ils sont pourtant bien appétissans.

CLORINDE.

Des homards?

MONTGADIN.

Ah! ce pauvre Michel que j'oubliais! tends-moi ton assiette.

MICHEL, se précipitant à table.

Avec plaisir notre maître.

CLORINDE, qui s'est approchée de la table.

Du homard!.. y pensez-vous... mais, monsieur...

MONTGADIN, qui allait servir Michel, s'arrête.

Silence!..

CLORINDE.

Mais, mon ami... mais, monsieur, il va se tuer... du homard!.. quand vous ne pouvez pas même digérer un œuf à la coque!..

DUPRAT.

Ne craignez rien, madame, avec quelques verres de bon vin.

(Il offre du vin. Montgadin, qui allait servir Michel, s'arrête encore, celui-ci avance et retire son assiette d'un air désespéré.)

MONTGADIN.
C'est ça, du bon vin... bonum vinum. Ah! ah! te rappelles-tu?..
CLORINDE.
Il vont le griser!.. mon ami, vous savez bien que ce vin est très capiteux et qu'il ne vous en faut qu'un doigt.
MONTGADIN, à Duprat.
A ta santé, mon neveu!.. car tu vas être mon neveu.
CLORINDE.
Votre neveu.
MONTGADIN.
Parbleu! puisqu'il épouse ma nièce.
CLORINDE, vivement.
C'est impossible! mon ami, j'en demande mille pardons à monsieur; mais il faut que je vous parle, veuillez me suivre.
DUPRAT, à part.
Ah! diable! (Arrêtant Montgadin qui se levait machinalement.) N'y va pas. (Haut.) A ta santé, tu ne bois pas?
MONTGADIN.
C'est vrai...
CLORINDE.
Je ne vous demande que deux minutes.
MONTGADIN.
Moi, que je me dérange? non, non.
CLORINDE.
Alors, je m'expliquerai donc devant monsieur... je vous dirai...
MONTGADIN.
Quoi donc?
(Michel prend l'assiette de Montgadin qui est encore chargée et lui donne la sienne.)
CLORINDE.
Adèle, laissez-nous, mon enfant; Michel, sortez.
MICHEL, qui allait manger.
Plaît-il? (Clorinde lui fait signe de sortir.) Ah! mais ça devient révoltant!
MONTGADIN.
Restez tous... je le veux.
CLORINDE, indignée.
Ah! monsieur, monsieur; ainsi vous refusez de m'entendre... il suffit... c'est la dernière fois que je cherche à vous rendre à la raison... je vous abandonne à vous-même; ainsi donc, à votre aise, monsieur, faites toutes les sottises qu'il vous plaira.
MONTGADIN, se levant.
J'en ferai si je...
CLORINDE.
Oh! vous êtes homme à profiter largement de la permission, je n'en doute pas; continuez... buvez, mangez, bourrez-vous de homard... donnez-vous-en une bonne indigestion... mais s'il n'y a que moi pour vous faire du thé.
MONTGADIN.
On s'en passera... on s'en passera, madame.
MICHEL, la bouche pleine.
On s'en passera très bien.
CLORINDE, bas à Adèle.
Viens Adèle, (A part.) Ah! grand enfant, vous vous révoltez.
(Elle le menace du doigt, il se retourne; elle sort avec Adèle.)
MONTGADIN, à Duprat.
A ta santé! (Criant la bouche pleine.) On s'en passera de votre thé.
MICHEL.
Ah! ah! du thé... je n'en voudrais pas pour mes pigeons.

SCENE XIV.
LES MÊMES, excepté CLORINDE et ADÈLE.
MONTGADIN.
Elle est vexée! ah bien! oui, du thé. (Leur versant du vin.) Allons, Duprat! Allons, Michel.

MICHEL, trinquant avec lui.

Allons, not' maître.

MONTGADIN.

Et vive la joie! mangeons, buvons, trinquons.

Air de la Fiole de Cagliostro.

Moment aimable!
Oui, de la table,
Mes chers amis savoûrons le plaisir!
Vite il faut boire
A ma victoire!
Fêtons le jour qui me vit affranchir.

ENSEMBLE.

MONTGADIN.
Moment aimable, etc.
MICHEL et DUPRAT.
Moment aimable!
Oui, de la table,
Mon cher ami, savoûrons le plaisir;
Moi, volontiers, je goûte le plaisir!
Vite il faut boire,
A sa victoire!
Fêtons le jour qui le vit affranchir.

MICHEL.

A la vôtre, notre maître! (Il lui parle bas.)

DUPRAT, à part, se levant de table.

Ce sera plus difficile que je ne le pensais, elle me garde rancune; si je pouvais lui parler... peut-être parviendrais-je à l'appaiser.

MONTGADIN, à Michel.

Mais certainement, mon garçon... je l'ai promis, et je le signerai.

MICHEL.

Chut! pas si fort!

MONTGADIN.

Parce que? laisse donc. (Allant crier au fond.) Je signerai, je parapherai tout ce que je voudrai... ah! (A Michel.) Où est-il ton bail?

MICHEL, montrant le secrétaire.

Là-dedans.

MONTGADIN.

Ah! oui... mais...

MICHEL.

Vous avez les clés.

MONTGADIN.

C'est vrai... je ne pensais pas à ça. (Il essaie plusieurs clés.) Attends... non, ce n'est pas ça... ni ça... ni ça...

MICHEL, qui en essaie de son côté.

Ni ça, ni ça.

DUPRAT, regardant le fond.

Ils sont occupés... si j'osais...

SCÈNE XV.

Les Mêmes, FRANÇOISE.

FRANÇOISE, s'approchant de lui avec précaution.

Monsieur...

DUPRAT.

Eh bien!

FRANÇOISE, lui donnant une lettre.

De la part de madame.

DUPRAT, étonné.

Ah! donnez...

FRANÇOISE.

Voyez si je ne me trompe pas, parce que en voilà une autre.

DUPRAT,

Celle-ci est bien pour moi.

FRANÇOISE.

Bon !
(Elle lui fait signe de se taire et sort.)

SCÈNE XVI.
Les Mêmes, excepté FRANÇOISE.

MONTGADIN, se querellant avec Michel.

Mais si... mais si... tiens, tu vois bien... Ouf! je suis en nage.

MICHEL.

C'est pas l'embarras, si toutes les serrures de votre maison vous donnent autant de mal. (Montgadin cherche dans les papiers.)

DUPRAT, interrompant sa lecture.

C'est bien cela... elle est piquée... elle m'en veut encore... Ah! comment?.. elle désire avoir un instant d'entretien avec moi ; oui, dans le jardin, auprès du pavillon... à merveille! c'est aller au-devant de mes vœux.
(Il va sortir.)

MONTGADIN.

Eh bien! où cours-tu donc?

DUPRAT.

Je... je vais faire un tour de jardin... ton diable de vin...

MONTGADIN.

Attends-moi...

DUPRAT.

Non, oh! non, mon cher, et ton rhume... garde-toi bien de sortir, je te rejoindrai... (Michel veut prendre une énorme liasse de papiers que tient Montgadin et la laisse tomber par terre.)

MONTGADIN.

Ah! le maladroit! (Duprat profite du moment pour s'échapper. Michel veut ramasser les papiers et les éparpille.)

MONTGADIN.

Bon, bon !.. ah! bien! mais pas comme ça donc. (Il veut lui aider, et bouleverse tout à son tour.) Ah! ciel!.. ah! ciel! quel gachis!.. si Clorinde arrivait... dépêche-toi donc.

MICHEL.

Ah! le v'là! le v'là, notre maître... tenez. (Il lui donne une plume.) Sinez, sinez, pendant que je vais remettre tout ça en ordre.

MONTGADIN.

Oui, oui, mon garçon... vois si tu peux... car pour moi... (Il signe.) Tiens, voilà.

MICHEL.

Votre patataphe y est-il? oui, bon! (A part en mettant le bail dans sa poche.) L'autre peut venir à présent, l'affaire est consumée.

MONTGADIN.

Mais, ramasse donc.

SCÈNE XVII.
Les Mêmes, ÉMILE.

ÉMILE, entrant précipitamment.

Adèle, Adèle! chère Adèle!

MONTGADIN. Il va pour déposer les papiers sur le bureau ; mais en se retournant, il heurte Michel et tout retombe.

Hein! qu'est-ce que c'est? qu'est-ce que vous demandez?

ÉMILE.

Ah! monsieur... il serait vrai? Adèle sera ma femme?

MONTGADIN.

vous dites...

ÉMILE.

Madame, votre épouse y consent.

MONTGADIN.

Vous dites?

ÉMILE.

Et vous aussi, par conséquent... ah! monsieur...

MONTGADIN.
Monsieur, que signifie ?
ÉMILE.
Voici sa lettre, monsieur... je n'ai lu que les premières lignes... et j'accours... chère Adèle, où est-elle ?
MONTGADIN, qui a parcouru la lettre.
Que vois-je ? mais c'est une trahison ! et cette lettre, qui vous l'a remise ?
ÉMILE, montrant Françoise qui entre.
Votre domestique, que voici.
MONTGADIN.
Ah ! ah ! oui-dà, c'est ainsi qu'on m'obéit...
FRANÇOISE.
Monsieur... (Bas à Eugène.) Il ne fallait donc pas lui dire.
MONTGADIN, passant entr'eux.
Qu'est-ce que c'est ?.. ah ! vous ourdissez tous de ténébreux complots contre mon autorité... sortez, serpent ! sortez... et vous, monsieur... apprenez que j'ai choisi un époux à ma nièce, et que ce n'est pas vous.
ÉMILE.
Il serait possible !
MONTGADIN, à Françoise, en lui jetant la lettre au visage.
Mais, sortez donc, vipère ? ou bien, je...
FRANÇOISE, reculant.
Ah ! Dieu ! il est effrayant !   (Elle se sauve.)
ÉMILE.
Monsieur, ceci ressemble à une mystification.
MONTGADIN.
Tout ce que vous voudrez, mais laissez-moi tranquille. (Montrant les papiers éparpillés.) Je m'occupe d'affaires importantes.
ÉMILE, avec désespoir.
Adèle ! marier Adèle ! (A Montgadin.) Monsieur, permettez, du moins...
MONTGADIN.
Allez au diable !
ÉMILE, exaspéré, lui saisissant le bras.
Monsieur !
MONTGADIN, se redressant fièrement.
Monsieur !
ÉMILE.
Monsieur !
MONTGADIN, se levant sur la pointe des pieds.
Monsieur !
ÉMILE.
Monsieur, vous me rendrez raison.
MONTGADIN.
Monsieur ! je... je ne vous rendrai rien du tout.
ÉMILE.
Je vous ferai sauter la cervelle.
MONTGADIN, furieux.
Oui... eh bien ! avisez-vous-en... Ah ! ah ! par exemple ! je voudrais bien voir ça. (Se posant.) Je vous le défends, je vous le défends, entendez-vous... Ah ! mais... ah ! mais... ah ! mais...
ÉMILE.
Sortons, sortons, monsieur !   (Il s'éloigne précipitamment.)
MONTGADIN, le suivant d'un air déterminé.
Oui, monsieur ! oui, monsieur ! (Il va jusqu'au fond, et dès qu'Emile est dans le vestibule, il ferme la porte sur lui et redescend la scène d'un air de matamore.) Il a bien fait de sortir, un mot de plus, et j'allais... t'ordonner de le jeter par la fenêtre. (Allant au fond.) Ah ! drôle ! (Riant d'indignation.) Ah ! ah ! par exemple ! j'aime encore beaucoup ce monsieur... je t'en donnerai des cervelles à faire sauter ! moi ! c'est égal, je suis content de moi, je me suis bien montré : n'est-ce pas Michel, il en avait l'air tout étourdi.
MICHEL.
Le fait est que vous avez crié assez fort pour ça.
MONTGADIN.
Je ne me serais jamais cru tant de courage.

MICHEL.

Ni moi; vous en tremblez encore de tous vos membres.

MONTGADIN.

Je suis si nerveux... (On sonne en dehors.)

SCÈNE XVIII.
Les Mêmes, ADÈLE, FRANÇOISE.

ADÈLE, frappant au fond.

Mon oncle! mon oncle! (Michel ouvre la porte.) Mon oncle.

FRANÇOISE.

Monsieur, monsieur.

MONTGADIN.

Eh bien! eh bien! (On sonne pendant l'ensemble.)

ADÈLE, FRANÇOISE et MICHEL.
Air : Répondez-nous.

Entendez-vous? entendez-vous?
C'est vous, monsieur, que l'on demande,
Mon oncle c'est vous qu'on demande!
Entendez-vous, entendez-vous?
Que faut-il fair' dites-le nous,
Vos amis vous réclament tous.

MONTGADIN, se bouchant les oreilles.

Ah! quel vacarme! voyons, explique-toi.

ADÈLE.

Mon oncle, ce sont tous vos invités.

MONTGADIN.

Comment, mes invités?

ADÈLE.

Mais oui, les personnes que vous avez invitées à dîner, elles attendent à la grille du jardin.

MONTGADIN, se souvenant.

Ah! ah! c'est vrai, et moi qui ne pensais plus à ça, et qui n'ai pas fait faire à dîner... où est ma femme? c'est-à-dire non, ne l'appelez pas... voyons, du calme... tâchons de... car en vérité... ce jeune spadassin m'a jeté dans un état impossible à décrire.

FRANÇOISE, à Adèle.

C'est M. Émile.

ADÈLE.

Il est donc venu?

MONTGADIN.

Oui, venu... et reparti pour toujours... je l'espère bien... ou je... je le livre au procureur du roi.

ADÈLE.

M. Émile?

MONTGADIN.

Lui-même! comme un meurtrier, un affreux homicide!

ADÈLE.

O ciel!.. ah! ah! (Appelant et pleurant.) Ma tante, ma tante! Ah! ah! mon Dieu!

MONTGADIN.

Allons, bon! allons, bon!

ADÈLE.

Ma tante... ah! ah! (Elle s'appuie sur un fauteuil.)

MONTGADIN.

Eh bien! eh bien! elle se trouve mal! (Il lui frappe dans la main; on sonne.)

MICHEL.

Notre maître, entendez-vous? ils vont casser la cloche?

MONTGADIN.

Je n'y suis pas... dites-leur que je n'y suis pas... qu'ils repassent demain matin.

MICHEL.

Pour dîner?

MONTGADIN.
C'est vrai... ah! Dieu! mais qu'est-ce que je pourrais donc bien. (A Adèle.) Ah! elle revient, n'est-ce pas? bon... (Allant au fond.) Oui ; ils sont là ?
MICHEL.
Et il tombe une neige... il vous en tombe... par boisseaux.
MONTGADIN.
Et dire que j'ai oublié... quelle bêtise! le premier jour de mon règne... c'est pour le coup qu'ils vont rire... sapristi! (S'arrêtant brusquement.) Ah! ah! Michel... Michel! ici, Michel.
MICHEL.
De quoi! de quoi!
MONTGADIN.
Je... je ne sais pas... Michel, un verre de quelque chose, je me sens incommodé.
FRANÇOISE, qui donne des soins à Adèle.
Là, je parie que c'est encore l'homard, c'est chaque fois comme ça.
MONTGADIN.
Je crois que je m'en vais aussi ; Michel donne-moi le flacon d'eau de Cologne.
MICHEL, cherchant.
Oui... oui...
MONTGADIN.
Il doit être...
MICHEL.
Où ça?
MONTGADIN.
Quelque part, voici les clés... prends-le vite, vite.
MICHEL.
Ous qu'il est.
MONTGADIN.
Est-ce que je le sais, dépêche-toi donc... Ah! Michel! Michel, ma femme, appelle ma femme... où est ma femme... je veux ma femme... (Françoise a couru à la porte et revient avec Clorinde à qui elle parle en lui montrant Montgadin.)

SCÈNE XIX.
LES MÊMES, CLORINDE.

CLORINDE.
O ciel! qu'avez-vous?
MONTGADIN.
Je ne sais pas... ça me tient là... une barre... et puis... Ah! mon Dieu! est-ce que tu ne pourrais pas me procurer un peu de thé.
CLORINDE, bas à Françoise.
J'en ai préparé, courez. (Françoise sort, haut.) Du thé! allons donc, c'est bon pour les pigeons de Michel.
MONTGADIN.
Seulement cinq ou six tasses, chère amie.
CLORINDE.
C'est cela, je suis votre chère amie, maintenant.
MONTGADIN.
Tu l'es toujours... (Il tousse.) Tou... tou... toujours...
CLORINDE.
Dans quel état vous voilà!
MONTGADIN.
Oui, n'est-ce pas?.. oh! sois tranquille. (Pendant ce qui suit, Clorinde prend la tasse que lui apporte Françoise, et lui parle bas, ainsi qu'à Adèle ; elles sortent toutes deux par le fond.) Si j'en réchappe, si je n'en décède pas, Clorinde je te demande pardon ; oui, je te demande mille pardons et... et une tasse de thé.
CLORINDE, lui présentant la tasse.
Tenez...
MONTGADIN.
Quoi! quoi, tu y avais pensé, ô mon ange.   (Il boit avidement.)
CLORINDE.
Doucement, doucement, donc.

MONTGADIN.

Ah! ah! que ça fait de bien, je respire, je ressuscite, tu me sauves la vie... je te dois le jour, Clorinde, tu es ma seconde mère... Oh! si, si, ma seconde mère, et ma femme, tu cumules les plus doux liens de la nature à mon égard, où vas-tu donc?

CLORINDE.

Vous voilà mieux... vous pouvez vous passer de moi.

MONTGADIN.

Mieux... l'estomac, oui; mais la poitrine donc. (Il tousse.) Clorinde!

CLORINDE.

Eh! non, recommencez vos excès, remettez-vous à table, allez courir dans le jardin.

MONTGADIN.

Ça ne m'arrivera plus, jamais, jamais, jamais.

CLORINDE.

Signez un autre bail qui vous enlève encore cinq cents francs de revenu.

MONTGADIN.

Michel le déchirera; n'est-ce pas, Michel?

MICHEL.

Hein?

CLORINDE.

Du tout, du tout, monsieur, ceci vous rappelera au moins une fois par an votre conduite.

MONTGADIN.

Eh bien! oui.

MICHEL.

Là! vous voyez bien, notre maître, à quelque chose malheur est bon.

CLORINDE.

Taisez-vous!

MONTGADIN.

Tais-toi, imbécile! (A sa femme.) Clorinde.

CLORINDE.

Eh! non, brouillez-vous encore avec tous vos amis qui sans moi partaient très irrités.

MONTGADIN.

Et tu m'as excusé... Ah! Clorinde, tiens, je suis un indigne... mais c'est fini. (L'arrêtant.) Oh! reste.

CLORINDE.

Moi, rester pour vous voir sacrifier votre nièce, en la donnant à un homme intéressé qu'elle n'aime pas et qui n'en veut qu'à sa fortune.

MONTGADIN.

Il serait possible! Duprat; à propos, où est-il donc?

CLORINDE.

Dans le jardin, où il m'attend pour me prier de ne pas vous dévoiler sa conduite.

MONTGADIN, l'arrêtant.

Dans le jardin, et la neige?

CLORINDE, s'éloignant.

Il se sera mis à l'abri dans le pavillon.

MONTGADIN.

Mais il n'est pas couvert, j'avais donné congé aux ouvriers.

CLORINDE, revenant sur ses pas.

Comment! mais monsieur toute la décoration intérieure sera perdue!

MICHEL.

Bon, encore une bêtise!

MONTGADIN.

Qu'est-ce que tu dis?

MICHEL.

Je dis... encore une méprise.

CLORINDE.

Retirez-vous...

MONTGADIN.

Retire-toi, drôle! Veux-tu que je te rosse? (Michel s'en va par le fond.)

SCÈNE XX.
MONTGADIN, CLORINDE.

MONTGADIN.

Ah! Clorinde!

CLORINDE.

Non, non, monsieur, laissez-moi; d'ailleurs, vous oubliez qu'on vous attend pour votre duel.

MONTGADIN.

J'y renonce... oui, j'y renonce... pour te faire plaisir... j'y renonce... je ne me battrai plutôt pas... là, es-tu contente? tu vois que je fais tout ce que tu veux... je donne ma démission... j'abdique le pouvoir... je te le reconfie.

CLORINDE.

Pourquoi donc? vous en faites si bon usage.

MONTGADIN.

C'est égal; fais-moi l'amitié de t'en charger, ordonne je t'en prie, parle.

CLORINDE, à part.

Enfin! nous y voici. (Haut.) Eh bien! j'y consens; mais songez qu'à la moindre hésitation...

MONTGADIN.

Moi! oh! jamais... essaie, tu verras.

CLORINDE.

Eh bien, monsieur, commencez par quitter cet habit, et reprenez votre douillette.

MONTGADIN.

Oui, oui... (Regardant autour de lui.) Ah! la voici. (Appelant.) Françoise!

CLORINDE.

Que lui voulez-vous? dépêchez-vous donc, vous vous êtes bien passé de Françoise, tantôt? allons, votre foulard, maintenant.

MONTGADIN.

Oui, oui, tout de suite. (Il le cherche.)

CLORINDE.

Vite donc... vous hésitez, je crois?

MONTGADIN.

Eh! non, mais un instant, que diable!

CLORINDE.

Hein? qu'est-ce que?

MONTGADIN, vivement.

Non, non.

CLORINDE.

A la bonne heure!

Air : Assez dormir ma belle.

Vite, il faut se soumettre,
Ne faites plus le maître;
Monsieur, changez de ton.
Plus d'orgueil, d'arrogance,
Beaucoup d'obéissance,
Ou bien point de pardon.
En vain le téméraire,
De mon joug tutélaire,
Rompt le lien trop doux.
Il faudra qu'il fléchisse,
Allons, qu'on m'obéisse,
Orgueilleux, à genoux!
(Montgadin se met à ses genoux.)
Vite il faut vous soumettre,
Vous n'êtes plus le maître;
Monsieur, changez de ton.
Plus d'orgueil, d'arrogance;
Beaucoup d'obéissance,
Ou bien point de pardon.

(Se croisant les bras.) Vous voilà donc soumis, monsieur le rebelle? mauvais sujet, mauvaise tête. (Il veut lui prendre la main, elle la retire vivement.) Finissez!

MONTGADIN.

Clorinde, je t'en prie... (Il veut encore lui prendre les mains, elle lui frappe sur les doigts.)

CLORINDE.

Eh! finissez donc?

MONTGADIN.

Puisque je te demande pardon.

CLORINDE.

Ah! c'est cela... vous faites mille extravagances, vous bouleversez toute la maison... vous me traitez, moi...

MONTGADIN.

Ma petite femme...

CLORINDE.

Et vous croyez qu'après cela, il suffira de demander pardon... du tout, monsieur. (Arrangeant son foulard.) Voyez, voyez comme c'est tourné... de quoi avez-vous l'air? (Elle lui met la main sous le menton, lui fait lever la tête et le regarde.) Hein! que vous mériteriez bien... pendant que je vous tiens là... sous ma main... mais non, je suis mille fois trop bonne. (Il s'empare de sa main, et s'efforce de la baiser; elle frappe vivement sur les siennes.) Allons donc, allons donc, restez donc tranquille... Théodore, veux-tu finir. (Elle se dégage. Il tombe sur les mains.) Relevez-vous... je vous le permets.

MONTGADIN, marchant à genoux jusqu'à elle.

Eh bien! non, dis-moi avant que tu ne m'en veux plus... Clorinde, Clorindinette, laisse-toi attendrir par mes remords... je reprendrai du thé... je reboirai de la tisane... donne-moi ta menotte!

SCÈNE XXI.
Les Mêmes, DUPRAT.

DUPRAT, entrant tout couvert de neige et le visage bleu de froid.

Brou... ou... ou... que vois-je!

MONTGADIN.

Je chasserai Duprat.

DUPRAT.

Hein?

MONTGADIN.

M. Émile épousera Adèle.

DUPRAT, s'approchant.

Comment cela?

MONTGADIN, se relevant.

Ah! c'est toi, va-t-en! tiens... ah! bien! tu es joli... d'où sors-tu donc.

DUPRAT, soufflant dans ses doigts.

Eh, morbleu! je viens. (A Clorinde.) Ah! madame.

CLORINDE, lui fesant une révérence.

Désolée de vous avoir fait attendre, monsieur, mais mon mari n'a pas voulu me permettre d'aller vous rejoindre, vous savez que c'est lui qui commande ici, et vous avez entendu ce qu'il vient de...

(Elle lui montre la porte.)

DUPRAT, d'un air très piqué.

Oui, madame, il suffit.

ÉMILE, en dehors.

Laissez-moi, laissez-moi, vous dis-je.

SCÈNE XXII.
Les Mêmes, EMILE, ADÈLE, FRANÇOISE, MICHEL.

ÉMILE.

Me voici monsieur, puisque vous ne venez pas, il faut bien...

MONTGADIN.

Ah! c'est vous! (Se posant.) Jeune homme, vous m'avez manqué.

ÉMILE.
Si vous voulez me suivre, monsieur, je crois pouvoir vous assurer que cela ne m'arrivera plus.

MONTGADIN, avec dignité.
Je l'espère bien aussi.

ÉMILE.
Plaît-il?

MONTGADIN.
Vous dites?

ÉMILE, avec impatience.
Je dis que mes pistolets sont excellens.

MONTGADIN.
Ah! oui, manqué... manqué! pardon... je ne pensais pas à ça... mais il ne s'agit pas ici de puérils jeux de mots... je voulais dire que vous m'aviez menacé... injurié, et lâché des choses fort indigestes... mais je suis prêt...

ÉMILE.
Moi aussi; marchons...

MONTGATIN, l'arrêtant.
Mais écoutez donc. (A Duprat.) Hein! si on ne se tenait pas à quatre, pourtant! (A Emile.) Oui, monsieur je suis prêt à vous faire mes excuses.

ÉMILE.
Comment!

MONTGADIN, avec noblesse.
Oui, monsieur; dès lors, je pense que ça n'ira pas plus loin... ou bien vous irez donc tout seul... car je ne sors pas d'ici.

ÉMILE.
Par exemple, monsieur.

MONTGADIN.
Et si vous faites la mauvaise tête... voici votre femme. (Il montre Adèle. Mouvement d'Emile.) Une élève de la mienne, qui saura vous mettre à la raison.

ÉMILE.
Ah! monsieur, il serait possible! ah! (Jetant la boîte de pistolets.)

MONTGADIN, la ramassant.
Enfin, je l'ai désarmé. (chantant) La victoire est à nous! (à Duprat) Mon cher Duprat, si je ne te revois pas, bon voyage.

DUPRAT.
Merci. (bas) Ainsi, tu es bien décidé.

MONGADIN.
Demande à ma femme.

DUPRAT.
Nigaud, va.

MONTGADIN.
Tout ce que tu voudras; mais j'ai voulu suivre tes conseils, et je n'ai fait que des sottises.

MICHEL.
C'est bien vrai,

MONTGADIN.
Q'est-ce qui te demande ton avis. (A Duprat) Et puisqu'il faut que je sois mené par quelqu'un, j'aime encore mieux que ce soit par ma femme. (A Emile.) Si vous m'en croyez jeune homme quand vous serez le mari d'Adèle...

ÉMILE.
Ah! monsieur il est donc vrai, vous consentez.

MONTGADIN.
Assurém... c'est-à-dire... demandez à ma femme.

ADÈLE, à Clorinde.
Ma tante!

ÉMILE, même jeu.
Madame!

CLORINDE, au milieu; joignant leurs mains, d'un air solennel.
Oui, mes enfans, je vous unis.

MONTGADIN, à Emile.
Touchez là, jeune homme, je vous donne mon consentement.

CLORINDE.
Soyez heureux.

MONTGADIN.

Comme nous.

CLORINDE, le menaçant.

Songez à votre promesse.

MONTGADIN.

Toujours!.. Ordonne... commande, fais mon bonheur comme tu l'entendras... je ne m'en mêlerai plus... je prends toutes les personnes qui m'écoutent à témoin de mon serment. Il y a mieux, il y a mieux!..

CLORINDE.

Silence!

MONTGADIN, s'arrêtant tout court.

Oui.

CLORINDE.

C'est bien, poursuivez.

MONTGADIN.

Oui : je disais, il y a mieux... pour peu que ces personnes désirent savoir si je tiens ma parole...elles peuvent venir s'en assurer tous les jours, ça me fera même beaucoup de plaisir, et...

CLORINDE.

Assez.

MONTGADIN.

Oui.

CLORINDE.

Très-bien. (Elle lui donne sa main à baiser.)

MONTGADIN, avec transport.

Ah!

Heureux destin!
Elle veut bien commander enfin!
Plus de chagrin!
Ah! mon bonheur est certain.

ENSEMBLE.

MONTGADIN, MICHEL, FRANÇOISE.	ÉMILE, ADÈLE.
Heureux destin!	Heureux destin!
Elle veut bien commander enfin,	Tous nos vœux s'accompliront enfin.
Plus de chagrin,	Plus de chagrin;
Ah! mon/son bonheur est certain	Notre bonheur en certain.
CLORINDE.	DUPRAT.
Je cède enfin!	Je pars enfin!
Je veillerai sur votre destin.	En ces lieux je resterais en vain,
Plus de chagrin;	Puisque l'hymen,
Notre bonheur est certain.	Va réunir leur destin.

MONTGADIN, au public.

Messieurs, cette pièce...

CLORINDE, l'interrompant.

Pardon,
Je vous ai prié de vous taire;
Mon cher mari, laissez-moi faire,
Je parlerai pour vous...

MONTGADIN.

Bon! bon!

CLORINDE, avec impatience.

Théodore, taisez-vous donc!
(Au public.) A cette œuvre je m'intéresse;
Puisque je commande céans,
(D'un ton d'autorité.) De m'obéir que l'on s'empresse;
J'ordonne d'applaudir la pièce.
(S'avançant d'un air gracieux.)
Messieurs, vous êtes trop galants }
Pour résister à la maîtresse,   } (BIS ENSEMBLE.)
Obéissez à la maîtresse.   }

REPRISE DE L'ENSEMBLE.

(Duprat les salue. Montgadin donne le bras à sa femme; Emile donne le sien à Adèle. Françoise éclaire Duprat jusqu'au fond.)

FIN.

LA PAGE 24,

OU

LES SOUVENIRS DE MA GRAND'MÈRE,

COMÉDIE-VAUDEVILLE EN UN ACTE,

PAR MM. DE LEUVEN, BARTHÉLEMY et LHÉRIE.

REPRÉSENTÉE POUR LA PREMIÈRE FOIS A PARIS, SUR LE THÉATRE DE LA GAITÉ, LE 10 JANVIER 1837.

(DIRECTION BERNARD-LÉON.)

— Ah! mon Dieu!.. — Ah! mon Dieu!..   (SCÈNE XVI.)

PARIS,

NOBIS, ÉDITEUR, RUE DU CAIRE, N° 5.

1837.

Personnages. *Acteurs.*

ALFRED DE SAINT-VALLIER.   MM. EUGÈNE.
THOMAS.   RAYMOND.
JÉROME, jardinier.   DARCOURT aîné.
Mme D'AUBONNE.   Mmes CHÉZA.
LÉONIDE, sa petite-fille.   ROUGEMONT.
JEANNETTE, jeune paysanne, au service de
  Mme d'Aubonne.   LÉONTINE.

La scène se passe à la campagne, dans le château de Mme d'Aubonne.

J.-R. MEVREL, Passage du Caire, 54.

LA PAGE 24,

COMÉDIE-VAUDEVILLE EN UN ACTE.

Le théâtre représente un jardin. Mur au fond, avec une petite porte verte au milieu. A droite, un pavillon avec porte et fenêtre ouvertes vis-à-vis du public; tout-à-fait en vue, dans ce pavillon, un grand portrait en pied; une bibliothèque, un petit bureau avec tout ce qu'il faut pour écrire. A gauche, un berceau près duquel est une table de jardin; l'entrée d'une niche à chien, à droite.

SCÈNE I.

Mme D'AUBONNE, assise à la petite table sous le berceau à gauche, et déjeunant; JEANNETTE.

Mme D'AUBONNE.
Jeannette!.. ma petite-fille est-elle levée?..

JEANNETTE.
Pas encore, madame.

Mme D'AUBONNE.
Comment? il est midi!.. voilà bien nos jeunes Parisiennes!.. se coucher à une heure du matin!... et puis, on se plaint, on a mal à la poitrine... mais tout cela va changer; et puisque les parens de Léonide ont consenti à me laisser le soin d'achever son éducation à la campagne, je veux l'élever dans les bonnes traditions d'autrefois... comme dans ma jeunesse, enfin, lorsque j'avais seize ans...

JEANNETTE.
Dire, madame, que vous avez été aussi jeune que ça?..

Mme D'AUBONNE.
Taisez-vous, petite sotte!..voyons, a-t-on fait ma commission? ma lettre au médecin a-t-elle été remise hier au soir?.. il se fait bien attendre... mes nerfs me font souffrir horriblement!..

JEANNETTE.
Oui, madame, le garde-champêtre a été à la ville; mais le docteur n'était pas chez lui... ah! dam!.. c'est qu'il est très couru ce jeune docteur... il n'y a que huit jours qu'il est arrivé de Paris... En même temps, le garde-champêtre a porté une lettre de papa chez le vétérinaire.

Mme D'AUBONNE.
Pourquoi faire?

JEANNETTE.
C'est qu'il n'y a pas que vous de malade dans le château... il y a encore la Grise; vous savez ben, la Grise... pauvr' bête... elle regimbe toujours... il faut aussi qu'elle ait des maux de nerfs...

Mme D'AUBONNE.
C'est bon, bavarde!.. va prévenir ma petite-fille que je l'attends ici.

(Jeannette sort.)

SCÈNE II.

Mme D'AUBONNE, seule.

Qu'est-ce qui m'aurait dit qu'à mon âge, je serais chargée de l'éducation d'une jeune fille de dix-sept ans?.. Eh bien!.. je n'en suis pas fâchée, ce sera une distraction pour moi, qui suis restée seule dans ce vieux château, depuis la mort de M. d'Aubonne... J'aurai, je pense beaucoup à faire avec ma Léonide, ou plutôt à défaire, car, ils me l'ont gâtée, dans leurs pensionnats de Paris... heureusement, il y a encore du remède, elle est si naïve! si innocente!.. ma foi, il était temps... j'ai fait hier ma tournée dans sa chambre... qu'a-t-elle rapporté avec elle, de la capitale?.. une harpe, des romances, des livres... et quels livres!.. PLIC-PLOC, BUG, HAN, COUKA-RATCHA... Nous ne connaissions pas tout ça, de notre temps... allons, allons! je veux qu'elle prenne goût aux lectures édifiantes... et je vais lui faire un choix de bons livres dans ma bibliothèque... (Elle ouvre la porte du pavillon et y entre.) Ah! je suis bien ici!.. personne autre que moi, n'entre dans ce petit pavillon, c'est ma solitude, mon oratoire... c'était ma chambre quand j'étais petite fille... (S'approchant de la bibliothèque.) Voyons!.. quels livres vais-je donner à Léonide?.. Les Aventures de Télémaque, fils d'Ulysse?.. C'est encore un peu risqué... cherchons quelqu'autre chose... mais quel est ce vieux manuscrit?.. Ah! ce sont mes œuvres aussi... Mes Souvenirs... C'est ma vie!.. lorsque j'avais l'habitude d'écrire tous les soirs, les actions de ma journée; là, sont renfermés mes peines, mes plaisirs... tout cela est plein de poussière.

Air : Simple soldat, né d'obscurs laboureurs.

En relisant ici mes souvenirs,
Oui, malgré moi, je sens couler mes larmes,
Je me revois jeune, aimant les plaisirs,
Pour moi, ce livre aura toujours des charmes...
Il me rappelle, enfant, mes malins tours,
Il me retrace et ma joie et ma peine...
J'y vois aussi mes premières amours;
Mais cette histoire, hélas! de mes beaux jours,
N'est plus que de l'histoire ancienne...

(Elle ouvre le manuscrit qu'elle parcourt des yeux.)

« Je fais ma première communion... on me fait cadeau d'une petite mon-
» tre en or... on me fait sortir du couvent... on veut me donner pour mari
» M. d'Aubonne, gobletier du roi, pour lequel je ne me sens aucune sym-
» pathie... » — Que vois-je?.. oh! maudite page vingt-quatre!.. que je voudrais ne l'avoir jamais écrite!..

Air : Le luth galant

Je me souviens de cet accident-là...
Et pour toujours mon front en rougira...
Mon Dieu, pardonne-moi cet instant de délire!
Selon mon habitude, hélas! j'ai dû l'écrire,
Ce que j'ai fait, ici, je n'ose le relire...
Mais j'avais dix-sept ans quand cela m'arriva!

Arrachons vite cette page!..

LÉONIDE, accourant sur le théâtre.

Bonne maman... bonne maman... me voici!..

(Elle a un panier à ouvrage sous le bras.)

Mme D'AUBONNE.

Ah! mon Dieu!.. j'entends ma petite-fille!..
(Elle met vivement la page déchirée dans son sein, serre le manuscrit dans le tiroir du bureau, et sort précipitamment du pavillon.)

SCÈNE III.
Mme D'AUBONNE, LÉONIDE.

LÉONIDE, courant l'embrasser.

Bonjour, grand'maman!..

Mme D'AUBONNE.

Tu as déjà déjeuné?..

LÉONIDE.

Oui, j'ai pris mon thé...

Mme D'AUBONNE.

Du thé?.. pour t'agacer les nerfs, n'est-ce pas?.. de notre temps, nous mangions une bonne panade... je suis sûre que le médecin que j'ai envoyé chercher, blâmera comme moi ton régime...

LÉONIDE.

Ah! vous avez appelé un médecin?..

Mme D'AUBONNE.

Oui, ce jeune docteur qui est arrivé de Paris... je me sens indisposée... Voyons, ma fille, te plais-tu près de moi?.. depuis huit jours que tu es dans ce château, commences-tu à te faire à cette vie champêtre?

LÉONIDE.

Oh! je ne m'ennuie pas ici, mais je m'amusais bien à Paris; d'abord, dans le monde, je retrouvais mes jeunes camarades de pension, et nous parlions avec bonheur du temps que nous y avons passé...

Mme D'AUBONNE.

C'est cela, vante bien tes pensionnats de Paris, qu'est-ce que tu y as appris?..

LÉONIDE.

Comment, grand'mère? j'ai eu un prix d'histoire, de géographie, de mythologie...

Mme D'AUBONNE.

Eh bien! je vais t'interroger.

Air d'Édouard Bruguières.

A me répondre qu'on s'apprête;
Mademoiselle, attention!
Qu'est-il resté dans votre tête,
De ces trois ans de pension?

LÉONIDE.

Maman, voulez-vous de l'histoire?
« Vivant paisible en son castel,
» Quand Charle auprès, d'Agnès Sorel,
» Oubliait son peuple et la gloire,
» L'amour...

Mme D'AUBONNE, l'interrompant.

L'amour!.. assez comme cela...
Passons sur ce chapitre-là.

ENSEMBLE.

LÉONIDE.

Restons sur ce chapitre-là!

Mme D'AUBONNE.

Voyons, dans la géographie,
Vous avez eu quelques succès;
Laissons la Grèce et la Turquie,
Et parlez-moi du sol français!..

LÉONIDE.

« De l'Europe, Paris est l'âme;
» Là, tous les arts sont réunis.
» On dit que ce charmant pays
» Est le paradis d'une femme,
» L'amour...

Mme D'AUBONNE, l'interrompant.

L'amour!.. assez comme cela!..

ENSEMBLE.

N'apprend-on rien que l'amour ne soit là...

LÉONIDE.

Toujours, toujours l'amour est là...

Mme D'AUBONNE.

L'amour! de mon temps, on n'aurait jamais osé prononcer ce mot-là au couvent; mais aujourd'hui, on élève autrement les jeunes filles, et qu'est-ce donc, quand elles vont dans le monde?.. je suis sûre que déjà tes parens t'y ont conduite...

LÉONIDE.

Certainement; j'allais avec eux, aux Bouffes, à l'Opéra, au bal... oh! le bal!.. la valse! le galop!..

Mme D'AUBONNE.

La valse!.. sais-tu, Léonide, que la valse et M. de Voltaire... voilà ce qui a amené la révolution?

LÉONIDE.

Nous galopions si bien, nous deux Alfred...

Mme D'AUBONNE.

Alfred... qui?..

LÉONIDE.

Eh! bien... Alfred!

Mme D'AUBONNE.

Ce n'est pas un nom, ça!

LÉONIDE.

Que de jolies choses il écrivait sur mon album!..

Mme D'AUBONNE.
Malheureuse enfant! tu avais un album!..

LÉONIDE.
Un soir, pendant qu'on parlait politique et qu'on jouait au whisth chez papa... Alfred s'approcha de moi timidement et les larmes aux yeux, il me dit tout bas qu'il m'aimait...

Mme D'AUBONNE.
Et tu ne lui as pas donné un soufflet?

LÉONIDE.
Il me pressait la main si doucement que je n'eus pas la force de la retirer... lorsqu'il apprit que mes parens me confiaient à vos soins, et que j'allais vivre loin de lui, il me peignit son désespoir, et conçut le projet...

Mme D'AUBONNE, l'interrompant.
Et c'est à moi, que vous osez conter tout cela?

LÉONIDE.
Oh! ne vous fâchez pas, bonne maman... (A part.) Et moi, qui allais tout lui dire...

Mme D'AUBONNE.
Il était temps, mademoiselle, que je vous enlevasse aux séductions qui vous entouraient... désormais, vous voudrez bien oublier ce M. Alfred?..

LÉONIDE.
L'oublier!.. comment faire?..

Mme D'AUBONNE.
C'est en s'occupant sans cesse, en travaillant, qu'on chasse ces mauvaises idées-là... on cultive les fleurs, on lit de bons ouvrages, on brode, on tricotte...

LÉONIDE.
Mais comment empêcher sa voix si douce, de retentir à mon oreille comme s'il était là?..

Mme D'AUBONNE.
On tricotte!

LÉONIDE.
Et si son image m'apparait, dans mon sommeil?

Mme D'AUBONNE.
On tricotte... (Se reprenant.) On dort, mademoiselle... d'ailleurs, je connais un moyen de combattre cette folle passion... c'est de te marier.

LÉONIDE, vivement.
Avec Alfred?..

Mme D'AUBONNE.
Du tout! jamais avec ce mauvais sujet-là... mais avec quelqu'un de sage, de raisonnable, un homme riche enfin... j'ai déjà parlé de ce projet à tes parens qui s'en rapportent entièrement à ma vieille expérience...

LÉONIDE.
Ah! grand'mère... que m'apprenez-vous là!.. Ce pauvre Alfred, qui m'écrivait encore l'autre jour...

Mme D'AUBONNE.
Comment! il a été assez osé pour vous écrire?.. et avez-vous répondu?

LÉONIDE.
Non, grand'maman, pas encore.

Mme D'AUBONNE.
Eh bien! mademoiselle, vous allez lui répondre.

LÉONIDE.
Eh quoi! vous voulez?..

Mme D'AUBONNE.
Oui!.. mais une lettre qui détruise toutes ses espérances, et qui lui prouve tout le respect que vous avez pour les volontés de vos parens.

LÉONIDE.
Je ne pourrai jamais me décider...

Mme D'AUBONNE.
Je l'exige, par toute l'autorité que me donne sur vous ma qualité de grand'mère... surtout, que cette lettre n'ait pas l'air de vous être imposée par la force, mais bien dictée par votre cœur et votre raison... vous allez la faire sur-le-champ, dans votre chambre, je reviendrai tout à l'heure, la

prendre; vous me la montrerez, j'y ajouterai ce que je croirai convenable et je la mettrai moi-même à la poste.

Air : Allons, prouve ton zèle.

LÉONIDE.
Pour mon cœur, peine extrême,
On me force, en ce jour,
D'écrire à ce que j'aime,
Qu'un autre a mon amour !..

Mᵐᵉ D'AUBONNE.
A votre âge, ma fille,
Oui, l'on prend, c'est la loi,
Un mari pour sa famille,
Mais jamais pour soi.

ENSEMBLE.
C'est pour son bonheur même
Qu'on la force en ce jour,
D'écrire à ce qu'elle aime,
Qu'un autre a son amour.

LÉONIDE.
Pour mon cœur, peine extrême, etc.

(Mᵐᵉ d'Aubonne sort.)

SCÈNE IV.
LÉONIDE, puis JEANNETTE.

LÉONIDE.
Et elle dit qu'elle m'aime !.. oh ! que j'ai bien fait de m'arrêter dans mes confidences !.. j'allais lui apprendre qu'Alfred m'a suivie, qu'il est dans les environs de ce château et qu'il n'a pas encore pu me voir.

JEANNETTE, entrant en pleurant.
Dieu, est-il possible !.. que je suis malheureuse !..

LÉONIDE.
Jeannette, l'as-tu vu ?..

JEANNETTE.
Qui ça ?.. M. Alfred ?.. non, mamzelle, mais j'ai vu Thomas...

LÉONIDE.
Qu'est-ce que c'est que Thomas ?

JEANNETTE.
Vous savez ben, mamzelle, c'est mon amoureux... un gros joufflu, qui est garçon meunier et serpent de la paroisse de Miremont, à deux lieues d'ici... j'ai fait sa connaissance à la fête... est-il aimable, c't être-là !.. il m'a pincée, je lui ai donné trois coups de poing ; nous sommes-nous aimés ce jour-là !..

LÉONIDE.
Qu'est-ce qui vous empêche de vous marier ?..

JEANNETTE.
Rien du tout !.. c'est papa ; sans connaître ce garçon, il l'a pris en grippe, et il ne veut pas qu'il me fréquente... je viens de le voir, ce pauvre Thomas, il est au désespoir, il parle tout seul, il fait de grands gestes, il marche à reculons, il est déjà tombé deux fois dans la mare au canards.

LÉONIDE.
Pauvre Jeannette !.. je suis bien triste aussi... on veut que je congédie Alfred !..

JEANNETTE.
Un si beau jeune homme !

LÉONIDE.
Ma grand'mère me force à lui écrire une lettre que désavoue mon cœur... c'est pour ça que je vais aller m'enfermer dans ma chambre... Y a-t-il tout ce qu'il faut ?

JEANNETTE.
Ah ! mamzelle, je vous demande bien pardon, j'ai usé tout votre papier à écrire à Thomas ; mais ça n'a servi à rien.

LÉONIDE.
Pourquoi cela ?

Il ne sait pas lire.

JEANNETTE.

Air : J'en guette un petit de mon âge
Ça le dépit', ça le met en colère,
D'être à son âge, encore un ignorant;
Mais grace à l'instruction primaire,
Il épel' déjà couramment...
Pauvre Thomas !.. son frèr' m'annonce,
Qu'il fait des progrès étonnans;
Et qu'à mes lettr's avant six ans,
Il pourra faire une réponse.

LÉONIDE.

Il faut pourtant que j'obéisse à grand'maman... comment vais-je faire?.. Ah! j'y pense!.. dans ce pavillon où je la vois se renfermer souvent, je trouverai sans doute ce qui m'est nécessaire... précisément, la clé est à la porte!..

JEANNETTE.

Ah! si madame vous voyait dans son oratoire!.. comme elle vous gronderait; à peine si elle me permet d'y entrer, pour y ranger.

LÉONIDE.

Oh! je n'y resterai que le temps d'écrire quelques lignes... (Elles entrent toutes deux dans le pavillon.) Tiens! c'est gentil, ici !.. ce grand portrait?.. c'est un mousquetaire?

JEANNETTE.

Non, non! madame nous a dit que c'était un Saint-Georges.

LÉONIDE.

Voyons, voyons, cette maudite lettre... (S'asseyant au bureau.) Voilà tout ce qu'il me faut, allons!.. Cher Alfred!.. (Elle écrit.) me contraindre à lui avouer que je n'ai plus d'amour pour lui... s'il allait le croire, il est assez méchant pour ça.

JEANNETTE, regardant sur la porte.

Dépêchez-vous, mademoiselle, je tremble que madame n'arrive !..

LÉONIDE, soupirant.

J'ai fini, il ne me reste plus qu'à mettre l'adresse... il me faudrait une enveloppe... ah! dans ce tiroir... (Elle ouvre le tiroir et cherche en dérangeant des papiers.) Quel est ce cahier?.. un manuscrit?.. c'est l'écriture de ma grand'mère... est-ce qu'elle fait des romans?.. (Lisant.) MES SOUVENIRS.

JEANNETTE, se rapprochant d'elle vivement.

Oh! ça doit être drôle... (Vivement.) Lisons, lisons, mamzelle... Ah! j'y songe; puisque vous avez fini d'écrire, quittons d'abord ce pavillon.

LÉONIDE, le cahier à la main.

Tu as raison. (Elles sortent du pavillon dont elles ferment la porte.)

JEANNETTE.

Maintenant, voyons vite!..

LÉONIDE, lisant.

« Chapitre premier. — J'ai seize ans, je sors du couvent. » — Tiens!.. comme moi!.. excepté que j'en ai dix-sept, et que je sors de pension,... (Lisant.) « On veut me donner pour mari, monsieur d'Aubonne, gobletier du » roi, pour lequel je ne me sens aucune sympathie... » — C'est comme moi... je suis sûre que je ne pourrai pas souffrir le mari que ma grand'mère veut me faire épouser...

JEANNETTE.

Tiens!.. c'est aussi amusant à lire que Mathieu Lænsberg... Oh! mamzelle, lisez encore un peu...

LÉONIDE, lisant.

« Je vois pour la première fois, chez mon oncle l'échevin, un jeune mous» quetaire, à la tournure la plus séduisante. » — C'est tout-à-fait mon Alfred.

JEANNETTE.

C'est tout juste mon Thomas, quand il ne sort pas de la mare.

LÉONIDE, lisant.

« Nous attendions un directeur; Saint-Vallier s'introduit chez mon père sous le costume d'un jeune abbé. » — Oh! qu'Alfred serait gentil comme cela!

JEANNETTE.
Que Thomas serait beau en curé !
LÉONIDE.
Oui, mais les directeurs sont passés de mode...
JEANNETTE.
Quel dommage !
LÉONIDE.
Ah ! une idée ! il y a des médecins...
JEANNETTE.
Il y a des vétérinaires...
LÉONIDE.
Justement, ma grand'mère attend ce jeune docteur...
JEANNETTE.
La Grise attend le sien aussi.
LÉONIDE.
C'est charmant !.. si Alfred pouvait...
JEANNETTE.
Si Thomas n'était pas si bête... Chut ! v'là madame votre grand'maman.
LÉONIDE.
Cachons vite ce manuscrit dans mon panier. (Elle cache le cahier.)

SCÈNE V.
Les Mêmes, Mme D'AUBONNE.

Mme D'AUBONNE, entrant.
Eh bien ! Léonide, avez-vous fait cette lettre ?
LÉONIDE.
Bonne maman, la voilà. (Elle la lui présente.)
Mme D'AUBONNE, prenant la lettre.
Voyons !.. à peine si je puis lire, j'ai les nerfs dans un état d'irritation !.. et ce médecin qui n'arrive pas !
JEANNETTE.
Madame, il est p'tètre dans l'village, je vais aller au-devant d'lui.
LÉONIDE, à Mme d'Aubonne qui s'est assise sur une chaise et parcourt la lettre.
Cette bonne grand'maman qui souffre !.. (Bas à Jeannette) Cours vite prévenir Alfred.
JEANNETTE, à part.
Et Thomas aussi, par la même occasion ! (Elle sort par la porte du fond.)

SCÈNE VI.
Mme D'AUBONNE, LÉONIDE.

Mme D'AUBONNE, toujours assise.
Ah ! ta lettre commence très bien !.. (Elle lit.) « Monsieur, je ne sais qui a » pu vous faire croire que je vous aimais...
LÉONIDE, à part.
Je suis bien curieuse de savoir ce qu'a fait son directeur ! j'en suis restée à la page cinq... (Elle ouvre furtivement le manuscrit qu'elle a tiré de son panier.)
Mme D'AUBONNE, lisant.
« Nous ne nous reverrons plus.
LÉONIDE, lisant à part.
« Il me regarde tendrement en s'écriant : Ah ! Véronique, quel bonheur de nous revoir !..
Mme D'AUBONNE, lisant.
« Les principes de morale de ma grand'mère ont fructifié dans mon cœur. » —Ah ! très bien !
LÉONIDE, de même.
« Nous nous jurons un amour éternel ; mes parents apprennent tout, Saint-Vallier va être chassé ; je le cache dans le pavillon, où se trouve... » —Qu'est-ce que je lis là ?.. oh ! ça peut me servir... (Elle cache le cahier.)
Mme D'AUBONNE, finissant de lire.
« Oubliez jusqu'au nom de votre humble servante, Léonide. » — Allons, tu le vois, ça n'est pas si difficile ; tu es une bonne petite-fille, bien obéissante ! je suis très contente !..

LÉONIDE, avec intention.

Et moi aussi.

SCÈNE VII.
Les Mêmes, JÉROME, JEANNETTE, THOMAS, ALFRED.

JEANNETTE, entrant.

Madame, v'là le médecin !.. papa, v'là le vétérinaire !..

LÉONIDE, à part.

Quel bonheur ! c'est Alfred !

ALFRED.

Air : Autrefois, je pleurais.

Médecin du canton,
J'arrive sans façon
   Me voici ! (bis.)
N'ayez plus de souci.

THOMAS.

Comm' Monsieur, j'ai l'honneur,
D'être égal'ment docteur,
Oui, je suis maréchal
Et j' viens pour vot' cheval.

ALFRED.

On aime ma méthode,
Nos femmes à la mode
La trouvent fort commode ;
Quand je les vois souffrir,
Afin de les guérir,
J'ordonne le plaisir.

Médecin du canton, etc.

THOMAS.

Maréchal du canton,
J'arrive sans façon,
   Me voici, (bis.)
N'ayez plus de souci.

Mme D'AUBONNE, à Alfred.

Soyez le bien venu, monsieur ; vous avez reçu ma lettre ?

ALFRED.

Votre lettre !.. (Léonide lui fait un signe.) Oui... oui, madame... et je m'empresse de venir vous offrir mes soins.

JÉROME, à Thomas.

Ah ! monsieur le vétérinaire, la Grise a ben besoin d' vous voir.

THOMAS.

Il paraît qu'elle a une fièvre de...

Mme D'AUBONNE.

J'éprouve des agitations nerveuses qui m'aigrissent le caractère...

JÉROME, à Thomas.

C'te pauvr' bête a des inquiétudes dans les jambes, elle ne fait que vous allonger des ruades.

THOMAS, à part.

Je suis perdu !..

ALFRED, à Mme d'Aubonne.

Mangez peu, le matin, et faites, après votre déjeuner, une petite promenade.

THOMAS, à Jérôme.

Donnez-lui beaucoup d'eau blanche, et faites-lui faire six lieues au grand galop.

Mme D'AUBONNE.

Docteur, tâtez-moi le pouls.

JÉROME.

Venez lui visiter le sabot.

THOMAS, à part.

Il va m'arriver quelque malheur !.. (Bas à Jeannette.) Jeannette, je crois que tu m'as donné un mauvais conseil. (Il sort avec Jérôme, Jeannette les suit.)

SCÈNE VIII.
Mme D'AUBONNE, LÉONIDE, ALFRED.

Mme D'AUBONNE.
Ainsi, docteur, vous croyez qu'il n'y a pas de danger?

ALFRED.
Aucun, madame, je vous le répète, la sobriété, l'exercice, le bon air... voilà les premiers principes de l'hygiène... parce que... la campagne... oh! la campagne... vous comprenez... (A part.) Au diable la consultation ; je ne sais plus ce que je dis.

LÉONIDE, riant à part.
Pauvre Alfred! comme il s'embrouille!

Mme D'AUBONNE.
Ah! docteur, vous me rassurez un peu; je veux aussi que vous donniez vos soins à ma petite-fille.

ALFRED, vivement.
Mademoiselle serait-elle indisposée?

LÉONIDE.
Je suis beaucoup mieux, depuis un instant.

Mme D'AUBONNE.
C'est égal; ne lui trouvez-vous pas de la pâleur, de l'abattement?

ALFRED.
En effet! mademoiselle ne me paraît pas dans un état de santé parfaite.

Mme D'AUBONNE.
Il se pourrait?

LÉONIDE.
Qu'est-ce qu'elle dit donc là?

ALFRED, prenant Mme d'Aubonne à part.
Tenez, madame, je vais vous parler avec franchise...

Mme D'AUBONNE.
Ah! mon Dieu!.. vous m'effrayez!

ALFRED.
Calmez-vous; l'état de mademoiselle votre petite-fille, n'offre rien d'alarmant!.. mais à cet âge, la tête travaille, le cœur parle, et je crois qu'il lui faudrait...

Mme D'AUBONNE.
Quoi donc?

ALFRED.
Un mari.

LÉONIDE.
Ah! ça, grand'maman! que dites-vous donc à monsieur?

Mme D'AUBONNE.
Cela ne te regarde pas; nous nous occupons de la santé...(A Alfred.) J'ai déjà songé à ce que vous me dites là, et je ne suis pas éloignée...

ALFRED, à part.
Léonide lui aurait-elle parlé de moi?

Mme D'AUBONNE.
Aussi, dès demain, elle verra son futur... M. de Vert-Bois, un ancien préfet, un voisin de campagne, un homme de la vieille souche.

ALFRED, vivement.
Monsieur de Vert-Bois, vous croyez?.. mais, madame, prenez-y garde, peut-être mademoiselle a-t-elle déjà fait un choix?

Mme D'AUBONNE.
Elle me parlait bien ce matin d'un M. Alfred.

ALFRED, vivement.
Ah!.. elle vous a parlé?..

Mme D'AUBONNE.
Oui, un mauvais sujet, un fou, un Parisien, c'est tout dire... Ainsi, docteur, puisque tel est votre sentiment, je vais la marier à M. de Vert-Bois, le plus tôt possible.

ALFRED.
Mais, madame, je fais une réflexion... nous allons peut-être un peu vite...

Mme D'AUBONNE.
Oh! non, docteur, votre avis est excellent, et j'attends de vous un grand service.

ALFRED.
Parlez, madame.

Mme D'AUBONNE.
Restez, je vous prie, avec Léonide... Tout en causant avec elle, tâchez de la préparer à cette union; faites-lui comprendre adroitement que ce M. Alfred ne peut lui convenir, qu'il la rendrait très malheureuse... tandis que M. de Vert-Bois, au contraire...

ALFRED.
Mais, madame...

Mme D'AUBONNE.
Allons, c'est convenu!.. vous voyez, je vous la confie sans crainte, comme à un ami... (Appelant.) Léonide?

LÉONIDE, qui était à broder au fond se rapprochant.
Grand'maman?..

Mme D'AUBONNE.
Je te laisse seule avec M. le docteur... c'est un grand médecin, ma chère amie!.. aie toute confiance en lui.

LÉONIDE.
Oui, bonne maman... (Riant à part.) Ah, ah, ah!.. un grand médecin!.. Alfred!..

Mme D'AUBONNE, à part.
Pendant ce temps, je vais porter à la poste la lettre qui congédie M. Alfred... je ne me fie qu'à moi... (A Alfred en sortant.) Au revoir, docteur... je compte sur vous! (Elle sort, Léonide la reconduit.)

LÉONIDE, parlant au fond pendant qu'Alfred lui baise la main.
N'ayez pas d'inquiétude, grand'maman, je me sens tout-à-fait bien!..

SCÈNE IX.
LÉONIDE, ALFRED.

ALFRED.
Enfin, elle est partie!.. Léonide! ma chère Léonide!.. je puis enfin vous parler!..

LÉONIDE, riant.
Ah, ah, ah!.. je ne savais pas, monsieur, que vous étiez un grand médecin.

ALFRED.
C'est ça! moquez-vous de moi!..

LÉONIDE.
Ah!.. la consultation a été longue... eh bien! monsieur le docteur, quel régime dois-je suivre, maintenant?.. qu'avez-vous décidé, avec ma grand'-mère?..

ALFRED.
Votre grand'mère a décidé qu'il vous fallait un mari.

LÉONIDE, riant.
Ah, ah, ah!.. la drôle d'idée!..

ALFRED.
Rire ainsi, quand je vais vous perdre, quand vous allez appartenir à un autre!

LÉONIDE.
Allons, allons, rassurez-vous; j'ai appris bien des choses, depuis que je suis ici; laissez-moi faire, soyez bien gentil, bien obéissant, et je vous promets que tout ira bien!

ALFRED.
Mais, ce M. de Vert-Bois qu'on veut vous faire épouser, il faut que je me fasse connaître à votre grand'mère.

LÉONIDE.
Gardez-vous-en bien, elle a son idée fixe.

ALFRED.
Et puisqu'elle ne veut vous unir qu'à quelqu'un d'une ancienne famille, eh bien! je lui dirai que je suis le fils de M. de Saint-Vallier, ancien capitaine aux mousquetaires de la reine.

LÉONIDE, à part.

Saint-Vallier!.. un mousquetaire... tiens! tiens! tiens!.. comme dans les souvenirs.

SCÈNE X.
LES MÊMES, JEANNETTE, THOMAS.

JEANNETTE, accourant.

Mamzelle! mamzelle!..

LÉONIDE.

Qu'y a-t-il?.. pourquoi cet air effaré?

JEANNETTE.

Le vrai médecin vient d'arriver au château.

THOMAS, accourant aussi.

V'là l'vrai vétérinaire qui entre dans l'écurie.

JEANNETTE.

Nous sommes perdus.

ALFRED.

Que faire?..

THOMAS.

La Grise m'a déjà donné un coup d'pied, ton père va m'en donner bien d'autres... tâchons de déguerpir.

ALFRED.

Mais je ne sais par quel moyen... (Désignant la porte du fond.) Ah! par cette porte?..

LÉONIDE.

Du tout! du tout!.. comme dans les mémoires!.. à la page seize... le mousquetaire, la cachette, le portrait!

ALFRED, très étonné.

Page seize? le mousquetaire? les mémoires?.. qu'est-ce que tout cela signifie?..

LÉONIDE.

Laissez-moi faire... passez dans ce pavillon...

(Elle ouvre la porte du pavillon, y pousse Alfred et le suit.)

ALFRED, dans le pavillon examinant le portrait.

C'est singulier!.. ce portrait... c'est celui de mon père!..

LÉONIDE.

Votre père!.. comme ça se rencontre...

ALFRED.

Mais, comment se fait-il?..

LÉONIDE.

Allons, allons, monsieur, cela ne vous regarde pas... voyez... ce tableau tourne sur lui-même (Elle le fait pivoter.) et masque une cachette... entrez-y vite, et restez-y jusqu'à ce que je vienne vous délivrer.

ALFRED, à part.

Comment peut-elle imaginer tout cela?..ma foi! je n'y comprends rien... mais laissons-nous conduire...

(Il se cache, Léonide remet le portrait en place, sort du pavillon et remonte la scène pour voir si sa grand'mère ne revient pas.)

JEANNETTE, qui pendant ce temps s'est disputée avec Thomas.

A ton tour, Thomas, je te dis qu'il faut te cacher aussi.

THOMAS.

Mais où?..

JEANNETTE.

Dans la niche à Turc.

THOMAS.

Jeannette, tu n'y penses pas... et ma dignité d'homme!.. c'est me ravaler jusqu'à la brute.

JEANNETTE.

J'entends mon père...(Prenant une tranche de pâté sur la table à gauche.) Tiens!.. emporte ce reste de pâté, ça te distraira en attendant que je te fasse sortir de la niche...(Le poussant vers la niche qui est à droite.) Va donc! va donc!..

THOMAS, entrant dans la niche.

Jeannette, Jeannette, c'est encore un mauvais conseil.

SCÈNE XI.
LÉONIDE, JEANNETTE, Mme D'AUBONNE, JÉROME.

Mme D'AUBONNE.

Où sont-il ces deux imposteurs? que je les confonde!.. mais je ne les vois pas?..

LÉONIDE.

De qui parlez-vous donc, grand'maman?..

Mme D'AUBONNE.

Eh! mademoiselle, de ce prétendu médecin?

JÉROME.

De ce faux vétérinaire?

LÉONIDE.

Comment, grand' mère, ce n'était pas un vrai docteur?..

Mme D'AUBONNE.

Petite dissimulée!.. faites donc semblant de ne rien savoir?.. mais où sont-ils? où sont-ils?..

JEANNETTE.

Ah! pardine! il y a long-temps qu'ils ont décampé...

Mme D'AUBONNE.

C'était sans doute votre mauvais sujet d'Alfred?

JÉROME.

C'était ton imbécile de Thomas?..

Mme D'AUBONNE.

Que ce monsieur s'avise de revenir, je me charge de le recevoir..

JÉROME.

Et le vétérinaire donc!.. que je le rattrape... queux coups de gaule!..

Mme D'AUBONNE.

Pour plus de précaution, Jérôme, allez chercher la clé du jardin, et fermez cette petite porte à double tour.

JÉROME.

Oui, madame.

Mme D'AUBONNE, à Léonide.

Allons, mademoiselle, nous allons nous mettre à table, j'ai fait avancer l'heure du diner... Ce monsieur qui me mettait à la diète! par exemple!..

LÉONIDE.

Je vais vous suivre, grand'maman.

Mme D'AUBONNE.

Ah! je sens que la surveillance d'une jeune fille est trop difficile pour moi, aussi, dès demain, je vous renvoie à vos parens, que j'engagerai à vous marier sur-le-champ, avec celui dont je leur ai parlé.

(Elle sort suivie de Jérôme.)

SCÈNE XII.
JEANNETTE, LÉONIDE, puis ALFRED.

LÉONIDE, avec joie.

Bravo! bravo! ça marche bien... comme dans les souvenirs... Jeannette, regarde si grand'maman revient sur ses pas... (Jeannette va au fond.) Maintenant rappelons-nous bien ce que j'ai lu... faisons comme à la page dix-sept, délivrons d'abord Alfred... (Elle va dans le pavillon et appelle.) Alfred! Alfred!.. elle est partie, vous pouvez sortir...   (Elle ouvre la cachette.)

ALFRED, paraissant et sortant du pavillon.

Ouf!.. j'étouffais là-dedans.

LÉONIDE.

Ah! dame!.. le mousquetaire ne devait pas être à son aise, non plus...

ALFRED, étonné.

Le mousquetaire?..

LÉONIDE, à part.

Moi, qui vais lui parler du bon ami de grand'maman!.. (Haut.) Vous avez tout entendu?..

ALFRED.

Oui, on va vous marier, et demain vous partez... que faire?..

LÉONIDE.

Vous êtes embarrassé, n'est-ce pas?.. Eh bien! moi, je connais un moyen.

ALFRED.
Lequel?.. oh! parlez, Léonide!..
LÉONIDE.
Pour que notre projet réussisse, il faudra, monsieur, m'obéir en tout.
ALFRED.
Oui, Léonide!.. je suivrai tout ce que vous dictera votre amour...
LÉONIDE.
Et la page dix-sept?..
ALFRED, étonné.
La page dix-sept?..
LÉONIDE, se reprenant.
Oh! rien!.. écoutez-moi... (A part.) Tâchons de bien me rappeler... (Haut.) « Il faut d'abord, une chaise de poste et quatre chevaux, des pistolets, et » puis de l'or... beaucoup d'or...
ALFRED.
Pourquoi faire, tout cela?
LÉONIDE.
Monsieur, il ne faut pas m'interrompre... (A part.) Là, je ne me souviens plus comment on a enlevé ma grand'mère... ah! j'y suis (Haut.) « Ensuite, » à la nuit tombante, je suis dans ce jardin, vous arrivez sous ce mur... » pour signal, vous frappez trois coups dans la main... vous jetez une échelle » de soie et vous escaladez, couvert d'un manteau couleur de muraille... » Maintenant, je vais rejoindre ma grand'mère qui m'attend; à ce soir, souvenez-vous bien de tout ce que je vous ai dit... On vient!.. mais allez donc, monsieur, allez donc!..
ALFRED, à part.
Décidément, je m'y perds!.. (Il sort par la porte du fond, Léonide par le côté.)

SCÈNE XIII.
JEANNETTE, puis THOMAS.

JEANNETTE.
Comme c'est utile de savoir lire, quelle bonne trouvaille que les souvenirs de madame!.. mamzelle les met joliment à profit... ça va me servir aussi à moi... oui, mais Thomas est si bête... c'est égal, appelons-le... (Elle se dirige vers la niche et appelle à voix basse.) Thomas?.. tu peux sortir de la niche... ici, Thomas!..
THOMAS, sortant de la niche.
Oh! la, la!.. oh! la, la!..
JEANNETTE.
Qu'est-ce que tu as?
THOMAS.
J'ai... que tu me donnes toujours de mauvais conseils.
JEANNETTE.
C'est ça, plains-toi!.. tu n'étais peut-être pas bien dans c'te niche?
THOMAS.
Ma parole d'honneur, tu me fais faire un métier de... il n'y a place que pour un, là-dedans, et nous étions deux!.. avec ça que Turc est un égoïste, il a pris le beau milieu, et moi, il m'a jeté dans la ruelle... quel être monotone que ce Turc!.. quel tête-à-tête insupportable!..
JEANNETTE.
Tu n'as pas dû t'ennuyer? car tu as emporté la moitié d'un pâté.
THOMAS.
C'est vrai, mais Turc était là... il m'a tout dévoré; il est si mal élevé c't animal-là, il vous mange dans la main... j'ai voulu lui faire quelques observations, il s'est mis à grogner, et m'a donné un coup de dents... c'est un antropophage!..
JEANNETTE.
Il ne s'agit pas de cela.
THOMAS.
Tu vas encore me donner un mauvais conseil?
JEANNETTE.
Ecoute; mamzelle va être enlevée ce soir par son amoureux, il faut que tu m'enlèves aussi.

THOMAS.
Tout seul? je ne pourrai jamais.
JEANNETTE, cherchant à se rappeler.
Voyons, comment qu'elle lui a dit ça?.. ah! Il faut que tu te procures une chaise de poste.
THOMAS.
Une chaise de poste? bien, j'emprunterai la charette à Larfaillou.
JEANNETTE.
Et puis quatre chevaux.
THOMAS.
Quatre chevaux?.. j'aurai la bourique de la mère Chauvassu, et le grand sauteur.
JEANNETTE.
Il en faut quatre?
THOMAS.
Jeannette!.. n'aie pas trop d'ambition... contente-toi d'la bourique et du grand sauteur.
JEANNETTE.
De l'or... beaucoup d'or!..
THOMAS.
Je n'ai qu'une pièce de quinze sous.
JEANNETTE.
Dès qu'il fera nuit, trouve-toi derrière ce mur... tu feras un signal...
THOMAS.
Je chanterai la Parisienne.
JEANNETTE.
Tu auras aussi dans ta poche une échelle de soie.
THOMAS.
Ou ben encore la grande échelle qui sert, quand on va gauler les noix.
JEANNETTE.
Et tu escaladeras le mur, avec un manteau couleur de muraille...
THOMAS.
Comme qui dirait ma blouse bleue, après?
JEANNETTE, le reconduisant.
A présent, va-t-en vite!.. le jour baisse, on va venir fermer la porte... surtout pas de bruit; de la prudence, car papa fait sa ronde toutes les nuits...
THOMAS.
Tu vois bien! je parie que c'est encore un mauvais conseil... c'est égal, je m' risque, je vas bientôt revenir.
(Il sort par la porte du fond, la nuit vient par degrés.)
JEANNETTE.
V'là la nuit, allons retrouver mamzelle pour savoir ce qui m' reste à faire.
(Elle va pour sortir.)

SCENE XIV.
JEANNETTE, LÉONIDE.

LÉONIDE.
Ma grand'mère s'est endormie après son diner... voici l'heure à laquelle Alfred doit se trouver au rendez-vous... me voilà donc arrivée à la page vingt-trois... (Elle se heurte contre Jeannette.) Qui est là?..
JEANNETTE.
C'est moi, mamzelle.
LÉONIDE.
Que fais-tu donc là, Jeannette?
JEANNETTE.
Vous attendez M. Alfred, moi, j'attends Thomas; je veux être enlevée aussi!..
LÉONIDE.
Vraiment?.. mais dis-moi, Jeannette, ce que nous allons faire, n'est peut-être pas bien?
JEANNETTE.
Songez, mamzelle, que demain vous allez perdre votre bon ami... d'ailleurs, nous ne faisons que suivre l'exemple de madame votre grand'maman.

LA PAGE 24.

LÉONIDE.

Au fait, tu as raison.

JEANNETTE.

Que vous êtes heureuse, mamzelle!.. vous allez être ben enlevée... moi, j' n'aurai pas ce bonheur; Thomas est si maladroit!

LÉONIDE.

Ah ça! Jeannette, nous devons au moins leur résister?

JEANNETTE.

Dame! je ne sais pas, c'est la première fois que cela m'arrive... regardez dans votr' livre, nous verrons ce que nous devons faire.

LÉONIDE.

Précisément, nous en étions à l'endroit où grand'maman attend son petit mousquetaire... mais comment lire, il fait trop sombre.

JEANNETTE.

Pardine!.. entrons dans ce pavillon, nous trouverons tout ce qu'il faut pour allumer une bougie. (Elles entrent dans le pavillon, Jeannette allume une bougie avec un briquet phosphorique.)

LÉONIDE, tirant le manuscrit de son panier.

Dépêchons-nous vite, avant qu'Alfred n'arrive... (Lisant.) « On m'avait » enfermée dans ma chambre; un orage se prépare. » — Quel dommage, il ne pleut pas! — « Saint-Vallier paraît, me lance l'échelle de soie que j'atta- » che à la barre de la croisée... il monte; tout-à-coup ses pieds s'embarras- » sent, sa main lâche prise, il tombe du premier sur une couche de me- » lons. » — Ah! mon Dieu!.. je tremble pour Alfred!..

JEANNETTE.

Pourvu que Thomas ne se casse rien!..

LÉONIDE, lisant.

« Il se relève et remonte... il est auprès de moi, il se jette à mes genoux, » il prend mes mains qu'il couvre de baisers, je lui donne un soufflet »... (S'interrompant.) Tiens!.. il faut donner un soufflet!

JEANNETTE.

Je retiendrai ça.

LÉONIDE, continuant.

« Bientôt je n'ai plus la force de me défendre... et nous faisons une partie » d'ânes à Montmorency, avec le jeune d'Aubonne mon futur. »

JEANNETTE.

Ah! ça... mais, mamzelle, ça n' se suit plus...

LÉONIDE.

Tu as raison, il manque quelque chose... je crois bien, il y a un feuillet de moins... la page vingt-quatre... elle a été arrachée... que c'est contrariant.

JEANNETTE.

Nous voilà bien avancées!

LÉONIDE, réfléchissant.

Qu'est-ce qu'il pouvait donc y avoir sur la page vingt-quatre?..

Air : Je sais arranger des rubans,

Dans mes amours, pour sortir d'embarras,
De grand'maman je consulte l'ouvrage;
Sans son secours, je n'ose faire un pas,
Et je m'instruis, enfin, à chaque page...
Mais pour être heureuse, à mon cœur,
Il manque quelque chose encore;
Peut-être bien que le bonheur,
Est dans la page que j'ignore!..

SCÈNE XV.

Les Mêmes, dans le pavillon, Mme D'AUBONNE, JÉROME.

Mme D'AUBONNE.

Jérôme, fermez cette porte, et veillez bien toute la nuit.

JEROME.

Soyez paisible, madame, je lâcherai Turc, et je mettrai du plomb à loup dans mon fusil.

Mme D'AUBONNE.
Oh! non, Jérôme, je ne veux pas la mort du pêcheur.
JÉROME.
Alors, j'y mettrai du sel. (Il sort après avoir fermé la porte à double tour.)
Mme D'AUBONNE.
Mais où donc est Léonide?.. elle m'a quittée, pendant que je dormais... Que vois-je! de la lumière dans ce pavillon?.. (Elle y entre et les surprend, lisant.) Que faites-vous là, mesdemoiselles, à l'heure qu'il est?
LÉONIDE, à part.
Ciel!.. grand'maman!..
Mme D'AUBONNE.
Sortez bien vite d'ici... (Léonide et Jeannette sortent du pavillon.) Mais qu'est-ce que vous cachez là?.. c'est un livre?
LÉONIDE, embarrassée.
Ça... c'est la morale en action...
Mme D'AUBONNE.
voyons, voyons... (A part.) Grand Dieu! mes souvenirs!.. (Haut.) Et vous avez tout lu?
LÉONIDE.
Oh! je les sais par cœur.
Mme D'AUBONNE.
Imprudente que je suis!.. malheureuse enfant!.. ah! je me sens défaillir.
(Elle tombe sur une chaise.)
LÉONIDE.
Ah, mon Dieu!.. Jeannette, elle se trouve mal... ma grand'mère... qu'avez-vous?.. desserrons-la.
(En la desserrant, un papier tombe à terre.)
Mme D'AUBONNE, revenant à elle, à part.
J'en mourrai de honte!.. (Haut.) Ne croyez pas un mot de tout cela, mademoiselle, je vous le défends... c'est une histoire inventée à plaisir.
LÉONIDE.
Bonne maman, je vous crois.
Mme D'AUBONNE.
Je vais de ce pas brûler ce manuscrit... Que je me sens faible... après tant d'émotions, j'ai grand besoin de repos... (A Jeannette.) Voyons, petite sotte, prenez cette bougie et conduisez Léonide dans sa chambre. (A part.) Tout est bien fermé... Jérôme veille, je pourrai dormir tranquille... Ah! ne me parlez pas des jeunes personnes d'à présent... ah! mes nerfs, mes nerfs!.. (Elle sort.)

SCENE XVI.
LEONIDE, JEANNETTE.

LÉONIDE.
Ma grand'mère va reposer... tant mieux! mais quel malheur qu'on ait déchiré une page de son manuscrit.
JEANNETTE, la bougie à la main.
C'était p't'être c' qu'il y avait de plus utile à savoir... Tiens! v'là un papier à terre; est-ce à vous, mamzelle?
LÉONIDE.
Non; donne toujours... Eh mais!.. c'est l'écriture de ma grand'mère.
JEANNETTE.
Ah! je me rappelle à présent... j'ai vu tomber ce papier, pendant que je la délaçais.
LÉONIDE.
C'est le format des souvenirs... (Avec joie.) C'est la page qui manquait!..
JEANNETTE.
Quel bonheur!..
LÉONIDE.
Approche vite la lumière; nous en sommes restées à ce passage, je crois : « Il me prend les mains qu'il couvre de baisers... je n'ai plus la force » de me défendre... (Elle lit des yeux.) Ah! mon Dieu!.. ah! mon Dieu!.. ah! mon Dieu!..

JEANNETTE.
Qu'est-ce qu'il y a donc, mamzelle? oh! dites-moi... dites-moi...
LÉONIDE.
Tiens... lis toi-même...
JEANNETTE, après avoir lu.
Ah! mon Dieu!.. (Elles se regardent toutes deux avec étonnement ; on entend frapper trois coups dans la main.)
LÉONIDE.
Voilà le signal...
JEANNETTE.
C'est monsieur Alfred!.. j'vous laisse ensemble.
LÉONINE.
Non!.. ne me quitte pas, Jeannette... ne me quitte pas.
JEANNETTE.
Ne craignez rien; je suis là!
(Elle s'éloigne.)

SCÈNE XVII.
LÉONIDE, ALFRED, escaladant le mur au fond.

ALFRED, avec mystère.
Me voici... personne ne m'a vu!..
LÉONIDE, jouant la surprise.
Comment?.. c'est vous, M. Alfred?.. que venez-vous faire ici, à l'heure qu'il est? (A part.) Je suis toute tremblante.
ALFRED.
Vous le voyez, je suis fidèle au rendez-vous... minuit... l'échelle... une chaise de poste sur la route... comme nous en sommes convenus.
LÉONIDE.
Que voulez-vous dire? je ne vous ai pas donné de rendez-vous... nous ne sommes convenus de rien.
ALFRED.
Vous ne vous rappelez donc plus?.. ah! je le vois, la crainte, l'émotion... (Voulant la prendre dans ses bras.) Léonide!.. vous ne m'en êtes que plus chère.
LÉONIDE, reculant.
Ne m'approchez pas, monsieur!..
ALFRED, approchant davantage.
Léonide!..
LÉONIDE, lui donnant un soufflet.
Là, monsieur, ça vous apprendra...
ALFRED.
Que vous êtes méchante!..
LÉONIDE, à part.
Je ne lui ai pourtant pas donné si fort que grand'maman à son mousquetaire?..
ALFRED.
Ne redoutez rien; je vais vous conduire à Paris, chez une de mes parentes... là, nous solliciterons votre grand'mère, et nous ferons tant, qu'elle reviendra de ses préventions contre moi.

Air : Je ne suis qu'un vieux bonhomme.

Fuyons vite avec mystère,
Venez, l'amour nous attend...
LÉONIDE, à part.
C'est comme le mousquetaire,
Qui parlait à grand'maman.
ALFRED.
Oui, cédez à ma prière...
LÉONIDE.
Non, monsieur... séparons-nous...
(A part.) Ah! vous le voyez, grand'mère...
Je suis plus sage que vous.

ALFRED.
Un baiser, ma tendre amie,
Je le demande à genoux !
A l'amant qui te supplie,
Accorde un gage si doux !..

LÉONIDE.
Vous êtes bien téméraire,
Monsieur, craignez mon courroux.
(A part.) Ah ! vous le voyez, grand'mère,
Je suis plus sage que vous.

ALFRED.
Ne me résistez plus, il faut me suivre, Léonide !.. (Il veut l'entraîner.)

LÉONIDE, s'échappant.
Laissez-moi, M. Alfred !.. laissez-moi, ou je vais appeler !..

ALFRED.
Pourquoi tant de rigueur ?.. vous qui, dans toute cette journée, m'avez montré tant de confiance... vous, qui avez imaginé les stratagèmes qui ont protégé jusqu'ici notre amour, qui avez consenti à ce rendez-vous... et qui deviez me suivre, pour fuir un hymen, que vous abhorrez... Léonide, vous ne m'aimez donc plus ?..

LÉONIDE.
Si !.. et c'est pour être à vous à jamais que je vous résiste.

ALFRED.
Quel langage !.. quand ce matin...

LÉONIDE.
Oui, ce matin, sans expérience, confiante dans mon amour, j'ignorais le mal ; mon cœur m'égarait, de perfides conseils me conduisaient à ma perte ; mais le hasard qui m'a si cruellement servie, m'a fait voir aussi l'abîme où j'allais tomber... Alfred !.. ayez pitié de moi... oubliez ce que j'ai déjà fait, je veux rester digne d'être votre femme.

ALFRED.
AIR : Je suis soldat, j'en jure sur l'honneur.

Mais cet hymen dont mon âme est jalouse,
Il faut le fuir, venez... ma vive ardeur
Respecte en vous une future épouse.
Je sais, de moi, ce qu'exige l'honneur !

LÉONIDE.
Non !.. j'écoutais un conseil trop funeste,
Il flattait tant les penchans de mon cœur...
Mais j'aperçois le danger et je reste...
Je sais de moi ce qu'exige l'honneur.

(En ce moment, une grande échelle paraît au-dessus du mur, au fond ; Thomas monte en dehors, en chantant.)

THOMAS, au-dessus du mur.
En avant, marchons,
Contre leurs canons, etc.
(Un coup de fusil part de la coulisse à droite.)
(Criant.) Oh ! la, la !.. au secours ! au voleur !..
(Il disparaît de l'échelle en dehors.)

ALFRED.
Qu'est-ce que j'entends là ?

SCÈNE XVIII.
LES MÊMES, Mme D'AUBONNE.

Mme D'AUBONNE, accourant par la gauche.
Quel est ce bruit ?.. que vois-je ! un jeune homme avec ma petite-fille !.. ah ! c'est ce prétendu médecin !..

ALFRED.
De grâce, madame... écoutez-moi.

Mme D'AUBONNE.
Je ne veux rien entendre ! et vous, mademoiselle, vous ne rougissez-pas... à votre âge ?.. voilà donc où vous a conduite la lecture des romans ?

LÉONIDE, avec intention.
Non, ma grand'maman... j'ai lu tout cela dans l'histoire...

Mme D'AUBONNE, à part.

Elle veut parler de mes souvenirs... heureusement, que j'en ai enlevé une page... (Cherchant sur elle.) Ah! mon Dieu!.. je ne l'ai plus!..
LÉONIDE, la lui rendant.
La voici...
Mme D'AUBONNE, à part.
Pauvre enfant!.. elle est perdue!..
LÉONIDE.
C'est la seule que j'ai sautée du roman de votre vie.

Air du Baiser au porteur.

> Je fus séduite par le titre,
> Ce livre flattait mes désirs...
> Je l'ai suivi, chapitre par chapitre,
> Car je voulais dans mes loisirs,
> Ecrire aussi mes souvenirs !
> Votre roman a su me plaire,
> Je l'ai traduit en entier... cependant,
> Vous me pardonnerez grand'mère,
> D'avoir changé le dénoûment !

Mme D'AUBONNE.

Vrai!.. bien vrai?.. ah! viens, que je t'embrasse, tu vaux mieux que moi... (A Alfred avec sévérité.) Quant à vous, monsieur, votre conduite est sans excuse, et vous devez comprendre que votre présence ici?..

ALFRED.

Madame, j'implore mon pardon!.. depuis long-temps, j'adore Léonide; mes vues sont pures, et mon bonheur serait d'obtenir sa main!

Mme D'AUBONNE.

Ma petite-fille, à vous! un inconnu...

ALFRED.

J'appartiens à une famille honorable, qui approuve mon amour... vous connaissez sans doute le nom de Saint-Vallier?..

Mme D'AUBONNE.

Saint-Vallier!.. quoi! seriez-vous?..

LÉONIDE, à mi-voix.

Eh! oui, grand'maman, le fils du mousquetaire des souvenirs.

Mme D'AUBONNE, avec émotion.

Le fils de... ah! jeune homme!.. jeune homme!.. votre père était un bien aimable mauvais sujet!..

ALFRED.

Ah! madame!.. ne me refusez pas... accordez-moi la main de Léonide; nous resterons près de vous... nous nous ferons une étude de vous rendre heureuse

Mme D'AUBONNE, à part.

Il a la voix de son père... on ne peut rien lui refuser.

SCÈNE XIX.

LES MÊMES, JEANNETTE, JÉROME, tenant THOMAS par l'oreille.

JÉROME.
Ah! ah! mon gaillard!..
THOMAS.
Mais lâchez donc! M. Jérôme!..
JEANNETTE.
Papa, papa!.. ne tirez pas si fort.
Mme D'AUBONNE.
Qu'y a-t-il donc, Jérôme?
JÉROME.
Est-ce qu'il ne voulait pas escalader notr' mur, pour enl'ver notr' fille... mais j' lui ai envoyé un' poignée d' gros sel, je l' tiens!.. et il n'en est pas quitte!..
THOMAS, à Jeannette d'un ton lamentable.
Je te l' disais bien, Jeannette... il m'en cuit joliment d'avoir suivi tes conseils.

JEANNETTE, toute tremblante.

Ah! madame... ah! mamzelle, sauvez ce pauvre Thomas.

LÉONIDE, bas à Mme d'Aubonne.

Grand'maman... c'est encore un peu la faute des souvenirs.

Mme D'AUBONNE.

Allons, allons! Jérôme, ne soyons pas trop sévères... nous avons été jeunes aussi...

JÉROME.

Vous croyez?..

Mme D'AUBONNE.

Ne l'oublions pas...si ces enfans se conviennent, mariez-les, c'est ce qu'il y a de mieux à faire maintenant.

JÉROME.

Si c'est la volonté de madame...

JEANNETTE.

Oh! quel bonheur!..Thomas!..mon gros Thomas!..tu vas être mon mari... tu me seras toujours fidèle, tu ne seras pas jaloux, tu feras toutes mes volontés.

THOMAS.

Jeannette!.. Jeannette... ne me donne pas de mauvais conseils!..

LÉONIDE, au Public.

Air de l'Apothicaire.

Messieurs, dans le meilleur roman
Le bon au mauvais se marie ;
En faveur du bon, cependant,
Le plus mauvais endroit s'oublie ;
Nous vous demandons, cette fois,
Même faveur pour cet ouvrage,
Applaudissez les bons endroits,
Et tournez la mauvaise page.

FIN.

LE
CHEVALIER D'ÉON,

COMÉDIE EN TROIS ACTES MÊLÉE DE CHANT,

PAR MM. BAYARD et DUMANOIR.

REPRÉSENTÉE POUR LA PREMIÈRE FOIS, SUR LE THÉATRE DES VARIÉTÉS, LE 25 JANVIER 1837.

Voilà la femme qu'il me fallait !   (ACTE III, SC. XIII.)

PARIS,
NOBIS, ÉDITEUR, RUE DU CAIRE, N° 5.

1837.

Personnages.   Acteurs.

PREMIER ACTE.

LE CHEVALIER D'ÉON.   M. BRESSAN.
LE BARON DE SOTTERNICH.   M. CAZOT.
LA BARONNE.   Mlle JOLIVET.
EUDOXIE DE WARDEN.   Mlle POUGAUD.
LAVERGNE, domestique de confiance du chevalier d'Éon.   M. LAMARRE.
DOMESTIQUES DU BARON.

La scène se passe en Prusse, chez le baron de Sotternich.

DEUXIÈME ACTE.

ÉLISABETH, impératrice de Russie.   Mlle JENNY-VERTPRÉ.
LE COMTE DE VURZOF, chambellan.   M. PROSPER.
OLGA, fille d'honneur.   Mlle GEORGINA.
LE CHEVALIER D'ÉON.   M. BRESSAN.
LE BARON DE SOTTERNICH.   M. CAZOT.
EUDOXIE DE WARDEN.   Mlle POUGAUD.
LAVERGNE.   M. LAMARRE.

La scène se passe à Saint-Pétersbourg, au palais de l'Ermitage.

TROISIÈME ACTE.

LE CHEVALIER D'ÉON.   M. BRESSAN.
EUDOXIE DE WARDEN.   Mlle POUGAUD.
LE BARON DE SOTTERNICH.   M. CAZOT.
LAVERGNE.   M. LAMARRE.
SIR HERVEY.   M. DUSSERT.
BETZY.   Mlle JENNY-VERTPRÉ.

La scène se passe à Londres, dans un hôtel garni.

AVIS.

Les deux rôles de l'IMPÉRATRICE et de BETZY, joués à Paris par madame Jenny-Vertpré, doivent être remplis par deux actrices d'emplois différents : la JEUNE-PREMIÈRE-DUGAZON et la SOUBRETTE.

Imp. J.-R. MEVREL, pass. du Caire, 54.

LE CHEVALIER D'ÉON,

COMÉDIE MÊLÉE DE CHANT, EN TROIS ACTES.

ACTE I.

Un salon. Entrée au fond; porte à droite, conduisant chez la baronne; porte à gauche, conduisant à l'appartement du chevalier. Une table garnie.

SCÈNE I.

LAVERGNE, LE BARONNE, assise près de la table.

LAVERGNE.
Madame la baronne n'a plus rien à me demander?..
(Il fait un mouvement pour sortir.)

LA BARONNE.
Si fait... Votre maître ne vous attend pas?

LAVERGNE.
Non, madame la baronne, il écrit; il a des dépêches à expédier... et ce n'est pas de mon ressort.

LA BARONNE.
Alors, vous pouvez rester et me répondre... C'est une vie si gaie, si folle que celle de France!.. la cour de Versailles est si fertile en plaisirs, en aventures, en intrigues, que je ne me lasserais pas d'en parler... c'est ma seule distraction, au fond de ce vieux château, d'où je ne m'échappe de loin à loin, que pour aller m'ennuyer à la cour de Berlin.

AIR de Voltaire chez Ninon.

Mais je n'ai jamais éprouvé
Que du chagrin dans ce voyage,
LAVERGNE, à part
Excepté lorsqu'elle a trouvé,
Le chevalier sur son passage.
LA BARONNE.
En ces lieux, je n'ai, par malheur,
Que des jours tristes, monotones...
C'est à mourir!..
LAVERGNE, à part.
Mais, par bonheur,
Le ciel protège les baronnes.

LA BARONNE.
Mais puisque vous savez tout ce qui se passait aux fêtes de Trianon...

LAVERGNE.
Oh! pour l'avoir entendu dire à mes maîtres... à monsieur le chevalier, par exemple.

LA BARONNE.
Bien, bien... Quelle est donc cette aventure que vous avez racontée hier à l'une de mes femmes, Poleska, qui en riait encore une heure après en m'habillant?..

LAVERGNE.
Une aventure?..

LA BARONNE.
Arrivée à Louis XV, peu de jours avant votre départ de Paris...

LAVERGNE.
Je ne me rappelle pas, madame la baronne.

LA BARONNE.
Si fait... cette jeune beauté qu'il aperçut dans un bal...

LAVERGNE, à part.
Aïe!.. quelle indiscrétion!

LA BARONNE.
Eh bien!.. vous y êtes, n'est-ce pas?

LAVERGNE.
Ah! oui, madame, je crois me souvenir...

LA BARONNE.
Contez-moi donc cela.

LAVERGNE.
C'est que c'est assez difficile... cependant, pour obéir à madame la baronne... (A part.) Je ne nommerai pas le héros de l'aventure.

LA BARONNE.
J'écoute... Le roi fut donc frappé de ces charmes inconnus?..

LAVERGNE.
Aussitôt, le valet de chambre de sa majesté, Lebel, un garçon très estimable...

LA BARONNE.
Ah! tant mieux... Après?

LAVERGNE.
Lebel fit donc en sorte que cette jeune beauté, favorite en perspective, s'égarât dans les appartemens, et rencontrât...

LA BARONNE.
Le roi?..

LAVERGNE.
Non pas... Mme de Pompadour, qui savait tout.

LA BARONNE, gaiment.
En vérité?.. voici qui devient piquant... ensuite?..

LA BARONNE.
Elle voulut se fâcher d'abord... mais comme cette belle demoiselle était un jeune seigneur déguisé...

Ah!

LAVERGNE.
Continûrai-je, madame la baronne?

LA BARONNE.
Non, non, c'est inutile. Et l'auteur de cette mystification, vous l'a-t-on nommé?

LAVERGNE.
Celui qui... non, madame la baronne, non.

LA BARONNE.
Et votre maître le connaît-il?

LAVERGNE.
Mon maître?.. je ne sais pas... je ne...

LA BARONNE.
Eh! mais, quel embarras!.. qu'avez-vous donc?

LAVERGNE.
Rien, rien... peut-être monsieur le chevalier trouvera-t-il que j'ai été bien indiscret... de conter à madame la baronne...

LA BARONNE.
Pourquoi donc?.. j'en veux rire avec lui, et je vais... (On entend le roulement d'une voiture.) Qu'est-ce?..

LAVERGNE.
Une voiture, qui entre dans la cour du château.

LA BARONNE.
Voyez qui ce peut être... (Lavergne sort.) Je ne veux recevoir personne... le baron n'y est pas, heureusement... car c'est bien l'homme le plus ennuyeux, malgré son air de finesse, qui ne cache souvent que... de la sottise... et puis jaloux! jaloux!.. (Riant.) Il aurait beau jeu en ce moment...

LAVERGNE, accourant.
Madame!.. madame!.. cette voiture de voyage... cette livrée... c'est...

LA BARONNE.
Ah! mon Dieu! qui donc?..

LAVERGNE.
Votre mari.

LA BARONNE.
Mon mari!..

LAVERGNE.
Monsieur le baron de Sotternich!

LA BARONNE.

Ah! je suis perdue!.. *(Elle tombe dans un fauteuil.)*
LAVERGNE.
Madame la baronne!.. Elle s'évanouit!.. ah! cette sonnette...
LA BARONNE.
Non, non... laissez-moi... c'est inutile...(A part.) Mon mari, que je croyais encore à la cour de Mecklembourg!..
LAVERGNE.
Eh! vite! il n'y a pas un instant à perdre. *(Il sort rapidement à gauche.)*
LA BARONNE, à part.
Que dire?.. s'il sait tout!.. (L'apercevant.) Ah!

SCÈNE II.
LE BARON, LA BARONNE.

LE BARON, entrant vivement et s'arrêtant au fond.
Seule! elle est seule!..
LA BARONNE, à part.
Ah! je n'ose le regarder...
LE BARON, descendant la scène et à part.
Je suis en nage. (Haut.) Vous ici, madame!
LA BARONNE, jouant la surprise.
Ah! vous ici, monsieur?
LE BARON.
Je ne m'attendais pas à vous trouver au château, je l'avoue.
LA BARONNE.
Je ne vous cache pas que ma surprise est au moins égale à la vôtre.
LE BARON.
De la surprise?
LA BARONNE.
Vous avez donc quitté la cour de Mecklembourg?
LE BARON.
Vous le voyez bien, madame... il paraît que vous avez quitté la cour de Berlin.
LA BARONNE.
Vous le voyez bien, monsieur.
LE BARON.
Je le vois parfaitement... j'ai vu autre chose encore, en arrivant.
LA BARONNE.
Quoi donc, s'il vous plaît?
LE BARON.
D'abord... votre trouble... votre émotion...
LA BARONNE.
Mon émotion... s'explique suffisamment, je pense... on se croit seule... et puis... tout à coup... un mari qui tombe du ciel...
LE BARON.
Oui, ça gêne... il vaudrait mieux se faire annoncer... Mais il me semble, ma chère amie, que je ne puis arriver plus à propos, pour vous aider à faire les honneurs de mon château de Sotternich.
LA BARONNE.
A qui donc, monsieur?
LE BARON.
Eh! mais... à votre hôte, à votre compagnon de voyage.
LA BARONNE.
Je ne sais... je ne comprends pas... (A part.) Il sait tout!
LE BARON.
Vous ne comprenez pas?.. il n'y a donc personne ici?
LA BARONNE.
Qui peut dire cela... puisque me voici?
LE BARON.
A la bonne heure... mais vous auriez dû, par mesure de précaution, faire cacher le carrosse de monsieur l'envoyé de France...
LA BARONNE, à part.
Ciel!

LE BARON, continuant.
Mettre sous clé les gens de monsieur l'envoyé de France.
LA BARONNE, à part.
Je me meurs !..
LE BARON, à part.
J'étouffe! (Haut.) Et peut-être, alors, ne saurais-je pas que madame la baronne de Sotternich, ma moitié, celle que j'admets à l'honneur de ma couche, est arrivée hier au soir de Berlin, dans ce carrosse indiscret, où sans doute elle n'était pas seule.
LA BARONNE.
Permettez...
LE BARON.
Air : De sommeiller encor ma chère.

Quel est cet envoyé de France?
Quel est son but? quelle est sa mission?
S'agirait-il d'un traité d'alliance,
Ou de quelque transaction?..
Dites-moi donc, en confidence,
Quels ordres lui donna son roi?..
Car je ne crois pas que la France,
Le paie exprès pour ce qu'il fait chez moi.

LA BARONNE.
Baron de Sotternich!
LE BARON.
Parlez, j'écoute.
LA BARONNE, à part.
Que dire?.. s'il pouvait partir pendant ce temps-là!
LE BARON.
Et d'abord, est-il vieux?.. hein?.. rien?.. il est jeune... Est-il laid?.. même réponse... il est charmant... C'est étonnant comme les femmes en disent long, sans prononcer un mot.
LA BARONNE, très troublée.
Monsieur, ce ton de raillerie... en vérité... c'est une offense... je suis outragée...
LE BARON.
Vous, madame! c'est très joli!.. et moi donc, qu'est-ce que je suis?
LA BARONNE.
C'en est trop! je dois sortir... je sors.
LE BARON.
Non, madame, vous resterez pour m'apprendre...
LA BARONNE.
Rien, monsieur.
LE BARON, avec force.
Je le veux!
LA BARONNE, effrayée à la vue de Lavergne.
Ciel!

SCÈNE III.

LES MÊMES, LAVERGNE, ensuite LE CHEVALIER D'ÉON, en femme.

LAVERGNE, annonçant, à gauche.
Madame l'envoyée de France!
LE BARON, à part.
Madame!
LA BARONNE, idem.
Madame!
LE CHEVALIER, entrant vivement.
Ah! ma chère baronne, je viens vous annoncer... (Apercevant le baron.) Ah! monsieur... (D'une voix timide.) Je n'avais pas l'honneur d'apercevoir...
(Il fait la révérence.)
LE BARON, déconcerté.
Ma... ma... dame!
LA BARONNE, à part, regardant le chevalier.
Je comprends... la rivale de Mme de Pompadour!

ENSEMBLE.

Air : Fragment de Gustave.

LE CHEVALIER.	LA BARONNE.
Allons ! de l'assurance,	Allons ! de l'assurance,
Bonne espérance !	Bonne espérance !
Et, comme en France,	Ici, je pense,
Tout ira bien.	Tout ira bien.
Grace à mon stratagème,	Grace à son stratagème,
A l'instant même,	Bonheur extrême !
Celle que j'aime	Mon mari même
Ne craint plus rien.	Ne dit plus rien.

LE BARON.	LAVERGNE.
Je perds toute assurance,	Allons de l'assurance !
Et je balance...	Bonne espérance !
Mais, par prudence,	Et comme en France,
Ne disons rien.	Tout ira bien.
Dans ce péril extrême,	Grace à son stratagème,
Je craindrais même	A l'instant même,
Un stratagème ;	Celle qu'il aime
Observons bien.	Ne craint plus rien. (Il sort.)

LE CHEVALIER.

Eh ! mais, je ne me trompe pas... cet air distingué... et puis, j'ai déjà cru voir... c'est monsieur le baron de Sotternich !

LE BARON.

Comment?.. permettez, je ne crois pas avoir vu madame...

LE CHEVALIER.

Non, mais j'ai eu l'honneur de voir monsieur...

LA BARONNE.

Plait-il ?

LE CHEVALIER.

Oh ! ma chère baronne, ne craignez rien ; monsieur ne m'a pas remarquée...Mais pardon, je venais vous remercier de l'hospitalité que j'ai reçue dans votre château, et qui m'a épargné une nuit sur la grande route, ou une nuit d'auberge... ah ! fi donc !.. la grande route, les auberges ! c'est effrayant pour nous autres femmes... n'est-ce pas, monsieur ?

LE BARON.

Assurément... en effet... (A part.) Une superbe femme !

LA BARONNE.

Je suis enchantée, madame, d'avoir pu... certainement... je suis trop heureuse...

LE BARON.

Mon Dieu ! quelle émotion !..

LA BARONNE.

Moi ?.. pas du tout !.. (A part.) J'ai peine à me remettre.

LE CHEVALIER.

Ah ! cette chère baronne...est-ce que vous vous trouvez mal ?.. permettez, mon flacon...

LA BARONNE.

Merci... un peu de trouble, en effet... monsieur le baron m'a dit en arrivant des choses si singulières...

LE CHEVALIER.

Comment ! baron !.. dès votre arrivée !.. ah ! ah ! c'est bien Prussien, cela !.. pardon de l'expression.

LE BARON.

Oh ! rien... c'est qu'en arrivant, j'ai trouvé la baronne tellement émue... Et pourquoi donc me faire un mystère de cette hospitalité que vous aviez donnée à madame, quand j'aurais été trop heureux de la lui offrir moi-même ?..

LE CHEVALIER, faisant la révérence.

Ah ! monsieur !..

LE BARON.

Oui, trop heureux !..

LA BARONNE.

Eh quoi !.. vous ne comprenez pas la raison ?..

LE BARON.
Pas le moins du monde.
LE CHEVALIER.
C'est bien simple pourtant. (A part.) Le diable m'emporte si je la comprends!
LA BARONNE.
Madame la chevalière d'Eon n'est-elle pas chargée d'une mission près de l'impératrice Elisabeth?
LE BARON.
Hein?.. madame la chevalière d'Eon?.. ah! c'est madame...
LE CHEVALIER.
Moi-même... en personne,
LE BARON, à part.
C'est bon à savoir. (A la baronne.) Continuez donc, baronne...
(Il examine le chevalier, d'un air de doute.)
LA BARONNE.
Eh bien! le roi de Prusse doit redouter l'alliance que madame la chevalière va solliciter, et l'on pourrait craindre que son passage secret dans ce pays, le mystère dont elle s'entoure dans votre château, ne vous compromissent vous-même à la cour de Berlin.
LE CHEVALIER, à part.
Comme il m'examine!.. il me fait peur.
LE BARON.
Et c'est ce qui vous a troublée, émue?..
LE CHEVALIER,
Pauvre petite baronne! combien je lui sais gré...
(Il va pour lui serrer la main.)
LE BARON, l'arrêtant, et passant entr'eux.
Permettez... Cette crainte est assez chimérique : car enfin, une femme chargée d'une mission pareille... comment le supposer?.. moi-même, j'ai peine à le comprendre, et je crains plutôt...
LA BARONNE, à part.
Ah! mon Dieu!
LE CHEVALIER, vivement.
Comment! baron, vous ne comprenez pas?.. ah! cela fait tort à votre sagacité ordinaire... et extraordinaire...A un empereur, à un roi, on envoie un ambassadeur, c'est l'usage... il s'agit d'intérêts à débattre, de traités à conclure, et d'homme à homme la lutte est égale... Mais quand c'est une femme qui règne, la malice, la ruse, la finesse viennent s'asseoir avec elle sur le trône... il y a alors dans la négociation mille petits détours qu'une femme seule peut connaitre, mille pièges, qu'elle seule peut éviter... Un pauvre ambassadeur se laisse séduire par les beaux yeux de la souveraine : ces hommes ont le cœur si... niais!.. ah! pardon de l'expression!.. Un cœur de femme, au contraire, n'a rien à perdre, rien à gagner... Et voilà pourquoi, à une impératrice, la cour de France envoie une ambassadrice.
LA BARONNE, à part.
Oh! très bien!
LE BARON.
C'est fort ingénieux... il y a certainement de la Pompadour là-dedans.
LE CHEVALIER.
Un peu.
LE BARON.
Et le nom de la chevalière d'Eon me rappelle qu'on parlait de cette mission à la cour de Mecklembourg.
LE CHEVALIER, à part.
Ciel!
LA BARONNE, idem.
Que dit-il?
LE BARON, à part.
Ah! ils ne sourient plus!
LE CHEVALIER.
On en parlait donc à la cour de Mecklembourg?
LE BARON.
Beaucoup... et l'on s'y disait que le succès serait plus certain... auprès

d'Elisabeth de Russie... si ce fourreau de satin, ce paniers, ces rubans... cachaient un beau jeune homme.

LE CHEVALIER.

Ah ! l'on disait cela ?

LA BARONNE, à part.

Je ne me soutiens plus.

LE BARON.

Et franchement, on croyait que le beau jeune homme y était.

LE CHEVALIER.

Ah !..

LE BARON.

Ce qui était au moins impertinent pour la jeune princesse qui vous avait prise en grande amitié... elle n'était heureuse que lorsque vous étiez là, près d'elle... et depuis votre départ, cette pauvre petite princesse est restée triste, rêveuse.

LA BARONNE, à part, avec dépit.

Il se pourrait !

LE CHEVALIER, à part.

Elle m'aimait tant !..(Haut.) Une princesse ne peut-elle avoir une amie?..

LE BARON.

Si fait... et même un ami... car un jour, la dame d'honneur, trouva dans son appartement...

LA BARONNE.

Quoi donc?..

LE CHEVALIER.

Un ruban, une fleur ?

LE BARON.

Un nœud d'épée.

LE CHEVALIER, s'efforçant de rire.

Bah ! vraiment?.. ah ! ah ! ah ! ah !

LE BARON.

AIR : Voulant par ses œuvres complètes.

Un nœud d'épée, eh ! oui, madame...
On disait, chez les courtisans,
Que vous aviez, pour une femme,
De singuliers ajustemens.
La princesse avait bien des charmes...
De vous, s'il est à mon avis,
Quelque chose qu'elle ait appris,
Ce n'est pas à faire des armes.

LE CHEVALIER.

Plaît-il ?

LE BARON.

Qu'en dites-vous, baronne ?

LA BARONNE.

Je dis, monsieur le baron, que si c'est là une plaisanterie, elle est insultante pour moi, et je n'en veux pas entendre davantage... (A part.) Sortons, car, ma colère me trahirait... (Elle sort.)

SCÈNE IV.
LE CHEVALIER, LE BARON.

LE BARON, la suivant.

Eh bien !.. madame?.. madame ?..

LE CHEVALIER, à part.

De la jalousie !..

LE BARON, revenant vivement.

Quant à vous...

LE CHEVALIER, l'interrompant.

Quant à vous, baron, vous êtes un imprudent, un indiscret.

LE BARON.

Plaît-il ?

LE CHEVALIER.

Trahir ainsi les secrets d'une femme.. d'une princesse !..

LE BARON.
Vous avouez donc ?..
LE CHEVALIER.
Le moyen de vous cacher qu'un jeune homme de la cour de son père la poursuivait d'un amour dédaigné, et que sans moi elle était perdue ?
LE BARON.
Sans vous !..
LE CHEVALIER.
Silence ! silence, sur votre tête !..
LE BARON.
Comment ! sur ma tête ?..
LE CHEVALIER.
Heureusement, le trouble de votre femme l'a empêchée de s'apercevoir...
LE BARON.
Ah ! oui, son trouble...
LE CHEVALIER, jouant avec son éventail.
C'est un enfantillage... une puérilité...
LE BARON.
Permettez... je pourrais exiger...
LE CHEVALIER.
Allons donc !.. il faut passer quelque chose à une femme qui vous aime... car, elle vous aime et cela se conçoit.
LE BARON, éclatant.
Eh !.. mad... mons... Morbleu !
LE CHEVALIER.
Mais elle est si tendre, si jalouse !..
LE BARON.
Jalouse ?.. la baronne ?..
LE CHEVALIER.
Franchement, elle n'a pas tout-à-fait tort... vous êtes si aimable... si galant !..
LE BARON, souriant avec fatuité.
Ah ! ah ! ah ! vous êtes trop bonne... il est vrai que... (à part.) Ah ! ça, mais je n'y suis plus, moi !
LE CHEVALIER.
Ajoutez à cela que, depuis mon arrivée ici, j'ai été un peu indiscrète... toutes les femmes le sont... et je lui parlais de vous avec un air d'intérêt, qui peut bien lui donner quelqu'ombrage.
LE BARON.
Un air d'intérêt ?.. vous avec daigné... (à part.) Mais c'est donc une femme...
LE CHEVALIER.
Oh! un intérêt bien naturel... on m'a tant parlé de vous à la cour de Mecklembourg !.. et cette rencontre sur la route, dans cette auberge... vous savez, cette auberge où vous étiez arrêté...
LE BARON.
Cette auberge ?.. ah ! oui, AUX ARMES DE PRUSSE.
LE CHEVALIER vivement.
C'est cela même... vous couchiez dans une chambre...
LE BARON.
Bleue...
LE CHEVALIER vivement.
Oui, oui, bleue...(Minaudant.) Nous n'étions séparés que par une cloison... ah ! j'ai bien mal dormi cette nuit-là.
LE BARON.
Il se pourrait !.. (à part.) Allons, c'est une femme.
LE CHEVALIER.
J'ai tout raconté étourdiment à votre chère petite femme... et de là...
LE BARON.
Oh! pardon, madame, pardon !.. je suis honteux, confus, désespéré... battez-moi, brisez-moi votre éventail sur la figure... je le mérite... j'ai pu croire !.. je suis un impertinent...
LE CHEVALIER, se récriant.
Ah !...

LE BARON.
Un imbécile...
LE CHEVALIER, de même.
Ah ! ah...
LE BARON.
J'ai pu croire que ces yeux, cette bouche, cette taille, appartenaient à la moitié du genre humain... dont je fais partie !
LE CHEVALIER.
Ah! ciel !.. ah ! Dieu !.. un homme, moi !.. ah ! quelle horreur !
LE BARON.
Ecoutez donc, ce trouble de la baronne... ces contes que l'on m'avait faits...
LE CHEVALIER.
Et maintenant, croyez-vous que je vous trompe ?
LE BARON, souriant.
Eh ! eh ! eh !
LE CHEVALIER.
Comment !..
LE BARON.
Eh bien ! non... eh bien ! non... je ne le crois pas, mais je le dirai toujours.
LE CHEVALIER.
Et pourquoi ?
LE BARON.
Pour vous fâcher, pour vous mettre en colère... parce qu'alors il irait de votre honneur de me prouver que je me trompe.
LE CHEVALIER.
Monsieur !.. (A part.) Allons, comme en France, lorsqu'il fallait prouver tout le contraire. (Le baron se rapproche. — Le chevalier reprend son sérieux.) Ah ! fi donc !.. je serais descendue dans ce château, pour trahir une femme... une amie... et l'hospitalité !...
LE BARON.
Ecoutez-moi..
LE CHEVALIER.
Je ne vous ai que trop écouté... Je le sens à mon émotion.
LE BARON.
Qu'entends-je !..
LE CHEVALIER.
Et je vais donner des ordres pour mon départ.

ENSEMBLE.
Air : Walse de Beauplan. (NON, JE NE VALSE PAS.)

LE BARON.	LE CHEVALIER.
Ah ! ne me fuyez pas ;	Non, ne me suivez pas ;
Plus sensible et moins fière,	Redoutez la colère
Ecoutez ma prière ;	D'une épouse sévère
Je m'attache à vos pas.	Qui suivrait tous vos pas.
Quoi ! vous éloigner en ce jour !..	Moi, je dois partir en ce jour,
Rendez-vous à mes vœux, comblez mon espé-	Fuir loin d'elle et de vous, il le faut par
Et que votre présence (rance,	Car hélas ma présence (prudence ;
Charme encore ce séjour.	Troublerait ce séjour.
Ah ! cédez à l'ardeur	Ménagez ma pudeur,
Qui me presse et me trouble ;	Voyez quel est mon trouble !
Ce transport qui redouble	Ma frayeur qui redouble
Fait palpiter mon cœur.	Fait palpiter mon cœur.

LE CHEVALIER.
Pour la Russie et pour la France,
Il faut que je parte à l'instant.
LE BARON.
Formez un traité d'alliance
Avec la Prusse en attendant.

ENSEMBLE.

LE BARON.	LE CHEVALIER.
Ah ! ne me fuyez pas, etc.	Non, ne me suivez pas, etc. (Il sort.)

SCÈNE V.

LE, BARON seul.

Décidément c'est une... (se reprenant.) A moins que ce soit un... allons donc !.. non, non, je ne me trompe pas... je ne peux pas me tromper... d'ailleurs, j'éprouvais là, auprès d'elle, une palpitation !.. Et pourtant le trouble de la baronne... dam ! si elle est jalouse, il y a de quoi ? car cette Française...

Air : Depuis long-temps j'aimais Adèle.

Quelle taille ! quelle est jolie !
Elle me dévorait des yeux...
Est-ce un homme ?.. ah ! quelle folie !..
Une femme ?.. ça vaudrait mieux.
Ce soir même, il faut que, près d'elle,
Tous mes doutes soient éclaircis...
Si je ne suis plus infidèle,
Je ne sais pas ce que je suis.

SCÈNE VI.

LE BARON, LA BARONNE, ensuite, LAVERGNE.

LA BARONNE, à part.

Ah ! encore lui !

LE BARON, idem.

Ma femme !...

LA BARONNE

Eh bien !.. monsieur le baron, vous oubliez qu'à votre arrivée, vous avez fait appeler le magistrat..

LE BARON.

Ah ! oui, c'est juste.

LA BARONNE, à part.

Il est calme.

LE BARON.

Pour des ordres à lui donner... une demoiselle Warden allait se marier, un peu malgré elle, dans le Mecklembourg, quand tout à coup elle a disparu... on craint qu'elle ne se rende en Russie, et j'ai promis de faire en sorte qu'elle soit arrêtée à son passage en Prusse.

LA BARONNE.

Ah ! c'est pour cela qu'on attend ?

LE BARON.

J'y vais... et sans rancune, baronne...

LAVERGNE, entrant vivement.

Monsieur le chevalier !..

LE BARON.

Hein ?

LAVERGNE, effrayé.

Ah ! pardon... je croyais que madame la chevalière était ici. (La baronne tout inquiète se jette à la table et écrit, sans être remarquée, tandis que le baron parle à Lavergne.)

LE BARON.

Tu as dit : le chevalier !

LAVERGNE.

Moi ?.. le chevalier ?.. quel chevalier ?

LE BARON.

Ah ! c'en est trop !.. (à part.) Elle ne partira pas ainsi, non !!.. venez-vous baronne ?   (Il sort par le fond.)

LA BARONNE, vivement à Lavergne.

Lavergne ce billet, à lui seul !..

LE BARON, reparaissant.

Vous ne venez pas ?

LA BARONNE.

Si fait... si fait... me voici...   (Elle suit le baron.)

SCÈNE VII.
LAVERGNE, puis EUDOXIE en homme.
LAVERGNE.
Ouf!.. en voilà encore une d'échappée!.. ce diable de baron, il me fait une peur!.. il a bien l'air bête, si l'on veut... mais en même temps il a quelque chose de rusé... Qui va là?..
EUDOXIE, d'un air timide.
Pardon... c'est moi... je venais... je voulais parler à Mme la chevalière d'Eon.
LAVERGNE, à part.
Qu'est-ce que c'est que ça? (Haut.) A madame?.. bien fâché, monsieur, mais il n'y a pas moyen.
EUDOXIE.
Je vous en prie.
LAVERGNE.
Mais quand je vous dis... Ah! c'est elle.
EUDOXIE.
Elle? oh! je reste... il faut que je lui parle... il le faut!..
LAVERGNE.
Eh bien! éloignez-vous un moment... dans cette galerie.
EUDOXIE.
Dans cette galerie?.. vous ne m'oublirez pas?
LAVERGNE.
Eh! soyez tranquille...
EUDOXIE.
Vous ne m'oublirez pas?..
LAVERGNE.
Allez donc!.. que diable nous veut-il, celui-là?.. (Eudoxie s'éloigne.)

SCÈNE VIII.
LE CHEVALIER, LAVERGNE.
LE CHEVALIER, paraissant à la porte.
Eh bien! tu es seul?
LAVERGNE.
Chut!.. parlez bas!.. ils sont partis... Tenez, un billet.
LE CHEVALIER.
Donne... D'elle! de la baronne!.. (Lisant rapidement.) «Dans un instant, chez vous; il faut que je vous parle.» (Baisant le billet.) Pauvre petite femme!..
LAVERGNE.
Un rendez-vous!.. il faut le refuser.
LE CHEVALIER.
Et pourquoi?..
LAVERGNE.
Oh! c'est que voyez-vous, le baron me fait peur... il a une figure!..
LE CHEVALIER, riant.
Eh bien! quoi... une figure à laquelle cela va très bien.
LAVERGNE.
Vous trouvez?.. c'est possible... mais tout à l'heure encore il me faisait trembler. Tenez, monsieur, voilà un costume qui vous portera malheur!
LE CHEVALIER.
Je ne crois pas... Ce costume!.. mais je lui dois tout, depuis ce jour où de joyeux amis, rendus audacieux par l'ivresse d'un souper de carnaval, voulurent mystifier une favorite... Je me croyais perdu, et pas du tout: une ambassade était au bout de l'aventure... Et depuis, que d'appartemens secrets où le loup a pénétré, déguisé en brebis!..que de délicieuses intrigues! Tu ne saurais croire combien il y a sous ce costume, de ruses, de finesses, pour abuser un mari, pour déjouer les complots, pour tromper tout le monde!.. Ce devrait être l'uniforme de la diplomatie. (Riant.) Ah! ah! ah!..

Air du Postillon de Lonjumeau.

J'en prends la coutume :
J'aimerai toujours,

Mon léger costume,
Habit des amours.

A moi, jeune femme!
Monsieur votre époux,
Le calme dans l'ame,
Me laisse avec vous.
Ma robe chérie,
Heureux dénoûment!
Promet une amie
Et donne un amant.
Je veux à la ronde,
Suivant mon destin,
Tromper tout le monde...
Je suis femme enfin.

J'en prends la coutume :
J'aimerai, etc.

LAVERGNE.

Chut!.. il y a là quelqu'un.
LE CHEVALIER.
Qui donc?..
LAVERGNE.
Un jeune homme, qui demande à vous parler.
LE CHEVALIER.
Un jeune homme!.. cela ne se peut pas.
LAVERGNE.
Il demande Mme la chevalière d'Eon.
LE CHEVALIER.
Au diable!..
LAVERGNE.
Mais c'est qu'il attend.
LE CHEVALIER, avec humeur.
Fais donc entrer!.. quant à toi, ne quitte pas mon appartement, ma chambre, et dès que la baronne s'y sera rendue, accours m'avertir.
(Lavergne s'éloigne.)
LE CHEVALIER, seul.
Un jeune homme... qui veut me parler... dans ce pays où je ne connais personne!.. c'est singulier !
(Il s'assied.)

SCÈNE IX.
LE CHEVALIER, EUDOXIE.

(Lavergne l'introduit et sort à gauche, après avoir déposé deux flambeaux allumés sur la table.)

EUDOXIE, avec timidité.
Pardon, madame... je vous dérange peut-être ?
LE CHEVALIER.
Mais, monsieur... (A part.) C'est un enfant.
EUDOXIE.
Je me présente en tremblant, et j'hésite encore à vous dire... à vous demander...
LE CHEVALIER.
Quoi donc, monsieur ? (A part.) Drôle de petit jeune homme!
EUDOXIE.
Vous allez peut-être me refuser... et cela me ferait tant de peine!..
LE CHEVALIER.
Vous refuser?.. cela dépend de ce que vous demanderez, monsieur.
EUDOXIE, s'enhardissant.
M'y voici, madame.
LE CHEVALIER, à part.
C'est heureux.
EUDOXIE.
On m'a dit que vous partiez ce soir pour Saint-Pétersbourg.
LE CHEVALIER.
C'est vrai.

EUDOXIE.
Moi aussi, je vais à Saint-Pétersbourg.
LE CHEVALIER, souriant.
Ah! c'est très bien... je n'y vois pas d'obstacle.
EUDOXIE.
Il y en a cependant, madame.
LE CHEVALIER.
Et lesquels?
EUDOXIE.
Il y a loin, bien loin, d'ici à Saint-Pétersbourg, et je suis tout seul pour faire ce grand voyage... (D'un air confus.) Ce qui fait que j'ai peur.
LE CHEVALIER, partant d'un éclat de rire.
Ha! ha! ha! peur?.. vous avez peur?.. Ha! ha! ha! (S'arrêtant.) Pardon, pardon, monsieur... (A part.) Drôle de petit jeune homme!
EUDOXIE.
Et je venais vous prier... de m'accorder...
LE CHEVALIER.
De vous accorder?
EUDOXIE.
Une place dans votre voiture.
LE CHEVALIER, se levant tout à coup.
Comment, monsieur!
EUDOXIE, à part.
Ah! mon Dieu! elle ne veut pas!
LE CHEVALIER.
Une place dans ma voiture! y pensez-vous?.. moi, une femme, voyager avec un jeune homme comme vous!.. juste ciel!.. un tête-à-tête continuel!.. qui me répond de vous?.. mais vous avez perdu la raison, vous êtes un insensé, un extravagant.
EUDOXIE, tristement.
Ainsi, madame, vous me refusez?
LE CHEVALIER.
Certainement, monsieur, je vous refuse. (A part.) Drôle de petit jeune homme!
EUDOXIE.
Je m'y attendais... et cependant j'espère encore... oui, madame, si vous daignez m'entendre, entendre ma confidence, j'ai idée que vous ne persévèrerez pas dans votre résolution.
LE CHEVALIER.
Votre confidence?
EUDOXIE.
Apprenez donc... car vous avez l'air si aimable! je puis me confier à vous... apprenez que... (Elle regarde autour d'elle.) Que je ne suis pas un homme.
LE CHEVALIER.
Hein? pas un homme!
EUDOXIE, baissant les yeux.
Pas le moins du monde.
LE CHEVALIER.
Comment! une femme? vous êtes une femme?.. Ah! c'est différent, c'est bien différent... approchez donc, mademoiselle...

Air de la Somnambule.

Vous partirez dans ma voiture,
Et je vous emmène avec moi.
EUDOXIE.
Ah! tant de bonté me rassure,
Et déjà je sens moins d'effroi.
LE CHEVALIER.
Oui, vous paraissez moins peureuse.
EUDOXIE.
C'est qu'il me semble, en ce moment,
Que près de vous je suis heureuse...
LE CHEVALIER, à part.
C'est peut-être un pressentiment.

Que dis-je? trahir tant de confiance!.. oh! non! cela lui portera bonheur... je la protégerai sans récompense.

EUDOXIE.

Je dois tout vous dire, madame... Je m'appelle Eudoxie de Warden... quant à l'histoire de ma vie, elle est bien commune... elle ressemble à beaucoup d'autres... c'est encore une jeune orpheline, soumise au pouvoir d'un tuteur, qui veut la marier contre son gré... j'habitais le Mecklembourg, où l'on a beaucoup parlé de vous.

LE CHEVALIER, regardant derrière son éventail.

Très bien! très bien!.. Après?

EUDOXIE.

Je jurai d'échapper à ce fatal mariage... je quittai la maison de mon tuteur... Oh! c'est une grande faute, peut-être.

LE CHEVALIER.

Mais non, non... vous avez bien fait... tous les tuteurs sont des monstres.

EUDOXIE.

Bravant toutes les recherches, je pensai à me rendre près de l'impératrice Elisabeth... mon père est mort à son service.

LE CHEVALIER.

L'idée est très bonne... Pauvre petite!.. vous m'intéressez beaucoup.

EUDOXIE.

J'appris que monsieur le baron de Sotternich s'était chargé, sans me connaître, et à la demande de mon tuteur, de me faire arrêter, si je passais en Prusse... alors, sous ce déguisement, je parvins à me glisser parmi les gens de sa suite.

LE CHEVALIER.

Bravo!.. (Se reprenant.) La ruse est excellente.

EUDOXIE.

Mais comment aller plus loin?.. Je viens d'apprendre votre présence dans ce château, le but de votre voyage, et je suis venue me confier à votre bonté.

LE CHEVALIER.

C'est le ciel qui vous envoie!.. je suis ravie, enchantée...

EUDOXIE.

Ah! merci, madame, merci!

LE CHEVALIER.

Vous me remercierez là-bas... à St-Pétersbourg... là, vous ne me quitterez plus... et si je puis vous être utile près de l'impératrice...

EUDOXIE.

Oh! elle aura pitié de moi... j'ai près d'elle un titre sacré... la promesse qu'elle me fit après la mort de mon père... « Eudoxie, si jamais tu as be- » soin de moi, souviens-toi qu'Elisabeth peut être ton amie. » Et elle m'embrassa... Je puis compter sur elle, n'est-il pas vrai, madame?

LE CHEVALIER.

Comme sur moi, qui vous embrasse aussi. (Il l'embrasse sur le front.)

ENSEMBLE.

Air de Monpou

Nous partirons ensemble ;
Puisqu'un destin heureux
En ces lieux nous rassemble,
Que tout soit pour le mieux :
Restons toujours unies ;
Enfin, que désormais
Les deux bonnes amies
Ne se quittent jamais.
Ne nous quittons jamais.
Ah! le charmant voyage!
Le beau pélerinage!
A nous deux, nous aurons du courage,
Pour braver les brigands et l'orage ;
Les dangers, les ennuis ne sont rien ;
Quel plaisir! quel aimable entretien!..
Ah! qu'il est doux de s'entendre si bien!
Si bien!

SCÈNE X.

Les Mêmes, LAVERGNE, dans le plus grand trouble.

LAVERGNE.

Ah! c'est vous!.. (Eudoxie recule d'effroi.)

LE CHEVALIER.

Lavergne! (A Eudoxie.) Ne craignez rien!.. (A demi-voix à Lavergne.) Eh bien!.. la baronne?.. je vais...

LAVERGNE, le retenant.

Non, restez!..

LE CHEVALIER, toujours à demi-voix.

Ah! mon Dieu !.. tu trembles!..

LAVERGNE, très bas.

Nous sommes perdus!

LE CHEVALIER.

Eh quoi! la baronne...

LAVERGNE.

Elle est entrée chez vous.

LE CHEVALIER.

Eh bien?..

LAVERGNE.

Mais le baron...

LE CHEVALIER.

Le baron!..

LAVERGNE.

L'a suivie.

LE CHEVALIER.

Ah!

EUDOXIE, se rapprochant.

Qu'est-ce donc, madame?.. vous êtes bien émue...

LE CHEVALIER.

Non... ne faites pas attention, de grâce. (Eudoxie s'éloigne. — Revenant à Lavergne.) Parle bas!.. il l'a suivie?.. le baron?..

LAVERGNE.

Oui, presqu'aussitôt... mais sans avoir pu la reconnaître, et dans l'obscurité il m'a mis à la porte, en m'imposant silence.

LE CHEVALIER.

Et la baronne?..

LAVERGNE.

Elle était demi-morte de frayeur.

LE CHEVALIER.

La savait-il là?

LAVERGNE.

C'est ce que j'ignore.

EUDOXIE, se rapprochant.

Mon Dieu! madame, si je vous dérange, je sors... je vous laisse.

LE CHEVALIER.

Non, au contraire... restez... nous allons partir, et plus tôt que je ne le voulais peut-être... Lavergne, ce jeune homme nous accompagne.

LAVERGNE.

Comment! mons... (Se reprenant.) madame!...

LE CHEVALIER, hors de lui.

Mais la baronne!.. la baronne!.. oh! s'il faut l'enlever à son mari... s'il n'y a pas d'autre moyen de la sauver!..

LAVERGNE.

La voici!

SCÈNE XI.

Les Mêmes, LA BARONNE, très agitée.

LE CHEVALIER, la soutenant.

Baronne!.. ma chère baronne!.. du calme!.. je vous sauverai... Il sait tout, n'est-ce pas?

LA BARONNE, bas.

Il s'est jeté à mes pieds, m'a pressée, suppliée... heureusement, je me suis échappée...

LAVERGNE, revenant du fond.

Silence !.. le baron !..

EUDOXIE,
(Elle se détourne.)

Ciel !

LE CHEVALIER.
(Il s'éloigne de la baronne.)

Le baron !

LA BARONNE, se levant.
(Elle reste appuyée sur le fauteuil.)

Mon mari !..

SCÈNE XII.
Les Mêmes, LE BARON.

LE BARON, entrant vivement.

Je puis la retenir à présent, et sans crainte... (Apercevant la baronne et s'arrêtant.) Ah ! la baronne... (Il a l'air triomphant et se frotte les mains.) Mille pardons, madame la chevalière d'Eon, si je vous ai laissée si long-temps seule... (Bas.) Et pas un mot !.. ah !

LE CHEVALIER.

Monsieur...

LE BARON, bas,
(Il se rengorge avec fatuité.)

Chut ! la baronne !..

LE CHEVALIER, à part.

Quel air singulier ! (devinant.) Est-ce que... (Il se détourne pour rire.)

LE BARON, à la baronne.

Ah ! c'est vous, ma chère baronne ?.. Je ne vous avais pas vue... je reviens du fond de mon parc.

LA BARONNE.

Monsieur...   (Des domestiques paraissent avec des torches au dehors.)

LAVERGNE, au chevalier.

Madame... tout est prêt pour le départ.

LE BARON.

Comment ! le départ ?.. permettez...

LE CHEVALIER.

Oui, monsieur... je pars.

LE BARON.

Quoi ! déjà !.. quand il me serait si doux...

LE CHEVALIER, bas.

Chut !.. la baronne !..

LE BARON.

Ah ! c'est juste.

ENSEMBLE.

Air : Final d'Avis aux coquettes.

LE CHEVALIER, à part.	LE BARON.
Déjà quitter ces lieux !...	Déjà quitter ces lieux !
A ses beaux yeux	De ses beaux yeux,
Il faut adresser mes adieux.	Il faut recevoir les adieux.
Pas un mot indiscret,	Pas un mot indiscret,
Qui trahirait	Qui trahirait
Et notre amour et mon secret !	Ce qui doit rester un secret !
LA BARONNE.	EUDOXIE.
Déjà quitter ces lieux !	Il faut quitter ces lieux
Du moins je veux	Trop dangereux,
Recevoir ses derniers adieux.	Et me dérober à ses yeux.
Mais un mot indiscret	Hélas ! si mon secret
Seul trahirait	Se découvrait,
Mon imprudence et son secret.	C'en serait fait de mon projet.

LAVERGNE.
Il quitte enfin ces lieux
Trop dangereux !
Voici le moment des adieux !
Pourvu qu'il soit discret !
Car son secret
Pour jamais hélas nous perdrait.

LA BARONNE.
Que de regrets pour moi, madame !..
LE CHEVALIER.
Ah ! c'est me faire trop d'honneur.
LE BARON.
Partir ainsi, vous, une femme,
La nuit, seule, et sans défenseur !..
Pour vous déjà l'effroi me gagne.
LE CHEVALIER.
Rassurez-vous nous serons deux,
(Montrant Eudoxie.) Et c'est monsieur qui m'accompagne.
LE BARON.
Monsieur !.. (bas à Eudoxie.) Que vous êtes heureux !
(Eudoxie le regarde d'un air étonné.)

REPRISE.

LE CHEVALIER.	LE BARON.
Déjà quitter ces lieux, etc.	Déjà quitter ces lieux, etc.
LA BARONNE.	EUDOXIE.
Déjà quitter ces lieux, etc.	Il faut quitter ces lieux, etc.

LAVERGNE.
Il quitte enfin ces lieux, etc.

(Eudoxie présente galamment la main au chevalier. — Départ.)

FIN DU PREMIER ACTE.

ACTE II.

Le théâtre représente un riche salon de l'Ermitage ; l'appartement de l'Impératrice est à droite ; au fond, une galerie.

SCÈNE I.
LE COMTE DE VURZOF, puis LE CHEVALIER D'ÉON.

(Les courtisans attendent le grand lever de l'Impératrice. L'officier des gardes est en faction devant la porte des appartemens particuliers.)

CHOEUR.
Air de Zampa.

A son lever, que notre souveraine,
Trouve en ces lieux toute sa cour.
Belle et puissante, elle est femme, elle est reine ;
Prodiguons-lui nos respects, notre amour.

LE CHAMBELLAN.
Voici onze heures qui sonnent... l'impératrice va bientôt se montrer, et nous permettre de déposer nos hommages à ses pieds... hommages respectueux, auxquels Sa Majesté a trois titres irrésistibles !.. jeunesse, beauté... et couronne... (A part.) Le dernier doublant la valeur des deux autres... (S'approchant de l'officier en faction.) Ah ! ah ! c'est vous qui êtes de service aujourd'hui, monsieur de Sténof... vous gardez la porte des appartemens secrets de l'Ermitage.

Air du Baiser au Porteur.

C'est un boudoir, un temple qu'on révère,
Qui de nous tous doit être redouté ;
Et l'imprudent qui de ce sanctuaire
Franchirait le seuil respecté,
Paierait cher sa témérité.
(A part.) Qui sait pourtant ?.. une femme, un caprice...
L'audacieux, peut-être... quel honneur !..
Entré, sujet de notre impératrice,
En sortirait presque notre empereur.
(Le chevalier paraît ; il salue en passant, et se dirige vers la porte indiquée.)

L'OFFICIER.

On n'entre pas.

LE CHEVALIER, se nommant.

M. le chevalier d'Éon, envoyé de France.

LE CHAMBELLAN, à part.

Ah! ces Français!..

L'OFFICIER.

Ma consigne n'admet point d'exception, monsieur.

LE CHAMBELLAN, à part.

Arrange-toi de cela, intrigant! en attendant mieux.

LE CHEVALIER, à part.

M'aurait-on dit vrai? et les manœuvres de Bestucheff pour m'empêcher de parvenir jusqu'à l'impératrice... Mais mon traité, morbleu! mon traité! Ah! je la verrai malgré eux, ce soir, à la fête!.. (Tout le monde est remonté vers la galerie.)

LAVERGNE, entrant et allant au chevalier.

Monsieur le chevalier!

LE CHEVALIER.

Ah! Lavergne!

LAVERGNE.

Pardon, si je pénètre jusqu'ici... mais c'est une lettre qu'on vient d'apporter à l'hôtel, et qui ne souffre pas le moindre retard.

LE CHEVALIER.

Donne... ah! de la chancellerie... c'est de Bestucheff. (L'ouvrant et lisant.) « L'impératrice verrait avec plaisir que M. le chevalier d'Éon s'abstînt de » paraître ce soir à la fête de l'Ermitage. »

LE CHAMBELLAN, à part.

C'est ma lettre!.. fort bien.

LE CHEVALIER, lisant.

« Par ordre du chancelier, le chambellan, comte de Vurzof. » (Le Chambellan s'est perdu dans la foule.) Il était ici!.. mais non, un sot, un imbécile, ce n'est pas de lui. (Relisant.) « Par ordre du chancelier. » C'est cela! c'est Bestucheff qui veut me fermer ce palais!.. il craint que je ne réussisse; mais il aura beau faire, je réussirai, car... ce n'est qu'à ce prix que Louis XV me pardonnera le tour que je lui ai joué... et d'abord, j'aurai raison de l'insulte que je reçois, et Bestucheff me verra ce matin, à l'instant même!

LAVERGNE, le retenant.

M. le Chevalier, tenez-vous bien au fond de votre voiture.

LE CHEVALIER.

Et pourquoi?

LAVERGNE.

Parce que ce matin, sur les bords de la Néva, j'ai cru reconnaître à cheval le baron de Sotternich.

LE CHEVALIER.

O ciel! il ne manquait plus que cela... Mais non, à quel propos, ici?.. tu t'es trompé.

LAVERGNE.

C'est possible.

LE CHEVALIER.

Ma compagne de voyage, Eudoxie! as-tu retrouvé ses traces?

LAVERGNE.

Non, pas encore... Vous y pensez toujours?

LE CHEVALIER.

Oh! plus que jamais... car elle est la plus pure, comme la plus belle des femmes... et mon amour s'est augmenté encore de tout le respect que j'ai eu pour elle, même en lui confiant mon secret... mais je la reverrai, dans ce palais, peut-être, dont on veut en vain me fermer l'entrée... Viens, suis-moi; Bestucheff me doit satisfaction!

LE CHAMBELLAN, sortant d'un groupe et regardant partir le chevalier en riant.

Il part!.. Ah! ah! ah! M. le chevalier, tu crois mener notre impératrice à la française... Alte-là! tu n'auras pas ton traité... Ah! ah! ah!

(La porte à droite s'ouvre.)

L'OFFICIER, annonçant.

L'impératrice!

LE CHEVALIER D'ÉON.

LE CHAMBELLAN.
Ah! mon auguste souveraine!

SCÈNE II.
LES MÊMES, ÉLISABETH.
(Elle entre suivie de plusieurs filles d'honneur. Tous les courtisans s'inclinent.)

ÉLISABETH.
Messieurs, je vous salue... Comte de Vurzof, approchez...

LE CHAMBELLAN.
Je demande à votre majesté la permission de déposer mes hommages à ses pieds.

ÉLISABETH, souriant.
Je suis bien aise de vous voir ici. (A part.) Il n'y a pas de quoi, mais c'est égal.

LE CHAMBELLAN.
J'attendais les ordres de votre majesté, et dans mon zèle impatient, si j'avais osé pénétrer...

ÉLISABETH.
Dans mes appartemens, dans ce que vous appelez mon sanctuaire?.. bien vous a pris de vous modérer... Jamais, vous le savez, un homme n'a passé cette porte... c'est un droit que nous réservons à l'empereur de Russie... (Souriant.) quand il y aura un empereur... Pour vous, comte, voyez M. de Bestucheff sur-le-champ... et remettez-lui ce billet que je reçois par une voie inconnue, de Mlle Eudoxie de Warden... qui, arrivée il y a quelques jours à Saint-Pétersbourg, se trouve aujourd'hui prisonnière... je m'intéresse vivement à cette jeune fille... dites-le au chancelier... (Le chambellan va pour sortir.) Ah! portez-lui ces lettres de grace... La cour martiale a condamné au dernier supplice un officier de ma garde... pour avoir pénétré dans cet appartement comme un conspirateur.

LE CHAMBELLAN.
C'est vrai!

ÉLISABETH.
Il dit que c'était par amour.

LE CHAMBELLAN.
Et vous pardonnez?

ÉLISABETH.
Eh! oui... si nous punissons ceux qui nous aiment, que ferons-nous donc à ceux qui nous haïssent?.. et il y en a quelques-uns... Allez donc rendre un fils à sa mère, un époux à sa femme, ou un amant à sa maîtresse... peu importe : il y aura toujours deux cœurs pour me bénir.

LE CHAMBELLAN.
Ah! madame, tant de générosité, de grandeur d'ame!.. j'en suis ému jusqu'aux larmes. (Il tire son mouchoir pour essuyer ses yeux.)

ÉLISABETH.
Vous n'êtes pas ému du tout... si, par un retard, il arrive quelque malheur, vous m'en répondez sur votre tête.

LE CHAMBELLAN, cessant d'être attendri.
J'y cours, madame, j'y cours. (Il sort vivement.)

ÉLISABETH, riant.
Pauvre comte! il me flatte... il n'y a pas de mal, cela fait toujours du bien... mais c'est un sot, et voilà qui gâte tout... N'importe, je suis heureuse ce matin... je me sens disposée à être bonne, indulgente, à pardonner à tout le monde... même à ceux qui m'ennuient, comme M. de Vurzof.

AIR d'Aristippe.

Du peu de bien que j'ai pu faire,
Pour mon cœur que le prix est doux!..
Et puis, je serai plus légère
Pour danser ce soir avec vous.
Heureuse qui, toute l'année,
Reine pour se faire chérir,
Par un bienfait commence sa journée
Et la finit par un plaisir!

A ce soir, messieurs. (Tous saluent et s'apprêtent à sortir. A l'officier.) Vous pouvez vous retirer... (Riant.) Le temple, sans l'idole, n'a pas besoin d'être si bien gardé.

CHOEUR.

Air : Chœur final de Lestocq.

Vive à jamais, vive l'impératrice !
Chacun ici fait pour elle des vœux.
Que son peuple (bis.) la bénisse,
Que tous ses jours soient heureux.

SCÈNE III.

ÉLISABETH, OLGA, Filles d'Honneur.

ÉLISABETH, après avoir jeté un regard dans la galerie.

Je ne le vois pas... c'est singulier... (S'asseyant.) Eh bien ! mesdames, tout sera-t-il bien, ce soir, à la fête de l'Ermitage ?.. on n'a oublié personne de ma cour... aucun étranger de distinction ?

OLGA.

Voici la liste, madame.

ÉLISABETH.

Bien... tous les noms que j'avais donnés... Qu'est-ce? le baron de Sotternich ?

OLGA.

Un gentilhomme de la chancellerie prussienne.

ÉLISABETH.

Ah ! oui, oui... arrivé d'hier à Saint-Pétersbourg, on doit me le présenter ce matin... Eh ! mais, je ne trouve pas M. l'envoyé de France, M. le chevalier... d'Eon, je crois ?

OLGA, montrant le nom.

Votre majesté l'avait placé le premier sur la liste.

ÉLISABETH.

Moi, je l'avais placé?.. vous croyez?.. c'est possible, le hasard... à peine si je l'ai vu depuis la présentation officielle... vous ne le voyez pas, vous ?

OLGA.

Il me semble l'avoir aperçu ce matin, dans le parterre de votre majesté.

ÉLISABETH.

Ah ! vous l'avez aperçu ? (A part.) Et moi aussi. (Haut.) Et qu'en dit-on, à la cour ?

OLGA.

On dit, madame, qu'il est jeune et beau.

ÉLISABETH.

Ah ! l'on a remarqué...

OLGA.

Il ne faut que des yeux pour cela.

ÉLISABETH.

Et il paraît que mes filles d'honneur en ont d'excellens.

SCÈNE IV.

Les Mêmes, EUDOXIE, en costume de femme.

EUDOXIE, en dehors.

J'entrerai, vous dis-je, je verrai l'impératrice !

ÉLISABETH.

Qu'est-ce donc? qu'y a-t-il?

OLGA.

Une jeune dame qui pénètre malgré les gardes.

EUDOXIE, entrant dans le plus grand trouble.

Oui, l'impératrice !.. (Se jettant aux pieds d'Élisabeth.) Madame !.. madame ! je vous demande justice !..

ÉLISABETH, reculant.

Qui êtes-vous ?

EUDOXIE.

La fille du comte de Warden, mort au service de votre majesté.

ÉLISABETH.
Air de Renaud de Montauban.

Eudoxie!.. Eh! quoi! te voilà!..

EUDOXIE, se relevant.
Qu'entends-je!.. ah! maintenant j'espère :
Vous n'avez pas oublié ce nom-là!

ÉLISABETH.
Pas plus que celui de ton père.
Pour ma défense il fut heureux et fier
De mourir!.. Ah! pour te le rendre,
A mon tour, je dois te défendre,
(Lui tendant la main.) Et sans qu'il m'en coûte aussi cher.

EUDOXIE.
Ah! que de bonté!

ÉLISABETH.
Calme-toi... Contre qui viens-tu me demander justice?.. pourquoi as-tu quitté le Mecklembourg?... comment te trouves-tu en Russie... dans mon palais?

EUDOXIE.
Oh! madame, je suis coupable peut-être, mais le mari qu'on voulait me donner...

ÉLISABETH.
Oh! il s'agit d'un mari?.. Cela devient grave. (Aux filles d'honneur, qui écoutent.) Mesdames... (Elles s'éloignent toutes.) On voulait te marier?

EUDOXIE.
A un Prussien.

ÉLISABETH.
Bien laid?

EUDOXIE.
Il était si vieux!

ÉLISABETH.
Et tu l'as fui, tu t'es réfugiée auprès de moi... C'est bien... rassure-toi... c'eût été dommage... Moi, je te marierai à ma cour, mais autrement... vingt-cinq ans, une taille bien prise, un brillant uniforme... j'ai des maris de toutes les couleurs, on peut choisir... Comment! tu baisses les yeux?.. j'entends... quand tu refusais l'autre... le vieux... le Prussien... c'est que tu aimais...

EUDOXIE, vivement.
Oh! non! je n'aimais personne... (A part.) En partant.

ÉLISABETH.
Et jusqu'ici, tu as dû faire un voyage bien triste!

EUDOXIE.
Au contraire... (Se reprenant.) C'est-à-dire, ce n'est qu'en arrivant à Saint-Pétersbourg, que j'ai été en butte à la persécution.

ÉLISABETH.
Oui, j'ai reçu un billet, auquel il a été fait droit... Persécutée!... et par qui?..

EUDOXIE.
M. le comte de Bestucheff...

ÉLISABETH.
Mon ministre?..

EUDOXIE.
Prévenu sans doute par quelqu'un arrivé avant moi, il m'a fait enlever de l'hôtel où j'étais descendue, au moment où j'allais partir pour venir dans ce palais me jeter à vos pieds... car vous étiez mon refuge, ma seule espérance!

ÉLISABETH.
Et tu ne te trompes pas... Poursuis.

EUDOXIE.
Après m'avoir fait les menaces les plus sévères, il allait me renvoyer en secret dans le Mecklembourg, quand, par bonheur, j'ai pu m'échapper, et j'ai tout bravé pour pénétrer jusqu'à vous.

ÉLISABETH.
Et tu as bien fait... Je te protégerai contre mon ministre... ah! ce n'est

pas toujours facile... mais enfin, je tâcherai... Et quel courage il t'a fallu pour traverser la Prusse et la Russie !

ÉUDOXIE.

Oh ! j'ai commencé avoir peur... mais j'ai été bien vite rassurée.

ÉLISABETH.

Cependant, tu étais seule ?

EUDOXIE.

Oh non !

ÉLISABETH.

Ah ! tu es venue avec quelqu'un ?

EUDOXIE.

Oui, avec... (Elle s'arrête confuse.)

ÉLISABETH.

Avec ?..

EUDOXIE.

Une dame française.

ÉLISABETH.

Une dame française ?.. il faudra me la présenter... j'aime beaucoup tout ce qui vient de France... ce n'est pas l'avis de mes ministres... ils trouvent que les Français ont trop d'esprit.

EUDOXIE.

Et ils n'aiment pas l'esprit ?

ÉLISABETH.

Oh ! ils ont bien leur raison pour cela... aussi, je ne les écoute pas, et j'aime ce qu'ils n'aiment pas, un Français peut-être... mais nous nous dirons nos secrets plus tard... aujourd'hui, ne songeons qu'à ton repos. (Rappelant les filles d'honneur.) Mesdames... (Apercevant quelqu'un, dont la vue la frappe.) Ciel ! c'est lui !.. à l'extrémité de cette galerie... il vient, il vient enfin !..

OLGA.

Vous dites, madame ?

ÉLISABETH.

Rien, rien...

AIR : Venez, qu'en mes bras je vous presse. (SIR HUGUES DE GUILFFORT.)

(A Eudoxie.)
Allez, que ma chère Eudoxie
Soit une compagne pour vous;
Celle qu'à vos soins je confie
Doit être heureuse près de nous.
Nous verrons si leur insolence
Te poursuivra jusqu'en ces lieux.

EUDOXIE.
Je compte sur votre puissance

ÉLISABETH.
Sur mon amitié... ça vaut mieux.

ENSEMBLE.
{
ÉLISABETH.
Allez, que ma chère Eudoxie, etc.
LES FILLES D'HONNEUR.
Que cette dame si jolie,
Soit une compagne pour nous.
Que celle qu'on nous confie
Trouve ici le sort le plus doux.
}

(Eudoxie et les filles d'honneur sortent.)

SCÈNE V.

ÉLISABETH, puis LE CHEVALIER.

ÉLISABETH.

Je m'étais trompée peut-être, on ne l'annonce pas, ce n'était pas lui... Eh bien ! qu'importe ?

UN OFFICIER, annonçant.

Monsieur l'envoyé de France, chevalier d'Eon !..

ÉLISABETH, à part, avec joie.

Ah ! j'en étais bien sûre.

LE CHEVALIER.

Madame...

ÉLISABETH.
Approchez, M. le chevalier... On ne vous voit pas à l'Ermitage, et je m'en plaignais à l'instant.
LE CHEVALIER.
Il se pourrait!
ÉLISABETH, se reprenant.
Ah! il s'agissait d'une fête... et d'une place que vous ne refuserez pas dans mon premier quadrille de ce soir.
LE CHEVALIER.
Madame... c'est un honneur dont je remercîrais votre majesté, s'il m'était permis de l'accepter.
ÉLISABETH.
Que voulez-vous dire?
LE CHEVALIER, présentant la lettre qu'il a reçue à la première scène.
L'ordre que je reçois à l'instant, madame...
ÉLISABETH.
Quel ordre?.. donnez. (Elle prend la lettre et la parcourt.) Quelle indignité!
LE CHEVALIER.
Eh quoi!
ÉLISABETH.
Je n'ai point donné cet ordre.
LE CHEVALIER.
Il serait vrai!.. Ah! merci, madame, mille fois merci!.. je vois que je ne me suis pas trompé, quand j'accusais... non pas votre chambellan... mais M. de Bestucheff.
ÉLISABETH.
Bestucheff!
LE CHEVALIER.
Aussi, je n'ai point voulu d'abord importuner de mes plaintes votre majesté.
ÉLISABETH.
M'importuner!.. mais non, je vous assure.
LE CHEVALIER.
Je me suis rendu à l'hôtel de votre ministre, pour obtenir de lui une explication... je n'ai point été reçu.
ÉLISABETH.
Ah! c'est manquer aux égards qui vous sont dus... et vous avez bien fait de venir à moi... je vous en sais gré, monsieur le chevalier... Abuser ainsi de mon nom! prétendre régner à ma place!.. (A part.) Ah! M. de Bestucheff, je vous ai tendu la main, et c'est le sceptre que vous voulez prendre!.. (Au chevalier.) Vous viendrez ce soir, à la fête de l'Ermitage... je le veux... (Avec douceur.) Je vous en prie!
LE CHEVALIER.
Ah! madame, je rends grace au chancelier, si c'est à ses torts que je dois l'honneur que vous me faites.
ÉLISABETH.
Il faut bien réparer les fautes de mes ministres... et ce n'est pas toujours facile... ils en font tant!
LE CHEVALIER.
Oh! je comprends, madame, que M. de Bestucheff redoute ma présence à ce bal... il craint peut-être, lui, l'ennemi de la France, que je ne décide votre majesté à jeter les yeux sur certain traité,
ÉLISABETH, plus calme et souriant.
Au milieu d'un bal?

AIR : Vaudeville de l'Ile des Noirs.

C'est là que finit ma puissance,
Dont il ne faut pas faire abus.
LE CHEVALIER.
Que dites-vous?
ÉLISABETH.
Lorsque je danse.
Chevalier, je ne règne plus.
Au bal, séjour de la folie,
Où l'on n'obéit qu'aux amours,

Le sceptre est à la plus jolie.

LE CHEVALIER.

Vous le porterez donc toujours.

ÉLISABETH.

Ah! vous êtes un flatteur, monsieur le chevalier... mais il n'y a pas de mal... puisque nous adoptons les modes de la cour de France, eh bien! c'en sera une de plus... (A part, après avoir jeté un regard sur lui.) Une voix douce... des traits fins et délicats... un sourire! des regards!.. Il est bien.

LE CHEVALIER.

Ainsi, madame, vous ne pensez pas que ce soit en haine de ce traité que le chancelier m'éloigne?

ÉLISABETH.

Non, je ne crois pas... (A part.) Il est jaloux, mon ministre!.. (Haut.) Mais quelle qu'en soit la cause, vous prendrez place à mon quadrille... cela ne plaira pas à tout le monde.

LE CHEVALIER.

Eh! que m'importe, madame?.. fier de l'honneur que je reçois, je le défendrais au prix de mon sang!

ÉLISABETH, souriant.

C'est beaucoup, pour une contredanse... Vos jours sont trop précieux à vos amis... (Avec émotion.) Et à ce titre, je vous défends d'aller jusque là.

LE CHEVALIER.

Madame... (A part.) Quelle émotion!.. c'est qu'elle me gagne aussi.

ÉLISABETH.

Quant à ce traité, que l'on redoute, apportez-le-moi...: nous le verrons ensemble... tous les deux. (Apercevant le chambellan.) M. de Vurzof! (Retenant la lettre du chevalier.) Laissez-moi cette lettre... allez, j'attends ce traité. (Lui donnant la main à baiser.) Allez!

SCÈNE VI.

LES MÊMES, LE CHAMBELLAN, LE BARON DE SOTTERNICH.

LE CHAMBELLAN.

Je demande à votre majesté la permission de déposer mes hommages à ses pieds.

ÉLISABETH, suivant des yeux le chevalier, qui s'éloigne lentement, en la regardant.

Bien, monsieur, bien... (Au chevalier de loin.) Apportez ce traité...

LE CHAMBELLAN.

Voici, selon vos ordres, M. le baron de Sotternich...

LE CHEVALIER, se trouvant face à face avec le baron, au moment de sortir.

Ciel!..

LE BARON.

Ah! bah!..

LE CHEVALIER, à part.

Le baron!.. (Il sort.)

SCÈNE VII.

ELISABETH, LE CHAMBELLAN, LE BARON DE SOTTERNICH.

ÉLISABETH, se retournant au bruit..

Qu'est-ce?..

LE CHAMBELLAN.

M. le baron de Sotternich, qui demande à votre majesté la permission de...

ÉLISABETH.

Eh! mon Dieu! qu'il vienne... Et vous, écoutez-moi!..

LE BARON.

Madame?..

ÉLISABETH.

Bien, bien, baron!.. je sais de quelle mission notre frère de Prusse vous a chargé, et je vous verrai toujours avec plaisir... (A part, après l'avoir regardé.) Il est bien laid!..

LE BARON, à part, regardant la porte par laquelle le chevalier est sorti.

Cette ressemblance!.. je ne sais plus où j'en suis...

LE CHAMBELLAN.
M. le baron demande à votre majesté...
ÉLISABETH.
Moi, M. de Vurzof, je vous demande de m'expliquer par quel ordre vous avez adressé à l'envoyé de France la lettre que voici ?..
LE BARON, à part.
L'envoyé de France !
LE CHAMBELLAN.
J'ai cru qu'il était de mon devoir...
ÉLISABETH.
Votre devoir n'est pas de faire une insulte pareille à l'envoyé d'une grande nation.
LE CHAMBELLAN.
C'est M. de Bestucheff qui a pensé...
ÉLISABETH.
Eh ! non, c'est vous qui n'avez pas pensé, qui ne pensez pas, qui ne pensez jamais !..
LE CHAMBELLAN.
Si fait, quelquefois... quand il plaît à votre majesté... mais il m'a semblé, dans cette circonstance, que votre honneur exigeait...
ÉLISABETH.
Quel honneur ?.. que voulez-vous dire ?.. parlez... Mais parlez donc !..
LE CHAMBELLAN.
Je ne sais comment expliquer les fanfaronades de ce jeune homme...
LE BARON, à part.
Qu'est-ce qu'il dit ?.. un jeune homme ! elle !..
ÉLISABETH.
Ses fanfaronades, dites-vous ?
LE CHAMBELLAN.
Elles trahissent assurément les intentions de sa cour, qui paraît n'avoir envoyé près de votre majesté un jeune fat, assez vain de ses avantages extérieurs...
ÉLISABETH.
Mais... il se rend justice.
LE CHAMBELLAN.
Que pour arriver à son but, auprès de vous... par des moyens... enfin... d'une haute inconvenance.
ÉLISABETH.
Plaît-il ?..
LE CHAMBELLAN.
Votre majesté a saisi ma pensée... (Se reprenant.) Celle du ministre.
LE BARON, à part.
Ah ! ce n'est pas cela !
ÉLISABETH.
Les preuves d'une pareille intrigue ?..
LE CHAMBELLAN.
M. de Bestucheff les a sans doute... D'ailleurs, les indiscrétions du chevalier d'Eon...
LE BARON, à part.
D'Eon ?.. c'est cela !
ÉLISABETH, très agitée.
Il se pourrait !.. Louis XV aurait voulu me choisir un ministre favori, un ambassadeur Pompadour !.. et le chevalier d'Eon serait l'homme... Ah ! c'est impossible !..
LE BARON, s'oubliant.
Eh ! oui, impossible.
ÉLISABETH.
Vous dites, M. le baron ?..
LE BARON.
Pardon, madame, si j'ose être de l'avis de votre majesté !..
LE CHAMBELLAN.
Il n'y a pas de mal... mais sa majesté ne vous a pas fait l'honneur de vous interroger.
ÉLISABETH.
Si fait !.. Achevez, monsieur... Votre raison ?..

LE BARON.

Ma raison... c'est que... c'est que la personne... dont il est question en ce moment...

ÉLISABETH.

Eh bien?..

LE BARON.

Ne saurait être l'homme qui... enfin...

LE CHAMBELLAN.

Parce que?..

LE BARON.

Parce que cet homme... est... est une femme.

ÉLISABETH.

Une!..

LE CHAMBELLAN.

Vous dites?..

LE BARON.

J'ai dit: une femme, et je répète: une femme.

LE CHAMBELLAN.

Le chevalier d'Eon?..

ÉLISABETH.

M. de Beaumont?..

LE BARON.

Mlle la chevalière d'Eon de Beaumont.

ÉLISABETH.

Mlle la chevalière?.. la?.. Allons donc! monsieur, vous êtes fou!..

LE CHAMBELLAN.

Assurément.

LE BARON.

J'ose affirmer que je jouis de toutes mes facultés intellectuelles.

LE CHAMBELLAN.

Une femme!..

ÉLISABETH.

Une!.. ah! ah! ah!..

LE CHAMBELLAN.

Mais non, madame, non, cela ne se peut pas... le baron ne sait ce qu'il dit... c'est-à-dire, se trompe.

ÉLISABETH, au baron.

Vous connaissez la personne dont vous parlez?

LE BARON.

Beaucoup... mais j'ose dire, beaucoup.

LE CHAMBELLAN.

Comment! vous l'auriez vue à Saint-Pétersbourg?

LE BARON.

Mieux que cela... je l'ai reçue dans mon château.

ÉLISABETH.

Dans votre château... vous?

LE BARON.

Moi... c'est-à-dire, madame la baronne de Sotternich.

ÉLISABETH, ironiquement.

Votre femme?

LE CHAMBELLAN, souriant.

Ah! c'est par Mme la baronne que vous avez appris...

LE BARON, avec fatuité.

Ce n'est pas par Mme la baronne.

ÉLISABETH.

Et comment?

LE BARON.

Pardon, si je ne réponds pas à votre majesté.

ÉLISABETH.

Vous auriez fait la cour à cette dame?..

LE CHAMBELLAN.

Vous avez fait votre cour à cette dame?..

LE BARON.

J'ai fait ma cour à cette dame.

ÉLISABETH.

Ainsi, M. le baron...

LE BARON, toujours avec suffisance.

Brisons là, de grace, brisons là !..

ÉLISABETH.

Ah! mon Dieu !.. Ainsi, vous ne doutez pas...

LE CHAMBELLAN.

Que malgré le costume...

LE BARON, souriant.

Oh! l'autre lui va mieux... elle a une grace, un abandon !.. Ah! pardon !

LE CHEVALIER.

Ce serait le comble de l'impertinence !..

ÉLISABETH, à part.

Une femme! une femme !.. quand tout à l'heure encore, il me laissait une émotion !.. Ah! non, non. (Haut.) Quelle apparence que la cour de Versailles envoye à Saint-Pétersbourg une femme, sous un titre pareil?.. par quel motif?..

LE BARON.

Le motif?.. je crois le connaître.

ÉLISABETH.

Et quel est-il, monsieur ?..

LE BARON.

Je n'oserai jamais dire devant votre majesté...

ÉLISABETH.

Parlez, je le veux, je l'ordonne.

LE BARON.

C'est qu'il a semblé à la cour de France que, pour une impératrice...

ÉLISABETH.

Eh bien?

LE BARON.

Pardon, c'est Mlle d'Eon qui parle.

ÉLISABETH.

Ah ! monsieur, j'ai envoyé en Sibérie des gens moins rebelles que vous.

LE BARON.

M'y voilà, grande souveraine, m'y voilà.

LE CHAMBELLAN.

Que pour une impératrice, il suffirait...

LE BARON.

D'une ambassadrice.

ÉLISABETH, sévèrement.

Ah! il vous a dit cela ?

LE BARON.

Il... c'est-à-dire, elle.

ÉLISABETH.

C'en est trop !.. c'est une insulte à ma couronne, à mon peuple, à l'Europe entière !.. ah ! il suffit d'une femme pour me gouverner !..

LE CHAMBELLAN.

Air de Turenne.

Ah ! je comprends votre colère...

ÉLISABETH.

Vous ne comprenez rien du tout !..
(Avec dépit.) Cet homme, qui cherchait à plaire,
Se change en femme tout à coup !

LE CHAMBELLAN.

Il faut punir...

LE BARON.

Ah! soyez plus humaine;
(Galment) C'est une ruse, un tour, je croi,
Que de grand cœur pardonnerait un roi.

ÉLISABETH.

Un roi! fort bien... mais je suis reine,
Quel tour affreux pour une reine !

LE CHAMBELLAN, au fond.

Ah !.. dans cette galerie... c'est lui !.. c'est-à-dire, c'est elle.

ÉLISABETH.

Voyez, baron, voyez... assurez-vous bien que vous ne vous trompez pas.

LE BARON.

Oh! je la reconnaîtrais entre mille...

LE CHAMBELLAN.

Je vais lui défendre de paraître devant votre majesté.

ÉLISABETH, hors d'elle.

Au contraire !.. dites-lui de venir, à l'instant, je le veux... (Le chambellan va jusqu'au fond, l'impératrice continue à part.) On m'aurait jouée !..

SCÈNE VIII.
LES MÊMES, LE CHEVALIER.

LE CHAMBELLAN, au chevalier.

Sa majesté l'ordonne.

LE CHEVALIER.

J'obéis, madame.

ÉLISABETH.

Connaissez-vous M. le baron ? (Le baron salue en souriant.)

LE CHAMBELLAN.

M. le baron ?..

LE BARON.

M. le baron.

LE CHAMBELLAN.

Quel trouble !..

ÉLISABETH.

Vous ne répondez pas ?

LE CHEVALIER, très embarrassé.

Pardon... c'est que votre majesté ne saurait comprendre... je ne puis expliquer...

ÉLISABETH.

Vous ne répondez pas !..

LE CHAMBELLAN.

Sa majesté vous fait l'honneur...

ÉLISABETH.

Taisez-vous !.. Quant à vous, monsieur... (Se reprenant.) Madame...

LE CHEVALIER.

Madame !..

ÉLISABETH, l'observant à part.

Mais non, non... ce regard... cette tournure... c'est impossible.

SCÈNE IX.
LES MÊMES, OLGA, EUDOXIE, FILLES D'HONNEUR.

OLGA.

Madame, les salons de l'Ermitage se remplissent de monde, et nous pensons...

ÉLISABETH.

Bien, bien !.. je ne puis recevoir, je ne puis... Ah! c'est vous, Eudoxie...

EUDOXIE.

Madame...

LE CHEVALIER.

Que vois-je !

EUDOXIE, l'apercevant et laissant échapper un cri.

Ah !

LE CHEVALIER.

Eudoxie !

ÉLISABETH.

Comment ! vous vous connaissez ?..

EUDOXIE, très troublée.

Moi ?.. en effet, je dois avouer...

LE CHEVALIER.

J'ai eu l'honneur d'accompagner madame jusqu'à Saint-Pétersbourg.

ÉLISABETH.

Ah !.. Messieurs, messieurs, éloignez-vous.

ENSEMBLE.

Air : Il ne peut s'en défendre (DU DIEU ET LA BAYADÈRE.)

ÉLISABETH.
Pour moi, tout ce mystère,
Va bientôt s'éclaircir ;
Elle n'a pu se taire,
Et vient de se trahir...

LE CHEVALIER.
Dieu ! que dire et que faire ?
Car tout va s'éclaircir.
(Montrant le baron.) Il n'a pas su se taire
Et vient de me trahir !

LE BARON.
Quel est donc ce mystère ?
Voudrait-on la punir ?
Ah ! j'aurai dû me taire,
Et ne pas la trahir.

LE CHAMBELLAN.
Pour nous, tout ce mystère,
A l'instant va finir ;
Imprudente étrangère !
On saura te punir.

EUDOXIE
Dieu ! que dire et que faire ?..
Je me sens défaillir ;
Je ne puis que me taire,
De peur de me trahir.

LE BARON, à part et regardant Eudoxie.
C'est singulier... J'ai vu cette figure-là quelque part.
(Le chambellan et le baron remontent la scène, et restent au fond.)

LE CHEVALIER, à part.
Et ne pouvoir parler sans perdre l'une ou l'autre !

ÉLISABETH, à Eudoxie.
Eh quoi ! cette dame française qui vous a accompagnée, c'était...

EUDOXIE, baissant les yeux.
Oui, madame..

ÉLISABETH.
C'est bien... laissez-nous.

REPRISE DE L'ENSEMBLE.

ÉLISABETH.
Pour moi, tout ce mystère, etc.

LE CHEVALIER.
Dieu ! que dire et que faire ? etc.

LE BARON.
Quel est donc ce mystère ? etc.

LE CHAMBELLAN.
Pour nous, tout ce mystère etc.

EUDOXIE.
Dieu ! que dire et que faire ?.. etc.

(Tout le monde sort.)

SCÈNE X.

ELISABETH, LE CHEVALIER.

LE CHEVALIER, à part.
Que lui dire ?.. et comment expliquer...

ÉLISABETH.
Vous le voyez, je sais tout.. et je ne puis trop condamner l'intrigue qui vous envoie à ma cour sous un pareil déguisement.

LE CHEVALIER.
Moi ?.. que votre majesté me permette...

ÉLISABETH.
Non, madame, non, rien ne peut excuser...

LE CHEVALIER.
Madame !.. C'est... c'est à moi que ce mot s'adresse ?..

ÉLISABETH.
Je sais tout, vous dis-je... n'espérez pas m'abuser plus long-temps... et puisque tout est connu, vous pouvez reprendre les habits de votre sexe.

LE CHEVALIER.
Votre majesté met ma fierté à une cruelle épreuve... Mais je dois à l'honneur de ma cour, au mien, de vous déclarer qu'on vous a trompée.

ÉLISABETH.
Et le baron de Sotternich, qui vous a reçue dans son château ?..

LE CHEVALIER, souriant.
Le baron ?.. (à part.) Je ne puis pourtant pas avouer..

ÉLISABETH.
Et cette jeune fille, Eudoxie, qui m'avait parlé de vous avant cette rencontre, qu'elle n'attendait pas ?

LE CHEVALIER.

Eudoxie !

ÉLISABETH.

Ici, le doute serait une insulte pour elle.

LE CHEVALIER.

En effet, madame, je ne dis pas...

ÉLISABETH, riant.

Allons ! vous avouez enfin... Quelle idée folle !.. (Mouvement du chevalier.) Et tenez, malgré ma colère, je ne puis m'empêcher de rire de l'étrange susceptibilité de mon ministre, qui ne voyait en vous qu'un homme envoyé de France pour me séduire... ah ! ah ! ah !

LE CHEVALIER.

Quoi ! M. de Bestucheff ?.. (à part.) C'est donc là la cause de sa haine ?

ÉLISABETH.

Et s'il eût été vrai que vous, homme de Versailles, vous eussiez accepté un pareil message, pour arracher à ma faiblesse ce traité, que ma raison aurait refusé peut-être... qu'en dites-vous ?

LE CHEVALIER.

C'eût été me faire injure, que de supposer une intention politique, là où il n'y aurait eu qu'un sentiment plus tendre.

ÉLISABETH, souriant.

En vérité ?

LE CHEVALIER.

L'espérance seule eût été coupable... si j'avais pu espérer.

ÉLISABETH.

Eh ! pourquoi pas ?.. Il n'y a plus de danger, et entre femmes on peut bien se dire cela... Oui, le chevalier d'Eon m'avait paru un chevalier accompli, fait pour plaire à toutes les femmes, même à une femme couronnée... moi-même enfin... je ne dis pas... (Mouvement du chevalier.)

Air : d'Yelva.

Et voyez quelle impertinence,
Si je n'eusse appris le secret !

LE CHEVALIER.

Avant pareille confidence
Vous m'aimiez !..

ÉLISABETH.

Cela commençait.
C'est un amour que, sans colère,
Madame, au point où nous voilà,
Je puis dire à la chevalière...
Car le chevalier n'est plus là.
Je dis tout à la chevalière,
Quand le chevalier n'est plus là.

LE CHEVALIER.

Quoi ! madame..

ÉLISABETH.

Oh ! je puis vous excuser, vous... mais le ministre insolent qui m'a estimée si peu, que les ruses d'une femme lui parussent bonnes pour me séduire !..

LE CHEVALIER.

Eh bien non, madame, non !.. dussé-je me perdre, dussé-je compromettre des intérêts qui me sont chers et sacrés.. Je ne puis laisser durer cette plaisanterie !

ÉLISABETH, riant.

Que dites-vous, madame ?

LE CHEVALIER.

Madame !.. ah ! c'en est trop !.. Je respecte votre majesté.. mais je ne puis pas souffrir plus long-temps... Madame !

ÉLISABETH.

Eh ! mais, madame.. c'est un titre qu'on me donne tous les jours, et dont je suis fière.. C'est que je ne l'ai pas renié, moi.

LE CHEVALIER.

C'est que vous y avez sans doute des droits... que je n'ai pas.

ÉLISABETH.
Puisque je vous pardonne, à vous !
LE CHEVALIER.
Non, madame, non... car là seraient l'imposture et le mensonge !
ÉLISABETH, étonnée.
Ah ! (A part.) Mais en vérité, il a un air de dépit, de conviction !.. Je préfèrerais cela.
LE CHEVALIER.
Et s'il fallait avoir été coupable, j'aimerais mieux que ce fût d'avoir cherché à vous plaire.
ÉLISABETH, souriant.
Vrai ? (A part.) Et moi aussi. (Haut.) Heureusement, madame, il n'est plus temps.
LE CHEVALIER.
Madame ! madame !.. mais quand je vous jure...
ÉLISABETH.
Prenez garde... vous allez me fâcher, à la fin... Oh ! je vous écoute, je reste, parce que je le puis, sans crainte, sans danger...
LE CHEVALIER.
Mais s'il y en avait !
ÉLISABETH, riant.
Eh ! non.
LE CHEVALIER.
Mais si je vous jurais...
ÉLISABETH.
Mais je ne vous croirais pas.
LE CHEVALIER.
Et si j'osais vous aimer !
ÉLISABETH, riant plus fort.
Vous ne le pouvez pas.
LE CHEVALIER, à part.
Ah ! c'en est trop !.. Ma foi...

AIR : Trompez-moi, trompons-nous. (AMÉDÉE DE BEAUPLAN.)

Eh bien ! je dois trahir mon cœur,
Oui, je vous aime avec ardeur !
ÉLISABETH.
Vous m'aimez ?.. quoi ! vraiment,
Vous, madame, en ce moment ?..
C'est égal, c'est égal,
C'est bien plus original.
Faites-moi les sermens
Que vous ont faits mille amans :
Vous savez, n'est-ce pas,
Ce qu'on dit en pareil cas ?
Parlez donc ! (bis.) J'y consens, tout va bien,
Tant que je ne risque rien.

ENSEMBLE.

ÉLISABETH.	LE CHEVALIER.
Trompez-moi, c'est charmant,	Vous tromper ! non, vraiment,
Et rien n'est plus amusant.	Je vous en fais le serment.
Trompez-moi ; tout va bien,	Ce secret est le mien,
Tant que je ne risque rien.	Mais je ne vous trompe en rien.

LE CHEVALIER.
Et si, bravant votre courroux,
Je me jetais à vos genoux !..
ÉLISABETH.
A mes pieds !.. quoi ! vraiment,
Vous, madame, en ce moment ?..
C'est égal, c'est égal,
C'est bien plus original.
Allons donc ! mettez-vous
Humblement à deux genoux :
Vous savez, n'est-ce pas,
Ce qu'on fait en pareil cas ?..

(Lui tendant la main.) **Prenez donc!** (bis.) **J'y consens, tout va bien,**
(Retirant sa main, que le chevalier va porter à ses lèvres.)
Tant que je ne risque rien.

REPRISE DE L'ENSEMBLE.

LE CHEVALIER, redoublant d'audace.

Et puisque vous m'y forcez...

ÉLISABETH.

Eh! mais, j'ai peur.

LE CHEVALIER.

Ce baiser...

ÉLISABETH, l'évitant.

Bien! bien!.. En me plaignant à votre cour, j'attesterai pourtant, madame, que vous jouez très bien la comédie. (Elle sort par la porte de ses appartemens.)

SCÈNE XI.
LE CHEVALIER, seul.

Madame! madame!.. ah! je suis outré, je suis poussé à bout!.. Je ne sais qui m'a retenu... j'ai eu tort, oui, j'ai eu tort... Avec cela que, près d'elle, je me sentais à la tête et au cœur des idées!.. Une femme! moi, une femme!.. mais je vais être la fable de cette cour, de la France, de l'Europe entière... Que dire? que faire? trahir le secret de la baronne, celui d'Eudoxie, quand leur honneur est en jeu!.. Cependant, je ne puis pas rester exposé à l'insolence du premier fat, de ce Bestucheff! je ne le puis pas... Allons, allons, je serai indiscret, il le faut... et ces lettres de la baronne... (Il les tire de sa poche.) C'est mal, peut-être... mais je ne m'exposerai pas aux rires moqueurs... non, non! je ne serai la fable de personne, et malheur à qui oserait... (Il va pour entrer chez l'impératrice.)

SCÈNE XII.

LE CHEVALIER, LE CHAMBELLAN, suivi des COURTISANS, D'EUDOXIE et des FILLES D'HONNEUR.

LE CHAMBELLAN, entrant gaîment.

Ah! ah! ah!.. c'est fort plaisant, et M. de Bestucheff a bien ri.

LE CHEVALIER.

Et de quoi, monsieur?

LE CHAMBELLAN.

Mais, de votre ruse féminine.

LE CHEVALIER.

Vous êtes un insolent!..

LE CHAMBELLAN, riant.

Plaît-il, mademoiselle?

LE CHEVALIER.

Je suis un homme!.. et la preuve, la voilà!
(Il lui jette son gant à la figure, et entre chez l'impératrice.)

TOUS.

Que vois-je!..

EUDOXIE.

Grand Dieu!

SCÈNE XIII.
LES MÊMES, hors le chevalier, LE BARON.

LE CHAMBELLAN, ébahi.

Son gant... son gant, à mon visage!..

LE BARON.

Elle est vive... oh! elle est très vive.

EUDOXIE, à part.

Que dit-il?..

LE CHAMBELLAN, furieux.

De qui parlez-vous, monsieur?.. je ne crois plus à tous vos contes!

LE BARON.

Mes contes? par exemple! mes contes!

EUDOXIE, à part.

Quelle imprudence!

LE CHAMBELLAN.

Ce n'est pas plus une femme que vous et moi.

LE BARON.

Vous, je ne dis pas, mais quant à moi...

LE CHAMBELLAN.

Eh! laissez-moi donc tranquille!.. Messieurs, je vous prends tous à témoins que j'ai été mortifié, de la manière la plus positive... Il m'a traité comme un cosaque... et j'en aurai vengeance!

EUDOXIE, s'avançant en tremblant.

Vengeance!.. de qui, monsieur? et pourquoi?..

LE CHAMBELLAN.

Comment! vous n'avez pas vu ce geste, ce gant?.. le voilà encore... Il faut qu'il se batte, il se battra... avec mon neveu... un jeune officier, qui ne le ménagera pas... qui se bat toujours pour moi... affaire de famille.

LE BARON, riant.

Allons donc! calmez-vous, que diable... si c'était moi ou un de ces messieurs, à la bonne heure!.. mais de la main d'une femme...

LE CHAMBELLAN.

Si c'en est une, je suis mystifié!.. Si c'est un homme, je suis insulté!. insulté dans mon honneur, dans l'honneur de ma souveraine, chez qui il est insolemment entré!

EUDOXIE, troublée.

Chez l'impératrice!

LE BARON, criant.

Mais c'est une femme! une femme! une femme!..

LE CHAMBELLAN, criant aussi.

Cela ne se peut pas!.. car il faut qu'on me fasse raison... et qui donc alors?.

SCENE XIV.
Les Mêmes, LE CHEVALIER, puis ELISABETH.

LE CHEVALIER, paraissant.

Ce sera moi, monsieur!

LE CHAMBELLAN.

Vous?

TOUS.

Air des Huguenots.

L'offense est cruelle!
Oui, mais une belle,
De ses torts peut-elle
Demander pardon?..

ÉLISABETH, un papier à la main.

Eh! mon Dieu! qu'y a-t-il donc, messieurs?.. quel bruit jusqu'à la porte de mes appartemens!

LE CHAMBELLAN.

Vous nous voyez profondément irrités de l'insolence de monsieur, qui a osé franchir le seuil de ce boudoir, après avoir levé la main sur moi.

ÉLISABETH.

Eh! (Regardant le chevalier.) C'est mal, c'est très mal... abuser ainsi de votre position! de la galanterie de notre chambellan envers une femme!..

LE CHAMBELLAN.

Une femme!..

LE BARON, riant.

Bien! bien!.. c'est ce que je disais.

ÉLISABETH, jetant les yeux sur le baron et partant d'un éclat de rire qu'elle ne peut réprimer

Ah! ah! ah! ah!..

LE CHEVALIER.

Messieurs, sa majesté a ri!.. (Tous se mettent à rire.)

LE CHEVALIER, à part.

Ils sont parfaitement dressés.

ÉLISABETH, s'efforçant de prendre son sérieux.

N'est-ce pas, baron?

LE BARON.

Oui, une femme... (A part.) Parbleu!

ÉLISABETH.

Qu'en dis-tu, Eudoxie?

EUDOXIE, baissant les yeux.

Mais... une femme.

ÉLISABETH.

Mlle d'Eon vient de m'en faire un aveu, auquel je veux croire.

LE CHEVALIER, bas et vivement.

Madame!..

ÉLISABETH, l'arrête d'un regard et poursuit.

J'ai pardonné... je fais plus; voici le traité avec la France, que j'ai signé.

LE CHEVALIER, à part avec joie.

Se peut-il?..

ÉLISABETH.

Mais à une condition, que la chevalière d'Eon accepte sous la garantie de sa cour. (Mouvement du chevalier. Elle continue, les yeux fixés sur lui.) C'est que, renonçant désormais à un rôle que son imprudence vient de rendre impossible plus long-temps... (Elle jette un coup d'œil sur la porte du boudoir.) Elle reprendra aujourd'hui même les habits de son sexe, pour ne plus les quitter jamais.

LE CHEVALIER, à part.

Qu'entends-je!..

EUDOXIE, à part.

Que signifie?..

ÉLISABETH, d'un ton toujours significatif.

Il y va de notre honneur... mon alliance et la paix ne sont qu'à ce prix.

AIR du Baiser au porteur.

A cet arrêt vous devez vous soumettre:
Par un refus on ne peut m'outrager,
Sans ingratitude peut-être,
Et peut-être aussi sans danger.

LE CHEVALIER.

Que dites-vous!

ÉLISABETH.

C'est à vous d'y songer.
Dans ce boudoir nul profane, madame,
Ne peut entrer sans blesser notre honneur,
Et l'on n'en peut sortir que femme,
Quand on n'en sort pas empereur.

LE CHEVALIER, à part.

Fiez-vous donc aux impératrices!

ÉLISABETH, à part. (Air de danse jusqu'à la fin.)

Fiez-vous donc aux ambassadrices!

EUDOXIE, bas au chevalier.

Mais dites-lui donc qu'elle se trompe, que vous êtes...

LE CHEVALIER, lui serrant la main.

Chut!.. Vous me rejoindrez en Angleterre.

LE BARON.

Bien jugé!.. ces vilains habits d'homme ne lui vont pas du tout!

ÉLISABETH, se tournant vers le chambellan.

Et quand madame l'envoyée de France quittera la Russie... dans quelques jours... M. le comte Vurzof, son chevalier d'honneur, l'accompagnera jusqu'à la frontière.

LE CHAMBELLAN, bas.

Moi, madame?.. après l'insulte...

ÉLISABETH.

C'est juste... j'oubliais... il vous faut une réparation. (Au chevalier.) Approchez... (Au chambellan.) Comte de Vurzof, vous avez été insulté... Mettez un genou en terre, souriez avec grace, et baisez la main qui vous a frappé... c'est ainsi qu'on se venge d'une femme, d'une jolie femme.

(Le chambellan obéit à tout, et au moment où il prend la main du chevalier, qui rit à part.)

LE BARON.

Encore un heureux.

FIN DU DEUXIÈME ACTE

ACTE III.

Le théâtre représente une pièce de l'appartement du chevalier, dans un hôtel garni, à Londres. Entrée par le fond; chambre à coucher à gauche; entrée dérobée à droite; une porte dans le fond à gauche; une glace, une table, ce qu'il faut pour écrire.

SCÈNE I.

BETZY, au fond, à la cantonnade.

Bien, bien... ce n'est pas ici votre place...allez à votre ouvrage... prévenez mon père, dès qu'il nous arrivera des voyageurs... et surtout, n'oubliez pas que l'hôtel DE LA MARINE est le premier hôtel de Londres pour le zèle, la propreté, le frostbeef et la politesse... allez... Ah! je suis seule... (Elle écoute à la porte de la chambre.) Rien!.. pas le moindre bruit... Bon jeune homme! dort-il bien!.. ce n'est pas comme moi... je ne dors plus. (S'éloignant de la porte sur la pointe des pieds.) Chut!.. mettons en ordre son papier, ses plumes...ça lui fera plaisir...Qu'est-ce donc qu'il a à écrire toute la journée?.. (Elle regarde les papiers.) « MES MÉMOIRES... » Ah!.. « CHAPITRE XVII : »MON SÉJOUR A LA COUR DE L'IMPÉRATRICE DE RUSSIE ». Ah! il a été à la cour! chez une impératrice!.. et il écrit ses mémoires!.. c'est donc pour ça que depuis son arrivée à Londres, il y a trois mois, il ne sort jamais... ne reçoit personne... ce n'est pas lui qui ferait monter par ce petit escalier dérobé... (Montrant la porte à droite.) des personnes qui... que... enfin... (Écoutant, au moment où le Baron paraît au fond.) Ah! je crois entendre, il se réveille!

(Elle court vers la porte à gauche.)

SCÈNE II.

BETZY, LE BARON.

LE BARON, s'approchant d'elle.

Jeune fille...

BETZY, effrayée.

Ah! vous m'avez fait peur!..

LE BARON.

Vous m'étonnez... ce n'est pas mon habitude.

BETZY.

C'est que ce bruit... je croyais que c'était par ici...et puis, un étranger... une visite!.. c'est la première!

LE BARON.

Remettez-vous, petite... pour être Prussien, on n'est pas un Kalmouck.

BETZY.

Ah! monsieur est Prussien... Monsieur veut... monsieur demande?

LE BARON.

Eh! parbleu!.. une jeune dame, que je cherche depuis trois jours d'hôtel en hôtel... madame la chevalière d'Eon.

BETZY.

La chevalière d'Eon?.. je ne connais pas.

LE BARON.

Allons donc! vous en êtes bien sûre?

BETZY.

Nous n'avons pas de femmes ici...Dieu! c'est trop d'embarras, les femmes... nous n'avons que des messieurs, c'est plus aimable.

LE BARON, avec humeur.

Je vais donc continuer... que le diable!..

BETZY, sans s'arrêter.

Monsieur le marquis de Vernillac...

LE BARON, allant pour sortir.

Bien! bien!..

BETZY, continuant.

M. le chevalier de Beaumont...

LE BARON, s'arrêtant à la porte.

Hein?..

BETZY.

Oui, M. le chevalier de Beaumont, monsieur...

LE BARON, revenant vivement.

De Beaumont!.. (A part.) D'Eon de Beaumont...parbleu! c'est cela!..Ah! ça, est-ce qu'il y aurait encore du mystère?.. est-ce que?..

BETZY.

Tiens! à qui en a-t-il donc?..

LE BARON.

Écoutez-moi, petite... monsieur le chevalier d'Eon, ou de Beaumont... n'importe... il loge dans cette maison?..

BETZY.

Vous êtes chez lui.

LE BARON.

Ah! bah! (La main sur le cœur.) J'aurais dû le sentir là.

BETZY, montrant la gauche.

Voici sa chambre.

LE BARON.

Vrai?.. je cours lui parler...

BETZY, se jetant devant la porte.

Non, monsieur... impossible, on n'entre pas!.

LE BARON.

Si fait....

BETZY.

Puisqu'il dort... La clé est retirée, ainsi. (A part.) Eh bien! il est sans gêne, ce vieux-là.

LE BARON.

C'est juste... vous avez raison... la décence... le respect dû à la beauté qui sommeille... (A part.) Tout le monde n'est pas forcé de savoir...

BETZY.

Qu'est-ce qu'il dit?..

LE BARON.

Je n'entrerai pas; mais s'il tarde à s'éveiller, je laisserai un mot pour lui.

BETZY.

Comme monsieur voudra... à cette table, voilà tout ce qu'il faut pour écrire... Moi, je vais préparer son déjeuner... du thé bien chaud et de bonnes petites tartines de beurre... ce sera bientôt fait; car il mange si peu!..

LE BARON, souriant.

Ah! vraiment? vous trouvez?.. mais oui, c'est assez naturel.

BETZY, à part.

Qu'est-ce qu'il a donc à rire?

LE BARON.

Allez, jeune fille... je vois que vous êtes heureuse de le servir.

BETZY.

Certainement... (A part.) Il m'embrassera encore ce matin.

(Elle sort par le fond à gauche.)

SCÈNE III.
LE BARON, puis LE CHEVALIER.

LE BARON, s'asseyant.

Pauvre innocente... elle peut servir son chevalier tout seul, il n'y a pas de danger... (Se disposant à écrire.) Ecrivons quelque chose de galant, de spirituel... c'est difficile, quand on n'a pas l'habitude...

(Le chevalier entre doucement par la petite porte de droite ; il est en femme, et porte un mantelet, qui lui couvre la tête.)

LE CHEVALIER, sans voir le baron.

Ah! mon Dieu!.. je suis encore tout effrayé... j'ai cru qu'on me suivait...

(Il marche vers sa chambre.)

LE BARON, écrivant.

Belle dame, depuis trois jours...

LE CHEVALIER, mettant la clé dans la serrure.

Rentrons, sans être vu...

LE BARON, se retournant au bruit.

Hein? qui va là?..

LE CHEVALIER.

Ciel!.. quelqu'un!..

LE BARON, se levant vivement.

Eh! mais... c'est elle!.. c'est vous!..

LE CHEVALIER, à part.

Oh! le baron de Sotternich!

LE BARON.

Vous voilà donc enfin!

LE CHEVALIER, balbutiant.

Je... je sortais...

LE BARON.

Ah! madame, vous voyez un baron dans le ravissement...

LE CHEVALIER.

Mon Dieu! monsieur le baron... je suis confuse... (A part.) Damné Prussien! que le diable t'emporte!..

LE BARON.

Vous ne vous attendiez pas au plaisir que je vous cause?..

LE CHEVALIER.

Non, je vous assure. (A part.) Il est partout!

LE BARON, riant.

Eh! eh!.. c'est que, voyez-vous, nous autres diplomates, nous sommes un peu cosmopolites... nous avons une existence vagabonde, européenne... nous sommes les Juifs errants de la politique... (Mouvement du chevalier pour sortir.) Oh! ne croyez pas que ce soit comme à Saint-Pétersbourg, où je n'ai jamais pu me trouver seul avec vous... l'impératrice vous aimait tant!.. elle ne pouvait plus vous quitter.

LE CHEVALIER.

Et dites-moi, vous n'avez pas de nouvelles de Saint-Pétersbourg?..

LE BARON.

Si fait... il paraît qu'Elisabeth est devenue triste, inquiète... elle a même pris en haine une jeune fille de son palais, qui cherche en vain à lui échapper.

LE CHEVALIER, à part, essuyant une larme.

Pauvre Eudoxie!.. (Haut.) Adieu, monsieur le baron...

LE BARON.

Mais non... m'en aller sitôt!.. j'ai tant de choses à vous dire!..

LE CHEVALIER, gagnant sa chambre.

Gardez cela pour la baronne, volage.

LE BARON.

Elle n'existe plus...

LE CHEVALIER, revenant vivement.

Grand Dieu!.. que dites-vous?.. (A part.) Ah! je me trahis.

LE BARON.

Elle n'existe plus... pour moi... Oui, à mon retour de Russie, un divorce éclatant...

LE CHEVALIER.

Un divorce!..

LE BARON.

Conséquence forcée d'une infortune conjugale, à laquelle vous ne croirez pas.

LE CHEVALIER.

Si fait, si fait... j'y crois...

LE BARON.

Et que j'ai découverte dans le tiroir d'un secrétaire... sous la forme d'un paquet de lettres, sur papier bleu musqué.

LE CHEVALIER, à part.

Ciel! les miennes!.. (Haut.) Et ces lettres, vous les avez lues?..

LE BARON.

Elle les a brûlées.

LE CHEVALIER, à part.

Ah! je respire.

LE BARON.

Elle avait été plus leste que moi; mais c'était un aveu... je n'en ai pas voulu davantage, pour être sûr de mon fait... Ainsi, tout est fini entre nous... je suis libre, et je viens...

LE CHEVALIER, écoutant.

Baron!.. (A part.) Ciel! j'entends Betzy. (Haut.) Votre présence m'a émue... m'a bouleversée... il faut que je rentre... sortez... sortez.

LE BARON.

Puisque vous le voulez absolument...

Air de la Dugazon.

J'ai ce matin une audience,
Le roi m'attend... mais entre nous,
J'oublirais cette conférence,
Pour demeurer auprès de vous.

LE CHEVALIER.

Pour causer tous les deux ensemble,
Demain vous reviendrez me voir.

LE BARON.

Demain!.. quel bonheur nous rassemble!..

LE CHEVALIER, à part.

Je m'en vais déloger ce soir.

LE BARON.

ENSEMBLE.
{
J'ai ce matin, etc.

LE CHEVALIER

Allez, allez à l'audience ;
Le roi vous attend, et pour vous
C'est une grave conférence :
Ainsi, monsieur, séparons-nous.
}

Adieu!.. par ici... Adieu!

LE BARON.

A demain!.. *(Il sort au fond.)*

LE CHEVALIER.

Eh vite!.. que cette petite Betzy ne me voie pas.
(Il entre dans la chambre, au moment où Betzy reparaît, portant un plateau chargé du déjeuner. Elle le voit entrer, et reste immobile.)

SCÈNE IV.

BETZY, puis SIR HERVEY.

BETZY.

Une femme!.. une femme qui entre chez lui!.. ah! mon Dieu! quel coup ça m'a donné là! *(Elle pose son plateau, et se laisse tomber dans un fauteuil.)* Il ne m'est rien, ce jeune homme, rien du tout... pas la moindre chose... c'est égal, ça me fait de la peine... et puis j'avais des idées!.. Dam! je suis à marier... Il est pauvre, je serai riche... il est noble... mais je suis gentille... ça allait bien ensemble.

SIR HERVEY. *(Il entre mystérieusement par la petite porte par laquelle le chevalier est entré.)*

C'est bien cette petite porte qu'on m'a indiquée...

BETZY.

Son thé sera froid... Eh! bien! tant pis!..

SIR HERVEY, à part.

Cette fois, j'espère que le roi sera content.

BETZY.

Oh! les femmes! les femmes!.. je les déteste.

SIR HERVEY, s'approchant et faisant briller une bourse devant ses yeux.

Et les guinées, les détestes-tu aussi?..

BETZY, se levant vivement.

Hein?.. monsieur, monsieur!.. que voulez-vous?.. par où êtes-vous entré?..

SIR HERVEY.

Par une petite porte qui donne sur la rue, et que quelqu'un a laissée ouverte...

BETZY, à part.

Ah! c'est cette dame, qui n'a même pas le soin... Il y a des femmes qui ne pensent à rien. *(Haut.)* Mais, alors, vous êtes donc un voleur?..

SIR HERVEY, souriant.

Qui se présente, une bourse à la main?.. ce n'est guère probable.

BETZY.
Alors, pourquoi donc m'offrez-vous cette bourse?

SIR HERVEY.
Pour un seul mot.

BETZY.
Je n'ai pas besoin d'argent pour ça... je parle GRATIS.

SIR HERVEY.
Eh bien! dis-moi donc GRATIS, si c'est ici que demeure... (La regardant fixement.) la chevalière d'Eon?..

BETZY.
Hein!.. la chevalière?.. juste comme l'autre... Ah ça! qu'est-ce qu'ils ont donc, ce matin?

SIR HERVEY.
La chevalière d'Eon.

BETZY.
Je ne connais pas.

SIR HERVEY.
Qui donc habite ce logement?

BETZY.
Un jeune homme.

SIR HERVEY.
Un jeune homme?.. tu en es bien sûre?

BETZY.
Tiens! qu'est-ce qu'il a aussi, celui-là?.. Si c'est un homme!.. dam, le moyen de s'y tromper?.. à preuve...

SIR HERVEY.
A preuve?..

BETZY, mystérieusement.
Qu'il reçoit des femmes en secret... là!

SIR HERVEY.
Vraiment?

BETZY.
Il vient d'en entrer une chez lui, je l'ai vue... de mes yeux, vue.

SIR HERVEY, à part.
Un jeune homme?.. en ce cas, il est perdu.

BETZY.
Si monsieur veut lui parler, je vais frapper... oh! je ne crains plus de le déranger.

SIR HERVEY, continuant.
Non! encore un mot...

BETZY.
Toujours gratis.

SIR HERVEY.
Sort-il souvent?

BETZY.
Jamais.

SIR HERVEY.
Tu crois?

BETZY.
Dam! il ne peut pas sortir, sans que je le voie... (Montrant le fond.) Par là

SIR HERVEY, montrant la petite porte.
Mais par celle-ci?..

BETZY.
Qu'est-ce que vous dites là!.. il serait capable!.. Oh! oui... à présent, il est capable de tout,

LE CHEVALIER, du dehors.
Betzy! Betzy!

SIR HERVEY.
Quelqu'un!

BETZY.
C'est lui!

SIR HERVEY.
Chut!

SCÈNE V.

Les Mêmes, LE CHEVALIER, en homme, et portant une robe de chambre.

LE CHEVALIER.
Betzy, mon déjeuner... (Apercevant Sir Hervey.) Ah!

SIR HERVEY, à part.
Que vois-je !.. c'est bien cela.

LE CHEVALIER, à part.
Un étranger !..

SIR HERVEY, saluant.
Mille pardons, monsieur... je parlais à cette jeune fille... et je me retire. (A part.) Je vais rendre compte de ma mission au roi.

BETZY, le suivant.
Mais, monsieur... (Sir Hervey sort.) Eh bien!.. voilà tout ce qu'il a à lui dire ?..

LE CHEVALIER.
Quel est cet inconnu ?..

BETZY.
Eh! mais, je vous le demande.

LE CHEVALIER.
Tu l'as laissé entrer ?..

BETZY.
Il est bien entré tout seul.

LE CHEVALIER.
Pour quoi faire?

BETZY, avec dépit.
Mais... peut-être pour épier cette dame qui est chez vous.

LE CHEVALIER, à part.
Aïe! elle m'a vu... (Haut.) Je te jure, Betzy...

BETZY.
Oh! ne mentez pas, monsieur... je l'ai vue... une grande, laide, avec un mantelet... mais qu'est-ce que ça me fait? est-ce que ça me regarde ?.. est-ce que ce sont mes affaires ?.. vous êtes le maître, vous êtes libre... (Pleurant malgré elle.) C'est affreux à vous !.. quand j'avais des idées qui nous allaient si bien à tous les deux !..

LE CHEVALIER.
Allons, allons, Betzy, quand je te dis... je te donne ma parole...

BETZY.
Votre parole... vraie ?..

LE CHEVALIER.
Oui, que cette femme et moi, c'est absolument comme si j'étais seul... La preuve... tiens! (Il l'embrasse.)

BETZY.
Mais, monsieur...

LE CHEVALIER, l'embrassant une seconde fois.
Tiens !.. tiens !..

Air : De sommeiller encor ma chère.
C'est pour te prouver que personne
N'est dans ma chambre...

BETZY.
    Je n'en crois rien.

LE CHEVALIER, l'embrassant de nouveau.
Plus fort encor... que ça raisonne,
Que cette dame entende bien...
Là! qu'en dis-tu ?..

BETZY.
    Je n'perds pas mémoire ;
J'ai très bien vu...

LE CHEVALIER.
   Recommençons.

BETZY.
Arrêtez donc !.. j'vas finir par vous croire,
Si vous m'donnez d' si bonn's raisons.

LE CHEVALIER, se mettant à table.
Ah! mon déjeuner... c'est gentil... et préparé par toi...
(Pendant qu'il déjeune et parle, Betzy est allée doucement à la porte de la chambre.)

BETZY, écoutant.

C'est drôle, je n'entends rien.   (Elle regarde dans la chambre.)
LE CHEVALIER, à part.

Mais cet inconnu!.. il m'a regardé en souriant... il avait l'air de m'épier!.. Et Lavergne qui ne revient pas!.. Mon Dieu! que c'est long, un exil loin de la France!

BETZY, de même.

Je ne vois rien.

LE CHEVALIER.

Et cet homme qui me poursuivait... Ah! cette surveillance, cet espionnage continuel... Dieu! si l'on découvrait!..

BETZY, qui s'est rapprochée de lui.

Dites donc, est-ce qu'elle s'est envolée?
LE CHEVALIER.

Qui?.. Allons, ne parlons plus de cela... (On entend le bruit d'un fouet au dehors. Il se lève.) Ah! mon Dieu! qu'est-ce encore?

BETZY.

Une voiture.

LE CHEVALIER.

Si c'était Lavergne!.. Oh! oui... Lavergne qui arrive de France... qui m'apporte des nouvelles... la fin de mon exil!..

BETZY.

Ah! je cours l'appeler...

LE CHEVALIER.

Eh vite!..   (La porte s'ouvre, Eudoxie paraît.)

SCÈNE VI.
Les Mêmes, EUDOXIE.

EUDOXIE.

C'est lui!..

LE CHEVALIER.

Ciel!.. Eudoxie!

BETZY, à part.

Encore une!..

EUDOXIE.

Mon ami!.. je vous revois!

LE CHEVALIER.

C'est donc vous, chère Eudoxie!..
BETZY, de même.

En voilà deux, à présent!.. deux femmes!.. ah! c'est trop fort!..
LE CHEVALIER.

Va, laisse-nous...

BETZY.

Il me renvoie, encore!..

LE CHEVALIER.

Laisse-moi... avec ma sœur...

BETZY.

Votre... ah!.. c'est... oh! alors... si c'est sa sœur... mais l'autre qui est là-dedans, est-ce que c'est encore une sœur?.. (Le chevalier la regarde.) Je m'en vais... Sa sœur!.. ah! s'il ne mentait pas... (Il remonte vers elle.) Je m'en vais.   (Elle sort.)

SCÈNE VII.
LE CHEVALIER, EUDOXIE.

LE CHEVALIER.

Enfin, elle est sortie!.. Eudoxie!.. vous ici, à Londres!.. dois-je croire que c'est...

EUDOXIE.

Pour vous?.. ingrat! il en doute encore!..

LE CHEVALIER.

Oh! non, plus maintenant!.. vous avez donc reçu ma lettre?..
EUDOXIE.

Oui... imprudent que vous êtes!.. par l'ambassade de Russie!.. Un peu plus, elle tombait entre les mains de l'impératrice, qui ne m'aurait jamais pardonné... J'étais comme prisonnière; on surveillait mes démarches, je ne pouvais pas même écrire...

LE CHEVALIER.
Air : Ce titre de soldat m'honore.

Ah! je vous plains... dans un tel esclavage,
Contre vos maux, sans force et sans pouvoir,
Que de souffrance!..

EUDOXIE.
Oh! j'avais du courage.

LE CHEVALIER.
Que de tourmens!..

EUDOXIE.
Oh! j'avais de l'espoir.

LE CHEVALIER,
Oui! séparés par la distance,
Nous étions unis par le cœur :
Je vous aimais!..

EUDOXIE.
C'était ma récompense.

LE CHEVALIER.
Vous m'aimiez!..

EUDOXIE.
C'était mon bonheur.

Enfin, grace à ces habits d'homme, qui m'avaient déjà sauvée une fois, j'ai pu tromper la jalousie d'Elisabeth, m'embarquer pour vous rejoindre, et réclamer un nom, un titre, que vous devez à mon amour...

LE CHEVALIER, la serrant dans ses bras.
Ah! c'est trop peu de ma vie entière!.. mais unir son sort à celui d'un malheureux, d'un exilé!

EUDOXIE.
Exilé!..

LE CHEVALIER.
Oui; si je suis en Angleterre, c'est que le reste de l'Europe m'est interdit... Une impératrice, une princesse, une favorite... voilà trois réputations de femme qui me font défense expresse d'être un homme... Et ici, ici même, privé de ma fortune, repoussé par l'ambassade, en butte à des outrages, je ne puis me venger, il faut me taire comme une femme sans appui!.. et les yeux tournés vers la France, vers Paris, je compte les jours, les heures, qui me séparent encore de ma chère patrie!.. (Avec émotion, essuyant ses larmes.) Ah! pardon, Eudoxie, pardon; cette idée me brise le cœur!..

EUDOXIE.
Pauvre chevalier! me voilà pour vous consoler.

LE CHEVALIER.
Oh! oui... chassons ces tristes pensées... j'espère enfin... j'ai envoyé en France, Lavergne; tu sais, mon fidèle Lavergne, pour exciter le zèle de mes amis... je me soumets à toutes les exigences des ministres... qu'ils ordonnent, j'obéirai... je ne demande qu'à revoir mon pays!.. mon pays!

EUDOXIE.
Avec moi?

LE CHEVALIER.
Oui, toi, ma compagne, ma femme chérie, adorée... Si Louis XV... c'est-à-dire, si la favorite pardonne... je dirai adieu à Londres, j'échapperai aux surveillances, aux piéges, aux dangers qui m'entourent... nous partirons ensemble... ensemble, Eudoxie... comme autrefois nous sommes partis du château de la baronne...(Riant.) Vous en souvenez-vous, monsieur?

EUDOXIE, de même.
Oui, madame.

Air de Monpou. (Du 1ᵉʳ acte.)

Enfin, tout chagrin cesse;
Que ce moment est doux!
Amour, bonheur, ivresse,
Je m'abandonne à vous.
Nos cœurs par l'espérance
Furent toujours unis :
Après si longue absence,
Nos malheurs sont finis!
Notre premier voyage,

Charmant pèlerinage,
Du bonheur fut pour nous le présage;
Que l'hymen en devienne le gage!
Désormais, par le plus doux lien,
Unissez votre sort et le mien...
Ah! qu'il est doux de s'entendre si bien!

SCÈNE VIII.
LE CHEVALIER, EUDOXIE, LAVERGNE.

LAVERGNE, en dehors.

C'est bon, c'est bon...

LE CHEVALIER.

Cette voix!.. c'est lui... c'est Lavergne!..

LAVERGNE, entrant.

Ah! mon maître!.. mon bon maître!.. (Il court lui baiser les mains et en se retournant il aperçoit Eudoxie et la salue.) Madame...

LE CHEVALIER.

Eudoxie, c'est Eudoxie qui m'a rejoint... elle a tout bravé... (Très vivement.) Mais d'abord, parle, parle vite!.. qu'as-tu à m'annoncer?.. puis-je rentrer en France?..

LAVERGNE.

Oui, monsieur.

EUDOXIE.

Quel bonheur!..

LE CHEVALIER.

Il se pourrait!.. oh! j'en mourrai de joie!.. Eudoxie, Lavergne, mes amis! je reverrai la France... que je vous embrasse!..

LAVERGNE.

Ne vous dépêchez pas trop, monsieur... il y a des conditions.

EUDOXIE.

Ah!.. il me fait peur.

LE CHEVALIER.

Et que m'importe?.. si je suis libre...

LAVERGNE.

De revenir à Paris, à Versailles, à la cour... mais d'une certaine façon.

LE CHEVALIER.

Que veux-tu dire?

LAVERGNE.

Comme vous y avez paru pour la première fois, à ce bal.

LE CHEVALIER.

En femme!

EUDOXIE.

Ah! mon Dieu!

LAVERGNE.

Voici la permission, approuvée par le Roi, signée par le lieutenant de police.

EUDOXIE.

En femme!

LAVERGNE.

Et le moyen de faire autrement?.. la cour de Russie est tenace en diable sur cet article-là... et puis, on vous a tant appelé dans les gazettes, les brochures et les notes diplomatiques, Mme la chevalière d'Eon!.. il n'y a plus qu'une voix sur votre compte.

LE CHEVALIER, furieux.

Mais c'est une indignité! une infamie!.. condamné à être femme! à perpétuité!.. et tout cela, pour une plaisanterie de carnaval et une fantaisie d'impératrice!..

EUDOXIE.

Et votre nom, ce nom dont j'étais fière d'avance et qui devait justifier mon amour, mon imprudence!..

LE CHEVALIER.

Oui! ce nom, quel est-il, maintenant?.. Eudoxie, vous pleurez!

EUDOXIE.

Et mon mariage, il est impossible!

LE CHEVALIER.

En France, du moins!

LAVERGNE.

Et en Allemagne.

EUDOXIE.

Et en Russie.

LE CHEVALIER.

Ah! c'en est trop! toute l'Europe est liguée contre moi! je suis perdu!

SCÈNE IX.
LES MÊMES, BETZY.

BETZY, qui a entendu les derniers mots.

Perdu! perdu! vous!.. qui a dit cela?

LE CHEVALIER.

Betzy, que nous veux-tu?

BETZY.

C'est qu'il y a en bas des gens de vilaine figure qui vous demandent encore; j'ai dit que vous n'y étiez pas.

LE CHEVALIER.

Et tu as bien fait.

BETZY.

Perdu! vous, monsieur le chevalier!.. vous courez des dangers, et je n'en savais rien!.. et vous vous défiez de moi!.. de moi!

LE CHEVALIER.

Pauvre enfant!

BETZY.

Ah! c'est bien mal.

Air de Téniers.

Moi qui, toujours bonne et fidèle,
Vous montrais tant de dévoûment!..

LE CHEVALIER.

Et je compte encor sur ton zèle :
J'en ai besoin en ce moment.

BETZY.

Parlez, parlez, qui vous arrête?..
(Regardant Eudoxie.) Ah! quel que soit votre secret,
(Baissant les yeux.) Vous savez bien que je suis prête
A vous servir sans intérêt.

LE CHEVALIER.

Eh bien! oui, tu m'aideras à me sauver; et d'abord, puisque je ne puis rentrer en France sans renoncer à être heureux...(Il serre la main d'Eudoxie.) je reste en Angleterre.

EUDOXIE.

Il serait vrai!

LAVERGNE.

Vous, monsieur!

BETZY.

Mais, certainement.

LE CHEVALIER.

Oui, je reste; non pas à Londres... je quitte cet hôtel à l'instant même.

BETZY.

Cet hôtel?.. comment! vous nous quittez?

LE CHEVALIER.

Tu sais bien que je suis découvert. (A Eudoxie.) On m'a suivi... (A Betzy.) Et ce matin encore une mauvaise figure...

BETZY.

Ce sont des espions...

LE CHEVALIER.

Qu'il faut dépister.

EUDOXIE.

Partons, partons!

LAVERGNE.

Je vais chercher une voiture.

LE CHEVALIER.

Un instant... d'abord, ma toilette.

BETZY.

Oui, là... je vais chercher...

LE CHEVALIER, la retenant.

Non, non... (Bas à Lavergne.) Je ne puis sortir en homme sans être pour-

suivi, arrêté... Mes vêtemens de femme. (A Eudoxie.) Vous, Eudoxie, restez.
        BETZY.
Oui, restons.
      LE CHEVALIER, à Betzy.
Toi... ici, à cette porte. (Elle y court.) En dehors.
        BETZY.
En dehors?..
       LE CHEVALIER.
Pour faire sentinelle... il le faut, tu m'as promis.
        BETZY.
Oui, c'est juste... (Regardant Eudoxie.) On me renvoie toujours... allons, je vais faire sentinelle.   (Elle sort au fond.)
    LAVERGNE, rentrant avec la robe.
Voilà, monsieur, voilà.
     BETZY, rouvrant la porte.
Dites donc, dépêchez-vous.
       LE CHEVALIER.
Bon, bon! (Otant et jetant sa robe de chambre.) Ma robe?.. dépêche-toi. (A Eudoxie.) Vous ne voulez pas m'aider?.. à charge de revanche.
        EUDOXIE.
Au fait, il vous faut bien une femme de chambre. (Eudoxie lui aide à s'habiller.)
       LE CHEVALIER.
Oh! merci, merci!.. Lavergne, mes souliers de satin. (Lavergne met les souliers.) Lavergne, mon bonnet, vite mon bonnet!
        LAVERGNE.
Patience donc, monsieur!.. je ne puis pas aller comme cela des pieds à la tête.   LE CHEVALIER, à Eudoxie.
Oh! que vous êtes bonne!.. cette jolie main, que je la baise mille fois.
        EUDOXIE.
Finissez donc, monsieur... je ne puis rien faire, si vous me tenez les mains.   LE CHEVALIER.
C'est juste... il y a temps pour tout.
     Air de la Cachucha.
      ENSEMBLE.
   Allons, hâtons-nous;
   Car le danger nous presse!
   Pour les tromper tous,
   Il faut user d'adresse.
    LE CHEVALIER.
   Quel artifice!
   Qu'il est doux de tromper
   Cette police,
   Qui voudrait m'attraper!
    LAVERGNE.
   Restez, madame,
   Restez en place ici...
    EUDOXIE.
   Vous êtes femme.
  LE CHEVALIER, lui baisant la main.
   Voilà mon démenti.
   Allons, hâtons-nous, etc.
  (L'orchestre continue. On frappe à la porte du fond.)
       LAVERGNE.
On frappe!
       EUDOXIE.
Qui peut venir?
      LE CHEVALIER.
Silence!
     LE BARON, au dehors.
Ouvrez, ouvrez.
     BETZY, en dehors
Mais non, on n'entre pas!
     LE BARON, en dehors.
Si fait, ouvrez.
      LE CHEVALIER.
Le baron!.. il n'y a rien à craindre.

EUDOXIE.

S'il me voit?..

LE CHEVALIER.

Le moyen qu'il vous reconnaisse?.. mais c'est égal... dans cette chambre ! (Il lui baise la main et la fait sortir. A Lavergne.) Vite, mon éventail. (On frappe plus fort.) Ouvre. (Lavergne ouvre la porte du fond.)

SCÈNE X.
LE BARON, LE CHEVALIER, BETZY, LAVERGNE.

BETZY, entrant, au baron.

Mais quand je vous répète...

LE BARON, entrant vivement.

Ah !.. j'accours en toute hâte, pour vous dire... pour vous apprendre...

BETZY.

Monsieur est entré malgré moi... je ne voulais pas, je... (Se trouvant en face du chevalier.) Ah! bah! vous!.. (Lavergne la pince.) Ah !

LE BARON.

Hein?..

LAVERGNE.

Monsieur?..

LE CHEVALIER.

Achevez, M. le baron... que voulez-vous dire?

LE BARON.

M'y voilà, madame.

BETZY.

Madame!.. (Lavergne la pince.) Oh !

LE BARON.

J'étais à Saint-James, dans le cabinet du roi, pour une conférence, quand un seigneur d'assez triste mine... police secrète, à ce qu'il paraît... est entré vivement et a parlé bas à sa majesté.

LE CHEVALIER.

Ah! oui... air en dessous... un peu niais...

LE BARON.

Juste... on les prend comme ça, pour dérouter.

LE CHEVALIER, bas à Lavergne.

La visite de ce matin.

LAVERGNE, à part.

Ciel !

BETZY.

Ah! ce gros... il avait une vilaine figure.

LE BARON.

Sur quelques mots qu'il lui a dits, le roi s'est mis dans une fureur...

LE CHEVALIER.

Vous m'effrayez !

LE BARON.

Et moi! je tremblais de tous mes membres... Je ne vois jamais un monarque s'emporter, sans avoir peur...à cause des contre-coups...Heureusement, la colère rend indiscret, j'ai bien vite compris qu'il s'agissait de vous.

LE CHEVALIER.

De moi?

BETZY.

De mons... (Lavergne la pince.) Oh ! (Se reprenant.) De madame?

LE BARON.

Oui, de votre intimité, de vos relations fréquentes... avec une haute et puissante dame.

LE CHEVALIER.

Oh! silence, monsieur, silence !

LE BARON.

Et pourquoi?.. cette dame ne pouvait mieux choisir une amie... rien de plus naturel... mais le roi, qui sait vos visites au palais, l'a entendu autrement... voilà le fruit de vos déguisemens à la cour de Russie !

LE CHEVALIER.

Achevez donc... Le roi?

LE BARON.

Il veut absolument que vous soyez... un homme...

LAVERGNE, à part.

Nous voilà bien !..

BETZY.
Un homme!.. eh! mais... (Lavergne la pince.) Mais est-il méchant, donc!
LE CHEVALIER.
Un homme!.. quelle idée!.. je ne puis comprendre...
LE BARON.
Cela n'a pas le sens commun... Alors, je me suis avancé, et j'ai soutenu ferme que vous étiez une femme... morbleu!
LE CHEVALIER.
Vous avez bien fait, morbl... (Lavergne le pousse.) Vous avez bien fait.
LE BARON.
J'ai même parié deux cents guinées contre le marquis de Welesley, qui venait d'entrer, et à qui le roi, toujours hors de lui, ordonnait que vous fussiez cette nuit, cette nuit même, jetée sur un vaisseau de l'état, qui part pour Botany-Bay.
LE CHEVALIER.
Moi!..
EUDOXIE, en dehors.
Ah!
LE BARON.
Hein?.. qu'est-ce?.. un cri?
LE CHEVALIER.
Un cri?
LAVERGNE.
Je n'ai pas entendu.
BETZY, vivement.
C'est moi, c'est moi!.. (Le chevalier lui serre la main.)
LE CHEVALIER, bas.
Va vite... là.
BETZY, le regardant.
Oui, oui... Une femme!.. et mes idées?... oh! ce serait dommage.
(Elle entre dans la chambre.)

SCENE XI.
LE BARON, LE CHEVALIER, LAVERGNE.
LE CHEVALIER, au baron.
Enfin?..
LE BARON.
Mon assurance a un peu calmé sa majesté... Eh bien! s'est-elle écriée, si c'est une femme, j'en veux avoir la preuve aujourd'hui...
LAVERGNE, à part.
Miséricorde!
LE CHEVALIER.
Et... cette preuve...
LE BARON.
Rassurez-vous... cette preuve, c'est que ce soir même, à huit heures, madame la chevalière d'Eon se présentera à la chapelle Saint-James, avec un époux de son choix, pour être mariée.
LE CHEVALIER.
Mariée!..
LAVERGNE.
Mariée!..
LE BARON.
Sinon, à Botany-Bay.
LE CHEVALIER.
Un mari!..
LAVERGNE.
Trouver un mari dans une heure!.. c'est difficile.
LE CHEVALIER.
C'est impossible.
LE BARON.
C'est ce que le roi a dit... Eh bien! sire, lui ai-je alors répliqué, eh bien! ce mari... il est trouvé.
LAVERGNE.
Ah bah!
LE BARON.
Jeune encore, riche, aimable, spirituel,...
LE CHEVALIER.
Je n'y suis plus.

LE BARON.

Et ce mari... c'est moi !

LE CHEVALIER.

Vous ?

LAVERGNE.

Lui !.. Voilà le bouquet !.. (Ils se détournent pour rire.)

LE BARON.

Oui, moi... qui me venge de la baronne et de ces Anglais, dont les railleries m'ont piqué au vif... j'épouse une femme charmante.

LE CHEVALIER.

Merci.

LAVERGNE, à part.

Il n'y a pas de quoi.

LE BARON.

Qu'en dites-vous ?

LE CHEVALIER.

Je dis... (A part.) Soyez donc baron prussien... (Haut.) Je dis que pour l'instant, je me sauve... c'est plus sûr... Eh vite ! Lavergne, une voiture, des chevaux de poste !..

LAVERGNE.

Je cours, à l'instant...

LE BARON.

Je partage votre sort. (Ils vont sortir.)

SCÈNE XII.

Les Mêmes, Sir Hervey.

SIR HERVEY, paraît à la porte du fond.

Au nom du roi !

LAVERGNE, s'arrêtant près de la porte dérobée par laquelle il allait sortir.

Du roi !..

LE CHEVALIER, à part.

Il est trop tard !

LE BARON.

Juste !.. c'est notre homme.

SIR HERVEY.

Je dérange quelqu'un ?..

LE CHEVALIER.

En effet... j'allais sortir... veuillez m'excuser... on m'attend.

SIR HERVEY, le retenant.

Désolé... Cette transformation est assez singulière... ce matin en homme...

LE CHEVALIER.

Oh ! un caprice... cela m'arrive souvent.

LE BARON.

Comme en Russie.

LE CHEVALIER.

Mais, permettez. (Il va pour sortir.)

SIR HERVEY, le retenant encore.

De grace !.. (A part.) Voilà qui me déroute un peu.

LE BARON.

Je faisais part à Mme la chevalière d'Eon des intentions de sa majesté... elle est prête à se rendre au palais, avec moi, son mari.

SIR HERVEY.

Vous ?..

LE CHEVALIER, vivement.

Mais non, mais cela ne se peut pas !

LE BARON.

Ah ! madame !..

SIR HERVEY, à part.

Cela ne se peut pas !.. j'en étais sûr... forçons-le à se trahir.

LAVERGNE, bas au chevalier.

Prenez garde !

SIR HERVEY.

Ce mariage se fera... je serais fâché qu'il ne se fît pas, pour mettre un terme à des bruits, scandaleux peut-être.

LE CHEVALIER.

Ah ! je suis sur les épines !

LE BARON.

Qu'entendez-vous par là ?..

SIR HERVEY, avec ironie.

Assurément !.. on ne dira plus que madame n'est qu'un homme, dont l'épée est tombée en quenouille.

LE CHEVALIER.

Monsieur !.. (A part.) Si le baron n'était pas là !..

LAVERGNE, bas.

Contenez-vous.

LE BARON, riant.

Ah ! ah ! ah ! pari perdu.

SIR HERVEY, riant aussi.

En effet, il y aurait honte et lâcheté à se cacher sous une robe de femme.

LE CHEVALIER.

Monsieur !.. (Lavergne tousse. — A part.) Ah ! la main me démange !

LE BARON, riant.

Ah ! ah ! ah ! allez toujours.

SIR HERVEY, à part.

Ses yeux brillent de colère !.. ferme ! il n'y a pas de danger !.. (Haut.) Il est vrai qu'on peut prêter à bien des propos, lorsque pour les uns, on n'est qu'un intrigant, et pour les autres, une aventurière.

LE CHEVALIER éclatant.

Monsieur !..   (Lavergne le retient.)

LE BARON, cessant de rire.

Anglais ! c'en est trop !.. ce n'est plus une plaisanterie... vous insultez madame, et vous m'en rendrez raison !

SIR HERVEY.

Hein ? plaît-il ? vous avez du courage... pour deux ?

LE BARON, avec colère.

Insolent !..

LE CHEVALIER, hors de lui et s'élançant entre eux.

Baron !.. baron !.. silence, de grace !.. c'est à moi que monsieur aura affaire.

LE BARON.

A vous ?..

LAVERGNE, à part.

Que dit-il ?..

SIR HERVEY.

Allons donc !.. vous avouez, enfin, que vous êtes un homme ?..

LE CHEVALIER.

Homme ou femme... j'aurai raison de vos insultes... ici, à l'instant même... L'épée à la main, monsieur, l'épée à la main !..   (Lavergne le retient.)

SIR HERVEY.

Je ne me bats pas avec une femme.

LE CHEVALIER.

Eh !.. que vous importe !..

Air : Patrie, honneur.

D'un double sexe empruntant le pouvoir,
Je puis porter une double couronne :
Par le plaisir, je règne en un boudoir,
Mais en champ-clos, je suis une amazône...
Et femme alors, si l'on m'ose outrager,
Je redeviens homme pour me venger !   (Arrachant l'épée du baron.)

Donnez, baron, donnez.

LE BARON.

Ah ça ! mais... Quelle tête !.. quelle tête !..

SIR HERVEY, troublé.

Qu'est-ce que cela veut dire ?..

LE CHEVALIER.

En garde, mon petit gentilhomme !..

SIR HERVEY, forcé de tirer son épée.

Comment... vous me forcez...

LE CHEVALIER.

En garde !..   (Ils croisent le fer.)

LE BARON.

Bravo !.. bravo !..

LAVERGNE, à part.

Il se perd !..

SCÈNE XIII.
Les Mêmes, BETZY.

BETZY, *entrant et poussant un cri.*

Ah!.. ah! mon Dieu!.. ils vont se tuer tous les deux!

(*Le chevalier fait sauter l'épée de Sir Hervey.*)

LE CHEVALIER, *à son adversaire.*

Vos jours sont à moi!

LE BARON, *triomphant.*

Voilà la femme qu'il me fallait!..

SIR HERVEY, *ramassant son épée.*

Au diable!.. c'est un homme... L'ordre de sa majesté est précis... et puisque Mme la chevalière d'Eon ne peut présenter un mari...

SCÈNE XIV.
Les Mêmes, EUDOXIE.

EUDOXIE, *en homme.*

Vous vous trompez, monsieur.

SIR HERVEY.

Que vois-je?..

LE CHEVALIER.

Ciel!..

LAVERGNE.

Comment, mademoi... (*Betzy le pince.*) Oh!..

BETZY.

A mon tour.

EUDOXIE, *à sir Hervey.*

Monsieur, puisque l'amour qui nous unit ne peut rester secret...

LE CHEVALIER.

Puisqu'il n'y a pas moyen de s'adorer sans passer par la chapelle du roi...

EUDOXIE.

Faites votre devoir... L'aumônier nous attend... avant notre départ pour la France.

LE CHEVALIER.

Cette nuit même.

LE BARON, *examinant Eudoxie.*

Tiens!.. tiens!.. j'ai vu cette figure-là quelque part.

LE CHEVALIER.

En Prusse... mon compagnon de voyage...

LE BARON.

Ah! je comprends... Le gaillard!.. (*A sir Hervey.*) Deux cents lieues ensemble...

SIR HERVEY.

Est-ce que le roi se trompait?..

BETZY, *bas au chevalier.*

Votre sœur!.. vous mentiez encore!.. (*Mouvement du chevalier.*) Mais je suis contente.

LE BARON.

Je gagne mon pari... ça console.

LE CHEVALIER.

Allons, puisque l'Europe entière le veut, je serai femme pour tout le monde... excepté pour mon mari.

BETZY.

C'est égal... voilà un mari qui est bien heureux.

LAVERGNE.

Et après ça... écrivez donc l'histoire!..

CHŒUR FINAL.

Air final du Chevreuil.

Allons à la chapelle,
Pour combler tous nos/leurs vœux
L'ordre qui nous/les appelle
Va faire deux heureux.

FIN.

VIVE LE GALOP!

FOLIE-VAUDEVILLE EN UN ACTE,

PAR

MM. COGNIARD, LUBIZE et ALEXIS DECOMBEROUSSE.

REPRÉSENTÉE POUR LA PREMIÈRE FOIS, A PARIS, SUR LE THÉATRE DES FOLIES-DRAMATIQUES, LE 7 FÉVRIER 1837.

Oh! ne fais pas ce geste-là, ma chère; c'est tout-à-fait cancan. (SCÈNE I.)

PARIS,
NOBIS, ÉDITEUR, RUE DU CAIRE, N° 5.

1837.

Personnages. *Acteurs.*

VALENTIN, bonnetier. MM. NEUVILLE.
GIBOULOT, employé à la caisse d'épargne. PALAISEAU.
BIDOIS, artiste d'une théâtre de la banlieue. MILET.
ANACHARSIS, rapin. BELMONT.
Mme LEDOUX, lingère. Mmes DUMAS.
FOEDORA.   ⎫   AMANT.
AMÉNAIDE, ⎬ demoiselles lingères.   DELILLE.
PHRASIE,   ⎭   ERNESTINE.
   AUGUSTINE.
JUSTINE, domestique de Mme Ledoux. CÉSARINE.
JEUNES GENS, DEMOISELLES DÉGUISÉS.

La scène se passe à Paris, chez Mme Ledoux

J.-R. MEVREL, Passage du Caire, 54.

VIVE LE GALOP!

FOLIE-VAUDEVILLE EN UN ACTE.

Un magasin de lingerie ; porte au fond, et vitrage sur la rue ; portes latérales. Un comptoir, une table, des cartons.

SCÈNE I.

FOEDORA, AMÉNAIDE, PHRASIE, autres Demoiselles de boutique.

(Au lever du rideau, Fœdora montre le galop à Amenaïde. Toutes les autres jeunes filles sont à l'ouvrage.

CHOEUR.

AIR : Au plaisir, à la folie. (DE ZAMPA.)

A la danse, à la folie,
Ne pouvoir s'abandonner,
Non, jamais dans cette vie
Rien ne peut tant chagriner.

FOEDORA, galopant avec Amenaïde.

Allons donc, ma chère, plus vivement...tu es lourde comme du plomb

AMÉNAIDE, galopant.

Ah! dame, c'est que ça épouffe!

FOEDORA, id.

C'est là le charme... mais donne-toi donc des graces ?

AMÉNAIDE, id.

Ah! des graces... c'est pas là l'embarrassant; tiens, en v'là des graces...

FOEDORA, id.

Oh! ne fais pas ce geste-là, ma chère; c'est tout à fait cancan. Une femme ne doit aller que jusqu'à la Saint-Simonienne.

AMÉNAIDE, s'arrêtant.

Ah! bon, assez... laissez-moi reprendre haleine... je suis sûre que je suis poupe!

PHRASIE, à Fœdora.

D'ailleurs, à quoi ça lui servira-t-il, puisque ta tante, Mme Ledoux, nous défend positivement d'aller au bal... nous qui avions préparé de si jolis costumes.

FOEDORA.

Hélas, oui.

AMÉNAIDE.

Nous empêcher de danser!.. c'est une injustice, ça... criante!

Air : J'en guette un petit de mon âge.

Matin et soir faire des points arrière,
A travailler s'donner des tours de reins;
Et ne pouvoir un p'tit brin se distraire,
C'est d' l'arbitrage, et tout haut, je m'en plains.
Des mains des bras, tout' la s'maine on s' démanche,
C'est bien le moins, pour se reposer
Que de ses jamb's, on puisse disposer,
  Les jours de fête et le dimanche. (bis.)

FOEDORA.

Ce pauvre Giboulot qui était si joyeux de me mener au bal, et qui devait me faire cadeau d'un petit fichu pour compléter mon costume.

AMÉNAIDE.

Et bien et moi donc, mon Bidois, comme ça va le faire rager... c'est lui qui m'aurait fait danser... un jeune élève de M. Seveste... ça danse joliment.

PHRASIE.

Un jeune élève, un jeune élève! ton Bidois commence à se grimer... il y a long-temps qu'il est majeur.

AMÉNAIDE.

Qu'est-ce que ça fait?..ça n'en est pas moins un jeune élève... il y en a chez M. Seveste qui ont 50 ans, c'est tout de même des jeunes élèves... d'ailleurs, c'est sur l'affiche.

FOEDORA.

Ah! du moment que c'est sur l'affiche, ça suffit; d'ailleurs, Bidois te sera utile, si tu t'adonnes à la comédie, comme tu le désires.

AMÉNAIDE.

Il m'a déjà fait jouer à Chantereine dans les Enfans d'Édouard. J'ai été pas mal; et dire que je ne danserai pas ce soir avec lui...

FOEDORA.

C'est qu'ils comptent sur nous.

PHRASIE.

Oh! ils n'y comptent plus, ce matin j'ai rencontré mon petit Anacharsis qui sortait de son atelier de peinture, et je l'ai prévenu de tout.

FOEDORA.

Voulez-vous m'en croire? employons encore les supplications auprès de ma tante.

AMÉNAIDE.

C'est ça, suppliquons-là une seconde fois; qui sait? et en attendant une petite leçon encore.

FOEDORA.

Volontiers... et rappelle-toi ce que je t'ai dit... suis la mesure, et ne va pas par saccade... (Elles commencent à galoper.) Tra la, la, la, la, la, la, la.

(Mme Ledoux entre.)

SCÈNE II.

Les Mêmes, Mme LEDOUX.

Mme LEDOUX.

Très bien, mesdemoiselles, très bien... ne vous gênez pas.

FOEDORA et AMÉNAIDE.

Oh! la, la... (Elles reprennent vivement leurs places.)

Mme LEDOUX.

Qu'est-ce que ça signifie? dans l'arrière-boutique, quand le magasin est encore ouvert?

FOEDORA.

Oh! ma tante, si vous vouliez, ce ne serait plus dans l'arrière-boutique que nous galoperions...

Mme LEDOUX.

Je vous l'ai déjà dit... c'est impossible! (A part sur le devant de la scène.) Galoper! galoper!... j'aurai donc toujours ce mot attrayant dans les oreilles, et cette danse délirante sous les yeux... galop séduisant, tu me lutineras donc continuellement... je t'aurais donc sans cesse dans ma tête, dans mes rêves, dans ma boutique, et jusqu'aux heures de mes repas!.. vampire! Maudit Opéra, pourquoi suis-je allée voir ton galop de Gustave... qui a révolutionné toute mon imagination... et dire que certaines dames de la société y ont participé... on m'avait fait espérer ce même bonheur... mais je n'ose plus plus y compter. (Haut.) Dites-moi, mesdemoiselles, n'est-il rien venu pour moi?

PHRASIE.

Non, madame.

Mme LEDOUX, à part.

Rien, rien encore! on m'aura oubliée!

JUSTINE, accourant.

Madame... madame, une lettre pour vous.

Mme LEDOUX.

Ah! donnez... (A part.) Enfin!

AMÉNAIDE, aux demoiselles.

Il paraît que c'est une bonne nouvelle... elle est toute écarlate.

Mme LEDOUX, lisant à voix basse.

« Trouvez-vous dans la petite voûte du passage de l'Opéra, du côté de » la rue Grange-Batelière, à dix heures. Quel bonheur! « On fera tout » pour vous procurer le plaisir que vous vous promettez. » C'est à ne devenir folle de joie! mais monsieur Valentin voudra-t-il consentir? oh! oui! pauvre cher homme; il n'a pas plus de volonté qu'un pigeon!.. (Haut à sa nièce.) Ma chère Fœdora!

FOEDORA, se levant.

Ma tante? (A part.) Elle se radoucit.

Mme LEDOUX.

Je suis forcée de sortir ce soir... peut-être même rentrerai-je fort tard;

une amie malade réclame mes soins... j'espère qu'en mon absence, tout ira bien, malgré la petite contrariété que je vous ai causée...
FOEDORA.
Oh! ma bonne petite tante, ce n'est pas votre dernier mot...
TOUTES, se levant.
Oh! madame... madame...
Mme LEDOUX.
C'est inutile; y pensez-vous? un bal masqué, avec des jeunes gens?.. et les mœurs? ce serait vous perdre.
PHRASIE.
Mais madame, on s'amuse, et on ne se perd pas pour ça!
AMÉNAIDE.
D'ailleurs nous sommes assez grandes pour nous retrouver.
Mme LEDOUX.
Assez, mesdemoiselles, assez... Voyons, mes enfans, quittez cette mine boudeuse. C'est un sentiment tout maternel qui me dirige; et pour vous consoler, je vais vous faire apporter du cidre et des marrons... Justine, allez-y tout de suite.
JUSTINE.
Oui, madame.
AMÉNAÏDE.
C'est bien maigre pour un jour gras.
JUSTINE.
Ah! voilà M. Valentin.   (Elle sort.)

SCÈNE III.
Les Mêmes, M. VALENTIN.
LES DEMOISELLES.
Bonjour, M. Valentin! bonjour, M. Valentin!
VALENTIN.
Mesdemoiselles, je vous salue. (A Mme Ledoux.) Belle dame, je vous présente mes hommages.
Mme LEDOUX.
Bonjour, M. Valentin. (A demi-voix.) Je vous attendais...
VALENTIN, bas.
Vous m'attendiez!.. eh! quoi, charmante lingère? serait-ce aujourd'hui que vous m'accorderiez enfin ce petit souper après lequel je soupire depuis si long-temps!
Mme LEDOUX, l'amenant sur le devant de la scène.
Parlez plus bas!.. eh bien! oui, aujourd'hui, peut-être?..
VALENTIN.
Vrai?.. ah! quel mot enchanteur!.. vous le savez, belle dame, mes intentions ne sont pas illégitimes... J'ai vécu vingt-cinq ans dans le coton et dans la ouate, je suis veuf sans enfans, je n'ai qu'un filleul, un drôle que j'ai chassé de chez moi... je me trouve à la tête d'une aisance présentable; j'ai l'honneur d'être bonnetier breveté de son altesse le prince de Hohenzollern... et président d'un comité de bienfaisance... mais à ces dignités, à ce bonheur, il manque une compagne douce, aimable, ni trop jeune ni trop mûre... et si vous consentiez...
Mme LEDOUX.
Oh! ne parlons pas aujourd'hui d'affaires sérieuses... M. Valentin, êtes-vous capable pour moi d'un dévoûment sans bornes, de fouler aux pieds des préjugés mesquins.
VALENTIN.
Belle dame, pourvu qu'il ne s'agisse pas de changer mes idées politiques?
Mme LEDOUX.
Eh qui vous parle de cela... vous êtes plus heureux que vous ne méritez, fripon!
VALENTIN.
Qu'est-ce donc? vous me faites griller?
Mme LEDOUX, avec le plus grand mystère.
Apprenez, petit gâté, que vous passerez avec moi toute la soirée... et... une partie de la nuit.
VALENTIN, transporté.
Une partie de la nuit! seuls, ici... en tête-à-tête?

Mme LEDOUX.

Non, mais, au sein des plaisirs les plus entraînans, au milieu d'une fête brillante, d'un bal magnifique...

VALENTIN, très haut.

Au bal!.. moi, au bal!..

LES DEMOISELLES.

Au bal!

PHRASIE.

Comment, madame, c'est au bal que vous allez?

Mme LEDOUX, bas à Valentin.

Vous avez fait de jolies choses!.. (Haut.) Eh bien! oui, mesdemoiselles, je vais au bal, mais non pas dans un but pernicieux et évaporé... j'y vais moralement, au profit des orphelins de l'arrondissement, entraînée par M. Valentin, qui m'a fait nommer dame patronesse. (Bas à Valentin.) Dites comme moi, ou je ne vous revois de ma vie.

AMÉNAIDE.

Grande dissimulée, va!

Mme LEDOUX.

Air du Piége.

Moi, je ne vais pas m'amuser,
Vous le savez, je déteste la danse,
Mais je ne pouvais refuser,
C'est un acte de bienfaisance.
Tout ce fracas d'avance me fait peur,
Mais à ce bal, pour moi, sans aucun charme,
J'aurai, du moins, l'espoir consolateur
A chaque pas d'essuyer une larme. (bis.)

AMÉNAIDE.

Une larme!.. c'est-à-dire, qu'elle s'essuiera le front.

VALENTIN, bas à Mme Ledoux.

Mais, madame, songez donc au caractère dont je suis revêtu... il m'est impossible...

Mme LEDOUX.

Voulez-vous me voir mes crampes d'estomac?..

VALENTIN.

Non, non!

Mme LEDOUX.

Ingrat... quand nous devons revenir ici, où j'ai préparé moi-même le plus joli petit souper...

VALENTIN.

Oh! alors, je ne résiste plus!

Mme LEDOUX.

Vous n'en abuserez pas, Valentin?

VALENTIN.

Pouvez-vous penser!.. (Il veut lui baiser la main.)

Mme LEDOUX, retirant sa main.

Imprudent! on a les yeux sur nous.

JUSTINE, entrant.

Voici le cidre et les marrons.

Mme LEDOUX, à Justine.

C'est bien... fermez le magasin. (A Valentin.) Je vais me préparer.

VALENTIN.

Dans un quart-d'heure, je viendrai vous prendre.

ENSEMBLE.

Air des Puritains.

Mme LEDOUX.	LES DEMOISELLES.
Quelle charmante soirée!	Ah! quelle triste soirée,
De plaisir je vais m'trouver mal!	En vérité, ça fait mal!
Je me sens l'ame enivrée,	Elle vient faire la sucrée,
Quel plaisir je vais trouver au bal!	Et sans nous, va s'amuser au bal.

VALENTIN.

Ah! quelle triste soirée!
A ma gravité, ça va mal,
Mais j'aurai l'ame énivrée,
Quand ici nous reviendrons du bal.

Mme LEDOUX, bas à Valentin.
Valentin, de vous je suis ravie,
Tous les deux allons-nous galoper!
VALENTIN.
Mais surtout n'allez pas, chère amie,
Oublier notre petit souper.
REPRISE DU CHOEUR.
(Valentin sort, Mme Ledoux rentre dans sa chambre; Justine a fermé le magasin.)

SCÈNE IV.
FOEDORA, AMENAIDE, PHRASIE, LES DEMOISELLES.

FOEDORA.
Et nous, il va falloir nous coucher!.. allons, mesdemoiselles, buvons du cidre et mangeons des marrons.
AMÉNAIDE, prenant des marrons.
Oh! comme ils sont bouillans!
PHRASIE.
Ils sont comme nous, ils brûlent et ils fument!
FOEDORA.
Je suis sûre que nos amoureux vont accourir.
PHRASIE.
Pourvu qu'ils ne viennent pas avant que madame ne soit partie.
FOEDORA.
Mais après il sera trop tard; nous ne pourrons pas les recevoir.
PHRASIE.
Pourquoi ça?
AMÉNAIDE.
Parce que ce sera une heure imbue? qu'est-ce que ça fait.
FOEDORA.
Mais on pourrait les voir entrer.
PHRASIE ET AMÉNAIDE.
Tiens, tant pire!
FOEDORA.
Air : Oui je promets.
Les recevoir, je crois, ce serait mal,
Ah! de ma tant' redoutons la colère,
Seul's avec eux ce s'rait fort peu moral;
Et l'on pourrait jaser!
AMÉNAIDE.
Et qu'importe, ma chère;
Lorsque l'on est dans l'âge du plaisir,
Doit-on jamais raisonner de la sorte,
Un' femm', dis-moi, peut-ell' ne pas ouvrir,
Lorsque l'amour vient frapper à sa porte. (bis.)
FOEDORA.
Au fait, c'est vrai, tu as raison.
.(On entend frapper à la porte.)
AMÉNAIDE.
Tiens! justement, on frappe... comme je vous le disais, c'est sans doute l'amour.
PHRASIE.
Si c'est l'amour, ouvre donc vite... tu vas le laisser refroidir.

SCÈNE V.
LES MÊMES, GIBOULOT.

FOEDORA, allant ouvrir.
Ah! c'est Giboulot.
GIBOULOT.
Bonjour, mes petites chattes, mes houris, mes bacchantes... eh bien! ça va-t-il? dansons-nous? valsons-nous? galopons-nous? faisons-nous les noces de Gamaches?
FOEDORA.
Rien du tout; ma tante a été inflexible.
GIBOULOT.
Vrai?.. eh bien! ça n'y fera ni chaud, ni froid! nous rirons, soyez tran-

quilles, je ne vous dis que ça... avec de jolis garçons comme nous, il y toujours de la ressource : Anacharsis et Bidois marchent sur mes talons.

FOEDORA.

Vous avez donc décidé quelque chose avec ces messieurs ?

PHRASIE.

Qu'est-ce que c'est ?

GIBOULOT.

Moi, je n'ai rien décidé, je ne décide jamais rien, c'est Bidois qui se mêle de ça, il vous contera ça... il m'a seulement chargé de vous dire de préparer toujours vos costumes.

AMÉNAIDE.

Mais puisque madame ne veut pas ?..

GIBOULOT.

Qu'est-ce que ça fait, préparez toujours... (Il souffle dans ses doigts.) Ça single, ce soir.

FOEDORA.

Pauvre garçon, a-t-il froid ?

GIBOULOT.

Les mains et le nez, oui ; mais le cœur, ô Dieu il brûle... tu le sais, être adoré !.. (Imitant le cri des marchands de marrons.) Il brûle, ce gros-là, il brûle !.. Dis donc, mets ça en lieu de sûreté, c'est du nanan. (Il lui donne un paquet.)

AMÉNAIDE.

C'est des combustibles ! qu'est-ce que c'est ?

GIBOULOT.

Ça ne vous regarde pas, grosse gourmande.

FOEDORA.

Encore des folies... vous vous ruinerez, Giboulot.

GIBOULOT.

Nous avons acheté ça, à nous trois Bidois et Anacharsis ; mes émolumens ne me permettraient pas de me livrer seul à de tels excès ; douze cents francs d'appointemens par an dans une caisse d'épargne...

PHRASIE.

Tiens, vous n'êtes donc plus à la loterie ?

GIBOULOT.

Dites donc, Henri IV est sur le Pont-Neuf !.. d'où venez-vous donc, ma chère ? enfoncée, démolie, supprimée, la loterie ; et ce qu'il y a de plus drôle, c'est que j'ai retrouvé dans ma nouvelle administration toutes mes anciennes pratiques... ces enragés, il faut qu'ils jouent à quelque chose, ils ne peuvent plus jouer à la loterie, ils jouent à la caisse d'épargne... ils sont incorrigibles, ces gens-là.

FOEDORA.

Ah ça ! Giboulot, je vous prie de changer de conversation... le carnaval est fait pour s'amuser.

AMÉNAIDE.

Oui, oui !

GIBOULOT.

C'est vrai, au fait, faut s'amuser... (Il chante.)

Mardi gras, ne t'en va pas,
Je f'rons des crêpes, je f'rons des crêpes...

Et des beignets aussi. (On frappe à la porte.) Ah ! voilà les autres.

SCÈNE VI.

LES MÊMES, ANACHARSIS, BIDOIS, il a un paquet qu'il met dans un coin.

Air de la galope de la cour.

BIDOIS et ANACHARSIS.

Vive le carnaval !
Car la folie,
Charme la vie,
D'un plaisir sans égal.
Nous vous apportons le signal.

BIDOIS.

Ici plus de tristesse,
La gaîté suis nos pas ;
Malgré votre maîtresse,
Vous f'rez le Mardi-Gras.

ANACHARSIS.
Mon bonheur est extrême ;
Je n'ai qu'un r'gret, vraiment,
C'est que ce jour que j'aime,
Ne vienn' qu'un' fois par an.

REPRISE DU CHOEUR.

BIDOIS.
Charmantes détaillantes, renaissez à l'espoir ! Giboulot vous a conté nos projets ?

PHRASIE.
Mon Dieu, non !

ANACHARSIS.
Ce garçon-là est-il discret !

GIBOULOT.
Je crois bien, quand on ne sait rien.

AMÉNAIDE.
Eh bien ! vos projets ?

FOEDORA.
Voyons donc ?

BIDOIS.
Voici... Mes petits loups ! un pouvoir tyrannique, une bourgeoise, véritable Néron de la nouveauté, vous défend d'aller déployer dans un bal masqué les graces que vous avez reçues de la nature et d'un maître de danse ?

FOEDORA.
Nous savons cela.

ANACHARSIS.
Oui, mais ce que vous ne savez pas, c'est qu'en dépit de tout... vous irez au bal !

FOEDORA, AMÉNAIDE et PHRASIE.
Comment cela ?

BIDOIS.
Mme Ledoux est flouée !

PHRASIE.
Silence, elle n'est pas encore partie !

BIDOIS.
Eh bien ! sera flouée !.. écoutez. Vous saurez que cette ennemie jurée de vos plaisirs innocens, avait arrangé pour elle une étourdissante satisfaction.

FOEDORA et AMÉNAIDE.
Nous le savons.

BIDOIS.
Attendez donc ! elle croyait et croit encore, à l'exemple de plus d'une belle dame, faire partie, sous un déguisement, du célèbre galop de GUSTAVE, tandis que ce n'est qu'une ruse de ma façon : C'est au bal de Pompeïa, Idalie, ou tout autre lieu, qu'un de mes amis auquel elle s'est adressée, l'introduira, et tâchera de la garder toute la nuit pour nous en débarrasser, pendant qu'ici, sans témoins, sans entraves, nous vous donnerons un superbe bal masqué.

FOEDORA.
Ici.

PHRASIE.
Vraiment !

GIBOULOT.
C'est comme Bidois m'a fait l'honneur de vous le dire... nous donnons bal, ici.

ANACHARSIS.
Vous savez que nous avions formé une société pour aller au bal du Palais-Royal ?.. eh bien ! au lieu de ça, la société viendra ici... c'est convenu.

BIDOIS.
Et dans une demi-heure ; nous aurons une foule de jeunes gens aimables, et de jeunes et jolies personnes.

FOEDORA.
Mais, ma tante...

ANACHARSIS.
Puisqu'elle sera au bal, elle ne reviendra pas de sitôt.

BIDOIS.

Et mon ami donc, qui ne doit pas la lâcher avant quatre heures du matin.

PHRASIE, qui écoute à la porte de Mme Valentin.

Madame descend... eh vite, sauvez-vous!

GIBOULOT.

Chaud! chaud! la retraite de Moscou!

BIDOIS, qui a entr'ouvert la porte du fond.

Oh! la, la, la, impossible!

ANACHARSIS.

Et le pourquoi?

BIDOIS.

M. Valentin qui est à la porte!

ANACHARSIS.

Nous sommes cernés... Oh! que c'est nature!

PHRASIE.

Il faut vous cacher!

BIDOIS.

Où ça, avez-vous des cartons? des tiroirs?

ANACHARSIS.

De quoi cacher trois corps d'hommes.

GIBOULOT.

La moindre des choses, un étui de parapluie.

FOEDORA.

Vite, deux sous les comptoirs, l'autre dans ce cabinet. (Ils se cachent tous les trois.) Ça y est... fait à fait.

SCENE VII.

GIBOULOT, ANACHARSIS et BIDOIS cachés, LES JEUNES FILLES, M. VALENTIN, Mme LEDOUX.

(Mme Ledoux est enveloppée d'une pelisse.)

VALENTIN.

Belle dame, un fiacre et moi sommes à vos ordres.

Mme LEDOUX.

Vous êtes charmant, vous voyez que je ne me suis pas fait attendre.

VALENTIN.

Ça se trouve d'autant mieux que j'ai pris le carrosse à l'heure... et c'est un ver rongeur.

Mme LEDOUX.

Mesdemoiselles, qu'on se couche le plus tôt possible!

PHRASIE.

C'est ça, pour endormir notre chagrin.

Mme LEDOUX.

Demain, vous n'y penserez plus, vous serez fraîches et reposées, tandis que moi, je serai moulue, brisée... laide, peut-être.

GIBOULOT.

C'est déjà fait, la maman.

VALENTIN.

Belle dame... le ver rongeur nous attend.

Mme LEDOUX.

Me voilà, me voilà. Justine, vous fermerez bien les portes... si l'on vient me demander, vous direz que je n'y suis pas.

VALENTIN, tendant sa main à Mme Ledoux.

Il ronge toujours.

Mme LEDOUX.

Je suis à vous, bel impatient; adieu, mesdemoiselles; soyez sages.

(Ils sortent, Justine les accompagne en portant le schal de Mme Ledoux.)

TOUTES LES DEMOISELLES.

Bonsoir, madame; bonsoir, M. Valentin.

SCENE VIII.

LES MÊMES, excepté VALENTIN, Mme LEDOUX et JUSTINE.

LES TROIS JEUNES GENS, sortant leur tête de leur cachette.

Sont-ils partis...

FOEDORA.
Oui, le fiacre roule... mais Justine va rentrer.
PHRASIE.
Elle nous trahira, peut-être?
BIDOIS, sortant de sa niche.
Ah diable! c'est égal, laissez-moi faire; nous la gagnerons à force d'or... Giboulot, as-tu une pièce de quarante sous?
GIBOULOT.
Non; j'en ai deux de vingt.
BIDOIS.
Donne, la servante est à nous!
JUSTINE, entrant et voyant les trois hommes.
Ah! mon Dieu!
BIDOIS.
Paix, jeune fille... nous achetons ton silence... tiens, prends, et tais-toi.
(Il lui donne l'argent.)
ANACHARSIS.
Elle sera de la noce!
JUSTINE.
Ce n'est pas de refus, messieurs.
GIBOULOT.
Tiens, elle est toute costumée, en cauchoise.
ANACHARSIS.
C'est vrai! Oh! que c'est nature!
FODORA.
Allons, allons! il faut tout préparer.
BIDOIS.
Allez plutôt vous habiller, vous n'avez que le temps.
ANACHARSIS.
C'est ça, et à nous trois, nous ferons du magasin une salle de bal.
PHRASIE et FOEDORA.
Oui, allons nous habiller!
AMÉNAIDE.
Nous allons passer une soirée enchanteur!
GIBOULOT.
Dites donc, mesdemoiselles, voulez-vous que j'aille vous aider!
FOEDORA.
Voyez-vous ça! non, monsieur.
GIBOULOT.
Ce n'est pas la première fois que j'aurais agraffé des robes? j'agraffe supérieurement!

CHOEUR.
Air : Mais ils doivent m'attendre.

Allons, vite à l'ouvrage,
  Commençons!
Vous, messieurs, du courage,
Mes amis,
  Dépêchons. (Les demoiselles sortent.)

SCÈNE IX.

GIBOULOT, BIDOIS, ANACHARSIS.

(Ils enlèvent les comptoirs et rangent les banquettes et les chaises.)

BIDOIS.
Ce comptoir servira pour l'orchestre, et sur la table on prendra la collation.
GIBOULOT.
Ça va prendre une fameuse tournure... il faudrait seulement quelques draperies.
ANACHARSIS.
Voilà justement une pièce de calicot.
GIBOULOT.
Et la bourgeoise?
BIDOIS.
La bourgeoise?.. qu'est-ce que ça nous fait?.. nous sommes dans le carnaval, je ne connais rien.

ANACHARSIS.

Et des manches en tulle pour faire les pendants.

GIBOULOT.

Tant pis!.. oui, faut tout bouleverser. (Il fouille dans les cartons et prend tout ce qui s'y trouve.) Tiens, de la mousseline, des indiennes, des fichus, faut que tout y passe.

BIDOIS, qui a arrangé les draperies.

Est-ce bien comme ça?

ANACHARSIS.

Très bien!

GIBOULOT.

Dieu! quel coup-d'œil! c'est richissime.

ANACHARSIS.

A présent, il nous faudrait un lustre.

GIBOULOT.

Un lustre! c'est plus difficile.

BIDOIS.

Rien n'est difficile... voilà notre affaire... ce dévidoir.

ANACHARSIS.

Fameux! fameux!.. oh! comme c'est nature!

GIBOULOT.

On ne pourra pas dire que notre bal file un mauvais coton.

BIDOIS.

Giboulot, pas d'esprit, je t'en prie; cherche-moi plutôt des bougies.

ANACHARSIS.

Voici justement le fil de fer de la lampe.

GIBOULOT, qui a cherché dans le comptoir.

Et ces morceaux de bougies avec lesquels ces demoiselles cirent leur fil.

BIDOIS.

Parfait, parfait; donne vite. (Il place les bougies sur le dévidoir et les allume.)

GIBOULOT.

Ma foi, vivent les grisettes!

ANACHARSIS, BIDOIS.

Vivent les grisettes!

GIBOULOT.

Voyons, tout est-il prêt?.. à propos, je n'ai pas de costume.

BIDOIS.

Je t'en ai apporté deux à choisir de chez M. Seveste; celui de Zampa et celui de l'Homme au Masque de Fer.

GIBOULOT.

Merci bien... tu crois que je vais mettre un masque de fer... je n'en veux pas... je me décide pour le Zampa... moi qui suis bien fait... ça me chaussera à ravir.

BIDOIS, qui a placé le lustre.

Maintenant, les danseurs peuvent arriver... n'oublions pas que nous sommes les commissaires du bal... toi, Anacharsis, tu recevras les dames avec les égards dûs à leur sexe.

GIBOULOT, qui écrit.

J'aurais voulu être chargé des dames...

BIDOIS.

Non... tu recevras les manteaux, les parapluies et les boas s'il y en a! et tu distribueras les rafraîchissemens... pendant la première contredanse tu t'occuperas de faire le punch... Qu'est-ce que tu écris donc là?

GIBOULOT.

C'est une précaution que je prends afin que tout se passe convenablement. (Il accroche un écriteau sur lequel est écrit: ICI, LE CANCAN EST SÉVÈREMENT PROHIBÉ.) En voilà une fameuse pour commencer... Eh bien! je finirai de même... je veux être toute la nuit d'une amabilité... désespérante. Faites comme moi.

ANACHARSIS.

Sois tranquille, je te promets de t'imiter.

BIDOIS.

Et moi aussi.

GIBOULOT.

Allons nous costumer.

ANACHARSIS.

Dépêchons-nous.

ENSEMBLE.
Air : De quoi ! De quoi !

Allons, amis,
Changeons d'habits,
Que la fête
Soit complette ;
Enfans joyeux,
Que dans ces lieux
Tout le monde soit heureux !

(Ils sortent.)

SCÈNE X.
FOEDORA, seule, puis PHRASIE.

(A peine la scène est-elle vide qu'on entend dans le cabinet à gauche la voix de Phrasie.)

PHRASIE, appelant.

Fœdora !

FOEDORA, dans le cabinet à gauche.

Hein ? qu'est-ce que tu veux ?

PHRASIE.

Où as-tu donc fourré les épingles noires ?

FOEDORA.

Je n'y ai pas touché... elles sont sur la petite planche, dans le pot à confitures. (Entrant en scène.) Etes-vous là messieurs ? non ; je puis entrer, oh ! Dieu ! quel changement à vue ! quel luxe oriental ! Ça va-t-il être amusant !.. vais-je danser, valser, galoper !.. galoper surtout.

Air : Le joli talisman.

De galoper, Dieu ! quelle fête !
Quand du galop ! l'on entend le joyeux signal !
Comment ne pas perdre la tête ?
C'est lui qui fait aimer le bal,
Viv' le galop !.. c'est le cri général.
A son mari que d'mande un' femme ?
Sous ses plum's que d'mand' la grand' dame !
Et la grisette en p'tit bonnet !
Un galop, s'il vous plait ? (bis.)

PHRASIE, paraissant sur le seuil de la porte à demi-habillée.

Dis donc, Fœdora, me conseilles-tu de mettre ce nœud-là ?

FOEDORA.

Le rouge te sied ; tu feras bien.

AMÉNAÏDE, du cabinet à droite.

Phrasie ! Phrasie ?..

PHRASIE.

Hein ? quoi ?

AMÉNAÏDE, id.

Dis donc apporte-moi un quart de ruban ponceau, avec une verre de cidre s'il en reste... j'ai l'estomac tout barbouillé.

PHRASIE.

Viens toi-même en chercher.

AMÉNAÏDE.

Je ne peux pas, je me corse.

GIBOULOT, entrant à moitié habillé.

Fœdora ! Oh !
(Il s'arrête à la vue de Phrasie.)

PHRASIE.

Un homme !.. je me sauve, je me sauve.
(Elle rentre.)

SCÈNE XI.
FOEDORA, GIBOULOT.

GIBOULOT, courant après Phrasie.

Qu'est-ce qui s'en va par là ?

FOEDORA, le retenant.

Ça ne vous regarde pas. Qu'est-ce que vous venez faire ici ?

GIBOULOT.

Je viens pour que tu me bichonnes un peu... fais-moi ma raie de chair.
(Il s'assied devant elle.)

FOEDORA, lui arrageant les cheveux.
Voyons, monsieur le coquet?
GIBOULOT.
Ce que j'en fais, c'est pour toi; pour qu'on ne dise pas que ton amant est malpropre.
FOEDORA.
Vous ne me diriez pas seulement si vous me trouvez gentille comme ça?
GIBOULOT.
Si tu es gentille?.. c'est au point que... seulement, il te manque quelque chose? (Il tire un petit paquet de sa poche.)
FOEDORA.
Quoi donc? Oh! si c'était le petit fichu que je t'ai demandé...
GIBOULOT, défaisant le fichu.
Et je dis qu'il est un peu chouette!   (Il le déploie.)
FOEDORA.
Oh! quel amour de sautoir! merci bien, mon petit Giboulot!.. donne que je le mette tout de suite.
GIBOULOT.
Doucement! doucement... je m'octroie cette faveur.

AIR : Quand les pierrots du voisinage. (TIRELIRE.)

Sur tes épaul's, ma petit' chatte
Ah! permets-moi de le poser.   (Il le lui met.)
FOEDORA.
Qu'il est gentil! comm' ça me flatte!
Ça m' manquait pour me déguiser.
GIBOULOT.
Surtout, qu'une main coupable
A c' fichu ne touch' jamais
L' promets-tu?
FOEDORA.
Je l' promets.
GIBOULOT.
Fœdora, j' suis aimable,
Mais j' deviendrais effroyable,
J' cess'rais d'agir comme un homme bien né,
Si par quelqu'un il était chiffoné.
FOEDORA, répétant le bis.
Oh! non, jamais il n' s'ra chiffonné

J'ai aussi mes petites recommandations à vous faire, monsieur.

Ce soir, d'vant les plus bell's danseuses,
Je vous défends de vous placer,
GIBOULOT.
Que veux-tu d'vant des femm's affreuses,
En mesur', je n' peux pas danser.
FOEDORA.
En amour, point de partage,
Ne vas pas me faire des traits,
L' promets-tu?
GIBOULOT.
Je l' promets.
FOEDORA.
J' suis douc', je n' fais pas d' tapage,
Mais je t'abimerais l' visage,
Si vers un' autr', j'te voyais entraîné,
Et qu' son fichu par toi fût chiffonné.
GIBOULOT, répétant au bis.
Aucun fichu, par moi, n' s'ra chiffonné.
(On entend rouler des voitures.)
FOEDORA.
Oh! des fiacres!.. c'est la société qui arrive.
GIBOULOT.
La société!.. et je ne suis pas vêtu! faut que je me vête. Je vais m'habiller à vol d'oiseau! (Appelant.) Bidois! Anacharsis!.. accourez... v'là les Bédouins.   (Il rentre dans la chambre de droite.)

FOEDORA, appelant.

Phrasie! Aménaïde... vite... vite... voilà la société.

SCÈNE XII.
BIDOIS, ANACHARSIS, FOEDORA, AMÉNAIDE, PHRASIE, puis GIBOULOT, déguisé, SOCIÉTÉ DE MASQUES.

Tout le monde entre en galopant avec socques, manteaux: provisions, parapluies, etc. L'ochestre joue l'air du Galop de Gustave, pendant lequel on fait le tour de la boutique; cris, rires tumulte général. Le galop cesse, les uns ôtent leurs socques, les autres leurs pelisses, leurs manteaux.

ANACHARSIS, les examinant en riant.

Oh! comme c'est nature!.. voyons, donnez-moi tout... je vais le porter au vestiaire, sur la chaise qui est derrière la porte.

BIDOIS.

Allons, mes petites mères, mettez-vous à votre aise. (A un masque.) Tiens c'est toi, Couturier... ah! que tu es farce comme ça.

LE MASQUE.

Bonjour, Bidois... oui, je suis soigné, hein!

BIDOIS.

Oh! parfait, parfait!.. (Bas à Aménaïde.) Il a l'air d'un singe habillé.

AMÉNAIDE, à Bidois.

Voyons, ne commencez pas à décrocher vos plaisanteries.

FOEDORA, aux dames.

Mesdemoiselles, vous êtes bien aimables d'être venues.

AMÉNAIDE.

Quelle société! ce n'est pas de la petite bière.

BIDOIS.

J'crois bien... c'est la crème de la nouveauté!

ANACHARSIS.

Oh! la crème!.. il y a aussi du lait. (On rit.)

AMÉNAIDE, à Bidois.

J'ai pas compris ce qu'il a dit.

BIDOIS, avec galanterie.

Ça ne vous concerne pas, ma chère.

LE MASQUE.

Ah! ça, où est donc Giboulot?

GIBOULOT, entrant sous le costume de Zampa.

Présent!.. ecce homo!..

ANACHARSIS.

Oh! le beau Zampa!

(Giboulot chante avec prétention et Bidois fait semblant de l'accompagner.)

Il faut céder à ma voix,
Et comment s'en défendre,
Quand mon cœur a fait un choix,
Soudain il faut se rendre.
En vrai forban, lorsque je vois,
Fille jolie, elle est à moi.

ANACHARSIS, pendant la dernière note de Giboulot.

Oh! comme c'est nature!

(A la reprise du quatrain et pendant que Giboulot se penche comiquement en arrière pour reprendre haleine, Bidois lui applique un coup de pied dans le derrière.)

BIDOIS reprenant l'air.

Quand ma botte a fait un choix,
On ne peut s'en défendre. (On rit.)

GIBOULOT.

Ah! c'est joli!.. c'est de bon goût, surtout.

BIDOIS.

On peut tout se permettre, sous le masque... ne vas-tu pas te fâcher... on est ici pour s'amuser, peut-être.

GIBOULOT.

Au fait, c'est vrai; t'as raison, amusons-nous, (A un Espagnol.) Dites donc, l'Espagnol, votre perruque est mal mise. (Il lui retourne la perruque, en lui mettant la queue devant. A un autre masque.) Eh ben! et vous, votre coloquet

est trop en arrière. (Il lui donne un renfoncement.) Qu'est-ce qui veut s'asseoir, voilà un tabouret.
(Il s'assied sur un grand carton à chapeau qui crève, et il tombe dedans; tout le monde rit.)
FOEDORA ET AMÉNAIDE.
Ah! mon Dieu, le chapeau de madame!..
ANACHARSIS, relevant Giboulot.
Vrai... oh! bien touché!
PHRASIE.
Ah! bien, nous ne risquons rien.
BIDOIS, prenant le chapeau tout aplati.
Pauvre bibi, va!.. (Il le tapote.) je le ferai retaper par mon chapelier, il n'y paraîtra pas.
GIBOULOT, pendant que Phrasie arrange le chapeau, et à part.
Que vois-je!.. les jambes de Bidois dans des bas à molets... et lui qui dit qu'il ne porte jamais rien de faux... je vais m'en assurer.
BIDOIS.
Voyons, voyons, laissons ça, et allons danser, dans l'atelier.
TOUS.
Oui, oui, allons danser!
BIDOIS.
Allons, l'orchestre... en avant partons..
(Giboulot va derrière Bidois et lui plante dans les molets, de petits drapeaux tricolores.)
LE VIOLON, prenant son instrument.
Nous sommes prêts. (Il veut jouer et s'aperçoit qu'Anacharsis a ôté le chevalet.) Qu'est-ce qui a touché à mon violon?.. c'est bête, ces choses-là!
ANACHARSIS.
Oh! oui, c'est très bête. (Il rit en dessous.)
AMÉNAIDE, à Bidois.
Dites donc, est-ce que c'est dans votre costume, ça
(Elle lui montre ses molets.)
GIBOULOT.
Tu es donc porte drapeau? (On rit.)
BIDOIS, vexé et ôtant les drapeaux.
La plaisanterie ne me paraît pas du tout piquante.
GIBOULOT.
Je crois bien, rembourré comme ça, tu ne peux pas la sentir.
ANACHARSIS.
J'en ferai une enseigne : AU MOLET NATIONAL... Ce sera nature!
AMÉNAIDE.
Vous disiez qu'ils n'étaient pas falsifiés.
BIDOIS, reprenant un air gai.
C'était exprès... c'est une farce convenue.
GIBOULOT, bas à Bidois.
Dites donc, pendant que notre Paganini arrange ses cordes à boyaux... si vous voulez, je vais vous imiter le chant des oiseaux et le cri des animaux divers.
TOUS.
Oui, oui... le chant des oiseaux!
GIBOULOT.
Ça va! je pars... le cri du canard... Kouit! kouit! kouit!..
BIDOIS.
Bravo!..
ANACHARSIS.
Oh! c'est nature.
GIBOULOT.
Le chant du rosignol... Kouit! kouit! kouit!..
TOUS.
Bravo! bravo!..
GIBOULOT.
Le cri de l'éléphant qui a perdu ses petits... Kouit! kouit! kouit!..
TOUS.
C'est bien ça.
GIBOULOT.
Le cri du porc frais... (Tout le monde écoute.)
TOUS.
Oui, oui!..

GIBOULOT.
En ce cas, en place pour la contredanse!
TOUS.
En place! pour la contredanse.
BIDOIS et ANACHARSIS.
Dans l'atelier! dans l'atelier!.. Allez la musique.
(Air de galop. Tout le monde part en dansant, et entre dans l'atelier, excepté Giboulot et Aménaïde.)

SCENE XIII.
GIBOULOT, AMÉNAIDE.

GIBOULOT, préparant tout ce qui est nécessaire pour faire du punch.
Moi, je reste pour faire le punch; à présent que je suis seul, je peux en convenir, j'ai vu faire du punch une seule fois, mais je n'en ai jamais fait... ah! bah, c'est égal. (Apercevant Aménaïde.) Tiens! vous n'êtes pas à danser.
AMÉNAIDE.
Oh! j'ai le temps... je ne suis pas affamée de galope.
GIBOULOT.
Et puis vous aimez mieux folichoner autour du punch... friande.
AMÉNAIDE.
Je ne le cache pas, j'ai toujours eu un goût désordonné pour le punch; je le préfère de beaucoup au bischtof.
GIBOULOT.
Vous dites?
AMÉNAIDE.
Je le préfère de beaucoup au bischtof.
GIBOULOT.
Vous êtes libre de dire bischtof; mais je vous conseille de dire bischoff.
AMÉNAIDE.
Qu'est-ce que ça fait?
GIBOULOT.
Ça fait qu'il ne faut pas écorcher la langue... si l'on vous écorchait, vous?
AMÉNAIDE.
M. Giboulot, je vous préviens que je n'aime pas qu'on me reprend.
GIBOULOT, coupant un citron avec un grand poignard qu'il tire de sa ceinture.
Vous n'aimez pas qu'on vous reprend? ça suffit... En ce cas, regardez donc un peu avec qui danse Fœdora.
AMÉNAIDE, regardant.
Avec ce petit blond... vous savez qui a une toque.
GIBOULOT.
Avec l'espagnol! est-ce qu'ils dansent la Cachoucha?
AMÉNAIDE.
Non, ils galopent.
GIBOULOT.
A la bonne heure.
AMÉNAIDE.
Est-ce que vous êtes jaloux.
GIBOULOT.
Comme un serpent, chère amie.
AMÉNAIDE.
Ah ben! Bidois, ne l'est pas à mon vis-à-vis, lui... il est vrai qu'il sait comme je l'aime.
GIBOULOT.
C'est donc pour la vie, votre union?
AMÉNAIDE.
Oui, certes, de mon côté; je suis comme le lièvre, je meurs où je m'attache.
GIBOULOT.
Comme le lièvre?.. ah! oui, comme le lierre. (A part.) En voilà une grammairienne. (Haut.) Vous avez raison, Bidois mérite ça. (Il goûte au punch.) Il est trop fadasse... il ne sent rien.
AMÉNAIDE.
Bidois?
GIBOULOT.
Non, le punch... il y manque quelque chose... passez-moi donc un chou.

AMÉNAIDE.

Vous allez mettre un chou dans le punch.

GIBOULOT, buvant.

Aménaïde, ne me troublez pas... un chou, là, à côté de vous.

AMÉNAIDE, lui passant un gâteau.

Voilà!

GIBOULOT, le mangeant.

J'avais besoin de ça... je me sentais faible. (Il boit du punch.) Décidément. il est trop doux.

AMÉNAIDE, buvant.

Il est bon.

GIBOULOT.

Ah! parbleu, j'ai pas mis assez de rhum!

AMÉNAIDE.

Ça va trop le renforcir.

GIBOULOT.

Ça m'est égal... j'ai une tête de fer... je bois ça comme du gruau. (Il verse du rhum.) Dieu, il y en aura-t-il? quel fleuve de plaisir!

AMÉNAIDE.

Dites donc, qu'est-ce qu'il y aura à souper?

GIBOULOT.

D'abord, des radis noirs.

AMÉNAIDE.

Ensuite!

GIBOULOT.

Du poulet.

AMÉNAIDE.

J'aimerais mieux de la volaille... ensuite!

GIBOULOT.

Du poisson.

AMÉNAIDE.

Du poisson... ah! pourvu que ce ne soient pas des soles?

GIBOULOT.

Vous ne les aimez pas?

AMÉNAIDE.

Les soles?.. c'est ma bête noire... c'est-à-dire que s'il n'y avait que des soles et moi sur terre, le monde finirait bientôt.

GIBOULOT.

Aménaïde, avez-vous été vaccinée?

AMÉNAIDE.

Pourquoi vous me demandez ça?

GIBOULOT.

Pour savoir.

AMÉNAIDE.

Ah! moi qui l'oublie ici... et qui a donné parole à Anacharsis pour la seconde...

SCENE XIV.
LES MÊMES, ANACHARSIS.

ANACHARSIS.

Eh ben! vous êtes gentille, vous; vous m'plantez là... comme l'obélisque, j'étais bien sûr de vous trouver du côté de la pâtisserie... allons, venez, chaud chaud, en route...

AMÉNAIDE, reprenant un gâteau.

Me voilà, me voilà... Oh! ce petit Anacharsis, il est patient comme un chat qui se brûle.

ANACHARSIS.

Qu'est-ce que vous empochez donc là...

AMÉNAIDE.

Oh! c'est rien, c'est rien! c'est une pierre pour la soif.

ANACHARSIS.

En voilà une qui est nature; allons, madame comme il faut, avez-vous assez de provisions... on nous attend pour commencer.

AMÉNAIDE.

On nous attend? en ce cas, ensauvons-nous!   (Ils sortent.)

SCENE XV.

GIBOULOT, puis **VALENTIN**, couvert d'un grand manteau, et un claque sur la tête, Mme **LEDOUX**, couverte d'une pelisse ; ils ont conservé leur masque.

GIBOULOT.

C'est ça, en sauvez-vous ! en a-t-elle un répertoire de bons mots !.. cette femme-là fait mon bonheur... si je mettais encore du citron. (Il coupe du citron, et ne voit pas entrer Valentin et Mme Ledoux qui arrivent par une des portes latérales, et avec mystère.) Je ne sais pas s'il faut mettre le zeste ou le dedans... bah ! je vais mettre tout. (Pendant toute cette scène, il a son poignard à la main ; après avoir goûté.) N'y a pas assez de sucre, je vais en chercher. (Il sort.)

Mme LEDOUX, tombant sur une chaise.

Pompéïa !

VALENTIN, tombant sur une chaise de l'autre côté.

Pompéïa ! Idalie !..

Mme LEDOUX.

Quel gouffre ! je n'en puis plus... je suffoque... de désespoir... de fatigue... d'humiliation ! ce misérable coryphée ! nous faire croire que nous allons à l'Opéra, en compagnie de marquises et de duchesses, et nous précipiter dans une caverne !

VALENTIN.

Moi, bonnetier d'une cour étrangère ! bafoué, hué, bousculé !

Mme LEDOUX.

Et moi à demi-étouffée dans les bras de ce Robert-Macaire, qui voulait toujours danser avec moi... les insolents, ne m'ont-ils pas passée de mains en mains au-dessus de la foule jusqu'à la porte ! heureusement que j'ai eu assez de présence d'esprit pour masquer ma figure.

VALENTIN.

I's sont gentils vos bals masqués, madame !

Mme LEDOUX.

Valentin, épargnez-moi, je suis assez punie... il me tardait d'être rentrée pour me trouver mal.

VALENTIN, allant à elle.

Eh ! là, là, calmez-vous, ce n'est pas la peine, à présent.

GIBOULOT, rentrant, goûte encor le punch.

C'est drôle ! depuis que j'ai mis tout le citron, il a pris un goût de coloquinte !

VALENTIN.

Ah ça ! mais, quel désordre chez vous ?..voyez donc ?

Mme LEDOUX.

Ah ! grands dieux ! des voleurs se seront introduits ici... O ciel ! en voilà un. (Elle montre Giboulot qui fait son punch.)

VALENTIN, tremblant.

Oh ! oh !.. vous croyez... oui... c'est un voleur étranger... voyez son costume... il fait des paquets... il s'est emparé de la vaisselle.

Mme LEDOUX, tremblante.

Que devenir, Sainte-Vierge !

VALENTIN.

Allons chercher la garde !

Mme LEDOUX.

C'est ça... sortons sans bruit. (Valentin renverse une chaise.)

GIBOULOT, se retournant.

Qui est-ce qui s'en va là ?

Mme LEDOUX.

Nous sommes perdus !

GIBOULOT, leur barrant le passage.

On ne part pas comme ça... ah ! vous voulez déjà nous quitter ?

VALENTIN, à part.

Dieu ! un poignard ! il veut nous assassiner !

GIBOULOT.

Heureusement que j'étais là... ah ! mes gaillards... (Il ferme les portes.) Vous ne vous en irez pas.

VALENTIN.

Mes jambes me quittent.

Mme LEDOUX.

Je défaille.

GIBOULOT, mettant la clé de la porte dans sa poche.

Maintenant, vous êtes mes prisonniers! vous avez beau dissimuler, je vous connais. (A part.) C'est Frotin et sa Lili.

VALENTIN, à part.

Quelle figure atroce!

GIBOULOT, le menaçant de son poignard et chantant comiquement.

Et je n'enfonce pas ce poignard dans ton sein! (A part.) Ils sont vexés.

Mme LEDOUX, bas.

Quel scélérat!

GIBOULOT.

Du reste, je connais le moyen de vous empêcher de sortir d'ici. (A part.) Prenons-les par la bouche. (Haut.) Voici un petit breuvage dont vous allez me donner des nouvelles.

Mme LEDOUX, bas à Valentin.

Il veut nous empoisonner.

GIBOULOT, allant prendre deux verres qu'il emplit.

Deux verres à monsieur?.. les voilà! (Leur tendant les verres.) Mes petits agneaux, goutez-moi ça.

Mme LEDOUX, reculant.

Je ne boirai pas! je ne boirai pas!..

VALENTIN, même jeu.

Nous ne boirons pas!

GIBOULOT.

Oh! c'est ce que nous allons voir... allons, allons! avalons la douleur, et plus vite que ça. (Il leur tend les verres en les poursuivant.)

VALENTIN ET Mme LEDOUX.

Nous ne boirons pas!

GIBOULOT,

Vous boirez...

VALENTIN et Mme LEDOUX.

Au secours!.. au voleur!.. (Leurs masques tombent.)

GIBOULOT.

Dieu!.. mon parrain!.. et Mme Ledoux. (Il se cache derrière un comptoir.)

VALENTIN, le reconnaissant.

Giboulot,

SCENE XVI.

Les Mêmes, BIDOIS, ANACHARSIS, FOEDORA, AMÉNAIDE, PHRASIE, toute la société.

(La musique se fait entendre, tous les masques entrent en sautant et en poussant des cris. Valentin et Mme Ledoux sont stupéfaits.)

BIDOIS, entrant en sautant.

Eh ben! et le punch?.. hola un verre de punch?.. (Il se trouve devant Mme Ledoux.) Oh!.. ah!.. oh!.. (Il se dissimule dans les masques.)

FOEDORA, PHRASIE et AMÉNAIDE, entrant.

Ma foi oui, du punch... vive le punch!.. (Elles aperçoivent Mme Ledoux et jettent un cri.)

ANACHARSIS.

Des farces à mort!.. holà, hé, houp!.. (Il saute sur les épaules de Valentin, qu'il prend pour un de ses amis.) Comme chez Franconi!.. houp là.. dj, dj, dj, dj!.. (Il voit Mme Ledoux, et retourne la tête de Valentin qu'il reconnait.) Oh!.. la bourgeoise... et le bonnetier...

Mme LEDOUX.

Je suffoque d'indignation!.. Ah! mesdemoiselles, vous n'avez pas eu honte de deshonorer ma maison, en la transformant en Colysée... n'espérez pas que je vous garde chez moi, après un pareil scandale... non, non... je vous chasse toutes!..

LES DEMOISELLES.

Ah! madame, madame...

Mme LEDOUX.

Je vous chasse!..

GIBOULOT.

C'est tyrannique!..

VALENTIN, à Giboulot.

Taisez-vous, monsieur... vous devriez plutôt rougir de votre conduite... je vous retrouve dans un bel état... en saltimbanque!.. allez, monsieur, vous n'êtes qu'une chianlit!..

GIBOULOT.

Mon parrain, ne m'accablez pas... le farouche Zampa vous implore. (A part.) Il me fait 300 livres de rentes ! (Haut.) Mon parrain ! mon parrain !
(Il le tire par son manteau.)

VALENTIN.

Laissez-moi, monsieur.

(Giboulot le tire de nouveau par son manteau, qui tombe à terre, et laisse voir Valentin sous un costume d'arlequin. Tout le monde rit.)

BIDOIS.

Oh ! charmant... dites donc, l'arlequin, vous faites de la morale... farceur que vous êtes !

ANACHARSIS.

Oh ! que c'est nature !

Mme LEDOUX, jetant sa pelisse et paraissant en bergère.

Eh bien ! oui, nous sommes déguisés... mais nous, du moins, c'était pour une bonne œuvre.

VALENTIN.

Certainement, tandis que vous...

BIDOIS, à part.

Oh ! quelle idée ! elle raffole du galop... c'est ça. (Il va parler aux musiciens.)

LES DEMOISELLES, à Mme Ledoux.

Madame, pardonnez-nous ?

Mme LEDOUX.

Jamais de la vie !

GIBOULOT.

Mon petit parrain...

BIDOIS.

Laissez-moi chauffer le dénouement. (La musique commence un air de galop.) Eh bien ! oui, lingère courroucée... oui, nous sommes de grands coupables !

Mme LEDOUX.

Ah ! vous en convenez donc !

BIDOIS.

Oui, nous avons eu de gros torts ! mais une voix indulgente ne s'élève-t-elle pas en notre faveur... notre âge, l'époque, les circonstances... et cette danse séductrice, entraînante, irrésistible... cette danse de l'Olympe descendue sur la terre... le galop enfin !.. comment ne pas succomber à cette musique électrique, à ce flou flou enchanteur !.. malgré soi n'est-on pas soulevé, enivré, balancé, transporté !

Mme LEDOUX, qui peu à peu s'est animée aux paroles de Bidois.

Taisez-vous, tentateur...

VALENTIN, à Fœdora qui le cajole.

Laissez-moi, Sylphide !

Mme LEDOUX, se balançant en dansant malgré elle.

C'est qu'il a raison !.. et malgré moi, mes pieds quittent le sol... je ne sens plus la terre... il me semble que je suis un ballon, que je vais m'envoler...

BIDOIS, criant.

En avant le galop.

(Il entraîne Mme Ledoux, Fœdora fait galoper M. Valentin, Giboulot danse avec Aménaïde, Anacharsis avec Phrasie. On galope.

ANACHARSIS.

Oh ! que c'est nature !..

BIDOIS, à Mme Ledoux.

Oh ! que vous êtes légère... vous dansez comme une fée !.. Vous pardonnez à ces demoiselles, n'est-ce pas ?

Mme LEDOUX.

Non... oui... je ne sais plus ce que je dis.

FODORA, à Valentin.

Comme vous galopez bien... vous êtes taillé pour ça, vous n'en voulez plus à Giboulot ?

VALENTIN.

Nous verrons cela... oh ! vous me chatouillez.

GIBOULOT, prenant Mme Ledoux qu'il fait galoper à son tour.

Quel édredon vous faites !.. devenez ma tante et je vous aimerai comme une sœur.

Mme LEDOUX.

Nous causerons de ça... soutenez le pas... oh! quelles délices...

BIDOIS, à Fœdora.

Ça va bien bien, ils sont à nous.

VALENTIN, à Aménaïde.

Vous me marchez sur les pieds, ma belle!

AMÉNAIDE.

Et vous votre nez me gêne...

CHOEUR.

Air : L'économie est une vertu.

Viv' le galop!
C'est un écho,
Dans notre France
Chacun le danse ;
Partout on dit
Et l'on redit
Ce joli mot :
Viv' le galop !

Mme LEDOUX.

Au bal maint'nant qu'on se donne de mal !
Toujours courir, grand Dieu! quelle contrainte !
Vraiment c'est faire un métier de cheval,
Mais c'est la mode, on s'amuse, on s'éreinte.

Viv' le galop ! etc.

FOËDORA.

Au bal jadis, on n'allait qu'au p'tit trot,
On s' dandinait, voyez le beau mérite !
Mais à présent nos dam's vont le galop,
L'amour y gagn', car le cœur bat plus vite.

Viv' le galop ! etc.

VALENTIN.

Jeunes et vieux tout galope ici bas,
De tout's les dans's n'est-ce pas la meilleure ;
Je ne connais qu'un' chos' qui n' galop' pas,
C'est un sapin... quand on le prend à l'heure.

Viv' le galop ! etc.

BIDOIS.

Depuis quéqu' tems, on galope en ballon,
Rien n'est commod' comm' cett' voitur' bourgeoise.
On fait l' projet d'aller jusqu'à London,
Le ballon part... et l'on tombe à Pontoise.

Viv' le galop ! etc.

ANACHARSIS.

On sut jadis étouffer lâchement
Les libertés dont notre France est fière ;
Nous reculions; par bonheur, à présent,
On n' nous f'ra plus galoper en arrière.

Viv' le galop ! etc.

VALENTIN.

Portant vengeance à leurs frères d'Alger,
Tous nos soldats, l'ame triste et chagrine,
Bientôt, j'espère au-devant du danger,
Au grand galop courrons sur Constantine.

Viv' le galop ! etc.

GIBOULOT.

On dit qu'enfin l' restaurant-omnibus
S'est mis en course et commenc' ses visites,
Et qu'on a vu trois fricandeaux au jus
Qui galopaient avec trois limand's frites.

Viv' le galop! etc.

AMÉNAIDE.

Roi des plaisirs, c'est le plaisir des rois !
Charmant galop, j'aime tant ton vacarme,
Que j' te dans'rais dans la bou', sur les toits,
Que j'te dans'rais sur la têt' d'un gendarme.

Viv' le galop! etc.

GIBOULOT, parlant.

Dernier couplet!.. écoutez-moi, mes chers camarades?

En ce moment un galop ferait bien ;
Nous étourdir serait user d'adresse,
Chantons, courons, crions... par ce moyen
Nous n' saurons pas si l'on siffle la pièce.

TOUT LE MONDE.

Galop général !!

(On danse en criant.)

FIN.

LES DEUX MÈRES,

VAUDEVILLE EN DEUX ACTES,

PAR MM. DESLANDES, CORMON et DIDIER.

REPRÉSENTÉ POUR LA PREMIÈRE FOIS, A PARIS, SUR LE THÉATRE NATIONAL DU VAUDEVILLE, LE 20 FÉVRIER 1837.

Eh bien ! je vous supplie... je me mets à genoux devant vous.   (SCÈNE IX.)

PARIS,
NOBIS, ÉDITEUR, RUE DU CAIRE, N° 5.

—

1837.

Personnages. *Acteurs.*

JACQUES, imprimeur en papiers peints. (24 ans.)   MM. Hypolite.
LUCIEN, apprenti tireur. (15 ans.)   Emile Taigny.
SIMON, ouvrier.   Ballard.
JEAN-PIERRE, idem.   Ludovic.
GALOU, idem.   Cassel.
BAHU, apprenti. (8 à 10 ans.)   Vautier.
Un garçon de caisse.   Edmond.
LOUISE, femme de Jacques (20 ans.)   Mmes H. Balthazard.
STELLA, (25 ans.)   Revel.
ÉMÉLIE.   L. Mayer.

La scène se passe à Paris, chez Jacques.

J.-R. Mevrel, Passage du Caire, 54.

LES DEUX MÈRES,

VAUDEVILLE EN DEUX ACTES.

ACTE I.

Le théâtre représente une salle d'entrée. Une grande porte au fond ; un cabinet de chaque côté. A droite, une table chargée de rouleaux de papiers. Au fond, sur des chaises, des rouleaux de papier déroulés ; à gauche, premier plan, une table.

SCÈNE I.
SIMON, TOUS LES OUVRIERS réunis.

Air de J. Doche.
CHOEUR.

Allons, amis, il faut savoir
Ce qu'est d'venu ce p'tit diable ;
Car de tout faire il est capable,
Excepté pourtant son devoir.

SIMON.
Comment ! ce gamin abuse
De c'qu'il est plus dégourdi qu' nous,
Quand on l'attend, il s'amuse !
Je vais le rouer de coups !

TOUS.
Non, non, ce sera moi !
Moi !
Moi !

SIMON.
Ce droit m'appartient, j'espère ;
Lucien est mon tireur, il est mon apprenti !

TOUS.
Il faut qu'il support' not' colère !
Nous somm's tous bras croisés, grace à lui !

SIMON.
J'en ai le droit.

TOUS.
Nous, nous l'avons aussi.

SIMON.
Alors, pour arranger l'affaire,
Que chacun d' nous d'un' baguett' soit nanti ;
Car, depuis l' temps qu'il est sorti,
Nous aurions décidé ce que nous devons faire,
Pour la fêt' du bourgeois, de notre excellent père !

UN OUVRIER, annonçant
Amis ! voilà Lucien ! (bis.)

SIMON.
Sur deux rangs ! du silence,
Et la baguette en main.
Rossons-le d'importance !
Rossons tous le vaurien !
(Ils se mettent sur deux rangs et reprennent en chœur :)

TOUS.
Sur deux rangs ! du silence,
Et la baguette en main,
Rossons-le d'importance,
Rossons tous le vaurien.
Silence !
Rossons tous le vaurien. (bis.)

SCÈNE II.
Les Mêmes, LUCIEN.

LUCIEN.

Me voilà! me voilà!

SIMON.

Ah! méchant gamin, tu nous feras attendre comme ça.
(Ils se disposent à le frapper.)

LUCIEN, solennellement.

Arrêtez!

TOUS.

Qu'est-ce qu'il a?

LUCIEN.

Il est de ma délicatesse de vous avertir du danger que vous courez en portant la main sur mon individu.

SIMON.

Qu'est-ce que c'est? qu'est-ce que c'est? allons, j'te vas...

LUCIEN.

Arrêtez! vous dis-je, malheureux! vous courez à la décomposition de vos physiques.

SIMON.

Qu'est-ce que tu veux dire?

LUCIEN.

Que je sors d'avec Bressquoëtte.

TOUS, avec effroi.

D'avec Bressquoëtte!

LUCIEN.

Je n'ai pas besoin d'ajouter que c'est not' maître à tous; que, premier tireur de chausson du quartier, Bresquoëtte, armé d'un pain de quatre livres, se rit de la force armée, la tympanise, et en fait une purée aux croutons.

SIMON.

C'est vrai que c'est le plus fort du faubourg; mais quel rapport?..

LUCIEN.

Ah! voilà: Je le rencontre, y m' dit: Bonjour, moutard!..Bonjour, bourreau des crânes, que j' lui réponds: (ça flatte son amour-propre quand on l'appelle ainsi,) Viens boire un coup. — Oh! non; les ouvriers m'attendent. — Tu leur diras qu' t'étais t'avec moi... — Mais... — Allons, pas de mais... Il me prend par la peau... de mon pantalon et me fait entrer chez le marchand de vin. Je bois un verre de blanc sans sourciller; bravo: un second...je le ravale de rechef. Alors, saisi d'admiration...—Je te proclame buveur en herbe, devant atteindre dans cette profession la hauteur des buttes Montmartre.

SIMON.

Et c'est pour ça?..

LUCIEN.

Oui, mais, que j' fis, avec tout çà j' vas recevoir ma rincée. — Celui qui touchera à un seul poil de la bête, dit-il, en me frappant sur l'épaule, je tanne sa peau, jusqu'à ce qu'elle soit propre à couvrir un tambour.

SIMON.

Ah! tu dis ça pour nous effrayer, mais ça ne nous empêchera pas...

LUCIEN.

Voilà! je prévoyais votre incroyance, et je y ai fait écrire ce papier en guise de charte (A part.) que j'ai dicté moi-même.

TOUS.

Écoutons, écoutons.

LUCIEN, lisant.

« Celui qui se permettra de donner une calotte à Lucien, Bresquoëtte y
» en rendra dix-sept.

TOUS.

Ah!

LUCIEN.

» Pour un coup de poing... 23. Pour un coup de pied dans le... dos, l'indi-
» vidu s'expose à se voir déchirer ses vêtemens et à attraper un rhume.
» attendu que l'énorme main de Bressquoëtte n'aime pas à taper sur du

»drap. Épocritume. Celui dont il est le tireur de chassis est seul excepté,
»attendu que c'est lui qui lui inculque les principes de l'art de faire le
»papier peint.
L'OUVRIER, se disposant.
Eh ben! en ce cas...
LUCIEN, l'arrêtant.
Un instant : « mais ce, seulement pendant l'exercice de ses fonctions. »
SIMON.
Ce n'était pas une raison pour nous faire attendre. Je ne sais qui me retient...
LUCIEN.
Bien... bien... comme je ne veux pas tricher, regardez mes amis si c'est un coup de poing ou une calotte qu'il va me donner... tapez. (L'ouvrier le pousse. Ouvrant le papier.) Bon, il m'a poussé, nous allons voir... hum, hum... Ah! attendu que l'article de la bousculade n'est pas prévu, il ne lui sera rien fait, mais je la ferai rajouter sur ma constitution... car, comme dit la chanson : le lierre s'attache à l'ormeau, c'est-à-dire, à Bressquoëtte.
SIMON.
Mais il ne s'agit plus de tout ça. Nous disons donc que c'est la fête de M. Jacques, et c'est pour ça que nous l'attendons depuis une heure... Voyons, il s'agit de lui faire un cadeau, là, ben gentil. Depuis long-temps, le commerce ne va plus, et quoique pas riche, il nous a fait travailler tout de même.
TOUS.
C'est un si brave homme!..
LUCIEN.
Ah! ça, qu'est-ce que vous allez lui donner?
SIMON.
Un beau laurier-rose.
UN AUTRE.
Non, un pâté et une bouteille d'Alicante.
LES UNS.
Faut mieux le laurier.
LES AUTRES.
Faut mieux le pâté.
LUCIEN.
Quelque chose de plus simple; v'là sa femme, not' bonne bourgeoise... elle nous dira ce qu'il aime le mieux.
TOUS.
Ah! bien, c'est ça, c'est ça!

SCÈNE III.
Les Mêmes, LOUISE.
TOUS.
Bonjour, bourgeoise!
LOUISE.
Bonjour, mes amis.
LUCIEN.
Comment qu'ça va, ce matin, bourgeoise?
LOUISE.
Oh! bien, très bien!.. je suis si contente!.. n'est-ce pas aujourd'hui que ma fille revient?
LUCIEN.
Votre rejetonne? elle arrive de nourrice?.. Amis, deux pâtés et quatre bouteilles de vin de plus.
LOUISE.
Pour qui?
LUCIEN.
Eh ben! pour elle!.. ah! que j' suis bête; d'ailleurs, la voiture l'a peut-être incommodée, surtout, si elle allait à reculons... Aime-t-elle aller à reculons votre rejetonne.
LOUISE.
Un enfant de trois ans!
LUCIEN.
Comment, elle a déjà trois ans... comme ça nous repousse; quand je pense qu'on venait de me mettre à la porte de la mutuelle, le jour oùsque

je suis entré ici, apprenti, voire même qu'on m'a donné deux dragées grises et trois blanches, du baptême de c't' enfant...Ah ça! dites donc, bourgeoise, nous sommes à nous consulter sur ce qu'il faudrait donner à monsieur qui lui fît bien plaisir.

LOUISE.

Ah! dam, il aurait fallu me parler de ça plutôt; j'aurais tâché de le pressentir, et je vous l'aurais dit... je suis si contente, quand on fait quelque chose qui lui est agréable; je l'aime tant!.. il est si bon! aussi combien cette amitié, que vous lui portez, me fait de bien!..

LUCIEN.

Eh bien! alors, vous ne savez pas ce qui faut faire? pendant qu'ils vont aller se bichonner, tâchez de deviner ce qu'il aimerait; n'importe, quoi que ça soye, il l'aura.

TOUS.

C'est ça, c'est ça.

LUCIEN.

Vous, Galou, faut faire vot' barbe, car vous n'êtes pas beau avec... regardez-moi.

L'OUVRIER.

Gamin, parce que t'en n'as pas encore.

LUCIEN.

C'est l' moyen qu'elle soit toujours faite... Moi, j' vas rester là, en sentinelle, et quand vous reviendrez, grace à la bourgeoise, nous saurons à quoi nous en tenir.

SIMON.

C'est ça! et nous, pendant c' temps-là, nous allons nous requinquer.

CHOEUR.
Air des Chemins de fer.

Pour que la fête soit complète,
Il faut s'habiller aux oiseaux;
Nous allons faire notre toilette,
Et nous r'viendrons quand nous serons beaux.

LUCIEN, riant.

En c' cas-là faites diligence,
Car si vous avez le désir,
De vous fair' beaux, en conscience,
Vous n'êtes pas près de revenir.

SCÈNE IV.
LUCIEN, LOUISE.

LUCIEN.

Dites donc, bourgeoise, vous êtes gentille comme tout, ce matin.

LOUISE.

C'est que je suis bien heureuse!.. aujourd'hui la fête de mon bon Jacques.

LUCIEN.

Peut-on sans indiscrétion, vous demander si vous vous l'êtes déjà souhaitée? c'est qu'ordinairement, du moins, c'était comme ça chez maman, le matin de la fête de papa; je recevais presque toujours des calottes, parce que j'entrais dans la chambre sans frapper.

LOUISE.

Non-seulement, je n'ai pas parlé à Jacques, aujourd'hui, mais je ne l'ai même pas vu... il a travaillé toute la nuit, il ne s'est pas couché.

LUCIEN.

En ce cas, ma question tombe d'elle-même...Qu'est-ce qu'il a donc de si pressé?

LOUISE.

Tu sais bien qu'il ne me conte jamais ses affaires... Fais ton ménage, et repose-toi le plus souvent que tu le pourras, me répète-t-il toujours... c'est en vain que je l'interroge quelquefois sur son état, sur son commerce.

Air de la Robe et des Bottes.

Il me dit: «Pas d'inquiétude,
»Laisse-moi ces soins ennuyeux,
»Que ton bonheur fasse seul ton étude,
»Va, ma Louise, je travaille pour deux.»

Grace à sa bonté généreuse,
Aussi, pour moi, tout est félicité,
Il ne veut que me voir heureuse.

LUCIEN.
Et vous, là-dessus, vous fait's sa volonté,
Comme y n' veut que vous rendre heureuse
Vous l' laissez fair' sa volonté.

LOUISE, riant.
Oui, mais s'il savait que je ne me suis pas couchée non plus.

LUCIEN.
Non plus? vous! c't' idée! et pour quoi faire?

LOUISE.
Tu me le demandes... le jour de l'arrivée de ma petite fille, que je n'ai pas encore revue depuis le baptême... et les bonnets! et les robes!..

LUCIEN.
Ah ça! les autres vont revenir et y aura rien de décidé.

LOUISE.
J'y vais; vois-tu, je lui ai fait du bon chocolat, je vais le lui porter dans une belle tasse de porcelaine dorée, que j'ai achetée, et en l'embrassant. en le faisant causer, je saurai ce qu'il préférerait et je viendrai vous le dire.

LUCIEN.
C'est ça, dépêchez-vous.

LOUISE, gaîment.
Je crois que le commerce va bien, que mon mari commence à faire ses affaires et peut augmenter le nombre de ses ouvriers; si tu as des amis que tu veuilles faire entrer ici, dis-le-moi, Lucien, je les protégerai... je suis si contente!..

AIR : Valse de Robin des bois.

Et toi, Lucien, graces à la jeunesse,
Si quelque chose ici te fait plaisir,
Parle à l'instant, et je fais la promesse
De contenter, si je puis, ton désir.

LUCIEN.
De m' calotter, comm' chacun s' fait une fête,
Ma seule envi, tenez, bourgeois, la v'là !
Ça s'rait d' tirer la savatt' comm' Bressquoëtte,
Mais vous n' pouvez pas m'apprendr' ça.

LOUISE.
Enfin Lucien, graces à la jeunesse, etc.

LUCIEN.
ENSEMBLE.
Avec vous, ma bonne maîtresse,
On n' peut pas avoir un désir ;
Car vous n' vous occupez sans cesse,
Que de c' qui peut nous fair' plaisir.

(Louise sort à gauche.)

SCÈNE V.
LUCIEN, puis JACQUES, entrant par le fond.

LUCIEN.
V'là-t-il des gens qui méritent de faire leur chemin! ce bon M. Jacques. y a pas à dire, c'est not' père à tous... et puis, il m'accorde une confiance toute particulière ; ça flatte mon amour-propre, car parler à un tireur de chassis... eh! pourquoi pas?.. au fait, un enfant est un homme comme un autre... Ah! le voici : il a l'air triste.

JACQUES, à lui-même.
Ruiné, complétement ruiné.

LUCIEN.
Bonjour, bourgeois, je vous souhaite une bonne fête et une parfaite santé.

JACQUES, sans l'écouter, ouvrant un agenda.
Quelques confrères pourraient peut-être...

LUCIEN.
Il n' m'a pas entendu... en avant le compliment d'avant ma première communion.

Que la gaîté la plus parfaite,
Soit la compagne de tes jours ;

Ah ! chaque jour serait la fête,
S'il dépendait de notre amour.

JACQUES, avec explosion.

Et ma pauvre Louise ! qui est si loin de se douter !..

LUCIEN.

Qu'avez-vous donc, bourgeois ?

JACQUES.

Moi, Lucien... je n'ai rien.

LUCIEN.

Une pareille tristesse le jour de vot' fête...

JACQUES, à part.

Le jour de ma fête sera celui de ma ruine.

LUCIEN.

Vous avez beau dire, bourgeois, c'est pas naturel...

JACQUES.

Non, je te le répète Lucien, je n'ai rien.

LUCIEN, à part.

Il a quelque chose, c'est sûr, il a quelque chose... (Il remonte au fond.)

SCÈNE VI.

LES MÊMES, UN GARÇON DE CAISSE, une sacoche sur l'épaule.

LE GARÇON.

Me v'là ! bonjour, M. Jacques.

JACQUES.

Ah ! mon Dieu, déjà !

LE GARÇON.

C'est un effet de 500.

JACQUES, avec embarras.

Ah ! dites-moi... seriez-vous assez bon pour repasser... tantôt... pour l'instant... je ne suis pas en mesure...

LE GARÇON, surpris.

Ah !..

LUCIEN, à part.

Ah ! mon Dieu, est-ce que ce serait pour ça...

LE GARÇON.

N' manquez pas, entendez-vous... vous le savez, ça nous est défendu de revenir... mais vous êtes un brave homme et pour vous, M. Jacques, je repasserai... (Chargeant sa sacoche.) Mauvais signe, hum ! mauvais signe.

(Il sort.)

SCÈNE VII.

LES MÊMES, excepté LE GARÇON.

JACQUES, accablé.

Il reviendra... et les autres... les autres qui vont venir, demain... aujourd'hui peut-être... ah ! mon Dieu, mon Dieu ! que faire ! que devenir !

LUCIEN, tristement.

Ah ! je devine à présent, bourgeois, v'là la cause de vot' tristesse.

JACQUES, vivement.

Quoi ! tu étais là ?..

LUCIEN.

Oui, bourgeois, oui, j'ai tout entendu.

JACQUES.

Eh bien ! oui, oui, mon pauvre Lucien, je ne puis te le cacher plus longtemps, j'avais des économies, je les ai employées à vous faire faire de la marchandise d'avance, dont je regardais le placement, plus tard, comme certain. Eh bien ! une nouvelle découverte d'un confrère, mettra le même papier au quart du prix qu'il me revient ; enfin, je me trouve sans ressources !

LUCIEN.

Sans ressources !

JACQUES.

Et ce soir ou demain, nos meubles seront saisis, et nous, mis à la porte par des huissiers.

LUCIEN.

Combien seront-ils les huissiers ? j' vas aller chercher Bressquoëtte, il viendra en faire une matelotte.

JACQUES.
Le jour précisément de l'arrivée de ma fille, de mon enfant chérie!
LUCIEN.
Quand j' pense que c'est pour nous faire travailler!.. Et où allez-vous, maintenant?
JACQUES.
Tenter une dernière chance, et si je ne réussis pas, aller au-devant de la nourrice, lui dire de remmener notre enfant... que notre pauvre fille ne voie pas des larmes dans nos premiers regards; je me remettrai à travailler comme ouvrier avec vous autres, et plus tard...
LUCIEN.
Vous me faites mal de vous entendre dire ça! nous qui sommes cause... Allez, faites c' que vous pourrez, mais n' craignez rien, M. Jacques, ne craignez rien.

Air : Mon cœur à l'espoir s'abandonne.

S'il faut qu' votre espéranc' soit vaine,
Ne perdez pas courag' pour ça;
Quand c'est pour nous qu' vous êtes dans la peine,
Nous vous prouv'rons qu' nous somm's bons là.
Allez, bannissez vos alarmes,
Vot' petit' fill' peut revenir;
Y s' peut qu'ell' voi' couler vos larmes,
Mais ça s'ra des larm's de plaisir.

S'il faut, etc.

JACQUES.

ENSEMBLE.
S'il faut qu' mon espéranc' soit vaine,
Je ne perds pas courag' pour ça;
Vous savez qu' je suis dans la peine,
Vous me prouv'rez qu' vous êt's bons là. *(Jacques sort par le fond.)*

SCÈNE VIII.
LUCIEN, puis LOUISE.

LUCIEN, marchant à grands pas.
Ah ben! non, non, par exemple, y n' s'ra pas dit qu'un si brave homme... quand je devrais... pour ce qui est des huissiers, ça regarde Bressquoëtte; après ça, il s'alarme pour rien, car enfin 500 francs, c'est pas l' diable... oui, mais où les trouver? moi qui n'ai en tout que 22 sous... Oh! n'importe, je saurai bien...

LOUISE.
Eh bien! mon pauvre garçon, comme j'allais porter le chocolat à Jacques, je ne l'ai plus trouvé dans sa chambre et je n'ai pu lui parler...
LUCIEN, sans la voir.
Il doute du cœur de ses ouvriers, c'est mal.
LOUISE.
Que dis-tu?
LUCIEN.
Il ne sait donc pas que ça ferait une émeute dans le quartier, si les huissiers...
LOUISE.
Que parles-tu d'huissiers?
LUCIEN.
Ah! c'est vous... allons, du courage... que diable, nous en viendrons à bout.
LOUISE.
A bout! de quoi?
LUCIEN.
S'il est ruiné... il recommencera, quoi!
LOUISE.
Ruiné! qui?
LUCIEN.
Il donnera vingt sous de moins par jour à ses ouvriers; tous y consentiront de bon cœur.
LOUISE.
Parleras-tu? tu me fais mourir d'impatience.

LUCIEN.
Y a que votre pauvre mari, par sa trop de bonté pour nous, est à la veille de se voir enlever ses meubles.

LOUISE.
Ah ça! j'entends mal.

LUCIEN.
Il ne veut pas que sa fille vienne... v'là-t-il pas; est-ce qu'à son âge on connaît les affaires.

LOUISE.
Il ne veut pas que ma fille vienne!

LUCIEN.
Elle viendra... on n'emportera pas les meubles, ou j'y perdrai mon nom.

LOUISE.
Ah! Lucien, que tu me fais de mal! explique-toi.

LUCIEN.
Oui, bourgeoise, dans la crainte de vous faire de la peine, l' patron vous a caché que ses affaires allaient mal.

LOUISE.
Voilà donc la cause de sa tristesse... Ah! je cours après lui.

LUCIEN.
Pour y empêcher d'avoir le sang-froid nécessaire.

LOUISE.
Doute-t-il de mon amour?.. me croit-il donc incapable de supporter un malheur?.. non, je veux être près de lui, le consoler.

LUCIEN.
Bien! elle va nous empêcher d'agir... Oh! les femmes, les femmes!

LOUISE.
Où est-il, maintenant?

LUCIEN, à part.
Ah! mon Dieu! j'entends les camarades... je ne veux pas qu'elle se trouve là; ça pourrait l'humilier.

LOUISE.
Me répondras-tu! où est-il?

LUCIEN, à part.
Quelle idée! (Haut.) Il m'a dit qu'il vous l'avait écrit dans une lettre qu'il a laissée sur son bureau.

LOUISE.
Ah! courons. (Elle sort précipitamment par le cabinet de gauche; Lucien l'enferme.)

LUCIEN.
Là! un tour de clé; pendant ce temps, je pourrai agir.

SCÈNE IX.
LUCIEN, SIMON, Tous les Ouvriers.

CHOEUR.
Air : En avant, bon courage. (ADAM.)

Quand l' devoir nous réclame,
On nous voit accourir;
Il n'est rien sur mon ame,
Qui puiss' nous retenir.

SIMON, à Lucien.
Notre toilette est faite,
Du bourgeois, quel est l' goût;
Qu'est-ce qu'il faut qu'on achète?

LUCIEN.
Faut acheter rien du tout.

REPRISE.
Quand l' devoir, etc. (Lucien leur fait signe de se taire.)

TOUS.
Comment, est-ce qu'il y a du nouveau?

LUCIEN.
Oui, il y a du nouveau; parlons bas.

TOUS.
Pourquoi?

LUCIEN.

Écoutez-moi : Vous, Jean-Pierre, combien vous prête-t-on sur votre montre en or, quand vous la mettez en gage ?

L'OUVRIER.

Pourquoi ?

LUCIEN.

Répondez toujours... (Il prend un papier et un crayon.)

L'OUVRIER.

75 francs.

LUCIEN, écrivant.

75 francs, bon ! et moi 22 sous ; vous, Simon, combien avez-vous à la caisse d'épargne ?

SIMON.

Veux-tu pas faire ton embarras comme ça, j' te vas...

LUCIEN, appelant.

Bressquoëtte !

SIMON.

123 francs, pourquoi ?

LUCIEN, écrivant.

123 francs ; toi, Claude, ne devais-tu pas toucher quelque chose ?

L'OUVRIER.

Pour avoir retiré d' l'eau c't'enfant qui se noyait... 100 francs.

LUCIEN, écrivant.

Tu vois que c'est utile d'être de la famille des canards... 100 francs, et toujours mes 22 sous ; vous tous, avez-vous des économies ?

LES UNS.

Moi, dix francs. (Les autres.) Moi, 15 francs...

LUCIEN, écrivant.

Ça n' fait pas encore beaucoup... bon... ma veste et mon pantalon neufs, j'en aurai bien 30 francs, voyons : 75... 123... 100... 10... 15... 30... et mes 22 sous... ça fait...

TOUS, se fâchant et se disposant à le frapper.

Ah ! tu nous embêtes, et nous allons...

LUCIEN.

Mais écoutez-moi donc.

AIR : Le siècle marche et la philosophie.

Sachez, amis, qu'un brave homm', notre père,
Que dis-je, un Dieu, notre bourgeois enfin,
S' trouve aujourd'hui réduit à la misère ;
Celui qu' jamais on n'implorait en vain,
Il s'est ruiné pour nous donner du pain ;
Et quand maint'nant il est dans l'indigence,
De l' secourir, qui d' vous n' s'rait jaloux.

TOUS, avec force.

Aucun, aucun,

LUCIEN.

J'en étais sûr, d'avance ;
J'ai là quelqu' chose qui m' répondait pour vous.

SIMON.

Moi, j' lui donnerais tout ce que je possède.

UN AUTRE.

J' travaillerais jour et nuit pour lui.

SIMON.

Je me ferais saigner des quatre membres, s'il le fallait.

TOUS.

Moi aussi, moi aussi.

LUCIEN.

Vous voyez bien que j'avais raison de compter sur vot' bon cœur.

SIMON.

Mais, comment s' fait-il ?..

LUCIEN.

Pas d'explications... je vous conterai ça chez l' marchand de vin ; mais ne perdez pas de temps... allez chercher tout ce que vous pourrez disposer d'argent.

Air : Courant de la blonde à la brune.

Allons, allons, partez vite,
N' soyez pas long-temps dehors ;
Ça fait qu' s'ils nous rendent visite,
Nous brosserons les recors.
Qu'ils vienn'nt avec leur enquête,
J' vous en donne mon bon billet ;
J' n'aurai pas besoin d' Bressquoëtte,
Pour leur abîmer l' portrait.

TOUS.

Allons, allons, cte. . (Ils sortent en courant.)

LUCIEN, seul.

Mon Dieu! la somme n'y est pas encore... Ah! ma casquette... j'en aurai au moins 40 sous... en avant le bonnet d' papier. (Il met un bonnet d'imprimeur.) J' trouve qu' ça n' m'a jamais si bien été... c' pauvre cher homme, il est allé chercher des secours auprès de ses amis... des gens de la haute volée... le marchand de vins, l'épicier, le marchand de couleurs; comme il en aura été bien reçu... j't'en moque... ses pauvres compagnons n' se sont pas fait tirer l'oreille, eux,

Air : Je dois le dire avec candeur. (MODISTE.)

A ceux qu'il obligea souvent,
Maint'nant qu'il est dans la détresse ;
Qu'il aille donc d'mander de l'argent,
Ils lui donn'ront maint' bell' promesse ;
Mais en le r'fusant au total,
Ils lui parl'ront un beau langage :
Des ouvriers, c' n'est pas l'usage,
Nous fesons l' bien en parlant mal.

SCÈNE X.

JACQUES, il est pâle et défait ; LUCIEN.

JACQUES.

Tout! tout à la fois!

LUCIEN.

Ah! qu'avez-vous donc, bourgeois? vous êtes tout chose! ce n'est pas raisonnable.

JACQUES.

C'est que tout m'accable! ma fille! ma pauvre fille!

LUCIEN.

Ah! mon Dieu! que lui est-il donc arrivé?

JACQUES.

Mon bon Lucien, laisse-moi, il est de ces peines que les consolations, loin d'adoucir, augmentent.

LUCIEN.

Je me tais, bourgeois... mais quant aux huissiers...

JACQUES, se jettant sur une chaise.

Ah! qu'ils viennent s'ils veulent, ça m'est égal; je défie le sort! que pourrait-il à présent!..

LUCIEN, à part.

C' pauvre cher homme! sa tête est faible... y n' pourrait pas supporter les deux verres de blanc que ce matin... dépêchons-nous de lui remettre du baume dans la cervelle. (Il sort par le fond.)

SCÈNE XI.

JACQUES, seul.

Ma fille! ma fille morte! notre unique enfant! elle que j'aurais regardée avec tant d'orgueil! Mon Dieu! qu'ai-je dû dire quand la nourrice m'a appris cette nouvelle, car je crois que j'ai eu un moment de folie!.. cependant, je vois encore à la voiture cette femme qui ne cessait de me fixer; elle serrait son enfant contre son sein... on aurait dit qu'elle redoutait qu'il ne lui en arrivât autant... Oh! qu'elle était heureuse de ne craindre qu'un malheur imaginaire... moi... la réalité! l'affreuse réalité... et ma femme! ma pauvre Louise!.. comment lui apprendre!.. elle qui, hier encore, me parlait de notre avenir... de celui de notre enfant... qu'elle voyait déjà riche... recherchée! et tout d'un coup, tomber dans la misère! n'ayant pas même les caresses de sa fille pour la consoler de ce malheur... elle n'y survivra pas!.. et je serais témoin... non!.. ce n'est pas ma faute, si Dieu ne m'a pas donné assez de courage pour supporter ce temps d'épreuves... j'aime mieux me tuer!.. Me tuer!.. et ma femme... on la chassera d'ici; déjà le bruit de ma gêne a parcouru toutes les maisons où je devais... tous me demandent un argent que je n'ai pas... que je n'aurai peut-être jamais... c'est à en devenir fou.

SCENE XII.

STELLA, mise simple mais riche; JACQUES.

STELLA, paraissant au fond.

C'est lui... M. Jacques?..

JACQUES.

Ah! c'est vous, madame, je vous reconnais. Venez-vous encore me montrer votre enfant, pour me faire plus vivement sentir la perte que j'ai faite?

STELLA.

Calmez-vous, M. Jacques.

JACQUES, étonné.

Qui vous a dit mon nom?

STELLA.

Vous l'avez prononcé vingt fois vous-même... oui, dans votre désespoir, vous nous avez raconté votre horrible position.

JACQUES.

Eh bien! j'ai eu tort; je n'avais pas la tête à moi. Enfin, madame, que voulez-vous?

STELLA.

Venir à votre secours.

JACQUES.

Croyez-vous donc que je me sois plaint pour demander l'aumône?

STELLA.

Non, car c'est service pour service que je viens vous offrir.

JACQUES.

Expliquez-vous?

STELLA.

Vos créanciers vous persécutent... voilà de quoi les satisfaire.
(Elle lui présente un petit portefeuille.)

JACQUES.

Je ne puis deviner...

STELLA.

M. Jacques... la perte que vous venez de faire est affreuse... mais n'aurez-vous pas la force de la supporter?

JACQUES.

Hélas! madame... faut-il vous l'avouer... la mort de mon enfant me porte un coup terrible, mais ce que je crains le plus encore... c'est le désespoir de sa mère... elle en mourra, madame, elle en mourra, c'est sûr!

STELLA.

Il ne tient qu'à vous qu'elle l'ignore toujours.

JACQUES.

Ah! je donnerais ma vie pour ça.

STELLA.

Eh bien! il ne faut que donner votre nom.

JACQUES.

Mon nom?

STELLA.

A une infortunée qui ne sera jamais embrassée désormais par sa véritable mère.

JACQUES.

Ce mystère?..

STELLA.

Écoutez-moi, Jacques. Les momens sont précieux... Vous êtes un honnête homme! oh! tous les sermens possibles ne me le prouveraient pas tant que votre désespoir. Je vous ai jugé en quelques minutes... et il faut que j'aie bien confiance en vous, puisque je veux remettre entre vos mains ma vie, mon bonheur, ma fille en un mot.

JACQUES.

Votre fille? mais qui êtes-vous donc madame?

STELLA, vivement.

Oh! vous ne le saurez jamais; qu'il vous suffise d'apprendre qu'en acceptant, vous sauverez un enfant que de grands dangers menacent.

JACQUES.

Des dangers?

STELLA.

Que cet enfant ne doit jamais connaître d'autre père que Jacques, et que loin de vous être à charge elle peut vous sauver d'une ruine qui paraît imminente, remplacer près de votre femme la fille qu'elle a perdue et lui épargner un chagrin qui pourrait la conduire au tombeau. (Mouvement de Jacques.) Oh! ce n'est pas vous qui serez le plus à plaindre. Votre perte est cruelle sans doute, mais le temps ne peut qu'en diminuer le triste souvenir. Et croyez-vous qu'il ne soit pas plus affreux pour une mère, de se dire : mon enfant existe, et je n'ai plus d'enfant! ma fille parle, agit, grandit, embellit, et cependant morte, morte pour sa mère... ah! c'est horrible!

AIR de l'Angélus.

Jugez quel est mon désespoir,
Et ce qu'il me faut d'énergie,
Je dois, pour ne plus la revoir,
Quitter cette fille chérie.   (bis.)
D'un enfant, vous pleurez la mort;
Mais ma douleur est plus amère
Car mon enfant existe encor,
Et je ne serai plus sa mère. (bis.)

JACQUES.

Mais quels motifs vous engagent à vous en séparer?

STELLA.

Mes larmes, mes sanglots, ne vous disent-ils pas assez qu'il le faut, qu'un sort cruel m'y force, m'y condamne?.. oui, Jacques, quelle que soit votre décision, ma fille ne doit jamais connaître sa mère. Maintenant me refuserez-vous encore ce que je vous demande comme une grâce? Jacques, pensez à votre femme.

JACQUES.

Ma femme!..

LOUISE, appelant dans le cabinet.

Lucien!..

JACQUES, courant à la porte.

Grands Dieux!.. c'est elle... enfermée... ah! tant mieux!

STELLA, vivement.

Songez qu'il va falloir lui apprendre la triste vérité.

JACQUES.

Pauvre Louise!..

STELLA, continuant.

Qu'il faudra lui dire : Ta fille, ton unique espérance, ta joie, ton bonheur!.. ta fille est morte!..

JACQUES.

Que faire!.. mon Dieu!

STELLA.

Songez que votre refus peut la tuer aussi.

JACQUES.

Ah! cette crainte me décide tout-à-fait... J'accepte madame, j'accepte.

STELLA.

Chaque année, vous recevrez une somme égale à celle-ci.

(Elle lui présente l'agenda.)

JACQUES, le prenant.

C'est pour ma femme, pour elle seule que je consens...

LOUISE, appelant.

Lucien! Jacques!..

JACQUES.
De grace, veuillez passer par cette sortie...
STELLA.
Je vais vous amener ma fille. (Revenant sur ses pas et à voix basse.) Vous en aurez bien soin, n'est-ce pas? vous l'aimerez bien? oh! elle sera bonne, j'en suis sûre. Ah! partons...

Elle sort par le cabinet de droite. A la sortie de Stella, Louise en dehors, crie et appelle plus fort! LUCIEN! JACQUES!

SCENE XIII.
JACQUES, puis LOUISE.
(Jacques accompagne Stella jusqu'à la porte, et revient ouvrir à Louise.)

JACQUES.
Qui t'avait donc enfermée ainsi?
LOUISE.
Lucien. Il m'a tout conté, je sais tout, et tu voulais me cacher... mais que m'importe la misère, pourvu que je la supporte avec toi. Tu ne veux pas que je travaille... Eh bien! j'aime le travail, ça me fera plaisir au contraire.
JACQUES.
Mais...
LOUISE.
Quand je veillerai un peu plus tard, je me dirai, c'est pour acheter une robe à ma fille, et je travaillerai avec plus d'ardeur.
JACQUES.
Ta fille!..
LOUISE.
Ah! vois-tu, voilà de ces pertes dont on ne se console jamais... on en meurt... mais de l'argent... aujourd'hui pauvre, demain riche.
JACQUES, à part.
Allons, j'ai bien fait! (Haut.) Mais je ne sais en vérité...
LOUISE.
On va venir vendre nos meubles?.. Eh! mon Dieu! une petite table, deux chaises, un lit et un berceau, avec toi et notre enfant, ce sera un paradis!..
JACQUES.
Bonne Louise!.. mais il n'en est rien, j'ai plus d'argent qu'il ne nous en faut.
LOUISE, étonnée.
Mais que m'avait dit Lucien?..
JACQUES.
Lucien est un bavard.
LOUISE.
Il me disait que tu voulais revoyer en nourrice, ma fille, que je n'ai pas embrassée depuis trois ans.
JACQUES, douloureusement, à part.
Hélas! sa fille!..
LOUISE.
Pas vrai, que tu ne m'en priveras pas, que je la verrai?
JACQUES.
Comment donc! elle est là... (Montrant le cabinet de droite; à part.) Ah! si cette femme n'était pas arrivée.
LOUISE.
Elle est là, et tu ne me le disais pas... je cours... (Elle passe.)
JACQUES, vivement.
Non, arrête!
LOUISE.
Mais pourquoi me retenir?
JACQUES, avec trouble.
Le sommeil... la fatigue...
LOUISE.
Que tu es bon père!.. pourtant, j'aurais été bien doucement... je l'aurais embrassée... laisse-moi la voir seulement, d'ici?
JACQUES.
Non.

LOUISE.

Oh! que tu es méchant!.. mais je veux la voir!..
(Jacques l'empêche d'entrer et la fait passer à gauche.)

SCENE XIV.
LES MÊMES, LUCIEN, SIMON, OUVRIERS.

CHOEUR.
Air des Noces de Gamache.

Avançons en silence,
Quand les hussiers s'ront v'nus,
Comme il faut d'la prudence
Nous allons tomber d'ssus.

LUCIEN, à Jacques.

Les hussiers peuvent venir, Bressquoëtte est en bas.

JACQUES, bas.

Tais-toi donc.

LUCIEN.

Maintenant, au nom de tous les camarades, écoutez.

Que la gaîté la plus parfaite,
Soit la compagne de tes jours;
Chaque jour serait ta fête,
S'il dépendait de notre amour.

JACQUES, leur prenant la main.

Merci, mes bons amis, merci.

LUCIEN.

Attendez donc, ce n'est pas encore fini.

Puisque pour nous faire travailler,
Vos affaires se sont dérangées,
Nous vous apportons, voyez-vous,
Cinq cents francs et vingt-deux sous.

Ces derniers vers, c'est de moi.

JACQUES.

En vérité, mes amis, je ne sais ce que vous voulez me dire... cinq cents francs? Mais Dieu merci, je n'en suis pas là.

LUCIEN, étonné.

Comment! comment!..

JACQUES.

Cinq cents francs... tenez, voyez, en voilà mille, deux mille...
(Il montre l'agenda et l'ouvre.)

TOUS.

Qu'est-ce donc que Lucien?..

LOUISE.

Lucien est un bavard, un menteur, qui m'a fait la même peur, et un mal!.. c'est-à-dire que je ne puis en deviner le motif.

LUCIEN, furieux.

Comment, vous ne m'avez pas dit...

JACQUES, bas.

Tais-toi.

LUCIEN, à Jacques.

Ce matin, vous ne m'avez pas dit... les hussiers...

JACQUES, vivement.

Silence.

LUCIEN.

Vous ne m'avez pas dit... ma fille... ma pauvre fille!.. enfin, comme si elle était morte...

LOUISE, avec effroi.

Morte!.. En effet, pourquoi n'as-tu pas voulu que j'entre dans la chambre?

JACQUES, embarrassé.

Mais...

LOUISE.

Je cours...

JACQUES, l'arrêtant.

Arrête!.. un instant.
(Tous les ouvriers sont à gauche et menace Lucien qui est au milieu.)

LOUISE.

Un instant, c'est un siècle... non, rien ne peut me retenir... ma fille... ma fille!.. (Elle entre précipitamment.)

JACQUES, suivant Louise jusqu'à la porte et regardant dans la chambre.

Ah! elle est là!

LUCIEN.

Si ce n'est pas vrai, ce que j'ai dit, je consens à recevoir une danse, sans en parler à... (A Jacques.) Je vous vois encore...

JACQUES, l'interrompant.

Silence, te dis-je... si tu veux te taire, tu ne seras plus apprenti; demain je te paye comme ouvrier.

LUCIEN, étonné.

Ah!.. je... quoi...

TOUS.

Ah! tu nous as fait aller.

LUCIEN.

J'en conviens... mais...

SIMON.

Il n'y a pas de mais... tu vas recevoir ta danse.

LUCIEN, appelant.

Bressquoëtte!..

SIMON.

Tu ne devais rien dire.

LUCIEN.

C'est juste...

JACQUES.

Allons, je vous demande grace pour lui.

LOUISE, rentrant.

Ah! mon ami, que ma fille est belle!.. et quand je pense à la frayeur que m'a faite cet imbécile de Lucien... ah! je t'en veux, va. (Elle le pince.)

LUCIEN, criant.

Bress...

LOUISE.

Que signifie?..

LUCIEN.

Au fait!.. je dois rien dire.

SIMON, à Lucien.

Mais quel motif t'a fait agir ainsi?

LUCIEN, à part.

Oh! quelle idée!.. (Haut.) L' motif? le v'là: L' bourgeois tient plus à l'amour de ses ouvriers, qu'à un laurier-rose ou à une bouteille d'Alicante... prouvons-lui qu'il est chéri comme il le mérite... J'ai exigé de vous le plus grand sacrifice, personne n'a hésité... et voilà... (A part.) C'est pourtant vexant de passer pour menteur, quand...

JACQUES.

Mes amis... mes bons amis... je n'oublierai jamais ce trait-là... (A Lucien en le prenant à part.) Demain, ouvrier!..

LUCIEN.

Fameux... (Haut.) Amis, en avant, la noce.

JACQUES.

Je paie toutes les dépenses.

TOUS.

Vive not' bourgeois.

LOUISE.

Silence! vous allez réveiller ma fille... (Tous se taisent.) Tenez, regardez-la donc, comme elle est belle!.. elle sourit en dormant.

(Tous les ouvriers se dirigent vers la porte. Jacques est resté à gauche de la scène; le garçon de caisse paraît au fond, Jacques lui fait signe, il entre et Jacques lui donne un billet de banque de cinq cents francs en échange d'un effet.

LOUISE.

Ah! elle ouvre les yeux... elle me tend les bras... ma fille!

(Elle entre précipitamment; tous les ouvriers sont occupés à regarder dans la chambre.

STELLA, paraissant au fond, à part.

Sa fille! ah! malheureuse mère!..

FIN DU PREMIER ACTE.

ACTE II.

Le théâtre représente un appartement. Jacques, devant son bureau à droite, est occupé à faire sa paie. Lucien est assis à l'autre coin du théâtre; tous les ouvriers sont debout en attendant qu'on les paie : parmi ces derniers, l'on voit Bahu, gamin de dix ans, en pantalon militaire garance, coupé seulement par le bas pour sa taille, une seule bretelle en lisière, un bonnet de police sur le coin de l'oreille, le type du franc gamin de Paris. (Lithographie de Charlet.) Jacques continue sa paie déjà commencée. Entrée principale au fond, à droite, le bureau de Jacques. A gauche, une causeuse. A gauche aussi la chambre d'Emélie.

SCÈNE I.
LUCIEN, LES OUVRIERS, BAHU, JACQUES.

JACQUES.

Tiens, Claude, voilà ton compte.

L'OUVRIER.

Merci, bourgeois.

JACQUES, appelant.

Simon!.. (Personne ne répond.)

LUCIEN, à son tour.

Simon!..

BAHU, à part.

Quelle idée. (Haut et contrefaisant la voix de Simon.) Voilà !
(Il se détourne pour rire.)

JACQUES, sans le regarder.

Comment, Simon, tu t'amuses à ribotter au lieu de travailler...toi, père de quatre enfans. (Tout le monde se met à rire.) Qu'est-ce que c'est?

UN OUVRIER.

C'est ce gamin de Bahu.

BAHU, riant.

Elle est bonne; celle-là, hein?

L'OUVRIER.

J'te vas... (Il va pour le frapper; Bahu se réfugie auprès de Lucien.)

BAHU.

Ah ben! non, pas d'calottes; c'est pour de rire.

LUCIEN.

Ecoute, si tu fais toujours des tiennes, je me verrai forcé...

BAHU.

N' vous fâchez pas, contre-maître; voulez-vous que je vous fasse une commission?

LUCIEN, à part, en riant.

Je me reconnais : me voilà à son âge.

JACQUES.

Allons, silence! Jean-Pierre.

JEAN-PIERRE.

Présent...

JACQUES.

21 francs, 15 centimes.

LUCIEN.

Mais il y a un carreau de cassé à l'atelier pour son compte.

JEAN-PIERRE.

Bourgeois, c'est pas moi qui doit le payer.

JACQUES.

Et qui donc?

JEAN-PIERRE, se grattant l'oreille.

Pour lors, j'allais manger mon pain; j' mords, je sens quelque chose qui résiste... c'était Bahu qui avait fait un trou et mis une pierre dedans; pour lors, colère, j'y ai voulu jeter la pierre, j'ai attrapé l'carreau.

BAHU.

C'était pas une pierre.

JEAN-PIERRE.

C'était pas une pierre?

BAHU, s'avançant.
Non! c'était pas une pierre... c'était un caillou.
JEAN-PIERRE, lui donnant un soufflet.
Et ça... qu'est-ce que c'est que ça?
BAHU.
C'est pas un coup d' pied...
LUCIEN, se levant.
J'ai déjà défendu qu'on le batte.
JEAN-PIERRE.
Il me fait toujours aller.
LUCIEN, à part.
C'est vrai ; à son âge, je ne recevais que ça.
BAHU, à Lucien.
Soyez tranquille, il a son garçon qui n'a qu'un an de plus que moi ; j'y administrerai son affaire.
LUCIEN.
Je paierai le carreau.
BAHU.
Merci, contre-maître.
JACQUES.
Tiens, Jean-Pierre. (Appelant.) Martin Gérard...
MARTIN.
Voilà, bourgeois.

SCÈNE II.
LUCIEN, LOUISE, ÉMÉLIE, JACQUES.

ÉMÉLIE, accourant.
Bonjour, papa. (Elle va l'embrasser.)
TOUS LES OUVRIERS.
Bonjour, Mlle Milie, comment qu' ça va?
ÉMÉLIE.
Bien, très bien, mes bons amis; ah! maintenant, me voilà tout-à-fait rétablie et prête à vous faire enrager encore.
BAHU, caché derrière les ouvriers et criant comme un sourd.
Vive mam'selle Mélie.
ÉMÉLIE, riant.
Il ne faut pas demander si Bahu est là.
BAHU, passant entre les jambes de Jean-Pierre.
Toujours au poste, quand on donne des gros sous.
LOUISE, entrant.
Eh bien! Émélie... tu vas encore déranger ton père.
ÉMÉLIE.
Je voulais seulement lui dire bonjour et savoir s'il aura bientôt fini.
JACQUES.
Je n'en ai plus que quelques-uns et je suis tout à vous.
ÉMÉLIE, aux ouvriers.
Messieurs, dépêchez-vous, c'est aujourd'hui dimanche, et c'est bien assez de travailler toute la semaine ; qu'au moins papa soit libre de bonne heure.
LUCIEN.
Ne craignez rien, Mlle Émélie, il n'y en a plus pour long-temps.
ÉMÉLIE.
Tiens, je ne vous voyais pas... bonjour, M. Lucien.
LUCIEN.
Bonjour, Mlle Émilie... bonjour, ma petite femme...
JACQUES, l'interrompant.
Allons, ne va-t-on pas parler d'amour, quand je fais ma paie.
ÉMÉLIE.
Ah! mon Dieu! qu'as-tu donc papa, tu n'es pas gentil, ce matin?
LOUISE bas, en l'emmenant de l'autre côté.
Tais-toi, viens par ici.
JACQUES.
Voyons, Martin Gérard. (Il s'approche de Jacques.) Comment! toi, ordinairement si travailleur... tu n'as fait que quatre jours cette semaine. (L'ouvrier baisse les yeux.) C'est mal, ça, un si bon sujet! (Martin ne répond rien, et essuie ses yeux.)

ÉMÉLIE, s'échappant des mains de Louise.

Papa, ne le gronde pas, si tu savais... sa vieille mère est malade, elle se portait mieux quand il était près d'elle... ce pauvre garçon... c'est bien naturel!

JACQUES, avec effusion.

Et tu ne me le disais pas... tiens, mon ami, voilà ta semaine entière.

MARTIN.

Mais, je n'ai travaillé que quatre jours.

JACQUES.

Et voilà 20 francs d'avance... ta mère est malade... oh! je ne suis pas inquiet de toi ; vas, vas vite, et surtout ne reviens que lorsqu'elle sera guérie... (Il le paie; Martin a à peine le temps de dire merci, et sort précipitamment.)

ÉMÉLIE, à Jacques.

Monsieur, je suis très contente de vous; embrassez-moi, pour la peine.

BAHU, criant encore.

Vive l' bourgeois, et toute sa famille.

L'OUVRIER GALOU, le poussant brusquement.

Tu vas pas t' taire... clampin.

BAHU, à part, le toisant.

Cré coquin, si j'avais cinq pieds!

JACQUES.

Galou!

GALOU.

Voilà!

JACQUES.

Ah! tu as encore fait le lundi, le mardi, et le mercredi, c'est toujours la même chose.

ÉMÉLIE, tout bas.

Vous ne voulez donc jamais être raisonnable.

GALOU, s'emportant.

Ah! j' fais c' que j' veux... j' n'entends pas... (Emilie se réfugie près de sa mère.)

LUCIEN, se levant.

Ah! parle à Mlle Émélie plus honnêtement... ou sinon...

JACQUES.

Voilà ton compte, je ne veux plus de toi.

GALOU.

Eh ben! c'est bon, on s'en va... v'là-ty pas... j' manquerai pas d'ouvrage. (Aux ouvriers en sortant.) Tas d' capons! (Il sort en fermant la porte avec violence.)

BAHU, le regardant sortir.

C'est bon, j' te perds pas d' vue, toi, avec tes gros sabots...

JACQUES.

Allons, mes amis, à demain... allez vous reposer et ne faites pas le lundi.

TOUS.

AIR : Mon cœur à l'espoir s'abandonne.

On n' peut guère se reposer sur mon ame,
Car le dimanche en sortant d' l'atelier,
Il faut aller prom'ner sa femme :
Et c'est encor' plus dur que d' travailler.

BAHU.

J' viens de r'cevoir des calott's de Jean-Pierre
C'est ça l' plus clair de mes profits,
Mais si l' bourgeois vient d'payer l' père,
Moi je r' passerai la paie au fils.

(Reprise ; les ouvriers sortent.)

SCÈNE III.

LES MÊMES, moins LES OUVRIERS.

BAHU.

Et moi, bourgeois, vous n' me payez pas?

JACQUES.

Tiens, voilà ta semaine et ton pour-boire, et surtout, tâche de devenir meilleur sujet.

BAHU.
Moi, j'suis sage comme une image.

JACQUES.
C'est bon... vas balayer l'atelier. (Il continue d'écrire.)

BAHU.
Ça y est.

LUCIEN, le prenant à part.
Tiens, Bahu!.. voilà quatre sous.

BAHU, au comble de la joie.
Oh! oh! merci, contre-maître, j'vas acheter deux sous d'flan et une cigale pour fumer.

LOUISE.
Comment, à ton âge?

BAHU.
Il n'y a pas d'âge, j'suis dans un pays libre! je connais mes droits de citoyen... Je vas balayer l'atelier. (Il sort en chantant.)
Oh! eh! oh! eh! les autres oh! eh!

SCÈNE IV.
LES MÊMES, moins BAHU.

LOUISE.
Voilà un petit diable, qui, s'il continue fera un bien mauvais sujet.

LUCIEN.
Et pourquoi donc, Mme Jacques, j'ai été pis que cela, moi.

EMÉLIE.
Oui, il paraît qu'il n'était pas très endurant, très bon sujet non plus. M. Lucien.

LUCIEN, riant.
J'en conviens; quoique un peu changé, je ne vaux pas encore grand chose.

EMÉLIE, souriant.
Ça, je ne dis pas le contraire.

LOUISE.
Méchante! veux-tu bien le laisser tranquille.

LUCIEN.
Mais ce changement ne doit pas vous étonner, Emélie!.. A dater du jour où le patron en me nommant son contre-maître, m'a dit: Lucien, tu as été mon ouvrier, il ne tient qu'à toi d'être mon gendre!.. oh! alors, de ce moment plus de querelles, plus de disputes, de ribottes, j'ai tout fait pour me rendre digne de vous, j'ai tâché que plus tard, quand je serais votre mari, vous n'ayez pas à rougir de moi.

EMÉLIE.
Oui! vous avez renoncé aux querelles... c'est donc ça que la semaine passée, vous êtes rentré dans un état épouvantable...

LOUISE.
Encore une fois, veux-tu le laisser tranquille!..

LUCIEN.
Soyez juste: pouvais-je faire autrement?.. il fallait bien secourir Bressquoëtte qu'on assommait; ce pauvre diable se fait vieux, et dam! il m'a défendu tant de fois!..

JACQUES, fermant son registre et se levant.
Là! me voilà tout-à-fait libre... Eh bien! mes enfans, cette bonne Mme Brémont a-t-elle bien passé la nuit?.. arrivée d'Italie hier soir, elle doit être encore bien fatiguée.

EMÉLIE.
Nous n'avons pas osé entrer dans sa chambre, de peur de la déranger... et cependant, j'ai bien envie de la connaître.

LOUISE.
Comment!.. tu ne te rappelles pas de l'avoir vue à son dernier voyage?

EMÉLIE.
J'étais si jeune!

JACQUES.
Je vous recommande, à toutes deux, d'avoir pour elle les plus grands égards.

LOUISE.

J'espère qu'elle n'a pas eu à se plaindre de notre accueil le peu de fois qu'elle est venue à Paris.

JACQUES.

Je ne saurais trop vous le répéter... nous lui devons tout... J'étais sur le point de faire faillite, lorsque cette brave dame est venue si généreusement à mon secours.

LOUISE.

Aussi je l'aime!..

EMÉLIE.

Et moi donc!..

JACQUES, la prenant par la main.

Tu as raison, Emélie, aime-la bien.

LUCIEN, de mauvaise humeur.

Cette dame... cette dame... j'aurais autant aimé qu'elle ne soit pas venue, moi!..

EMÉLIE.

Et pourquoi ça, monsieur, s'il vous plaît?

LUCIEN.

Ah! pourquoi... pourquoi... parce que c'était aujourd'hui que M. Jacques m'avait promis de fixer le jour de notre mariage et que je vois qu'il n'en sera pas encore question,

EMÉLIE, à son père.

Fais-le donc un peu enrager.

JACQUES, qui fait signe à sa fille.

Ton mariage!.. ton mariage!.. nous avons le temps.

LUCIEN.

Le temps!.. ah! tenez, M. Jacques... vous avez été amoureux dans votre jeunesse...moi, je le suis, comme un fou, je ne vois qu'Emélie, je n'ai qu'une pensée, c'est de la rendre heureuse; et si vous saviez les projets que je forme pour notre bonheur à tous!.. il y a si long-temps que vous travaillez, vous vous reposeriez, vous resteriez avec nous, près de votre fille, chéri, considéré, jouissant d'une réputation d'honnête homme si justement acquise, moi m'efforçant de la mériter; et quand j'aurai des enfans, oh! comme je les élèverai à vous aimer, à vous respecter... ah! M. Jacques, ne retardez pas ce mariage, ne le faites pas; vous me feriez mourir.

LOUISE, attendrie.

Ce pauvre garçon! il a raison, pourquoi le tourmenter ainsi?

JASQUES, riant.

Rassure-toi, Lucien, l'arrivée de cette dame, loin de retarder ton mariage, ne fera que l'avancer.

LUCIEN, vivement.

Vrai!.. bien vrai?..

JACQUES.

Elle nous aime tant, elle porte tant d'intérêt à Emélie... elle sera enchantée d'être témoin du bonheur de tout une famille.

LUCIEN.

Mais alors, qu'elle vienne donc tout de suite!..

JACQUES, à part.

Elle sera heureuse de voir sa fille mariée à un honnête homme!

LOUISE.

La voilà!.. la voilà!..

SCÈNE V.
LUCIEN, LOUISE, ÉMÉLIE, STELLA, JACQUES.

STELLA.

Mes bons amis, avec quel plaisir je me retrouve parmi vous, et combien je suis touchée de vos soins obligeans!

JACQUES.

Oh! pas de remercîmens, madame, nous ne serons jamais quittes envers vous.

STELLA.

M. Jacques... cette jeune fille, serait-ce?..

JACQUES.

Oui, madame, c'est notre Emélie.

EMÉLIE, s'approchant.

Madame, mes parens, en votre absence, m'apprirent à vous aimer, mais je sens aujourd'hui que leur recommandation était inutile et je n'avais besoin, pour cela, que de vous voir.

STELLA, vivement.

Il se pourrait?.. quoi !.. je ne suis pas une étrangère à vos yeux !..

EMÉLIE.

Une étrangère !.. vous, notre bienfaitrice !..

STELLA.

Emélie... est-ce que vous ne me permettrez pas de vous embrasser ?

EMÉLIE.

Madame, je n'osais vous le demander.

STELLA, à part à Jacques, après avoir embrassé Emélie.

Oh! mon ami, comme elle est jolie !.. Mais je crains vraiment de vous avoir dérangés.

LOUISE.

Du tout, madame, nous étions en famille.

EMÉLIE.

Et d'ailleurs, il ne s'agissait pas d'un secret, nous parlions de mon prochain mariage.

STELLA.

Vous allez vous marier !

EMÉLIE.

Avec ce bel homme que voici, qui est presque aussi grand que moi.

LUCIEN.

Oui, madame, et votre arrivée vient d'avancer l'instant de mon bonheur.

STELLA.

Ah! c'est vous, monsieur, qui devez épouser Emélie?

LUCIEN.

Moi-même, madame... Lucien... autrefois l'apprenti de M. Jacques.

JACQUES.

Et maintenant mon contre-maître.

LUCIEN.

Ah! dam... il m'a pris bien gamin... bien farceur... mais soyez tranquille, je ne suis plus le même...

JACQUES.

C'est bon !.. c'est bon !.. t'aurais-je choisi, sans cela ?

LOUISE.

Vous aurais-je accordé Emélie

STELLA, à part.

La marier à un ouvrier !..

LUCIEN, bas à Jacques.

Elle est charmante cette dame et je suis sûr qu'elle nous trouve joliment assortis nous deux votre fille.

STELLA, à part.

Il n'y a plus à balancer, dès aujourd'hui, je dois prévenir Jacques.

JACQUES.

Dis donc, Louise, si nous proposions à madame de visiter notre fabrique ?

EMÉLIE.

Et mon jardin !.. vous verrez... il est charmant et les plus belles fleurs !..

STELLA.

J'accepte avec plaisir.

EMÉLIE.

Lucien, je ne vous invite pas à venir, vous le connaissez.

LUCIEN.

Je crois ben je tire tous les jours assez d' seaux d'eau pour l'arroser.

EMÉLIE.

Air :

Venez, sans tarder d'avantage,
Venez visiter mon jardin,
Mais si vous voulez de l'ombrage,
Il faut avoir votre ombrelle à la main.

ENSEMBLE.

Allons, etc.

LUCIEN, à Jacques qui sort le dernier.

Au revoir mon père!.. vous entendez? mon père.

JACQUES.

Certainement, mon fils!.. tu entends? mon fils. (Il sort.)

SCÈNE VI.

LUCIEN, seul.

Emélie... ma femme et bientôt... ah! si je ne me retenais, je sauterais comme un imbécile... oh! non, un instant, M. Lucien, il ne s'agit plus de plaisanter, ici... me voilà dans peu chef de maison, père de famille... n'allons pas oublier ce que je viens de promettre au patron... père de famille... ça devient sérieux... Emélie croit qu'elle aura des filles, je n'ai rien dit, parce que je ne veux pas la contrarier là-dessus, mais je suis sûr que ça sera des garçons, moi...et des garçons, c'est le diable à élever... c'est que je me rappelle comme j'ai été, moi...

Air Famille de l'Apothicaire.

Chez eux craignant d'être trahis,
Que de pèr's de ma connaissance,
Sont enchantés lorsque leurs fils
Ont un peu de leur ressemblance;
Moi, d'après c' que j' fus dans mon temps;
Loin d'caresser cette chimère,
Je désire que mes enfans
Ne ressemblent pas à leur père.
Et je suis sûr que mes enfans
Ne r'ssembleront pas à leur père.

Il ne manquerait plus que cela... qu'ils se disputent, qu'ils se battent... ah! bien, ah! bien, comme je les arrangerais.

SCÈNE VII.

LUCIEN, BAHU, il a l'œil tout noir.

LUCIEN, riant.

Ah! mon Dieu! qu'est-ce que tu as donc?..

BAHU, d'un air penaud.

Ne m'en parlez pas, c'est le garçon à Jean-Pierre, pour la peine que son père m'a donné une calotte, il m'en a donné une collection.

LUCIEN.

Comment, tu te laisses battre? maladroit!

BAHU.

Maladroit!.. au contraire... drès que j' l'aperçois, j' lui dis; en garde, mon vieux... et v'lan... il m' ramasse.

LUCIEN.

C'est que ta garde était mauvaise.

BAHU.

Mauvaise!.. c'est la garde à Goupil.

LUCIEN.

Eh bien! elle ne vaut rien.

BAHU.

Comment, elle ne vaut rien! t'nez, on s' met comme ça, on a la retraite de la jambe droite qui est à la disposition du corps. (Il se met en garde.)

LUCIEN.

Mauvais! mauvais! vois-tu... mets ta jambe comme ça, si l'autre t'attrape, il ne peut te toucher que là; ça ne peut te rien faire... si tu l'attrapes au contraire... tu l'abîmes!..

BAHU.

Ah! oui, je comprends... comme ça. (Il s'y met.)

LUCIEN.

Oui, bien... c'est ça.

BAHU.

Vous m'attaquez, j'attaque, et voilà!.. (Il lui donne un grand coup de pied.)

LUCIEN.

Oh! aïe!.. c'est ça.

BAHU.

J' vous ai fait mal?

LUCIEN, se reprenant tout à coup.

Non, monsieur, vous ne m'avez pas fait mal... mais vous êtes un polisson ; qu'il vous arrive encore de vous battre et vous aurez affaire à moi.

BAHU, fâché.

Ah ! qu'est-ce que j'ai fait là !..

LUCIEN, à lui-même.

Voyez-vous le père de famille qui donne des leçons ?..

BAHU.

Vous m'en voulez, hein ?

LUCIEN.

Non, non, je suis trop heureux pour ça... je vais me marier, Bahu !

BAHU.

Vrai ?..

LUCIEN.

Et avec Mlle Émélie.

BAHU.

Fameux ! j' prendrai la jarretière de la mariée... Oh ! l' bourgeois.

SCENE VIII.
BAHU, STELLA, JACQUES, LUCIEN.

STELLA, à Jacques.

Enfin, nous avons pu nous éloigner de votre femme et d'Émélie... Jacques... j'ai besoin de vous parler... à vous seul...

JACQUES.

Je suis à vos ordres, madame. (A part.) Plus de doutes, elle veut doter sa fille !

LUCIEN.

Vous avez à causer d'affaires... je vous laisse.

JACQUES.

Non, reste ; ça te regarde.

STELLA.

Je désirerais que nous fussions... seuls.

JACQUES.

C'est juste... en ce cas mon garçon...

LUCIEN.

Oui, M. Jacques. (Il sort.)

BAHU.

Et moi, j' peux-ty rester ?

JACQUES.

Toi, va donc voir à l'atelier si j'y suis...

BAHU, riant.

Oh ! connu... connu ! j' m'en vas... oh ! c'te dame, elle est toute mal, excusez. (Haut.) Bonjour, madame. (Il sort en faisant la roue.)

SCENE IX.
STELLA, JACQUES.

JACQUES.

Eh bien ! madame, nous voilà seuls !

STELLA.

Oh !.. monsieur... comme elle est jolie !..

JACQUES.

Dam ! la dernière fois que vous l'avez vue, elle avait dix ans à peine... et depuis elle a fait des progrès... l'histoire, la géographie, la musique, la beauté, elle a tout mené de front ; si elle continue elle sera bientôt de première force.

STELLA.

Vous m'enchantez.

JACQUES.

Tout ça n'est rien encore auprès de son cœur !.. Oh ! son cœur ! il n'est pas assez grand pour aimer Louise, moi, Lucien, vous aussi... Mme Brémont !.. il ne se passe pas de jours qu'elle n'en parle avec cette affection, cette reconnaissance qu'elle vous témoignait tout à l'heure... Je vous l'avouerai même... mais là... en cachette... j'en suis souvent jaloux pour ma pauvre Louise... oui, quand elle parle de vous... il y a dans sa voix quelque chose d'une fille qui parle de sa mère.

STELLA.

Chère enfant ! croyez, Jacques, qu'il fallait que j'eusse un motif bien puissant pour m'en séparer!.. mais grace au ciel, le danger qui la menaçait alors, n'existe plus.

JACQUES, joyeux.

Oh! je devine! vous viendrez la voir plus souvent... peut-être même venez-vous vous fixer à Paris... si cela était!.. de combien d'amour seriez-vous entourée!.. près d'Emélie... de son mari.

STELLA.

Son mari... M. Jacques... ce mariage ne peut avoir lieu!

JACQUES.

Que dites-vous.

STELLA.

Écoutez-moi; je ne saurais trop payer les soins que vous avez donnés à ma fille depuis douze ans... aussi, croyez qu'auprès de moi, elle n'oubliera jamais ses parens adoptifs.

JACQUES, surpris et après un temps.

Oublier! je ne vous comprends pas, madame.

STELLA.

Vous ne comprenez pas que libre enfin d'avoir ma fille près de moi, je ne veux plus la quitter... qu'elle va me suivre?..

JACQUES, avec force.

Vous suivre, madame...

STELLA.

A Naples, ma patrie, où désormais je veux vivre pour elle.

JACQUES,

Ah ça! mais, j'entends mal?..

STELLA.

Je conçois qu'un pareil sacrifice devra vous coûter, mon ami, aussi pour vous dédommager, il n'est rien que je ne fasse; parlez... que voulez-vous? de l'or?.. la moitié de ma fortune?..

JACQUES, avec ironie.

De l'or!.. Ah! c'est vrai : vous croyez avoir tout dit, quand vous avez dit de l'or!.. pensez-vous donc qu'il puisse payer tout ce qu'Emélie a reçu de nous?.. savez-vous qu'elle a un père qu'on nomme partout Jacques l'honnête homme?.. une mère, (car Louise est toujours la sienne, madame) une mère, à qui l'on ne parle qu'avec respect?.. car elle fut toujours respectable, elle.

STELLA, à part.

Que veut-il dire?..

JACQUES.

Et pour de l'or, vous voulez que je dise à ma femme... tu es à peine remise des fatigues causées par la maladie de ta fille... Eh bien! ce n'est pas ta fille! cette enfant que, depuis si long-temps tu accables de caresses et qui te les rend avec tant d'usure... cet enfant, ce n'est pas le tien! Allons donc, madame, vous n'avez pas pensé à ce que vous disiez, vous n'avez pas réfléchi que ce mot seul était un arrêt de mort, pour celle qui a élevé Emélie, sans cela, vous ne l'auriez pas dit.

STELLA.

Vous pensez à vous, aux vôtres, je le conçois; mais vous ne pensez pas à celle qui pendant douze ans, n'a vu sa fille que peu de fois... vous sentez bien vos peines, mais vous ne voulez pas concevoir les miennes.

JACQUES.

Madame, je me rappelle vos propres paroles; je n'ai plus de fille, m'avez-vous dit : elle ne connaîtra que vous désormais; aimez-la comme un père!.. Eh bien! ai-je manqué à ma promesse, et ma Louise qui ne tient à la vie que par un fil!.. Oh! vous êtes trop bonne, vous ne voudrez pas le rompre! tenez... jamais je n'ai supplié personne, jamais je n'ai fléchi les genoux pour demander une grace... Eh bien! je vous supplie... je me mets à genoux devant vous. (Stella le retient avec un geste d'impatience.)

SCÈNE X.
STELLA, ÉMÉLIE, JACQUES.

ÉMÉLIE, entrant étourdiment par le fond.

Eh bien! je... que vois-je?

JACQUES, sans voir Émélie.

Émélie est votre enfant, c'est vrai; mais du jour où vous nous l'avez confiée, elle est devenue le nôtre.

ÉMÉLIE.

Qu'entends-je ?

JACQUES.

Si vous aviez vu la joie de ma femme quand, croyant embrasser sa fille, elle embrassa la vôtre que vous perdiez, il est vrai, mais que vous pouviez revoir, que vous avez revue... et vous voulez me l'enlever, vous voulez que je me sépare de mon enfant, de celui de ma femme... Oh! jamais, jamais!

ÉMÉLIE, s'avançant.

O ciel! qu'ai-je entendu? quoi! vous seriez?..

STELLA.

Ta mère!..

ÉMÉLIE, lentement.

Ma mère!

ENSEMBLE.

STELLA.	ÉMÉLIE, à part.	JACQUES.
Quel trouble en ma présence,	Quel trouble en sa présence,	Quel trouble en sa présence,
D'elle vient s'emparer!	De moi vient s'emparer!	D'elle vient s'emparer!
Elle hésite et balance;	J'hésite, je balance;	Elle hésite et balance;
Ah! que dois-je espérer?	Qui dois-je préférer?	Qui va-t-ell' préférer?

ÉMÉLIE, vivement.

Et Louise! ma bonne Louise!..

JACQUES.

N'était que ta mère d'adoption. Et pour la remercier des soins qu'elle a pris de ton enfance, madame veut d'un mot détruire son illusion... son bonheur...

ÉMÉLIE, courant à sa mère.

Ah! madame... vous ne le ferez pas, n'est-il pas vrai?

REPRISE DE L'ENSEMBLE.

LOUISE, dans la coulisse.

Emélie!.. Emélie!..

JACQUES.

Ma femme!.. pas un mot devant elle, madame!..

ÉMÉLIE.

Oh! non, pas un mot... je vous en conjure.

SCÈNE XI.
JACQUES, EMÉLIE, LOUISE, JACQUES.

LOUISE.

Ah! te voilà! je te cherchais partout!.. tu m'as quittée si brusquement. (Observant tour à tour, Jacques, Stella et Emélie.) Ah ça! mais, qu'avez-vous donc, tous les trois... d'où vient que tu es si agitée?

ÉMÉLIE, l'embrassant.

Ce n'est rien... je t'assure... ma mère!.. ma bonne mère!.. oh! que je t'aime!

STELLA.

Et vous n'aimez qu'elle?..

ÉMÉLIE, allant à elle.

Ah! si!.. vous... je vous aime bien aussi... (L'appelant bas.) Ma mère!

STELLA, à part.

Ah! c'en est trop, jamais je ne pourrais renoncer à elle.

JACQUES.

Mais, toi-même, qu'as-tu donc, Louise? tu es aujourd'hui plus pâle que de coutume.

ÉMÉLIE, vivement.

Serais-tu souffrante?

LOUISE.

Non... non... ce n'est rien.

ÉMÉLIE.

Et quand je songe que c'est pour avoir passé les nuits à veiller auprès de moi.

LOUISE.

C'était bien naturel...

ÉMÉLIE.

Si je l'avais su! je t'en aurais bien empêché.

LOUISE.

Je ne le crois pas... (Passant auprès de Stella.) Tenez, madame, je ne voudrais pas que Jacques qui est si bon m'entendît, mais l'amour d'une mère pour son enfant l'emporte sur tout autre sentiment.

STELLA.

Vous avez raison... oui... amitié, reconnaissance, il faut tout oublier.

(Pendant ce temps, Jacques a parlé à Emélie.)

JACQUES, bas.

Tu m'as compris... je vais emmener ta mère. (Haut.) Louise, il faut laisser Émélie seule avec madame qui nous menaçait tout-à-l'heure de nous quitter promptement.

LOUISE.

Comment, nous quitter !.. déjà !.. à peine arrivée...

JACQUES.

J'espère que ta fille aura plus de pouvoir sur elle que nous tous...

LOUISE, à Emélie.

Tâche d'être éloquente... tu fais de nous tout ce que tu veux... fais en sorte d'avoir le même empire sur madame.

JACQUES, à Louise.

Allons, allons, viens.

Air de Gustave.

LOUISE, à part.
D'où vient ce mystère ?
Je crains un malheur,
Jacques, je l'espère,
Va calmer mon cœur.

STELLA, bas.
Je sens d'une mère,
La voix dans mon cœur,
Cette enfant si chère ;
Est tout mon bonheur.

JACQUES, à part.
Elle se croit sa mère ?
C'est tout son bonheur,
Détruire ce mystère
C'est briser son cœur.

ÉMÉLIE, bas.
Oui, de ce mystère,
Dépend son bonheur ;
A ma bonne mère,
Laissons cette erreur.

SCENE XII.
STELLA, ÉMÉLIE.

STELLA, allant s'asseoir.

Emélie, viens là, près de moi !.. Enfin tu m'es rendue !.. toi... dont je fus privée si long-temps... oh ! que j'avais besoin de ta présence de ton amour... et toi, es-tu heureuse de me voir ?..

ÉMÉLIE.

Oh !.. oui bien heureuse !.. (D'un air câlin.) Mais il ne faut pas être méchante !.. Je vous préviens que je suis habituée à ce qu'on fasse toutes mes volontés... ainsi vous allez m'écouter... et d'abord, vous ne retournerez plus dans votre pays... vous vous fixerez ici, dans notre maison ; là, je partagerai ma tendresse entre celle qui ma donné le jour et celle qui me l'a conservé.

STELLA.

Mais... Emélie...

ÉMÉLIE.

Quant à Lucien, vous savez, Lucien, mon mari, mon mari futur... oh ! pour celui-là, c'est le meilleur enfant du monde... il ne fera rien, il ne parlera, il n'agira que lorsque je le voudrai ; aussi ne vous occupez pas de lui... pour ce qui regarde Jacques, vous serez forcé de l'aimer autant que moi quand vous serez témoin de l'estime dont il est entouré, car, voyez-vous, il n'y a pas d'amour, d'amitié possible sans estime...

STELLA.

Tu tiens donc bien à rester à Paris ?..

ÉMÉLIE.

N'est-ce pas là qu'habitent tous ceux que j'aime ?

STELLA.

Songe combien tu as à me dédommager du temps que j'ai passé loin de toi.

ÉMÉLIE.

Pourquoi ne venais-tu pas plus souvent ?

STELLA.

Ah ! si je l'avais pu !

ÉMÉLIE.

Qui pouvait t'en empêcher ?

STELLA, hésitant.

Mais... des motifs graves...

ÉMÉLIE.

Ah! je ne suis pas curieuse!

STELLA.

Enfin, Emélie, tu es ma fille... et Louise...

ÉMÉLIE.

Louise!.. je suis habituée à ses caresses comme elle aux miennes; nous voir tous les jours, nous chérir, est pour nous un besoin!.. Ecoute, maman, je te le répète: Si jamais Louise apprenait que je ne suis pas sa fille, elle en mourrait de douleur...

STELLA.

Allons, sois raisonnable, Émélie; j'espère que tu ne me forceras pas d'employer l'autorité maternelle!..

ÉMÉLIE, étonnée.

L'autorité maternelle!..

STELLA.

Écoute, je t'aimais autant qu'on peut aimer sa fille, mais depuis que je te connais mieux, je te disputerais à Dieu même!.. ainsi toute prière est inutile; Emélie, il faut me suivre...

ÉMÉLIE, sanglottant.

Mais je ne pourrai jamais soutenir leurs regards, quand je partirai, les voyez-vous, pâles, muets, de grosses larmes dans les yeux, le mot ingrate expirant sur leurs lèvres... non, je n'en aurai jamais le courage.

STELLA.

Eh bien! tu peux l'éviter... j'ai tout prévu... ma chaise de poste est là, préparée à tout événement, pars, pars avec ta mère qui t'aime tant!.. tu seras riche...

EMÉLIE.

Que m'importe!..

STELLA.

Heureuse!

EMÉLIE.

Loin d'eux... jamais!

STELLA.

Tu me forces, enfin de dire un mot que j'évitais d'employer... je le veux!

ÉMÉLIE.

Je le veux!.. ah!.. jamais Louise ne m'en a dit autant...

STELLA.

Emélie!..

ÉMÉLIE.

Tenez, madame, vous me rendez folle... vous voulez que je les quitte!.. eh bien! oui! oui! vous avez tous droits sur moi, je le ferai... oh! mais, alors, que ce soit tout de suite, sans réfléchir.

STELLA, voulant l'entraîner.

Viens donc, viens...

ÉMÉLIE, au désespoir.

Eh quoi! sans les embrasser!..

STELLA.

Il le faut!..

ÉMÉLIE, pleurant.

Eh bien! laissez-moi leur écrire un dernier adieu!..

AIR:

Le devoir l'ordonne,
Et je me soumets;
Pour vous, j'abandonne
Tout ce que j'aimais. (bis.)
Famille chérie!
Qui fit tout pour moi,
L'ingrate Emélie,
Va fuir loin de toi.

STELLA.

Le devoir l'ordonne,
Elle se soumet;
Car elle abandonne,
Tout ce qu'elle aimait.

EMÉLIE.

Le devoir l'ordonne,
Et je me soumets;
Pour vous, j'abandonne
Tout ce que j'aimais.

(Elle rentre.)

SCENE XIII.
STELLA, puis LUCIEN.

Enfin, elle est à moi!.. oh! je ne suis plus Stella, cette femme brillante de Gênes... désormais je ne veux plus avoir qu'un amour dans le cœur, celui de ma fille, de ma bien aimée... Ah! quelqu'un.

LUCIEN, entrant pâle et défait.

Pardon, madame.

STELLA.

Que voulez-vous?

LUCIEN.

M. Jacques m'a tout confié, madame.

STELLA.

Eh bien!

LUCIEN, tristement.

Il m'engageait à venir vous supplier de m'accorder la main d'Emélie... mais je ne suis pas venu vous parler pour moi, je suis jeune... je puis supporter ce malheur... et puis quand j'en mourrais, je suis seul au monde...

STELLA, avec impatience.

Enfin, que voulez-vous?

LUCIEN.

Vous supplier de garder le silence, de ne rien dire à Mme Jacques; ce serait lui donner un coup affreux... quant à moi je ne demande rien, je sais bien qu'un ouvrier ne peut-être votre gendre, quoique, j'aurais fait tout pour en être digne!.. je me serais instruit... j'aurais eu une conduite exemplaire, et quand M. Jacques se serait retiré du commerce, j'aurais conduit sa maison... enfin, j'aurais rendu votre fille si heureuse que vous auriez fini par m'aimer. Eh bien! tout cet avenir... j'y renonce!.. et si vous craignez que votre fille m'aime trop, eh bien! je m'en irai... je partirai... mais sa mère... Mme Jacques, ah! par pitié, acceptez mon sacrifice, et faites celui que je vous demande.

STELLA, sans l'écouter.

A chaque instant, je crains qu'Émélie n'arrive!

LUCIEN.

Eh bien! madame, que puis-je espérer?

STELLA, de même.

Elle vient!..

LUCIEN.

Ah! je ne vous quitte pas que je n'aie obtenu une réponse!..

STELLA, à part.

Que faire! (Haut.) Eh bien! allez trouver M. Jacques, qu'on me laisse seule... et dans une demi-heure... on saura tout.

LUCIEN, avec joie.

Ah! madame, je le disais bien, une si belle figure ne pouvait cacher un mauvais cœur... dans une demi-heure... je reviendrai... peut-être plus tôt.

STELLA, le poussant pour ainsi dire.

Partez donc!..

LUCIEN.

Oui, oui, je pars... ah! (Il sort.)

SCENE XV.
STELLA, puis EMÉLIE, en pleurs.

STELLA.

Il était temps .. la voilà!.. viens, viens, mon enfant... la voiture est là...

ÉMÉLIE, ne sachant ce qu'on veut lui dire.

Ah!.. la voiture...

STELLA.

Dans une heure, nous serons loin d'ici.

ÉMÉLIE, de même.

Ah! oui... loin d'ici!

STELLA.

As-tu écrit la lettre?

ÉMÉLIE, de même.

Quelle lettre?.. Ah! c'est donc pour ça que j'allais dans ma chambre... je ne me suis rappelée de rien, je me suis mise à pleurer, je suis revenue ici sans avoir écrit... Partons-nous?

STELLA.

Oui, oui, partons. (Elle entraîne Emélie qui se laisse conduire sans rien dire, sans efforts, elle ne pense plus; elle marche.)

SCENE XVI.
Les Mêmes, JACQUES.

JACQUES, *paraissant tout à coup sur le seuil de la porte ; d'un ton solennel.*
Émélie, où vas-tu ?
ÉMÉLIE, *revenant à elle.*
Ah ! Jacques ! (Elle se jette dans ses bras.)
JACQUES.
Eh quoi ! Émélie, pour prix de tant de bontés, tu quittes notre famille.
ÉMÉLIE.
C'est ma mère ! elle m'ordonne de la suivre.
JACQUES.
Et je te défends d'obéir.
STELLA.
Monsieur, j'ai des droits.
JACQUES.
Vous ?.. je vous défie de les faire valoir.
ÉMÉLIE.
Jacques...
STELLA.
Tant d'audace...
JACQUES.
Vous étonne... je le conçois ; tout à l'heure, j'étais à vos genoux, je vous suppliais comme un enfant qui demande pardon d'une faute ; maintenant, je me relève, je redeviens homme, et puisque vous m'offrez la lutte, je l'accepte, l'ingratitude est de votre côté, la force sera du nôtre...
STELLA. (Il fait passer Emélie.)
Prenez garde, monsieur, je dis tout à votre femme.
JACQUES, *avec force.*
La voilà ! voyons si vous l'oserez, Stella !
STELLA.
Stella !.. Oh ! mon Dieu ! saurait-il ?

SCÈNE XVII.
Les Mêmes, LOUISE.

LOUISE.
Eh bien ! Émélie, as-tu réussi, mon enfant ? tu pleures ?..
JACQUES.
Eh ! oui, sans doute... madame refuse obstinément de différer son départ... mais ce qu'Emélie n'a pu faire... je vais l'essayer, moi !..
(Louise va auprès d'Emélie et la console ; Jacques s'approche de Stella.)
STELLA, *à part.*
Je ne sais, mais il m'inspire une crainte... un effroi !..
JACQUES, *bas à Stella.*
Dois-je apprendre à votre fille que Mme Brémont, trahissant ses devoirs d'épouse et de mère, quitta sa patrie pour suivre un séducteur ?
STELLA.
O ciel !.. quoi ! vous savez...
JACQUES.
Que vous remîtes Émélie entre mes mains, pour que la honte de sa mère ne retombât pas sur elle !
STELLA, *tremblante.*
Oh ! monsieur... et maintenant, que prétendez-vous faire ?
JACQUES.
Régler ma conduite sur la vôtre, et ne parler qu'après vous.
STELLA.
De grace, laissez-moi l'estime de ma fille.
JACQUES.
Me laisserez-vous la vie de ma femme ?

SCÈNE XVIII.
Les Mêmes, LUCIEN, BAHU.

BAHU, *cramponné après Lucien.*
Non, vous ne partirez pas !

LUCIEN, se dégageant.

Veux-tu me lâcher... Dieu! Mme Jacques!

LOUISE.

Comment, Lucien!.. qu'est-ce que cela signifie?

BAHU.

Qu'il veut quitter la fabrique! s'engager dans les casques en cuir.

LOUISE.

Serait-il vrai, Lucien?

LUCIEN, hésitant.

Dam!

ÉMÉLIE.

Partir!.. vous!.. quitter Jacques, Louise, ceux qui vous aiment tant!

LUCIEN.

Que voulez-vous, mam'selle, il le faut bien... puisque notre mariage déplait... à des personnes... *(Il regarde Stella.)*

STELLA.

Mais vous vous trompez!.. je n'ai pas le droit de m'y opposer... d'ailleurs, puisque vous aimez Emélie et qu'Emélie vous aime... je ne vois pas pourquoi on hésiterait à vous unir.

JACQUES, bas à Stella.

C'est bien!.. c'est bien!..

LUCIEN, joyeux.

Oh! si c'est comme ça... ne craignez rien... je reste!..

LOUISE.

A la bonne heure!.. *(Se retournant vers Stella.)* Mais vous, madame pourquoi nous quitteriez-vous?..

STELLA, vivement.

Moi!.. *(Bas à Jacques avec prière.)* Oh! monsieur faut-il que je renonce entièrement à elle!..

JACQUES, bas.

Oh! maintenant non!.. non!.. *(Haut.)* Ecoutez!.. *(Musique.)* Madame, avait une fille de l'âge d'Emélie... tout son portrait... cette fille est morte!..

(Louise se rapproche d'Emélie.)

LOUISE.

Morte!

JACQUES.

Aussi voulait-elle s'éloigner... la vue de notre bonheur faisait son supplice... mais si Emélie l'appelait sa mère... si, toi, Louise, tu consentais à lui laisser partager ce nom entre vous deux... Elle nous resterait...

LOUISE, vivement.

Que pourrais-je refuser à notre bienfaitrice!

ÉMÉLIE, à Stella.

Maman! *(Allant à Louise.)* Tu n'es pas jalouse?

Air d'Yelva.

Je comprends bien votre douleur extrême,
Car cette fille, hélas, était par vous,
Aimée autant que je la suis moi-même.

STELLA.

Vous me plaignez!.. mon sort en est plus doux!

ÉMÉLIE.

A notre bonheur, je l'espère,
Rien ne saurait manquer à l'avenir,
Moi, ce matin, je n'aimais qu'une mère,
Et maintenant j'en ai deux à chérir!

BAHU, transporté.

On s'marie... flambant! ah! quelle noce!..

CHOEUR.

Vous restez en ces lieux!
Non, plus de larmes,
Plus d'alarmes;
Vous restez en ces lieux,
Le ciel enfin comble nos vœux.

FIN.

C'EST ENCORE DU GUIGNON,

VAUDEVILLE EN TROIS ACTES,

PAR MM. E. CORMON et L. St-AMAND.

REPRÉSENTÉ POUR LA PREMIÈRE FOIS, A PARIS, SUR LE THÉATRE DE LA PORTE-SAINT-ANTOINE, LE 16 FÉVRIER 1837.

Arrêtez, barbier, vous m'éraillez le physique !.. (ACT. I, SCÈNE IV.)

PARIS,
NOBIS, ÉDITEUR, RUE DU CAIRE, N° 5.
—
1837.

Personnages.	Acteurs.
BENOIST.	MM. FOURNIER.
LEBLANC, perruquier.	FERDINAND.
NARCISSE, jeune premier du théâtre Mont-Parnasse.	HENRI.
M. RENARD, boucher.	BRAUX.
COCO, apprenti chez Leblanc.	Mmes BLIGNY.
Mme RENARD, épouse de Renard.	LUDOVIC.
CAROLINE, nièce de Leblanc.	EMMA.
NINI } actrices.	BARVILLE.
IRMA }	ADÈLE.
UN GARÇON DE RESTAURANT.	M. ALFRED.

J.-R. MEVREL, Passage du Caire, 54.

C'EST ENCORE DU GUIGNON,

VAUDEVILLE EN TROIS ACTES.

ACTE I.

La boutique de Leblanc.—Devanture vitrée donnant sur la rue; à gauche, un comptoir et une porte conduisant à la chambre de Caroline; à droite, une autre porte donnant dans la cour de la maison; au fond de la boutique, au-dessus de la porte, on lit cette inscription : AU RASOIR D'APOLLON. LEBLANC, RASE, COEFFE ET VA-Z-EN VILLE.

SCÈNE I.

CAROLINE, assise dans le comptoir; COCO, arrivant du dehors.

CAROLINE, elle a une brochure à la main.
Eh bien! Coco, as-tu vu les affiches?

COCO.
Oui, mamzelle.

CAROLINE.
Que joue-t-on ce soir au Mont-Parnasse?

COCO.
FRÉTILLON.

CAROLINE.
Oh! la jolie pièce! le beau rôle!.. comme j'aimerais à y débuter! Parlez-moi de ces ouvrages-là... on y rit.... on s'y amuse, et puis c'est moral.

Air de l'Artiste.
Dans vos grands mélodrames
Où l'on s'arrach' les yeux,
On voit des méchant's femm's...
Mais là tout est bien mieux;
Frétillon nous indique,
Dans plus d'un gai refrain,
L'art de mettre en pratique
L'amour de son prochain.

Et d'abord, moi, j'aime mon prochain.

COCO.
Dites donc, mamzelle, en v'là un.

CAROLINE.
Un quoi?

COCO.
Un de prochain.

CAROLINE.
Où?

COCO.
Pardine, là? (Il lui montre Benoist qui, pendant le couplet, est venu se coller aux carreaux de la boutique.) Est-ce que vous ne voyez pas, entre deux têtes à perruques, une troisième tête qui vous dit bonjour?

CAROLINE.
C'est lui... ce pauvre Benoist!.. je n'ose vraiment pas lui faire signe d'entrer... si mon oncle descendait et le trouvait ici!...

COCO.
C'est vrai que le patron n'a pas l'air de l'affectionner beaucoup.

SCÈNE II.

LES MÊMES, BENOIST, il entr'ouvre la porte du fond et passe seulement la tête.

BENOIST.
Y est-il?

COCO.
Non.

BENOIST.

Alors, je peux entrer.
(Il entre. Il porte une casquette. Ses manches sont relevées, ses bras et ses mains sont jaunes, il a un gros tablier de cuir.

CAROLINE.

Mon Dieu!.. si mon oncle vous voit, quelle scène!.. il vous chassera!..

BENOIST.

Ceci est encore dans les choses possibles. Le vieux rageur! il a bien eu la cruauté de me congédier sans aucune considération pour mon amour, mon physique et mes 1,200 livres de rentes. Lui! un misérable perruquier, mépriser le fils d'un riche tanneur!.. ça révolte...ça combustionne... c'est-à-dire que je dessèche... pour peu que ça marche de ce train-là une douzaine d'années... je serai réduit à l'état humiliant d'une peau de buffle!

CAROLINE.

Pauvre garçon!

BENOIST.

Mais ça m'est égal, Caroline; ils ont du cœur les fils de tanneurs!.. et avec du temps... et de la patience... Je suis entêté d'abord...

CAROLINE.

Et moi, je vous aime... Benoist!

BENOIST.

Oh! comme elle dit ça gentiment!.. Benoist! (Il lui baise la main avec transport.) Il t'appartiendra tôt ou tard ce nom de Benoist... il t'appartiendra avec celui qui le porte!..oui!..oui!.. soit un jour, soit un autre, je t'épouserai... je l'ai mis dedans ma tête et ça sera!

CAROLINE.

Vouloir désunir deux amans si bien faits l'un pour l'autre et pour me faire épouser qui?.. je vous le demande... un Gros-Clou!

BENOIST.

Hein?

CAROLINE.

C'est le nom du prétendu!

BENOIST.

Perruquier de malheur! viens donc!.. oui, viens!.. je me sens capable de tous les excès possibles!

Air du Château de la Poularde.

Oui l'existence est pour moi le néant,
Sans Carolin' mon amante chérie,
Or comm' tout l' mond' j'ai l' droit c'est évident,
De protéger, de défendre ma vie.
    Aussi sans crainte, sans regrets,
    Je sens qu' dans ma fureur extrême,
    A tes vieux jours j'attenterais;
Puisqu'en c' moment, babare, tu voudrais
    M'enl'ver la moitié de moi-même!

COCO.

Le voilà.

BENOIST, furieux.

Lui! lui!.. je me sauve, uniquement par égard pour vous, Caroline; mais je reviendrai. (A la porte.) Avec du temps et de la patience!

(Il s'éloigne.)

SCÈNE III.

CAROLINE, au comptoir, COCO, travaillant, puis LEBLANC.

CAROLINE.

Comme il m'aime! il n'est pas positivement beau... mais M. Gros-Clou est si laid!

LEBLANC, à part en entrant.

J'ai entendu une voix masculine qui m'a semblé appartenir à un homme. (Haut.) Vous n'étiez pas seule, Caroline?

CAROLINE.

Absolument seule, mon oncle.

LEBLANC, à part.

Ma nièce n'est pas dans cet état de calme qui convient à une jeune fille, si j'ose m'exprimer ainsi. (Haut.) Coco?

COCO.

Patron?

LEBLANC.

Va vite au théâtre, voici l'heure; tu me remplaceras pour ce soir, auprès de ces dames.

COCO.

Elles vont encore me renvoyer.

LEBLANC, le poussant.

Dépêchons, raisonneur. (Coco sort.) A vous voir, ma nièce, on dirait que vous n'êtes pas dans cet état de calme...

CAROLINE, regardant dans la rue.

Moi!.. mon oncle... au contraire!

LEBLANC.

Pourquoi plonger ainsi vos regards dans la rue? pourquoi vous occuper des passants? ces manières-là sont bonnes pour une grisette... et non pour la nièce de Barnabé Leblanc, qui coiffe tout ce qu'il y a d'un peu propre dans le douzième arrondissement; songez que M. Gros-Clou, homme recommandable par son mérite et sa fortune, veut bien, en vous donnant sa main, vous faire partager l'un et l'autre.

CAROLINE.

Il vous l'a fait accroire.

LEBLANC.

On ne m'en fait jamais accroire, ma nièce.

CAROLINE, à part.

Jamais... jamais... (Haut.) Eh bien! je vous dis, moi, que je n'épouserai pas ce vilain homme.

LEBLANC.

Vilain homme! le propriétaire de la plus belle maison de la cour des Patriarches!

CAROLINE.

Il est laid comme les sept péchés mortels.

LEBLANC.

Un marchand de chiffons retiré des affaires!

CAROLINE.

Il est vieux... mal fait, mal bâti!

LEBLANC, impatienté.

Tu l'épouseras!..

CAROLINE.

Je vous dis que non.

LEBLANC.

O! entêtement féminin!

CAROLINE.

Je me sauverai plutôt.

LEBLANC.

Nièce denaturée!

CAROLINE.

Tiens... vous me tenez renfermée comme un oiseau dans une cage!.. mais je vous préviens que l'oiseau finira par s'envoler. (En ce moment, Benoist paraît dans la rue.) Oui... oui... il s'envolera!

(Leblanc qui s'est retourné en même temps que sa nièce, aperçoit aussi Benoist qui se promène les bras croisés devant la boutique.)

LEBLANC.

Ah! je vois ce que c'est!.. le voilà le misérable qui est cause de la révolte d'une nièce contre la légitime autorité de son oncle et tuteur!.. oui, oui... regarde, regarde... Mais Dieu me pardonne!.. je crois qu'il ose lui faire des signes!..

CAROLINE.

Vous oubliez que la rue est à tout le monde.

LEBLANC.

C'est juste!.. aussi qu'il y reste dans sa rue! qu'il compte les pavés si ça lui fait plaisir... mais qu'il ne franchisse jamais le seuil de cette porte!.. ou si non!.. Rentrez, Caroline, rentrez...

Air dernière pensée de Wéber.

Je dois, mam'zell', vous soustraire,
En bon oncle, en bon tuteur,

Aux regards d'un téméraire
Qui doit craindre ma fureur.
CAROLINE.
T'auras beau dire et beau faire,
Monsieur mon oncle et tuteur,
Je saurai bien me soustraire
Au joug qui fait mon malheur.

(Benoist s'avance; Leblanc a reconduit sa nièce jusqu'à sa chambre dont il ferme la porte.)

SCÈNE IV.
LEBLANC, BENOIST, à part.

BENOIST.

De l'aplomb!

LEBLANC.

Maintenant, le Benoist peut rôder tant qu'il voudra... je me moque de lui, si j'ose m'exprimer ainsi.
(En ce moment, il se retourne et se trouve nez à nez avec Benoist qui lui répond fort tranquillement.)

BENOIST.

Osez!.. ne vous gênez pas!

LEBLANC, après un temps.

Comment, c'est encore toi!

BENOIST, s'asseyant.

Mais, dam!..

LEBLANC.

Sors, à l'instant... mauvais sujet!..

BENOIST.

Non, non, non...

LEBLANC, le menaçant.

Ah! c'en est trop... je suis hors de moi!

BENOIST, se levant.

Rentrez-y vieillard... rentrez-y et écoutez... (Il prend Leblanc d'une main et de l'autre il lui montre l'inscription.) « Au rasoir d'Apollon!.. Leblanc, rase, coiffe, et va-z-en ville. » d'après cette annonce de raser quiconque se présentera ici, quels que soient, d'ailleurs, ses qualités, son rang, son âge et son sexe, je me présente (Il tend le cou.) Vous comprenez?.. (A part.) Tu peux te flatter de bisquer un peu... (Leblanc est immobile de fureur, Benoist lui frappe sur l'épaule.) J'attends, barbier!..

LEBLANC, à part.

Si je pouvais étrangler ce gaillard-là!.. mais non; le guerrier se doit à sa patrie... le garde national à son fourniment... le barbier au public et à son inscription.

BENOIST.

Marmotte, va!.. marmotte!.. vieux singe!..

LEBLANC.

Attends!.. je vais t'en faire une barbe... (Il va prendre au comptoir tout ce qui lui est nécessaire.) C'est ça, mon plus mauvais rasoir... une vraie scie... et du vieux savon!.. Ah! tu prétends lutter avec moi!.. il t'en cuira, malheureux!.. (Il s'approche de Benoist et lui met la serviette au cou.)

BENOIST.

Aye... aye!.. vous m'étranglez!..

LEBLANC.

Puisse-tu dire vrai.

BENOIST.

Prenez garde!.. (Leblanc couvre de savon la figure de Benoist.) Vous m'en mettez dans les yeux!..

LEBLANC.

Fermez-les, vous n'avez rien à voir, ici!..
(Il prend son rasoir et le repasse sur sa main.)

BENOIST, à part.

Air: Restez, restez, troupe jolie.

Grand Dieu!.. de quel air il repasse,
Ce rasoir qui me fait frémir,

En ce moment, de mon audace,
Je commence à me repentir ;
D'ici, je voudrais bien sortir !
LEBLANC, le rassied.
Je vais punir son insolence,
Je serais un sot... c'est certain,
De renoncer à la vengeance,
Quand je la trouve sous ma main.
(Leblanc commence à le raser.)

BENOIST.
Arrêtez, barbier, arrêtez... vous m'éraillez le physique !..

SCÈNE V.
LES MÊMES, COCO, accourant.

COCO.
Patron !.. patron !..

BENOIST, à part.
Ah ! c'est le ciel qui envoie ce gamin !

COCO.
Je vous disais bien qu'on me renverrait... Mlle Nini ne veut confier sa tête qu'à vous ; si vous n'y allez pas tout de suite, elle envoie chercher votre voisin Toupet.

LEBLANC.
Mon odieux rival !.. comment faire ?.. perdre une excellente pratique, ou laisser ici cet être malfaisant !..

BENOIST, à part.
Oh ! mais, va-t-il ?.. va-t-il ?

LEBLANC.
Ah ! une idée. (A Coco.)

AIR : Accourez tous. (du Philtre.)
As-tu bon œil et bonne oreille ?
COCO.
Le tout est d'premièr' qualité.
LEBLANC.
Eh bien ! alors, écout' surveille,
Je paierai ta fidélité !
(Plus bas.) Finis d' raser ce téméraire...
Tu m' diras tout quand j' r'viendrai.
BENOIT, à part, toujours assis.
C'est la barb' que tu voulais m' faire,
C'est la queu' que j' te ferai !

ENSEMBLE.
Qu'il ait bon œil et bonne oreille,
Ça m'est égal en vérité ;
Je vais de peur qu'il ne m' surveille,
Endormir sa fidélité.
LEBLANC.
Puisque ton œil et ton oreille,
Sont de première qualité,
Observe tout, écout' surveille,
Je paierai ta fidélité.
COCO.
Oui, j'ai bon œil et bonne oreille,
Le tout de premièr' qualité ;
Il faut ici que je surveille,
Pour prouver ma fidélité.
(Leblanc sort.)

SCÈNE VI.
BENOIST, COCO.

BENOIST, se levant.
Tu vas fermer les yeux.

COCO.
Impossible !

BENOIST.
Si je te les bouche ?

COCO.

Alors...

BENOIST.

Tiens, ce monarque tout neuf.

COCO.

Une pièce de vingt sous.

BENOIST, la lui plaçant sur l'œil droit.

Elle est à toi!

COCO.

J'y vois encor de l'œil gauche.

BENOIST.

O! cupide moutard! (Il tire une autre pièce qu'il lui met sur l'œil gauche.) Et maintenant?

COCO.

Nuit complète.

BENOIST.

Reste donc à la porte et fais sentinelle.

SCENE VII.
BENOIST, CAROLINE.

BENOIST, à la porte de Caroline.

Caroline!

CAROLINE, paraissant.

Benoist! comment, dans cet état!.. (Elle éclate de rire en voyant Benoist, la figure couverte de savon, et la serviette autour du cou.)

BENOIST, vexé.

Vous riez, Caroline, vous riez de moi.

CAROLINE.

C'est que vous êtes si drôle!

BENOIST.

Drôle! drôle!

CAROLINE.

N'allez-vous pas vous fâcher?.. méchant!

BENOIST.

Oh! méchant! (Il va pour lui baiser la main.)

CAROLINE.

Prenez donc garde, vous allez me couvrir de mousse!

BENOIST.

Les instans sont précieux, ma chère amie, il faut en profiter... j'ai 24 ans, un physique original... vous le voyez... et de plus 1200 livres de rentes... or, je mets tout cela à vos pieds, avec ma main.

CAROLINE.

J'accepte.

BENOIST.

Tu acceptes! (Il va pour l'embrasser; Caroline le repousse.) Je t'enlève ce soir!

CAROLINE.

O ciel!

BENOIST.

Ton grigou d'oncle ne te donnera jamais rien, pas même son consentement... il faut nous en passer... ce soir à dix heures, pendant que tout le monde dormira, je pénètre ici à l'aide d'un passe-partout que tu vas me remettre... trois coups dans ma main, tu descends, nous partons par cette petite porte, nous montons en fiacre, et fouette cocher; nous courons nous faire légitimer dans une ville éloignée, Rome, Constantinople ou Villejuif, n'importe.

COCO, qui a entr'ouvert la porte et qui écoute.

Ah! bien!

BENOIST.

De cette façon, je t'arrache des griffes d'un oncle imbécile.

COCO.

Ah! bon.

CAROLINE.

Mais... je ne sais si je dois...

BENOIST.

Vingt-quatre ans, un physique original... plus 1200 livres de rentes, ou bien... le... Gros-Clou.

CAROLINE.
Plutôt la mort !

BENOIST.
C'est convenu ?

CAROLINE.
A dix heures !

ENSEMBLE.
Air : Quel repas !
A ce soir,
Doux espoir ;
Vers Ma Caroline,
Accours
J'accours en citadine.
Oui, ce soir,
Doux espoir ;
Loin de ces lieux,
Nous fuirons tous les deux !

BENOIST.
Pour enlever cell' qui m'est chère...
CAROLINE.
Pour former un' douce union...
BENOIST.
Je quitte les cuirs de mon père !..
CAROLINE.
Et moi le rasoir d'Apollon !..

REPRISE DE L'ENSEMBLE.
A ce soir,
Doux espoir ; etc.

COCO, accourant.
M. Leblanc !

BENOIST.
Le passe-partout.

CAROLINE.
Le voici !   (Elle se sauve dans sa chambre.)
BENOIST, allant se rasseoir.
O ! Dieu de cythère ! sans aucun doute, je suis ton favori.
(Coco paraît achever de le raser.)

SCÈNE VIII.
BENOIST, COCO, LEBLANC.
(Leblanc considère alternativement Coco et Benoist.)

LEBLANC.
Toujours à la même place !.. ceci est louche. (Il s'avance et regarde Benoist sous le nez.) Et à moitié rasé !

BENOIST, se levant.
Tu finiras demain.

LEBLANC.
Ceci est invraisemblable !

BENOIST, après avoir remis sa cravatte, passe avec fierté devant Leblanc qui se contient à peine.
Au comptoir, s'il vous plaît.

Air de Gribouille.
Voilà deux sous !
LEBLANC.
Quelle insolence !
BENOIST, à part.
Tu prouves bien, ô passe-partout,
Qu'avec du temps et d' la patience,
Le tanneur vient à bout de tout.

LEBLANC.
Deux sols !.. excès d'humiliation !   (Il les met dans sa poche.)

ENSEMBLE.

Oui, pour moi, le bonheur commence ;
Tu prouves bien, etc.

LEBLANC.

Faut-il subir tant d'insolence !
Le monstre me poursuit partout ;
Mais qu'il tremble ! ma patience,
Est, je le sens, bientôt à bout !

BENOIST, en sortant.

Au revoir, barbier ! ils ont du cœur, les fils de tanneurs.

(Leblanc va pour se jeter sur lui, Benoist se sauve en courant.)

SCÈNE IX.
COCO, LEBLANC.

LEBLANC, à Coco avec menace.

Si tu mens, je te calote ! Tu n'as rien vu ?

COCO.

Non.

LEBLANC.

Rien entendu ?

COCO.

Non.

LEBLANC.

Si tu mens, je te calote.

COCO, à part.

Au fait, on m'a bouché les yeux, mais pas les oreilles.

LEBLANC.

Eh bien ?

COCO.

Il l'a vue, et il lui a dit des choses...

LEBLANC.

Comment des choses !.. et tu ne pouvais pas l'en empêcher !

COCO.

Tiens... moi qu'est pas fort du tout.

LEBLANC.

Enfin, qu'a-t-il dit ?

COCO.

Un physique original... 1200 livres de rentes, Constantinople, Villejuif... un fiacre... dix heures... et un oncle imbécile.

LEBLANC, le prenant à la gorge.

Hein ? qu'est-ce que c'est ?

COCO.

Pas moi qu'a dit ça, patron.

LEBLANC.

Plus de doute !.. un projet de séduction et d'enlèvement !..

(Il se promène dans la plus grande agitation.)

COCO, à part.

L'oncle imbécile l'a choqué !

(La nuit commence à venir, et Coco allume des flambeaux.)

SCÈNE X.
LES MÊMES, NARCISSE, il arrive en courant.

NARCISSE.

AIR : Vite, Marie, à ma toilette.

Vive ! vive la comédie !
Est-il un art plus enchanteur ?
Pour employer gaîment la vie,
Rien de mieux que d'être acteur.
Chaque jour,
Tour à tour,
Tromper les amans jaloux,
Faire damner les époux ;

Comme un silphe léger,
Courir et voltiger.
Vive ! vive la comédie ! etc.

Bonjour, papa Leblanc !

LEBLANC, préoccupé.

Serviteur, M. Narcisse.

NARCISSE.

La santé ?

LEBLANC, de même.

Parfaite... et la vôtre ?

NARCISSE.

Oh ! la mienne... vaporeuse... délirante... j'embellis l'existence du matin au soir, et du soir au matin... vite... vite... Leblanc, des papillotes... un coup de fer et du philocôme... à mort du philocôme !..

LEBLANC.

Vous ne jouez donc pas, ce soir ?

NARCISSE.

J'ai relâche... relâche absolue... par extraordinaire... aussi... enfoncée, la recette !.. un four complet !..

AIR : Je loge au quatrième étage

Au Mont-Parnasse, sans partage,
Dans l'emploi de jeune premier,
Chaque soir je reçois l'hommage
Des belles de notre quartier...
Je suis le sultan du quartier !
Heureux amant sur le théâtre,
J'achève, le rideau baissé,
Près d'un sexe qui m'idolâtre,
Ce qu'en scène j'ai commencé !

(Pendant ce couplet, Leblanc a pris un peigne Narcisse est assis ; on le coiffe.)

LEBLANC.

Vous en ferez donc toujours, des passions ?

NARCISSE.

Que voulez-vous ?.. c'est une conséquence nécessaire de l'organisation voluptueuse dont la nature m'a doué !.. Epicières, limonadières, boulangères, lingères, fruitières, charcutières et mercières... toute la population féminine du douzième arrondissement raffole de moi... Soignez ma touffe de droite. Aussi, épiciers, limonadiers, boulangers... toute la population mâle me déteste, m'abomine... Crêpez-moi ferme à gauche... C'est pour ça que je sors toujours armé... ce qui ne m'empêche pas de temps à autre, de recevoir certaines...

LEBLANC.

Certaines piles.

NARCISSE.

Ah ! ce mot ! fi !..

LEBLANC.

Hum !.. si je pouvais en appliquer une...

NARCISSE.

Aie ! aie !.. prenez donc garde !..

LEBLANC.

Ne faites pas attention... c'est la colère où je suis contre ce scélérat de Benoist.

NARCISSE, vivement.

Benoist ?..

LEBLANC.

Le vaurien !.. vous le connaissez ?

NARCISSE.

Oh ! il m'a joué un tour... il m'a sifflé !

LEBLANC.

Eh bien ! figurez-vous que ce renégat...

NARCISSE.

Aime votre nièce, et s'en est fait aimer ?..

LEBLANC.

Juste... et aujourd'hui, non seulement, il est cause que ma nièce refuse un parti superbe, mais encore il médite un enlèvement !

NARCISSE.

Un enlèvement!..

AIR de Turenne.

Enl'ver à son oncle une nièce!

LEBLANC.

Ah! si du moins, j'étais sûr à ce prix-là,
Qu'ell' ne fut plus à charge à ma tendresse!..
Mais l'infâme l'enlèvera,
Et puis après me la rendra.

NARCISSE.

Ah! dam! papa Leblanc, c'est possible!..

Quand nous autres célibataires
Nous empruntons des femm's ou de l'argent,
Nous gardons le dernier, bien souvent,
Nous rendons toujours les premières.

LEBLANC.

Ah! si je pouvais trouver moyen de déjouer leur complot.

NARCISSE.

Faites partir votre nièce.

LEBLANC.

Où l'envoyer?

NARCISSE.

N'avez-vous pas quelques parens, quelques amis, à la garde desquels vous puissiez la confier?

LEBLANC.

J'ai bien ma sœur Athénaïs, une femme de cinquante ans... d'une vertu rigide.

NARCISSE.

Comme toutes les femmes de cinquante ans...

LEBLANC.

Une marchande de modes en chambre et à principes austères.

NARCISSE.

Comme toutes les marchandes de modes, voilà votre affaire.

LEBLANC.

Au fait, l'excellente idée que vous avez eue là!..

NARCISSE.

Pardieu!.. je voudrais bien voir qu'un comédien fût jamais embarrassé!

LEBLANC.

Chut; la voici!..

SCÈNE XI.

Les Mêmes, CAROLINE.

NARCISSE.

Eh bien!.. aimable Caroline!.. nous faisons donc le petit lutin?

CAROLINE.

Je ne vous comprends pas, monsieur.

NARCISSE.

Bon!.. l'ami Leblanc m'a tout conté... Refuser un parti superbe... un propriétaire.

LEBLANC.

Marchand de chiffons retiré.

CAROLINE.

Je n'ai point de goût pour le mariage, monsieur.

NARCISSE, à part.

Elle est vraiment charmante; et ce Benoist... oh! non!.. (Haut.) Mais à votre âge une jeune fille doit aimer.

CAROLINE.

Oh! monsieur, j'aime aussi...(Mouvement menaçant de Leblanc.) Les arts... la littérature... le théâtre!

LEBLANC.

Autre turpitude! Mademoiselle fréquente le parterre du Mont-Parnasse, sans moi... sans la protection paternelle du bras de son oncle.

CAROLINE.

Mais...

LEBLANC.
Taisez-vous. Mademoiselle peuple mon domicile de pièces à trois, quatre et six sous, et se livre en secret à leur coupable lecture... elle apprend des rôles... elle veut débuter!..
NARCISSE.
Dans quel emploi?
CAROLINE, baissant les yeux.
Les amoureuses tristes.
NARCISSE, bas et lui prenant la main.
Eh! mais... je vous protégerai...
CAROLINE, de même.
Vraiment!..
NARCISSE, lui baisant la main.
Ma parole. (Haut.) Allons, papa Leblanc, ceci n'est pas aussi grave que vous le dites. Le goût des arts peut fort bien s'allier avec celui du mariage... et vous, mademoiselle, songez qu'un mari ne se refuse jamais...
LEBLANC.
Bravo!
NARCISSE.
Air : Valse de Robin des bois.

Sans adieu, belle Caroline,
Surtout quittez cet air boudeur,
Ce mari qui tant vous chagrine,
Serait votre libérateur.
CAROLINE.
Monsieur ce n'est pas lui que j'aime,
Vous comprenez?
NARCISSE.
　　　　Ma chère enfant,
Qu'importe!.. épousez-le de même;
Vous serez riche et lui sera... content.

Caroline, je vous le répète, je vous protégerai.
ENSEMBLE.
Sans adieu, etc.
CAROLINE, à part.
Ce mari bien peu me chagrine;
Benoist possède seul mon cœur,
Et de ces lieux que j'abomine,
Je vais sortir, ah! quel bonheur!
LEBLANC.
J'espère que ma Caroline
Quitt'ra ce vilain air boudeur;
Ce mari qui tant la chagrine,
Deviendra son libérateur.

(Aussitôt que Narcisse est sorti, Coco ferme les volets de la boutique, puis la porte.)

SCÈNE XII.
COCO, LEBLANC, CAROLINE.
LEBLANC, à part.
Maintenant, dissimulons.
CAROLINE.
Mon oncle, est-ce que vous ne songez pas à vous retirer?
LEBLANC.
Pas encore.
CAROLINE.
Il est pourtant bien tard...
LEBLANC.
Pas encore dix heures.
COCO.
Patron, la boutique est fermée.
LEBLANC.
C'est bien.　　　　　　　(Il lui dit quelques mots à l'oreille.)
COCO.
Suffit. Patron.　　　　　　　　　　　　　　　　Il sort.

SCÈNE XIII.
LEBLANC, CAROLINE.
(Leblanc va mettre le verrou à la porte du fond.)

CAROLINE, à part.

Voyez un peu s'il ira se coucher.

LEBLANC.

Dis donc, Caroline, tu sais que c'est la semaine prochaine, la noce de ta cousine Labiche.

CAROLINE.

Oui, mon oncle.

LEBLANC.

Je suis témoin... toi, demoiselle d'honneur.

CAROLINE, à part.

Plus souvent que j'irai!

LEBLANC.

Tu y verras le sieur Gros-Clou... propriétaire...

CAROLINE, prenant une lumière.

Adieu, mon oncle... vous ne m'en voulez plus, n'est-ce pas?..

LEBLANC, l'embrassant sur le front.

Tu es si gentille!

CAROLINE.

Adieu, mon petit oncle. (Elle rentre dans sa chambre.)

SCENE XIV.
LEBLANC, seul.
(Il a accompagné Caroline jusqu'à sa porte ; dès qu'elle est rentrée, il la ferme à double tour.)

Voilà qui me répond de vous, ma mignonne... et de votre vertu... si j'ose m'exprimer ainsi. Ah! ah! tu voulais t'envoler!.. mais l'heure s'avance... (On entend sonner dix heures.) Voici l'instant!.. (On entend le bruit d'une clé qui tourne dans la serrure.) Oh! oh!.. déjà!.. quelle exactitude!..

(Il souffle les bougies. Le théâtre est dans l'obscurité.)

SCÈNE XV.
LEBLANC, BENOIST.

BENOIST, sans voir Leblanc qui se cache dans l'ombre.

Rien... il dort le barbier... et moi je veille... je vais entrer en possession de la plus séduisante des femmes.

LEBLANC, à part.

Je t'en donnerai des femmes séduisantes!

BENOIST.

Rien ne peut faire manquer mon projet.

LEBLANC, à part.

Non, c'est le chat!

BENOIST.

Toutes mes mesures sont prises... j'ai dans mon fiacre tout ce qui peut être utile quand on enlève une femme... de l'eau de cologne contre les évanouissemens... des mouchoirs pour étouffer les cris...

LEBLANC, à part.

Oh! le scélérat!..

BENOIST.

Hein?.. (Il écoute.) C'est un zéphir!.. (Il s'approche de la porte de Caroline.) Donnons le signal. (Il frappe trois petits coups dans sa main.)

LEBLANC.

Me voilà!..

BENOIST.

C'est le barbier... je suis pincé!..

LEBLANC.

Ah! tu pénètres chez moi!.. la nuit!.. au voleur! au voleur!..

(Il saisit Benoist à la gorge.)

SCENE XVI.

Les Mêmes, Voisins, Voisines, Sergens de ville, puis COCO, puis CAROLINE.

CHOEUR.
Air de la Muette.

Un voleur ici, dans la nuit,
Furtivement s'est introduit.
Allons, sergens, sans plus de bruit,
Vite, au poste, qu'il soit conduit!

LEBLANC.
Sergens... emparez-vous de cet homme-là, c'est un voleur.

BENOIST.
Tu en imposes, vil faiseur de barbes... je ne suis point un voleur... je suis Anasthase Benoist, fils de Boniface Benoist, tanneur de père en fils, à l'enseigne du roi Clotaire!

LE SERGENT.
Silence, Clotaire.

BENOIST.
Benoist! qu'on vous dit.

COCO, accourant
Patron, le fiacre est là qui attend.

LEBLANC, lui donnant une clé.
C'est bon... ouvre à ma nièce.

BENOIST.
Mais c'est mon fiacre... j'ai payé le cocher... je lui ai donné cinq centimes de pour-boire.

LE SERGENT.
Silence, Clotaire!

BENOIST, criant.
Benoist!.. vous êtes fatiguant, mon cher ami, avec votre Clotaire.

CAROLINE, paraissant.
Que vois-je, Benoist!..

BENOIST.
Oui... oui... c'est lui... qui est horriblement vexé de la situation ridicule, où l'a placé votre imbécile d'oncle.

COCO, à Leblanc.
Hein! il le répète!..

LEBLANC.
C'est bon!.. (A Caroline.) Vous allez me suivre.

CAROLINE.
Où donc, s'il vous plaît?

LEBLANC.
Vous le saurez en route... le fiacre est là.

BENOIST.
Tu le paieras, vieux ladre; cocher, faites-le payer.

LEBLANC, à Caroline.
Allons, allons.

BENOIST.
Caroline... chère amante... je te recommande de m'aimer toujours, et de veiller sur mes mouchoirs, que tu trouveras, sous le coussin. Oh! mais quel guignon! quel guignon!..

CHOEUR.

Furtivement, pendant la nuit,
Il s'est dans ces lieux introduit;
Allons, sergens, sans plus de bruit,
Vite, au poste, qu'il soit conduit.

(Leblanc emmène sa nièce, les sergens entourent Benoist qui se débat. Tableau.)

FIN DU PREMIER ACTE.

ACTE II.

Le jardin de Tonnelier, marchand de vin traiteur, barrière du Maine. Au fond, à droite et à gauche, des bosquets avec des tables.

SCENE I.
CHOEUR D'OUVRIERS.

Air de la Tentation.

Buvons tous à plein verre,
Et vidons,
Ces flacons ;
Oublions not' misère,
Et chantons,
Gais lurons.

SCÈNE II.
BENOIST, seul.
(Pendant le monologue de Benoist, les ouvriers finissent de boire et s'en vont.)

Bien !.. fameux !.. quand je disais que ça finirait d'une manière équivoque !.. Huit jours d'écoulés et rien de neuf !.. ô Caroline !.. objet adoré d'une manière peu usitée, j'ose le dire... je ne sais pas si tu le sais... mais voilà un nombre illimité de pièces de vingt sols que je donne à Coco, sans que le susdit moutard me donne le plus léger indice... non... mais c'est que tout me tourne... enfin... tout-à-l'heure, désespéré... j'allais me jeter dans... la tristesse la plus ridicule, quand je retrouve le cocher que devait me conduire au bonheur avec ma Caroline; bon, que je m'dis : V'là que j'ai de la chance... sur ce, je pince mon homme... je lui insinue qu'il me faut des renseignemens.

Air de l'Apothicaire.

Nous entrons chez le marchand de vin,
Oh ! qu'y m' dit : j'connais vot' affaire,
Mais versez, je suis en chemin,
De m' souvenir... vite un second verre !
Moi j'emplis l' verre, croyant qu'au fond
Il va retrouver mon histoire ;
Mais mon gaillard perd la raison,
Et ne retrouv' pas la mémoire.

Finalement, je le laisse sous la table, lui et ses renseignemens... et me voilà !.. est-il dieu possible de se voir dans une position aussi peu usitée que la mienne !.. j'ai couru dans tout l'arrondissement... j'ai moisi chez Desnoyers... je me suis desséché au Grand-Vainqueur... je suis resté chez le Sauvage, assez de temps pour le civiliser... j'ai roulé, chez Tonnelier, de bosquet en bosquet et rien... pas plus de Caroline que dessus la main... Il me semble que j'ai besoin de prendre quelque chose... je me sens faible !.. (Le garçon paraît.) L'amour ne nourrit pas... Un biffsteack et une bouteille à douze... je finirais par dépérir de chagrin... Avec des pommes de terres... Oh ! Caroline !.. Beaucoup de pommes de terre !..

(Il entre dans le bosquet à droite.)

SCENE III.
BENOIST, dans le bosquet, NARCISSE, entrant par le fond.

NARCISSE.

Garçon ! holà ! garçon !.. (Il regarde.) Ah ça ! mais... éclipse totale de garçons, visible chez Tonnelier, barrière du Maine, de trois à quatre heures du soir... (Le garçon paraît.) Ah !.. ce n'est pas malheureux !.. Ici, Auguste... avance à l'ordre... Pour ce soir, Auguste, il me faut un petit souper... là ! (Il montre le bosquet à gauche.) Comme hier soir.

LE GARÇON.
Comment, est-ce que c'est encore la même?
NARCISSE.
Non... non... pas si bête!.. ceci est une conquête solide... une pièce de résistance... elle n'est plus de la première jeunesse... mais, sa fortune compense ce qui lui manque de ce côté-là...
LE GARÇON.
Vous voulez dire ce qu'elle a de trop.
NARCISSE.
Farceur !..
LE GARÇON.
Est-elle en pouvoir de mari ?..
NARCISSE.
Oui...
LE GARÇON.
Vous vous ferez assommer, M. Narcisse.
NARCISSE.
Allons donc !.. à huit heures précises, entends-tu ?
LE GARÇON.
Suffîcit !.. (Il sort.)
NARCISSE.
Illustre Mme Renard!.. opulente bouchère!.. vous ne valez pas mes petites grisettes!.. mais bast, qu'importe!.. Eh! mais... qu'est-ce que je vois donc ?.. Une noce qui entre dans l'établissement!.. Dieu me pardonne... je reconnais le père Leblanc et sa charmante nièce!.. hum!.. si je pouvais profiter de la circonstance pour parler en cachette à la jeune personne !.. oui, mais il faudrait ne pas être vu... Ah! sous ce bosquet!..
(Il entre dans le bosquet à gauche.)

SCENE IV.

LEBLANC, CAROLINE, LA NOCE, BENOIST et NARCISSE, tous deux dans les bosquets.

CHOEUR.
Air du Maçon.

Ah! quel beau mariage,
Enfin, ils sont heureux ;
Ils feront bon ménage,
Tout comblera leurs vœux.

LEBLANC.
Messieurs et mesdames, en ma qualité de principal témoin des futurs conjoints et comme ordonnateur suprême des plaisirs de cette journée inappréciable, je vous invite à prendre vos ébats dans ces charmans bosquets; jusqu'à l'heure du charmant repas, si j'ose m'exprimer ainsi !

REPRISE DU CHOEUR.

(Pendant la sortie de la noce, Benoist s'est levé de table et il sort du bosquet. Leblanc se trouve dans le fond du théâtre et Caroline sur l'avant-scène.)

BENOIST, se trouvant nez-à-nez avec Caroline.
Oh!.. ah !.. c'est elle !..
CAROLINE.
C'est lui !..
NARCISSE, dans les bosquets.
Le tanneur !.. (Moment de silence.)
CAROLINE.
Mon oncle est là! (Benoist se sauve vite dans son bosquet.)

SCENE V.

LES MÊMES, moins LA NOCE.

LEBLANC.
Quel touchant spectacle que celui de la joie de ces jeunes époux !.. et le père!.. heureux père!.. ah! ma nièce!.. pourquoi ne l'avez-vous point voulu?.. je serais aujourd'hui, de tous les pères, l'oncle le plus heureux!..

CAROLINE.
Vous y voilà encore!..

LEBLANC.
Ma nièce, M. Gros-Clou était un parti solide.

BENOIST, à part.
Attachant, surtout!..

CAROLINE.
Je me suis déjà prononcée... je ne veux pas de lui.

BENOIST, dans le bosquet.
O femme chérie!..

LEBLANC.
Tu es une petite folle!.. eh bien! j'en ai un autre à te proposer... un huissier... jeune... joli garçon... et riche...

CAROLINE.
Je refuse...

NARCISSE, à part.
Elle est charmante!..

BENOIST, à part.
En v'là des sentimens...

LEBLANC.
Nous reparlerons de cela! j'ai besoin de me rafraîchir... garçon, un verre de rhum... sous ce bosquet. (Il indique celui où se trouve Benoist.)

CAROLINE.
Sous ce bosquet!.. Y pensez-vous, mon oncle, vous isoler de tout le monde... cela ne serait pas honnête...

LEBLANC.
Tu as raison... en ma qualité de principal témoin des futurs conjoints... mon absence étonnerait... et boire seul... ne serait pas délicat... suis-moi, Caroline.

CAROLINE.
Avec plaisir, mon oncle.

BENOIST, à part.
Oh! vieux, va!.. (Caroline fait signe à Benoist de l'attendre là.)

NARCISSE, à part.
C'est ça!.. rendez-vous!.. fête complète! voyez-vous ce gros rustre!.. est-il heureux!.. (Leblanc s'éloigne avec Caroline.)

SCENE VI.
BENOIST, NARCISSE.
(Benoist sort de son bosquet, et suit Caroline jusqu'au fond.)

NARCISSE.
Morbleu! je suis vexé!.. oui... vexé de voir une si jolie petite femme aimer un pareil butor!.. mais je suis là, morbleu!.. et j'y mettrai bon ordre!.. tu m'as fait siffler... Anasthase Benoist... moi, je ferai aller... te voilà en ma puissance. (Il regarde par derrière Benoist.) La petite revient!.. vite aux écoutes... (Il rentre dans son bosquet.)

SCÈNE VII.
BENOIST, CAROLINE.

BENOIST.
Tendre amie!.. je te retrouve donc!.. ton oncle?..

CAROLINE.
Les garçons de noce se sont emparés de lui... je puis vous consacrer quelques minutes.

BENOIST.
D'où venez-vous?.. d'où sortez-vous?

CAROLINE.
Mon tyran m'a emmenée chez sa sœur, vieille femme aussi méchante que lui... et là... je suis restée en prison jusqu'à ce jour... la mariée est une de nos parentes; je suis demoiselle d'honneur, et depuis ce matin, mon oncle me casse la tête des joies du mariage et du mérite de M. Gros-Clou.

BENOIST.
Féroce comme la hyène, entêté comme le mulet... Continuez, Caroline.

CAROLINE.
Mais vous, Benoist, qu'êtes-vous devenu?
BENOIST.
Oh! mon amie, c'est ici où l'on reconnaît l'injustice de ce qu'on appelle vulgairement la justice... arrêté comme un filou, je fus conduit devant le commissaire; là, je déclare mes noms, prénoms et qualités... Anasthase-Desiré Benoist... fils de tanneur... tanneur lui-même... on écrit tout cela, et on m'envoie coucher...
CAROLINE.
Chez vous?
BENOIST.
En prison!.. oui... oui... en prison... jusqu'au lendemain, où mon innocence fut reconnue, et la scélératesse de votre oncle proclamée... mais, hélas! quel fut mon désespoir quand je revins me coller aux carreaux de la boutique... plus de Caroline... rien que la tête stupidement laide de notre persécuteur... Oh! alors!.. Caroline!.. j'allai droit chez la fruitière!
CAROLINE.
Ah! mon Dieu!..
BENOIST.
Vous savez?.. la mère Giroflée! Là! je me procurai un boisseau et demi de charbon, dans le dessein de me périr!..
CAROLINE.
Quelle horreur!
BENOIST.
Le fourneau fatal allumé... je m'endormis sur ma couche en pensant à toi... chère amante!.. et le lendemain...
CAROLINE.
Eh bien! le lendemain?..
BENOIST.
Je m'éveillai à dix heures du matin, me demandant si j'étais déjà dans ma nouvelle patrie... dans le séjour des anges!..
CAROLINE.
Ah! vous m'avez fait peur!..
BENOIST.
Un simple chat avait brisé un des carreaux de papier qui ornent ma fenêtre... à ce signe certain, je me dis: Benoist!.. le ciel ne veut pas que tu meures!.. Et je vous revois!.. ô chat! ô chat!.. c'est grace à ta griffe bienfaisante que je retrouve celle que j'aime... aussi, je fais vœu de te fournir de mou... toi et ton intéressante famille... à toute éternité!..
CAROLINE.
Pauvre garçon!.. vous avez été bien malheureux, mais moi, je suis encore plus à plaindre... enfermée, surveillée...
BENOIST.
Eh ben! mais, ce que nous n'avons pu exécuter l'autre fois, peut-être qu'aujourd'hui...
CAROLINE.
Y pensez-vous? tout le monde de la noce....
BENOIST.
Quand il fera nuit, quand on dansera... rien de plus aisé.
CAROLINE.
Je suis bien coupable en vous écoutant, mais on me rend si malheureuse!
BENOIST.
Après la première contredanse... ici!
CAROLINE.
J'aurai mon manteau écossais, et mon voile baissé.
BENOIST.
Et moi, je mettrai... rien... mais je serai là!
CAROLINE.
Séparons-nous de peur d'éveiller les soupçons...

Air du Hussard de Felsheim.

Oui, de son ombre tutélaire,
La nuit protég'ra not' bonheur.

BENOIST.
Et Benoist, ce soir, je l'espère,
Saura prouver qu'il a du cœur.
A ce soir donc, ô ma chère Caroline!
CAROLINE.
N'oubliez pas surtout, près de ces lieux;
D' faire avancer un fiacre...
BENOIST.
Une citadine!..
D' puis certain soir, l' fiacre m'est odieux!
ENSEMBLE.
Oui, de son ombre tutélaire, etc.
(Caroline s'éloigne par le fond, Benoist remonte la scène avec elle.)

SCÈNE VIII.

BENOIST, NARCISSE, sortant de la coulisse où il était caché.

NARCISSE.
M. Benoist!.. (Il le salue.)
BENOIST, se reculant.
Que vois-je!.. autre cauchemar!..
NARCISSE.
Singulier accueil, pour un ami.
BENOIST.
Un ami?.. vous?.. qui faites la cour à ma Caroline?
NARCISSE.
Erreur complète, M. Benoist... erreur; comme vous, jadis, j'ai rendu justice et hommage à ses charmes, mais je n'ai pas su toucher son cœur.
BENOIST, à part.
Tu fus enfoncé, jeune premier.
NARCISSE.
Alors, j'ai dû me retirer; mais rival plus généreux que vous... car je sais qu'un soir, vous m'avez fait siffler.
BENOIST.
C'était par jalousie! (A part.) Et puis il était mauvais.
NARCISSE.
Je ne vous en veux pas, et si je vous adresse en ce moment la parole, c'est pour vous sauver d'un grand danger.
BENOIST.
Un danger!.. et lequel?
NARCISSE.
Celui de vous voir ravir une seconde fois l'objet de vos affections.
BENOIST.
O chance!.. comment!.. ce Leblanc!..
NARCISSE.
Il observe... il suit tous vos pas... votre complot n'est plus un secret pour lui... et tout-à-l'heure, je l'entendais parler des mesures qu'il a prises... il ne s'agissait que de vous faire enlever.
BENOIST.
Moi!..
NARCISSE.
Et conduire en prison.
BENOIST.
Moi!..
NARCISSE.
Comme coupable d'un rapt!.. Il s'est entendu avec les agens de police.
BENOIST.
Mais c'est une infamie!.. mais pourquoi donc faire avons-nous un gouvernement, des députés, des ministres et un budget... si un jeune homme comme moi, n'a plus la faculté de disposer de son cœur, et si une fille de vingt ans n'a plus celle de fuir un tuteur, qui abuse de son titre. Mais ça m'est égal, j'aurai une canne.
NARCISSE.
Voulez-vous suivre mes conseils?

C'EST ENCORE DU GUIGNON.

BENOIST.
Commandez, homme généreux!.. car, en vérité, je perds la tête.
NARCISSE, à part.
Je l'espère bien. (Il regarde dans la coulisse.) Dieu! Mme Renard et son époux qui sortent du restaurant. (Haut.) D'abord, éloignons-nous; en restant ici davantage, on pourrait nous espionner.
BENOIST.
Je m'accroche à vous... rival généreux!..
NARCISSE, l'entraînant.
Venez, venez!..
(La nuit commence.)

SCÈNE IX.
RENARD, Mme RENARD.

Mme RENARD.
Mon Dieu! quelle idée tu as eue de m'amener au milieu de la semaine dans ce lieu public.
RENARD.
Il fait une chaleur désagréable, et je tenais à prendre quelque chose avec toi. Vois donc, ma chatte, que ces bosquets sont jolis!.. tu as toujours aimé les bosquets, n'est-ce pas?
Mme RENARD.
Oui, ils ont leur charme.
RENARD, à part.
La perfide!
Mme RENARD, de même.
J'ai une peur de rencontrer Narcisse... (Haut.) J'espère que nous n'allons pas nous installer ici?
RENARD.
Tu es donc bien pressée?
Mme RENARD.
Sans doute... il n'y a à la boutique que notre étalier... cela n'est pas convenant; viens-tu, mon gros?
RENARD, à part.
Elle va me câliner... la rusée!.. (Avec un geste menaçant.) Hum! j'ai bien envie... (Sa femme le regarde.) Ah! dis donc, ma chatte, si je ne partais que demain, pour Poissy?
Mme RENARD.
Y penses-tu? et le marché? pars ce soir, il le faut...
RENARD, à part.
Elle veut m'éloigner... je la gêne.
Mme RENARD.
Pars, mon gros, tu seras plus tôt de retour... je m'ennuie tant quand tu n'es pas auprès de moi.
RENARD.
Sois tranquille, va, à mon retour, je te dédommagerai comme tu le mérites... je vais atteler Lolotte, et puis... en route.
Mme RENARD.
C'est bien! tu es gentil!
RENARD, à part.
Je t'en donnerai du gentil, si ce que je soupçonne se réalise...

Air :
Je veillerai de près sur la perfide!
Mme RENARD, à part.
Je vais donc voir finir cet entretien!
RENARD, de même.
Quel noir complot cache cet air candide!
Mme RENARD, de même.
Mon cher époux ne se doute de rien.
(Haut et prenant un ton doucereux.)
Pour me distraire un peu de mon veuvage,
Mes souvenirs viendront à mon secours;
Pensez à moi... surtout soyez bien sage...
RENARD.
Ne sais-tu pas que je le suis toujours?

ENSEMBLE.

Mme RENARD.
Pour me distraire un peu de mon veuvage,
Mes souvenirs viendront à mon secours ;
J'suis sûr', mon gros, que vous serez bien sage,
Depuis long-temps, oui, vous l'êtes toujours.

RENARD.
Pour te distrair' pendant ce p'tit voyage,
Il faut, ma chatt', penser à nos amours ;
Tu peux êtr' sûr' que je serai bien sage,
Depuis long-temps, oui, je le suis toujours.

(Ils sortent par le fond ; pendant l'ensemble, le garçon est entré, et il dresse le couvert sous le bosquet à gauche.)

SCENE X.
LE GARÇON, seul.

En v'là de l'exactitude ! huit heures sonnent et le couvert est mis ; j'espère que M. Narcisse ne se plaindra pas ; c'est un farceur, M. Narcisse, il n'y a rien de remarquable dans son physique, et toutes les femmes en sont folles... c'est le fard qui lui vaut ça !.. Je suis laid... moi... Eh ben ! sous le fard, je serais superbe.

SCÈNE XI.
LE GARÇON, NARCISSE, puis BENOIST.

NARCISSE.
Je viens de voir M. Renard, montant dans son tilbury et prêt à partir. Ah ça ! voyons, si le souper... Ah ! bravo ! Auguste, bravo ! je te donnerai pour ta peine un billet de spectacle... avec droits.

LE GARÇON.
Merci, merci, j'aime mieux autre chose. (Il sort.)

NARCISSE, apercevant Benoist qui entre.
Ah ! c'est bien cela ! exact au rendez-vous !

BENOIST. Il a des habits qui n'ont pas été faits pour lui, et dans lesquels il est au supplice. Suis-je bien ?

NARCISSE.
Charmant, du dernier bon goût !

BENOIST.
En v'là une de couleur pour tromper la police ; c'est à vous que je la dois, la couleur... plus les habits... généreux Narcisse.

NARCISSE.
Ne m'appelez pas ainsi.

BENOIST, étonné.
Ah !

NARCISSE.
Ici, je suis... le marquis de Rocambole.

BENOIST.
Diable ! un nom fort distingué !.. O père Leblanc ! si tu t'étais douté que j'avais dans mes manches un marquis... quand je dis dans mes manches... c'est plutôt moi qui suis dans les siennes.

NARCISSE.
Chut ! voici la dame dont je vous ai parlé et que j'attends... ne me nommez pas devant elle.

BENOIST.
J'ai compris...

SCÈNE XII.
LES MÊMES, Mme RENARD.

NARCISSE, allant au-devant d'elle et lui baisant la main.
Enfin, charmante amie, vous avez donc pu vous échapper ?

Mme RENARD.
J'ai cru que mon vilain Cerbère ne me quitterait pas... Ah ! mon Dieu ! vous n'êtes pas seul ?..

NARCISSE.
Rassurez-vous... c'est un de mes amis intimes... le chevalier de... la Tannerie.

BENOIST, à part.
Oh ! oh ! fameux !.. ont-ils de l'esprit ces gens-là !..

NARCISSE.

Ah ça! profitons des instans de liberté que le sort nous donne...soupons, d'abord.

(Il vont se placer à la table sous le bosquet de gauche, Benoist est au milieu.)

NARCISSE.

Garçon!.. (Le garçon parait.) Un couvert de plus.

(Le garçon apporte un couvert. Pendant ce temps, on entend dans la coulisse un air de contredanse.)

BENOIST, bas à Narcisse.

Dites donc, marquis de... Carambole...

NARCISSE.

Rocambole.

BENOIST.

C'est juste... pardon!.. voilà la première contredanse... et ma Caroline?

NARCISSE.

Soyez paisible!

BENOIST.

Bon!

NARCISSE.

Soyez donc aimable, auprès de cette dame...

BENOIST.

J'ai compris... (Haut.) Madame, prise-t-elle?

Mme RENARD, riant.

Grand merci, monsieur!

NARCISSE.

Tel que vous le voyez là, mon ami va tenter un enlèvement.

Mme RENARD.

En vérité?.. quelque grisette?

NARCISSE.

Non pas... la fille d'un duc qui ne trouvait pas le chevalier assez riche.

BENOIST, à part.

Fameux, encore!.. (A Narcisse.) Elle est finite, la contredanse.

NARCISSE, bas.

C'est bon... je vous préviendrai dès qu'elle sera dans le fiacre.

BENOIST.

Homme généreux!

Mme RENARD, à Narcisse qui se lève.

Vous nous quittez?..

NARCISSE.

Non, je reviens de suite... quelques ordres à donner... chevalier, tenez compagnie à madame.

SCENE XIII.

BENOIST, Mme RENARD, dans le bosquet, NARCISSE, CAROLINE, couverte d'un manteau et son voile baissé, s'avance prudemment.

NARCISSE.

Justement la voici!.. (Il s'approche d'elle, à voix basse.) Mlle Caroline!..

CAROLINE, détournant la tête.

Vous vous trompez, monsieur.

NARCISSE.

Non, mademoiselle... il vous attend.

CAROLINE.

Qui m'attend?

NARCISSE.

Benoist.

CAROLINE.

Benoist!..

NARCISSE.

Après la première contredanse... un manteau écossais... le voile baissé... Il n'est pas là, c'est que votre oncle vous surveille... mais il vous attend, dans la citadine... fiez-vous à moi.

(Après quelques momens d'hésitation, Caroline se décide à suivre Narcisse; ils sortent par le fond.)

BENOIST.

Ce cher ami!.. il travaille à mon bonheur!

SCENE XIV.

BENOIST et Mme RENARD, dans le bosquet. RENARD, suivi de plusieurs de ses garçons armés de grosses cannes.

RENARD.
AIR de Fra-Diavolo.

Chut!.. du silence,
Plus doucement;
De la vengeance,
Voici l'instant.

CHOEUR.

Chut!.. du silence, etc.

RENARD.

Voici pour boire après la chose... il s'agit de m'aider à corriger un individu qui m'a fait... beaucoup de chagrin!

UN DES BOUCHERS, agitant sa canne.

Vous pouvez t-être sûr, bourgeois chagriné, qu'il en aura z-une bonne.

RENARD.

N'avancez que lorsque je dirai, à moi!..
(Il s'approche du bosquet, et écoute.)

BENOIST.

Où est-il allé?

Mme RENARD.

Ce n'est guère galant de sa part.

RENARD, à part.

C'est bien elle!..

Mme RENARD, minaudant.

Heureusement que vous êtes là... et vous êtes si aimable!..

BENOIST, à part.

Tiens, comme elle a dit ça!.. allons, Benoist, pendant qu'il se sacrifie pour toi, tu voudrais le... et ta Caroline!.. fi!.. ça serait une lâcheté!..
(Il se recule.)

Mme RENARD, le retenant par la main.

Vous me quittez aussi?

BENOIST.

Jamais... ma foi, tant pire!   (Il lui baise la main avec force.)

RENARD.

Oh! quel coup!.. (Il entre subitement dans le bosquet.) Ah! je vous y prends, madame.

Mme RENARD.

Mon mari!..

RENARD.

Suivez-moi!..

BENOIST.

Mais, monsieur...

RENARD.

Insolent!..

BENOIST.

Vous me prenez pour un autre... je ne suis point le marquis de Carambole!..

RENARD.

A moi!.. Venez, madame.
(Il entraîne sa femme, Aussitôt, les garçons bouchers font pleuvoir sur Benoist une grêle de coups de bâtons; ils lui enfoncent son chapeau sur les yeux.)

BENOIST, se débattant.

Ce n'est pas moi!.. ce n'est pas moi!..
(On accourt, les bouchers se sauvent et Benoist reste entouré des commis et des garçons de restaurant qui le prennent au collet.)

FIN DU DEUXIÈME ACTE.

ACTE III.

Le foyer des acteurs du théâtre Mont-Parnasse. Entrée principale au fond. Quelques bancs, des chaises en paille. Des quinquets sont suspendus aux murs.

SCÈNE I.

NINI, IRMA, Acteurs, Actrices, en costume de ville.

CHOEUR.

Air : Verse ! verse !

Vite qu'on s'empresse,
Point de paresse,
Car maintenant,
Il faut aller jouer la pièce !
Que l'on s'empresse,
Voici l'instant !

NINI.

Maudit théâtre !.. il ne vous laisse pas une minute de repos.

IRMA.

Ça, c'est bien vrai. J'ai le Mont-Parnasse en horreur !..

NINI.

On n'a pas une minute à soi.

IRMA.

Les études.

NINI.

Les répétitions.

IRMA.

Le spectacle.

NINI.

Les affaires de cœur !

IRMA.

Et celles-là, ne sont pas les moins nombreuses.

NINI.

Sans compter celles que l'on néglige ou que l'on dédaigne.

IRMA.

Ah ! Dieu ! si on voulait !..

NINI.

Oui, mais la raison avant tout. Et pourtant nous ne devons pas nous plaindre... si le métier a ses ennuis, il a aussi son bon côté.

IRMA.

Nous sommes protégées... aidées par le commerce.

NINI.

Adorées par le droit et la médecine.

IRMA.

Nous marquons chaque jour par une nouvelle conquête.

NINI.

Par un nouveau succès...

Air : Ronde des fileuses.

Souveraines des coulisses,
En ces lieux,
Tout cède à nos vœux ;
Croyez-moi, soyez actrices,
Est-il un sort plus heureux !

Dans l'âge de la folie,
Dans la saison des amours,
Jamais la mélancolie
Ne vient obscurcir nos jours,
Le plaisir nous suit toujours !

CHOEUR.

Souveraines, etc.

NINI.

Nous craignons peu le contrôle,
D'un monde trop médisant;
Nous changeons souvent de rôle,
Plus souvent encore d'amant,
Et c'est le plus amusant.

CHOEUR.

Souveraines, etc.

SCÈNE II.
LES MÊMES, COCO, arrivant par le fond.

COCO.

Voilà! (4 fois.)
Le vré coiffeur francé.

Bonjour, mesdames.

NINI.

Comment, c'est encore ce petit bonhomme qui va nous coiffer aujourd'hui?

COCO.

Un peu!

NINI.

Que fait donc, Leblanc?

COCO.

Oh! pour l'instant, il est tout à sa nièce.

NINI.

Ah! oui... cette fameuse débutante! qui va paraître dans le Postillon de Lonjumeau! et c'est nous qui en souffrons!

COCO.

Ah! mon Dieu! prenez donc garde!.. on sait son métier, mamzelle... (A part.) Je la déteste c'te grande-là! ça fait sa duchesse, ça porte des tartans écossés, et ça ne paye pas la fruitière. (Haut.) Dites-donc, mamzelle, v'là vot' natte. C'est ça qui fait un crâne effet, de la salle. Dieu! la superbe chevelure noire, que dit le public!.. J' t'en souhaite! volé!

IRMA.

Il a de l'esprit, ce petit Coco!

COCO, à Irma.

Ah! à propos! v'là vos anglaises, à vous! oh! les beaux cheveux blonds, que dit toujours le public! volé! volé! archi volé!

IRMA.

Vous êtes un impertinent!

NINI.

Nous vous ferons chasser!

COCO.

Vraiment! Eh bien! ça m'est égal... aussi, bien avant peu : je prétends pour jamais, quitter le démêloir.

AIR de la Robe et des Bottes

Un plus noble désir m'anime;
Je veux aussi me faire acteur.

NINI.

Vous, un enfant!

COCO.

C'est pas un' frime,
J'en viendrai là, car j'ai du cœur.
Dans c' nouvel art, tout m's'ra prospère,
Je fus coiffeur, c'est là l' fameux;
Et j'éblouirai l' parterre,
En lui jettant d' la poudre aux yeux!

SCÈNE III.
LES MÊMES, NARCISSE.
(Il arrive en chantant; il a le costume du Postillon de Lonjumeau.)

NINI.

Vous voilà?.. c'est heureux!

NARCISSE.
Comment, heureux ?.. (A part.) Gare la grêle !..
NINI.
Vous vous décidez déjà à arriver au théâtre ?
COCO.
Ah! par exemple, mamzelle Nini, ne calomniez pas notre jeune premier. Si vous-même étiez venue à la répétition aujourd'hui, vous auriez vu que M. Narcisse y assistait. (Narcisse lui fait signe de se taire.)
NINI.
Lui !.. il m'avait dit qu'il n'y viendrait pas !
COCO.
Il a répété avec un soin... un zèle... il enseignait à la débutante toutes les traditions.
NINI, allant à Narcisse qui semble considérer le plafond.
Ah ! monsieur protége la débutante !..
COCO.
C'est lui qui l'a présentée... c'est lui qui...
NINI.
C'est très bien ! comment donc !.. (Elle le pince.) Ça t'apprendra.
NARCISSE.
Nini, est-ce que vous n'allez pas vous habiller, chère amie ?
NINI.
Vous avez peur sans doute, que je ne sois pas aussitôt prête que votre protégée... Narcisse, vous êtes un... suffit... je m'entends !
COCO, à part.
Bon !.. il y aura ce soir, des calottes et des yeux pochés; nous rirons.
IRMA, à Nini.
Viens donc ! nous n'avons plus que cinq minutes !
NINI, à Narcisse.
Si je vous vois lui parler !.. gare à vous !
REPRISE DU CHOEUR.
Vite qu'on s'empresse ! etc.
(Tout le monde sort par le fond.)

SCÈNE IV.
NARCISSE, seul.

Petit perruquier !.. il faut absolument qu'il fasse des cancans... exciter la jalousie de Nini... lui faire concevoir des soupçons sur ma fidélité. N'importe, si je ménage Nini... parce que... parce que je suis trop bête, pour l'aimer, je veux me comporter gentiment, avec Caroline... Pauvre Caroline !.. Et Benoist ?.. ah ! ah ! ah ! il faut convenir que je suis un bien grand scélérat !.. Mais, voici ma protégée et son cauchemar d'oncle.

SCÈNE V.
NARCISSE, CAROLINE, LEBLANC.

NARCISSE, allant au-devant de Caroline, et lui baisant la main. Elle a le costume de Madeleine dans le Postillon.
Vous êtes mise on ne peut mieux ! Avons-nous toujours bien peur ?
CAROLINE.
Je suis plus morte que vive.
NARCISSE.
Il faut pourtant se faire une raison.
CAROLINE.
Je tâcherai. (A Leblanc qui s'est posé devant elle, avec son peigne à la main et qui la regarde attentivement.) Eh bien ! mon oncle, m'en voulez-vous encore ?
LEBLANC.
De plus en plus. Caroline, en montant sur les planches, vous avez méconnu ma volonté suprême. Permettez, cette boucle n'est point à sa place. Vous avez rompu tous les nœuds qui m'attachaient à vous... Cette fleur est mal posée. Eloignez-vous un peu... bien ! à merveille !
CAROLINE.
Vous tenez donc à ce que je sois jolie ?
LEBLANC.
C'est mon devoir.

CAROLINE.

Que vous êtes bon, mon oncle ! (Elle fait un pas vers lui.)

LEBLANC.

Arrêtez !

Air : Je suis Français, mon pays etc.

De me fléchir, perdez toute espérance,
Et redoutez l'effet de mon courroux,
Rien ne saurait excuser votre offense,
Plus de rapports, désormais entre nous !
Mais loin de moi, si j'exile ma nièce,
Sur ces cheveux, je dois veiller partout,
Car je me dois à l'art que je professe,
Je suis coiffeur, la coiffure avant tout,
Je suis oncle, mais coiffeur avant tout !

CAROLINE.

Mon oncle !..

LEBLANC.

Silence !.. s'enfuir au milieu d'une contredanse... à la pastourelle !.. et vous dansiez avec le sieur Gros-Clou, propriétaire et marchand...

NARCISSE.

Connu, connu !..

LEBLANC.

Il a juré de ne jamais remettre les pieds chez moi... vous voudrez bien en faire autant.

CAROLINE.

Ainsi, vous me chassez !..

NARCISSE.

Ah ! M. Leblanc !

CAROLINE.

Ah ! mon oncle !..

LEBLANC.

Je ne suis plus votre oncle, si j'ose m'exprimer ainsi.

NARCISSE.

Mais, monsieur !..

LEBLANC, mystérieusement.

Un mot seulement... Je ne la recevrai, désormais, que présentée par un époux. (Il sort.)

NARCISSE, à part.

Un époux ! cela se peut... cela s'est vu... mais... prrt...

SCÈNE VI.
NARCISSE, CAROLINE.

CAROLINE.

Narcisse !..

NARCISSE.

Caroline...

CAROLINE.

Eh bien ?

NARCISSE.

Eh bien ?

CAROLINE.

Vous le voyez.., mon oncle me tient rigueur... il me repousse... et c'est votre faute...

NARCISSE.

Ma faute !..

CAROLINE.

Mais il dépend de vous de me rendre son amitié... Rappelez-vous ce que vous m'avez juré.

NARCISSE.

Je vous ai juré quelque chose ?

CAROLINE.

Ah ! vous me le demandez !..

Air Partie et Revanche.

A votre honneur, votre tendresse,
Je n'ai pas craint de me fier.
De m'épouser, vous fîtes la promesse ;
Hélas ! pouvez-vous l'oublier?
Oui, maintenant, voulez-vous le nier?

NARCISSE.

Vous me jugez mal, chère amie !
J'aimerais mieux, assurément,
Vous le jurer toute la vie...
Que de nier un seul instant.

Mais occupons-nous de choses plus importantes... votre début, d'abord... c'est dans un moment... Caroline, nous verrons ensuite.

CAROLINE.

Vous m'épouserez?

NARCISSE.

Oui, certainement.

CAROLINE.

Sans rire !..

NARCISSE.

On ne rit pas, Caroline, quand on épouse.

SCÈNE VII.

LES MÊMES, NINI, IRMA, FIGURANTES, habillés pour la pièce.

CHOEUR.

Air : A ce soir.

Nous voici,
Quel ennui,
Il faut paraître,
Et r'paraître ;
Nous voici,
Quel ennui,
Quand est-c' que ça s'ra fini ?

NINI, entrant la dernière.

Ah ! je vous y prends, monsieur.

CAROLINE, à Narcisse.

Qu'est-ce que vous veut cette femme?

NINI.

Femme vous-même, entendez-vous !.. (A Narcisse en le tirant.) Venez donc par ici.

CAROLINE.

Narcisse, ne me quittez pas.

NINI.

Je vous défends de lui parler.

CAROLINE.

Me défendre !..

NINI.

J'ai des droits sur lui.

CAROLINE.

Comment, monsieur, mademoiselle a des droits sur vous ?

NARCISSE, bas à Caroline.

Elle est folle ! c'est vous seule que j'aime.

NINI.

Vous croyez bonnement que vous ferez la cour à d'autres... sous mes yeux... je vous arracherai plutôt les vôtres !..

NARCISSE, bas à Nini.

Calme-toi, Nini, je t'expliquerai tout ça.

CAROLINE.

C'est une infamie!

NINI.

C'est une atrocité... mais ça ne se passera pas ainsi... mademoiselle m'en rendra raison.

NARCISSE.

Me voilà entre deux feux.

NINI.
Air : Est-il supplice égal.

Quelle immoralité.

CAROLINE.

Mon cœur est révolté.

NARCISSE, à Caroline.

Un peu de patience.
(A Nini.) Adorable Nini.

NINI, le repoussant

Non, non, tout est fini,
Mais j'en aurai vengeance !

NARCISSE, à part.

Pour appaiser leurs transports menaçants,
Il faudrait être habile !..
Prendre, d'ici, la lune avec les dents,
Me serait plus facile.

ENSEMBLE.

CAROLINE.	NINI.
Quelle immoralité,	Quelle immoralité,
Mon cœur est révolté,	Mon cœur est révolté,
J'ai trop de patience,	Non, non, pas d'indulgence !
Quelle est cette Nini ?	Pour vous plus de Nini,
Que nous veut-elle ici ?	Mais ça n'est pas fini,
Ah ! j'en aurai vengeance.	Et j'en aurai vengeance.

NARCISSE.

J'ai blessé leur fierté,
Leur cœur est révolté,
Mais de la patience ;
Adorable Nini,
Ayez pour votre ami,
Un peu plus d'indulgence.

(A la fin du trio, on entend frapper les trois coups dans la coulisse.)

COCO, entrant.

Messieurs, mesdames, on va commencer le premier acte du Postillon de Lonjumeau.

NARCISSE.

Allons, mademoiselle.

REPRISE DE L'ENSEMBLE.

Quelle immoralité ! etc.   (Ils sortent.)

COCO, seul.   (Chantant.)

Soigné, le Postillon de Lonjumeau.
Oh ! oh ! oh ! qu'il était beau... etc.

Sont-ils heureux ces gaillards-là... Oh ! je donnerais-t'y bien neuf francs, pour être acteur... tiens, j' vas les voir.

(Changement à vue ; le décor du 1ᵉʳ acte du Postillon.)

SCENE VIII.

NARCISSE, CAROLINE.

(Ils entrent de côtés différens, s'avancent vers le public, et chantent le duo du Postillon ; à la fin du duo, on entend du bruit à la première galerie ; un monsieur entre bruyamment.)

BENOIST.

Je vous dis que je veux ma place ; ma place est gardée...

UN MONSIEUR, à l'orchestre.

Silence !

BENOIST.

Comment, silence ! je veux ma place...

LEBLANC, paraissant à l'avant-scène des secondes.

Silence donc !

COCO, paraissant par le trou du souffleur.

Taisez donc vos becs !

BENOIST.

Je vous demande excuse, messieurs, mais rien n'est plus déplorable que de se voir souffler sa place... quand on l'a payée... vous n'avez peut-être pas payé les vôtres... non, je veux dire qu'on vous a peut-être donné des billets... mais, moi, j'ai payé la mienne... continuez, comédien... Ah! mon Dieu !.. Caroline!

CAROLINE.

Ciel! Benoist! (Elle se sauve dans la coulisse.)

BENOIST.

Et le marquis de Carambole!

NARCISSE.

Mais, monsieur, vous troublez la représentation.

UN MONSIEUR, à l'orchestre.

A la porte, le monsieur de la galerie.

LEBLANC, très fort.

Oui, à la porte!

COCO.

Oh! c'te tête!

BENOIST, levant la tête.

Qu'est-ce que c'est que celui-là, là-haut... ce vieux gris-pommelé.

COCO.

Fameux! gris-pommelé.

BENOIST.

Eh! Dieu me pardonne! c'est cet enragé barbier!

LEBLANC.

Oui, c'est moi; et sors à l'instant, où je te coupe la figure.

BENOIST.

Avec votre rasoir... c'est possible... car il est bon que vous sachiez, messieurs, que cet être difforme, écorche ses pratiques au rasoir d'Apollon... ainsi, pères et mères, jeunes gens et jeunes filles, qui m'écoutez... gardez-vous d'aller chez lui!

LEBLANC.

Messieurs, n'écoutez pas cet homme, il est dans un état... il a bu.

BENOIST.

Oh! depuis ce matin, je n'ai pris qu'un léger fruit... un artichaud à la poivrade, et sept cornichons pour un.

NARCISSE.

Mais, monsieur, vous manquez au public.

BENOIST, vivement.

Messieurs, messieurs, ne le croyez pas... mon vœu le plus cher a toujours été... Ah! messieurs... (Il met la main sur son cœur.)

NARCISSE.

Il ne s'agit pas de tout ça, taisez-vous.

BENOIST.

Oh! taisez-vous!.. j'adore son mot!.. je ne veux pas me taire, moi, j'éprouve le besoin le plus pressant de dire tout ce que j'ai sur le cœur et sur les reins... oui, sur les reins... car les chenapans ont fait pleuvoir sur moi, et à plusieurs reprises, une rosée de coups de triques... oh! mais de triques monstrueuses, destinées à l'usage des animaux plutôt qu'à celui des humains.

NARCISSE.

Qui? qui? qui?

BENOIST.

Les scélérats de chez Tonnelier. Partez, l'orchestre.

NARCISSE.

Comment, l'orchestre?

BENOIST.

Tiens... est-ce que je ne peux pas chanter aussi? dites donc vous, la clarinette... dormez donc pas, mon cher ami... Allez! (L'orchestre donne un accord très élevé.) Non, c'est trop haut. Ah! c'est trop bas. C'est bien, maintenant.

AIR : A l'âge heureux de quatorze ans.

Messieurs, depuis que je fus pris,
Dans cet abominable piége :
Le piége des bosquets... vous savez?
Je suis tout noir, moi qui, jadis,
Etais aussi blanc que la neige;

De coups, ils m'ont si bien roué,
Qu'à présent sûrement je gage,
A me voir ainsi tatoué,
On me prendrait pour un sauvage.

COCO.
On aime mieux l' croire que d'y voir.

BENOIST.
Et Caroline? qu'en avez-vous fait?

LEBLANC, à Narcisse.
Je vous défends de donner en public des détails de famille.

BENOIST.
Comédien, je vous défends d'obéir à ce gros difforme... tais-toi, gros difforme!

LEBLANC.
Tu m'insultes!

BENOIST.
Messieurs, messieurs, avez-vous remarqué au Jardin des Plantes, un animal fort gros... décoré d'une bosse fort agréable sur le dos... de deux fort belles cornes sur la tête, et d'un air bête... oh!.. mais bête... à manger des pralines; cet animal, c'est le Bison... Transportez vos regards vers cet avant-scène, vous y verrez une copie exacte du susdit animal!

LEBLANC.
Dieu! si j'avais le bras assez long.

BENOIST.
Silence, Bison!

LEBLANC.
Sortons... sortons...

A L'ORCHESTRE.
Silence!

COCO.
Silence!

BENOIST.
Messieurs, je ne veux pas interrompre plus long-temps la représentation... je sors dans le doux espoir d'anéantir le Bison, avant cinq minutes il sera défunt; vous recevrez à domicile des billets de faire part.

(Il sort ainsi que Leblanc.)

SCENE IX.
NARCISSE, puis CAROLINE.

NARCISSE, s'approchant de la rampe et faisant les saluts d'usage.
Messieurs, nous allons avoir l'honneur de continuer la pièce que la discussion qui vient d'avoir lieu avait interrompue. La débutante un peu troublée de l'apparition subite du monsieur de la galerie, réclame toute votre indulgence.

LE SPECTATEUR, de l'orchestre.
Bravo!

BENOIST.
Venez, mademoiselle. (Caroline rentre.) Allons, remettez-vous.

CAROLINE.
Êtes-vous bien sûr qu'il n'est plus là.

NARCISSE.
Il est sorti... allons, le public nous écoute, à nos rôles... (Il lui prend la main.) Chère Madelaine.

SCÈNE X.
LES MÊMES, BENOIST, LEBLANC.

BENOIST, entrant par la droite.
Ah! je vous y prends, mon gaillard!
(Il prend Narcisse par la main, le fait pirouetter, et se trouve auprès de Caroline.)

LEBLANC, entrant par la gauche.
Ma nièce!.. Caroline!.. (Il saisit Caroline par la main, la fait pirouetter et se trouve auprès de Benoist.) Je te défends de lui parler autrement que pour l'injurier.

BENOIST.

Oh! Dieu! oh! Dieu!.. il me vient des idées de meurtre et de carnage!.. défends-toi, bison!

(Il se met en garde comme un homme qui se dispose à tirer la savatte; Narcisse et Caroline les arrêtent; aussitôt tout le monde entre sur le théâtre.)

SCENE XI.

LES MÊMES, NINI, COCO, IRMA, Tout le monde.

CHOEUR.
Air de Vallace.

Quel bruit épouvantable,
Sortez vite, ou sinon,
La garde, c'est probable,
Va vous mettre en prison.

NINI.
C'est quelque amant.

NARCISSE.
Et tu m'accusais, méchante!

NINI.
De quoi vous mêlez-vous?

NARCISSE.
C'est juste!

BENOIST.
Chère Caroline! je vous réitère l'offre de ma fortune et de ma main.

LEBLANC.
N'accepte pas! je puis encore te pardonner... mais si tu l'épousais, lui, cet être-ci, que voici, que j' haïs!..

BENOIST.
Douze cent livres de rentes et un physique original.

CAROLINE.
M. Narcisse?

NARCISSE, avec empressement.
Mademoiselle.

NINI.
Restez là!

CAROLINE.
Vous voyez que M. Benoist...

NARCISSE.
Comment donc!.. c'est très bien, et le père Leblanc aurait grand tort de s'opposer...

NINI.
De quoi vous mêlez-vous.

NARCISSE.
C'est parfaitement juste!

CAROLINE, en soupirant.
Ah! Narcisse!.. (A Benoist.) Ainsi, monsieur, vous voulez encore...

BENOIST.
Si je veux! si je veux!.. (A Narcisse.) Dites donc... vous me jurez...

NARCISSE.
Oh! fi donc!.. je le jure!.. (Bas.) Elle fait l'admiration de tout le monde... par son talent... sa grace et sa vertu.

BENOIST.
Assez! (Il lui prend la main.) Cher ami!.. (A Caroline.) Je vous épouse!..

LEBLANC.
Mais...

BENOIST.
Consentez, bison, et vous serez béni!

LEBLANC.
Benoist, tu n'es qu'un imbécile!

BENOIST.
Ah!.. il consent!.. j'espère que le guignon cessera de me poursuivre.

NARCISSE, à part.
Il ne t'a jamais joué de plus méchant tour qu'aujourd'hui.

CHOEUR.

Air de Robert.

Enfin, Benoist, de sa tendre constance,
Va recevoir le doux prix en ce jour;
Son cœur joyeux se livre à l'espérance,
Il n'est plus rien qui manque à son amour!

BENOIST, au public.

Air d'Yelva.

A Caroline, à celle qui m'est chère,
Je vais m'unir, ô moment enchanteur!
C'est grace aux soins de cet ami sincère,
Que je retrouv' tout c' que cherchait mon cœur;
Maint'nant, messieurs, pardonnez-moi si j'ose,
Vous demander vot' bénédiction,
A mon bonheur, s'il manquait quelque chose,
Ce s'rait vraiment avoir trop de guignon!

FIN.

TREIZE A TABLE,

OU

UN PIQUE-NIQUE,

COLLATION ASSAISONNÉE DE COUPLETS, EN UN ACTE,

PAR MM. P^{re} TOURNEMINE ET GÉRAU.

REPRÉSENTÉE POUR LA PREMIÈRE FOIS, A PARIS, SUR LE THÉATRE DE LA PORTE-SAINT-ANTOINE, LE 16 FÉVRIER 1837.

N'embrouillons pas les affaires! (SCÈNE X.)

PARIS,
NOBIS, ÉDITEUR, RUE DU CAIRE, N° 5.

—

1837.

Personnages.   Acteurs.

JACQUILLARD, rentier célibataire.   MM. FERDINAND.
CABUCHET, maître maçon.   HENRI.
DURAND, épicier.   PELVILAIN
ADOLPHE, chapelier.   BRAUX.
Mme HONORÉ, } voisines   Mmes LUDOVIC.
Mlle SIMONET, }   BARVILLE.
OLYMPE, servante de Jacquillard.   BLIGNY.
UN CAPORAL DE LA GARDE NATIONALE.
UN PORTIER.
GARDES NATIONAUX, AMIS ET CONNAISSANCES DE JACQUILLARD, personnages muets.

La scène se passe à Dijon, chez Jacquillard.

J.-R. MEVREL, Passage du Caire, 54.

TREIZE A TABLE,

COLLATION ASSAISONNÉE DE COUPLETS.

Le théâtre représente la salle à manger de Jacquillard. A droite du spectateur, l'entrée de la cuisine, et une fenêtre donnant sur la rue ; à gauche, une très grande table rangée près du mur. Au fond, une porte donnant dans une pièce d'entrée. Un guéridon, des chaises.

SCÈNE I.
JACQUILLARD, OLYMPE.

JACQUILLARD, arrangeant la table.
Là, je crois qu'elle est solide comme ça... d'ailleurs, nous ne voulons pas danser dessus.

OLYMPE.
Pourvu, tant seulement, que personne ne roule dessous.

JACQUILLARD.
Sois donc tranquille. Je serai là pour organiser la gaîté, pour tempérer la soif, et pour faire les parts... Va-t-on s'amuser !.. Il y a pourtant au moins trois mois que je rêve à cette fête... Dis donc, Olympe, vois-tu l'effet que ça va faire, lorsqu'on saura que c'est chez moi que ce magnifique repas a eu lieu; chez moi, Narcisse Jacquillard, fils du célèbre marchand de moutarde, et le plus riche célibataire de toute notre ville de Dijon ! C'est une bien belle invention que les pique-niques !.. Une supposition, vous voulez vous régaler, faire un repas là... splendide, un repas d'une centaine de francs, par exemple ? eh bien ! rien n'est plus facile : vous vous réunissez une vingtaine d'amis, et avec chacun cent sous vous en voyez la farce.

OLYMPE.
La farce ! la farce ! si ça se faisait chez un traiteur, c'est possible; mais chez soi, se donner ces tracas-là,.. Voyez-vous, monsieur, moi, à vot' place...

JACQUILLARD.
Mon Dieu ! Olympe, que tu es bête ! tu n'as pas plus de jugement... qu'une mouche. Comment, tu ne comprends pas que ce sont au contraire ces petits embarras-là qui amusent ? Et puis, crois-tu que pour le prix modeste de six francs par tête, à douze personnes, un traiteur leur donnerait, comme moi, un dîner à quatre services, avec le vin à discrétion ?

OLYMPE.
Ça, c'est vrai que s'ils se plaignent, ça ne sera parce qu'on les écorche ; et cependant, vous qu'êtes un peu serré, vous avez ben eu vot' plan, tout d' même.

JACQUILLARD.
Comment ? quel plan ?

OLYMPE.
Pardine ! vous vous êtes dit : en faisant ça chez moi, j'aurai peut-être ben au moins mon écot gratis, et comme il y aura des restes... (Riant.) Oh ! c'est que je vous connais... et je vous devine !

JACQUILLARD.
Mon Dieu ! Olympe que tu es bête !.. Tu as des idées si petites ! si étroites !.. Certainement, je ne serais pas fâché que cela ne me coûtât rien ; je verrais même sans colère que le buffet pût rester garni pour quelques jours; mais si j'ai accepté la mission délicate que m'imposait le vœu général, c'est par dévoûment seul, entends-tu ; car, au fait, qui mieux que moi, s'entendait à tout cela, et aurait pu s'en occuper, est-ce Durand ?

OLYMPE.
Un épicier-droguiste, fameuse cuisine ! fi donc !..

JACQUILLARD.
Ce n'était pas Adolphe, non plus ?

OLYMPE.
Le chapelier ? il aurait joliment retapé ça !..

JACQUILLARD.
Cabuchet avait bien réuni quelques suffrages, mais il est si petitement logé ; et puis c'est un si drôle de corps !..

OLYMPE.

Ah! oui, le maître maçon, celui qu'est si gai, si jovial!

JACQUILLARD.

Tu peux bien dire si malin, si goguenard; un farceur qui est toujours à répéter : N'EMBROUILLONS PAS LES AFFAIRES, et qui n'est pas deux heures quelque part, sans qu'on se dispute, et qu'on ne s'y reconnaisse plus... Ah! ça, ta cuisine est en train?.. donne-moi ma liste, que je voie un peu comment je placerai mon monde... là-bas, sur la petite table... (Olympe cherche.) Tu l'as sous le nez... mon Dieu! Olympe, que tu es bête! Ah! ça, tu as donc des yeux de colimaçon? là, maladroite!.. tu viens de renverser la salière... je ne m'étonnerais pas maintenant qu'il nous arrivât quelque malheur!.. (Parcourant la liste qu'elle lui donne.) Adolphe, un; Durand, deux; Picherand, trois; Mme Picherand, quatre; M. Cabuchet, cinq; Mme Cabuchet, six; Mlle Virginie Cabuchet, sept...

OLYMPE.

Tiens! il y aura donc aussi des dames, à votre pichenique? Vous aviez dit, que vous seriez tous hommes du même sexe.

JACQUILLARD.

Oui, d'abord, mais j'ai tant fait, qu'on a changé d'avis : Durand et Adolphe s'étant brouillés pour Mlle Virginie Cabuchet, j'ai voulu qu'ils se raccommodent à table, en présence de la jeune personne; et tu sens que pour l'avoir, il fallait bien en admettre d'autres!.. (Continuant l'examen de sa liste.) Nous disions sept... le commis du Gagne-Petit, huit; les deux clercs de chez M. Grémery, dix; Germeuil et son cousin, douze; et moi, treize?.. Treize à table!.. oh! non pas, non pas, par exemple! c'est un nombre de malheur... il y en a toujours un qui meurt le premier...

OLYMPE.

Ça, c'est vrai que c'est un proverbe, mais, il y a un moyen bien simple de détruire le sortilége, invitez un homme de plus.

JACQUILLARD.

Un homme?.. non pas, j'aime mieux une dame, ça consomme moins; tiens, Mlle Simonet que j'avais justement oubliée, et à qui je voulais emprunter le supplément d'argenterie qu'il me faut.

OLYMPE.

Comme vous avez emprunté la porcelaine de mame Honoré, et le linge à mame Picherand, n'est-ce pas?

JACQUILLARD.

Parbleu, entre voisins... et un jour d'extra!.. Voyons, tu vas aller prier Mlle Simonet de venir dîner avec nous, tu comprends bien? ne fais pas de bêtises, et n'oublie pas de lui demander son argenterie... tu n'as pas besoin de lui dire que c'est un pique-nique, non plus que de parler du nombre treize. (Rappelant Olympe qui va sortir.) Ah!.. Olympe?..

OLYMPE, revenant.

Monsieur?..

JACQUILLARD.

Passe aussi au bureau des voitures, et informe-toi s'il y a un panier à mon adresse.

OLYMPE.

Ah, oui, le pâté que doit nous envoyer vot' ami d'Amiens, n'est-ce pas? (Fausse sortie.) Dites donc, not' maître, veillez un brin à la cuisine?..

Air : Ton émeute légère. (de la Vogue.)

ENSEMBLE.

JACQUILLARD.
Tu dois revenir vite,
Tu cours comme un chevreuil;
Pour moi, sur la marmite,
Je réponds d'avoir l'œil.

OLYMPE.
V'là qu'est dit, j'm'en vas vite;
Je cours comme un chevreuil;
Vous, dessus la marmite,
Tâchez ben d'avoir l'œil.

(Olympe sort en heurtant Cabuchet qui entre.)

SCÈNE II.
CABUCHET, JACQUILLARD.

CABUCHET, gaîment.

Diable de petite folle !.. elle est forte comme un Turc, elle a failli me renverser; dites donc, Jacquillard, voyez-vous, si j'avais fait une chûte de l'Olympe ?.. (Riant.) Oh! oh! qu'il est mauvais celui-là! on voit bien que je suis maître maçon, et que je les fais à la toise; mais, bah! on s'amuse, c'est pour rire; et pour rire, il n'y a rien comme les farces, et les bêtises!..

JACQUILLARD.

Tudieu! père Cabuchet, comme vous voilà luron!..

CABUCHET.

Moi, je suis toujours comme ça.

AIR : Oui, j'aime les amours qui toujours.

A quoi bon réfléchir,
Ou gémir,
Savoir jouir,
A loisir,
Du plaisir;
Jamais ne s'attrister de rien,
C'est le moyen
De vivre toujours bien.

Ce fou si vanté,
Tant cité,
Qui rabâchait,
Pleurnichait,
Desséchait,
Valait-il ce gueux
Plus heureux,
Qui, franc surtout,
Chantait par goût;
Partout?
A quoi bon réfléchir, etc.

Nargue de la mort,
Et du sort;
Rions des ans,
Des méchans,
Et du temps.
Le seul médecin,
Du chagrin,
Fut-il sans fin,
Est enfin,
Ce refrain:
A quoi bon réfléchir, etc.

Ah! ça, voyons, n'embrouillons pas les affaires... Où en sommes-nous?..

JACQUILLARD, avec impatience.

Nous en sommes... que vous venez trop tôt.

CABUCHET.

Il vaut mieux trop tôt que trop tard, pour un dîner... Journée de ribote, journée perdue! or, je me suis dit, en me levant : Habillons-nous tout de suite; et comme j'ai pensé que vous pourriez avoir besoin d'un coup de main, j'ai donné un coup de pied, jusqu'ici, ce qui fait que...

Me voilà! me voilà!
Parlez, que faut-il faire?..

JACQUILLARD.

Diable de farceur, va!.. Ecoutez, faites attention, si vous voulez m'aider, il faut endosser le costume, comme moi, d'abord...

CABUCHET.

Bravo! bravo!.. ça sera drôle!..

L'habit ne fait pas le moine,
Mais il le pare fort bien.

Vite, vite, à la besogne, et n'embrouillons pas les affaires... (Prenant un tablier et un bonnet de coton que lui donne Jacquillard.) Le casque à mèche, et la cuirasse du gâte-sauce...

Cent esclaves ornaient ce superbe festin,
Et dans des vases d'or.....

Qu'est-ce que vous faites là?..

JACQUILLARD, qui s'est mis à travailler des glaces dans une sabotière.

Une surprise... je ne le dis qu'à vous, ce sont des glaces...

CABUCHET.

Des glaces! c'est bien galant... (A part.) Je préviendrai ma femme et Virginie, qu'elles se réservent pour la surprise. (Haut.) Ah! ça, n'embrouillons pas les affaires... Qu'est-ce qui presse?.. voulez-vous que je mette le couvert?..

Travaillons, travaillons,
Faisons bien notre ouvrage...

JACQUILLARD, sans quitter sa besogne.

Dites donc, la table sera-t-elle assez grande?

CABUCHET.

Dam! c'est selon combien nous sommes?..

JACQUILLARD.

Quatorze.

CABUCHET.

Je vais vous toiser cela... C'est une table de dix-huit couverts, on aura ses coudées franches...

JACQUILLARD.

Tant mieux, ça fait qu'on ne sera pas gêné.

CABUCHET, mettant le couvert.

Diable! vous avez là du beau linge... et de la porcelaine, premier choix... vous êtes un garçon callé!.. A propos, dites-moi donc, quand parlons-nous définitivement de notre grande affaire?..

JACQUILLARD.

Quelle grande affaire?..

CABUCHET.

Vous savez bien, au sujet de ma fille!

JACQUILLARD.

Ah! bien, bien, par rapport... relativement à l'amour de Durand et d'Adolphe, n'est-ce pas?.. Eh bien! mais c'est à vous de choisir, car sans doute, votre Virginie, n'a pas la prétention de les épouser tous les deux?

CABUCHET.

Dissimulé que vous êtes! vous seriez bien fâché, si je me décidais pour l'un ou pour l'autre... Mais, malgré votre indifférence affectée j'y vois clair...

JACQUILLARD.

Ah! vous voyez clair! eh bien! qu'est-ce que vous voyez?..

CABUCHET.

Ce que je vois? que depuis long-temps, vous avez distingué ma fille, que vous en êtes épris, et que...

N'en demandez pas davantage.

JACQUILLARD.

Moi!.. je suis épris de votre fille, ah! bien, en voilà une fameuse, par exemple!..

AIR vaudeville de Taconnet.

Elle a d'l'esprit, elle est vive, charmante,
Et franchement, j'en conviendrai, parbleu!
Ses yeux sont doux, sa taille est séduisante,
Mais entre nous, jamais le moindre aveu...

CABUCHET.

Taisez-vous donc, vous cachiez votre jeu.

JACQUILLARD, s'échauffant.

Quoi! vous pensez!..

CABUCHET.

Voyez le grand prodige!

JACQUILLARD.

Alors, qu'Adolphe et Durand tour à tour,
Depuis six mois, lui font tous deux la cour.

CABUCHET.
Raison de plus, vous l'adorez, vous dis-je,
La jalousie est l' cachet d' l'amour. (bis.)

JACQUILLARD, avec humeur.
Mais vous divaguez, vous battez la campagne, de la manière la plus incohérente !..

CABUCHET.
Pourquoi vous en défendre?.. puisque j'approuve votre recherche, puisque je consens à tout, quel joli couple vous ferez... à vous deux !
Il faut des époux assortis.....

JACQUILLARD.
A-t-on vu un entêté pareil ! vouloir me persuader...

SCÈNE III.
Les Mêmes, OLYMPE.

OLYMPE, entrant; elle porte un panier
Air : J'arrivons de not' village,
J'arrivons d' la diligence,
J' n'ons pas été longue, j' pense,
Mais vous me l'aviez dit,
Et Dieu merci,
J' crois qu' j'ons fait diligence,
Qu'est-c' qui m' prend ça?
Me v'là, me v'là, me v'là !

Hein, j'espère qu'en v'là un pâté-monstre !.. il sent joliment bon, allez... mais, il est d'un lourd !..

JACQUILLARD, vivement.
Et Mlle Simonet...

OLYMPE.
Elle a dit qu'elle viendrait, et qu'elle vous apporterait en même temps, vous savez...

JACQUILLARD.
Très bien, très bien... va vite à ta cuisine, car j'ai été tellement dérangé...

OLYMPE.
Ah! bon, v'là qui va m'avancer, alors !.. Et mes pieds, et mes oreilles... j' suis sûre que tout ça brûle... (Elle sort en courant.)

CABUCHET, à Jacquillard.
Vous avez invité Mlle Simonet? après tous les propos qui circulent sur son compte?.. ah! ah! fi! fi! fi!

JACQUILLARD, étonné.
Fi! fi! fi!.. Qu'est-ce qu'elle a fait?..

CABUCHET.
Vous ne connaissez pas sa dernière aventure? ah! ça, mais d'où sortez-vous donc?..

Air : Ah ! si madame l'entendait.
C'est un si triste événement.
Une histoire si scandaleuse,
Une affaire si malheureuse,
Que rien qu' d'y penser seulement,
Ça me rend tout je n' sais comment;
Depuis les pieds, jusqu'à la nuque.
Vous frémiriez tant c'est affreux !
Enfin, moi qui porte perruque,
Ça m'a fait dresser les cheveux.

JACQUILLARD.
Pas possible !..

CABUCHET, en confidence.
Apprenez qu'elle avait deux intrigues à la fois; qu'il y a eu duel... et mort...

JACQUILLARD.
L'un des amoureux a tué l'autre?

CABUCHET.
Mieux que cela.

JACQUILLARD.
Ils se sont peut-être tués tous les deux?
CABUCHET.
Mieux que cela encore... il y a eu quatre victimes... les enragés se battaient au pistolet; et ils se sont visés si juste, que les deux témoins qui se trouvaient malheureusement derrière, sont tombés du même coup, percés de part en part...
JACQUILLARD.
Farceur! taisez-vous donc!
CABUCHET.
Ah! mais, c'est que c'est positif... et vous devez concevoir quelle répugnance, ma femme et ma fille... Je les connais, elles sont capables de ne pas vouloir venir... Ma femme ça me serait encore égal, mais ma Virginie, c'est autre chose, parce que, voyez-vous, Jacquillard...
Une fille est un oiseau...
JACQUILLARD.
Eh bien! voyons, on la mettra à un bout de table, et votre fille à l'autre : elles seront à toute extrémité, serez-vous content?..

SCÈNE IV.
LES MÊMES, DURAND.

DURAND, entrant avec gaîté.
AIR : Pan, pan, ouvrez la porte.

Bon! bon! l'instant approche,
Bon! bon! tout est-il fait?
Bon! bon! sonnez la cloche,
Bon! bon! moi je suis prêt.

Sans savoir où l'on dîne,
Sans d'mander au portier;
J'ai senti la cuisine,
Du bas de l'escalier.
Bon! bon! etc.

Et, je vois que mon nez m'a bien conduit!.. Bonjour, Jacquillard. Tiens, voilà aussi M. Cabuchet... eh bien! ça va-t-il, les chevaliers de la marmite?
CABUCHET.
Ah! vous venez nous narguer, vous, maître Durand? Jacquillard, un uniforme à ce compère-là, et qu'il nous donne un coup de main...
DURAND.
Bien volontiers; oh! moi, on peut me mettre à toutes sauces.
JACQUILLARD, lui donnant un bonnet et un tablier dont il s'affuble.
Lui, il est de tous les écots, de toutes les parties, de toutes les opinions.
CABUCHET.
C'est donc une girouette?
DURAND.
Ah! un moment; tout ça, c'est selon, voyez-vous...

AIR : Gaîment je m'accommode tout. (du Bouffe et le Tailleur.)

Parle-t-on politique,
Je fuis,
Fait-on un gai pique-nique;
J'en suis.
Pour jouer ou médire,
Je fuis.
Pour chanter, boire et rire,
J'en suis.

Quand j' vois vieille coquette,
Je fuis.
Mais pour jeune fillette,
J'en suis
Des cercles où l'on bâille,
Je fuis.
(Leur frappant sur l'épaule.) Pour hanter la canaille;
J'en suis.

Ah! ah! voilà votre clou rivé, mes farceurs!..

JACQUILLARD et CABUCHET, riant.
C'est vrai! pas trop mal, pour un épicier...
DURAND.
Ah! ça, combien sommes-nous en tout?..
JACQUILLARD.
En tout, quatorze.
DURAND.
Quatorze; alors, ça fera seize.
JACQUILLARD.
Non, quatorze.
DURAND.
Et non, je vous dis, que c'est seize, puisque j'amène deux personnes... (Bas à Jacquillard.) Ma sœur, et son mari, qui viennent exprès, afin de lui demander pour moi, la main de Virginie...
CABUCHET, mettant le couvert.
Deux convives de plus? Bravo! bravo!..
Plus on est de fous, plus on est de fous, plus on rit.
JACQUILLARD.
Oui, et puis si le dîner est trop court, on criera!.. (A part.) Ce n'est pas l'embarras, nous avons le pâté... (Entendant sonner.) Allons, bon! voilà encore d'autres flâneurs! que le diable les emporte de venir sitôt...

SCÈNE V.
Les Mêmes, Mme HONORÉ.
TOUS.
Tiens! c'est Mme Honoré!
JACQUILLARD.
Et qu'est-ce qui vous amène, ma bonne voisine?
Mme HONORÉ.
AIR : Mariez-vous, jeunes tendrons.
J'entends dire dans la maison,
Qu'ici l'on tram' quéqu' chose;
Une veuv', c'est comme un garçon,
A ça près d' bien peu d' chose;
Or, moi, comm' je suis sans façon,
Qu'Jacquillard est un bon luron,
Et que j'lui prêt' quéqu' chose,
Me moquant de c' qu'on en dira,
J' suis descendu' plus vit' que ça;
Voilà, voilà,
Voilà, voilà, la chose.
Ah! ça, il n'y a pas d'indiscrétion à vous demander quel est le saint ou la sir sainte dont vous chômez la fête?
DURAND.
Oh! mon Dieu non, c'est tout bonnement un dîner d'amis; le simple plai- de faire un bon repas, et de se trouver ensemble.
Mme HONORÉ, à Jacquillard.
Eh bien! mais c'est charmant! et vous ne m'invitez pas, moi qui vous prête ma porcelaine?
JACQUILLARD, à part.
Que le bon Dieu la bénisse, par exemple!.. (Haut.) C'est que... voyez-vous, voisine, d'abord, nous ne devions être que tous hommes, et puis après, il était si tard pour vous prévenir...
Mme HONORÉ.
Bah! bah! je ne suis pas suscestible.
CABUCHET.
Ensuite, vous ne savez pas que c'est un pique-nique?
Mme HONORÉ.
Pique-nique! pique-nique! c'est chacun son écot, n'est-ce pas? eh bien! moi, je prête ma porcelaine... et qu'est-ce que vous êtes de monde?..
JACQUILLARD.
Dam! à présent, nous sommes dix-sept... (A part.) Heureusement que le pâté...

Mme HONORÉ.

Dix-sept?.. eh bien! mon service de porcelaine est justement de dix-huit couverts... Ah! dites donc, je pense à une chose, voulez-vous rire?..

CABUCHET.

Si nous voulons rire! je le crois bien!..
Il faut rire, rire, et toujours rire!..

Mme HONORÉ, continuant.

Vous savez bien... Mais non, je ne veux dire ça qu'au voisin Jacquillard; vous autres, vous aurez la surprise... (Bas à Jacquillard.) Vous connaissez le père Descourty? Eh bien! figurez-vous qu'il a deux grands chandeliers qu'on place au milieu de la table, et quand on est au dessert, tandis que tout le monde cause et ne songe à rien, sous prétexte de moucher la chandelle, on allume un petit feu d'artifice caché dans les girandolles... Vous verrez c'est tout-à-fait bobêche... et on rit! on rit!..

JACQUILLARD.

C'est ça, on rit, on rit, et on brûle la nappe, merci...

Mme HONORÉ.

Non, non, il n'y a aucun danger... seulement, vous concevez qu'on ne peut pas inviter les chandeliers tout seuls? Mais le père Descourty est un petit vieillard fort aimable, je me charge de le voir, et je réponds qu'il viendra.

JACQUILLARD.

Oui, mais il ne paiera pas, et c'est encore un convive de plus!..

Mme HONORÉ.

Qu'est-ce que ça fait; quand il y en a pour dix-sept, il y en a bien pour dix-huit.

JACQUILLARD.

Allons, va pour le père Descourty... On se rejetera sur le pâté!

CABUCHET.

Vous avez fini? ça n'est pas malheureux!..

JACQUILLARD, entendant sonner.

Allons, qu'est-ce encore? voyez un peu, si l'on a une minute à soi! (A part.) Diable de pique-nique! je n'éprouve que des contrariétés depuis ce matin!.. Qu'on dise donc encore que ça ne fait rien de renverser le sel et d'être treize à table!..

SCENE VI.

LES MÊMES, Mlle SIMONET.

Mlle SIMONET, parlant à la cantonade.

Fanchette, donnez ce panier à Olympe, et retournez vite à la maison... (Entrant.) Je ne dérange personne?

DURAND, galamment.

Vous arrangez tout le monde, mademoiselle...

Mlle SIMONET, d'un ton aigre.

Qu'est-ce que cela veut dire, monsieur? est-ce une épigramme?

JACQUILLARD.

Ah! Mlle Simonet, pouvez-vous le penser?

Mlle SIMONET.

Ma foi, mon cher Jacquillard, c'est qu'on est si méchant dans notre petite ville de Dijon!..

CABUCHET, s'occupant à part..
Les cancans, les cancans, les cancans,
Sont amusans.

Mlle SIMONET, désignant Cabuchet.

Eh! tenez, voilà justement le doyen des cancaniers, M. Cabuchet qui va partout, disant le plus de mal possible, de tous ceux qu'il connaît, et particulièrement sur moi, parce que j'ai refusé ses hommages.

CABUCHET, fredonnant.
Nos amours ont duré tout une semaine...

Mlle SIMONET, vivement.

M. Cabuchet, est-ce une épigramme?..

CABUCHET, ayant l'air occupé.

Plaît-il, mademoiselle?.. je ne sais pas seulement ce que vous dites...
Vivandière du régiment, c'est trala qu'on me nomme

Mlle SIMONET.

Oh! je me moque de vos propos... Comme jamais personne n'a pu dire...

CABUCHET

Connaissez-vous les hussards de la garde.

Mlle SIMONET, se piquant.

Oui, oui, chantez... vous voudriez bien que je ne fusse pas du pique-nique! mais comme toutes vos dames y viennent, que je prête l'argenterie, et que je suis invitée, j'y viendrai aussi, monsieur, quand ce ne serait que pour vous faire enrager.

CABUCHET.

Elle aime à rire, elle aime à boire...

Mlle SIMONET, de plus en plus colère.

Ah! vous voulez nuire à ma réputation?.. heureusement, elle est au-dessus de vous, monsieur, ma réputation...

Mme HONORÉ, sèchement.

Eh! mon Dieu, mademoiselle, ne criez pas si fort, on sait à quoi s'en tenir... (A part.) Attrape; je la déteste!..

Mlle SIMONET, vivement..

Est-ce une épigramme, madame?.. (A part.) J'ai cette femme en horreur!

JACQUILLARD.

Allons, voyons, ne va-t-on pas se chamailler, un jour de fête, et pour des riens encore?.. (Tirant sa montre.) Ah! mon Dieu, trois heures!.. et le dessert à arranger, le vin à monter de la cave; vous ne savez pas le mal que ça donne, vous autres!

CABUCHET.

Le dessert? la cave?.. eh bien! que ne le disiez-vous? est-ce que nous ne sommes pas là... Olympe nous donnera la clé, n'est-ce pas?..(A Durand.) Allons, l'épicier...

En avant marchons contre leurs canons... (Ils sortent.)

Mme HONORÉ, à Mlle Simonet.

Mlle va, sans doute, mettre aujourd'hui, ses plus beaux atours?

Mlle SIMONET.

Oh! mon Dieu non, madame; car à l'exception d'un béret cerise que j'ai commandé...

Mme HONORÉ.

Un béret cerise? c'est coquet!

Mlle SIMONET.

Et vous; madame, comment vous coifferez-vous?

Mme HONORÉ, d'un air aigre-doux.

Avec un bonnet à rubans roses, mademoiselle.

Mlle SIMONET, de même.

Des rubans roses! c'est bien jeune, et bien galant, madame!

Mme HONORÉ, à part.

Comédienne! le cerise tue le rose.

JACQUILLARD, de même.

Elles ne s'en iront pas?

Mlle SIMONET, même jeu.

Je suis sûre qu'elle enrage... Je les éclipserai toutes..

Mme HONORÉ, de même.

Et je la laisserais briller aux dépens des autres!.. je ne viendrais plutôt pas... Courons prévenir ces dames.

Mme HONORÉ, Mlle SIMONET, ensemble à Jacquillard

AIR : A revoir, à revoir,

A tantôt, à tantôt,
Je vais à ma toilette,
Quand elle sera faite
Je reviens aussitôt.

Mlle SIMONET, à part.

C'est à mourir
De plaisir
Mon triomph' commence...

Mme HONORÉ, de même.

Quelle impertinence!...

JACQUILLARD, de même.
Le sang m'bout,
Je suis à bout.

Mme HONORÉ et Mlle SIMONET, ensemble.
A tantôt, à tantôt, etc.   (Elles sortent.)

SCÈNE VII.
JACQUILLARD, puis ADOLPHE.

JACQUILLARD, seul.
Elle sont parties! ça n'est pas malheureux, je pourrai enfin....

ADOLPHE, entrant, il parle à la cantonade.
Au revoir mesdames, votre très humble serviteur.

JACQUILLARD.
Adolphe, maintenant! lui, le roi des flâneurs.... Ah! pour le coup, c'est trop fort!...

ADOLPHE, gaîment.
Eh! qu'as-tu donc?.. tu fais une mine longue d'une aune... est-ce que nous avons des convives qui nous manquent de parole?

JACQUILLARD.
Ah! bien oui, nous sommes dix-huit à présent!

ADOLPHE.
Et tout ça paie? tant mieux!

JACQUILLARD, avec humeur.
Tant mieux! tant mieux!.. si ça paie... mais c'est que jusqu'à présent, je n'ai pas encore reçu un sou.

ADOLPHE.
Bon, bon, c'est là ce qui t'inquiète?

JACQUILLARD.
Non, mais je suis vexé; depuis ce matin je ne me suis pas assis; je suis moulu, et j'ai été tellement dérangé... tiens, je t'en prie, va-t-en, car je ne sais où donner de la tête... mais non, au fait, reste, endosse l'uniforme, et donne-moi un coup de main; car si je compte sur les autres...

ADOLPHE, mettant un bonnet et un tablier.
Avec plaisir, que veux-tu que je fasse?

JACQUILLARD.
Voici une plume, de l'encre, du papier, copie les noms inscrits sur cette liste, tu sais, pour mettre à chaque place?

ADOLPHE, parcourant la liste.
Que vois-je?

JACQUILLARD.
Qu'est-ce qui lui prend donc?

ADOLPHE, avec exclamation.
Durand est de la partie?.. c'est une horreur, une trahison... Durand, Durand!

SCÈNE VIII.
LES MÊMES, DURAND, CABUCHET.
(Ils portent chacun des bouteilles sous les bras et dans les mains.)

DURAND, accourant.
Qu'est-ce qui appelle? (Restant stupéfait à la vue de son rival.) Est-il possible! Adolphe serait des nôtres?.. un Grec dans les remparts de Troie! (Il se pose tragiquement.) Jacquillard, voilà un tour...

ADOLPHE.
Jacquillard, voilà un trait...

JACQUILLARD, cherchant à les appaiser.
Vous êtes dans l'erreur, je vous jure au contraire...

ADOLPHE, se montant de plus en plus.
Mais cela ne se passera pas ainsi!

DURAND, gesticulant.
Non, non, bien sûr; et je vous ferai voir...

CABUCHET, à Durand qu'il débarasse.
Prenez donc garde, vous allez casser les bouteilles... voyons, n'embrouillons pas les affaires... pourquoi vous disputez-vous, deux amis?

JACQUILLARD.

C'est clair, pourquoi?..

ADOLPHE, et DURAND, ensemble à Cabuchet.

Pourquoi? pourquoi? n'a-t-il pas voulu être le mari de votre fille?

CABUCHET.

Eh bien! puisque vous ne le serez ni l'un ni l'autre, quelle jalousie pouvez-vous avoir? (Il chante.) « Je suis le maître de choisir. » Et comme voici Jacquillard qui l'aime aussi, et qui me la demande, je la lui donne.

DURAND et ADOLPHE, vivement.

Jacquillard!

JACQUILLARD.

Ne croyez donc pas ça, c'est une ruse.

DURAND et ADOLPHE.

Une ruse!

ADOLPHE, en colère.

Ah! c'est une ruse?.. Eh bien! alors, c'est l'épicier qui nuit à mon amour!

DURAND, de même.

C'est ce freluquet, qui est cause que l'on me berne!

ADOLPHE, même jeu.

Freluquet vous-même, entendez-vous, marchand de chandelles...

DURAND, exaspéré.

Marchand de chandelles!.. Oh! je n'avalerai pas celle-là, et vous me rendrez raison...

DURAND et ADOLPHE, ensemble.

AIR : Cessez de vous en défendre. (BOUFFON DU PRINCE.)

Ah! j'étouffe de colère,
A moi, vous aurez affaire.
M'appeler freluquet!
Mais j' rabattrai son caquet;
Allons, sortons tout de suite,
Sur le terrain au plus vite,
Nous verrons au briquet,
Si vous avez du toupet.

CABUCHET, les arrêtant.

Or ça, n'embrouillons pas l'affaire,
Tous deux, écoutez-moi d'abord :
C'est Jacquillard qu'on vous préfère.

JACQUILLARD, à part.

Il os' le répéter encor!

(A Durand et Adolphe) Pour une cause aussi légère,
Aller s' battre, ce s'rait un tort...
Que chacun plutôt embrasse un frère,
Et tous ainsi, nous s'rons d'accord.

DURAND et ADOLPHE, ensemble.

Non, j'étouffe de colère, etc. (Ils sortent.)

SCÈNE IX.
CABUCHET, JACQUILLARD.

JACQUILLARD.

Comment, vous qui êtes l'auteur de tout ça, vous les laissez partir!.. mais ils vont se couper la gorge!

CABUCHET.

Eh bien! il faut les laisser faire, si ça les amuse; craignez-vous que nous ne puissions dîner sans eux? (Il chante.) « Faute d'un moine, l'abbaye ne manque pas, ne manque pas... » d'ailleurs, soyez donc tranquille, ils se raviseront et ne se couperont rien du tout.

JACQUILLARD, se dépitant.

La jolie fête! comme ça commence bien!.. Ah! mon Dieu, maintenant, on nous les rapporterait au dessert, tous deux sur un brancard, que je vous jure bien que ça ne me surprendrait pas; nous devions être treize à table!

CABUCHET.

Taisez-vous donc, mon gendre.

JACQUILLARD, s'échauffant.

Votre gendre !.. moi le gendre d'un infâme homme comme vous... par exemple !

Air : Ces postillons sont d'une maladresse.

J' suis pacifique et dur à la détente,
Mais dans les vein', j'ai du sang, voyez-vous ;
Et lorsqu'un' fois la colère me tourmente,
Malheur à ceux qui tombent sous mes coups,
J' suis un hercule, un lion en courroux.
N'ayez pas l'air de rire et d' vous ébattre,
Ce que je dis, je vous le prouverais...
J'ai tant d' colèr' de voir qu'ils vont se battre,
Que... j' crois que j' vous battrais.

CABUCHET, reculant.

Voyons, voyons, n'embrouillons pas les affaires... vous m'avez fait refuser deux partis très sortables ; vous épouserez Virginie.

JACQUILLARD, qui s'est remis à arranger ses glaces.

Je ne l'épouserai pas, je n'en veux pas...

CABUCHET, d'un ton résolu.

Jacquillard, prenez garde... une fois, deux fois, trois fois, épouserez-vous ma fille ?

JACQUILLARD, le singeant.

Une fois non, deux fois non, et trois fois non.

CABUCHET.

Ah ! non...

JACQUILLARD.

Eh ! oui, non ; et cent fois non... et filez doux, je vous le conseille.

(Il le menace.)

CABUCHET, s'animant.

Me mettre le poing sous le nez... à moi ! ne me touchez pas...

JACQUILLARD, de même.

Ganache !

CABUCHET, éclatant.

Ci-devant jeune homme !

JACQUILLARD, furieux.

Ci-devant jeune homme !.. Cabuchet, le vase de la patience est plein... ça va déborder...

CABUCHET, de même.

Eh bien ! ça m'est égal, du moins, j'aurai vengé mon affront ; tiens, pan... pouf...

(Il s'est jetté sur Jacquillard ; tous deux se battent, et s'enlèvent en même temps leurs perruques et leurs bonnets de coton.)

SCÈNE X.
LES MÊMES, OLYMPE.

OLYMPE, accourant.

Ah ! mon Dieu !.. Eh bien ! voulez-vous finir...

CABUCHET, se débattant.

Au secours !

JACQUILLARD, de même.

A moi !

OLYMPE, vivement.

Ah ! le poste qu'est justement en face...(Elle court à la fenêtre.) A la garde ! à l'assassin !

JACQUILLARD et CABUCHET, s'arrêtant tout à coup.

Qu'est-ce qui crie à l'assassin ?

OLYMPE.

Dame ! c'est moi, vous étiez là, à vous tuer, ni plus ni moins que des dogues au combat du taureau.

CABUCHET.

Tu ne vois pas que c'était pour rire ?..

JACQUILLARD.

Faire une pareille esclandre ! appeler la garde ! nous faire moquer de nous par des voisins !..

OLYMPE.
Bah! bah! parbleu, je leur zy ferai un conte!
CABUCHET, rendant à Jacquillard son bonnet de coton qu'il a ramassé et lui redemandant sa perruque.
N'embrouillons pas les affaires...

SCÈNE XI.
Les Mêmes, un Caporal de garde nationale, et quatre hommes.
LE CAPORAL, entrant et désignant Jacquillard, dont le tablier est taché par le jus des glaces.
Entrez, entrez, saisissez le coupable... voyez-vous ses vêtemens et ses mains encore rouges de sang... où est la victime?..
JACQUILLARD, feignant la plus grande tranquillité.
La victime!.. plaisantez-vous, voisin Pichard? il n'y a ici que moi, et l'ami Cabuchet qui préparons des glaces à la groseille frambroisée.
CABUCHET, même jeu.
Mon Dieu! oui, nous préparions des glaces.
OLYMPE.
Pour le piche-nique qui doit avoir lieu ce soir.
JACQUILLARD, au caporal.
Goûtez plutôt!
LE CAPORAL, prenant la cuillerée que lui offre Jacquillard.
C'est parbleu vrai!.. mais cependant, je ne suis ni sourd, ni aveugle; c'est bien cette fille qui a crié à l'assassin!
OLYMPE, jouant la surprise.
Moi! par exemple!.. ah! mais attendez donc, j'y suis.
Air de Calpigi.

> J' vois c' qui vous a trompé, peut-être,
> C'est vrai que j' m'ai mise à la fenêtre,
> Et comm' j'ai dit quéqu' chose en in,
> Maint'nant ça n' me sembl' plus malin,
> Ça ben pu vous tromper un brin.
> C'est une idé' qui m'était v'nue,
> D'appeler un marchand dans la rue ;
> Mais j' criais pas à l'assassin,
> J'ai crié : marchand d' peaux d' lapin ! (bis.)

LE CAPORAL.
Il faut bien que ça soit comme ça; alors excusez voisins; vous concevez, l'ordre public...
JACQUILLARD.
Il n'y a pas d'offense, caporal.
LE CAPORAL, à ses hommes.
Allons, vous autres, en route; adieu, messieurs, bon appétit.
CABUCHET, le reconduisant.
Vous aussi caporal. (Les gardes sortent. Cabuchet s'approchant alors de Jacquillard et d'un ton tragique.) N'embrouillons pas les affaires... vous concevez que la scène qui vient de se passer, ne peut pas en rester là, M. Jacquillard.
JACQUILLARD, se mettant sur la défensive.
Ah! vous voulez recommencer?..
CABUCHET.
Du tout; n'embrouillons pas les affaires; je veux dire... suffit... vous aurez de mes nouvelles.
JACQUILLARD.
Et allez au diable ! (Cabuchet sort.)

SCÈNE XII.
JACQUILLARD, OLYMPE.
JACQUILLARD, dans la plus vive émotion.
Que d'événemens, et quelle horrible scène!.. ce Cabuchet est bien l'être le plus rusé, le plus intrigant!.. Toi, Olympe, ta conduite en cette affaire, mérite les plus grands éloges... tu nous as tirés d'un fort mauvais pas... Ah! ça, maintenant, où en sommes-nous?.. car, il ne faut pas perdre de vue...

OLYMPE.

Ah! mon Dieu! moi, je suis prête; les dîneux peuvent venir, si ils veulent...

JACQUILLARD.

Les dîneux! les dîneux! j'ai bien peur à présent qu'ils ne répondent pas tous à l'appel!.. (Il s'occupe.)

SCENE XIII.

Les Mêmes, LE PORTIER, paraissant au fond.

ANTOINE.

P'sit!..p'sit!..Eh! mamselle Olympe!..v'là quatre lettres pour vot' maître.
(Il les lui remet et sort.)

JACQUILLARD, les prenant des mains d'Olympe.

Quatre lettres! je suis sûr qu'il y a encore du nombre 13 là-dedans!.. enfin, voyons... (Lisant la première qu'il vient de décacheter.) « Monsieur, par suite » de votre brouille avec monsieur Durand, nous vous prévenons, que vous » ne devez plus compter sur nous... les clercs de M. Grémery... (Après avoir lu.) Ça ne m'étonne pas... (Ouvrant la seconde.) « Monsieur, je suis trop lié » avec Adolphe, pour ne pas épouser la querelle qui a eu lieu chez vous; » ne soyez donc pas surpris, si je ne suis pas de votre dîner... Vincent, » commis au magasin du Gagne-Petit... (Ayant lu.) Cela devait être! (Ouvrant la troisième.) « Mon mari vient de tout m'apprendre : faites ôter nos trois » couverts; femme Cabuchet... (Parlant.) Trois et trois font six! Mais c'est une horreur!.. je n'ose pas ouvrir la dernière... (Rompant le cachet et lisant.) « J'avais accepté votre invitation pour moi et ma femme, parce que » Grémery et son cousin, devaient y venir; j'apprends par eux, votre » querelle avec M. Cabuchet leur ami, et comme, ils ne veulent plus être » des vôtres, je suivrai leur exemple, Picherand. (Après avoir lu.) Quatre d'un coup!.. quatre et six font dix! et Adolphe et Durand!..

OLYMPE, comptant.

Douze!

JACQUILLARD, de même.

Son frère, sa sœur... quatorze!.. quatorze de moins!

OLYMPE.

Sur dix-huit, c'est que ça ne laisse pas que de paraître!..

JACQUILLARD.

Moi, qui me promettais tant de plaisir!.. les traîtres! oh! bien sûr, c'est une conspiration... un complot tramé entre eux!.. ils me laisseront les frais sur le dos, et iront encore se moquer de moi partout... mettez-vous donc en avant pour les autres! c'est peut-être l'odieux Cabuchet qui a organisé tout cela.

OLYMPE.

Ah! vous aurez toujours, madame Honoré, et mamzelle Simonet.

JACQUILLARD.

Oui, et le père Descourty, avec ses deux chandeliers, comme ça sera amusant!

OLYMPE.

Dam! aussi, monsieur, c'est votre faute, fallait suivre mes conseils, et les faire payer d'avance, ils ne vous joueraient pas c'te farce-là, à c'te heure, allez!

JACQUILLARD.

Eh! sans doute; mais parce qu'on est confiant, faut-il donc être dupe? Les infâmes! après le mal que je me suis donné!.. Mais, Dieu merci! je suis au-dessus d'une pareille perte; et puisque j'ai tant fait, eh bien! morbleu!.. je n'en aurai pas le démenti.

OLYMPE.

Vous avez raison... qu'est-ce que vous ferez?

JACQUILLARD.

Ah! ils me plantent tous là!.. eh bien! j'aurai d'autres convives; et comme c'est moi qui régalerai, ça me fera encore bien plus d'honneur, ma foi!

OLYMPE.

C'est ça... (A part.) N'y a rien comme un ladre, quant il se met en train.

JACQUILLARD.
Air : Allons vite, prenez le patron. (TENTATION DE SAINT-ANTOINE)

De s'attrister ce n'est pas le cas,
Cette fois, j'en serai pour mon repas ;
Mais une autre, on n' m'y rattrap'ra pas,
Car, je suis, d'être si colas,
Las !

Au poste d'en fac', tu t'en iras,
Là, tu trouveras,
Sergent, caporal, et soldats ;
Tu leur conteras,
C' que tu voudras,
Tu les invit'ras,
Et tu me les amèneras !

ENSEMBLE.
De s'attrister, ce n'est pas le cas,
Cette fois j'en serai pour mon repas
      il en s'ra   son repas
Mais une autre, on n' m'y rattrap' ra pas,
              l'y
Car je suis d'être si colas,
    il est
Las !

OLYMPE, sortant rapidement.
Soyez tranquille, je reviens à la minute.

SCENE XIV.

JACQUILLARD, seul, puis ensuite Mme HONORÉ, Mlle SIMONET.

JACQUILLARD, ôtant son bonnet et son tablier.
Ah ! je suis content de moi ! voilà une bonne résolution de prise ; je leur prouverai, que je puis me passer d'eux ; mais ça sera une leçon, et si je suis jamais d'un pique-nique !.. diable de nombre treize, va ! c'est pourtant lui qui, j'en suis sûr, est cause de tout ça...

Mme HONORÉ, entrant, elle est coiffée d'un béret cerise.
Ah ! me voilà, me voilà, je suis prête ; et Dieu merci, il n'y aura pas que Mlle Simonet, en béret cerise...

Mlle SIMONET, entrant coiffée d'un béret bleu.
Pardon, mon cher Jacquillard, je me suis un peu fait attendre, mais je voulais mettre ce béret, et ma modiste n'en finissait pas.

Mme HONORÉ, vivement.
Un béret bleu ! eh mais ! mademoiselle, vous m'aviez dit, qu'il serait cerise ?

Mlle SIMONET.
Oui, c'est vrai, mais j'ai réfléchi, c'est si commun !.. tout le monde en porte.

Mme HONORÉ, furieuse.
C'est un tour horrible ! moi qui ai prévenu toutes ces dames.

Mlle SIMONET, éclatant de rire.
J'en étais sûre.

JACQUILLARD.
Eh mon Dieu ! ne vous fâchez pas ; ces dames ne viennent plus, à quoi cela vous servirait-il ?

Mme HONORÉ, et Mlle SIMONET, étonnées.
Ces dames ne viennent plus !.. et ces messieurs ?

JACQUILLARD.
Ces messieurs ? ils m'ont joué indignement ; mais, vous verrez, j'ai pris ma revanche.

Mme HONORÉ, et Mlle SIMONET.
Voilà qui est étrange !

SCÈNE XV.
Les Mêmes, OLYMPE.

OLYMPE, accourant.

Air : Faut d' la vertu, pas trop n'en faut.

Not' maître n' vous tourmentez pas,
Nous voilà sortis d'embarras ;
D' vot' dîner, vous aurez l' débit,
Et des gens d'un fier appétit.

J'ons fameus'ment joué mon rôle,
L' sergent, accepte avec plaisir ;
Du caporal, j'ai la parole,
Tambour et soldats, tous vont v'nir.

Not' maître, etc.

Mme HONORÉ et Mlle SIMONET.

Des tambours ! des soldats ! ah ça ! maintenant, c'est donc un repas de corps ?

OLYMPE.

Et puis, dites donc, c'est pas tout ; M. Durand et M. Adolphe ne se sont pas battus.

Mme HONORÉ, vivement.

Battus ! quel galimatias nous fait-elle ?

JACQUILLARD, répondant à Olympe.

Vraiment ?

OLYMPE.

Eh tenez, les voilà qui viennent vous le dire eux-mêmes.

SCENE XVI.
Les Mêmes, DURAND, ADOLPHE, puis successivement M. et Mme CABUCHET, VIRGINIE, M. DESCOURTY, M. et Mme PICHERAND, Deux Commis-Marchands, Deux Clercs de notaire, puis encore après La Sœur et le Beau-Frère de Durand, et enfin Les Gardes nationaux.

DURAND, entrant avec Adolphe.

Mon bon Jacquillard, nous sommes raccommodés... Virginie a tout avoué à son père, c'est moi qu'elle aime, c'est moi qui l'épouse !

ADOLPHE.

Nous sommes plus amis que jamais, et nous venons te faire nos excuses d'avoir pu te soupçonner.

CABUCHET, entrant avec sa femme et sa fille qui, de même que Mmes Honoré, Picherand, et la sœur de Durand, sont coiffées de bérets cerises.

Où est-il ? où est-il, ce cher ami ? (Il court à lui pour l'embrasser.)

JACQUILLARD, l'arrêtant.

Doucement, doucement, facétieux maçon... n'embrouillons pas les affaires.

CABUCHET, gaîment.

Ah ! Jacquillard, vous m'avez volé celui-là ; mais voyons, me garderez-vous rancune, quand ma femme et ma fille, viennent vous inviter de la noce ? lorsque je vous ramène avec moi, M. et Mme Picherand, que suivent aussi Germeuil, et son cousin ?

ADOLPHE.

Quand nous voilà tous réunis !

DURAND.

Quand ce dîner va servir de banquet à mes fiançailles ?

JACQUILLARD, se dépitant.

Ce dîner ! ce dîner ! il ne peut plus suffire à présent, puisque, pour vous remplacer, j'en ai invité d'autres. (Voyant entrer les gardes nationaux.) Et tenez, voyez quel renfort !

CABUCHET.

Eh bien ! qu'est-ce que ça fait ? (Il chante.)

Plus on est de fous, plus on est de fous, plus on rit.

TOUS.

C'est cela, bravo ! et comme dit la chanson :

CHOEUR.

Francs lurons, que Bacchus attire,
Dans ces retraites qu'il chérit,
Avec nous venez boire et rire,
Plus on est de fous (bis) plus on rit.

JACQUILLARD, cherchant à se faire entendre.

Mais au lieu de dix-huit, nous allons être trente-six! et on ne pourra jamais tenir à table.

OLYMPE.

Eh ben! dites donc, not' maître, à côté y a de la place.

CABUCHET.

Approuvé. (Il chante.)
A table! à table! à table!

JACQUILLARD.

Allons, Olympe, sers-nous : au fait, on tombera sur le pâté... et puis, d'ailleurs, si les parts sont plus petites, vous ne vous plaindrez pas, ce sera votre faute.

CABUCHET.

Ne parlons plus de ça, et vive la joie, morbleu!

Mme HONORÉ, bas à un des convives.

Vous avez préparé vos chandeliers, n'est-ce pas, père Descourty?
(Celui-ci répond affirmativement.)

TOUS.

A table! à table!

CABUCHET, commandant le silence.

Un instant, n'embrouillons pas les affaires!

AIR de la Fête village voisin.

De par nous, roi du pays d'la bombance,
Sur le conseil de notre gai Momus,
Vu les rapports de Comus et Bacchus,
Rendons la présente ordonnance :
   Mandons, arrêtons,
   Voulons, ordonnons,
Que jusqu'à ce soir, pour six francs de dépense,
   Chacun mangera
   Autant qu'il pourra,
   Que l'on chantera,
   Qu'on se grisera,
   Que les plus goulus
   Seront les mieux vus ;
Il ne faut laisser rien de rien sur les plats,
Et s' ront à l'amend' ceux qui n' samus'ront pas.

TOUS, avec joie et confusion.

A table! à table! (Tout le monde se case. Jacquillard seul ne trouvant ni chaise ni place est forcé de rester debout et témoigne son dépit.)

JAQUILLARD.

Allons, Olympe, le pâté... attaquons le pâté.

TOUS.

Oui, oui, le pâté... la pièce de résistance.

(Le pâté est apporté, mais quel est l'étonnement général, lorsqu'après l'avoir sorti de la bouriche, et enlevé à grande peine, les papiers qui l'enveloppaient on ne trouve qu'une grosse pierre.)

TOUS.

Une pierre!..

CABUCHET.

Et de taille, encore!

LES UNS.

Quel mauvais tour!

LES AUTRES.

Quelle affreuse plaisanterie!

JACQUILLARD.

Je vous jure, mes amis, que j'ignorais moi-même...

TOUS.

C'est une horreur!

Mme HONORÉ, bas à Jacquillard.

Attendez, attendez, je vais les faire rire.

(En achevant! elle a mis le feu aux fusées cachées dans les fausses bougies des flambeaux apportés par le père Descourty. Tout le monde se lève précipitamment. Confusion générale.)

UNE VOIX.

Ciel! ma robe!

UNE AUTRE.

Dieu! mon béret!

CABUCHET, furieux.

Encore une mystification! ah! c'est trop fort!

TOUS, de même.

Oui, oui, c'est trop fort!

CHOEUR.

Air de Wallace.

Ah! quelle impertinence!
Il nous insulte tous;
D'une pareille offense,
Mes amis, vengeons-nous;
Allons dîner chacun chez nous. (bis)

JACQUILLARD, s'élançant vers la porte.

Ah! oui, c'est là votre malice?
Je vous tiendrai tête en ce cas :
Je déjoûrai votre artifice,
D'ici, vous ne sortirez pas...

TOUS, le bousculant si bien qu'il est contraint à se réfugier sous la table.

Ah! quelle impertinence! etc. (Tous sortent.)

SCÈNE XVII.

JACQUILLARD, OLYMPE.

JACQUILLARD, jetant les hauts cris.

Au secours!.. à moi!.. Olympe! aide-moi donc à me tirer de là? m'ont-ils abîmé!.. les indignes!.. les canailles!.. partis, tous... et moi, vexé! mystifié! éreinté, meurtri.... scélérat de pique-nique, va! Projetez donc des parties à l'avance!.. donnez-vous donc bien du mal!.. soyez donc treize à table, et renversez des salières!.. ça ne pouvait pas finir autrement. Mais, c'est égal, ils seront plus attrapés que moi! Olympe, ferme la porte... nous mangerons tout... à nous deux. (Il se place à un bout de la table.)

OLYMPE, allant fermer la porte, et revenant se mettre au bout opposé.

Oui, not maître.

JACQUILLARD, réfléchissant, et comme frappé d'une pensée subite.

Quest-ce que je dis donc, à nous deux!... Veux-tu bien t'ôter de là....

(S'adressant au public.)

AIR : Je suis Français, mon pays avant tout.

J'allais faire une maladresse,
Moi, qui cherchais mes convives bien loin,
Excusez mon impolitesse,
Pardonnez-moi, j'en ai vraiment besoin,
Car vous voyez combien j'ai de tintoin.
Vous inviter est un peu politique,
Et cependant on l'a fait assez tôt,
L'affiche parle, elle porte un PIQU'-NIQUE,
Chacun en est, en payant son écot.
Lisez l'affiche, elle porte un PIQU'-NIQUE
Et vous avez tous payé votre écot,
Vous avez tous payé votre écot..

FIN.

LOUISE DUVAL,

ou

UN PRÉJUGÉ,

DRAME EN QUATRE ACTES

MÊLÉ DE CHANTS

PAR MM. LÉON HALEVY et JAIME.

REPRÉSENTÉ POUR LA PREMIÈRE FOIS A PARIS, SUR LE THÉATRE DE LA GAITÉ,
LE 28 FÉVRIER 1837.

Tu es venu trop tard, Julien.   (ACTE II, SC. XII.)

PARIS,

NOBIS, ÉDITEUR, RUE DU CAIRE, N° 5.

—

1837.

Personnages.   Acteurs.

JULIEN BRICHARD, ouvrier charpentier.	MM. MAILLART.
GUILLAUME LAMOUREUX, cousin de Julien.	LEBEL.
JULES DE BRÉMONT, directeur de la maison centrale de Melun.	EUGÈNE.
UN JUGE D'INSTRUCTION.	JOSEPH.
UN PRÉSIDENT.	CAMIADE.
UN HUISSIER.	FONBONNE.
GOBELOUP, brigadier de gendarmerie.	LAISNÉ.
UN OUVRIER.	DARCOURT aîné.
LOUISE DUVAL (au premier acte, sous le nom d'ADÈLE VERDIER.)	Mmes ROUGEMONT.
LA MÈRE BRICHARD, fermière.	CHÉZA.
ADÉLAIDE DUCORNET; connaissance de Louise.	LÉONTINE.
ERNEST, fils de Louise Duval (sept à huit ans.)	ANNA FONBONNE.
UNE FEMME DU PEUPLE.	CHARLES.
UN NOTAIRE.	
PAYSANS, PAYSANNES, OUVRIERS, CONSCRITS.	

Au premier acte, la scène est au village de Saint-Brie, près Louviers ; aux deuxième, troisième et quatrième actes, la scène est à Melun

J.-B. MEYREL, Passage du Caire, 54.

LOUISE DUVAL,

DRAME EN QUATRE ACTES.

ACTE I.

Le théâtre représente l'intérieur d'une ferme. Une salle basse qui donne sur la rue.

SCÈNE II.
LA MÈRE BRICHARD, GUILLAUME.

GUILLAUME.

Ah ça! ma tante Brichard, laissez-moi donc souffler un peu, que diable! est-ce qu'on bouscule un homme de cette façon-là? il y a deux lieues d'ici à Louviers, d'où je viens, et à pied dans le mois d'août, ça échauffe!

MÈRE BRICHARD.

Eh bien! remets-toi, et va vite à la cave!

GUILLAUME.

J'en arrive, vous le voyez bien. (Il lui montre des bouteilles, rangées sur la table.) C'est là que j'ai été rendre ma première visite!

MÈRE BRICHARD.

C'est que mon Julien est à la mairie avec tous nos garçons; ils tirent à la conscription, et en revenant, s'ils ont eu du bonheur, il faut qu'ils boivent un coup, pour se réjouir; s'ils ont eu du malheur, il faut qu'ils en boivent deux pour se consoler!

GUILLAUME.

Soyez tranquille allez, je les connais, ils n' se feront pas prier!

Air : Qu'il est flatteur d'épouser celle.

Dans not' pays, il n'y a qu' des pommes;
Et le raisin est ignoré.
Ils sont là-bas quinze à vingt hommes
Qui n' connaiss' que l' cidre ou l' poiré.
Votre vin n'est pas d' la piquette!
Et dès qu' nous leur en verserons,
Nos Normands vont s' monter la tête,
Et boire comm' des Bourguignons.

MÈRE BRICHARD.

Et qui sait? si mon Julien attrapait un bon numéro, on pourrait peut-être bien faire un mariage aujourd'hui.

GUILLAUME.

Oui, le sien ou le mien, puisque Adèle Verdier a promis qu'aujourd'hui elle se déciderait pour l'un de nous deux; d'ailleurs, ma tante, vous qui l'aimez tant, cette chère Adèle, vous n'y perdrez rien : elle sera ou votre fille ou votre nièce!

MÈRE BRICHARD.

Pourvu qu'elle ne me quitte pas, voilà tout ce que je demande; car c'est la providence qui me l'a envoyée. Je vieillissais, et les travaux de la ferme commençaient à me sembler rudes, quand tout d'un coup, elle est venue me demander du travail; sa bonne mine, son air d'honnêteté me l'ont fait accueillir...

GUILLAUME.

Et depuis ce temps, c'est elle qui vous remplace... En voilà une fameuse femme à épouser, elle sait tout; il n'y a pas dire, quoi! le linge, on ne croirait pas son talent; elle a une facilité pour le linge, et travailleuse!.. Elle se lève avant le jour, toutes les nuits; enfin, avec elle, on ne trouve plus rien à faire! aussi j'y tiens énormément!

MÈRE BRICHARD,

J'ai bien peur mon garçon qu'elle ne te préfère Julien.

GUILLAUME.

Laissez donc!.. Julien est mon cousin, je l'aime d'enfance, et je ne lui veux pas de mal; car enfin, si nous l'aimons tous les deux, cette femme, c'est-il not' faute? nous faisons comme tout le monde; tout le monde l'adore dans le pays. Je sais bien qu'on me dira qu'elle est veuve, qu'elle a été mariée; un an de mariage, c'est à peu près comme si elle était demoiselle...

MÈRE BRICHARD.

Je crois bien! elle n'a que vingt-deux ans.

GUILLAUME.

Il est vrai que de ce mariage est survenu un jeune garçon, qui a préféré vivre avec sa maman que de mourir avec son papa; eh ben! quoi, c'est de la famille toute faite, un enfant de sept ans tout élevé.

MÈRE BRICHARD.

Oui, c'te pauvre jeune femme! elle le fait élever à Louviers, du fruit de son travail!

GUILLAUME.

Aussi, ça ne m'arrête pas, et je l'épouse; car ça doit être moi le préféré. Je suis mieux lancé que Julien qui est un simple charpentier, tandis que moi, quelle position! elle sera un jour à la tête d'une fabrique d'étoffes, fabricante de bouracan; vous ne connaissez pas l'empire du bouracan!

MÈRE BRICHARD.

C'est égal, je parie pour Julien, s'il attrape un bon numéro!

GUILLAUME, à part.

Je ne suis pas méchant, mais je lui souhaite le numéro un!

MÈRE BRICHARD.

Dans tous les cas, je vendrais un quartier de terre pour le racheter. En 1836, ce n'est pas comme en 1810, où il fallait se ruiner pour ravoir son enfant.

Air : J'ai mis en vous ma confiance

En c' temps de gloire et de conquête,
Qu'un' pauvr' mère avait de tourment!
Un homm' valait les yeux d' la tête!...

GUILLAUME.

Ça n'est plus comm' ça maintenant.
Sur l' marché que de gens s'étalent!
Y en a surtout, que j' connais bien,
Qui s'vendent encor plus cher qu'ils n' valent,
Et qui pourtant se donn't pour rien.

MÈRE BRICHARD.

Allons, veille bien à ce que tout soit prêt... C'est toi que je charge du repas des fiançailles.

GUILLAUME.

Soyez tranquille, comme il est presque sûr que je serai le fiancé, je vas me préparer un dîner soigné! (La mère Brichard sort.)

SCÈNE II.

GUILLAUME, seul.

Oh oui! que je serai le préféré; d'abord, je ne peux épouser qu'une femme, et c'est celle-là! Il n'y a qu'une chose qui me taquine, c'est qu'il y a du mystère dans sa conduite; elle est quelquefois cachotière, silencieuse; beaucoup trop même, pour une femme de son sexe : après ça, silencieuse, ça peut devenir précieux en vieillissant. Cependant, ça est cause que j'ai commis une indiscrétion, pardonnable dans ma position : j'avais remarqué qu'elle n'aimait pas qu'on entrât dans sa chambre, et ça m'avait donné des idées; enfin, un jour, je l'entends à travers sa porte qui sanglottait; je regarde à travers la serrure, elle tenait à sa main des papiers qu'elle lisait en pleurant à chaudes larmes; j' me dis : c'est peut-être des lettres de son mari; mais voilà qu'elle les cache dans une armoire dessous un tas d'effets comme quelque chose de secret : je ne dis rien, je la guette sortir, et je déterre les malheureux papiers, afin de m'éclairer sur cette affaire. Au moment d'épouser une femme, il est bien permis de prendre ses précautions, quoique avec elle, cher ange! je l'épouserais les yeux fermés! (Tirant les papiers de sa poche.) Les voilà, ces papiers; ça n'est pas plié comme des lettres, et je ne sais pas lire; mais avant la fin du jour, j'aurai trouvé quelqu'un de confiance qui me dira de quoi il retourne. Oh! mon Dieu! la v'là... mon cœur bondit; assurons mon triomphe!

SCÈNE III.
LOUISE, GUILLAUME.

LOUISE.

Ah ! bonjour, mon bon Guillaume !

GUILLAUME.

Bonjour, ô vous, la plus jolie fermière de toute la Normandie !..

LOUISE.

Fermière ! je voudrais bien l'être !

GUILLAUME.

Mais, jolie, il y a long-temps que c'est fait.

LOUISE.

Que vous êtes galant ce matin ! mais dites-moi, vous arrivez de Louviers; êtes-vous allé, comme je vous en avais prié, à la pension d'Ernest ?

GUILLAUME.

Je crois ben et je l'ai embrassé sur ses deux grosses joues rouges, et fièrement fort, allez ! je me figurais que c'était vous ! en voilà un enfant qui est savant ! il m'en a fait rougir ! il a lu son alphabet tout entier devant moi qui n'en sais pas un mot ! si ça ne fait pas honte !.. un enfant de sept ans !..après ça, on ne peut pas tout savoir : demandez-lui de faire du bouracan, à cet innocent.

LOUISE.

Savez-vous si les conscrits sont rassemblés ?

GUILLAUME.

Certainement; ils sont en train de se procurer cet agrément qui m'a coûté un homme il y a quatre ans ! un homme de quarante louis !..

LOUISE.

Et sait-on quelque chose sur le sort de Julien ?

GUILLAUME.

Rien encore; ça vous intéresse donc bien ?

LOUISE.

Je lui en demanderais autant si vous étiez à sa place !

GUILLAUME.

Eh bien ! à la bonne heure, c'est gentil, ce que vous me dites là... Tenez, pendant que nous sommes seuls, Mme Verdier, là, en conscience, vous devriez bien me dire ce que vous pensez sur mon compte !

LOUISE.

Mais, beaucoup de bien, je vous assure.

GUILLAUME.

Vous êtes bien bonne, mais je vous demande ça à cause de la chose... vous savez... Julien et moi... voyons, dites-moi d'abord, ce que vous pensez de mon physique, parce que on prend toujours les femmes par le physique...trouvez-vous, comme moi, que j'ai quelque chose d'agréable dans l'œil ?..

LOUISE.

Comment ! vous avez toujours ces idées de mariage !

GUILLAUME.

Si je les ai ! Julien aussi les a... Vous savez ben que vous avez demandé jusqu'à la conscription pour réfléchir... faire un choix entre nous : eh bien ! c'est aujourd'hui sa conscription, et ce soir il faut que l'un de nous soit vot' fiancé.

LOUISE.

Eh bien ! M. Guillaume, attendez à ce soir... Ce soir, je me prononcerai.

GUILLAUME, à part.

Me voilà tout aussi avancé qu'auparavant... qu'est-ce qu'elle peut avoir ? (Haut.) Songez que je serai un bon parti · outre mon petit établissement de bouracan, je viens de faire un héritage à Melun.

LOUISE, avec trouble et à part.

A Melun !..

GUILLAUME.

Et des écus, c'est bon dans un ménage... voyons, dites oui... tout de suite...

LOUISE.

Ce soir, M. Guillaume, je vous l'ai dit, ce soir, vous saurez ce que j'ai résolu.

GUILLAUME.

Allons! Eh bien! à ce soir. (On entend des coups de feu.) Ah!. voilà les conscrits qui sortent de la mairie; Julien est avec eux.

LOUISE, à part.

Pauvre Julien! pour lui, pour sa bonne mère, je souhaite que le sort l'ait favorisé.

SCÈNE IV.
Les Mêmes, LA MÈRE BRICHARD, JULIEN, LE BRIGADIER GOBELOUP, Conscrits, Paysans.

CHOEUR.

Air de l'If de Croissey.

Quel bonheur pour sa mère!
Pour Julien, quel plaisir!
Amis, le sort prospère
L'empêche de partir!

JULIEN.

Ma bonne mère, Adèle, Guillaume, mes amis! regardez: cent cinquante.

MÈRE BRICHARD.

Cent cinquante... c'est un bon numéro, ça, M. Gobeloup?

GOBELOUP.

Je crois bien, on n'en demande que dix-huit...

GUILLAUME, à part.

Dix-huit, dix-huit! il en faudra au moins deux cents, le vent est à la guerre!..

JULIEN, embrassant sa mère.

Ma mère, que je vous embrasse encore! (A Louise.) Adèle, voulez-vous me permettre?.. je suis si heureux.

LOUISE.

Très volontiers

GUILLAUME, à part.

Il me semble que je pourrais l'embrasser aussi, moi qui ai eu le numéro treize, il y a quatre ans!

MÈRE BRICHARD, à Louise.

J'espère, Adèle, que maintenant rien ne peut plus l'empêcher d'être votre mari?

GUILLAUME.

A moins que ça ne soit moi qu'elle choisisse.

TOUS LES CONSCRITS, se moquant de Guillaume.

Ah! le beau mari!.. ah! le bel homme!..

GUILLAUME.

Bel homme! oui, je suis bel homme...A-t-on jamais vu ça? vils paysans, respectez un industriel de mon rang... Brigadier Gobeloup, vous qui êtes mon ami, imposez donc silence à ce tas de conscrits!

(Les conscrits recommencent.)

GUILLAUME.

Si c'est Julien qui vous a dit de m'insulter, qu'il parle.

JULIEN, s'avançant.

Guillaume!..

MÈRE BRICHARD.

Eh ben! est-ce qu'il vont se fâcher?

LOUISE.

Julien, Guillaume, pas de rivalité entre vous!..J'avais promis, il est vrai, que je me déciderais aujourd'hui, mais je ne puis encore!..

MÈRE BRICHARD.

Allons, je vois ce que c'est, Guillaume; il faut te faire une raison, tu ne vois pas que devant toi...

GUILLAUME.

Eh bien! quoi! devant moi!..

MÈRE BRICHARD.

Eh bien! qu'elle n'ose pas te dire que c'est Julien qu'elle aime, et que tu lui sembles trop laid!..

(Les conscrits recommencent à rire.)

GUILLAUME.

C'est un complot! un horrible complot!.. Brigadier Gobeloup, vous qui

êtes mon ami, suis-je laid ?..Et c'est ma tante, une femme de ma famille !..
Il y a un affreux relâchement dans la société !

LOUISE.
Calmez-vous, Guillaume, car je ne puis épouser..ni vous, ni Julien !

JULIEN.
Que dit-elle ?

LOUISE.
Ce mariage que vous demandez est impossible:

TOUS.
Impossible !..

LOUISE.
Un motif impérieux me le défend !..

GUILLAUME, à part, mettant la main à sa poche.
En voilà une sévère, est-ce que ces papiers...

MÈRE BRICHARD.
Il me semble pourtant que vous donner mon fils, ce n'était pas vous ruiner ; car un jour il aura ma ferme, et ce n'est pas votre fortune qui doit vous rendre fière !

JULIEN.
Ma mère !..

LOUISE.
Madame, je sens tout le prix de l'honneur que vous vouliez me faire... mais de puissantes raisons...

MÈRE BRICHARD.
Eh bien ! alors, il faut nous les dire ; car nous avons été trop loin pour que ça se passe comme ça.

GUILLAUME.
Oui, oui, il faut les dire... il faut motiver ce refus surnaturel... (A part.) Je finirais par croire qu'elle me trouve laid !

MÈRE BRICHARD.
Voyons, Adèle, parlez !..

LOUISE.
Eh bien ! je dirai tout... mais à Julien, à lui seul...

GUILLAUME, vexé.
A lui seul !..

MÈRE BRICHARD.
Eh bien ! alors, Julien reste avec elle... (A Gobeloup et aux asistans.) J'en étais sûre ; a-t-elle bon cœur ! elle craignait d'humilier Guillaume devant tout le monde ; une fois avec Julien, ça va aller tout seul !.. Suivez-moi tous... (Bas à Louise.) Je comprends à cette heure ; c'est bien ce que vous faites là ; je disais aussi : nous jouer un tour pareil !.. Et le notaire qui va venir !.. Allons, Guillaume, allons...

CHOEUR.
Air : Allons je me mets en voyage

Retirons-nous en silence !
Nous reviendrons tous en ces lieux,
Joyeux.
Bientôt, j'en ai l'espérance,
L'heureux Julien verra combler ses vœux.

Tout le monde sort, excepté Guillaume qui est resté avec Louise et Julien.)

SCÈNE V.
LOUISE, JULIEN, GUILLAUME.

GUILLAUME.
Allons, à présent que cette foule est dissipée, allons, bah!.. confiez-nous ça, voyons, le cœur sur la main...allons, bah!.. tu peux rester, Julien, tu peux rester.

JULIEN, à part.
Eh bien ! il est sans gêne, le cousin Guillaume !

LOUISE, embarrassée.
M. Guillaume...

GUILLAUME.
Allons, bah.!. le cœur sur la main...

LOUISE.

M. Guillaume, je voudrais...

GUILLAUME, montrant Julien.

Vous voulez qu'il s'en aille...

LOUISE.

Au contraire ; c'est à lui, à lui seul...

GUILLAUME.

Ah ! c'est-à-dire que vous voudriez que... (Il montre la porte.)

JULIEN.

Précisément...

GUILLAUME, à part.

C'est joli !.. ce mystère me révolte, à la fin... Ah ! quelle idée ! ce qu'elle va lui dire a peut-être rapport à ces papiers ; j'en saurai autant que lui ; je vais les montrer au brigadier Gobeloup qui est mon ami... Une autorité, ça doit savoir lire... (Il sort.)

SCÈNE VI.

LOUISE, JULIEN.

JULIEN.

Parlez, Adèle, nous voilà seuls ; quel est ce secret que vous ne voulez confier qu'à moi ?

LOUISE.

Ah ! Julien, je vous ai trompé, vous, votre bonne mère, tout le monde...

JULIEN.

Que voulez-vous dire ?

LOUISE.

Je suis venue dans ce village... j'étais inconnue, seule, sans protecteurs... vous m'avez accueillie avec bonté... vous m'avez secourue, moi et mon enfant ; vous m'avez donné du travail et un asile... et maintenant, mettant le comble à tant de générosité, vous voulez faire de moi votre femme !..

JULIEN.

Oui, Adèle, et c'est un trésor que je crois me donner là !.. Où trouver ailleurs tant de sagesse, d'honneur et de probité ? Quand je vous vois, dès le matin à l'ouvrage, n'avoir qu'un but, qu'une pensée, celle d'élever votre petit Ernest avec le produit de vos épargnes, je me dis : c'est comme ça qu'elle aimera un jour nos enfans ; et d'avance cela me rend heureux... Quand on veut citer dans le pays une femme aussi sage que belle, qui ne donne à jaser ni aux méchants, ni aux sots, qui nomme-t-on ! Adèle, mon Adèle... Quand on veut parler d'une bonne ménagère, toujours debout avant le jour, et la dernière partie à la veillée, qui nomme-t-on ? toujours Adèle !.. Veut-t-on parler d'une honnête femme, incapable de s'approprier le bien de son prochain, et à qui chacun donnerait sa maison à garder ? encore Adèle !.. témoin ce riche portefeuille, que vous avez un jour trouvé sur la grande route, trente mille francs en billets de banque, que vous avez rendus à leur propriétaire sans vouloir accepter seulement un louis ! C'est ce jour là que j'étais fier et que j'aurais donné tout au monde pour que vous fussiez déjà Mme Julien !.. Ah ! tenez, Adèle, ne dites pas que vous nous avez trompés ! c'est impossible.

LOUISE, vivement.

Cela est vrai... je ne suis pas digne de vos bontés, de votre amour.

JULIEN.

Expliquez-vous !

LOUISE.

Je ne puis prétendre à la main d'un honnête homme ! je vous ai dit que j'étais veuve...

JULIEN.

Eh bien !

LOUISE.

Je ne le suis pas, je n'ai jamais été mariée !

JULIEN.

O ciel !

LOUISE.

Vous le voyez, Julien, déjà vous rougissez de moi ! cet enfant que vous aimiez déjà comme le vôtre, il n'a pas de nom, il n'a pas de père... J'ai voulu cacher sa honte et la mienne ! et pourtant, Dieu sait si cette honte fut méritée ! (Elle pleure.)

JULIEN.

Adèle, ne pleurez pas.

LOUISE.

Je fus trompée, trahie par l'homme à qui j'avais tout sacrifié ; il était au-dessus de moi par l'éducation, par la fortune ; il m'abandonna, moi, pauvre ouvrière, qui lui avais donné mon avenir, et qui avais cru, insensée que j'étais, qu'il me ferait partager son sort ! je restai seule à Paris, sans ressources, livrée à tout l'égarement du désespoir. Ah ! M. Julien, oubliez-moi... repoussez-moi... je ne suis plus digne que de votre mépris.

JULIEN, très ému.

Dieu ! peut-on dire des choses comme ça?.. et pourquoi donc que je vous mépriserais, mamselle Adèle?.. parcequ'il s'est trouvé un homme assez sans cœur pour vous abandonner, vous, si bonne, si honnête ! c'est lui qu'il faut mépriser !.. et puis, ce n'est pas ici comme à Paris ; quand nous aimons une fois, voyez-vous, c'est pour toujours ! Certainement, j'aimerais mieux que ça ne vous soit pas arrivé, mais c'est tout de même ; votre enfant n'a pas de père... Eh bien ! je lui en servirai, moi, je l'élèverai, je l'aimerai comme s'il était à moi... Ah ! dam ! je n'en ferai pas un monsieur, un savant ; mais ce sera un brave ouvrier, honnête, et peut-être qu'un jour il me remerciera, m'aimera, et ne regrettera pas celui qui l'a abandonné... Donnez-moi votre main, mamselle Adèle, et ne pleurez pas comme ça ; d'ailleurs, c'est entre nous, personne n'en saura rien. Allons, riez un petit peu, là... c'est fini !.. Ohé tout le monde !..

LOUISE, le retenant.

Julien, Julien, au nom du Ciel !

JULIEN.

Du tout ! en v'là assez...

LOUISE.

Il est une chose encore que je dois, que je n'ose vous dire... Si vous saviez...

JULIEN.

Je n'écoute plus rien. (Il court ouvrir la porte.) Par ici, les amis, par ici, venez tous !

SCÈNE VII.

LES MÊMES, LA MÈRE BRICHARD, GUILLAUME, CONSCRITS, LE NOTAIRE.

JULIEN.

Oui, mes amis, plus de tristesse, plus de chagrin ! elle a consenti, c'est moi qu'elle épouse !

GUILLAUME.

Elle l'épouse ! (A part.) Et ce diable de Gobeloup qui n'a rien voulu me dire !

LA MÈRE BRICHARD.

Voilà qui est parler ! Monsieur le notaire, je vous présente la mariée !

FINALE.

Air de Tolbecque (CHARLES.)

CHŒUR.

Douce assurance !
Heureux Julien !
Sa résistance
Lui cède enfin !

JULIEN.

Venez tous ! vous pourrez entendre,
L'aveu de l'amour le plus tendre !

TOUS, à Julien.   GUILLAUME, à Louise.
C'est l'aveu d'un cœur innocent !   C'est un choix bien intelligent !
Je vous en fais mon compliment !   Je vous en fais mon compliment !

REPRISE DU CHŒUR.

Douce assurance !
Heureux Julien !
Sa résistance,
Lui cède enfin !

LOUISE, à part

Ah ! je tremble... que faire ?

LA MÈRE BRICHARD.

Approchez-vous, ma chère !

LOUISE
Mon cœur bat...
JULIEN.
Calmez-vous !
LA MÈRE BRICHARD.
Parlez... plus de mystère !
JULIEN.
Que ce moment est doux !
(A part.) Ils vont l'entendre tous !
(Haut à Louise.) Pourquoi vous en défendre ?
Allons, point de frayeur !
Dites, sans plus attendre,
Ce mot cher à mon cœur !
LA MÈRE BRICHARD.
Parlez donc...
LOUISE.
Trouble extrême !
JULIEN.
Allons, Adèle...
LOUISE.
Eh bien ! (bis.)
Non... non... je ne puis... quoique je l'aime,
Je ne puis... épouser Julien !
TOUS.
Quelle surprise extrême !
Grand Dieu ! qui le croirait ?
Quoi ! refuser Julien qu'elle aime !
Quel est donc son secret ?
LA MÈRE BRICHARD.
Ah ! c'est trop fort... est-ce que nous allons recommencer ?
GUILLAUME.
Ça devient intolérable... on ne balotte pas ainsi toute une famille... et surtout une famille... où il y a des parens.
LA MÈRE BRICHARD.
Je veux savoir, enfin, pourquoi vous vous obstinez à refuser ?

SCENE XIII.

LES MÊMES, LE BRIGADIER GOBELOUP, des papiers à la main.

LE BRIGADIER.
Je vais vous le dire : « Louise Duval, condamnée pour vol à trois ans de prison, et à cinq ans de surveillance. » (Effroi général.)
GUILLAUME, à part.
Oh ! mon Dieu ! qu'est-ce que je viens de faire là !..
LE BRIGADIER.
Louise Duval, vous avez rompu votre ban ; vous avez quitté la résidence de Melun, où vous étiez en surveillance : je dois vous arrêter.
LOUISE.
Et pourtant j'ai expié ma faute, j'ai subi ma peine ! O ! mon enfant !
REPRISE DU FINALE.
CHOEUR.
Quelle surprise extrême !
Voilà donc son secret !
Tandis qu'en ces lieux chacun l'aime,
La honte l'attendait !

TOUS et JULIEN.	LOUISE.
Pour eux/nous plus d'espérance !..	Pour moi plus d'espérance !
Le sort plein de rigueur,	Le sort plein de rigueur,
Livre son existence	Livre mon existence
A la honte, au malheur !	A la honte, au malheur !

Louise tombe évanouie entre les bras de la mère Brichard et de Julien. — Le rideau baisse.

FIN DU PREMIER ACTE.

ACTE II.

La chambre de Louise, à Melun. A droite, la porte d'un cabinet; à gauche, une fenêtre. Au fond, une cheminée, et une porte donnant sur l'escalier.

SCÈNE I.
LOUISE, *près du cabinet de son enfant, et lui parlant.*

Oui, mon ami, oui, bientôt tu auras à déjeuner; tu sais bien que nous n'avons pas d'argent, et ce n'est pas encore l'heure où je dois en aller recevoir à la fabrique. Pauvre enfant! souffrant, malade, il n'a pas mangé depuis hier, et la journée est avancée... Tâche de dormir encore un peu... je reviendrai bientôt. (Elle ferme doucement la porte du cabinet.)

SCÈNE II.
LOUISE, ADÉLAIDE.

ADÉLAIDE.

Bonjour, Louise; comment ça va-t-il aujourd'hui? dis-donc, tu ne sais pas, je viens t'emprunter dix francs!..

LOUISE.

Dix francs! eh! mon Dieu! Adélaïde, comment pourrais-je vous les donner? je n'ai pas même de quoi acheter du pain, pour mon enfant!

ADÉLAIDE.

En vérité! comment, toi, une femme qui travaille!..

LOUISE.

Voilà huit jours que je suis sans ouvrage. Ramenée à Melun, après avoir subi trois nouveaux mois de prison pour avoir rompu mon ban de surveillance, j'ai cherché du travail; repoussée par tout le monde, j'avais enfin été reçue par pitié dans une fabrique; mais le chef a fait faillite, et me voilà sans ressources!

ADÉLAIDE.

C'est-il possible? une bonne enfant comme toi, et pas un sou! oh! tiens, je me battrais, quand je pense qu'hier, avec la grande Victoire, nous avons dépensé un argent fou! Pauvre Louise! nous étions plus heureuses que ça en prison!.. Aussi il y a quinze jours, quand on m'a libérée, pourquoi que t'as fait la fière? j'avais trois cents francs de retenue, cinq sous par jour pendant trois ans; j'ai voulu t'en prêter, tu m'as refusée!..

LOUISE.

Je travaillais alors... Mais on me doit encore une semaine, ainsi qu'aux autres ouvriers, et c'est aujourd'hui que les syndics doivent nous payer.

ADÉLAIDE.

Une semaine! six fois quinze, quatre livres dix! tu seras bien lotie avec ça! Louise, ma chère amie, je te l'ai toujours dit; le travail, c'est d'la bêtise!

AIR :

C'est si bon d' courir les champs,
De n' rien fair', comme bien des gens!
C'est dommage, à dix-huit ans,
De n' pas avoir de bon temps!
J' suis aimabl', gentille et brune;
Par malheur j' n'ai pas de fortune!
Un mari qui m'en donn'rait!
 Dieu! comm' ça m'irait!
 Tra, la, la, tra, la, la!

Que d' femm's dans d' riches landaux,
Étal'nt de brillans cadeaux,
Dentell's, cachemir's des plus beaux!..
J' n'ai qu'un mérinos sur l' dos.
Si jamais j' roule en calèche,

Comm' j' ferai ma pie-grièche!
C'est pour le coup qu'on verra
Quel air on s' donn'ra !
Tra, la, la, tra, la, la!

LOUISE.

Adélaïde !.. de pareilles idées !..

ADÉLAÏDE,

Je sais ce que tu vas me dire; moi aussi, j'aurais aimé le travail, j'aurais fait un sujet charmant, mais que veux-tu?.. J'avais quinze ans quand j'ai fait ma première prison... je la méritais... Qu'est-ce qu'on fait? on me met avec des femmes qui avaient fait dix années! il y en avait une, la grosse Mimi, qui m'a appris des tours !.. je serais déjà pendue, si je l'avais écoutée ; mais j'étais comme toi; à cette époque-là, j'avais le cœur neuf, et puis nous avions un aumônier, un brave homme; grace à lui, je me suis tenue. V'là donc que j' sors! il m'avait fait promettre de travailler; aussi je cherche de l'ouvrage... on me repousse, ou me maltraite... Je voyais des belles dames qui s'écriaient : Moi, occuper cette fille qui sort de prison, une libérée, par exemple !.. J'y ai mis de la patience tant que j'ai pu !.. et puis il faut tout dire, je n'aime pas le travail... V'là qu'un beau jour, je rencontre une ancienne camarade, pomponnée dam! fallait voir... Je lui demande comment elle fait? elle me cite la morale de la grosse Mimi... Tiens ! au fait, que je dis, allons donc !.. Depuis ce temps-là, je ne me gêne plus, et si tu m'en croyais...

LOUISE, avec indignation.

Assez, assez, Adélaïde !..

ADÉLAÏDE.

Dam! il faut te décider... Ah ! dis donc, le nouveau directeur de la maison centrale, qui est arrivé, il y a huit jours, et qui demeure dans la maison en face, en attendant que l'autre soit déménagé... il donne ce soir une fête d'installation... ça serait superbe de lui rendre une visite incognito !

LOUISE, indignée.

Je ne veux plus rien entendre... Laissez-moi... Le séjour des prisons vous a perdue, et vous voulez me perdre à mon tour ! c'est en vous entendant que je vois toute l'étendue de l'abîme où je suis tombée, car vous êtes devenue mon amie!

ADÉLAÏDE.

Dis donc, dis donc, mais tu fais bien ta fière ! il me semble que tu as été condamnée aussi, et à coup sûr, ce n'est pas pour avoir mis à la caisse d'épargne !

LOUISE.

Oui, j'ai été condamnée, mais, puisque vous m'y forcez, je vous dirai tout ! vous jugerez ensuite, si, malgré mon malheur, je n'ai pas le droit de repousser vos propositions !

ADÉLAÏDE.

On ne te force pas, après tout !

LOUISE.

Il y a huit ans, j'étais à Paris, seule, orpheline, mais libre, heureuse, car je vivais de mon travail ! dans la maison du faubourg St-Jacques, où j'occupais une petite chambre, demeurait aussi un jeune homme, il venait d'être reçu avocat, j'eus la faiblesse de croire à son amour, à ses sermens...

ADÉLAÏDE.

Pauvre innocente, un serment de la rue St-Jacques!

LOUISE.

Il devait m'épouser, m'emmener dans sa province. Le jour fixé pour notre départ, il ne vient pas; je descends, je frappe à sa porte, point de réponse! surprise, inquiète, je m'informe, j'interroge les gens de la maison; on me répond qu'il est parti dès le matin, avant le jour.

ADÉLAÏDE.

C'est toujours c't' heure-là qu'ils choisissent !..

LOUISE.

Parti, m'écriai-je !.. « oui, pour Rennes où il est rappelé par son père » et pas un mot pour moi! pas une lettre!.. A tout hasard, j'écris à Rennes! pas de réponse ! ah ! plus de doute, il m'avait trahie, il m'abandonnait !.. bientôt, j'allais devenir mère !..

ADÉLAÏDE.

Ah !.. diable de rue St-Jacques !...

LOUISE.

Dans mon désespoir, je résolus d'aller le rejoindre ; mais comment faire un si long voyage? j'étais sans ressources! n'importe, ce désir devint chez moi une idée fixe ? je travaillai nuit et jour pendant trois semaines, je me refusai tout! Enfin, j'avais amassé de quoi partir, lorsque je tombai malade; la fièvre, le délire s'emparèrent de moi, et, bientôt, je vis s'épuiser mes faibles épargnes! à peine rétablie, je travaillai chez un banquier; je demandai une avance sur mon travail et la permission de m'absenter quinze jours... j'éprouvai un refus... Affaiblie par tant de souffrances, toujours possédée de cette idée de départ, la tête perdue... je cédai à une horrible tentation! Dans cette riche maison, je voyais souvent étalées devant moi, des piles d'argent! ce qu'on m'avait refusé... je le dérobai; et j'en demandai pardon à Dieu!.. car, je le jure, je voulais le rendre à mon retour! avant mon départ, je fus arrêtée, condamnée, je ne me plaignis pas, j'étais coupable, et pourtant quelque chose me disait au fond de l'âme que je n'avais pas mérité tant de malheur, que je pourrais un jour me relever de cette faute, car, je l'avais commise pour revoir encore une fois l'homme qui m'avait trompée, et pour donner un père à mon enfant!..

ADÉLAIDE.

Allons, allons, prends courage, car enfin, on ne sait pas ce qui peut arriver. Et ce Julien dont tu m'as si souvent parlé, à qui tu as écrit?

LOUISE.

Oui, je lui ai écrit tout ce que je viens de vous apprendre, pour me justifier seulement, et non pour chercher à le revoir...Ah! sans doute, il me méprise toujours!.. je n'ai plus qu'un espoir :

AIR : Je n'ai pas vu ce bosquet de lauriers.

Mon pauvre Ernest près de moi grandira!
Malgré mes soins et malgré mon silence,
Sans doute un jour, hélas ! il connaîtra
Et mon opprobre et ma longue souffrance !
Puisse le ciel protéger mon enfant !
Et moi puissé-je, après tant de misère,
(C'est mon seul vœu, mon seul but maintenant)
Le voir heureux, et puis mourir... avant
    Qu'il ait pu rougir de sa mère !

ADÉLAIDE.

Ah bah! le diable ne sera pas toujours à notre porte! tu ne sais donc pas? j'ai fait une connaissance superbe! comme je n'ai rien à faire, je me promène toute la journée, et puis, j'ai besoin d'air! j'ai rencontré un bon garçon, bien réjoui, qui m'a trouvé gentille, à ce qu'il paraît, et qui est à Melun depuis quelque temps pour affaire; c'est un homme établi, il m'a demandé la permission de me faire une visite, et j'ai pensé que tu ne dirais rien, si je le recevais ici...

LOUISE.

Comment, chez moi !..

ADÉLAIDE.

Oui, j'aime mieux ça que chez ma propriétaire...elle est si bavarde! et si elle découvrait le fin nœud, ça me ferait peut-être du tort.

LOUISE.

Puisque vous attendez une visite, je vous laisse seule : je n'aime pas me trouver avec des étrangers, et je profiterai de ce temps pour aller chercher l'argent qu'on me doit et dont nous avons tant besoin. (Elle va ouvrir la porte du cabinet où repose son enfant.) Il dort... Adélaïde, ne l'éveillez pas!

(Elle sort.)

SCÈNE III.

ADÉLAIDE, seule.

Bonne mère, va! quel dommage qu'elle ait des préjugés! on en ferait quelque chose...Ah! ça, mon bel étranger va venir, il trouvera peut-être drôle que je ne le reçoive pas chez moi; ma foi, je lui ferai un conte! Voyons, voyons, rangeons un peu l'appartement; il est joli, le mobilier! et pas d'feu! justement aujourd'hui, il fait un froid de loup! ah bah! un amoureux, c'est toujours brûlant! J'entends monter, c'est lui! voici l'instant de déployer toutes mes grâces naturelles!

SCÈNE IV.
GUILLAUME, ADÉLAIDE.

GUILLAUME.
C'est-t-il ici?..ah! oui... Mlle Adélaïde, j'ai bien l'honneur d'être le vôtre...

ADÉLAIDE.
Je suis bien vot' servante, monsieur... monsieur... je ne sais pourtant pas encore votre nom!

GUILLAUME.
C'est tout simple, vous ne le savez pas, parce que je ne vous l'ai pas dit; je m'appelle Guillaume Lamoureux, pour vous servir!

ADÉLAIDE.
Tiens! l'amoureux, ah! que c'est drôle!

GUILLAUME.
Ça se trouve bien, n'est-ce pas; car, je le suis joliment de vous, allez!

ADÉLAIDE.
Trop honnête! je vous demande bien pardon si je ne vous reçois pas chez moi! nous sommes ici, chez une mes amies! mes parens sont en voyage, et vous comprenez... une femme seule!

GUILLAUME.
Ah! certainement. (A part.) Touchante pudeur!

ADÉLAIDE.
Et puis, on met notre appartement en couleur! (A part.) En voilà une fameuse!

GUILLAUME.
Permettez-moi, Mlle Adélaïde, de vous regarder. C'est étonnant comme vous me plaisez! vous avez un air franc, un air loyal; enfin l'honnêteté est peinte sur votre figure!

ADÉLAIDE, minaudant.
Eh! eh! M. Guillaume, vous êtes physionomiste!

GUILLAUME.
Oh! ça, je ne me trompe jamais, et c'est précieux! en vous voyant, je m'suis dit tout de suite : v'là une femme qui me consolera! car j'ai eu de fiers chagrins de cœur! mais vous v'là, j'oublie tout, excepté un gros remords que j'ai toujours-là!.. dites-moi que vous serez ma compagne, mon amante; n'est-ce pas que vous serez mon amante?

ADÉLAIDE, offensée.
Votre épouse! si mes parens le permettent!

GUILLAUME.
Ils le permettront! je suis un homme comme il faut, je suis venu à Melun pour un héritage; je me jetterai, s'il le faut, à leurs pieds, je leur dirai : ne me la refusez pas, ou je fais un malheur; Adélaïde, c'est un trésor dont je suis avide!..on n'a jamais vu un homme énivré comme je le suis. (Il tape ses bras l'un dans l'autre pour se réchauffer.) et qui ait le cœur plus brûlant!.. Faites pas attention, j'ai l'onglée.

ADÉLAIDE.
Là! voyez, et pas de feu.

GUILLAUME.
Ça ne fait rien... Vot' fille, je la veux, je l'exige! bénissez-nous, honorables parens, et nous prendrons soin de charmer votre vieillesse!

ADÉLAIDE.
Mon cher Guillaume!.. comme il s'enflamme!..

GUILLAUME, continuant de s'échauffer.
Et pourtant, il fait onze degrés, aujourd'hui.

ADÉLAIDE.
Guillaume, vous êtes un être charmant... je vous autorise à me faire la cour.

GUILLAUME.
Oh! femme ravissante!

Air :

Avec vous je s'rai comme un prince,
Avec vous je s'rai comme un roi!
Avec vous dans notre province,
Tout l' mond' sera jaloux de moi!
Avec vous j' vais être en délire!

J' vais être envié, j' vais être admiré !
Enfin, je ne peux pas vous dire.
Tout ce qu'avec vous je serai !

ADÉLAIDE.

Sitôt qu'elle sera rentrée, je vous présenterai à mon amie, Louise Duval.

GUILLAUME, transporté d'étonnement.

Louise Duval ! votre amie, c'est Louise Duval ?..

ADÉLAIDE.

Certainement, et nous sommes ici chez elle.

GUILLAUME.

Nous sommes chez Louise Duval !

ADÉLAIDE.

Eh bien ! oui, quoi !

GUILLAUME, jetant son chapeau en l'air, et dans la plus grande joie.

Louise Duval !

ADÉLAIDE.

Ah ça, qu'est-ce qui lui prend ?

GUILLAUME.

C'est le chagrin de cœur en question, le remords qui m'étouffait... Ah ! mon Dieu ! ce pauvre Julien, va-t-il être content !

ADÉLAIDE.

Comment, vous connaissez M. Julien ?

GUILLAUME.

Je crois bien, c'est mon cousin... Louise Duval !

ADÉLAIDE.

Ah ça ! voyons, voyons, calmez-vous !

GUILLAUME.

Ce bon Julien qui m'avait tant chargé de la chercher, et moi qui ne la trouvais pas !.. en voilà-t-il une chance ? il va arriver aujourd'hui, car il ne pouvait plus y tenir, surtout depuis cette lettre qu'elle lui a écrite, une fameuse lettre, allez, où ce qu'elle racontait tout ; la mère Brichard l'a lue à tout le village, tout le monde a pleuré, jusqu'au brigadier Gobeloup ! en voilà une preuve d'innocence ! faire pleurer un gendarme ! elle peut revenir dans not' village, allez, ça sera une fête pour tout le pays !

ADÉLAIDE, à part.

Faire pleurer un gendarme ! je n'ai jamais pu en faire autant.

GUILLAUME.

Ah ! tenez, je vous aime de plus en plus !.. c'est-il joli de vot' part ? une femme qui a vos principes, s'être attachée à une pauvre brebis égarée !

ADÉLAIDE.

Eh ! mon cher ami, ce sont de ces faiblesses que je comprends très bien. (S'inclinant avec humilité.) Moi-même, malgré la haute opinion que vous avez de moi, je serais capable d'en faire autant ; j'en ferais peut-être cent fois davantage !

GUILLAUME.

Écoutez, v'là une idée qui me vient ! Julien à cette heure doit être arrivé à l'auberge, je vas le chercher... Louise ne se doute rien, il y a une chose charmante à faire !.. faut la surprendre, ainsi pas un mot de notre arrivée ! silence !.. Julien et moi, nous allons revenir, et comme ça ne m'a pas l'air très calé ici, nous apporterons de quoi faire un dîner splendide. du vin, un pâté, un gigot, et surtout un fagot, car je n'osais pas vous le dire, je craignais de vous paraître froid ; mais il gèle ici !.. Pauvre Louise, c'est moi qui l'ai affligée, je veux lui procurer une explosion de surprise et de bonheur !

ENSEMBLE.

Air :

GUILLAUME.

Silence, ma chère !
Bientôt en ces lieux,
Nous allons, j'espère,
Etre tous heureux !

ADÉLAIDE.

Je saurai me taire !
Bientôt en ces lieux,
Nous allons, j'espère,
Etre tous heureux ! (Guillaume sort.)

SCÈNE V.
ADÉLAIDE, seule.

Voyez un peu ce que c'est que les événements!.. qu'est-ce qui aurait dit ça, il y a une heure? ça me fait plaisir pour Louise, et puis pour moi... le jeune homme a la tête montée! ça peut devenir sérieux... c'est qu'il se fait une idée de ma personne!.. il m'épousera, c'est sûr; je n'ai fait qu'y songer toute la nuit!

AIR : Ah! le beau rêve que j'ai fait! (MICHELINE.)

Ah! le beau rêve que j'ai fait!
Je me voyais dans mon ménage;
J'étais heureuse, j'étais sage;
C'était un changement complet! (ter.)
Au bras d'un mari, toute fière,
Je passais droit' comme un piquet
D'vant monsieur l' préfet, monsieur l' maire,
Et mêm' devant le commissaire!
Ah! le beau rêve que j'ai fait! (4 fois.)

Tiens! et moi qui oubliais cet enfant! il est peut-être éveillé, ce chéri!
(Elle entre dans le cabinet où est Ernest.)

SCENE VI.
JULES DE BRÉMONT, entrant par le fond; puis ADÉLAIDE.

JULES, seul.

C'est bien ici le logement qu'on m'a indiqué. En parcourant dans mon cabinet diverses notes de mon prédécesseur, j'ai trouvé le nom de Louise Duval, en surveillance à Melun! serait-ce elle?.. Louise Duval, si pure, si honnête! pendant ce voyage que je fis pour obéir à mon père, et que je me reproche toujours, aurait-elle donc subi la honte d'une condamnation?.. il faut absolument que je m'assure...

ADÉLAIDE, sortant du cabinet.

Ah! mon Dieu! que veut ce monsieur?

JULES, la saluant.

Mademoiselle!

ADÉLAIDE, avec prétention.

Monsieur. (A part.) Dieu! quel bon genre! il est encore plus bel homme que Guillaume. (Haut.) Monsieur, à qui ai-je l'honneur de parler?..

JULES.

Je suis le directeur de la maison centrale!

ADÉLAIDE, reculant effrayée.

Monsieur, monsieur... j'ai bien l'honneur... de vous saluer, monsieur!
(Elle prend une attitude très humble.)

JULES.

N'est-ce pas ici que demeure Mlle Louise Duval?

ADÉLAIDE.

Oui, monsieur, elle demeure ici... avec son enfant...

JULES, à part.

Son enfant! (Haut.) Vous êtes son amie?

ADÉLAIDE.

Oui, monsieur!

JULES.

Depuis long-temps?

ADÉLAIDE.

Depuis quatre mois. Je l'ai connue... nous étions renfermées...nous habitions ordinairement une grande manufacture, où nous établissions des camisoles, des chapeaux de paille, et des sabots.

JULES.

Ce n'est pas à Paris que vous l'avez connue?..

ADÉLAIDE.

Non, monsieur, non...à cette époque, on venait de me mettre en pension, je commençais mon éducation... Ah! monsieur, la pauvre fille! je connais toutes ses aventures...une horreur d'homme, un scélérat, qui était avocat!

JULES, à part.

C'est Louise, c'est bien elle!

ADÉLAIDE.

Cet homme à qui elle avait donné son avenir, sa jeunesse... car c'est vrai, ça me révolte, moi, un avocat!.. c'est donc comme ça qu'il apprenait la justice! oui, monsieur, il eut l'infamie de l'abandonner, lorsqu'elle portait dans son sein, la malheureuse, un pauvre petit enfant.

JULES, à part.

Ciel!

ADÉLAIDE, continuant.

Qui est là... malade, souffrant! (Jules va pour s'avancer, Adélaide le retenant.) Il dort... (A part.) Voudrait-on lui prendre son enfant?

JULES, tirant sa bourse.

Tenez! pour cet enfant... pour sa mère...

ADÉLAIDE, refusant.

Du tout, du tout, monsieur; il s'est trouvé heureusement de bonnes âmes, tout le monde n'est pas comme son père! Des braves gens, de bons ouvriers vont lui apporter des secours; car avant ce soir, il serait peut-être mort de faim!

JULES.

Ah! grand Dieu!

ADÉLAIDE.

Et quand je pense que c'est pour aller rejoindre celui qui l'abandonnait, pour donner un père à son enfant, qu'elle a volé de quoi payer sa place à la voiture, une misère! ça fend le cœur.

JULES.

Mademoiselle, dites à Louise Duval qu'elle a trouvé un protecteur qui veillera désormais sur elle; dites-lui que demain matin, à dix heures, je serai ici, qu'il faut absolument que je lui parle. (A part.) D'ici là, j'aurai trouvé le moyen d'assurer son avenir, celui de son enfant, et de lui faire quitter cette ville (Haut.) Adieu, mademoiselle. (Il sort.)

SCENE VII.

ADÉLAIDE, seule.

Voyez-vous ça? un protecteur! on sait ce que ça veut dire! et un homme dans sa position!..il aura trouvé Louise jolie, il l'aura vue de sa fenêtre... un homme marié!.. car on m'a dit qu'il était marié...Pourquoi ne l'invite-t-il pas tout de suite au bal qu'il donne ce soir? v'là que ça s'illumine!..Ah ça! mais où irons-nous, si la justice s'en mêle? je n'ai encore vu qu'un guichetier qui ait voulu me faire la cour; je lui ai promis d'être sensible, mais dehors... Tout de même, si j'avais pris l'argent qu'il vient de m'offrir, ça l'engageait cette petite, et M. Julien qui va venir, ce bon M. Julien qui l'aime tant!.. ça vaut mieux celui-là... Allons, voilà surtout une visite dont je me garderai bien de lui parler! deux secrets à garder : primo, que Julien est à Melun, et qu'il va venir ici avec Guillaume! secondo, qu'elle a donné dans l'œil à monsieur le directeur. Je n'aurai jamais le courage de me taire : aussi pour être bien sûre de ne pas parler, je vais m'enfermer dans cette chambre jusqu'à l'arrivée de ces messieurs, et me bichonner de manière à tourner la tête à M. Guillaume.

(Elle entre dans la chambre à gauche.)

SCENE VIII.

LOUISE, entrant du fond.

Personne ici! qu'est devenue Adélaïde, et cette visite qu'elle attendait?.. Oh! mon Dieu! je viens de la fabrique... les créanciers se sont partagé le peu qui restait, et c'est à peine si on a trouvé de quoi payer les ouvriers! les plus hardis se sont présentés, les hommes d'abord... et moi, pauvre femme... quand je me suis approchée... on m'a repoussée... renvoyée... en me disant qu'il ne restait plus rien. Désespérée, je suis allée m'offrir à d'autres maîtres, j'ai demandé quelques secours en avance sur mon travail; partout on m'a refusé, on m'a reproché ma position... Et mon enfant, que va-t-il devenir? (Elle va près du cabinet où est son fils.) Ernest... Ernest... il est éveillé.

SCÈNE IX.
LOUISE, ERNEST.
ERNEST.
Maman... j'ai faim, j'ai froid.
LOUISE.
Pauvre enfant!..rien, rien... tout le monde m'abandonne, il faut donc qu'il meure...
ERNEST.
Non, maman, n'aies pas peur... Pour ne pas te faire de peine, je ne voulais pas te le dire, mais j'ai bien mal, tu m'avais promis de me rapporter quelque chose...
LOUISE, à part.
Que lui répondre? je n'ai rien! les hommes sont cruels, sans pitié; ils me refusent tout, jusqu'à du travail... (Ernest faiblit et semble prêt à se trouver mal.) Oh! mon Dieu! il pâlit, ses mains sont glacées.
ERNEST.
Ce n'est rien, maman, ce n'est rien.
(Louise essaye de le réchauffer dans ses vêtemens. Cherchant autour d'elle,)
LOUISE.
Et plus de ressources! rien à vendre! j'ai tout épuisé... (Elle aperçoit l'anneau qu'Ernest porte à son doigt.) Ah! cette bague... il est sauvé!..
ERNEST.
Ma bague!..
LOUISE.
Oui, donne, donne, tu vas avoir du pain...Mais cet anneau...
ERNEST.
Tu m'as dit de le garder... il vient de mon papa.
LOUISE.
Qu'allais-je faire? pauvre ami, comme il sait souffrir!.. (Elle regarde autour d'elle.) Que devenir!.. ô ciel! Adelaïde aussi m'abandonne... (On entend la musique du bal dans la maison voisine.) Oh!.. là, ils dansent, ils sont heureux! Si j'allais à cette fête, où règne le luxe et l'abondance, demander un peu de pain pour mon enfant, ils me repousseraient... Oh! mon Dieu! il pâlit encore... il va mourir... ma tête se perd, je deviens folle...Il s'est évanoui, la faim, le froid... non, Non, non Ernest, tu ne mourras pas!..
(Elle sort précipitamment.)

SCÈNE X.
ADELAIDE, ERNEST.
ADELAIDE.
Ah, ça! mais ils ne viennent pas! je m'ennuie, moi, là-dedans...Ah! ce pauvre petit, qu'est-ce qu'il a?..il a faim, ce pauvre cher ange...Ne pleure pas, mon chérubin... il va venir deux messieurs, qui vont t'apporter du pain, des confitures. Ça n'est pas étonnant, des pauvres petits êtres comme ça... je me sens bien l'estomac tout drôle... Ah! les voilà, les voilà!..

SCÈNE XI.
ADELAIDE, GUILLAUME, JULIEN, ERNEST.
(Guillaume porte un fagot sous un bras; sous l'autre, des bouteilles de vin; il tient à la main un panier qu'il pose sur la table.)
GUILLAUME, à Julien.
Par ici, par ici, nous y voilà!..
JULIEN.
Où est-elle, cette chère Louise, où est-elle?..
ADELAIDE.
Elle ne va pas tarder à rentrer, car elle est sortie depuis ce matin.
ERNEST.
Maman est venue.
ADELAIDE.
Tiens! je ne l'ai pas entendue...j'étais si occupée de mes accroche-cœur

qui n'allaient pas!.. (Elle va prendre un gâteau sur la table et le donne à Ernest.)

GUILLAUME.
Mon cher Julien, je te présente Mlle Adelaïde, le trésor de grâce et de vertu dont je t'ai parlé si avantageusement.

ADELAIDE, saluant.
Monsieur... enchantée, ravie... (A part.) Trésor de vertu!..

JULIEN.
Mais que fait Louise? je suis si impatient de la revoir!..

ADELAIDE.
Elle en sera bien contente aussi; mais ne perdons pas un instant... il faut que la surprise soit complète; mettons vite le couvert!

GUILLAUME.
Vite, vite... Julien, viens nous aider.

ADELAIDE.
Laissez-le donc! vous voyez bien qu'il embrasse ce petit! ça lui fait du bien à cet' amour! il y a si long-temps qu'excepté sa mère, personne ne lui a fait de caresses...

JULIEN, remarquant que l'enfant a froid.
Guillaume, du feu... tout de suite.

GUILLAUME.
A l'instant... Pauvre petit, si peu couvert au mois de décembre!.. sois tranquille, je t'apporterai demain du bouracan...

ADELAIDE.
A table, à table!..Va-t-elle être étonnée!.. (Tous se placent à une table abondamment garnie; le feu brille dans la cheminée.) C'est elle; je l'entends... chut!.. chut...

SCENE XII.
Les Mêmes, LOUISE.

(Pâle, l'air égaré, elle tient d'une main un riche manteau! de l'autre, un pain; elle reste stupéfaite au tableau qui s'offre devant elle;)

JULIEN.
Louise, c'est moi... c'est Julien!

GUILLAUME.
C'est moi, c'est Guillaume, Mlle Louise!

ADELAIDE.
Tu vas être heureuse; tu ne manqueras plus de rien, ni toi, ni ton enfant!..

GUILLAUME.
Je vous ai fait bien du mal, Mlle Louise, mais tout est réparé!

JULIEN.
Oui, Louise, je suis à toi, à toi pour toujours! oublie le passé, je viens t'épouser!

LOUISE.
Malheureuse! il n'est plus temps...   (Surprise de tous.)

JULIEN.
Que veux-tu dire?

LOUISE.
Tu es venu trop tard, Julien!

TOUS.
Explique-toi!

LOUISE.
Mon enfant mourait de faim... de froid! ce manteau, ce pain, je l'ai pris!

JULIEN.
O ciel! si vous avez été aperçue... sauvez-vous!..

ADELAIDE, courant à la fenêtre.
Impossible, les municipaux sont en bas, ils y étaient pour le bal, ils n'ont eu que la rue à traverser... Un flagrant délit, ma chère.

JULIEN.
Mon Dieu! mon Dieu!..

ADELAIDE.
Ah! quelle idée!.. (Prenant le manteau.) J'emporte la preuve du délit!..

JULIEN.

Mais comment?..

ADELAIDE.

Par cette fenêtre!..

LOUISE.

Au nom du ciel, tu vas te tuer!..

ADÈLAIDE.

Laisse donc, ça donne sur une terrasse. (Elle s'échappe par la croisée.)

GUILLAUME, à la porte au fond.

Les voici, ils montent!..

LOUISE, serrant son enfant dans ses bras.

O mon Dieu! protège-nous...

(On voit les gardes paraître sur l'escalier.)

FIN DU DEUXIÈME ACTE.

ACTE III.

Le cabinet du juge d'instruction. Au fond, une porte à deux battans. A droite, porte conduisant au greffe. A gauche, une porte secrète.

SCENE I.

UN HUISSIER, rangeant des papiers sur la table du juge d'instruction.

Hâtons-nous de ranger les papiers de monsieur le juge d'instruction. C'est sans doute ce matin qu'on va lui amener les prévenus du vol commis hier chez monsieur le directeur de la maison centrale; il y avait longtemps que nous n'avions exercé pour le compte de la ville. On nous adressait toujours des accusés renvoyés devant le tribunal de Melun; mais cette fois le délit a été commis intrà-muros, et quelle audace! chez un directeur de prison!

SCENE II.

LE JUGE D'INSTRUCTION, L'HUISSIER.

LE JUGE.

M. le substitut est-il arrivé?

L'HUISSIER.

Non, monsieur le juge.

LE JUGE.

J'aurais pourtant besoin de causer avec lui; cette affaire l'intéresse.

(L'huissier sort.)

SCENE III.

LE JUGE, seul.

Il faut convenir que le coup est hardi. Voilà ce qu'on y gagne à donner des fêtes, des soirées: chez moi, il ne se commet pas de vols! je ne reçois jamais. Mais M. de Brémont, à peine arrivé de Rennes, où il était un petit avocat, nommé directeur de la maison centrale, cherche à briller ici, à donner le ton. S'il faut s'en rapporter aux médisans, M. de Brémont a eu une jeunesse très orageuse, et je serais tenté d'en croire quelque chose; témoin certaine lettre à lui adressée, et que j'ai trouvée dans une liasse de rapports qu'il m'adressait. Quelle inconséquence! laisser des lettres d'amour dans un dossier de parquet; il est vrai que la date de cette lettre est assez éloignée, une ouvrière, une grisette qui lui reprochait sa légèreté, son inconstance. Je sais bien que de pareilles erreurs ne sont pas irrémissibles; mais quand on occupe un poste aussi grave, on devrait anéantir de tels écrits, ou, du moins, cacher avec plus de soin d'aussi dangereux confidents du passé. Que M. de Brémont y prenne garde! Mais le voici!

SCENE IV.
LE JUGE D'INSTRUCTION, JULES DE BRÉMONT.

LE JUGE.

Ah! vous arrivez on ne peut mieux! monsieur le procureur du roi m'a donné avis que nous allions ce matin travailler pour votre compte.

JULES.

En vérité, monsieur, je regrette qu'on ait donné suite à cette affaire: dans le tumulte de la fête, j'ai bien été informé de cet événement; le peu d'importance du vol m'avait déterminé à ne pas réclamer; et je déplore qu'on n'ait pas eu égard à ma prière!

LE JUGE.

Vous avez tort; nous faisons assez souvent rendre justice aux autres, pour ne pas nous la refuser, quand cela nous regarde!

JULES.

Je n'ai pas même demandé le nom du coupable... (Il tire sa montre, à part.) Dix heures! l'heure à laquelle je dois me rendre chez Louise! (Haut.) J'étais venu, monsieur, vous prier de me rendre un service: une jeune femme, en surveillance dans cette ville, et dont la conduite et le repentir ont vivement intéressé ceux qui la connaissent, m'a été particulièrement recommandée. J'avais préparé un recours en grâce, et j'ai déjà obtenu les signatures de tous les membres de ce tribunal; il ne me manque plus que la vôtre, et je viens réclamer de vous cet acte de générosité. En obtenant que cette infortunée soit affranchie de la surveillance, elle pourra se rendre à Paris, où des moyens d'existence lui sont assurés. C'est une surprise et une consolation que je lui prépare!

LE JUGE.

Je reconnais, monsieur, votre bienveillance ordinaire. Trop de signatures recommandables se trouvent au bas de cet acte pour que je refuse d'y apposer la mienne. Comment! monsieur le préfet! le général! monsieur le président!

JULES.

On a bien voulu s'en rapporter à mon témoignage et me donner cette preuve de confiance. J'ai recueilli ces signatures à ma soirée d'hier où j'ai regretté votre présence...

LE JUGE.

Ah! pardonnez-moi!.. je n'aime pas les fêtes, les bals!.. je trouve que la magistrature et la danse...

JULES, lui présentant le papier.

Ainsi, monsieur, vous consentiriez?..

LE JUGE.

Donnez, monsieur, donnez; je serai trop heureux de contribuer à une bonne action. D'ailleurs, la justice n'y perdra rien, car tandis que chez vous on lui dérobait un coupable, elle en retrouvait un autre à l'instant. (Lisant.) « La nommée Louise Duval... (A part.) Il me semble que ce nom était celui de cette ouvrière, Oui, sans doute... au bas de cette lettre...

JULES, à part.

Qu'a-t-il donc?

LE JUGE, signant.

Je signe, monsieur, je signe aveuglément. (A part.) Ceci me paraît singulier.

SCENE V.
LES MÊMES, L'HUISSIER.

L'HUISSIER.

Monsieur, on vous amène les prévenus; voici le procès-verbal d'arrestation.

LE JUGE.

Donnez! (L'huissier sort. Parcourant le procès-verbal.) Voilà qui devient de plus en plus extraordinaire.

JULES.

Quoi donc, monsieur?

LE JUGE, lui passant le papier

Lisez les noms des prévenus!

JULES, lisant.

Julien Brichard, Guillaume Lamoureux, (Avec le plus grand trouble.) Louise Duval!

LE JUGE, l'observant et à part.

Il est bien troublé!.. (Haut.) Convenez, mon cher monsieur, que cela est piquant. Celle pour qui vous vous intéressiez avec tant d'ardeur dans votre salon, vous en remerciait dans l'antichambre.

JULES, à part.

Quelle position, pour elle, pour moi, si elle me reconnait ici!

LE JUGE.

Je ne vous ferai pas mon compliment sur le choix de vos protégées! il est heureux pour nous tous que cette pièce, revêtue de tant de signatures que vous avez obtenues DE CONFIANCE, ne soit pas arrivée à sa destination.

JULES, déchirant la demande en grâce.

Ah! monsieur, n'augmentez pas mes regrets!

LE JUGE.

Savez-vous que le cas est grave? c'est un vol avec récidive!

JULES, à part.

La malheureuse!

LE JUGE.

Veuillez m'accompagner au greffe; j'ai besoin, pour procéder à l'interrogatoire, des pièces qui concernent Louise Duval.

JULES, à part.

Et je ne puis lui parler... la voir seule!..

LE JUGE, à part.

Ah! monsieur le directeur, il y a là-dessous quelque mystère que j'éclaircirai. (Il sonne. L'huissier parait.) Introduisez ici les prévenus; je reviens à l'instant... (L'huissier sort. Au directeur)) Venez-vous, M. de Brémont?

JULES.

Je vous suis. (Ils entrent à droite.)

SCENE VI.
L'HUISSIER, LOUISE, JULIEN, GUILLAUME, GARDES.

L'HUISSIER.

Par ici, par ici... Restez là, et attendez. (Aux gardes.) Placez-vous dans ce corridor, et ne vous éloignez pas. (Il sort avec les gardes.)

SCÈNE VII.
LOUISE, JULIEN, GUILLAUME.

GUILLAUME.

Voyons, ne pleurez donc pas comme ça, Mlle Louise; à quoi ça sert-il? est-ce que je pleure, moi?..

JULIEN.

Il a raison; ne pleurez pas, et surtout n'avouez pas votre faute.

LOUISE.

Et comment nier! quand les gardes qui m'ont arrêtée ont tous déclaré qu'ils m'ont vu fuir avec ce manteau.

GUILLAUME.

Mais on ne l'a pas trouvé, ce manteau, puisque cet ange de candeur, cette noble Adélaïde, a daigné s'en aller avec! Quel dévouement! une fille si bien élevée, se sauver sur les toits... Quelle belle nature de femme!

LOUISE.

Et mon pauvre Ernest!

JULIEN.

Tranquillisez-vous, puisqu'on vous a permis de l'envoyer chez Adélaïde!..

SCÈNE VIII.
LES MÊMES, L'HUISSIER.

L'HUISSIER, à Louise.

Il y a là une dame qui demande à vous parler.

LOUISE.

Une dame!.. son nom?

L'HUISSIER.

Mme de St-Phar.

Mme de St-Phar !..
TOUS.

L'HUISSIER.
Elle est autorisée par M. le greffier en chef; c'est sûrement quelque dame commissaire de notre société philantropique...

GUILLAUME.
Oh ! quelle vienne ; j'en ai besoin de philantropie !..

L'HUISSIER.
Mme de St-Phar, veuillez entrer. (Il sort après avoir introduit.)

SCÈNE IX.
LES MÊMES, ADÉLAÏDE, en grande toilette.

TOUS.
Adélaïde !..

ENSEMBLE.
Air : Ah ! grand Dieu ! quel bruit, quel tapage !

GUILLAUME, JULIEN, LOUISE.	ADÉLAÏDE.
Ah ! grand Dieu ! quelle extravagance !	Amis, de mon extravagance,
En ces lieux se montrer ainsi !	De grâce, n'ayez nul souci,
C'est avoir par trop d'assurance !	Avec calme, avec assurance,
Au plus vite, sortez d'ici !	Je viens me présenter ici !

JULIEN.
Quelle imprudence !

ADÉLAÏDE.
J'étais inquiète de vous ; et puis, c'est du sang-froid, ça impose et comme dit le proverbe : AUDACIEUSE FORTUNÉ, JUVAL, la fortune vient de l'aplomb ! Ah ça ! mes pauvres amis, vous v'là donc pris avec elle.

GUILLAUME.
Comme dans une souricière ! Ça n'est pas pour faire de la peine à Mlle Louise, mais elle sait que nous sommes innocens !

ADÉLAÏDE.
Vous surtout, mon cher ami, vous êtes très innocent.

LOUISE.
Et Ernest ?

ADÉLAÏDE.
Il est chez nous ; la personne chez qui je loge se charge d'en avoir soin... Ce pauvre trognon ! il ne fait que te demander ; il veut t'aller chercher, et on a toutes les peines du monde à l'en empêcher.

JULIEN, tirant sa bourse.
Pauvre enfant !.. tenez, payez d'avance sa pension.

ADÉLAÏDE, à part.
D'avance, non, ça ferait du tort à l'enfant ! ça tombe bien, je n'avais pas le sou. (Haut.) Mon cher Guillaume, mes parens sont de retour, ce qui vous explique ma métamorphose.(A part.) Ou plutôt ça ne lui explique rien du tout. (Haut.) Quant à toi, Louise, si on te renvoie là-bas, j'ai déjà fait prévenir les camarades, tu n'y resteras pas, on trouvera moyen de te faire évader. Maintenant, mes agneaux, je sors d'ici.

GUILLAUME.
Mlle Adélaïde, j' me connais, j'ai assez de bonheur pour qu'on ne me lâche pas ! dans le cas où je serais victime d'une affreuse erreur, je vous demande un service. Allez-vous-en à Louviers, rue du Chat-qui-Prêche ; vous y trouverez mon associé. Cachons-lui mon malheur ; dites-lui que j'ai mal aux dents, ou n'importe quoi...Voici la clé de ma commode.

ADÉLAÏDE, à part.
C'est bon à prendre.

GUILLAUME.
C'est là où est mon magot.

ADÉLAÏDE, à part.
C'est bon à savoir.

GUILLAUME.
A gauche, sous mes bonnets de coton, vous trouverez ma patente de fabricant et mes quittances d'imposition... rapportez-moi tout ça, parce que avec mes papiers j'élèverai la voix ! je dirai au gouvernement...

JULIEN.

C'est bien! assez, Guillaume; nous n'avons rien à craindre; ne songeons qu'à cette pauvre Louise. (A Adélaïde.) Veillez bien sur son enfant. (A Guillaume.) Et toi, lorsqu'on va nous interroger, ne manque pas de répondre tout ce que je t'ai dit!

GUILLAUME.

Sois tranquille... mais n'oubliez toujours pas, Mlle Adélaïde, ma patente et mes reçus de contributions! Quand il verra que je paie mes contributions, ça attendrira le gouvernement...

SCÈNE X.

LES MÊMES, L'HUISSIER.

L'HUISSIER.

Madame, veuillez vous retirer; voici monsieur le juge d'instruction.

ADÉLAÏDE.

Adieu, mes amis, comptez sur ma bienfaisance. (A Guillaume.) Adieu, intéressant jeune homme!

AIR : Adieu donc, adieu, madame.

Au revoir, de la justice
Ne redoutez pas les coups!
Le sort vous sera propice;
D'ailleurs je veille sur vous!
(A l'huissier.) Monsieur, je les recommande
A vos soins si généreux!
(Lui remettant une pièce.) Prenez cette faible offrande,
Et remplacez-moi près d'eux!

ENSEMBLE.

GUILLAUME, JULIEN.	LOUISE.
Au revoir, de la justice	Seule ici, de la justice
Nous ne craignons pas les coups!	J'ai mérité le courroux.
Le sort nous sera propice;	Que le ciel vous soit propice!
Le ciel veillera sur nous!	Je ne tremble que pour vous!

ADÉLAÏDE.

Au revoir, de la justice, etc.   (Elle sort.)

L'HUISSIER, après la sortie d'Adélaïde.

Une pièce d'or!

GUILLAUME.

Et moi qui n'ai rien d'elle, pas un souvenir! (A l'huissier.) Monsieur, vous serait-il égal d'échanger cette pièce contre quatre écus de cinq francs?

L'HUISSIER.

Bien volontiers!

GUILLAUME, prenant la pièce.

Chère Adélaïde... j'ai donc un gage!.. (Il embrasse la pièce.) Un souvenir!.. (Examinant tout-à-coup.) C'est un jeton, on l'aura trompée, on aura abusé de son innocence!

UN HUISSIER, annonçant.

M. le juge d'instruction!

LE JUGE, à l'huissier.

Priez monsieur le directeur de ne point s'éloigner; c'est chez lui que le vol a été commis, j'aurai besoin de sa déposition. J'interrogerai d'abord ces deux prévenus; conduisez Louise Duval dans ce cabinet.

(L'huissier emmène Louise.)

SCÈNE XI.

LE JUGE, JULIEN, GUILLAUME.

LE JUGE, à Julien.

Votre nom, votre âge et votre profession?

JULIEN.

Julien Brichard. âgé de vingt-un ans, ouvrier charpentier, domicilié au village de Saint-Brie, près Louviers.

LE JUGE, à Guillaume.

Votre nom?

GUILLAUME, à part.

J'ai une fièvre de cheval. (Haut.) Guillaume Lamoureux.

LE JUGE.

Votre état?

GUILLAUME.

Vingt-cinq ans... (Se reprenant.) Fabricant de bouracan.

LE JUGE.

Votre âge?

GUILLAUME.

Département de la Seine-Inférieure.

LE JUGE.

Remettez-vous. Vous êtes accusé de complicité dans le vol commis hier chez monsieur le directeur de la maison centrale.

JULIEN.

Nous sommes innocens.

GUILLAUME.

Comme deux agneaux.

LE JUGE.

Cependant, vous avez été arrêtés chez Louise Duval, et sans doute vous l'aurez aidé à faire disparaître la preuve du délit.

GUILLAUME, à part.

Diable de délit! le fait est qu'il a disparu.

LE JUGE.

Parlez.

GUILLAUME, bas.

Voyons, Julien.

JULIEN, bas.

Non, parle, toi; dis ce qui a été convenu; je n'aurais pas la force de mentir.

GUILLAUME.

Eh bien! alors, voilà ce que c'est. Je commence par mes papiers que j'ai montrés au commissaire : voici d'abord mon passe-port, « Guillaume Lamoureux, fabricant d'étoffes »; je vous demande un peu comment j'aurais été voler un manteau, moi qui en fabrique de mes propres mains. Pour preuve je montrerai si on l'exige, de chez moi, de Louviers, ma patente que j'ai envoyé chercher par une personne sûre; en attendant, voici de plus un billet de garde. « Le sieur Lamoureux se rendra le... etc.» Voilà! voilà qui est frappant! car les voleurs ne montent pas la garde, ça ne serait pas naturel; ils seraient donc obligés de s'arrêter eux-mêmes?.. ainsi, c'est clair, je suis un homme établi! mon cousin et moi nous connaissions Mlle Louise qui était venue dans not' pays, et comme je me trouvais à Melun pour un héritage, car vous pouvez demander au notaire qu'est sur la grande place, si je n'ai pas touché chez lui quatre cents francs de mon oncle Biquot, décédé, plus sa garde-robe, dont voilà un gilet!.. Qu'on le montre au peuple! et on dira, c'est un gilet du père Biquot, pas volé, un gilet d'héritage, car enfin si on veut me ravir ma liberté, si je suis une victime, qu'on le dise! on n'a pas idée de ça, oh, oh, oh! (Il pleure.)

JULIEN.

Guillaume, calme-toi.

LE JUGE.

Ne craignez-rien, expliquez-vous!

GUILLAUME.

Dame! c'est que la justice ça me gonfle, voyez-vous. Enfin, connaissant Louise d'ancien, nous sommes allés la voir, lui porter un tas de choses, du pâté, du vin de toutes sortes, avec un fagot. Des voleurs, ça emporte, mais ça n'apporte jamais. Alors, sitôt assis à table, v'là une femme qui ouvre la porte avec un manteau à sa main; elle s'élance vers la fenêtre ouverte, et se sauve par les toits... Voilà la vérité, j'en prends la nature à témoin! Mais ce n'est pas Louise, Louise! pauvre femme! Oh! monsieur le juge, renvoyez-la tout de suite, et je me charge de son avenir, quand Julien et moi nous devrions travailler toute notre vie!

LE JUGE, à part.

Il y a chez cet homme un accent de vérité. (A Julien.) Et vous, confirmez-vous la déposition de Guillaume?

JULIEN, avec embarras.

Oui... monsieur le juge.

LE JUGE.

Non seulement vous soutenez votre innocence, mais vous garantissez celle de Louise?

JULIEN, avec hésitation.

Oui... monsieur...

LE JUGE.

Vous paraissez troublé!

JULIEN.

Monsieur...

LE JUGE.

Vous ne dites pas la vérité!

JULIEN.

Je vous assure...

LE JUGE.

Jurez-vous devant Dieu, que ce que vient de dire Guillaume est exact?..

GUILLAUME, vivement bas à Julien.

Saperlote, nom d'un petit bonhomme, jure, Julien, jure!

LE JUGE.

Vous hésitez...

JULIEN.

Eh bien! oui, monsieur le juge, c'est plus fort que moi, mais devant Dieu, je ne puis soutenir un mensonge.

GUILLAUME, à part.

Animal! c'est lui qui m'a soufflé tout ça! il me met dedans! il m'y plonge à perpétuité!

JULIEN.

AIR : C'était Renaud de Montauban.

Pour Louis' je donnerais mon sang!
Non, il n'est rien que je ne sacrifie!..
Mais un mensong', lorsque le ciel m'entend,
Ah! ça, monsieur, ça s'rait plus que ma vie!
Grace à ma mère, à ses soins vertueux,
J' tiens à l'honneur... et pour tel on m' renomme!..
Et puis j' sens là qu'en restant honnête homme,
On sait bien mieux défendre un malheureux!

LE JUGE.

Allons, Julien; je vois que vous méritez qu'on vous estime... Je vous écoute.

JULIEN.

Oui, monsieur, oui, c'est elle... elle est coupable... mais son enfant mourait de faim, de froid... Si j'étais venu une heure plus tôt, elle était à l'abri du besoin; mais elle ignorait mon arrivée, et se croyait abandonnée de tous. Ah! monsieur le juge, Louise est digne de toute votre pitié! sa première faute, elle ne l'eût pas commise, sans un homme qui eût la cruauté de l'abandonner.

GUILLAUME.

Oui, un bel enjôleur, un avocat!

LE JUGE, à part.

Un avocat!

JULIEN.

Qui la laissa à Paris, dans la misère, après avoir promis de l'épouser!.. Il était retourné à Rennes, dans sa famille.

LE JUGE, à part.

A Rennes! plus de doute, c'est lui...

JULIEN.

Sans argent, sans ressources, devenue mère, pour le rejoindre, elle se rendit coupable.

GUILLAUME.

Coupable d'une place dans la rotonde! et on l'a arrêtée sur le marche-pied!

JULIEN.

Après avoir expié sa faute, elle vint dans notre village où on ne savait rien de tout ça : elle se fit aimer de tout le monde par sa bonne conduite, son bon cœur, moi-même, monsieur le juge, un honnête garçon, je peux vous l'assurer, je voulais en faire ma femme! mais elle avait rompu son ban de surveillance, et la surveillance, savez-vous ce que c'est, monsieur le juge? oui, vous le savez!.. Louise voulait fuir la honte et la misère; elle voulait du travail et de l'estime encore; car elle se repentait, mais au moment où elle allait recueillir le fruit de sa bonne conduite, un gendarme est venu qui lui a dit devant tout le monde : « Chacun t'estime ici, mais tu as été coupable autrefois, et tu n'es pas quitte encore devant la loi; tu es libre, mais tu dois être toujours flétrie! » Et elle est retournée à Melun, et tout le monde l'a repoussée, et son enfant manquait de tout!.. Eh bien! est-ce qu'une pauvre mère qui a des entrailles ne perd pas la tête dans un moment comme ça?.. et quand une pauvre petite créature vous crie : « Maman, j'ai faim! » il n'y a pas moyen d'y tenir!.. Son enfant allait mourir... mourir de faim, monsieur le juge... et elle a volé!

LE JUGE.
Vous accusez la surveillance; mais vous oubliez qu'il faut des garanties à la société : si elle en abuse, c'est elle qui est coupable, ce n'est pas la loi. Nous ne fermons pas la voie au repentir; que la société nous imite.

GUILLAUME.
Mais ne dirait-on pas qu'elle a pris le château de Versailles? Un manteau... un méchant manteau!.. je les indemniserai ceux qu'elle a volés, je les habillerai en bouracan, eux et toute leur famille!

LE JUGE, parcourant le dossier, à part.
Je ne vois aucune charge contre ces deux hommes! (Il sonne.)

SCÈNE XII.
Les Mêmes, L'Huissier.

LE JUGE.
Guillaume et Julien, vous êtes libres.

GUILLAUME.
Libre! ah! monsieur, vous êtes le plus grand juge que j'ai jamais vu, le plus digne organe de la justice! quel organe magnifique!..

JULIEN.
Je vous ai tout dit, monsieur; un peu d'indulgence pour Louise! vous savez, maintenant, si elle en est digne! Si je suis content d'être en liberté, c'est que je vais pouvoir m'employer pour elle... Vous me permettrez de la voir, n'est-ce pas, monsieur, vous me le permettrez, tous les jours, à toute heure?..

GUILLAUME, bas à Julien.
Oui, oui, mais viens nous-en... il n'aurait qu'à se détracter... Pardon, monsieur, si madame votre épouse désire quelques étoffes... vous-même, s'il vous fallait une robe, je serais heureux de vous l'offrir... je travaille dans toute les couleurs. (Ils sortent.)

SCENE XIII.
LE JUGE, L'HUSSIER.

LE JUGE.
Plus de doute, cette ouvrière, cette pauvre fille, dont j'ai trouvé une lettre dans les papiers de M. de Brémont, c'est l'accusée, c'est Louise Duval! (A l'huissier.) Faites entrer la prévenue...

SCENE XIV.
Les Mêmes, LOUISE.

LE JUGE.
Approchez, Louise Duval; vos co-accusés, Guillaume et Julien...

LOUISE, vivement.
Ils sont innocens, monsieur, je suis seule coupable.

LE JUGE.
Je le sais, et je viens d'ordonner leur mise en liberté.

LOUISE, avec joie.
Ah! monsieur, que je vous remercie!..

LE JUGE.

Ainsi, vous avouez que c'est vous qui avez dérobé ce manteau, chez monsieur le directeur de la maison centrale ?

LOUISE.

Oui, monsieur, je l'avoue.

LE JUGE.

Je sais par quelles circonstances vous avez été amenée à cette faute! et si vos juges ne peuvent vous absoudre, ils trouveront du moins dans leur conscience des motifs d'indulgence et de pitié; mais, dites-moi... par quelle singularité avez-vous commis ce vol, au moment même où monsieur le directeur faisait de si actives démarches pour qu'on améliorât votre sort, et qu'on vous dispensât de la surveillance ?

LOUISE, étonnée.

Comment! monsieur le directeur s'occupait de moi ?..

LE JUGE.

Ne feignez pas de l'ignorer ; ce matin encore, il est venu présenter à ma signature un recours en grâce formé pour vous, et il plaidait votre cause avec une chaleur... un intérêt!..

LOUISE.

Un recours en grâce!.. pour moi!.. je ne le connais pas.

LE JUGE, à l'huissier.

Priez monsieur le directeur de se rendre ici... (A part.) Je vais voir si mes soupçons étaient fondés. (L'huissier sort.)

SCÈNE XV.

LES MÊMES, JULES.

JULES, entrant, à part.

Louise!..

LOUISE, à part.

O ciel! Jules de Brémont...

LE JUGE, remarquant leur trouble, à Jules.

Vous aviez raison, monsieur; cette femme mérite tout l'intérêt qu'elle vous avait inspiré.

LOUISE, à part.

Lui, lui, Brémont! et il s'intéressait à moi! et il voulait me sauver!..

LE JUGE.

Je connais ses malheurs; je connais l'origine de cette première faute, qui l'a vouée pour toujours à la misère et à la honte... A cet âge où une pauvre jeune fille est sans défense contre la séduction, elle écouta les promesses d'un homme qui devait l'abandonner et la trahir! et cet homme, ah! monsieur, vous devez vous indigner comme moi!.. il appartenait à cette noble profession qui fut la nôtre, à la profession d'avocat.

JULES, à part.

Elle lui a tout dit...

LE JUGE, à Jules.

Epoux d'une femme digne de tout votre amour... (Louise fait un mouvement.) père d'un enfant que vous chérissez, vous avez dû compatir aux souffrances d'une pauvre mère!.. Louise! pour vous, pour votre fils, il vous reste un devoir à remplir : vous avez ici deux protecteurs qui feront tout pour adoucir la sévérité de la loi; nommez-nous l'homme dont l'abandon vous a perdue ; nous parviendrons peut-être à le découvrir, à lui faire réparer ses torts, peut-être rendrons-nous un appui à votre misère, un père à votre enfant.

LOUISE, à part, en regardant Jules qui est pâle et dont les traits expriment la plus grande agitation.

Si je parle, il est perdu!..

JULES, se remettant et regardant le juge.

Nommez-le, Louise!.. Si cet homme, auteur de tous vos maux, est libre encore, il pourra vous donner la réparation que vous méritez; mais s'il n'est plus en son pouvoir de vous l'offrir, s'il est marié, nommez-le toujours! faites-le rougir aux yeux du monde d'avoir manqué à ses serments! S'il occupe une de ces positions, où l'on doit donner l'exemple aux autres, nommez-le encore! Vengez la société qu'il a outragée en vous! soyez sans pitié pour lui!.. Faites rejaillir sur sa tête l'opprobre dont il vous a couverte ! faites retomber sur lui ces années de prison que vous avez subies, cette surveillance qui vous flétrit, et le nouveau châtiment qui vous attend encore !..

AIR : Ma vie entière est une longue épreuve.

Ne craignez rien ! parlez, et qu'il expie
Vos jours par lui livrés à la douleur !
Il vous légua le malheur, l'infamie,
Quand son serment vous promit le bonheur !
Oui, devant tous montrez-lui sa victime !
Qu'il voie enfin, de remord pénétré,
Qu'un tort qu'on n'a pas réparé
Peut un jour devenir un crime !

LE JUGE, à part.

Que dois-je croire? (Haut.) Parlez, Louise, parlez !

LOUISE.

Le nommer !.. le nommer !..

LE JUGE.

Ne craignez rien !

LOUISE.

Il est mort !..

JULES, à part.

Elle me sauve !..

LE JUGE se levant.

Louise Duval, vos aveux ne me permettent pas d'écouter la pitié que votre infortune m'inspire : je ne puis vous remettre en liberté.

JULES.

Ah ! monsieur, suspendez encore votre décision ; songez qu'il y a récidive ! et qu'un vol de peu d'importance commis chez moi... peut la plonger dix ans dans les prisons !.. Souffrez que je l'interroge seul quelques instans : nous n'avons contre elle que ses aveux, dictés sans doute par le désespoir; peut-être va-t-elle les rétracter devant moi?..

LE JUGE.

Soit, monsieur, vous savez que vous me répondez d'elle.

JULES.

Je le sais, monsieur. (Le juge sort.)

SCENE XVI.
LOUISE, JULES.

JULES, bas et après avoir regardé si on les observe.

Louise, vous n'avez pas voulu attirer sur moi le deshonneur; vous avez eu pitié de l'homme qui fut sans pitié pour vous !.. Je ne profiterai pas de votre générosité... L'oubli d'un devoir en entraîne un autre... que ma destinée s'accomplisse !.. (Lui montrant la porte dérobée.) Cette porte ouvre sur un escalier secret; elle vous conduira dans une cour écartée d'où vous pourrez fuir... (Lui offrant une bourse.) Prenez... prenez cet or... N'hésitez pas, partez; peut-être on nous épie. En vous sauvant, Louise, je foule aux pieds mes devoirs; mais ce sacrifice est encore trop faible pour expier le mal que je vous ai fait !.. (Il ouvre la porte.) Partez, Louise, partez !..

LOUISE.

Fuir ! vous deshonorer ! jamais !..

SCÈNE XVII.
LES MÊMES, L'HUISSIER.

L'HUISSIER, à Louise.

Une lettre pour vous.

LOUISE, la décachetant.

D'Adélaïde !.. « Ma chère Louise, je t'annonce un grand malheur ! Ernest qui pleurait de ne pas te voir, s'est échappé pendant mon absence, sans doute pour te chercher... J'ai déjà couru toute la ville; le pauvre petit se sera perdu !.. » (Elle pousse un grand cri et se sauve par la porte que Jules vient d'ouvrir.)

SCÈNE XVIII.
LE JUGE, JULES, L'HUISSIER, Gardes.

LE JUGE, à Jules.

Monsieur, où est la prévenue?..

L'HUISSIER.

Sauvée, monsieur le juge, sauvée! (Il montre la porte ouverte.)

LE JUGE, à Jules.

Monsieur le directeur, vous aviez la clé de cette porte... vous êtes responsable de cette évasion!

JULES.

Faites votre devoir, monsieur!...

FIN DU TROISIÈME ACTE.

ACTE IV.

Le théâtre représente la salle du tribunal de Melun; au fond, l'estrade pour les juges; portes à droite et à gauche.

SCENE I.
L'HUISSIER, plaçant une sentinelle.

Placez-vous près de cette porte, et ne laissez entrer personne avant l'ouverture de l'audience... Nous avons aujourd'hui plusieurs causes... nous commençons par un marmot de sept ans, un petit mendiant arrêté dans la rue, un petit vagabond. Encore un pensionnaire pour notre dépôt... C'est dommage, car il est gentil... à coup sûr, celui-là ne battra pas la garde...

SCENE II.
L'HUISSIER, GUILLAUME, JULIEN, voulant entrer.

LA SENTINELLE, en dehors.

Je vous dis qu'on n'entre pas!

GUILLAUME, en dehors.

On n'entre pas! ça n'est pas une raison pour me déchirer mon gilet!

L'HUISSIER, s'avançant.

Qu'est-ce que c'est, voyons, que demandez-vous?

JULIEN, paraissant.

Nous demandons à voir M. de Brémont...

L'HUISSIER.

Laissez... laissez passer...

GUILLAUME.

Brutale de sentinelle! peut-on arranger un gilet de cette façon, et le gilet du père Biquot, encore...

JULIEN.

Monsieur, serait-il possible de parler à monsieur le directeur de la maison centrale? On nous a dit qu'il était ici.

L'HUISSIER.

Restez un moment; il va venir... Mais... il me semble que je vous ai déjà vus quelque part?..

JULIEN.

Oui, monsieur.

GUILLAUME.

Il y a cinq semaines, il n'y a pas d'affront...on nous a empoignés, ça peut arriver à tout le monde ; mais on nous a relâchés, ce qui n'arrive pas toujours ..Vous savez bien, le jour où je vous ai donné vingt francs?

L'HUISSIER.

Donné! donné! en échange d'une pièce d'or...

GUILLAUME.

Ça vous a peut-être fait cet effet là; mais le fait est que je vous ai donné vingt francs... (A part.) Chère colombe d'Adelaïde, ça me fait penser qu'elle n'est pas encore revenue de Louviers.

L'HUISSIER.

C'est justement pour votre affaire que monsieur le directeur a été suspendu un mois de ses fonctions, pour avoir laissé échapper, par imprudence, cette femme qui était avec vous...

JULIEN, à part.

Quel bon cœur que ce M. Brémont!..

L'HUISSIER.

Le voici.

SCENE III.
Les Mêmes, JULES.

JULIEN, bas à Guillaume.

Guillaume, va-t-en, j'aime mieux être seul avec lui...

GUILLAUME, à l'Huissier.

Il doit y avoir par là une buvette : venez donc m'aider à prendre une petite vinaigrette, une petite omelette, ou quelque chose... à la poulette.

L'HUISSIER, à Jules.

Monsieur, voici un homme qui demande à vous parler.

JULES.

C'est bien, laissez-nous.

(Guillaume et l'Huissier sortent.)

SCENE IV.
JULES, JULIEN.

JULES.

Que me voulez-vous ?

JULIEN.

Je vous demande pardon de vous déranger... mais je viens vous remercier de la part d'une personne qui vous doit beaucoup...

JULES.

Quelle est cette personne ?..

JULIEN.

Louise Duval...

JULES.

Louise Duval!.. que voulez-vous dire?

JULIEN.

Ah! monsieur, elle m'a tout dit...

JULES, troublé.

Et que vous a-t-elle dit?

JULIEN.

Elle m'a dit... mais, en me faisant jurer que jamais... je ne trahirais ce secret.

JULES, très troublé.

Eh bien ?..

JULIEN.

Qu'elle vous devait tout, que vous avez été pour elle un bienfaiteur, que, sans avoir aucun droit à votre intérêt, à votre pitié, elle a trouvé en vous un appui, un libérateur...

JULES.

Elle vous a trompé, monsieur; je n'ai rien fait pour elle!..

JULIEN.

Ah! monsieur, ne craignez pas que je le dise! ça restera là éternellement! mais je viens vous demander un nouveau bienfait... non pour elle, car elle est en sûreté, Dieu merci! Guillaume et moi, lui avons trouvé une retraite où elle n'a rien à craindre ; mais je viens pour son Ernest qu'on a arrêté; car, n'ayant pu trouver sa mère, il s'était perdu; il mendiait dans la campagne, le pauvre enfant! c'est lui qui va paraître devant le tribunal.

JULES.

Je le savais...

JULIEN.

Louise ignore ce nouveau malheur : si elle l'apprenait, il n'y a pas de danger qui pourrait la retenir, et, au risque de se faire reprendre, elle viendrait le chercher jusqu'ici! nous lui avons fait croire qu'il était retrouvé, que de bonnes gens s'en étaient chargés ; mais elle veut le voir, elle le demande... Ah! monsieur, dites que par votre crédit, vous le ferez remettre en liberté.

JULES à part.

Parler pour cet enfant!.. le puis-je, après ce qui s'est passé, quand chacune de mes paroles sera recueillie, interprétée,?..(Haut.) Je ne puis vous promettre ce que vous me demandez!.. Vous me paraissez un honnête homme, et je puis avoir confiance en vous... Je répondais de Louise Duval, quand elle s'est évadée : si maintenant je parlais pour son enfant, quel avantage ne donnerais-je pas à ceux qui m'ont accusé d'avoir favorisé cette évasion ?.. Quoiqu'il m'en coûte, je ne puis rien tenter pour lui... si personne ne vient aujourd'hui le réclamer...

JULIEN.

Et dire que cet enfant a un père qui le laisse comme ça!.. tandis que moi, car qu'est-ce que je lui suis moi ?.. je me jetterais au feu pour lui et pour sa mère... Mais, monsieur, est-ce que je ne pourrais pas le réclamer ?..

JULES, avec joie.

Si vous le pouvez ?.. ah! oui... sans doute... personne n'a le droit de s'y opposer! Mais... pardonnez-moi, vous êtes un ouvrier vivant honorablement de votre travail; vous avez peut-être des enfans, une famille... vous allez augmenter vos charges. Souffrez que je m'associe à cette bonne œuvre, et que je fasse à vos yeux ce que je ne puis faire publiquement : je me charge de l'entretien de cet enfant...

JULIEN, à part.

Ah! mon Dieu !..

JULES.

Aujourd'hui, il vous sera confié... Vous m'écrirez, vous m'instruirez de votre demeure, vous me le promettez, n'est-ce pas ?..

JULIEN, interdit.

Oui, monsieur...

JULES.

Je vous quitte... L'audience, je crois, va commencer... (A part.) Ah! j'y serai, j'y viendrai... (Haut.) Quant à Louise, je viens d'apprendre que la chambre des mises en accusations doit aujourd'hui même prononcer sur son sort... Adieu, monsieur, songez à votre promesse !.. (Il sort.)

SCENE V.
JULIEN, puis L'HUISSIER.

JULIEN, seul.

Je ne reviens pas de ma surprise! je savais bien que c'était un brave homme, mais à ce point-là !..

L'HUISSIER, à Julien.

Voici l'heure de l'audience!.. (A la sentinelle.) Laissez entrer tout le monde.
(Le peuple pénètre dans la salle.)

CHOEUR.

AIR :

A l'audience,
Qui commence,
Nous nous empressons de nous rendre !
Oui, nous venons sans plus attendre !
De ce pauvre enfant,
La jeunesse,
Nous intéresse ;
Et dans un instant,
Nous allons voir son jugement.

UN OUVRIER, à plusieurs de ses camarades.

Je suis tout de même curieux de voir ça... il paraît qu'il va y avoir du scandale.

JULIEN, s'approchant.

Du scandale? et lequel ?..

UNE FEMME DU PEUPLE.

Monsieur demande lequel ?.. un fameux qu'il y aura!.. J'ai su ça par la cuisinière du juge d'instruction... Il paraît que monsieur le directeur de la maison centrale va se trouver dans un fier embarras.

JULIEN.

Et pourquoi..?

L'OUVRIER.

Vous ne savez donc pas ce qu'on dit? il paraît qu'il est le père du petit vagabond qu'on va juger.

JULIEN, à part.

Ciel!..

LA FEMME.

Et si le petit marmot le nomme, ça sera risible... Il perdra sa place, rien que ça!.. avec ça que déjà il a bien manqué de la sauter.

(Ils vont se placer.)

JULIEN.

Il serait possible!.. ce serait lui!.. lui, son père!..

AIR : Elle a trahi ses sermens et sa foi.

Lui qui promit d'être un jour son époux,
Lui qui jadis eut toute sa tendresse!..
N'écoutons pas un sentiment jaloux!..
Mais... n'va-t-on pas me r'procher ma faiblesse?..
Eh! qu'nous import' les discours du prochain,
Quand not' conscienc' nous dit qu'nous faisons bien? (bis.)

Et puis d'ailleurs, pour Louise, en la sauvant,
Il sacrifiait sa place, son existence!..
Et tout-à-l'heure, il vient, pour cet enfant,
D' m'offrir ses soins, son or, son assistance!..
Point de regrets!.. n'hésite pas, Julien.
Quand ta conscienc' te dit que tu fais bien!

Et il perdrait sa place!.. non, non, ça ne sera pas... Mais, Guillaume, où est-il?.. pourvu qu'il ne soit pas retourné près de Louise commettre quelque indiscrétion!.. il faut que je le trouve... autrement je ne serais pas tranquille.(Il sort par la gauche; un nouveau groupe de spectateurs entre par la droite; du milieu des arrivans, on voit sortir une femme enveloppée d'une mantille : c'est Louise.)

SCÈNE VI.

LOUISE, s'avançant avec précaution. FOULE au fond du théâtre.

Julien et Guillaume m'ont trompée!.. ils ont voulu me cacher mon malheur! ils n'ont pas osé me dire que mon fils, mon pauvre Ernest, allait être amené ici... ici!.. je l'ai su, et me voilà... je veux le voir... Si on me reconnait, si on m'arrête encore... eh! bien, du moins, je l'aurai vu... (Voyant entrer Guillaume et Julien.) Julien, Guillaume!..ah! qu'ils ignorent que je suis ici...

(Elle se glisse dans la foule.)

SCÈNE VII.

LES MÊMES, GUILLAUME, JULIEN.

GUILLAUME.

Eh bien! quoi!.. quoi! je payais la carte.

JULIEN.

Je craignais que tu ne sois allé bavarder près de Louise.

GUILLAUME.

Laisse donc! elle ne se doute de rien, la pauvre femme!..d'ailleurs tu m'as trouvé à la buvette où je payais la carte, qui est très chère... quatre francs une vinaigrette!..

(Une sonnette se fait entendre.)

L'HUISSIER, annonçant.

Le tribunal!

CHŒUR.

AIR :

Silence!
Déjà l'audience
Commence!
Un si jeune enfant
Doit-il subir un jugement?

SCÈNE VIII.

Les Mêmes, LE PRÉSIDENT, LES JUGES, LOUISE, cachée dans la foule, **ERNEST, JULES DE BRÉMONT** parmi les spectateurs.

(On introduit Ernest qu'on place sur le banc des accusés ; mouvement dans l'auditoire à l'arrivée de l'enfant : tous les regards se portent sur M. de Brémont.)

PLUSIEURS FEMMES, montrant Ernest.

Est-il gentil?

L'OUVRIER, bas à Julien.

Dites donc... dites donc... v'là monsieur le directeur... il a osé venir. (Regardant l'enfant.) Pauvre petite créature!.. (A Julien.) Hein! comme il ressemble à son père!..

GUILLAUME.

Bonjour, Ernest!.. bonjour! une petite risette à Guillaume!..

L'HUISSIER, à Guillaume.

Silence! ou je vais vous faire sortir!..

GUILLAUME, à part.

Je te paierai encore à déjeuner, à toi!..

LE PRÉSIDENT, à l'enfant, avec douceur.

Votre nom?

ERNEST.

Je m'appelle Ernest.

LE PRÉSIDENT.

Votre âge?

ERNEST.

Sept ans.

LE PRÉSIDENT.

Le nom de votre mère?

ERNEST.

Louise Duval.

LE PRÉSIDENT, parcourant un dossier.

La mère de cet enfant est en fuite, et la chambre des mises en accusation doit en ce moment même statuer sur elle. (A Ernest.) Comment votre mère vous a-t-elle quitté?..

ERNEST.

Oh! monsieur, elle ne m'a pas quitté!.. des soldats l'ont emmenée, et ma pauvre maman m'a confié en pleurant à une de ses amies...

GUILLAUME, à part.

Noble Adélaïde!

LE PRÉSIDENT.

Où cette amie vous a-t-elle conduit?

ERNEST.

Chez une vieille dame, où on avait bien soin de moi...

LE PRÉSIDENT.

Pourquoi donc vous êtes-vous en-allé?

ERNEST.

Je voulais voir maman... Pendant qu'on ne me regardait pas, je suis parti pour la chercher... loin, bien loin... et puis j'ai eu faim... des hommes ont passé... je leur ai demandé du pain... ils m'ont arrêté.

VOIX, dans l'auditoire.

Ah! ah!.. pauvre enfant!..

LE PRÉSIDENT.

Vous portez au doigt un anneau d'or?..

ERNEST.

Oui, monsieur.... Maman m'a toujours dit qu'avec cette bague je devais retrouver mon père... (Chuchottemens dans l'auditoire.)

L'OUVRIER, bas à Julien.

Monsieur le directeur n'est pas à son aise... regardez-le donc...

LE PRÉSIDENT, à l'enfant.

Montrez-nous cette bague.

LOUISE, s'élançant de la foule.

Non! non!.. Ernest, ne la donne pas... (Mouvement général.

GUILLAUME et JULIEN, à part.

Grand Dieu! Louise ici!..

LE PRÉSIDENT.

Que veut cette femme?..

LOUISE.

C'est moi... moi... Louise Duval! moi, que vous avez déjà condamnée, moi, que vous voulez condamner encore! Ah! qu'importe ma liberté!.. je serais libre, sauvée, moi!.. Et mon pauvre enfant, mon pauvre Ernest!.. Ah! prenez-moi!.. mais qu'on me le rende!.. C'est mon seul bien!.. c'est mon seul espoir!.. Qu'on nous enferme ensemble... qu'on ne nous sépare pas!.. Le séparer de sa mère!.. mais il mourrait!.. Et moi, malheureuse, que ferais-je? que ferais-je sans lui?.. Ah! mon enfant, mon enfant!.. rendez-le moi!.. Grâce! grâce! pour tous deux!.. (Elle tombe à genoux..

LE PRÉSIDENT.

Louise Duval, vous venez sacrifier votre liberté pour votre enfant; c'est un dévouement dont peut-être on vous tiendra compte... Mais pourquoi vous opposiez-vous à ce que cet anneau fût mis sous nos yeux?

LOUISE.

C'est mon secret!

LE PRÉSIDENT.

Mais, dans l'intérêt de votre enfant, qui ne peut encore vous être rendu, nous devons chercher à connaître le nom de son père... (A l'huissier.) Passez-moi cette bague!

JULES, à part.

Ciel!

(L'huissier remet la bague au président qui l'examine. — Mouvement d'attention dans l'auditoire.)

LE PRÉSIDENT.

Je ne vois sur cet anneau aucune indication précise... deux initiales : un J, un B.

L'OUVRIER, bas à Julien.

Jules de Brémont... c'est ça!

JULIEN.

Vous croyez? (S'avançant à la barre.) Julien Brichard, c'est moi!

(Mouvement prolongé dans l'auditoire et au tribunal.)

JULES, avec joie, à part.

Que dit-il?

JULIEN, à Ernest, qu'il prend dans ses bras.

Viens, mon enfant!.. (Aux juges.) Oui, messieurs, je répare mes torts... Louise sera ma femme...

JULES, bas à Julien.

Vous m'avez sauvé l'honneur... ma vie est à vous!

JULIEN, bas à Jules.

Vous aviez sauvé Louise!.. vous ne me devez rien.

(Un garde passe derrière le fauteuil du président, et lui remet un papier.)

LE PRÉSIDENT, après avoir lu.

Louise Duval... j'avais raison d'espérer dans l'indulgence de vos juges... celle qui sait si bien aimer son enfant méritait de n'en être pas séparée... La chambre des mises en accusation vous a renvoyée de la plainte.

LOUISE.

Je suis libre!.. oh! mon enfant!..

JULIEN.

Louise, nous ne nous quitterons plus!..

GUILLAUME.

Les v'là donc heureux! et moi, si je pouvais épouser ma noble Adélaïde!

(Le président agite la sonnette.)

L'HUISSIER.

Deuxième affaire : vol avec escalade, la nommée Adélaïde Ducornet.

(Adélaïde entre, précédée d'un garde, et se met à la place où était l'enfant.)

ADÉLAÏDE, saluant.

Voilà, voilà!..

GUILLAUME, l'apercevant.

Adélaïde!.. Je suis volé!..

FIN.

POUR MA MÈRE!

DRAME-VAUDEVILLE EN UN ACTE.

PAR MM. COGNIARD FRÈRES ET TH. MURET.

REPRÉSENTÉ POUR LA PREMIÈRE FOIS, A PARIS, SUR LE THÉATRE DES FOLIES-DRAMATIQUES, LE 15 MARS 1837.

Je lui ai dit combien je t'aim... je vous aimais. (SCÈNE IV.)

PARIS,
NOBIS, ÉDITEUR, RUE DU CAIRE, N° 5.

—

1837.

Personnages. | *Acteurs.*

CYPRIEN LEBLANC, jeune soldat.   MM. J. JUTEAU.
BONAVENTURE, paysan.   BLUM.
FARGEAU, ancien militaire.   PATONELLE.
LA MÈRE LEBLANC, mère de Cyprien   Mmes DELILLE.
CLAIRE, filleule de la mère Leblanc, et nièce de Fargeau   A. AMANT.
PAYSANS et PAYSANNES.

La scène se passe dans un village, chez la mère Leblanc.

Imp. J.-B. MEVREL, pass. du Caire, 54.

POUR MA MÈRE!

DRAME-VAUDEVILLE EN UN ACTE.

Le théâtre représente un intérieur de chaumière, ouvrant sur le fond.

SCÈNE I.
BONAVENTURE, seul.
(Il entr'ouvre la porte du fond et regarde à droite et à gauche avant d'entrer.)

Personne!.. entrons! Je viens de chez mamselle Claire où c'qu'on m'a répondu qu'elle n'était point cheux elle. Pour lors, voilà le raisonnement que je me suis fait dans mon intelligence : Puisque mamselle Claire n'est point cheux elle, c'est qu'elle est sortie; puisqu'elle est sortie, c'est qu'elle est autre part... et cet' autre part... je gagerais quinze sous que c'est ici, chez sa marraine, la mère Leblanc... femme d'âge fort ennuyeuse, malgré ses cheveux gris, et ses vieilles douleurs; et je sais bien ce qui attire Claire chez sa marraine. Il y a trois mois, quand Cyprien, l'fils à la mère Leblanc, est parti pour l'armée, ayant eu le bonheur de tirer le numéro deux, je m'étais dit : « Bonaventure, mon garçon, ça ira bien pour toi, v'la ton rival qui défile... Depuis un an que tu fais la cour à Claire, t'as pas encore pu obtenir de c'te jeunesse une tendre réciprocité!.. mais, dès qu'il n'y aura plus que toi auprès d'elle, t'aura tout l'avantage de la comparaison... » Et, de fait, il était bon mon raisonnement... ça allait déjà pas mal bien... mamselle Claire prêtait l'oreille à mes soupirs, et s'émouvait de mes œillades assassines. Il est vrai de dire que je l'éreintais d'œuillades... enfin, c'était en bon chemin... quand, il y aura après demain huit jours, v'la le jeune guerrier qui s'en a revenu, tout exprès pour culbuter mes projets d'amour; et voilà que Claire ne me regarde plus que comme un colimaçon. Aussi, il faut que je la voie, qu'elle s'explique à mon égard, et que je sache sur quoi danser.... Ah! la voici.... Elle est encore plus fraîche qu'hier... la perfide embellit à vue...
(Il se retire au fond.)

SCÈNE II.
CLAIRE, BONAVENTURE.

CLAIRE, sans voir Bonaventure.
Là!.. le fauteuil de la mère Leblanc... (Elle roule le fauteuil.) Maintenant... cet escabeau pour poser ses pieds...

BONAVENTURE, à part.
Et dire qu'on ne peut pas se passer de ces créatures-là... enfin... (Il tousse) Hum!.. hum!

CLAIRE.
Ah! c'est vous, monsieur Bonaventure?

BONAVENTURE.
Oui, mamselle... oui, c'est lui... Bonaventure Bloquet.... que l'amour a éveillé dès avant tous les coqs de sa basse-cour.

CLAIRE.
Pardon, M. Bonaventure... il faut que j'aille voir si la mère Leblanc...
(Elle se dispose à sortir.)

BONAVENTURE, l'arrêtant.
Un instant, s'il vous plaît... O Claire... ne me fuyez pas... Depuis quelque temps, ô Claire, vous me traitez bien fadement, vous me dépitez par votre insouciance... ô Claire, vous me dépitez.

CLAIRE.
Je ne vous comprends pas, M. Bonaventure, je suis toujours la même avec vous.

BONAVENTURE.
La même? Oh! que non!.. car avant le retour de quelqu'un, dont je tairai le nom, de M. Cyprien... vous ne regardiez pas en l'air quand je passais, vous n'étiez pas sourde et muette, comme à c't'heure... enfin, depuis une huitaine, vous êtes changée des pieds à la tête.

CLAIRE.

Mais après tout, qu'est-ce que ça signifie, monsieur? où voulez-vous en venir?

BONAVENTURE.

Je veux en venir que depuis que ce quelqu'un, que je ne nommerai pas, M. Cyprien, est de retour dans le pays... je me dessèche, j'oublie de manger, je me ruine l'estomac... je veux en venir, ô Claire, que je me ronge les flancs de jalousie.

CLAIRE.

De jalousie !

BONAVENTURE.

Oui, oui, car je suis jaloux comme les plus grands jaloux qu'on vous a racontés dans les histoires... et ce qui me rend comme ça, c'est votre Cyprien... le mot est lâché, tant pis, je nomme les masques ! Et c'est à cause de lui, et pas à cause de la maladie de votre marraine, que vous ne bougez plus d'ici. Il avait ben besoin de revenir de son régiment, celui-là et ça... justement quand ses camarades vont se mettre en campagne! Le moment est drôlement choisi tout de même ! Dieu de Dieu! si j'étais soldat, est-ce que je voudrais jamais quitter mon drapeau, mon vieux drapeau?.. mais, avec lui, ça ne fait pas un pli.... il plante là son étendard, au lieu d'aller cueillir de la gloire, il reste ici à cueillir des fraises... et ça se dit Français!.. Allons donc, c'est de la poltronnerie.

CLAIRE.

Pouvez-vous bien l'accuser de manquer de courage !... n'a-t-il pas donné assez de preuves du contraire? Toutes les fois qu'il y a eu dans le pays une inondation, un incendie, ne l'a-t-on pas toujours vu le premier au lieu du danger?

BONAVENTURE.

Eh bien ! et moi donc? est-ce que je n'ai pas fait mes preuves aussi?.. quand la grange à Pierre Coliquet a brûlé... il y aura de ça un an aux châtaignes... Qui est-ce qui a couru le premier à la ville, pour ramener les pompiers ?.. C'est moi, Bonaventure !

CLAIRE.

C'est vilain à vous de dire du mal de Cyprien... sa présence ici prouve la bonté de son cœur, et pas autre chose. A peine était-il parti pour l'armée, qu'il apprend que sa pauvre mère est tombée malade... Cyprien était son seul soutien depuis son veuvage, car son fils aîné, qui a profité de l'exemption de la loi, est bien loin d'ici, et incapable de soigner sa mère... Cyprien, la sachant en danger n'a pas pu y tenir... il a cherché et trouvé des protecteurs qui lui ont fait obtenir son congé... il est accouru, et sa présence a plus profité à la mère Leblanc que toutes les ordonnances de médecin.

BONAVENTURE.

C'est possible; mais ça ne m'a pas profité, à moi, car vous l'aimez, ce Cyprien, vous l'aimez, ne me démentez pas!

CLAIRE.

Mais, monsieur, je n'ai nullement envie de vous démentir.

BONAVENTURE.

Oh! elle l'avoue! Mais réfléchissez donc aux suites de cet amour.... O Claire!.. Il ne possède rien, vot' Cyprien... rien de rien... il n'a ni sou ni maille... c'est un vrai rat d'église... Au lieu que moi, j'ai du foin dans mes guêtres, et de plus, je possède un moulin... Ah! mais... non pas un roquet de moulin à vent... un de ces misérables moulins qui se croisent les bras drès qu'il ne fait point d'air... mais ben, un bon gros moulin à eau, garni de tous ses accessoires... sur une rivière où il y a de l'eau dans toutes les saisons!.. et de la bonne eau... qui fait de la bonne farine... que je mets dans de bons sacs, et qui me procure de bons écus.

Air : Au moulin de ma tante. (RONDE D'A. J. BEAUPLAN.)

Consentez, ah! ma chère,
A devenir ma meunière,
Et passons tous nos jours
Dans ce moulin des amours.

On y rit, on y joue,
Tous les jours de l'almanach ;

POUR MA MÈRE !

Au doux bruit de la roue,
Le cœur fait tic, toc, tic, tac,
Tic, toc, tic, tac,
Tic, toc, tic, tac,

Consentez, ah ! ma chère, etc.

Je suis d'humeur badine,
Je n' vous dirai qu' des douceurs,
Au milieu d' ma farine,
Je n' vous f'rai jamais d' noirceurs !
Tic, toc, etc.

Consentez, etc.

Les meûniers infidèles
Sont ceux des moulins à vent,
Mon moulin n'a point d'ailes,
Et j' suis son portrait vivant.
Tic, tac, etc.

Consentez, etc.

CLAIRE.
Malgré tout ce que vous dites, votre moulin ne me séduit pas.
BONAVENTURE.
Bon... bon... mais votre oncle Fargeau... le père Fargeau, qui est un ancien militaire, et qui a servi, sentira mieux que vous tous mes avantages de propriétaire... toutes mes qualités intrinsèches... et il vous fera entendre raison... depuis dix jours il est à la foire, à vendre ses bêtes à cornes, mais drès qu'il sera de retour, je lui parlerai.
CLAIRE.
Mon oncle Fargeau ne disposera jamais de ma main sans mon consentement.

BONAVENTURE.
Oh !.. faudra voir !.. c'est un brave homme, qui saura apprécier mes vertus... et mon moulin à eau... (à part) Je ne suis pas méchant, mais si je pouvais jouer un tour à Cyprien... ça ne serait pas d'refus... Oh ! le v'là !..

SCENE III.
CLAIRE, LA MÈRE LEBLANC, CYPRIEN, BONAVENTURE.
(Cyprien est en tenue d'infanterie ; il entre en soutenant la mère Leblanc.)

Air : Quand on est fille. (CHEVAL DE BRONZE.)

CYPRIEN.
Ma bonne mère
Appuyez-vous bien sur moi.
LA MÈRE LEBLANC.
Bientôt, j'espère,
N'avoir plus besoin de toi.
CYPRIEN, la faisant asseoir.
Ah ! pour nous quel heureux jour
Puisqu'enfin dans ce séjour
Revient avec la gaîté
La santé !
LA MÈRE LEBLANC.
Plus de souffrance, de tourment,
Que puis-je craindre à présent.
Je suis près de mon enfant !
CYPRIEN, montrant Claire.
Ma mère, de votre amitié
Elle mérite la moitié,
Pour vous soigner nous étions deux !
BONAVENTURE.
S' font-ils des yeux amoureux ! (bis)

REPRISE DE L'ENSEMBLE.

LA MÈRE LEBLANC.	CLAIRE.
Heureuse mère!	Pour une mère
J'ai mon enfant pour soutien,	Un fils est un bon soutien :
Bientôt, j'espère,	Bientôt, j'espère,
Je serai tout-à-fait bien!	Vous serez tout-à-fait bien!

CYPRIEN.
Ma bonne mère
Je serai votre soutien,
Bientôt, j'espère ;
Vous serez tout-à-fait bien!

LA MÈRE LEBLANC.
Mon bon Cyprien !.. ma bonne Claire!..

BONAVENTURE.
Bonjour mère Leblanc...ça va donc mieux, mère Leblanc... Tant mieux... tant mieux, mère Leblanc.

LA MÈRE LEBLANC.
Mais oui, mon garçon, je me sens bien portante à c't' heure... il n'y a que les forces qui ne reviennent pas vite...

CLAIRE.
C'est tout simple!.. voilà la première fois que vous sortez de votre chambre.

BONAVENTURE.
Et vous, M. Cyprien?.. ça va bien aussi... tant mieux encore.. Dites donc, M. Cyprien, est-ce que vous n'allez pas bientôt retourner à votre régiment?

CYPRIEN, troublé.
Au régiment?.. retourner au régiment...

BONAVENTURE.
Mais oui... je me disais à ce matin... le temps est beau... très-beau... c'est un fameux temps pour retourner au régiment... la route est magnifique... vous feriez de bien belles étapes au moins... ah! les belles étapes que vous feriez!..

LA MÈRE LEBLANC.
Partir!.. toi, Cyprien?.. me quitter encore!.. non, grâce à Dieu... n'est-ce pas, mon ami?..

CYPRIEN, vivement.
Oh! non... non... rassurez-vous, ma mère...

LA MÈRE LEBLANC.
A la bonne heure... car, vois-tu, s'il fallait te voir partir une seconde fois, je crois que j'en mourrais... c'est ta seule présence qui m'a rendue à la santé, à la vie... et encore, à présent, mon pauvre cœur se brise quand je me rappelle le jour de ton départ...

CLAIRE.
Mais puisqu'il a son congé, ma marraine, vous n'avez rien à redouter...

BONAVENTURE.
Eh ben! oui; mais son congé, c'est pas pour toujours... faut pas croire qu'on donne comme ça des congés définitifs.

CYPRIEN, vivement.
Et qui t'a dit que le mien n'était pas définitif?

BONAVENTURE.
Ah! s'il en est ainsi... c'est différent!.. (A part.) C'est bien impolitique de la part du gouvernement de donner des congés aussi facilement... ah! le gouvernement est bien blâmable!

LA MÈRE LEBLANC.
Tu ne m'as pas dit, mon bon Cyprien, comment tu avais fait pour obtenir une faveur aussi grande.

CYPRIEN, un peu embarrassé.
J'ai fait valoir des motifs... ma mère... votre maladie, d'abord... et puis... des amis, des protecteurs... que j'ai trouvés...

LA MÈRE LEBLANC.
Quels qu'ils soient... oh! je les bénirai toujours!

CLAIRE.
Et moi aussi!..

CYPRIEN.
Ma bonne Claire !

BONAVENTURE, à part.
Que le bon Dieu les bénisse ses protecteurs... mais faut pas avoir l'air... (Haut.) Ma foi, je suis extrêmement satisfait de vous revoir au sein de votre chaumière, et de votre foyer domestique, M. Cyprien...

CYPRIEN.
En vérité ?.. eh bien ! je ne l'aurais pas cru.

BONAVENTURE.
Je dis vrai... avec ça que là-bas on va se remuer... il y aura des coups de sabre à recevoir... vous êtes ben plus en sûreté ici... c'est prudent d'être revenu... vous êtes prudent !.. (A part.) C'est amer, ce que je lui dis là, c'est très amer... je joins la gouaille à l'ironique.

CLAIRE.
Ah ! oui... il est bien mieux ici... (Bas à Cyprien.) Auprès de ceux qui l'aiment et qui souffriraient loin de lui.

CYPRIEN.
Oui... oui... toujours auprès de vous, Claire... et auprès de ma mère... toujours !

BONAVENTURE, à part.
Je dois être jaune... de mauvaise humeur... je fais un sang d'encre ici... j'aime mieux m'en aller... (Haut.) Dites donc, je m'en vas...

CYPRIEN.
Bonjour...

BONAVENTURE.
Je vas donner un coup d'œil à mon beau moulin à eau... car j'ai un moulin, moi, M. Cyprien... à eau...

CYPRIEN.
Qu'est-ce que ça me fait !

BONAVENTURE.
Ah ! ça peut faire beaucoup quand on veut se marier... par exemple... ça peut influencer les parens... les papas... et les oncles... les oncles, surtout, ça fait attention à ça... (A part.) Allons guetter l'arrivée du père Fargeau... je suis un très beau parti... si le père Fargeau dit à sa nièce de m'épouser... elle obéira... voilà mon raisonnement... (Haut.) Au revoir, tout le monde... je retourne à mon beau moulin.

Air du Serment.

Au revoir, bonjour,
A mon beau moulin, je retourne,
L'amour y séjourne,
Et je vais retrouver l'amour.

ENSEMBLE.
{
Au revoir bonjour, etc.
LES AUTRES.
Au revoir bonjour,
A son beau moulin, il retourne,
L'amour y séjourne,
Il s'en va retrouver l'amour.
}

SCÈNE IV.
LA MÈRE LEBLANC, CYPRIEN, CLAIRE.

CLAIRE.
Ce pauvre Bonaventure !.. est-il fier de son moulin !

CYPRIEN.
Il n'est pas de mes amis... je le vois bien... heureusement qu'il n'est pas dangereux...

LA MÈRE LEBLANC.
Ouvre-moi la fenêtre, mon garçon... ce beau soleil fait plaisir à voir... toi et lui vous êtes mes deux meilleurs médecins.

CYPRIEN, allant ouvrir la fenêtre.
Voilà, ma bonne mère...

LA MÈRE LEBLANC.
Demain, je veux sortir appuyée sur ton bras.

CLAIRE.
Et sur le mien aussi, ma marraine?..
LA MÈRE LEBLANC.
Oui, ma petite... vois-tu, mon garçon, après ton départ, il m'a semblé que ma vie était partie avec toi; et cette bonne Claire faisait tout ce qu'elle pouvait pour te remplacer... elle était là, comme ma fille, et quand je pleurais, en pensant que je ne te reverrais plus peut-être, elle pleurait avec moi...
CYPRIEN.
Elle pleurait!..
LA MÈRE LEBLANC.
Oui, car elle t'aime comme un frère.
CYPRIEN, à demi-voix à Claire.
Seulement comme un frère?
CLAIRE.
Ce n'est donc pas assez?..
LA MÈRE LEBLANC.
Eh! eh! les jeunes gens sont si difficiles à contenter.
CYPRIEN, prenant la main de Claire.
Claire! si tu savais combien j'ai pensé à toi!..
CLAIRE.
Votre mère nous voit, prenez garde.
LA MÈRE LEBLANC, qui prêtait l'oreille, à part.
Ces pauvres enfans! ils n'osent pas s'aimer devant moi... il faut les laisser seuls... (Haut.) Je crois que je vais dormir un peu... mes yeux se ferment malgré moi.
CYPRIEN.
Oui... oui... reposez, ma mère.... ça vous fera du bien.
CLAIRE.
Attendez, ma marraine que j'arrange votre oreiller, afin que vous soyez mieux.

Air de la Grand'-Mère. (de Mlle Puget)

CLAIRE et CYPRIEN.
Chut! pas de bruit... il faut nous taire,
Dormez, dormez, ma bonne mère;
Oui, tâchez de sommeiller,
Nous allons vous veiller.
LA MÈRE LEBLANC.
C'est un besoin de la vieillesse...
Oui, mes enfans, parlez tout bas;
(A part) Ils vont causer de leur tendresse,
En croyant que je n'entends pas.
CLAIRE.
Laissons-la, car déjà, je pense,
Elle dort, dans son grand fauteuil,
(Ecoutant.) Ell' se tait...
LA MÈRE LEBLANC.
Oui, je fais silence;
Mais je vois tout du coin de l'œil.
CLAIRE et CYPRIEN.
Chut! pas de bruit... il faut nous taire, etc.

CYPRIEN.
Ma bonne Claire, que je suis donc heureux ainsi!.. auprès de ma mère... auprès de toi...
CLAIRE.
Heureux, dites-vous... pourquoi donc alors cette tristesse qui vous prend si souvent?.. pourquoi avez-vous sans cesse l'air préoccupé... tenez, comme à présent... dans ce moment même?..
CYPRIEN.
Moi? tu te trompes, Claire... je ne pense qu'à la joie d'être ici... au bonheur d'être auprès de vous... (A part.) Ah! qu'elle ne se doute pas...
CLAIRE.
Cyprien... je suis sûre que vous me cachez quelque chose.

CYPRIEN, à part.

Que lui dire?.. (Comme frappé d'une idée.—Haut.) Eh bien! oui, Claire... c'est vrai... je me tourmente... Mais n'est-ce pas naturel?.. ce Bonaventure qui vous aime, il est riche, et moi, je n'ai rien.

CLAIRE.

Comment, c'est pour cela!.. Ah! fi! monsieur, douter de moi... c'est indigne!..

CYPRIEN.

De toi?.. oh! non, Claire... je n'en doute pas... mais ton oncle Fargeau... il sait compter, lui.

CLAIRE.

Ah! c'est à cause de mon oncle Fargeau, à présent?.. voilà comme vous méconnaissez vos amis! mon oncle, qui vous veut tant de bien! lui, qui sera si joyeux de votre retour!.. Mais, tenez, c'est plus fort que moi... il m'avait confié un secret que j'avais promis de bien garder, mais, ma foi, ça m'étouffe, et je veux vous le dire... Apprenez donc que l'argent qu'il doit retirer des bestiaux qu'il est allé vendre, était destiné à vous acheter un remplaçant, et à vous dégager du service!..

CYPRIEN.

Que dis-tu?.. quoi! ton oncle aurait eu cette idée?..

CLAIRE.

Oui, je lui ai dit combien je t'aime... combien je vous aimais... monsieur... et pour assurer notre bonheur à tous, il voulait faire un petit sacrifice.

CYPRIEN, à part.

J'aurais été remplacé... j'aurais été libre!..

CLAIRE.

Maintenant que vous avez obtenu votre congé... il n'y en a plus besoin... mais c'est égal... l'intention y était...

CYPRIEN, accablé.

Mon congé!.. oui... sans doute... ce bon Fargeau... (A part.) Ah! malheureux!.. qu'ai-je fait?..

CLAIRE.

Qu'avez-vous donc, Cyprien?.. voilà votre air qui vous reprend, tenez...

FARGEAU, dans la coulisse.

Bonjour, bonjour, les autres!..

CLAIRE.

C'est la voix de mon oncle... il est de retour... (Eveillant la mère Leblanc.) Ma marraine... ma marraine!..

LA MÈRE LEBLANC.

Qu'est-ce que c'est?.. qu'y a-t-il?

CLAIRE.

Eveillez-vous; voilà mon oncle.

SCENE V.

CLAIRE, LA MÈRE LEBLANC, FARGEAU, BONAVENTURE, CYPRIEN.

Air : Délices de l'Italie.

TOUS EN CHOEUR.

Près de ses amis,
En r'venant d'un voyage,
C'est doux au logis,
De se voir réunis.
Lorsque tour à tour
On vous fait bon visage,
Oui, c'est un beau jour
Que celui du retour.

FARGEAU.

Bonjour, bonne mère... j'ai appris que ça allait mieux... très bien!.. Bonjour, Cyprien!.. bonjour, garçon... touche là!.. que le diable m'emporte si en partant, je m'attendais à te trouver à mon retour... mais te v'là... et je ne m'étonne plus si la mère Leblanc est si gaillarde!.. sapresti! nous fêterons ton arrivée!..

CYPRIEN.

Que vous êtes bon, M. Fargeau !

BONAVENTURE, qui a suivi Fargeau pas à pas.

J'aurais à vous parler pour quelque chose de très grave...

FARGEAU.

Bon... plus tard... laisse-moi le temps d'arriver.

LA MÈRE LEBLANC.

Ce cher voisin !.. et votre voyage ?..

FARGEAU.

Oh ! il s'est parfaitement passé ! j'ai vendu mes vaches un très bon prix... plus cher que je n'espérais... C'est étonnant comme les bêtes sont recherchées, à présent...

BONAVENTURE.

J'aurais à vous parler... pour...

FARGEAU, sans le voir.

Aussi, j'ai rapporté une ceinture de cuir bien garnie... et que je compte utiliser en temps et lieu...

CYPRIEN.

M. Fargeau... Claire m'a tout dit, et je sais ce que vous vouliez faire de cet argent !..

FARGEAU.

Tu le sais !.. oh ! les femmes ! ça passerait par le feu, plutôt que de retenir leur langue !.. Eh bien ! mon garçon... c'est vrai... en voyant ta pauvre mère si triste, si malheureuse de ton absence... j'avais résolu de te racheter.

BONAVENTURE, à part.

Quelle idée saugrenue !

CYPRIEN.

Ah ! je n'oublierai jamais cet acte de générosité, M. Fargeau !

FARGEAU.

Et pourtant, c'est dommage... car l'uniforme te va ! oui, oui... j'étais comme ça, moi... à ton âge... bien ficelé... le bonnet de police sur l'oreille... Ah ! t'aurais fait un troupier fini !

LA MÈRE LEBLANC.

Moi, je l'aime mieux avec ses habits d'autrefois.

CLAIRE.

Moi aussi !

BONAVENTURE, à part.

Elle a dit : moi aussi ! comme c'est fade ! (Haut à Fargeau.) J'aurais à vous parler pour quelque chose de très grave...

FARGEAU, sans l'écouter.

Ah dam ! je conçois tout ça... et si l'armée y perd un bon soldat, nous y gagnerons tous un brave garçon... Mais sais-tu bien que je ne comprends pas comment tu as fait pour obtenir aussi facilement ta réforme... de mon temps, ça ne se serait pas arrangé comme ça...

CYPRIEN, embarrassé.

J'ai eu de la chance, c'est vrai !

FARGEAU.

Enfin, tu es en règle, n'est-ce pas ?.. suffit ! tu me détailleras ça plus tard. Pour l'instant, occupons-nous d'autre chose; de la gaîté, de la joie, morbleu !..J'ai certains projets... Mais, d'abord, vous, mère Leblanc, allez faire un petit bout de toilette... Toi, Cyprien, un coup de brosse... les moustaches cirées, tenue soignée... comme pour une revue du général Bonaparte...

CLAIRE.

Mais, mon oncle...

LA MÈRE LEBLANC.

De quoi s'agit-il donc ?

FARGEAU.

Pas de questions... silence dans les rangs ; il va y avoir du nouveau... je ne vous dis que ça... dans un moment vous saurez tout... allez, allez... va donc, Cyprien !..

CYPRIEN, à part.

Je tremble de deviner..

POUR MA MÈRE !

TOUS EN CHOEUR.
Air : Délices de l'Italie.

Allons, dépêchons,
Vite, que l'on s'apprête,
Allons, dépêchons,
Ici nous reviendrons.
Allons aussitôt
Faire un peu de toilette,
Nous pourrons bientôt
Apprendre le fin mot !

(La mère Leblanc et Claire sortent par la droite; Cyprien par la gauche.)

SCÈNE VI.
BONAVENTURE, FARGEAU.

BONAVENTURE.
J'aurais à vous parler, M. Fargeau... il s'agit de quelque chose de très grave.

FARGEAU.
Allons, parle donc, animal, puisque tu y tiens tant.

BONAVENTURE.
Comment si j'y tiens !.. j'y tiens comme un mulet; d'abord, l'affaire est fort grave... fort grave...

FARGEAU.
Te dépêcheras-tu... imbécile... je t'écoute...

BONAVENTURE.
Trop aimable, père Fargeau... voilà... Or donc, vous savez qu'au bout de votre pré... tout contre la route de Fribourg... et dans une position superbe... je possède le plus beau moulin à eau qu'on puisse avoir... duquel même que vous avez eu très envie... si bien que vous avez voulu l'acheter... ah !..

FARGEAU.
Où veux-tu en venir ?.. Tu sais bien que nous n'avons pas pu nous arranger... tu me l'a fait le double de ce qu'il vaut ton moulin.

BONAVENTURE.
Oh ! oh ! le double !.. c'est que vous n'avez pas calculé tous les charmes de sa structure coquette et de son rapport... un amour de moulin comme ça, qui a une roue !.. quelle fameuse roue il vous a, le scélérat !

FARGEAU.
Tu as donc encore envie de le vendre?

BONAVENTURE.
Moi ? pas du tout.

FARGEAU.
Eh bien ! alors, qu'est-ce que tu viens me chanter ?

BONAVENTURE.
Père Fargeau, je ne chante pas... (A part.) Allons, il s'agit de lui porter un grand coup... portons-lui un coup énorme !.. (Haut.) Père Fargeau ! j'ai envie de me marier... de me fourrer dans les liens conjugaux, afin de devenir père de quelques enfans... voilà pourquoi je vous entretiens de mon moulin à eau.

FARGEAU.
Ah ça ! est-ce que tu te moques de moi?

BONAVENTURE.
Point, point, point... Père Fargeau... car l'objet de mon ardeur... n'est autre que votre nièce, Claire, pour laquelle je brûle d'une manière ridicule... Donc, comme vous êtes son tuteur, père Fargeau, et que vous lui servez de famille... ordonnez-lui de s'accoupler avec moi; et si j'obtiens de vous cette jeunesse, je vous offre, comme pot-de-vin, mon moulin à eau !.. ça va-t-il ?

FARGEAU.
Comment, c'est là que t'en voulais venir ?

BONAVENTURE, avec importance.
Il n'est plus temps de feindre... c'est là que j'en voulais venir !..

FARGEAU.
Je suis fâché, mon garçon, mais c'est encore un marché pour lequel

nous ne pourrons nous entendre... ma nièce Claire n'est pas pour toi ; je lui ai choisi un mari.

BONAVENTURE.

Eh bien ! déchoisissez-le... et rechoisissez-moi...

FARGEAU.

C'est impossible.

BONAVENTURE.

Ça serait impossible ! allons donc... père Fargeau, vous n'êtes pas de sang-froid... vous allez me faire croire que vous avez bu...

FARGEAU.

Eh bien ? dis donc...

BONAVENTURE.

Refuser un parti et un moulin... comme moi ! Mais quel est celui que vous me préférez... c'est donc un prince étranger... ou un homme de loi ? père Fargeau, nommez-le-moi, celui que vous me préférez !

FARGEAU.

Tu vas le voir tout-à-l'heure, mon garçon.

BONAVENTURE.

Ça m'obligera beaucoup de le voir...

SCÈNE VII.

BONAVENTURE, FARGEAU, LA MÈRE LEBLANC, CLAIRE, puis CYPRIEN.

LA MÈRE LEBLANC.

Nous voilà, voisin... et en toilette, comme vous l'avez désiré.

FARGEAU.

Très bien, mère Leblanc... une tenue de dimanche, ça vous rajeunit tout de suite une femme...

CLAIRE.

A présent, mon oncle... vous nous direz...

FARGEAU.

Patience... eh bien ! et Cyprien ?..

CYPRIEN, se plaçant entre Bonaventure et Fargeau.

Présent, mon cher monsieur Fargeau.

BONAVENTURE, à part.

Est-ce que le prince étranger ne serait autre que Cyprien... Ah ! voilà qui me ferait bisquer à en avaler ma langue ! (On entend une ritournelle.)

FARGEAU.

Ah ! enfin... j'entends les amis que j'avais prévenus ; tout le monde est exact, c'est très bien !

SCENE VIII.

LES MÊMES, PARENS et AMIS, en habits de fête.

CHOEUR.

Air : Mire dans mes yeux tes yeux. (Mlle PUGET.)

Venons gaîment mes amis,
C'est pour une fête ;
Nous voilà tous réunis,
Chantons mes amis !
A rire ici qu'on s'apprête,
Rions, chantons, mes amis !

FARGEAU, à ses parens.

Oui le bonheur vous rassemble
Ici, selon mes souhaits.

BONAVENTURE, regardant Claire
Quand je la perds il me semble
Qu'elle a trent' fois plus d'attraits !..

REPRISE DU CHOEUR.

Venons gaîment mes amis, etc.

FARGEAU.

Mes bons amis, je vous ai tous invités à vous rendre chez la bonne mère Leblanc, et cela sans vous laisser deviner le motif de cette invitation... à présent, je dois vous l'apprendre ; vous saurez donc, qu'il s'agit de célébrer les accordailles de ma nièce Claire, avec Cyprien Leblanc, ici présent...

LA MÈRE LEBLANC, avec joie.

Comment, voisin !..

CLAIRE.

Mon bon oncle !..

CYPRIEN.

Mon cher Fargeau !.. (A part.) Oh ! je ne dois plus hésiter...

BONAVENTURE, à part.

Je rage comme un dindon !

FARGEAU.

Oui, mes amis, il y a long-temps que je vous préparais cette surprise ; et maintenant que Cyprien est libre... ce mariage...

CYPRIEN, vivement.

Ce mariage... M. Fargeau... il ne peut avoir lieu... il est impossible !

TOUS.

Impossible !

LA MÈRE LEBLANC.

Cyprien !.. mon fils !.. as-tu perdu la tête ?

FARGEAU.

Impossible ! ah ! corbleu !.. qu'est-ce que cela veut dire ?

CLAIRE, pleurant.

Refuser ma main... lui !

BONAVENTURE, à part.

Bravo ! voilà que je surnage et que l'eau s'en revient au moulin !

CYPRIEN.

Claire ! ma mère ! oh ! ne m'accusez pas... il faut que je parle à M. Fargeau... à lui seul je puis expliquer ma conduite... c'est devant lui seul que je puis me justifier...

FARGEAU.

Mère Leblanc, Claire, en ce cas laissez-nous seuls un moment... et vous aussi, mes amis...

LA MÈRE LEBLANC, à Claire qui pleure.

Viens, ma pauvre enfant... Ah ! j'aurais été trop heureuse !..

BONAVENTURE, à part.

La curiosité me talonne... j'vas me cacher dans quequ' trou... le moindre trou me suffira !..

CHOEUR DE SORTIE.

AIR: Adieu, mon beau navire. (DES DEUX REINES.)

Quel est donc ce mystère ?
Le voilà (bis) confondu,
Tous deux que vont-ils faire ?
Leur bonheur (bis) est perdu.

(Les parens et amis sortent par le fond. La mère Leblanc et Claire par la droite. Bonaventure se cache derrière une grande armoire.)

SCENE IX.

FARGEAU, CYPRIEN, BONAVENTURE caché.

FARGEAU.

Allons... Cyprien... nous voilà sans témoins...

BONAVENTURE, à part.

Ou à peu près...

FARGEAU.

Tâche un peu d'expliquer ta conduite, ou sinon, car, vois-tu... une pareille insulte en présence de tous nos parens... de tous nos amis... oh ! mais parle donc... je t'écoute !

BONAVENTURE, à part.

Et moi aussi, avec deux oreilles énormes.

CYPRIEN.

Monsieur Fargeau... j'aime Claire... je l'aime plus que la vie... autant que ma mère... c'est tout vous dire... mais cet amour, j'aurais dû le lui cacher... Oui, je l'ai senti au moment où vous avez prononcé le mot de mariage, qui, en d'autres temps, aurait fait tout mon bonheur, et qui aujourd'hui ne peut exciter en moi que des regrets et du désespoir !..

FARGEAU.
Que veux-tu dire?

CYPRIEN.
Je ne suis plus digne de l'amour de Claire; je ne puis plus être son époux... Ah! combien cet aveu me coûte,.. devant vous, surtout, M. Fargeau... devant vous, qui avez servi avec honneur... N'importe, j'aurai le courage de tout vous apprendre!.. J'ai dit ici, à tout le monde, à vous que j'avais obtenu mon congé... Eh bien! je mentais à vous, à tout le monde!

FARGEAU.
Que veux-tu dire? tu me fais trembler!

CYPRIEN.
J'ai déserté.

FARGEAU.
Déserté!.. malheureux!.. parle plus bas! si l'on t'entendait!..
(Il va écouter à la porte de la mère Leblanc.)

BONAVENTURE, à part.
Déserté! j'en sais assez! (Il s'esquive.)

SCÈNE X.
CYPRIEN, FARGEAU.

FARGEAU.
Personne ne peut nous entendre... Cyprien, t'ai-je bien compris?.. toi! toi! déserteur!..

CYPRIEN.
Oui, mais quand vous saurez tout, M. Fargeau... peut-être me conserverez-vous encore quelque estime... Lorsque je tirai au sort, il y a trois mois... vous savez quel fut le désespoir de ma mère... j'étais son seul appui... sa seule consolation... et pourtant, il fallut la quitter... vieille et souffrante... il fallut la laisser là... je tâchai de la consoler de mon mieux, de lui faire oublier le moment de notre séparation... mais j'eus beau faire... le moment du départ arriva; ma mère m'accompagna jusqu'à la sortie du village... là-bas... au petit pont... mon cœur se brisait... je m'éloignai avec mes camarades, je marchai bien vite, sans retourner la tête, de peur que le courage ne me manquât... Arrivé à Châlons, au régiment, je tâchai de me faire au service militaire. Je remplissais exactement mes devoirs... lorsqu'une lettre m'arriva du pays... elle m'apprenait que ma mère était retombée malade... que son état empirait tous les jours... Qu'enfin, elle se mourait!.. Ma mère mourante!.. et je ne pouvais pas l'embrasser une dernière fois... cette idée-là m'accablait... je n'y tenais plus...

FARGEAU.
Mais pourquoi n'avoir pas demandé une permission à tes chefs?

CYPRIEN.
J'en demandai une... on me la refusa... alors ma tête se perdit... c'était comme une fièvre... un matin, je m'élançai hors de la ville... et je me trouvai sur le chemin qui mène au pays... une force surnaturelle me poussait, et bientôt, je fus loin de la ville... un moment, je suspendis ma course.

Air d'Arwed.

Il me sembla qu'on me criait : arrête :
Ah! malheureux, tu deviens déserteur;
Je frissonnai des pieds jusqu'à la tête,
Un froid mortel vint me glacer le cœur.
Puis j'entendis deux voix, dans mon délire,
L'une disait : ton devoir, il est là!
L'autre disait: ta vieille mère expire!
Sur mon devoir ma mère l'emporta.

En moins de deux jours j'achevai la route... je revis le clocher du village... notre chaumière... je tombai dans les bras de ma mère... j'avais déserté!

FARGEAU.
Pauvre femme!

CYPRIEN.
Elle crut aisément... comme Claire et tout le village, à ce mot de congé que je prononçai en arrivant... je comptais repartir dès le lendemain, mais

cela me fut impossible... le bonheur de ma mère qui me croyait revenu pour toujours... sa santé qui ne se rétablissait que grace à ma présence... je ne me sentis pas la force de lui tout avouer... je restai, tâchant de m'abuser, de m'étourdir moi-même sur le danger de ma position !

FARGEAU.

Imprudent !.. et depuis quand as-tu quitté ton régiment ?

CYPRIEN.

Il y a huit jours, aujourd'hui.

FARGEAU.

Huit jours ! c'est le délai de grace ! le soldat absent, qui rejoint son corps avant l'expiration de ce délai, en est quitte pour une punition légère... mais ces huit jours passés, il est déserteur... et alors, le conseil de guerre... le boulet... une peine infamante !

CYPRIEN.

Qu'ai-je fait !.. mon Dieu !.. qu'ai-je fait !.. il y a trente lieues pour rejoindre mon régiment, et dans deux heures le délai fatal sera expiré... Ah ! pourquoi ne vous ai-je pas revu plutôt... que de chagrins je me serais épargnés !.. et vous vouliez me racheter !.. encore quelques jours et j'étais libre !..

FARGEAU.

Et maintenant, dix remplaçans pour un ne serviraient à rien... n'y pensons plus, Cyprien, dans ta situation des reproches seraient cruels et inutiles, tout à la fois... Mais le boulet... l'infamie... songes-y bien, tu seras dégradé !.. dégradé honteusement !..

CYPRIEN.

Ah ! épargnez-moi !

FARGEAU.

La justice militaire est inflexible, et elle ne t'épargnera pas, elle !.. Un mandat sera bientôt lancé contre toi, et alors tu ne pourras échapper à ta destinée...

CYPRIEN.

Vous avez raison... Ah ! plutôt que de traîner le boulet des déserteurs... ces armes... oui... ce sont celles de mon père... (Il va pour les prendre.)

FARGEAU, l'arrêtant.

Je t'entends... mais ta mère, malheureux, ta mère !

CYPRIEN.

Pardon... pardon ! le désespoir m'égarait.

FARGEAU, réfléchissant.

Il n'est pas d'autre moyen... oui, c'est cela... une prompte fuite... la frontière de Suisse n'est pas éloignée.. en quelques heures... avec un bon cheval... par les sentiers des montagnes... tu pourras l'atteindre... il faut partir, et sur-le-champ... tu mettras une blouse... tu prendras mon passeport... cet argent que je destinais à te racheter du service, il servira à te faire vivre dans ton exil... en attendant que tu trouves à employer tes deux bras... j'ai un ancien camarade auprès de Fribourg, je te recommanderai à lui... je vais chercher cet argent.

CYPRIEN.

M. Fargeau !.. que de reconnaissance !..

FARGEAU.

Pas de phrases... et tiens-toi prêt à partir.

Air : Que j'étais fou, quand j'espérais (CATHERINE.)

ENSEMBLE.

FARGEAU.	CYPRIEN.
Oui, tout l'ordonne, tu le vois,	Oui, tout m'ordonne, je le vois,
Obéis à ma voix.	De suivre votre voix.
Au destin qui t'attend,	Au destin qui m'attend,
Il faut te soustraire à l'instant ;	Il faut me soustraire à l'instant ;
Car bientôt l'on découvrirait	Car bientôt l'on découvrirait
Ce funeste secret.	Ce funeste secret.
Allons, il faut partir ;	Allons, il faut partir ;
Il ne te reste plus qu'à fuir.	Il ne me reste plus qu'à fuir.

(Fargeau sort vivement.)

SCENE XI.

CYPRIEN, puis CLAIRE.

CYPRIEN.

Partir!.. oui... il le faut... et cette fois c'est pour fuir comme un criminel... Ah! tâchons du moins de quitter ces lieux sans être vu de personne... car je sens que mon trouble me trahirait!.. (Apercevant Claire.) Claire!..

CLAIRE.

Vous m'évitez, M. Cyprien... Oh! allez, ce n'est pas vous que je venais chercher ici... bien certainement... je venais pour retrouver mon oncle... voilà tout...

CYPRIEN.

Claire! ne me parlez pas ainsi... ce ton... cette froideur me feraient trop souffrir.

CLAIRE.

Et croyez-vous ne m'avoir pas fait souffrir aussi, vous, M. Cyprien?.. me faire un affront aussi grand, devant tout le monde?.. que va-t-on penser? vous pouviez bien me dire ça ce matin... au lieu de me parler de votre amour!.. vous me trompiez!.. Ah! c'est indigne!.. mais, à défaut de vous, un autre m'aime déjà... Eh bien! je l'épouserai... et je serai heureuse avec lui... oui, monsieur, très heureuse... et je m'en réjouis d'avance... (Pleurant.) Mon Dieu!.. mon Dieu!.. je n'aurais jamais cru ça de votre part!..

CYPRIEN.

Claire!.. ma bonne Claire!.. si tu savais!..

CLAIRE.

Je ne veux rien savoir, monsieur... peu m'importent vos raisons... car enfin, quelles peuvent être vos raisons?.. voyons, que pourriez-vous dire pour vous défendre?.. mais défendez-vous donc.

CYPRIEN.

Plus tard, tu sauras tout, et tu verras que je ne fus pas coupable envers toi... Claire, il faut me plaindre, et non me haïr... il faut me plaindre, car je dois m'éloigner, partir à l'instant...

CLAIRE.

Vous éloigner!.. nous abandonner encore!..

CYPRIEN.

Et malgré tes reproches, malgré le chagrin que je te cause, Claire, j'oserai assez compter sur toi, pour te recommander ma pauvre mère... et pour te prier d'être encore une fois sa consolation...

CLAIRE.

Mais ce départ... quelle en peut être la cause? Cyprien, où allez-vous?..

CYPRIEN.

Ne m'interroge pas... ne me retiens pas plus long-temps, car, vois-tu... il n'y va pas seulement de la vie... il y va de l'honneur... mais silence!.. on vient... Adieu, Claire! quoiqu'il arrive... je t'aimerai toujours!..

(Il sort précipitamment par la gauche.)

SCENE XII.

CLAIRE, puis BONAVENTURE.

CLAIRE, d'abord seule.

Que veut-t-il dire?.. mon Dieu!.. je tremble!..

BONAVENTURE, entrant vivement.

C'est moi! c'est moi!

CLAIRE, avec dépit.

M. Bonaventure!.. que voulez-vous? que demandez-vous?

BONAVENTURE.

Pardon, excuse... mais je venais dire deux mots à Cyprien... et comme il n'y est pas, et que vous voilà, je suis bien aise de vous faire à savoir qu'à défaut de lui, vous ne manquerez pas d'amateurs pour vous épouser, Mlle Claire... et que je suis toujours là... moi, et mon délicieux moulin... à eau... tant pis pour les absens!

CLAIRE.

Pour les absens!.. comment savez-vous?..

BONAVENTURE, d'un air malin.

Moi!.. Oh! mon Dieu, je ne sais rien de rien... j'en ignore de tout!.. Diles donc, il avait donc un beau petit congé dans un rouleau de fer-blanc, quand il est revenu, Cyprien?

CLAIRE.
Pourquoi me demandez-vous ça... vous n'ignorez pas...

BONAVENTURE.
Moi... je n'ai aucune idée de ça... c'est Jean Labriche, qui me disait tout à l'heure : «C'est drôle... Cyprien n'en avait pas de rouleau de fer-blanc... oùsqu'on met son congé dedans...—Ah! que je répondais... c'est drôle!..» et voilà ce que nous nous sommes dit...

CLAIRE.
Eh bien! qu'est-ce que tout cela prouve?

BONAVENTURE.
C'est que... il y en a d'aucuns... quéqu'fois, comme ça... qui n'attendent pas leux congés... y s' disent... on ne veut pas... Ah bah!.. tant pire!..

CLAIRE, effrayée.
Mon Dieu! que voulez-vous dire?.. au nom du ciel, expliquez-vous?

BONAVENTURE.
On en a vu qui, après s'être dit ça... jouaient des quilles et décampaient... histoire de déserter un tant soit peu... pour voir!

CLAIRE.
Qui désertaient!.. et votre air triomphant!.. et la fuite de Cyprien... Ah! je devine tout, à présent!.. Mon Dieu! mon Dieu!.. un pareil malheur!.. et sa mère!.. si elle savait!..

BONAVENTURE.
Allons, allons, mamzelle... faut pas tant s'ébouriffer!.. ça ne fera pas le moindre tort à son individu... il s'en retournera vivement à son corps pour desservir la patrie... on lui dira t'as évu tort, et ça sera fini... mais, moi... je resterai, ô Claire... je resterai, moi!

SCÈNE XIII.
BONAVENTURE, FARGEAU, CLAIRE.

FARGEAU, arrivant tout effaré.
Cyprien!.. où est Cyprien?..

CLAIRE.
Mon oncle... qu'avez-vous?..

FARGEAU.
Où est Cyprien?.. me répondras-tu?

CLAIRE.
Là... dans sa chambre... mon Dieu!.. c'est donc vrai qu'il a déserté?..

FARGEAU.
Oui; mais il est encore digne de notre amitié... car c'est pour revoir sa mère malade, que le malheureux a quitté son drapeau... il m'avait tout confié... il allait partir... gagner la frontière... et je ne sais comment... le bruit s'est tout à coup répandu que Cyprien était un déserteur... déjà les gendarmes sont sur pied, et bientôt, sans doute, ils se dirigeront de ce côté pour l'arrêter!..

CLAIRE.
L'arrêter!

BONAVENTURE.
Mais qu'est-ce qu'on peut donc lui faire?

FARGEAU.
Eh! parbleu!.. il s'agit du conseil de guerre... des fers, d'une condamnation infamante!

BONAVENTURE.
Qu'est-ce que vous dites là!.. et c'est moi!.. moi!..

FARGEAU.
Comment, toi?..

BONAVENTURE.
Ah! je suis un infâme! un coquin! un gueux!.. v'là ce que je suis... je me battrais! je me souffleterais, je me traînerais dans la boue!.. et si je le pouvais, je me cracherais au visage!

FARGEAU.
T'expliqueras-tu, enfin?..

BONAVENTURE.

C'est moi qu'a tout fait... c'est moi qu'a jasé... je savais tout et j'ai jabotté comme un pendard que je suis... je ne voulais qu'avoir la place nette, par rapport à mon amour pour Claire... et je ne prévoyais pas les conséquences de ma satanée conduite !

FARGEAU.

Misérable !.. (Appelant.) Cyprien !.. Cyprien !..

CLAIRE.

Oh ! je cours le prévenir...
(Elle entre un moment à gauche, et en sort avec Cyprien.)

BONAVENTURE.

Assommez-moi... vous me rendrez service... Pour réparer ma faute, je suis capable de tout... et d'abord je vous offre mon moulin à eau, pour cacher Cyprien... je le fourrerai dans un sac à farine... O mon moulin, cache-le, cache-le, ô mon joli moulin !

SCÈNE XIV.

LES MÊMES, CYPRIEN, tenant une blouse, CLAIRE.

CYPRIEN.

Me voici !...

FARGEAU.

Cyprien !.. tout est découvert... tu as à peine le temps de fuir !..

CYPRIEN.

Découvert !.. poursuivi !.. Qui donc a pu savoir...

BONAVENTURE.

C'est moi que j'en suis la cause, Cyprien ! méprisez-moi comme un misérable ver de terre... mais ne m'ôtez pas votre estime... j'ignorais les conséquences de la chose.

CYPRIEN.

Toi ! C'est toi !..

BONAVENTURE.

Oui, mais je veux vous sauver... ou me précipiter sous la roue de mon moulin...

CLAIRE.

Ne perdons pas de temps... Cyprien... fuyez...   (Fausse sortie.)

FARGEAU, qui regardait au dehors.

Arrêtez... la maison est cernée... les gendarmes !..

CYPRIEN.

Les gendarmes !.. (Regardant au dehors.) Oui... les voilà !.. Ciel !.. ma mère !..

SCÈNE XV.

LES MÊMES, LA MÈRE LEBLANC.

LA MÈRE LEBLANC.

Cyprien... mes amis !.. pourquoi tout ce bruit ?.. que se passe-t-il donc ?..

CYPRIEN.

Ma mère... ma bonne mère !.. que je vous embrasse une dernière fois... (Il l'embrasse.) et maintenant... (A part.) courons me livrer moi-même avant qu'on ne pénètre jusqu'ici !

LA MÈRE LEBLANC.

Mon fils... mon enfant, où vas-tu donc ?..

FARGEAU.

Allons, mère Leblanc... il s'agit d'avoir de la fermeté... du courage...

LA MÈRE LEBLANC.

Mais expliquez-vous donc... vous me faites mourir.

FARGEAU.

Eh bien !.. apprenez que Cyprien... pour vous revoir...

(Ici on entend au dehors une musique militaire, des tambours, des fanfares. Mouvement général d'étonnement. La musique se fait entendre pendant une partie de la scène.)

CLAIRE.

Quel est ce bruit ?..

BONAVENTURE, courant à la fenêtre.

C'est un régiment!

CYPRIEN.

Un régiment... ici!

FARGEAU, qui a été à la fenêtre.

En effet... mais que vois-je!.. Grand Dieu!.. Cyprien! ton régiment...quel est-il?

CYPRIEN.

Les fusiliers de la jeune garde... vous le savez...

FARGEAU l'entraîne vers la fenêtre.

Regarde!.. Regarde!..

CYPRIEN.

Mon régiment!.. mes camarades!.. arrêté devant eux!.. quelle honte!

LA MÈRE LEBLANC.

Arrêté!..

CYPRIEN.

Oui, ma mère... oui, je suis déshonoré! je suis perdu!..

FARGEAU.

Au contraire, tu es sauvé!

TOUS.

Sauvé!

FARGEAU.

Oui, oui, sauvé!.. Le délai accordé pour rejoindre ton drapeau expire aujourd'hui... dans une heure... eh bien! ton drapeau, le voilà!... tu peux le rejoindre à l'instant... tu n'es plus déserteur!..

CYPRIEN.

Est-il possible?.. Oui, oui... je m'en souviens, le régiment devait entrer en campagne.

FARGEAU.

Et le ciel a voulu qu'il passât par ici!

LA MÈRE LEBLANC.

Déserteur! et c'était pour moi!..

CYPRIEN.

Oui, ma mère; mais à présent... plus de crainte... plus de condamnation!

Air de la Traite des Noirs *.

Oui, ce sont eux, mes frères d'armes!
Les voilà!.. bienheureux destin!
Je puis encor presser leur main.
Plus de déshonneur, plus de larmes!
Merci, mon Dieu, de ce bonheur!
O mon drapeau, je te salue!
Sans honte je m'offre à ta vue,
Car je ne suis plus déserteur!
Oui je puis supporter sa vue,
Car je ne suis plus déserteur!

(Après le couplet, la musique du régiment se fait de nouveau entendre)

FARGEAU.

Bien, Cyprien!.. Tiens, prends ce sabre... cette giberne... ce fusil!.. (Il lui passe vivement le sabre et la giberne, et lui met le fusil dans la main.) et cette campagne... eh bien! tu la feras, pour qu'on ne puisse pas te dire un jour, en te montrant au doigt : Il a déserté la veille d'une bataille.

CYPRIEN, lui serrant la main.

Oui, Fargeau... vous avez raison!..

LA MÈRE LEBLANC.

Aller se battre! mon fils!..

FARGEAU.

Eh! corbleu! mère Leblanc, il n'y a pas de coups de canon pour tout le monde... quant à ma nièce... elle l'attendra... n'est-ce pas Claire?

CLAIRE.

Oui, mon oncle, mais que ce soit le moins long-temps possible!

---

* Dans les provinces où l'orchestre n'est pas assez nombreux pour se dédoubler, on passe ce couplet, pour ne pas manquer l'arrivée du régiment.

BONAVENTURE.

Partez, Cyprien... partez en toute sécurité, je promets, foi de Bonaventure, de renoncer à séduire mamzelle Claire... moi, mon physique et mon moulin à eau.

FARGEAU.

Allons, sous les armes !

CYPRIEN.

Ma mère ! Claire ! M. Fargeau ! au revoir !.. à bientôt... au revoir.!.. (Il embrasse sa mère, donne une poignée de main à Fargeau. La musique se rapproche. Cyprien fait un dernier adieu à ses amis, et toutes les personnes se groupent vers la fenêtre, en lui faisant des signes d'adieu.)

FIN.

MES BOTTES NEUVES,

COMÉDIE-VAUDEVILLE EN UN ACTE,

PAR MM. COGNIARD FRÈRES.

REPRÉSENTÉE POUR LA PREMIÈRE FOIS, SUR LE THÉATRE DU PALAIS-ROYAL,
LE 12 MARS 1837.

« De petites causes produisent souvent de grands effets. »

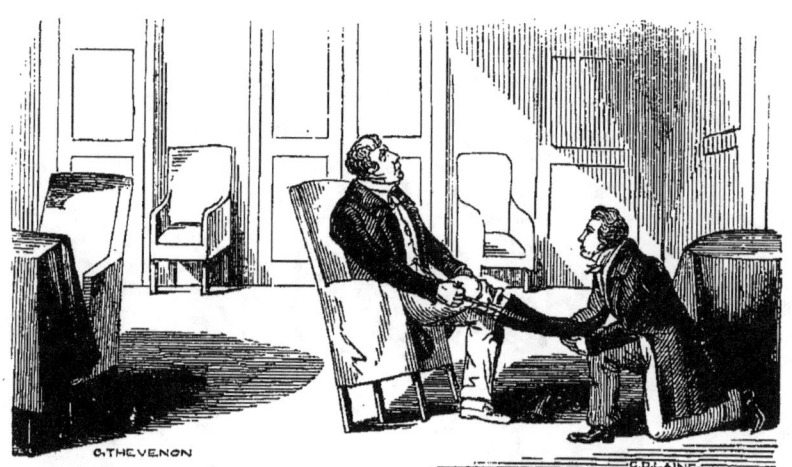

Dis donc, elles sont bien étroites? — Oh! ce n'est rien, ça se fera.

PARIS,
NOBIS, ÉDITEUR, RUE DU CAIRE, N° 5.

1837.

Personnages.   Acteurs.

RICHARD DUBOURG. (48 ans.)   MM. DORMEUIL.
RAYMOND DUBOURG, son frère. (50 ans.)   LEMÉNIL.
MARTIAL, fils de Raymond.   LEVASSOR.
LAMBERT, bottier.   LHÉRITIER.
CAROLINE, fille adoptive de Richard.   Mmes WEIS.
CHARLETTE, domestique de Richard.   LEMÉNIL.

La scène se passe chez Richard.

J.-R. MEVREL, Passage du Caire, 54.

MES BOTTES NEUVES,

COMÉDIE-VAUDEVILLE EN UN ACTE.

Un salon bourgeois. A gauche, une table recouverte d'un tapis. A droite, premier plan, une autre table, fauteuils, bergères, etc.

SCÈNE I.
LAMBERT, CHARLETTE.

Au lever du rideau, Charlette range dans le salon. Lambert paraît à la porte du fond, tenant à la main une paire de bottes neuves.

LAMBERT.

Êtes-vous seule, Mlle Charlette?

CHARLETTE.

Ah! c'est vous, Lambert... entrez donc... j'avais une peur terrible de vous voir en retard avec les bottes de M. Richard... il aurait fait un beau train!

LAMBERT.

Oh! oh! n'y a pas de danger que je lui manque de parole, à votre bourgeois... ah ben! si ça m'arrivait... malgré tout le bonheur que j'ai à vous voir, Mlle Charlette... ce n'est pas moi qui apporterait la marchandise... voyez-vous...

CHARLETTE.

Et pourquoi?

LAMBERT.

C'est un homme si nerveux que ce M. Richard... pour un rien, il bougonne, il jure, il s'enlève... quelquefois même il abuse de ses gestes.

CHARLETTE, riant.

Bah!.. est-ce qu'il en aurait fait usage vis-à-vis de vous?..

LAMBERT.

Parfaitement bien... vous ne pouvez pas savoir ça, vous Mlle Charlette, il n'y a que deux ans que vous êtes ici... et en voilà bientôt six que je chausse la maison, moi. Imaginez-vous qu'un jour... il y a de ça... ah! c'est particulier... il y a juste trois ans aujourd'hui... ce jour-là donc, M. Richard me commande une paire de bottes à revers... on en portait alors... je ne sais pas ce que j'avais dans les oreilles, ce jour-là, mais je comprends qu'il m'avait commandé des bottes à l'écuyère... ça rimait... ce qui m'avait complètement abusé... Je fais donc ma commande, et j'arrive avec mes bottes à l'écuyère... de l'ouvrage à se mettre à genoux devant; M. Richard était assis là... il lisait son journal... impatient de voir l'effet de ma marchandise, je lui saisis la jambe droite, et je la plonge dans ma botte... là-dessus il l'examine; qu'est-ce que c'est que ça? qu'il s'écrie!.. monsieur, c'est vos bottes à l'écuyère, et j'dis que celle-ci vous va comme un gant... Oui, elle ne va pas mal, qu'il répond... mais retourne-toi donc... moi, bêtement je me retourne... et v'lan!.. il me campe le coup de pied le plus vigoureux!

CHARLETTE, riant.

Ah! ah! ah! ce pauvre Lambert... comme il a dû être mortifié!

LAMBERT.

Ce n'est pas tant que ça m'a humilié, mais ça m'a fait un mal horrible, au point que pendant huit jours, les chaises m'ont été tout-à-fait inutiles. Aussi depuis ce temps-là, je lui fais répéter tout ce qu'il me dit, deux et même trois fois... ça l'impatiente, mais je cours moins de risques...

CHARLETTE.

Et vous ne lui apportez plus de bottes à l'écuyère?

LAMBERT.

Oh! il n'y a pas de danger; j'aurais trop peur de le mécontenter... aujourd'hui surtout, car c'est aujourd'hui, Mlle Charlette, que d'après votre approbation... je vas demander votre main à M. Richard... je vous aime follement, vous me correspondez... faut pas rougir pour ça... vous avez de bon gages, vous comprenez l'anse du panier... moi, de mon côté... je suis à la tête de trente-deux paires de bottes, d'une petite boutique, ici près.. et d'une jolie clientèle... autrefois on disait pratiques, mais c'est trivial... de sorte que si votre bourgeois y consent...

CHARLETTE.

Je ne m'y opposerai pas, M. Lambert... Mais tâchez de le prendre dans un bon moment... sans quoi, il refusera net. Je vous ai engagé à parler aujourd'hui, parce que depuis quelques jours, il est d'une humeur charmante, c'est au point que son frère, M. Raymond, n'a pas été prendre l'air une seule fois depuis huit jours.

LAMBERT.

Comment ça, prendre l'air?

CHARLETTE.

Sans doute... Lorsque M. Richard a ses humeurs, M. Raymond qui, lui, ne s'est pas mis en colère une seule fois dans sa vie, me dit tranquillement: Charlette, mon frère se fâche, donne-moi mon chapeau, que j'aille prendre l'air... il sort et ne rentre qu'après que l'orage est passé ; mais depuis que mon maître est calme, ce bon M. Raymond ne me demande plus son chapeau, et il reste à la maison pour faire la partie de cartes, en famille, avec M. Martial, son fils, et Mlle Caroline, la fille adoptive de monsieur.

LAMBERT.

Pour lors, je vas me risquer aujourd'hui...ah! mamzelle Charlette...quel bonheur si ça marche sans anicroche... moi votr' mari!.. moi! vous faire porter mon nom!.. moi vous jurer égard et protection... rien que d'y penser !.. Mlle Charlette, ça vous est-il égal que je vous embrasse?

CHARLETTE.

Non, non, M. Lambert : après, tant que vous voudrez... mais avant, non!

LAMBERT.

Au point où nous en sommes, vous ne pouvez pas me refuser ça... Je vous le demande comme un gage du oui que vous prononcerez avant peu.

Air du Premier prix.

> Bientôt, vous s'rez ma petit' femme,
> Chez moi, vous port'rez vos effets,
> Dans ma boutique et dans mon ame,
> N'habit'rez-vous pas, désormais?
> C'est votr' log'ment, à tout jamais.
> Toujours, avant qu'on emménage,
> Belle Charlette, en tout temps, en tout lieu,
> Vous le savez, il est d'usage,
> De donner le denier à Dieu,
> Donnez-moi le denier à Dieu.

CHARLETTE.

Comme ça... je veux bien... prenez donc le denier à Dieu...

LAMBERT.

Ça fait qu'on ne pourra plus se dédire... (Il l'embrasse. Martial paraît.)

SCÈNE II.
LES MÊMES, MARTIAL.

MARTIAL.

Ne faites pas attention... je n'ai rien vu.

CHARLETTE, à part.

M. Martial! (Haut.) M. Martial, je vous en prie, n'allez pas croire...

LAMBERT.

Oh! oui, M. Martial nous vous en prions, n'allez pas croire...

MARTIAL.

Quand je vous dis que je n'ai rien vu. Sont-ils drôles ! qu'est-ce que ça me fait...

CHARLETTE.

D'abord... il m'a embrassée à mon corps défendant.

MARTIAL.

Mais puisque je me tue de te dire que je n'ai rien vu. Rassurez-vous, mes amis, je suis un bon diable. Mais dis-moi, Charlette, as-tu vu papa, ce matin? Mlle Caroline est-elle déjà venue travailler à son aquarelle.

CHARLETTE.

Je n'ai pas encore vu M. Raymond, mais Mlle Caroline est en bas dans le jardin où elle choisit des fleurs pour finir son bouquet... et tenez, j'crois que je l'entends.

MARTIAL.

Alors, Charlette, laisse-moi... Vous aussi, Lambert... et s'il vous arrivait comme tout à l'heure... soyez persuadés d'avance... que je n'y verrai rien.

LAMBERT.

J'vas attendre à la cuisine que M. Richard soit levé.

MARTIAL.

Allez, bottier.

ENSEMBLE.

Air du Cheval de bronze.

MARTIAL.	LAMBERT et CHARLETTE.
Adorez-vous,	Adorons-nous,
Embrassez-vous,	Embrassons-nous,
Point de crainte,	Point de crainte,
Point de contrainte.	Point de contrainte.
Heureux amans,	Heureux amans,
Soyez constans,	Soyons constans,
Et tâchez de l'être long-temps.	Et tâchons de l'être long-temps.

SCENE III.
MARTIAL, CAROLINE.

MARTIAL.

La voilà... Dieu! est-elle fraîche, ce matin ; elle fait tort aux fleurs qu'elle porte... elle embellit à vue d'œil, ma parole !

CAROLINE, entrant par la droite.

Oh! c'est vous, monsieur, vous êtes bien aimable, vraiment.

MARTIAL.

Caroline, pourquoi cet accueil glacial?.. J'accours gai comme pinçon, et vous me recevez... d'un air... qu'y a-t-il donc?

CAROLINE.

Pourquoi, monsieur, ne vous a-t-on pas vu hier au soir?.. M. Bonnard, le chef de division du ministère est venu rendre visite à votre oncle...

MARTIAL.

Bah! vraiment?

CAROLINE.

On espérait vous présenter à lui... quand on sollicite une place dans un ministère, c'est une autorité qu'un chef de division... il a eu la complaisance de vous attendre fort tard... mais monsieur n'est pas venu...

MARTIAL.

Oh! c'est déplorable, déplorable!.. Et qu'a dit mon oncle Richard? il a dû bien crier... hein?..

CAROLINE.

Il s'est allé coucher fort en colère, et c'est votre père qui a payé pour vous...

MARTIAL.

Pauvre papa... il a bon dos... heureusement qu'il est fait à cela... je ne le vois jamais plus tranquille que lorsque mon oncle est furieux... c'est l'eau et le feu... Savez-vous, Caroline, qu'il a un caractère horriblement peu agréable, mon oncle Richard?.. Dieu! Caroline, que je vous plains d'avoir passé votre enfance auprès de lui...

CAROLINE.

Ah! taisez-vous, Martial... il faudrait que je fusse bien ingrate, pour me plaindre; moi, pauvre orpheline, recueillie, adoptée par votre oncle... croyez-moi, Martial, malgré ses défauts, M. Richard est un digne et excellent homme... dévoué à son frère, à vous...

MARTIAL.

Dévoué!... dévoué!.. je le veux bien... mais cependant...

CAROLINE.

Oh! je sais ce que vous m'allez dire... Oui, sans doute, il eut de grands torts envers sa famille... laisser votre pauvre père commis de bureau à Lyon, tandis qu'il était riche et heureux... et puis, adopter un enfant...

MARTIAL.
Caroline... brisons là... je n'ai pas prétendu...
CAROLINE.
Mais depuis deux ans, que n'a-t-il pas fait pour expier son oubli... son amitié, ne vous l'a-t-il pas rendue?.. et cette fortune que je ne demandais pas... cette fortune promise tout entière à sa fille adoptive... ne peut-elle... se partager?..
MARTIAL.
Oh! ma Caroline, vous pouvez accepter, car je connais les intentions de mon oncle, il veut nous marier.
CAROLINE.
Eh bien! l'accusez-vous encore?
MARTIAL.
Oh! non, c'est une excellente pâte d'oncle.
CAROLINE.
Quel mal il se donne pour vous trouver une bonne place... pour vous procurer une position honorable.
MARTIAL.
C'est un ange!
CAROLINE.
Tout cela ne rachète-t-il pas un peu ses torts passés.
MARTIAL.
C'est un Dieu!
CAROLINE.
Si parfois son caractère est irritable, ne savons-nous pas qu'au fond, il est bon...
MARTIAL.
Au fond, c'est un vrai mouton!
CAROLINE.
Allons, monsieur, venez me voir travailler à mon aquarelle.
(Elle va vers la table à gauche.)
MARTIAL.
Volontiers... les beaux dahlias!
CAROLINE.
Ce sont les fleurs favorites à M Raymond!
MARTIAL.
Pauvre papa... comme il sera enchanté!.. C'est presque fini!
CAROLINE.
Encore une fleur.
MARTIAL.
Comme c'est naturel!.. comme c'est velouté!.. j'ai un gilet en velours d'Afrique qui ressemble à ce dahlias-là.
RAYMOND, de la coulisse.
Richard, es-tu prêt? hein?..
MARTIAL.
C'est lui! c'est papa!..
CAROLINE.
Pas un mot sur mon bouquet.
MARTIAL.
Je crois bien! il n'y aurait plus de surprise.

SCENE IV.

CAROLINE, travaillant, RAYMOND, MARTIAL.
RAYMOND.
Es-tu là, Richard?
MARTIAL.
Mon papa.
RAYMOND. Il parle pendant tout le rôle avec le plus grand flegme.
Ah! c'est toi, drôle? (Il va lui donner une poignée de main.) Je suis très mécontent de toi, entends-tu?..
MARTIAL, avec légèreté.
Oui, papa.
RAYMOND, tranquillement.
Je suis très en colère.

MARTIAL.

Oui, papa.

RAYMOND.

Bonjour, Caroline... (A Martial.) Des chefs de divisions se dérangent pour monsieur... et l'écervelé court les champs, pendant ce temps-là.

MARTIAL.

Papa, j'étais au café... je jouais aux dominos

RAYMOND.

Ah! tu jouais aux dominos!..

MARTIAL.

Oui, j'adore ce jeu-là... c'est un jeu noble et plein de combinaisons hardies; mais hier, j'avais un rare guignon! Figurez-vous que j'ai eu trois fois de suite le double-six, sans pouvoir le placer, et comme un fait exprès l'autre avait toujours le double-blanc... heureusement que je suis d'une très grande force... On s'imagine que c'est un jeu facile... quelle erreur!

AIR : Quelque regret qu'on ait, ma belle.

Il faut savoir cacher son trouble,
Afin de bien placer son double ;
Car l'important, aux dominos,
C'est de pouvoir passer les gros.

RAYMOND.

J'en conviens c'est très difficile,
Mais je trouverais plus habile,
De te placer, monsieur mon fils,
Que de placer ton double-six. (bis.)

MARTIAL.

Mais, papa, je ne pouvais pas deviner que ce monsieur viendrait hier.

RAYMOND.

Ça n'empêche pas que ton oncle était furieux ; et comme il craignait d'aller trop loin, en te morigénant ce matin... il m'a chargé de te gronder très fort... et je te gronde très fort, entends-tu.

MARTIAL.

Oui, papa.

RAYMOND.

Là ; à présent que je t'ai grondé, tu sauras que ça va très bien... M. Bonnard, ce chef de division, te porte beaucoup d'intérêt, Richard doit l'aller voir ce matin, au ministère... et ce soir, sans doute tu seras nommé.

MARTIAL, avec explosion.

Je serai nommé!!! je serai nommé!!! et vous me dites ça comme ça?.. sans plus d'émotions... En vérité, papa, vous êtes un homme à mettre sous cloche... avec votre tranquillité... mais c'est une place magnifique!

RAYMOND, très lentement.

Aussi, j'en suis ravi. Il est inutile pour te prouver ma satisfaction que je me mette à galoper.

MARTIAL.

J'aurai donc une place!.. de la considération!.. Secrétaire au ministère de la marine... Monsieur le secrétaire Martial!.. Caroline, cela vous flatte-t-il?.. il me semble que cela doit vous flatter? Caroline?.. secrétaire de la marine! Je me ferai faire un beau cachet avec des rames et un mât de perroquet!

CAROLINE.

Est-ce que cet emploi vous tiendra dehors toute la journée?

MARTIAL, avec importance.

Ah dame!.. quand on est secrétaire!.. que voulez-vous, les travaux d'un ministère... quand on est au ministère.

RAYMOND, à Caroline.

Sois tranquille, ma bonne petite, nous trouverons, moyen de lui faire désirer la maison. (Il va vers l'aquarelle.) Oh! oh! comme ton bouquet est avancé! c'est charmant! les beaux dahlias! il faudra les faire encadrer, entends-tu, et les accrocher dans le salon... bien en vue... c'est joli, joli!.. (Examinant Martial et Caroline qui sourient en se regardant.) Qu'est-ce que vous avez donc à vous regarder, hein?

MARTIAL.

Rien, papa, rien.

RAYMOND, regardant à sa montre.
Oh! déjà dix heures, et Richard n'est pas encore habillé!.. Ce pauvre frère, je suis sûr que ça l'ennuie beaucoup d'aller solliciter... (A Martial.) Il faut que ce soit pour toi, par exemple!.. Et de quelle humeur est-il ce matin?
CAROLINE.
D'une humeur charmante.
RAYMOND, avec une grande satisfaction.
Ah! tant mieux!
MARTIAL.
Oui, d'autant que ça n'arrive pas souvent.
RAYMOND.
Veux-tu te taire?
MARTIAL.
Vous ne direz pas le contraire, peut-être.
RAYMOND.
Veux-tu te taire?.. puisqu'on te dit qu'il est d'une humeur charmante.
RICHARD, de la coulisse; il sonne d'abord avec violence; appelant.
Charlette? mon habit?.. Charlette? Charlette?.. il n'y a donc personne ici? (Il sonne plus fort.)
MARTIAL, riant.
Ah! ah! elle est jolie, sa belle humeur?
RAYMOND.
Mais tais-toi donc. (A Caroline.) Qu'est-ce que tu nous disais donc, qu'il était d'une humeur...
(Richard entre vivement: il est habillé pour sortir, seulement il a gardé ses pantoufles et sa robe de chambre.)

SCÈNE V.

LES MÊMES, RICHARD, puis, peu à près, CHARLETTE, qui entre quand on l'appelle.

RICHARD.
Ha ça, on se moque donc... (Il aperçoit ses parens et sourit, oubliant tout à coup sa colère.) Tiens... vous ici, mes bons amis... bonjour, Raymond. (Il lui serre la main.) Bonjour, Martial.
MARTIAL.
Bonjour, m'n oncle. (Il va lui donner la main.)
RICHARD.
Nous t'avons attendu hier au soir.
MARTIAL, à part.
Aie, aie, aie!
RICHARD.
Pendant que nous faisions tes affaires, tu étais sans doute à t'amuser? (Martial fait un mouvement négatif.) Tu as bien fait, mon garçon, et nous, de notre côté, nous avons bien fait aussi; n'est-ce pas, frère?
RAYMOND, joyeux.
C'est à dire que c'est toi tout seul qui as arrangé cette affaire-là. (Bas à Caroline.) Il est charmant, tu avais raison.
RICHARD, tenant son frère sous un bras, et Martial sous l'autre*.
Mes bons amis, que je suis donc heureux de vous avoir ainsi, près de moi...
RAYMOND.
Et nous donc?
RICHARD.
Oh! vous ne pouvez comprendre combien ce jour me semble beau!.. mon bon Raymond, toi que j'ai si long-temps méconnu!.. toi envers qui j'ai été si injuste!
RAYMOND.
Veux-tu me faire un plaisir, hé bien! c'est de ne jamais parler de ces choses-là.
RICHARD.
Oh! si... j'en veux parler... souvent... jamais je n'oublierai le passé, il me rendra meilleur pour l'avenir. J'étais riche, et mon frère était pau-

* Caroline, Raymond, Richard, Martial.

vre, et je ne le secourais point... et n'écoutant qu'une aveugle rancune, trop fier et trop dur pour faire le premier pas vers une réconciliation, je mis le comble à mes injustices, en adoptant une fille qui put vous ravir mon héritage... Oh! viens près de nous, ma Caroline... je ne regrette pas ce que j'ai fait pour toi, au moins! douce et bonne jeune fille, car c'est toi qui la première m'a ouvert les yeux sur mon affreuse conduite... Ah! pourquoi vous ai-je rappelés aussi tard!.. ce sera, voyez-vous, un remords perpétuel.

RAYMOND, qui a essuyé une larme.

Quand tu auras fini de dire des bêtises, hein?

MARTIAL, s'attendrissant aussi.

C'est vrai, m'n oncle... ce sont des bêtises!..

RAYMOND.

Comme si nous ne te devons pas déjà assez...

MARTIAL.

Certainement...

RICHARD.

Vous?..

Air de Préville et Taconnet.

Oh! mes amis, ne parlez pas ainsi!
Quand sur mon cœur, tous les deux, je vous presse
C'est moi, moi seul qui dois dire merci,
C'est à moi de parler d'amour et de tendresse.
Quand au bonheur, par vous je suis rendu,
Pour vous forcer d'oublier mes rudesses,
Pour réparer, enfin, le temps perdu,
Oui, je vous dois le double de caresses. (bis)

Grace à Dieu, tout peut se réparer... et bientôt...

MARTIAL.

Bientôt...

RICHARD, à Martial.

Si tu obtiens cette place que nous sollicitons...

MARTIAL.

Hé bien?

RICHARD.

Cela te donne une position dans le monde... alors, tu deviens bon à marier... qu'en dis-tu, Caroline?

CAROLINE.

Je pense comme vous, mon ami.

MARTIAL.

Ah! Caroline! ah! mon oncle! ah! papa!.. c'est trop de joie, de satisfaction, de bonheur et de contentement!.. et je suis le plus fortuné secrétaire!..

RICHARD.

Un instant, tu ne l'es pas encore... songe bien que ton mariage dépend de ta place; c'est une condition SINE QUA NON.

MARTIAL.

Heureusement que vous en êtes sûr; n'est-ce pas m'n oncle, vous en êtes sûr... à peu de chose près?..

RICHARD.

C'est ce que je vais voir...

RAYMOND.

Oh! oui, Richard, ne perds pas de temps; as-tu tout ce qu'il te faut? qu'est-ce que tu demandais, tout à l'heure?

RICHARD.

Quand ça?

RAYMOND.

Dans ta chambre, pendant que tu...
(Il fait le signe d'un homme qui sonne avec colère.)

RICHARD.

Qu'est-ce que tu veux dire?

RAYMOND.

Tu sais bien, tu faisais aller la... (Même jeu.) et tu appelais très fort.

RICHARD.

Ah! oui, ce sont des bottes que je demandais...

RAYMOND.
Très bien. (Il appelle.) Charlette, Charlette?..
CHARLETTE.
Voilà, monsieur.
RICHARD.
Mon habit? des bottes?..
CHARLETTE.
Oui, monsieur; justement, Lambert est en haut, il vous en apporte des neuves, je vas vous l'envoyer.
RICHARD.
Dépêche-toi.
CHARLETTE.
Ça fait qu'il profitera de l'occasion.
RICHARD.
Ah! mon portefeuille... Il est dans ma chambre à coucher...
MARTIAL.
Voulez-vous que j'aille le chercher, m'n oncle?
RICHARD.
Volontiers, mon ami... Ah! en même temps, fais-moi le plaisir de me copier la note dont le brouillon est sur mon bureau... c'est pour le sous-chef.
MARTIAL.
Je vais vous mouler çà. (A part.) Il est doux comme un écureuil! (Bas à Caroline.) Ah! Caroline, le joli horizon que nous avons devant nous!.. ah! Caroline, le joli horizon! (Il entre à gauche.)
RICHARD, qui a regardé à sa montre.
Onze heures!.. Pourvu qu'il y ait des cabriolets sur la place...
RAYMOND.
Sais-tu? plutôt que d'y envoyer Charlette, qui serait un siècle, je vais descendre et je t'en amènerai un.
RICHARD.
Pardon, de te déranger!
RAYMOND.
Je te conseille de me remercier, quand c'est pour moi. (A part.) Quel bonheur qu'il soit d'une aussi belle humeur! (Il sort.)
RICHARD.
Toi, ma Caroline... prépare-moi un petit verre de Madère; je n'ai encore rien pris d'aujourd'hui, et ça me soutiendra.
CAROLINE
Je cours vous le chercher, mon bon ami... Oh! comme vous êtes gentil, aujourd'hui.
RICHARD, l'embrassant.
Tu es donc contente de moi?
CAROLINE.
Oh! oui, bien contente... et bien heureuse. (Elle va au fond.) Voici monsieur Lambert. (Elle sort par la porte de droite.)

SCÈNE VI.
RICHARD, LAMBERT, portant des bottes.

RICHARD, s'asseyant à droite.
Ah! te voilà, Lambert.
LAMBERT.
Vous êtes bien bon, monsieur, et la vôtre.
RICHARD.
Tu es exact, c'est bien.
LAMBERT.
Monsieur?
RICHARD.
Je dis que tu es exact, c'est très bien.
LAMBERT.
Oh! je sais que monsieur n'aime pas qu'on se trompe.
RICHARD.
Ah! ah! tu te souviens encore des bottes à l'écuyère.
LAMBERT.
Monsieur?

RICHARD.
Je dis que tu te souviens des bottes à l'écuyère.
LAMBERT.
Ah! oui, monsieur... j'ai la mémoire de ces choses-là.
RICHARD.
Hé bien, mon garçon, comment va ton commerce? ta boutique commence-t-elle à être un peu achalandée?
LAMBERT.
Vous êtes bien bon, M. Richard... ça va pas trop mal... l'ouvrage donne assez... mais je m'ennuie... tout seul dans ma boutique... et je crois que si je pouvais... me... si je pouvais me marier.
RICHARD.
Ah! oui, je sais... Caroline, je crois, m'a parlé de cela... Donne-moi mes bottes.

LAMBERT, l'aidant à mettre ses bottes.
Ça se pourrait! quoi M. Richard, vous saviez... hé bien! oui, c'est mamzelle Charlette que j'adore...que je voudrais la prendre pour ma femme... et si vous le permettiez, tout en continuant son service chez vous, M. Richard... sans vous gêner en rien, elle pourrait devenir mam' Lambert.
RICHARD.
Hé bien! mon garçon, puisque ça vous convient à tous les deux... c'est une affaire qui pourra peut-être s'arranger... nous en recauserons... donne-moi l'autre.

LAMBERT, apprêtant l'autre botte.
Voilà, M. Richard, voilà... ah! quel bonheur! d'un cuir excellent, comme vous voyez... je vas-t-y être heureux! avec des talons plats... (A part.) Charlette va être aux anges!
RICHARD, frappant du pied.
Dis donc, dis donc... elles sont bien étroites tes bottes? Tu sais pourtant que je n'aime pas être gêné?.. j'ai les pieds délicats...
LAMBERT.
Oh! ce n'est rien, ça se fera.
RICHARD.
Ça se fera, ça se fera... vous dites toujours cela, vous autres.
LAMBERT.
Elles vous chaussent joliment bien!
RICHARD.
C'est possible! mais elles me font souffrir.
LAMBERT.
Vous n'aurez pas fait quatre pas, que vous serez comme dans du velours... Dieu!.. le joli pied que ça vous fait.
RICHARD.
Je me soucie bien d'avoir un joli pied, si je souffre... d'autant plus que je crois que le temps va changer. (Il se promène en frappant légèrement du pied.)
LAMBERT, le suivant.
Une fois au bout de la rue, vous n'y penserez plus; vous en serez content, vous verrez... (A part.) Faut que j'aille apprendre à Charlette... (Haut.) Ainsi donc, M. Richard, je puis compter que vous ne vous opposerez pas...
RICHARD, qui ne l'écoute pas.
L'heure avance... et voilà qu'ils me font attendre.
LAMBERT, plus haut.
N'est-ce pas, M. Richard, je puis compter que vous ne vous opposerez pas à ce que...
RICHARD.
C'est bon, c'est bon... laisse-moi tranquille.
LAMBERT.
Oui, M. Richard, oui... c'est qu'on est bien aise... d'être à peu près sûr... quand il s'agit d'affaires aussi majeures...
RICHARD.
Assez te dis-je... quel bavard!.. voyons, laisse-moi.
LAMBERT, à Richard, qui l'écoute avec impatience.
Oui, M. Richard... je vous salue bien... je prendrai la liberté de revenir pour la chose en question...

Pendant cette scène, Richard va de droite à gauche, et Lambert le suit tout en lui parlant.

RICHARD, impatienté.

Assez, assez!..

LAMBERT.

Oui, M. Richard... (A part.) Il n'a pas l'air aussi gracieux que tout à l'heure. Adieu M. Richard, je vous salue bien. (Il sort.)

SCENE VII.
RICHARD, seul.

Va-t-en au diable!.. j'ai cru qu'il n'en finirait pas, avec ses saluts et ses adieux... soyez bon avec ces gens-là, et vous les rendez insupportables... Allons, me voici prêt, et Raymond ne revient pas... et Martial ne revient pas... on dirait qu'ils se donnent le mot à qui ira le plus lentement... (Il frappe du pied en faisant une petite grimace.) Cet imbécile qui me dit que ça se fera... Je ne vois personne ; vous verrez qu'ils me feront manquer l'heure de mon rendez-vous... (Il se promène à grands pas.) J'aurais été dix fois à la place des cabriolets... mais mon cher frère, lui, il se croirait compromis s'il se hâtait, je ne comprends pas qu'on soit de cette pâte-là... (Il sonne fortement.) Voyez si l'on répondra... (Il sonne de nouveau.) Ils veulent me faire damner !

SCENE VIII.
RICHARD, CHARLETTE, puis l'un après l'autre CAROLINE, RAYMOND et MARTIAL.
(Charlette accourt tenant à la main le chapeau de Richard qu'elle brosse.)

CHARLETTE.

Monsieur appelle?..

RICHARD.

Monsieur appelle!.. monsieur appelle!.. Vous vous moquez du monde, sans doute... voilà la dixième fois que j'appelle!

CHARLETTE.

Pardon, monsieur, c'est que j'étais en bas avec Lambert.

RICHARD.

Eh que m'importe ! que vous soyez avec Lambert ou avec tout autre.

CHARLETTE, tout en brossant le chapeau.

Il me disait que monsieur avait eu la bonté de lui permettre de m'épouser... qu'il avait la parole de monsieur...

RICHARD.

Il a menti... je n'ai fait aucune promesse... je n'ai pas dit non, cela est vrai ; mais je n'ai pas dit oui, non plus... votre service, d'ailleurs, ne se fait pas trop bien, il me semble... et il faudrait que je fusse plus satisfait...

CHARLETTE.

Mais, monsieur...

RICHARD.

Allons, c'est bon... donnez-moi mon chapeau que vous balottez là, et que vous abîmez à coups de brosse.

CHARLETTE, à part.

Monsieur vient de marcher sur une mauvaise herbe, bien sûr.

RICHARD.

Pour le coup c'est trop fort!.. Ah! enfin, voilà quelqu'un...

CAROLINE, avec un verre sur un petit plateau qu'elle pose à droite.

Mon ami, voici votre verre de Madère.

RICHARD.

Merci bien, je n'en veux plus.

CAROLINE.

Pourquoi donc?

RICHARD.

Pourquoi?.. parce que je n'en veux plus... il me semble que c'est une raison suffisante... il y a trop long-temps que je l'attends ce verre de Madère, pour le désirer encore.

CAROLINE.

Je suis faché de vous avoir fait attendre, mon bon ami, mais j'ai été obligée d'en envoyer chercher à la cave.

RICHARD.

A la cave! à la cave!.. et Martial, est-ce à la cave aussi qu'il est allé chercher mon portefeuille, et Raymond est-ce aussi à la cave qu'il est allé prendre un cabriolet?.. l'heure s'écoule, je suis en retard et l'on dirait que vous vous entendez tous pour m'impatienter.

RAYMOND, entrant d'un air satisfait.

Ah !..

RICHARD, le contrefaisant.

Ah !.. ça n'est pas malheureux... sans doute, tu reviens de la Bastille ou de la Magdeleine?..

RAYMOND, tranquillement.

Est-ce que tu m'avais envoyé à la Bastille ou à la...

RICHARD.

Je t'avais envoyé à la place des cabriolets et j'aurais eu le temps d'y aller cent fois.

RAYMOND.

Je vais te dire... je suis allé à la place...

RICHARD.

Eh parbleu ! je te crois... tu y a mis le temps.

RAYMOND.

Ce n'est pas tout... je suis allé à la place, et il n'y avait plus de voitures, il ma donc fallu courir à une autre place...

RICHARD.

Courir ! toi, tu as couru !.. c'est donc la première fois de ta vie... et enfin... enfin... le cabriolet est en bas?..

RAYMOND.

Non.

RICHARD.

Comment, non?.. tu es revenu sans voiture... Ah! ça tu veux donc me faire sauter au plafond?..

RAYMOND.

Je n'ai jamais eu cette idée-là... Mais l'autre place était déserte comme la première... et à l'impossible nul n'est tenu.

RICHARD.

Allons, allons, c'est décidé, tout ira de travers, me faire attendre une heure !.. et cela pour venir me dire : Je n'ai rien trouvé.

RAYMOND.

A l'impossible... nul n'est tenu... que veux-tu, ce n'est pas ma faute... si tu m'en crois, tu partiras à pied, sans plus tarder... et je te conseille de te munir d'un parapluie, car il tombe de grosses gouttes...

RICHARD, frappant du pied, à part.

De la pluie... bon, il ne me manquait plus que cela !.. qu'il y a des gens heureux avec leur flegme !.. (Haut.) Voyons... et mon portefeuille?.. pourrai-je l'avoir au moins, et partir...

RAYMOND.

Comment, tu n'as pas encore ton portefeuille?..

MARTIAL, accourant.

Le voilà ! le voilà !.. m'n oncle, avec votre note joliment copiée...

RICHARD.

C'est bon, donne.

MARTIAL.

Ça a l'air d'être lithographié !

RICHARD, fortement.

Me donneras-tu cette note !

MARTIAL, la donnant.

Certainement, certainement, m'n oncle... c'est pas moi qui veux vous retarder... Oh Dieu !.. je suis sur d'la braise... sur d'la chaux vive !.. du reste, vous ne trouverez pas d'obstacles, n'est-ce pas mon oncle !

(Raymond fait signe à Martial de se taire et cela derrière le dos de Richard.)

RICHARD, brusquement à Martial.

C'est bon ! ça ne te regarde pas.

(Il examine si les papiers sont en ordre dans son portefeuille.)

MARTIAL.

Faites-moi donc le plaisir, mon oncle, de demander à quelle heure, au juste, il faudra que je sois au ministère, que ça ne soit pas trop tôt, hein !.. et à quelle heure j'en pourrai sortir...tâchez que ce ne soit pas trop tard... Oh Dieu ! quel bonheur ! c'est-à-dire que ça me rend si joyeux que j'en danserais la Cachouca... si ça n'était pas un peu leste... c'est-à-dire...

RICHARD.

C'est-à-dire, c'est-à-dire que vous êtes un sot de divaguer ainsi... et de vous regarder comme possesseur d'une place que vous n'aurez peut-être jamais...

MARTIAL.

Je ne l'aurai pas!.. vous m'abîmez!

RICHARD, vivement.

Vous vous figurez qu'on obtient comme on veut des places pareilles... quand vingt autres postulent pour leurs protégés... quand vous vous liguez tous pour me tourmenter et m'empêcher de sortir... quand il pleut à verse, quand je suis en retard, et que je ne puis avoir un malheureux cabriolet... (A part.) Et puis ces maudites bottes. (Il fait la grimace.)

MARTIAL.

Vous n'avez pas de cabriolet?.. Je cours vous en chercher trois, six, neuf!

RICHARD, le repoussant.

Allez tous au diable... et laissez-moi! (Il sort brusquement.)

SCÈNE IX.
MARTIAL, CAROLINE, RAYMOND, CHARLETTE.

(Ils se regardent un moment sans rien dire, puis Raymond rompt le silence, en fredonnant d'un air distrait.)

RAYMOND, fredonnant.

Pum, pum, pum, pum!

MARTIAL, à part.

Ce pauvre papa qui fait semblant d'avaler ça sans y penser.

(Il avale le verre de Madère qu'on avait apporté pour Richard.)

RAYMOND, de même.

Pum, pum, pum, pum!

MARTIAL.

Oui, pum, pum, pum... c'est ça, chantez, il y a de quoi...(Avec explosion.) Voyons, là, franchement, papa, vous avez voyagé n'est-ce pas? vous avez pas mal voyagé?..

RAYMOND.

Eh bien!.. après...

MARTIAL.

Eh bien! avez-vous jamais rencontré dans vos voyages un caractère comme celui-là, c'est un vrai type de sauvage.

RAYMOND.

Tu vas encore critiquer ton oncle... tu ferais mieux de te taire.

MARTIAL.

Ah! c'est trop fort, par exemple!.. et ce qu'il y a de plus charmant, c'est que vous le défendez toujours... un homme avec lequel on ne sait jamais sur quel pied danser... Ce matin, il est brusque... un moment après, il redevient traitable, gentil... alors vous allez, vous vous livrez, vous lui parlez comme à un homme ordinaire... et puis tout à coup, crac!.. vous avez un hydrophobe devant vous...

CAROLINE.

Martial, je vous en prie...   (Elle va se mettre à son dessin.)

MARTIAL.

Ça suffit, Caroline, je me tais...

RAYMOND.

Et tu fais bien, parce que tu ne sais ce que tu dis, tu ne comprends pas ton oncle.

CHARLETTE, à part.

Moi, je suis de l'avis de M. Martial... c'est quéq' fois un hédrophobe! *

RAYMOND.

Voyez donc le grand mal, parce qu'il s'est un peu impatienté... et pourquoi s'est-il impatienté?.. parce qu'il craint d'être en retard pour obtenir la place de monsieur! c'est à cause de toi qu'il est comme ça, et c'est toi qui l'accuses... tu aimerais peut-être mieux le voir indifférent, hein?.. injuste?.. s'il nous a brusqués, c'est par excès de bonté... s'il s'est mis en colère, c'est par attachement...d'ailleurs, c'est dans la nature de tout le

* Ici, Charlette rentre à gauche, pour ressortir à la fin de la scène.

monde de se mettre en colère... qui est-ce qui ne se met pas en colère?.. plus ou moins.

MARTIAL.

Vous, petit père, vous... oh! pour ça, c'est une justice à vous rendre.

RAYMOND, très tranquillement.

Moi? eh bien! c'est ce qui vous trompe, monsieur; je me mets très facilement en colère... mais chez moi, c'est interne... et si je n'éclate pas plus souvent, c'est que me crains. (Il prend un journal qu'il parcourt.)

MARTIAL, riant.

Oh! oh! oh! eh bien! moi, je ne vous crains pas : vous, en colère!.. laissez donc, je vous connais comme si je vous avais... c'est-à-dire non... au contraire; mais tenez, Caroline, vous aller juger : Quand j'étais gamin, c'était au sortir de l'enfance, j'avais ma petite tête... et quand je faisais des niches à nos voisins... j'adorais faire des niches... il venaient se plaindre; papa alors prenait sa grosse voix et me disait devant le monde : (L'imitant.) « Monsieur le drôle, je vous mets au pain sec et au cachot!..» Cinq minutes après je sautais à la corde, et il me bourrait de gâteaux.

RAYMOND, cherchant à ne pas rire.

Mauvais sujet!

SCÈNE X.

Les Mêmes, LAMBERT, le nez à la porte.

LAMBERT.

Pardon, mademoiselle et messieurs, peut-on entrer sans indiscrétion?

CHARLETTE.

Tiens, c'est Lambert... eh bien! qu'elle mine qu'il a donc?

MARTIAL.

Que nous veux-tu?

LAMBERT.

Pardon, excuse, mademoiselle et messieurs, mais j'étais venu histoire de parler d'affaires, une minute avec Mlle Charlette, et de lui demander un peu de consolation.

CHARLETTE.

Qu'est-ce qu'il vous est donc arrivé, Lambert?

RAYMOND.

Voyons, parle... est-ce que tu serais malade? tu es tout jaune.

LAMBERT.

Jaune n'est pas le mot... mais sans le respect que je vous dois, je crois que je pleurerais volontiers comme un enfant très jeune.

MARTIAL.

C'est donc un événement dramatique?

CAROLINE.

Voyons, expliquez-vous...

CHARLETTE.

Certainement, Lambert, si l'on peut vous consoler...

RAYMOND.

Nous t'écoutons!

LAMBERT.

Vous êtes bien bons. (Après une pause.) Voilà donc que depuis ce matin j'étais gai et heureux comme un potentat, parce que M. Richard m'avait donné à entrevoir la main de mademoiselle Charlette, que je convoite en légitime, comme vous savez. Ça allait donc à ravir! Je m'abandonnais naïvement à la joie; je formais une foule de petits plans pour l'avenir, et je venais en faire part à ma future, quand voilà que je rencontre M. Richard dans l'escalier : Je grimpais comme une flèche, quatre à quatre, et comme M. Richard descendait très vite... Pan!.. je lui applique ma tête dans l'épaule gauche... et tout aussitôt, vlan!.. il me campe... en plein, comme il y a trois ans... jour anniversaire.

MARTIAL et CHARLETTE, riant.

Ah! ah! ah!

CAROLINE.

Ce pauvre garçon!

RAYMOND.

Et t'a-t-il fait bien mal?

LAMBERT.

C'était moins fort que l'autre fois, et ça ne serait rien, s'il ne m'avait pas donné un autre coup affreux dans l'estomac.

RAYMOND et MARTIAL.

Un autre coup!

LAMBERT.

Hélas oui! car en se tâtant l'épaule... Qu'est-ce que tu viens faire ici? qu'il m' demande rudement. — Dam, monsieur, j' monte voir Charlette. — Et pourquoi montez-vous voir Charlette? — Pour ce que vous savez, M. Richard, pour notre mariage, vous m' l'avez permis. — Hé ben, à présent, je vous le défends. — Comment, monsieur, vous vous dédisez. — Je vous le défends, qu'y répète; Charlette ne se mariera pas tant qu'elle sera à mon service. — Là-dessus, il disparaît, et moi je reste comme un homme qu'a reçu un coup de tonnerre. Voilà, mademoiselle Charlette, la position où nous en sommes.

CHARLETTE.

Vous avez joliment avancé les choses.

RAYMOND.

Pourquoi diable aussi, vas-tu lui fourrer ta tête dans l'épaule.

MARTIAL.

Ça ne se fait pas.

CAROLINE.

Rassurez-vous, Lambert, il reviendra sur ce qu'il a dit.

LAMBERT et CHARLETTE.

Vous croyez? quel bonheur!

RAYMOND.

Vous savez bien qu'il finit toujours par faire ce qu'on désire.

LAMBERT à Caroline.

Ça s'ra bien bon à vous, mamzelle, de rapatrier les choses.

MARTIAL.

Je l'entends, je crois.

LAMBERT.

Oh! je ne veux pas qu'il me retrouve ici. Et vite, et vite... au revoir Charlette; mille remercîmens, mamzelle et messieurs, ne m'oubliez...

CHARLETTE.

Mais allez-vous-en donc.

LAMBERT.

Oui, mais par où! il va me rencontrer dans l'escalier... Ah, j'y suis, je vas monter à la cuisine, et je descends tout de suite; adieu Charlette... je m'esquive... (Il part très vite et se rencontre avec Richard qu'il heurte à la porte.)

SCÈNE XI.

CAROLINE, RAYMOND, RICHARD, MARTIAL, CHARLETTE.

RICHARD.

Ce butor-là! c'est la deuxième fois d'aujourd'hui!

RAYMOND.

Est-ce qu'il t'aurait fait mal?

RICHARD.

Par Dieu, il s'agit bien du mal qu'on a pu me faire? Charlette?

CHARLETTE.

Monsieur?

RICHARD.

Comment se fait-il que ce Lambert est encore ici? répondez.

CHARLETTE.

Mais, monsieur... c'est parce que...

RICHARD.

Parce qu'il vous fait la cour... ce qui me déplaît... ce que je ne veux pas... Je vous déclare que si je le retrouve... je vous chasse, entendez-vous?

MARTIAL, à part.

Le vent est à l'orage.

CHARLETTE.

Mais pourtant, monsieur...

RICHARD, lui donnant son chapeau.

Taisez-vous, et sortez.

CHARLETTE.

Je m'en vas, monsieur, je m'en vas. *(Elle sort)*

SCÈNE XII.
Les Mêmes, excepté CHARLETTE.

RICHARD.

Pourquoi ne peut-on pas se passer de ces gens-là!.. Hé bien! voyons, qu'avez-vous à me regarder tous les trois? hein?

RAYMOND.

Dame, tu sais bien que nous attendons quelque chose.

MARTIAL.

Oui, mon oncle... la réponse du ministre... vous savez bien.

RICHARD.

Ah! oui... la réponse du ministre! c'est là seulement ce qui vous intéresse... peu vous importe que je sois fatigué, abîmé, rompu?.. vous ne vous informez pas des allées et des venues qu'on m'a fait faire... des insolences qu'il m'a fallu supporter, depuis les employés jusqu'aux garçons de bureau... de toute la patience dont j'ai dû m'armer, pour arriver jusqu'au cabinet du chef de division... une forteresse n'est pas plus difficile à prendre d'assaut!..et une fois là...

MARTIAL.

Une fois là?..

RAYMOND.

Tu as vu M. Bonnard?

RICHARD.

Certainement que j'ai vu M. Bonnard.

CAROLINE.

Et la place?

RAYMOND et MARTIAL.

Oui, la place?

RICHARD.

La place... la place est donnée!.. c'est le ministre qui a choisi lui-même son secrétaire.

MARTIAL.

Elle est donnée! et ce n'est pas à moi! c'est un soufflet que je reçois! le ministre me donne un soufflet énorme!

CAROLINE.

Une si belle place!

RAYMOND.

Ah! c'est désolant!

MARTIAL.**

Ah! mon Dieu! mon Dieu! mon Dieu!..

RICHARD.

Oui, c'est cela, maintenant, vous allez gémir... m'obséder de vos plaintes, de vos jérémiades... Eh bien! oui, c'est fini, il n'y faut plus penser... (Il s'assied.) Au surplus, n'accusez que vous... si elle vous échappe, cette place... c'est votre faute et non la mienne.

RAYMOND.

Est-ce que nous t'accusons?

RICHARD.

Il ne manquerait plus que cela!.. Si vous vous étiez un peu remués, si vous aviez fait quelques démarches... je comprendrais vos plaintes... mais qui m'a secondé? personne. Monsieur mon frère est-il homme à faire un pas, lui? ah! bien oui!.. l'avenir de son fils en dépend... ne croyez pas que ce soit un motif suffisant!..

RAYMOND.

Ah ça! mais... dis donc, dis donc?

RICHARD.

Et monsieur que voilà... qui veut occuper une pareille place, et qui croit que pour y arriver, il faille passer par tous les cafés, et être de première force aux dominos... le beau secrétaire que cela ferait!

* Caroline, Raymond, Richard, Martial.
** Martial, Caroline, Raymond, Richard.

MARTIAL.
Mon oncle vous me traitez d'une façon...

RICHARD.
Je vous traite comme vous le méritez... et maintenant, je vous engage à ne plus compter sur la main de Caroline... son avenir m'est trop cher pour que je le confie à un écervelé tel que vous, à un homme sans occupation, un désœuvré... non, non. D'ailleurs, je vous avais prévenu, et cette place vous manquant, le mariage ne peut avoir lieu.

MARTIAL.
Est-ce possible! est-ce bien possible!

CAROLINE, pleurant,
Ah! mon Dieu! (A Raymond.) Mais M. Raymond, parlez donc... parlez donc pour nous.

RAYMOND, à Caroline.
Certainement que je vais parler... cela va trop loin.

MARTIAL, avec désespoir.
Est-ce ma faute à moi si le ministre choisit lui-même ses créatures... ces ministres ont toujours les poches pleines de créatures!

RAYMOND.
Martial a raison... du moment que le ministre choisit lui-même ses créatures... nous ne pouvions pas...

RICHARD.
Fort bien... liguez-vous contre moi... (Avec force et se levant.) C'est votre faute, vous dis-je... mais à quoi bon toutes ces phrases? je suis bien sot de vous répondre; ce que j'ai dit est dit... quand je prends une résolution, elle est inébranlable; vous devriez le savoir.

RAYMOND.
Ainsi donc, après avoir promis le bonheur à ses pauvres enfans... tu détruis toi-même l'avenir que tu leur as fait espérer.

RICHARD, impatienté et à part.
Quel supplice!

RAYMOND.
Réfléchis à ce que tu vas faire, Richard... ce matin encore tout paraissait décidé, convenu... et voilà qu'à présent...

RICHARD.
Voilà qu'à présent, j'ai changé d'idée... après...

RAYMOND.
Voyons, ne t'emporte pas... sur un point, je suis de ton avis... certes, un jeune homme qui se marie doit avoir une position, une profession, une place quelconque... c'est plus convenable; c'est même nécessaire... mais une fois marié... Martial peut chercher... nous trouverons moyen de l'occuper... car je pense bien que ce n'est pas à cause des appointemens que tu désirais le voir arriver au secrétariat.

RICHARD.
Et... pourquoi pensez-vous cela?

RAYMOND.
Parce que ta fortune te met à même...

RICHARD.
Ma fortune!.. ah! voilà le grand mot lâché!.. ma fortune!.. vous ne savez donc pas que ce n'est qu'à force de travail et de privations que je l'ai acquise, ma fortune?

RAYMOND.
Je ne te dis pas le contraire...

RICHARD.
Hé bien! alors, contentez-vous donc d'en jouir, et d'en manger votre part... puisque vous n'avez pas eu l'esprit de faire comme moi... et veuillez m'épargner vos conseils...

RAYMOND, indigné.
Richard!

MARTIAL, en même temps que son père.
Mon oncle!

RICHARD, se jetant dans un fauteuil.
Ah! tenez, brisons là...

RAYMOND, avec force.
Non pas... car ce que tu viens de dire là est insultant pour moi... (Une

pause; cherchant à se calmer.) Frère, tu es fâché de ce que tu as dit, n'est-ce pas?.. tu ne me réponds pas?.. mais fais donc attention que tu viens de me faire sentir que j'étais à ta charge.
RICHARD.
Hé... prends-le comme tu voudras...
RAYMOND.
Oh! ce que tu fais là est infâme... jusqu'à ce jour tu fus pour nous impérieux et bourru... à présent, tu es un méchant homme!.. Ah!.. nous sommes à ta charge... ah! nous mangeons ton bien... car c'est ce que tu as voulu dire, n'est-ce pas?.. je ne me suis pas trompé, je n'ai pas mal entendu...
CAROLINE, allant vers Richard.
Mon ami...
RICHARD.
Laissez-moi!
RAYMOND, avec force.
Ah! c'est trop fort!.. Martial, prépare-toi à me suivre...
MARTIAL.
Où cela, père?
RAYMOND.
Je n'en sais rien encore... mais nous serions des lâches, si nous restions une heure de plus dans cette maison.
CAROLINE, à Raymond.
Mon ami, calmez-vous...
RAYMOND.
Laisse-moi, mon enfant, ne me retiens pas... (A Richard.) Ah! nous sommes à ta charge... Oh! garde ta fortune!.. jouis-en tout seul... je suis vieux, mais Dieu merci, je puis encore travailler... je retournerai à Lyon... là, je retrouverai ma petite place de commis... et le pain que je mangerai... le pain que je mangerai, je l'aurai gagné! et on ne me le reprochera pas; entends-tu, Richard? on ne me le reprochera pas? Viens, Martial, monte à ta chambre, fais ta malle... dépêche-toi.
MARTIAL.
Oui, père, oui, vous avez raison.
RAYMOND.
Va, va. (Martial sort par une porte latérale de gauche. Se rapprochant de Richard.) Quant à moi, ce ne sera pas long... ce ne sera pas long...
RICHARD.
Ce sera quand vous voudrez...
RAYMOND.
Ce sera tout de suite.

AIR : Ce que j'éprouve en vous voyant.

A l'instant, oui, je vais partir,
Car ici, je n'ai plus de frère;
Eh! que m'importe la misère,
Ce mot-là ne fait pas rougir,
Et ta pitié me fait rougir.
Un bienfait que l'amitié donne
En vous pressant entre ses bras,
Un bienfait qu'elle offre tout bas,
On l'accepte, mais une aumône,
Je n'en veux pas, je n'en veux pas,
Garde ton or, je n'en veux pas,
De ta pitié! je n'en veux pas.

Adieu!..
(Il sort dans la plus grande émotion. Caroline le suit en pleurant.)

SCÈNE XIII.

RICHARD, seul; après s'être promené quelque temps sans rien dire.

Hé bien! qu'ils partent!.. je vivrai seul, tant mieux!.. je n'aurai plus autour de moi d'éternels sujets de discussions et de disputes... on ne me tourmentera plus peut-être... on ne se fera plus un malin plaisir de me contredire sans cesse et de m'irriter les nerfs au point de me rendre fou. Quand ils m'ont bien mis en colère, oh! alors ils sont heureux, ils triomphent!..et au lieu de chercher à me calmer, ils m'exaspèrent davantage...

les ingrats!.. oui, ingrats et méchans, car, en refusant mes secours, ils savent tout le mal qu'ils me feront... me quitter... aujourd'hui... quand je ne songeais qu'à leur bonheur... quand je venais par cet acte, d'assurer à jamais leur avenir!..* C'est qu'il le fera comme il l'a dit...'ce Raymond, avec son air apathique, une fois qu'il se met à avoir du caractère, ça n'en finit plus... (Il s'assied comme accablé.) J'étouffe, je n'en puis plus, je souffre!

SCENE XIV.
RICHARD, CHARLETTE.

CHARLETTE, entrant avec précaution.

Allons, allons, du courage... je viens de voir Lambert, et puisque monsieur refuse son consentement, nous nous en passerons... je vas demander mon compte, et tout sera dit. (Elle tousse.) Hum... hum... monsieur.

RICHARD, se levant et brusquement.

Ah! c'est vous... ma robe de chambre, mon tire-bottes, mes pantoufles?

CHARLETTE.

Oui, monsieur.

(Elle entre un moment dans la chambre de gauche, au premier plan.)

RICHARD, se promenant à grands pas.

Ah! monsieur mon frère veut faire l'homme fort!.. nous verrons, nous verrons... (Il frappe fortement du pied et paraît s'être fait mal; criant.) Hé bien! ces pantoufles?

CHARLETTE, apportant ce que Richard a demandé.

Voilà, monsieur.

RICHARD.

C'est heureux... (Il ôte ses bottes et met ses pantoufles; pendant cette opération, il est masqué par la table ou un fauteuil.) Vous renverrez ces bottes à votre monsieur Lambert, elles sont trop étroites, elles m'ont blessé depuis ce matin. (Il ôte son habit qu'il donne à Charlette et met sa robe de chambre.) Cet habit aussi me gêne et m'oppresse... vous le rendrez au tailleur.

(Il s'assied, s'étend dans un fauteuil, passe sa main sur son front, et semble renaître.)

CHARLETTE.

Oui, monsieur. (A part.) Voyons, demandons-lui... c'est drôle...ça me fait un effet...après tout, je suis dans mon droit; reportons d'abord tout ça en place.

(Elle va serrer les effets de Richard.)

RICHARD.

Enfin... je respire!.. c'est bon d'être à son aise!.. au diable le métier de solliciteur... quelle corvée!.. et cela pour échouer... c'était bien la peine... après tout, une place dans un ministère, ça n'a rien de stable...

CHARLETTE, rentrant et à part.

Voyons, faut pourtant que je prenne ça sur moi.

RICHARD, doucement.

Que veux-tu, Charlette?

CHARLETTE, timidement.

Monsieur, c'est quelque chose que je voudrais vous dire...

RICHARD.

Hé bien! parle, n'as-tu pas peur?

CHARLETTE, à part.

Comme il est radouci, v'là que j' n'ose plus.

RICHARD.

C'est donc quelque chose de bien important?

CHARLETTE.

Dame, oui, monsieur, quand on est dans une bonne place, ça fait toujours de la peine de la quitter.

RICHARD.

De la quitter?.. pourquoi cela?.. est-ce que je t'ai renvoyée...

CHARLETTE.

Non, monsieur, mais... c'est moi... qui voudrais... m'en aller...

RICHARD, tristement.

Ah! toi aussi.

CHARLETTE.

Parce qu'étant d'un âge raisonnable, et ne voulant pas rester fille toute ma vie...

---

* Il tire son portefeuille de la poche de son habit et le passe dans celle de son gilet.

RICHARD.
Je comprends, c'est parce que je t'ai défendu de voir Lambert?
CHARLETTE.
Oui, monsieur... et puis quand on est honnête, qu'on fait son devoir, et qu'on est rudoyée comme monsieur l'a fait tout-à-l'heure... ça affecte.
RICHARD.
Allons, c'est bon; je ne reçois pas tes raisons... tu ne t'en iras pas... j'augmente tes gages, et quant à Lambert, tu peux lui dire de me venir voir... aujourd'hui même...
CHARLETTE.
Ah! monsieur, que vous êtes bon, prenez que je n'ai rien dit... j'en suis désolée...
RICHARD.
Bien, bien... où est Raymond.
CHARLETTE.
Il est dans sa chambre, monsieur.
RICHARD, lentement.
Ah!.. et... que fait-il?
CHARLETTE.
Il fait sa malle, ainsi que M. Martial.
RICHARD, qui a fait un mouvement.
Et Caroline, où est-elle?
CHARLETTE.
Dans le salon où elle pleure.
RICHARD.
Elle pleure!
CHARLETTE.
Elle s'était jetée au cou de M. Raymond, en le suppliant de ne pas partir... mais comme monsieur votre frère paraît bien décidé... c'est ça qui la chagrine.
RICHARD, après une pause.
Laisse-moi...
CHARLETTE.
Oui, monsieur. (Elle sort.)

SCENE XV.

RICHARD, seul. Il se lève et se promène, puis CAROLINE.

Me quitter!.. ils vont me quitter!.. J'ai donc été bien injuste... oh! oui... leur faire sentir... ah! j'en rougis maintenant... et je comprends qu'ils veuillent s'éloigner de moi... parler ainsi... à un frère... Je l'entends, je crois, non, c'est Caroline... (Caroline entre et va vers son pupitre sans voir d'abord Richard.) Je n'ose l'interroger.
CAROLINE, apercevant Richard.
Ah! je ne vous avais pas vu...
RICHARD.
Est-ce que... tu quittes... Raymond?
CAROLINE, avec tristesse.
Oui.
RICHARD.
Et il se disposait... à... partir.
CAROLINE, essuyant une larme.
Oui, ils vont monter en voiture pour aller à la diligence.
RICHARD.
Et... est-ce lui... qui t'a envoyée vers moi?
CAROLINE.
Non, je venais pour prendre ce dessin que j'avais fait pour sa fête... car c'est aujourd'hui sa fête! (Pleurant.) Et comme il s'en va... je veux qu'il l'emporte avec lui... ce sera un souvenir... quand il sera loin de nous.
RICHARD, essuyant une larme.
Caroline, oh! je te réponds bien qu'il ne partira pas!
CAROLINE.
C'est en vain que vous espérez le retenir; j'ai fait pour cela, plus que vous ne pouvez croire... j'ai pris sur moi de dire que j'étais envoyée par vous auprès de lui, que vous reconnaissiez vos torts... que vous lui faisiez des excuses...

RICHARD.

Eh bien ! qu'a-t-il répondu ?

CAROLINE.

Que cela ne l'étonnait pas ; mais que vous lui aviez ouvert les yeux sur sa position, qu'il ne pouvait plus vivre ainsi... et que rien au monde ne l'empêcherait de retourner à Lyon, où il veut reprendre sa place de quinze cents francs.

RICHARD.

En place !.. lui...

RAYMOND, dans la coulisse.

Martial ?

MARTIAL, de l'autre côté.

Papa.

RAYMOND, id.

Es-tu prêt ?

MARTIAL, id.

Oui.

(Ils paraissent chacun de leur côté, dans un attirail de voyageur un peu ridicule, et portant chacun un sac de nuit.)

SCÈNE XVI.
CAROLINE, MARTIAL, RICHARD, RAYMOND.

RAYMOND, voyant son frère, à part.

C'est lui !..

MARTIAL, à part.

Elle est là !

RICHARD.

Raymond ?

RAYMOND.

Hein ?

RICHARD.

Tu m'en veux donc beaucoup ?

RAYMOND.

Pourquoi me demander cela ?

RICHARD, avec ame.

Raymond... si je te tendais la main ?

RAYMOND, avec flegme.

Je la serrerais avec plaisir... (Il lui prend la main.) Car il serait cruel d'emporter de la haine, en se quittant... pour ne jamais se revoir, peut-être.

RICHARD.

Ne jamais se revoir !.. est-ce que tu le pourras, toi ?.. ne jamais se revoir !.. mais si je convenais de mes torts !.. si je te disais que j'ai été injuste envers toi ?.. eh bien ! oui, j'en conviens... oui, j'ai été injuste... je me suis oublié !

RICHARD, posant ses effets à terre.

Écoute-moi, Richard, écoute-moi bien... Une scène pénible vient d'avoir lieu ; devenu calme, tu avoues tes torts ; c'est bien agir ; et j'étais sûr que tôt ou tard tu penserais ainsi. Mais après ce qui s'est passé, vois-tu, après ce que tu m'as dit, nous devons nous séparer... il faut que je parte, car à mon oreille résonneront toujours ces paroles poignantes : « Tu es à ma » charge !.. je te nourris, je t'héberge toi et ton fils... je vous fais l'aumône » à vous qui n'avez pas su faire fortune. » Oh ! c'est affreux, vois-tu, d'avoir entendu de pareils reproches... c'est peut-être me montrer bien fier, moi, si pauvre... (Richard fait un mouvement.) Oui, je suis pauvre... et c'est pour cela que j'ai le droit d'être fier... cette hospitalité que tu m'avais donnée... je n'en veux plus... car j'en ai rougi... car tu m'as humilié... voilà pourquoi je pars... Tu m'as fait comprendre que lorsqu'on peut encore travailler, on ne doit pas mendier des secours... être à la charge des autres ! adieu donc, frère ; ta main, une dernière fois... que je la presse dans les miennes... souhaite-moi bon voyage, et Dieu fera le reste.

RICHARD, avec désespoir.

Raymond ! Raymond !.. tu veux donc me déchirer le cœur ?.. tu me hais donc ?..

RAYMOND.

Non, car je suis l'offensé, et je te tends la main.

RICHARD.
Eh quoi! il ne me suffira pas d'avouer ma faute et d'en demander pardon...
RAYMOND, reprenant ses effets.
Je partirai malgré cela... je le dois... Adieu.
RICHARD.
Ainsi... tu m'abandonnes... tu me laisses seul, ici.
RAYMOND.
Seul, non... la bonne Caroline ne sera-t-elle pas là ?
RICHARD.
Oui, elle sera là... éloignée de ton fils... de celui qu'elle aime... qui devait faire son bonheur.
MARTIAL.
Et qui doit y renoncer, maintenant.
RAYMOND.
Bien, Martial, très bien... Allons, partons...
RICHARD, leur barrant le passage avec force.
Eh bien! non, vous ne partirez pas...
RAYMOND.
C'est ce que nous verrons, par exemple!
RICHARD, les ramenant sur le devant.
Vous ne partirez pas!.. puisque mes larmes ne peuvent vous toucher... puisque vous voulez vivre loin de moi... séparons-nous; mais pour cela, il n'est pas besoin de vous éloigner... si quelqu'un doit quitter cette maison c'est moi, c'est moi seul.
RAYMOND et MARTIAL.
Que dit-il ?
RICHARD.
Je veux bien passer à vos yeux pour un homme emporté, injuste, intraitable... mais pour un méchant, un égoïste... jamais!.. Vous voulez m'abandonner... me fuir, comme on fuit un tyran, n'est-ce pas?.. eh bien! si c'est moi qui trouble votre tranquillité, c'est à moi de vous céder la place, car, ici, je ne suis pas chez moi. (Mouvement d'étonnement. Il donne un papier à Raymond.) Je dis vrai... ce papier est un acte qui rend Martial Raymond seul propriétaire de cette maison; c'était mon cadeau de noce, en l'unissant à Caroline.
RAYMOND.
Mon fils !
MARTIAL.
Comment, moi? propri... ah !
RICHARD.
Vous le voyez, vous ne pouvez plus partir... vous êtes chez vous... (A Raymond.) Et c'est à moi maintenant, de te dire : «Frère, ta main une dernière fois... que je la serre dans les miennes... souhaite-moi bon voyage... et Dieu fera le reste. »

AIR : De votre bonté généreuse.
Puisqu'en ces lieux, je ne suis plus le maître,
Je vais partir, et quitter ce séjour,
Dans bien long-temps nous nous verrons peut-être,
De tous mes vœux, j'appellerai ce jour,
Ce doux espoir faut-il que je l'emporte,
Quand de mes torts vous me croirez absous,
Si, faible et vieux, je frappe à votre porte,
Répondez-moi, m'ouvrirez-vous? (bis.)

(Pendant la dernière phrase et le couplet de Richard, Raymond laisse tomber son sac de nuit, ôté sa casquette, qu'il laisse aussi tomber. Il est très ému et dès que son frère a cessé de parler, il se jette dans ses bras, et l'embrasse à plusieurs reprises.)

RAYMOND.
Richard! Richard!.. mon frère!.. ce que tu fais pour mon fils... (A Martial.) Hé bien! Martial, tu ne viens pas l'embrasser!.. et toi aussi, Caroline!.. (Caroline va l'embrasser.)
MARTIAL, embrassant son oncle.
Oh!.. si... et de grand cœur... (A part.) J'ai retrouvé mon oncle.
RICHARD.
Tu ne veux donc plus me quitter?
MARTIAL.
Moi, jamais au grand jamais; je veux rester chez vous jusqu'à...

RICHARD.

C'est-à-dire chez toi.

MARTIAL.

Au fait, c'est vrai ; puisque je suis propriétaire... dites donc, Caroline, je suis propriétaire.

CAROLINE.

Oh ! ce n'est pas cela qui me rend heureuse.

MARTIAL.

C'est égal, ça ne nuit pas... me voilà électeur, juré ; je paierai des contributions... je monterai ma garde... tous les bonheurs à la fois... je me ferai faire un cachet avec des moëllons.

RICHARD, à Raymond.

Ces chers enfans... nous leur avons fait bien peur... mais qu'avais-je donc dans la tête... pour tout bouleverser ainsi.

RAYMOND.

C'est vrai... à présent que tout est fini... on peut te demander ça... qu'est-ce que tu avais donc ?

SCÈNE XVII.

LES MÊMES, LAMBERT et CHARLETTE.

LAMBERT.

C'est moi, M. Richard...

RICHARD, comme frappé d'une idée.

Ce que j'avais !.. oui, c'est cela !.. (Saisissant Lambert à la gorge.) C'est donc toi, butor, animal...

LAMBERT.

Monsieur, vous m'étranglez positivement.

RAYMOND, vivement.

Qu'y a-t-il ?

CHARLETTE.

Débarrassez-le !

MARTIAL, voulant dégager Lambert.

Mon oncle !..

RICHARD.

Non, laissez-moi... c'est lui qui est cause de tout ce qui est arrivé.

LAMBERT.

Moi ? et pourquoi, monsieur, et pourquoi ?

RICHARD.

Tu me le demandes ?

LAMBERT.

Je ne sais pas ce que j'ai pu faire à monsieur.

RICHARD, le lâchant.

Infâme maladroit !.. tu m'as fait des bottes trop étroites... voilà ce que tu m'as fait !

RAYMOND et MARTIAL.**

Comment, c'était ça ?

RICHARD.

Et avec mon caractère irritable, il ne m'en a pas fallu davantage pour mettre tout en désordre dans la maison... aussi tu mériterais bien...

CHARLETTE.

Ah ! monsieur, c'est pas lui seul qui serait puni.

RICHARD.

Tu as raison ; d'ailleurs, tu as eu ta part de la bourrasque... ce que j'ai dit se fera... vous serez mariés.

LAMBERT.

Ah ! M. Richard, à la première commande, je vous confectionnerai des bateaux...

CHOEUR GÉNÉRAL.
Air de la Cachucha.

Soyons tous contens,
Plus d'ennuis de voyage ;
Puisqu'après l'orage
Arrive le beau temps.

* Caroline, Charlotte, Martial, Lambert, Richard, Raymond.
** Lambert, Charlette, Caroline, Martial, Richard, Raymond.

LES

ENFANS DU FERMIER,

DRAME EN TROIS ACTES,

PAR MM. E. CORMON et A. BROT,

REPRÉSENTÉ POUR LA PREMIÈRE FOIS, A PARIS, SUR LE THÉATRE DE LA PORTE-SAINT-ANTOINE, LE 11 MARS 1837.

PARIS,
NOBIS, ÉDITEUR, RUE DU CAIRE, N° 5.

—

1837.

Personnages.	Acteurs.
M. DE MAURAN.	M. OMER.
LE VICOMTE EMMANUEL, son fils.	M. SÉLIGNY.
MARGUERITE, sa fille.	Mlle CLÉMENCE.
BALTHAZAR DUPRÉ.	M. WABLE.
MARIE, sa sœur.	Mme WABLE.
FÉLIX, page attaché à Emmanuel.	Mlle MARY.
MOREL, intendant du comte.	M. BRAUX.
Mme ROBERT.	Mme LUDOVIC.

La scène se passe à Paris; aux 1er et 2e actes, chez M. de Mauran; au 3e, chez Balthazar.

Imp. J.-R. MEVREL, pass. du Caire, 54.

LES ENFANS DU FERMIER,

DRAME EN TROIS ACTES.

ACTE I.

Un salon de l'hôtel du comte de Mauran, à Paris ; entrée principale au fond ; portes latérales. Une table, des fauteuils.

SCÈNE I.

Au lever du rideau le théâtre est faiblement éclairé ; c'est la fin du jour. On entend dans la coulisse des femmes qui chantent. Morel sort de l'appartement de droite et arrive en scène pendant le chœur. Des domestiques traversent la scène en portant des plats. On dîne dans l'appartement voisin.

AIR de M. Roger.

Amis le plaisir nous convie,
Buvons, rions, chantons, la coupe en main,
Le temps hélas !.. a des ailes, la vie
Pour nous, souvent n'a pas de lendemain.

MOREL, avec douleur.

Oh ! mon Dieu !.. est-ce bien ici l'hôtel du comte de Mauran ?.. suis-je bien éveillé ?... ai-je bien toute ma raison ?... Il n'y a pas encore quinze jours ces salons recevaient tout ce que Paris a de plus élevé, de plus noble... aujourd'hui, quel changement !.. si on ouvrait les portes on verrait tout ce que Paris a de plus débauché en jeunes seigneurs, tout ce que l'Opéra a de plus méprisable en femmes !..

CHOEUR, dans la coulisse.

Amis le plaisir nous convie, etc.

MOREL, s'asseyant.

Ah !.. pourquoi faut-il que le comte soit allé habiter la campagne avec sa fille !.. pourquoi m'a-t-il laissé à Paris, seul, aux prises avec son fils !

(Un domestique ouvre la porte du fond à Balthazar, qui entre timidement.)

SCÈNE II.
BALTHAZAR, MOREL.

MOREL, à Balthazar et en se levant à son approche.
Que demandez-vous, monsieur ?

BALTHAZAR.
Monsieur de Mauran ?

MOREL.
Est-ce à monsieur le comte lui-même ou bien à son fils que vous désirez parler ?

BALTHAZAR.
A monsieur le comte.

MOREL.
Alors, monsieur, il faudra que vous reveniez ; car, pour le moment, le comte de Mauran est à la campagne.

BALTHAZAR.
Pour long-temps ?

MOREL.
Oh ! non... aujourd'hui, dans une heure, peut-être il sera de retour.

BALTHAZAR.
Grand merci, monsieur, je reviendrai.

MOREL.
Est-ce quelque chose qu'on puisse lui dire ?.. vous pouvez m'en charger, je suis son intendant... le comte m'honore de sa confiance... (Voyant l'hésitation de Balthazar.) Parlez... ne craignez rien.

BALTHAZAR.

Oh! mon Dieu! monsieur, je suis bien reconnaissant... je voulais voir M. le comte, lui demander sa protection...

MOREL.

Vous vous adressez bien, mon cher. Le comte est un si digne homme! jamais on n'a frappé en vain à sa porte... Votre nom? à son retour, je le préviendrai.

BALTHAZAR.

Balthazar Dupré.

MOREL.

Dupré?.. seriez-vous le fils de Dupré, son fermier de...

BALTHAZAR.

Bargemont, en Provence... précisément.

MOREL.

Oh! venez, venez, mon ami; il vous recevra avec plaisir, j'en suis sûr. Il aimait beaucoup votre père à cause de sa probité, de sa franchise...

BALTHAZAR, portant la main à ses yeux.

Mon pauvre père!

MOREL.

Combien y a-t-il déjà que vous l'avez perdu?

BALTHAZAR.

Cinq ans.

MOREL.

Venez avec confiance... M. de Mauran sera ici dans la soirée, c'est le moment où il est le plus abordable... venez.   (Il lui tend la main.)

BALTHAZAR.

A ce soir.

(Il se dirige vers le fond pour sortir. En ce moment on entend dans la coulisse le choc des verres, de bruyans éclats de rire. Les voix des femmes dominent les autres. Balthazar, étonné, s'arrête et écoute.)

MOREL.

Ah! je vois votre surprise... si vous saviez mon ami quelle est ma douleur!

BALTHAZAR.

Qui donc fait un tel bruit?

MOREL.

Qui? de jeunes écervelés, de mauvaises femmes, qui n'auraient jamais dû mettre le pied dans cet hôtel et qui ont perdu le fils de mon maître.

BALTHAZAR.

Et M. le comte va revenir!.. mais que dira-t-il s'il les surprend!

MOREL.

J'en tremble d'avance. Lors de son départ, il y a quinze jours, « Morel » m'a-t-il dit, jure-moi qu'en mon absence tu veilleras sur mon fils, et » que s'il se conduisait mal tu me préviendrais.» Le premier jour, j'ai fermé les yeux; le second, j'ai hasardé quelques remontrances, quelques conseils! rien n'a fait... et depuis j'ai vu des choses!.. Enfin! j'ai dû remplir mon devoir!.. et malgré mon attachement pour le fils, j'ai prévenu le père!

BALTHAZAR.

Malheureux jeune homme!

MOREL.

Ah! mon ami, vous êtes jeune aussi, prenez garde que le séjour de Paris ne corrompe votre cœur.

BALTHAZAR.

Oh! l'on m'a bien prévenu et j'arrive en garde contre les séductions de la capitale. Mais mon Dieu!.. ce que j'entendais dire, au fond de ma province, sur les jeunes seigneurs de la cour, ce que je traitais de calomnie ou de préjugé, tout cela est donc vrai, monsieur?

MOREL.

Hélas! on ne vous a pas trompé.

BALTHAZAR.

Quoi! des jeunes gens qui possèdent tout ce que l'homme peut désirer sur terre, naissance, richesse, et qui n'auraient qu'un pas à faire pour trouver le bonheur et gagner l'estime de leurs semblables, peuvent de gaîté de cœur perdre tout cela dans la dissipation et la débauche! quoi!..

ils mangent leur fortune, ils usent leurs vie, ils salissent leur nom; et du milieu de leurs orgies une voix ne s'élèvera pas forte et puissante pour leur faire honte... pour leur crier: «Que deviendra la noblesse de France, si les héritiers de cette noblesse se conduisent comme vous, messieurs? allons, secouez la paresse! prenez la plume ou l'épée, et tâchez de gagner les titres que vous transmettent vos aïeux, comme ils ont su les gagner, eux, par leur talent ou par leur courage!»

MOREL.
Tout cela est fort bien raisonné, mon ami, mais de plus forts que vous ont échoué et échoueront encore!

BALTHAZAR.
Tant pis, monsieur.

MOREL.
A ce soir.

BALTHAZAR.
Je ne sais vraiment si je dois revenir dans un tel moment, surtout ayant avec moi une jeune fille... ma sœur, que je désire également présenter à M. de Mauran.

MOREL.
Le comte une fois ici vous pouvez venir sans crainte.

(Nouveaux éclats de rire plus bruyans encore que les premiers. Morel reconduit Balthazar jusqu'à la porte du fond et au même instant Félix entre par la porte de gauche. Il tient à la main un verre de vin de Champagne. Il est à moitié gris.)

SCÈNE III.
FÉLIX, MOREL.

FÉLIX, entrant.
Oui! monseigneur... je vais transmettre vos ordres... Ouf!.. je crois, vrai Dieu! que la tête me tourne!.. Oh! le délicieux repas!.. les délicieuses femmes! le délicieux champagne! (Il boit.) Morel?.. mon vieux Morel!.. ici!..

MOREL, s'approchant.
Parlez plus poliment, je vous prie, monsieur le page.

FÉLIX.
Oh! pardon!.. j'oubliais que vous êtes de tous les intendans le plus raisonneur, le plus sermoneur... et par conséquent le plus endormeur. (A part.) Quelle vieille tête!

MOREL.
Vous ne rougissez pas!.. un enfant se conduire de la sorte!

FÉLIX.
Apprenez que j'ai quinze ans... je suis un homme... j'aime le jeu, le plaisir, les femmes!.. quel mal voyez-vous à cela? ne voulez-vous pas que je me morfonde à faire de la science et de la philosophie! pas si sot!.. je veux avant deux ans avoir roué tous les juifs et usuriers de l'époque, avoir trompé cinq ou six nymphes de coulisses, cassé une centaine de lanternes, rossé le guet, donné force coups d'épée... enfin je veux qu'on parle de moi à la cour, à la ville, et que le vicomte Emmanuel de Mauran n'ait pas à rougir de la protection qu'il m'accorde! (Il achève son verre de Champagne.) Demandez les carosses de ces dames.

MOREL.
Enfin! elles vont donc partir!

FÉLIX.
Il le faut bien! c'est jour d'Opéra. Mais nous irons les rejoindre et la partie ne finira pas là; ce soir rendez-vous général chez la Guimard!.. hum!.. quel souper! souper d'amateur!.. monseigneur daigne m'y admettre!

MOREL.
Quel scandale!..

SCÈNE IV.
LES MÊMES, EMMANUEL.

EMMANUEL, entrant.
Eh bien! Félix!.. Morel!.. que diable, les carosses!.. ces dames sont prêtes et s'impatientent!

(Morel sonne; un domestique paraît, il lui donne un ordre, puis revient près du vicomte.)

EMMANUEL, à Félix.

Vite! vite!.. porte à ces dames leurs mantilles.

FÉLIX.

Oui monseigneur.

(Il prend des mantilles qui étaient déposées sur les fauteuils et sur les meubles ; puis il rentre dans la coulisse et en ressort presqu'aussitôt.)

EMMANUEL.

Mais en vérité il fait sombre ici comme dans un four... qu'on allume!

(Il se jette dans un fauteuil.)

MOREL.

Mais, monsieur le comte, on n'allume ce salon que les jours de grande réception.

EMMANUEL.

Eh bien! ne reçois-je pas, aujourd'hui?

MOREL.

Il me semblait que ces dames une fois parties...

EMMANUEL.

Ces dames partent et mes amis restent! allons... allons, des lumières et du punch! (Se levant.) M'avez-vous entendu!

(Morel s'incline et se dirige vers le fond. Le domestique reparaît à la porte et lui parle bas.)

MOREL.

Les carosses sont à la porte de l'hôtel!

EMMANUEL.

C'est bien! (Morel sort par le fond avec le domestique; Emmanuel va à la porte de gauche et dit) : Venez! venez!

SCÈNE V.

EMMANUEL, FÉLIX, Convives.

(On voit sortir de la salle du festin, et une à une, des femmes couvertes de leurs mantilles qu'elles ont abaissées sur leur figure. Elles sont suivies des amis d'Emmanuel qui leur disent adieu.)

TOUS.

A ce soir!

(Les femmes sortent par la porte du fond, et aussitôt des domestiques entrent et apportent des lumières.)

SCENE VI.

EMMANUEL, TELNANGE, Convives.

EMMANUEL.

Les adorables personnes!

TELNANGE.

Que de grace!

EMMANUEL.

Que d'esprit!

TELNANGE.

Que de gaîté!

EMMANUEL.

Mes amis, vive l'Opéra!

TOUS.

Vive l'Opéra!

EMMANUEL.

Plus de passions pour la vie!

TOUS.

Plus de passions pour la vie!

EMMANUEL.

Vive les amours de passage!

TOUS.

Vive les amours de passage!

EMMANUEL.

Très bien!.. oh! très bien, messieurs... Dieu soit loué!.. j'ai donc enfin trouvé des amis qui me comprennent!

TELNANGE.

Oh! nous sommes pour le moins à ta hauteur!

EMMANUEL.
Quel dommage que ces dames nous aient quittés si vite!
TELNANGE.
Oui vraiment; on commençait à s'entendre!
EMMANUEL.
Savez-vous bien, messieurs, que cette petite Rosalie est ravissante et que j'en suis fou!.. fou pour quelques jours, quelques heures peut-être!.. Mais en attendant, c'est une conquête qui me flatte!.. Le duc de Fronsac la serrait de près, dit-on; il doit être furieux; j'en suis ravi! et puis, jugez si l'on va parler de moi!.. il est de notoriété publique que Rosalie est le diamant le plus cher des coulisses de l'Opéra!..
TELNANGE.
C'est une intrigue qui va te lancer!..
EMMANUEL.
Trois ou quatre comme celle-là, et je dicterai des lois à la bonne compagnie.
TELNANGE.
Encore trois heures jusqu'au souper! qu'allons-nous faire en attendant?
EMMANUEL.
Boire du punch et jouer.
TELNANGE.
Excellente idée! du punch! et des cartes!
TOUS.
Du punch et des cartes!
FÉLIX, paraissant au fond.
Voilà! messieurs!.. voilà le punch!
TOUS, avec explosion et en agitant leurs chapeaux.
Vivat! vivat!

SCENE VII.

Les Mêmes, FÉLIX, suivi de domestiques qui apportent du punch et des verres; puis MOREL.

(Morel arrive le dernier et se glisse auprès d'Emmanuel. — Des domestiques ouvrent des tables à jeu et y placent des flambeaux. — Les jeunes gens servent le punch.)

MOREL, à part, sur l'avant-scène de gauche, et observant ce qui se passe.
Il faut qu'il ait perdu la raison!.. faire de l'hôtel de son père un cabaret... un tripot!.. et quand je songe que d'un moment à l'autre le comte peut arriver... quelle scène horrible!.. Oh! c'est plus fort que moi, il faut que je l'avertisse du danger qu'il court. (Le punch est versé.)
EMMANUEL, saisissant un verre.
Messieurs, buvons à nos déesses, chacun à la sienne!..
FÉLIX.
Un moment; il me faut aussi un verre.
EMMANUEL.
Comment, à toi?
FÉLIX.
Tiens, pourquoi pas!.. est-ce qu'il est défendu à quinze ans d'avoir une déesse!.. ce serait dommage!.. j'en ai deux!
TOUS, ensemble.
A Rosalie, à Clara, à Constance, à Jenny, à Julie, à Sophie! (Ils boivent.)
EMMANUEL.
Au jeu! cinquante louis!.. qui les tient?
TELNANGE.
Moi!
EMMANUEL.
Toi? cinquante de plus!
TELNANGE.
J'accepte.
EMMANUEL.
Tu es audacieux... cinquante louis, avec qui voudra, que Telnange a perdu.
UN SEIGNEUR.
Je les tiens!

EMMANUEL.

Vite, des cartes!
(Telnange se met à une table à droite de la scène; il occupe la place de droite. Emmanuel va pour prendre celle de gauche; en ce moment Morel le retient.)

MOREL.

Pardon, monseigneur.

EMMANUEL, brusquement.

Que veux-tu, Morel?

MOREL.

Vous savez, monseigneur, si je vous aime, si je vous suis attaché... c'est bien naturel... je vous ai vu naître...

EMMANUEL.

Au fait... Morel... au fait... je suis pressé... Qu'y a-t-il?

MOREL.

Il y a que votre conduite depuis quelque temps...

EMMANUEL.

Au diable! (Il va pour s'asseoir.)

MOREL, le retenant.

Mais si votre père arrive...

EMMANUEL.

Eh bien! quoi!.. je le recevrai!

TELNANGE.

Emmanuel, j'attends; est-ce que tu as peur de perdre?

EMMANUEL.

Allons donc!

MOREL, le retenant encore.

Mais il va arriver!

EMMANUEL, sans l'écouter.

Silence!.. les sermons me fendent les oreilles!.. Félix, du punch!
(Il se met à la table; Félix lui apporte un verre de punch et le regarde jouer.)

MOREL, à part en s'éloignant.

Allons, j'ai tout fait pour le sauver; s'il se perd, c'est lui qui l'aura voulu.

TELNANGE.

Atout... atout... et atout!

EMMANUEL.

C'est avoir trop de bonheur.

FÉLIX.

Heureux au jeu... malheureux en femme!

TELNANGE.

Tu as perdu.

EMMANUEL.

Ma revanche? je double les enjeux.

TELNANGE et LE SEIGNEUR.

Je tiens!

EMMANUEL, pendant qu'on donne des cartes.

Du punch, Félix, et une chanson.

FÉLIX.

Oui, monseigneur, je vais vous servir l'un et l'autre. (Il va prendre un verre et le donne à Emmanuel.) Voilà le punch... et voici la chanson.

Cavatine de M. Roger.

L'homme est un pèlerin
Égaré sur la terre;
Pour charmer son chemin,
Que lui faut-il? du vin,
Et puis un verre!

CHOEUR.

Que nous faut-il? du vin,
Et puis un verre.

FÉLIX.

Mais il existe encor
Un bien qui, dans la vie,
Vaut mieux cent fois que l'or,
Et quel est ce trésor?
Femme jolie.

CHŒUR.
Quel est ce beau trésor?
Femme jolie.

FÉLIX.
Une femme et du vin!..

(La porte du fond s'ouvre brusquement et Morel paraît sur le seuil.)

MOREL.
M. le comte de Mauran!

EMMANUEL.
Mon père!..

(Emmanuel et ses amis s'arrêtent et paraissent ne plus savoir quelle contenance tenir.)

SCÈNE VIII.
LES MÊMES, LE COMTE.

(Le comte paraît à la porte du fond ; la tête couverte, le maintien sévère, le regard terrible.)

FÉLIX.
C'est singulier!.. je n'ai plus de voix.

LE COMTE.
Eh bien! messieurs, pourquoi donc vos chants ont-ils cessés? pourquoi jetez-vous les cartes sur la table? pourquoi le punch refroidit-il dans vos verres?.. Allons, gai convives, habiles joueurs, fêtez donc la venue d'un nouveau compagnon! vite une place au whist, que je vous gagne!.. vite un verre que je vous fasse raison!.. (Silence.) Quoi!.. vous vous taisez?.. est-ce que par hasard, vous croiriez le comte de Mauran indigne de partager vos plaisirs? répondez!.. ah! je vois ce que c'est... mes cheveux blancs vous inspirent la crainte et le respect... à vous gentilshommes imberbes!.. et c'est pour cela, sans doute, que vous avez l'audace de rester couverts devant un vieillard! tête nue, messieurs, tête nue!..

(Il arrache le chapeau de Telnange qui se trouve auprès de lui.)

TELNANGE.
Comte de Mauran!..

LE COMTE.
Je suis chez moi, messieurs, et je ne souffrirai pas qu'on me manque de respect!

(Tous les jeunes gens se découvrent.)

EMMANUEL.
Mon père, pardonnez à mes amis un oubli... une étourderie... et si vous avez des reproches à m'adresser, veuillez au moins attendre que nous soyons seuls.

LE COMTE.
Au contraire, monsieur, c'est devant vos prétendus amis que je veux vous dire ce que je pense... Il y a un an, à la mort de votre mère, je vous ai compté une somme de cent mille écus... A quoi l'avez-vous employée? à entretenir des filles perdues, à séduire, à corrompre; jamais à soulager une infortune, à sécher une larme.

EMMANUEL.
Cet argent m'appartenait, mon père, et si je suis jeune, vous l'avez été, si j'aime le plaisir, vous l'avez aimé comme moi.

LE COMTE.
Non, monsieur, car jamais mes plaisirs ne m'ont sali, et vous ne sauriez en dire autant des vôtres!.. A la mort de votre mère, je vous ai confirmé mon nom qu'elle me rendait pur et honoré, et je vous ai dit de le tenir si haut en l'air que jamais la haine de mes ennemis ne pût l'atteindre... Qu'en avez-vous fait, monsieur?

EMMANUEL.
Mon père, je l'ai défendu trois fois de mon épée, je puis vous le rendre tel que vous me l'avez donné.

LE COMTE.
Tu mens! car tu l'as traîné dans tous les tripots de la ville, car il n'est pas un crocheteur, un garçon de coulisse qui n'ait acquit le droit de le citer en se moquant; pas une patrouille de nuit qui ne le mêle à quelque histoire scandaleuse; ah! tu appelles cela me rendre mon nom intact, parce

que tu as rougi ton épée dans des querelles de libertins et de joueurs... Mes aïeux, à moi, sachez-le bien, monsieur, n'étaient pas de si habiles spadassins ; ils ne tiraient l'épée que sur le champ de bataille et quand le roi, leur maître, criait en avant !.. tiens, demande à tes valets s'ils l'ont jamais prononcé sans s'incliner jusqu'à terre... demande à tout Paris s'il n'était pas la providence des malheureux, tandis qu'à présent, il est méprisé comme toi, haï comme toi !... détestable ingrat, sans pitié, sans reconnaissance, qui ose souiller de ses plaisirs l'hôtel de son père et de sa sœur !.. Après ma mort, monsieur, vous pourrez vider mes coffres-forts, traîner dans la boue mes honneurs et mes titres, mais pour Dieu !.. n'ayez pas l'insolence de porter un crêpe !..

EMMANUEL.

Oh ! mon père !..

LE COMTE.

Ne me nommez pas votre père, car d'aujourd'hui, vous n'êtes plus mon fils !.. (Pendant que le comte parlait, chaque convive s'est peu à peu retiré dans le fond, et en ce moment ils saluent le comte qui se retourne vers eux et ils sortent.)

FÉLIX, sortant le dernier.

Je n'éprouve point le désir de rester ici plus long-temps. (Il se sauve. — Emmanuel a traversé la scène en silence ; il reprend son chapeau, et quand il se trouve seul avec le comte il salue et va pour se retirer, mais le comte le retient.)

LE COMTE.

Demeurez !

SCÈNE IX.
EMMANUEL, LE COMTE, MARGUERITE.
(Elle a entr'ouvert la porte de droite et elle s'avance doucement.)

LE COMTE, avec calme.

Monsieur, vous savez que j'ai du pouvoir... si je voulais vous faire enfermer pour mettre un terme à vos dérèglemens... rien ne me serait plus facile ; mais il me répugne d'employer la force ; je vous l'ai prouvé depuis un an, par ma patience, par la douceur de mes conseils et de mes remontrances... il a fallu me pousser à bout, monsieur, pour que j'en vinsse à vous traiter comme je le fais... il a fallu que j'eusse la preuve que vous n'aviez pour moi ni respect, ni amour.

MARGUERITE, s'avançant subitement entre le comte et Emmanuel.

Oh ! mon père, vous vous trompez !..

LE COMTE.

Marguerite !..

MARGUERITE.

Mon frère a pu avoir des torts envers vous, mais cesser de vous chérir... oh ! cela est impossible ! n'est-ce pas, Emmanuel ?.. oh ! viens, viens, le dire à mon père...

EMMANUEL.

Merci, ma sœur... en ce moment, monsieur le comte ne me croirait pas... et cependant je jure que jamais...

LE COMTE.

Point de sermens, monsieur, point d'excuses... Laisse, Marguerite, laisse, mon enfant... oh ! oui... le seul enfant qui me reste pour consoler ma vieillesse et me fermer les yeux !..

MARGUERITE.

Mon père.

LE COMTE, à Emmanuel.

Rentrez dans votre appartement... je ne me sens pas la force de vous faire connaître ma résolution et ce que j'exige, sous peine de vous maudire à ma dernière heure... allez, monsieur et attendez mes ordres.

(Emmanuel va pour sortir par la gauche, sa sœur passe auprès de lui et lui prend la main. Il l'embrasse, Marguerite pleure.)

MARGUERITE, bas.

Du courage, mon frère, ne te désole pas.

(Le comte accablé est venu s'asseoir sur l'avant-scène de droite. En ce moment, Morel ouvre la porte du fond et fait signe à Balthazar et à sa sœur d'entrer.)

SCÈNE X.
LES MÊMES, MOREL, BALTHAZAR, MARIE.

(Balthazar tient par la main sa sœur qui baisse timidement les yeux et il reste au fond avec elle pendant que Morel s'approche du comte.)

MOREL.

Monsieur le comte, le fils de Dupré, votre ancien fermier, réclame la faveur d'un moment d'audience.

LE COMTE.

Qu'il entre.

MOREL, à Balthazar.

Approchez!..

(Balthazar et sa sœur s'avancent ; en ce moment Emmanuel se trouve auprès de Marie.)

EMMANUEL.

Oh!.. la jolie personne!..

LE COMTE, se retournant du côté de Balthazar.

Eh bien! ce jeune homme?..

(Balthazar et Marie saluent. Emmanuel sort par la gauche en jetant sur la jeune fille un dernier regard. Marguerite revient à la gauche de son père et Morel sort par le fond.)

SCÈNE XI.
MARIE, BALTHAZAR, LE COMTE, MARGUERITE.

LE COMTE, avec bonté.

Depuis combien de temps avez-vous quitté Bargemont?

BALTHAZAR.

Depuis quinze jours.

LE COMTE.

Qu'elle est cette jeune fille?

BALTHAZAR.

Ma sœur.

LE COMTE.

Vous venez sans doute à Paris dans l'espérance de vous placer tous deux.

BALTHAZAR.

Non, monsieur le comte, je viens à Paris pour y faire mes études de droit...

LE COMTE, étonné.

Vos études de droit.

BALTHAZAR.

Oui, monseigneur.

LE COMTE.

Je ne croyais pas que votre père vous eut fait donner de l'éducation... et il me semble même qu'il y a dix ans lors de mon dernier voyage en Provence, je vous vis occupé aux travaux de la ferme.

BALTHAZAR.

Cela est vrai...

LE COMTE.

Vous aviez alors...

BALTHAZAR.

Quinze ans, monseigneur. C'est à cette époque que le hasard me fit tomber entre les mains un ouvrage sur l'histoire de France... Il était rempli de fort belles gravures représentant des actions d'éclat... Je ne savais pas lire et je mourrais d'envie d'avoir l'explication de ces gravures si intéressantes. J'eus recours au curé de notre paroisse ; à force de prières et de petits services que je lui rendais, il eut l'extrême obligeance de m'apprendre mon alphabet. La basse-cour du presbytère était bien solitaire; j'eus soin de la regarnir et j'appris à épeler... le jardin était très mal entretenu... moyennant bonne quantité de fruits, je sus lire couramment... Dès lors, une nouvelle existence commença pour moi, la lecture de mon livre précieux, en m'initiant à l'histoire de mon pays, me fit désirer de connaître celle des autres peuples, et mes petites économies passèrent à acheter des livres; mais bientôt, j'éprouvai le besoin d'utiliser mes études, de mettre en ordre mes connaissances et les pensées qu'elles faisaient naître dans mon esprit... malheureusement, je ne savais pas écrire... j'eus encore recours à notre excellent curé... je trouvai chez lui le même zèle, le même désintéressement et j'appris à écrire comme j'avais appris à lire... C'est à cette époque qu'un grand malheur vint frapper notre famille.

LE COMTE.

La mort de votre père. Pauvres enfans !

(Marguerite par un mouvement spontané s'avance vers Marie, lui prend la main et lui parle avec bonté. Marie répond à peine et avec timidité.)

BALTHAZAR, après un temps.

Mon oncle succéda à mon père dans la ferme ; moi, après avoir réuni mon petit patrimoine, je partis pour Montpellier où je restai quatre ans tout occupé de mes études et du soin de veiller sur Marie, ma jeune sœur que j'avais emmenée avec moi. — J'aurais pu en restant dans notre province l'y établir et m'y fixer moi-même... mais, il n'y a qu'un Paris pour réussir, me disait-on sans cesse, et je me suis décidé à entreprendre ce grand voyage.

LE COMTE, se levant.

Toujours avec votre sœur ! vous vous aimez donc bien ?

BALTHAZAR.

Si nous nous aimons ! Oh ! oui, monsieur le comte.

LE COMTE, passant auprès de Marie.

Quel âge avez-vous, mon enfant ?

MARIE.

Dix-sept ans, monseigneur.

LE COMTE.

Dupré ? j'aimais votre père, vous m'intéressez tous les deux... voyons, que puis-je faire pour vous ?

BALTHAZAR.

Oh ! monseigneur, je ne vous demande qu'une chose. Par votre position dans le monde il doit vous être facile de voir les professeurs de la Sorbonne, obtenez que je puisse être admis à suivre leurs leçons.

LE COMTE.

Rien de plus facile. — Mais votre sœur ?.. vos ressources ne sont peut-être pas bien grandes... mon ami... et si Mlle Marie voulait, peut-être serait-il possible de lui trouver dans une bonne et grande maison...

MARIE, vivement.

Quitter, mon frère !.. oh !.. je ne le pourrais pas, monseigneur. Et je suis bien sûr que lui-même ne consentirait pas à cette séparation, n'est-ce pas Balthazar ?

BALTHAZAR.

Oh ! non, sœur, jamais.

MARIE.

C'est que voyez-vous, monsieur le comte, avant de m'aimer comme une sœur, Balthazar m'a aimée comme une fille. Il a dix ans de plus que moi et ma mère étant morte six semaines après ma naissance ; de la tendresse qu'il avait pour elle, réunie à l'affection qu'il éprouvait déjà pour moi, il forma un seul amour qu'il concentra sur la pauvre enfant condamnée dès le berceau à ne jamais voir sourire sa mère, à ne jamais sentir ses caresses, à ne jamais entendre sa voix murmurer le nom de Marie dans un baiser... voilà comme Balthazar m'a aimée, voilà ce dont il m'a tenu lieu, monseigneur, vous voyez bien que nos deux existences sont liées l'une à l'autre et que nous ne pourrions pas nous séparer.

LE COMTE.

C'est bien, mes enfans, c'est bien de s'aimer comme vous faites. (Allant à la table et écrivant.) Je vais vous donner sur-le-champ une lettre de recommandation pour le recteur de la Sorbonne. Cela suffira.

BALTHAZAR.

Ah ! monsieur le comte que de reconnaissance !

MARGUERITE, prenant Marie à part.

Oh ! oui, vous avez raison de ne pas quitter votre frère ! et combien l'amitié qui vous unit doit vous rendre heureuse !.. moi aussi j'ai un frère...

MARIE.

Il vous aime bien, n'est-ce pas, mademoiselle ?

MARGUERITE. avec un soupir.

Oui, Marie... oui... Mais parlons de vous... entre femmes... on ne doit rien craindre... Promettez-moi que si jamais vous aviez besoin d'une main amie, vous viendriez me trouver.

MARIE.

Je vous le promets.

LE COMTE, se levant et donnant une lettre à Balthazar.

Tenez, mon cher Dupré. Si elle ne suffit pas, venez me trouver... et si elle vous fait obtenir ce que vous désirez, venez encore.., J'aurai du plaisir à vous voir.

BALTHAZAR.

Croyez bien, monsieur, que je n'oublierai jamais vos bontés pour mon père et pour moi.

LE COMTE.

Adieu, mon ami, adieu, ma chère petite.

MARGUERITE, bas à Marie.

Songez à votre promesse.

(Balthazar reprend la main de sa sœur, salue le comte et sa fille, puis il sort par le fond.)

SCÈNE XII.

LE COMTE, MARGUERITE.

LE COMTE.

Ma fille, qu'il est doux de voir un frère et une sœur s'aimer aussi tendrement! Oh!.. Marguerite!.. pourquoi faut-il qu'un semblable bonheur me soit refusé!.. vois-tu, je le sens, ton frère me fera mourir de chagrin.

MARGUERITE.

Oh! mon père; ne parlez pas ainsi... vous m'effrayez!

LE COMTE.

Et cependant je l'ai connu bon, aimant, plein d'égards et de soins pour son père.

MARGUERITE.

Sans doute. De faux amis ont pu l'égarer... mais son cœur n'est pas changé.

LE COMTE.

Si tu pouvais dire vrai!

MARGUERITE.

Tenez, je suis sûr que dans ce moment il pleure, il se désole...

LE COMTE.

Tu crois?

MARGUERITE.

Vous l'avez traité si dùrement!

LE COMTE.

Je le devais!.. mais il m'en a bien coûté!

MARGUERITE.

S'il osait venir se jeter dans vos bras et vous demander pardon.. tout serait fini; vous n'auriez plus à l'avenir, le moindre reproche à lui adresser. Mais hélas!.. vous lui avez défendu de reparaître devant vous!

LE COMTE.

Marguerite... sonne... et qu'il revienne.

MARGUERITE.

Oh! mon père! que vous me rendez heureuse! (Elle sonne.)

SCENE XIII.

LES MÊMES, FÉLIX.

FÉLIX.

Que demande monseigneur?

MARGUERITE.

Appelez mon frère, dites-lui que mon père veut le voir.

FÉLIX.

Pardon, mademoiselle, mais je ne puis exécuter cet ordre. Les amis de monsieur le vicomte sont venus le prendre pour aller souper chez la Guimard, et je vais le rejoindre. (Il sort en gambadant.)

SCENE XIV.
MARGUERITE, LE COMTE.

MARGUERITE, tombant dans un fauteuil à côté de son père.
Parti! dans un pareil moment!
LE COMTE, avec désespoir.
Oh! ma fille!.. ma fille!.. je n'ai plus que toi!

(Il l'embrasse sur le front avec amour.)

FIN DU PREMIER ACTE.

ACTE II.

Le théâtre représente un salon du temps de Louis XV, mesquinement meublé; entrée principale au fond; portes latérales. A droite, une fenêtre à côté de la porte; une petite table à ouvrage sur laquelle est un coffre ouvert; une cheminée à gauche.

SCENE I.

MARIE, à la fenêtre; Mme ROBERT. Elle brode sur le devant de la scène.

MARIE.
C'est de là que pour la première fois je l'ai aperçu; de là, que tous les jours, pendant près d'un mois, je l'ai vu venir; puis, c'est ici qu'il s'est placé, dans ce fauteuil, et il y est demeuré de longues heures ainsi, à côté de moi, ses yeux sur mes yeux, ses mains dans les miennes, et maintenant je ne le vois plus de cette fenêtre et il n'est plus dans ce fauteuil.

Mme ROBERT.
Encore triste? encore plongée dans vos rêveries?

MARIE.
Non, Mme Robert.

Mme ROBERT, la regardant.
Vous avez pleuré aujourd'hui, mon enfant; que vous êtes peu raisonnable? et que dira votre ami en voyant vos joues si fraîches, pâlies subitement? vos yeux éteins ou gonflés de larmes?

MARIE, tristement.
Oh! qui m'eût dit à moi, lorsque mon frère partit il y a six semaines pour Marseille, que je changerais si vite? que le calme dans lequel je vivais depuis si long-temps ferait place à des chagrins bien amers.

Mme ROBERT.
Mon enfant, vous exagérez.

MARIE.
Oh! qui m'eût dit que je ne penserais plus à mon frère.

Mme ROBERT.
Mais vous l'aimez toujours.

MARIE.
Oui, mais ce n'est plus comme autrefois; autrefois je n'aimais que lui seul au monde, tandis qu'aujourd'hui un autre!.. concevez-vous, madame Robert, que depuis deux jours il ne soit pas venu?

Mme ROBERT.
Vous le verrez aujourd'hui, j'en suis certaine.

MARIE.
Demeurer deux jours sans me voir!.. Oh! s'il ne m'aimait plus!

Mme ROBERT.
Lui, ne plus vous aimer!

MARIE.
Je le crains...

Mme ROBERT.
Que vous êtes enfant! pourquoi vous créer des chimères! soyez tranquille, il vous aime toujours autant.

MARIE.
Si je pouvais vous croire! mais non, sa froideur, son indifférence ne

peuvent m'échapper!.. si du moins en perdant mes illusions et mes rêves d'amour, mon cœur avait conservé ses anciennes et premières affections! mon frère m'avait tellement recommandé en partant de l'aimer toujours ; Marie, m'avait-il dit : Mon intérêt, le lien surtout exige que j'aille recueillir la riche succession que la mort subite de notre oncle nous laisse : ne change rien à ta conduite en mon absence, ne sors pas de chez toi, ne reçois personne! pauvre frère! pourquoi, mon Dieu, ne m'a-t-il pas montré le danger tel qu'il était! aujourd'hui je ne serais point descendue si bas.

Mme ROBERT.

Les intentions du comte sont pures, mon enfant, ne dirait-on pas à vous entendre qu'il ait voulu vous tromper et vous abandonner ensuite?

MARIE.

Mais, Mme Robert, comment se fait-il alors qu'il ait refusé constamment de me dire son nom... celui qu'un jour je dois porter?

Mme ROBERT.

Vous ne comprenez pas?

MARIE, ingénûment.

Non.

Mme ROBERT, souriant.

C'est qu'il veut se réserver le plaisir de vous l'apprendre en vous nommant sa femme? vous serez bien surprise alors, et bien heureuse, tout à la fois.

MARIE.

Mais c'est donc un nom bien illustre?

Mme ROBERT.

Peut-être.   (On frappe à la porte.)

MARIE.

Le voilà! oh! allez vite.

(Mme Robert va ouvrir, un page entre ; il tient un billet à la main.)

SCÈNE II.
Les Mêmes, FÉLIX.

FÉLIX, entrant.

Bonjour, mesdames.

MARIE, tristement, à part.

Ce n'est pas encore lui.

FÉLIX, à Marie.

Bonjour ma syrène! Bon Dieu qu'elle est jolie comme cela avec son petit air triste, ses grands yeux languissans!.. sur mon honneur, je n'ai rien vu de plus adorable... mais voyez donc! quelle taille de sylphide! et cette main! comme la traîtresse est blanche et mignonne.

MARIE.

Finissez.

FÉLIX.

Oh! le pied! renversant! et dire que tant de trésors restent enfouis dans la rue de Sorbonne! mais jolie fleur d'amour, délicieux bouton de rose, vous vous fanerez ici!.. allons, sautez la rivière, lancez-vous sur la scène de l'Opéra. Tu dieu! quelle révolution vous produirez!

MARIE.

Oh! je ne suis pas ambitieuse, le bruit, l'éclat, ne donnent pas toujours le bonheur.

FÉLIX.

Préjugé! n'est-ce pas, la vieille?

Mme ROBERT.

Comment, la vieille?

FÉLIX, à Marie.

Voici, mon bel astre, un poulet tout parfumé, qui va rendre magiquement l'éclat à vos yeux, et la fraîcheur à vos joues charmantes.

MARIE.

Oh! donnez vite.

(Elle s'assied près du coffret où elle met ses lettres, et lit avec attention.)

FÉLIX, à Mme Robert.

Savez-vous, maman, que monseigneur est un heureux mortel! être aimé d'une aussi ravissante créature! Ah! si le vicomte Emmanuel n'était pas mon protecteur, mon maître...

Mme ROBERT.

Allons donc! vous, un bambin!

FÉLIX.

On prétend, je le sais, que je suis trop jeune pour avoir des bonnes fortunes, ceux qui parlent ainsi en ont menti... c'est un cancan! d'ailleurs, l'amour n'a pas d'âge.

MARIE, à part.

Il se justifie... son père l'avait emmené dans une de ses terres... il me demande pardon... Ah! que je suis heureuse.

(Emmanuel paraît au fond, le page se retourne; Emmanuel met un doigt sur la bouche, Mme Robert se lève; le vicomte leur fait signe de se retirer, ils s'en vont doucement et avec précaution.)

FÉLIX, bas au vicomte et en sortant.

Allons, monseigneur, pas d'hésitation, rompez franchement.

(Emmanuel s'approche à pas lents de Marie, qui semble absorbée.)

SCÈNE III.
MARIE, EMMANUEL.

EMMANUEL, la regardant.

Elle est pourtant bien jolie; oui, mais cela dure depuis quinze jours.

MARIE, se retournant.

Ah!

EMMANUEL, lui baisant la main.

Bonjour, Marie.

MARIE, souriant.

Vous m'avez presque fait peur, je ne vous attendais pas sitôt.

EMMANUEL.

A qui donc pensiez-vous-là, assise, toute rêveuse?

MARIE.

A qui donc, mon Dieu, puis-je penser, si ce n'est à vous? tenez, Alphonse, quand vous êtes loin de moi, quand je vous attends, il me semble que vous ne m'aimez pas autant que je vous aime?

EMMANUEL.

Moi! ne pas vous aimer! eh qui donc a pu vous faire soupçonner...

MARIE.

Que sais-je? tout.

EMMANUEL.

Depuis le jour où je vous ai vue pour la première fois, mes soins n'ont-ils pas été aussi empressés? lorsque vous étiez triste, qui vous consolait si ce n'est moi? lorsque l'avenir vous effrayait, qui vous rassurait? qui séchait vos larmes, et après tout cela, Marie, vous venez me reprocher de ne point vous aimer?

MARIE.

Ah! si j'étais sûre de votre cœur comme je suis sûre du mien.

EMMANUEL.

Donnez-moi votre main., Marie. (Elle la lui donne; il la conduit devant une glace.) Regardez-vous, et dites-moi s'il est possible que je vous oublie.

MARIE.

Oh! oui, je vous crois: si vous saviez, Alphonse, quelle douce existence je me suis promise un jour, quand nous serons unis. Vous vous souvenez de vos promesses, n'est-ce pas?

EMMANUEL, à part, avec ennui.

Ah! (Souriant.) Mais oui, Marie, pourquoi les aurais-je oubliées?

MARIE.

Par moment, j'ai peur lorsque je songe que mon frère peut revenir bientôt; car enfin, s'il arrivait avant que je fusse votre femme, et qu'il apprît... Oh! Dieu!

EMMANUEL, à part.

Toujours son frère.

MARIE.

Je vous aime bien, maintenant; mais une fois votre femme, je ne serai pas obligée de me cacher pour vous aimer, je pourrai laisser deviner à tous, combien je suis glorieuse de votre affection, et je vous aimerai plus encore, je crois que maintenant... et puis, quelque chose me dit que tu pourrais bien un jour oublier Marie, ta maîtresse, mais que tu aimerais toujours Marie, ta femme.

EMMANUEL.

Eh bien! nous reparlerons de tout cela à mon retour de Versailles.

MARIE.

Comment! vous allez à Versailles?

EMMANUEL.

Oui, pour huit jours! une fête à laquelle je ne puis manquer; toute la noblesse y sera.

MARIE.

Et c'est pour une fête que vous me quittez?

EMMANUEL.

Bien à regret, mais j'y suis attendu; et pour tout au monde...

MARIE.

Mais moi, Alphonse, si je vous priais de me faire ce sacrifice; si je devais le regarder comme une preuve d'affection.

EMMANUEL.

Vous auriez tort; je crois vous en avoir donné assez d'autres.

MARIE.

Oui, c'est vrai; mais s'il faut le dire...

EMMANUEL.

Eh bien!..

MARIE.

Toutes ces grandes dames de la cour parées avec luxe et couvertes de diamans...

EMMANUEL.

De la jalousie!.. Tenez, Marie, si vous voulez m'être agréable, tâchez de vous corriger de ce défaut.

MARIE.

Vous appelez cela un défaut?

EMMANUEL.

En vérité, ma chère, vous finirez par m'empêcher de faire un pas sans vous, et je ne désespère point qu'un jour vous ne me mettiez sous clé.

MARIE.

Alphonse, je vous en prie...

EMMANUEL.

Non, non, vous n'êtes pas raisonnable et vous avez tort, car il faudra bientôt vous résigner de nouveau...

MARIE.

Comment cela?

EMMANUEL.

Peu de jours après mon retour de Versailles, j'irai rejoindre mon régiment qui est en garnison à Toulouse.

MARIE.

Une autre absence encore!.. et vous serez long-temps?

EMMANUEL.

Mais, deux mois, peut-être.

MARIE.

Oh! mon Dieu!..

SCÈNE IV.

LES MÊMES, FÉLIX.

FÉLIX, accourant.

Monseigneur!..

EMMANUEL.

Eh bien! mon carosse est-il arrivé?

FÉLIX.

Monseigneur, il vous attend en bas, depuis une demi-heure.

EMMANUEL.

C'est bien!..

FÉLIX, bas au vicomte.

Est-ce rompu?

EMMANUEL, bas.

Pas encore.

FÉLIX, à part.

Il faudra que je m'en mêle.

EMMANUEL.

Adieu, Marie.

MARIE, tristement.

Adieu, monsieur le comte.

FÉLIX, à part.

Comme c'est touchant des adieux! je suis tout attendri, j'ai envie de pleurer. (Il porte la main à ses yeux et rit.)

MARIE.

Ainsi donc à huit jours.

EMMANUEL.

Voyons, calmez-vous, et ce soir je viendrai vous faire mes adieux; pourvu cependant que mes occupations m'en laissent le temps.

FÉLIX, à part.

C'est-à-dire, ma petite, si notre souper chez la Duthé nous le permet.

MARIE.

Oh! je vous en prie.

EMMANUEL.

Pourquoi pleurer? tu sais bien que je n'aime que toi.

FÉLIX, à part.

Oui, elle, et puis... (Il compte sur ses doigts.) Une, deux, trois... (Avec un mouvement d'épaules.) Au fait je ne sais pas précisément.

MARIE.

A ce soir.

EMMANUEL.

Oui, je te le promets.

MARIE, le reconduisant.

Et j'y compte.

(Emmanuel lui embrasse la main et sort avec son page.)

SCÈNE V.
MARIE, seule.

(Elle revient s'asseoir auprès de la petite table.)

Me sacrifier à une fête! à quelques instans de plaisir! et il ne comprend pas que c'est me déchirer le cœur? et puis, il m'apprend froidement qu'il lui faudra s'éloigner pendant deux mois... Oh! s'il m'aimait, consentirait-il à m'abandonner une seule minute... (Prenant un médaillon sur son coffret.) Alphonse, Alphonse, ce n'est plus toi!

(Mme Robert entre, Marie pose le médaillon à côté du coffre sur la table.)

SCÈNE VI.
Mme ROBERT, MARIE.

Mme ROBERT.

Voici une lettre, mon enfant, qui m'a été remise à l'instant.

MARIE, regardant.

De mon frère! Mme Robert!..

Mme ROBERT, s'approchant.

Ah!..

MARIE.

Je n'ose l'ouvrir... je crains toujours qu'il ne m'accuse... (Après quelque hésitation.) Voyons, que me dit-il? (L'ouvrant.) Mon pauvre frère. (Lisant à voix haute.) « Chère sœur, voilà deux fois que je t'écris et je n'ai pas reçu une seule réponse » (A Mme Robert.) Je vous les avais pourtant remises? Et il m'a écrit deux fois!.. (Continuant.) « Mes lettres ne te seraient-elles point parvenues, ou es-tu malade; en tout cas, apprends, chère sœur, que mon oncle n'est pas mort comme on me l'avait annoncé! je t'expliquerai tout cela à mon retour, et ce sera bientôt... (Avec terreur.) Ma lettre ne me précédera que d'un jour au plus.»

Mme ROBERT, à part.

Ah! il revient.

MARIE.
Que vais-je devenir, grand Dieu! Oh! ma chère madame Robert, conseillez-moi, dites-moi ce qu'il faut faire, j'ai la tête perdue!..
Mme ROBERT.
Remettez-vous, ma fille, vous vous alarmez à tort.
MARIE.
A tort, dites-vous? mais il va revenir! dans un jour il sera ici! dans un jour, qui sait, aujourd'hui même, peut-être ce soir... (Avec effroi.) Et lui que j'attends...
Mme ROBERT.
Qui! le comte? il faut le prévenir à l'instant.
MARIE.
Puisque je ne sais ni son nom, ni l'endroit où il demeure.
Mme ROBERT.
Mais moi, je le sais.
MARIE.
Eh bien! courez lui apprendre ce qui arrive!.. Et comment saurai-je si vous l'avez trouvé?
Mme ROBERT.
Je reviendrai aussitôt.
MARIE.
Partez-donc vite, c'est mon honneur, mon repos, que je vous confie!..
(Mme Robert s'apprête à sortir, on entend du bruit sur l'escalier, elle s'arrête.)
UNE VOIX AU DEHORS.
Marie! Marie!..
MARIE.
Oh! mon Dieu! c'est lui!.. Vite, Mme Robert, par ici...
Mme ROBERT.
A bientôt, à bientôt...
MARIE, refermant la porte.
Je suis morte.. (Balthazar entre.)

SCÈNE VII.
MARIE, BALTHAZAR.

MARIE.
Balthazar!
BALTHAZAR.
Ma sœur! (Elle se jette dans ses bras.)
MARIE.
Oh! mon frère, mon ami, mon protecteur!.. Oh! Balthazar!..
BALTHAZAR.
Marie! Marie!.. (La regardant.) Comme tu es changée? pâlie? as-tu donc été malade en mon absence? le serais-tu encore?..
MARIE.
Non, je t'assure.
BALTHAZAR, l'embrassant.
Le temps m'a semblé bien long, loin de toi, oh! mais je te serre dans mes bras et j'oublie tous mes chagrins.
MARIE.
Balthazar, tu es toujours le même, toi?
BALTHAZAR.
Mais dis-moi, pourquoi n'as-tu pas répondu à toutes mes lettres?
MARIE.
Je n'en ai reçu qu'une seule, celle qui m'annonçait ton retour.
BALTHAZAR, surpris.
Tu n'as reçu qu'une lettre ; comment cela se fait-il? quelqu'un aurait-il soustrait les autres?
MARIE.
Je l'ignore.
BALTHAZAR.
Mais j'y songe, cette lettre, tu sais, qui m'apprenait la mort de mon oncle, elle était fausse... celui qui l'a écrite ne pourrait-il pas avoir soustrait celles que je t'ai envoyées ? mais dans quel but?..

MARIE, à part.

Oh! mon Dieu! quel soupçon.

BALTHAZAR.

Arrivé à Marseille, je te l'avouerai, ma sœur, j'ai cru qu'on avait voulu m'éloigner de Paris... d'horribles pensées s'emparèrent de mon esprit, mais une lettre de toi que je reçus avant de t'avoir écrit vint me rassurer.

MARIE.

Comme tu es demeuré long-temps?

BALTHAZAR.

Que veux-tu, Marie! mon oncle m'a retenu malgré moi; il voulait que je restasse pour toujours près de lui... il voulait me marier.

MARIE.

Te marier!

BALTHAZAR.

Oui, à une riche héritière; mais j'ai refusé.

MARIE.

Pourquoi?

BALTHAZAR.

J'ai tant d'affection pour toi que je craindrais de ne point aimer assez ma femme; ensuite, ma nouvelle famille exigerait peut-être que toi et moi vivions éloignés l'un de l'autre, et soit habitude, soit affection profonde, je ne m'en sentirais pas le courage.

MARIE.

Oh! tu vaux mieux que moi, frère!

(Elle fond en larmes; Balthazar l'embrasse et sourit.)

BALTHAZAR.

Mais me voici de retour, nous serons heureux comme autrefois; eh bien! vois-tu, si je ne réussissais pas dans l'état que j'ai embrassé, j'ai un protecteur puissant, nous irons trouver le comte de Mauran.

MARIE.

Oh! oui, ce brave seigneur qui nous a si bien accueillis.

BALTHAZAR.

Oui, mais j'espère bien faire mon chemin tout seul... J'ai de l'honneur; du talent, je ne sais pas encore, mais avec de la persévérance, on peut en acquérir; je réussirai, j'en ai le pressentiment.

MARIE.

Moi aussi.

BALTHAZAR.

Dis donc, Marie, je suis bien fatigué, sais-tu? appelle madame Robert.

MARIE.

Elle n'est pas là, mais je vais te servir moi-même.

BALTHAZAR.

Bonne petite sœur!..

MARIE, à part.

Mon Dieu! elle ne revient pas... Je suis dans une inquiétude!

(Elle entre dans la chambre du fond; pendant ce temps Balthazar va s'asseoir contre la table, il aperçoit le médaillon du comte; il le regarde quelque tems avec des yeux stupéfaits. Enfin il le saisit.)

SCÈNE VIII.

BALTHAZAR, seul.

Un portrait d'homme! (Regardant encore.) Cette figure ne m'est pas inconnue. (Après un silence.) Je l'ai vu quelque part. (Marie entre.) Marie!

(Il se lève, cache le médaillon dans son sein et vient sur le devant de la scène.)

SCÈNE IX.

MARIE, BALTHAZAR.

MARIE, tenant un plateau chargé, qu'elle dépose sur la cheminée.

Tiens, Balthazar.

BALTHAZAR, froidement.

Merci, merci.

MARIE, à part, pendant que Balthazar commence à se servir.

Mme Robert ne l'aurait-elle pas trouvé? comme elle tarde... (Haut.) Je

n'ai pas ici tout ce qu'il te faut, Balthazar... Mme Robert est sans doute chez elle... ce que je t'ai apporté ne peut te suffire, je vais la chercher... c'est ici, à côté, tu sais... je reviens de suite.
BALTHAZAR, sans émotion.
Eh bien! oui, va la chercher.
MARIE, sortant.
Mon Dieu! faites qu'il soit prévenu à temps.

SCÈNE X.
BALTHAZAR, seul.
(Il marche à grand pas, puis tire le médaillon de son sein et le regarde long-temps. Avec rage.)

Un homme est venu ici! ici! oh! ma sœur! ma sœur! (Regardant de nouveau le médaillon.) Et peut-être qu'elle l'aime! oh! Marie, et les promesses que tu m'avais faites! maintenant, je commence à comprendre l'intérêt qu'on avait à m'éloigner de Paris! cependant, je ne puis croire que ma sœur ait été prévenue de tout cela... Non, ces lettres que j'avais envoyées et qu'elle n'a point reçues, on l'aura entraînée, on aura profité de sa faiblesse, de son isolement! et la pauvre enfant qui n'avait plus personne pour la protéger aura succombé peut-être!.. oh! non!.. non... je ne puis le croire!.. Et cependant sa tristesse, ce changement que j'ai remarqué en elle! mais comment faire pour savoir quel est le misérable?.. Je donnerais ma vie pour me trouver dix minutes avec lui!..
(Il regarde encore le médaillon. On entend chanter dans les coulisses.—Il écoute attentivement. On frappe, il va ouvrir. Le page entre.)

SCÈNE XI.
FELIX, BALTHAZAR.
FÉLIX, surpris.
Ah! (Il toise Balthazar.) Qui diable êtes-vous, mon cher, pour vous trouver ici à cette heure et quand on nous attend?
BALTHAZAR.
Comment, qui je suis?
FÉLIX.
Mais je trouve plaisant que vous osiez vous présenter dans cette maison sachant que nous y venons...eh bien! mais cela ne va pas mal; elle tourne à ravir cette petite!.. comment, deux amans à la fois!
BALTHAZAR.
Oh! malheur!.. malheur!..
FÉLIX.
Il ne lui manque pour être parfaite que de ruiner un fermier-général, de faire battre en duel une demi douzaine de gentilshommes, et par ma foi, elle sera digne d'entrer à l'Opéra!
BALTHAZAR.
Mais c'est un rêve que tout cela.
FÉLIX.
Ah ça! mon cher, elle vous a donc donné rendez-vous?
BALTHAZAR.
A moi?.. Mais votre maître?
FÉLIX.
Vous avez peur qu'il ne se présente, n'est-ce pas?
BALTHAZAR.
Non, non... mais dites-moi, que venez-vous faire ici?
FÉLIX.
Il est délicieux sur l'honneur. (Se rapprochant.) Tenez... je veux bien vous le dire... Je venais tout simplement redemander à la belle un portrait qu'on lui a donné dans le commencement, dans la nouveauté...
BALTHAZAR.
Qu'on lui avait donné! ah! oui... je comprends.
FÉLIX.
Et qu'on trouve bon de lui reprendre maintenant.
BALTHAZAR.
Ce portrait... le voici!
FÉLIX.
Tiens!.. vous l'aviez?.. eh bien! mon cher rendez-le-moi et sortez!

BALTHAZAR.

C'est à ton maître que je le rendrai, et quant à sortir, je voudrais bien savoir qui m'y forcera. (Il s'assied.)

FÉLIX.

Eh bien! courage... il est sans gêne... il fait absolument comme chez lui... vous voudriez savoir qui vous y forcera?.. mon maître! il ne souffrira certainement pas qu'on se moque ainsi de lui, à son nez, c'est-à-dire au mien, qu'on lui souffle une maîtresse qu'il n'a pas encore congédiée.

BALTHAZAR.

Une maîtresse!

FÉLIX.

Oui, je cours le chercher, car il est en bas qui m'attend et nous reviendrons ensemble, et nous vous jeterons à la porte, et si vous n'êtes pas content nous vous jeterons par les fenêtres, avec cela qu'elles sont basses, trois étages! (Revenant.) Et si vous n'êtes pas content encore nous vous jeterons à la Bastille.

(Il sort. Balthazar qui l'a écouté paisiblement se lève aussitôt.)

SCENE XII.
BALTHAZAR, seul.

Qu'il vienne ton maître! qu'il vienne. (Il se met à la fenêtre.) Un seigneur descend de son carrosse! (Regardant le médaillon.) En effet, c'est bien lui! ce médaillon est frappant de ressemblance! (Après avoir réfléchi.) Mais maintenant je me rappelle... oui, j'ai vu... quelque part... dans les premiers jours de mon arrivée à Paris... (Nouveau silence.) Chez M. le comte de Mauran... (Frappé de stupeur.) Mais... c'est son fils... oui, son fils... (Il s'assied sur un fauteuil devant les spectateurs) Ma pauvre sœur!

(Il met la tête dans ses mains avec désespoir.)

SCENE XIII.
BALTHAZAR, EMMANUEL, FÉLIX.

FÉLIX.

Vous voyez, monseigneur, si je vous trompe.

EMMANUEL.

Un rival... déjà!.. quand je l'aime encore!..

(Il s'approche, met la main sur l'épaule de Balthazar, lui fait tourner la tête, ce dernier regarde en croisant froidement les bras et en demeurant assis. Emmanuel est stupéfait, le reconnaît et fait signe à son page de sortir.)

FÉLIX, sortant.

On va t'arranger, drôle.

SCENE XIV.
BALTHAZAR, EMMANUEL.

BALTHAZAR, assis.

Vous vous attendiez à trouver un rival, monsieur. (Se levant.) C'est un frère que vous trouvez! (Il tire une lettre de sa poche et la montrant à Emmanuel.) Connaissez-vous cette écriture?

EMMANUEL.

Après, monsieur; après.

BALTHAZAR.

Après? eh bien! cette lettre renferme la preuve d'une insulte faite à un homme d'honneur; et ce médaillon, (Il le tire.) la preuve d'une séduction infâme exercée sur une innocente fille.

EMMANUEL.

Qu'est-ce que cela prouve, monsieur?

BALTHAZAR.

Cela prouve que vous ne vous serez pas joué impunément de moi! cela prouve que vous n'aurez pas pour votre bon plaisir, monseigneur, fouillé dans des secrets de famille, fabriqué ou fait fabriquer une fausse lettre, contrefait des signatures afin de m'éloigner de Paris et de séduire une sœur que j'y laissais en partant! cela prouve que vous me ferez réparation ou me donnerez satisfaction! et cela, aujourd'hui, à l'instant!

EMMANUEL, souriant.

Moi !

BALTHAZAR.

Vous, monsieur le gentilhomme ; et vous ne sortirez pas d'ici que vous ne m'ayez promis l'une où l'autre.

EMMANUEL.

D'abord, vous sentez bien, monsieur, qu'en supposant même que j'aime votre sœur je ne puis l'épouser ; ma naissance...

BALTHAZAR.

Votre naissance ! oh ! oui, c'est juste, les filles de sa classe doivent sans doute tirer à honneur que vouliez bien les déshonorer, messieurs les nobles ? (Froidement.) Eh bien ! puisque vous me refusez réparation, j'attends satisfaction. Vos armes ! l'endroit ! l'heure !

EMMANUEL.

Avant tout, monsieur, vous voudrez bien donner vos parchemins à examiner à mes témoins.

BALTHAZAR.

En m'ôtant l'honneur, vous m'avez pris les seuls parchemins qu'un honnête homme peut montrer, et vous verrez si ceux-là ne pèsent pas autant que les vôtres dans la balance.

EMMANUEL.

C'est possible, monsieur ; mais on ne nous permettra pas le combat.

BALTHAZAR.

Comment ? vous êtes jeune, vous m'avez offensé et vous m'opposez votre noblesse, vos titres ? mais n'est-il plus donc permis à un gentilhomme d'avoir, au moins une fois en sa vie, du cœur en présence d'un roturier ?

(Se rapprochant de lui.)

EMMANUEL.

C'est possible, monsieur, mais je ne me battrai pas.

BALTHAZAR.

Mais si je m'attache à vos pas ? si je vous insulte ? si je vous frappe en public ?

EMMANUEL.

En public ? vous ne l'oseriez pas ?

BALTHAZAR.

Mais ici... seul à seul...

EMMANUEL.

Ici... (Il tire son épée et la brise.) Vous ne l'oseriez pas davantage.

BALTHAZAR, lui saisissant la main.

Ah ! monseigneur, je ne sais pas comment je me vengerai de vous, mais j'en jure Dieu, je me vengerai !.. je me vengerai !

EMMANUEL.

Comme il vous plaira, monsieur. (Il sort lentement.)

SCENE XV.

BALTHAZAR, seul.

Oh ! oui, je me vengerai ! (Après un silence.) Mais comment ! (Nouveau silence.) Me venger de qui ? (Réfléchissant.) Du comte de Mauran ? mais ce bon vieillard m'a si noblement, si généreusement accueilli ! je l'ai vu si heureux au milieu de ses enfans... près de sa fille... (Tressaillant et levant la tête.) De sa fille ! (Après un silence.) Ah ! vous avez une sœur, comte Emmanuel ! Marie !

(Son visage devient riant ; Marie ouvre la porte, il prend son verre et boit.)

SCENE XVI.

BALTHAZAR, MARIE.

MARIE, inquiète.

Mme Robert, est-elle venue ? je ne l'ai pas trouvée chez elle.

BALTHAZAR.

Non, non... je suis resté seul.

MARIE, à part.

Ah ! je respire.

BALTHAZAR, à part.

Ma pauvre sœur! oh! non, non, elle a bien assez déjà de sa douleur! oui, elle ignorera que je sais tout. (Il place le médaillon dans le coffre qu'il referme. Haut en se rapprochant de sa sœur.) Eh bien! Marie, il commence à se faire tard... j'ai besoin de repos; toi-même tu dois être fatiguée; rentre dans ta chambre... Adieu, sœur, à demain... (Il l'embrasse au front et ne peut retenir ses larmes.) Adieu, ma sœur chérie.

MARIE, avec étonnement.

Balthazar! tu pleures? oh! ciel! qu'as-tu donc?

BALTHAZAR.

L'émotion! nous avons été séparés si long-temps!.. adieu, sœur, adieu. (Il s'éloigne; à part.) Oh! que je souffre!
(Il va reprendre son manteau qu'en entrant il avait jeté sur une chaise; pendant ce temps Marie s'approche de la table comme pour desservir, elle voit le coffre, l'ouvre précipitamment et y trouve le médaillon.)

MARIE, à part.

Oh! le voici! grand Dieu! s'il l'avait vu. Oh! mais non, il est calme, il ne sait rien.

BALTHAZAR, revenant et prenant Marie par la main.

A demain, sœur.

MARIE.

A demain.
(Elle rentre; en ce moment, la porte de gauche s'ouvre et Mme Robert entre; Balthazar la voit et allant vers elle.)

BALTHAZAR.

Malheureuse, ne remettez plus les pieds ici.

(Mme Robert recule effrayée et sort.)

FIN DU DEUXIÈME ACTE.

ACTE III.

Un salon. Entrée principale au fond; portes latérales.

SCÈNE I.
MOREL, FÉLIX.

FÉLIX, arrivant par le fond, à Morel qui entre par la gauche.

Eh bien? comment monsieur le comte a-t-il accueilli la nouvelle de l'arrivée de son fils?

MOREL.

Avec des transports de joie!.. mais il est étonné d'un retour aussi prompt.

FÉLIX.

Et moi donc! je n'y comprends rien; il y a quinze jours, nous étions encore en Flandres, et du diable si monsieur le vicomte parlait de quitter le régiment! Tout à coup, il y a six jours, il m'ordonne de faire préparer des chevaux et de partir de suite pour Paris, où il doit arriver une heure après moi.

MOREL.

C'est extraordinaire.

FÉLIX.

Cependant, je commence à croire que mon maître avait assez de la vie abrutissante du régiment, et qu'il a voulu revoir Paris... Oh! Paris!.. m'y revoilà donc!.. à moi Paris!.. à moi les plaisirs!.. plus de province!.. fi!.. je l'ai en horreur, en exécration!

MOREL.

Pas tant de bruit, je vous prie, vous étourdissez toute la maison!

FÉLIX.

Vrai Dieu! j'ai craint un instant que le vicomte Emmanuel ne se perdît. Si vous saviez comme la casaque du soldat l'avait changé!.. plus d'intrigues, plus de bonnes fortunes, plus de duels... il menait une véritable existence de petit bourgeois.

MOREL.

Il n'avait pas tort vraiment, et je l'en félicite.

FÉLIX.

Vous êtes encroûté, mon cher; j'espère bien, moi, que nous allons reprendre notre joyeux train de vie, manger notre argent gaîment, et faire damner tous les pères et tous les maris de la capitale! Adieu, Morel, je vais voir si l'office est bien garni.   (Il sort.)

SCÈNE II.
MOREL, BALTHAZAR.

BALTHAZAR, entrant par la droite au moment où Félix sort par le fond. Qu'est-ce?

MOREL.

C'est le page du vicomte Emmanuel, qui vient d'arriver pour prévenir monsieur le comte du retour de son fils.

BALTHAZAR.

Ah!.. le vicomte Emmanuel est revenu!..

MOREL.

On l'attend dans une heure!.. Vous n'avez rien à faire dire à monsieur le comte?

BALTHAZAR.

Non, Morel, merci!   (Morel sort.)

SCÈNE III.
BALTHAZAR, seul.

Vous arrivez donc enfin, monsieur le vicomte! je sais bien, moi, le motif qui vous fait revenir!.. mais ce que vous ignorez, vous, c'est que l'homme que vous venez chercher ici, n'est autre que Balthazar, qui avait juré de se venger et qui a tenu parole! (Après un silence.) Oui, je me suis vengé!.. mais à quel prix mon Dieu!.. quand vous entendrez dans le monde chacun accuser votre sœur, quand vous la verrez perdue dans l'opinion publique, vous ferez comme les autres, vous la croirez coupable, et me plaçant à votre niveau, vous serez convaincu, malgré ses larmes, que m'étant fait aimer d'elle, je l'ai séduite!.. vous vous tromperez, monsieur, sa réputation seule est flétrie!.. oui, flétrie!.. il fallait bien venger ma sœur!.. (En ce moment le comte entre par la gauche, appuyé sur Marie et sur Marguerite.) Mais ce vieillard si bon, pourquoi faut-il que ma vengeance ait dû le frapper en même temps que son fils!

SCÈNE IV.
LE COMTE, MARGUERITE, MARIE, BALTHAZAR.

LE COMTE, souriant.

Dupré?

BALTHAZAR.

Monseigneur?

LE COMTE.

Tu vois le comte de Mauran entre ses deux gardes-malades! ne les trouves-tu pas charmantes ainsi? n'est-ce pas qu'il y aurait un ravissant tableau à faire, dis-moi, avec cette tête blanche, placée entre ces deux têtes si jeunes, si belles!.. Oh! tu ne peux t'imaginer tout ce qu'il y a de noble et de bon dans ces deux âmes! tu ne pourras jamais comprendre de quels soins elles m'ont entouré pendant ma maladie! L'une veillait auprès de moi tout le jour, l'autre toute la nuit: dès que j'entr'ouvrais les yeux, la première chose que j'apercevais c'était le visage souriant de ma fille ou de ta sœur, et le plus souvent de toutes les deux ensemble!.. et le croirais-tu?.. il existait des momens où les voyant réunies autour de moi, je me demandais si je n'avais point toujours eu deux filles! (Se retournant vers Marguerite.) Oh! ne sois pas jalouse, mon enfant, de la tendresse, de l'affection que je lui porte; mais elle a eu si soin de moi, qu'il m'est bien permis de la croire pour un moment ta sœur... n'est-ce pas, Marie?

MARIE.

Oh! monsieur le comte!

LE COMTE.

L'isolement à mon âge est une si cruelle chose! Quand on est vieux, le cœur a besoin de plus grandes affections; ce qui retient à la vie, c'est de savoir qu'on est aimé... que chaque soir on adresse pour nous une prière au ciel! sans cela, la vieillesse serait un fardeau bien lourd à porter; mais tous les bonheurs semblent m'arriver aujourd'hui, comme jadis tous les chagrins.

MARGUERITE.

Oh! oui, mon père; nous allons donc revoir Emmanuel! Eh bien! il y a six mois, avais-je tort de vous dire qu'un jour il serait votre joie, votre orgueil! maintenant, on le cite à l'armée comme un modèle à suivre.

LE COMTE.

Et dernièrement, à Fontenoy, il a couvert de gloire le nom des Mauran. Oh! à présent, je puis l'aimer sans m'accuser de faiblesse, et il sera le bienvenu dans ma maison, comme l'enfant prodigue le fut dans celle de son père!

MARGUERITE.

Une seule chose me chagrine; dans toutes ses lettres Emmanuel parlait de moi; dans les deux dernières, il m'avait complètement oubliée.

LE COMTE.

Tu vois bien qu'il nous aime, puisqu'il revient si vite. (Prenant Marguerite à part, pendant que Balthazar et Marie causent à voix basse dans le fond.) Marguerite, je veux profiter de son retour pour assurer ton bonheur. Tu sais que depuis long-temps le duc de Montbarrey, mon plus ancien et meilleur ami, t'a demandée pour son fils, et que j'ai donné ma parole.

MARGUERITE, à part.

O ciel!

LE COMTE.

Eh bien! dès ce soir, nous reparlerons de cela.

SCENE V.

Les Mêmes, MOREL.

MOREL.

Le duc de Montbarrey demande s'il peut voir monsieur le comte? il l'attend dans son cabinet.

MARGUERITE, à part.

Le duc de Montbarrey!

LE COMTE.

C'est bien, Morel, j'y vais... (Morel sort.) Mes enfans, je vous laisse... (A sa fille qui le reconduit jusqu'à la porte de son appartement.) Tu le vois, ma chère Marguerite, le duc semble avoir deviné mes projets. (Il sort.)

MARGUERITE, à part.

Cette visite du duc me fait trembler!

BALTHAZAR, à Marie, près de la porte de droite.

Je te le répète, sœur, il le faut! plus tard tu sauras pourquoi.

MARIE, à part, en sortant.

Qu'a-t-il donc, mon Dieu!

SCENE VI.

MARGUERITE, BALTHAZAR.

BALTHAZAR.

Marguerite, dans une heure j'aurai quitté cette maison.

MARGUERITE.

Que dites-vous!.. partir!.. me quitter!.. mais vous n'avez donc pas entendu ce que mon père disait tout à l'heure de mon mariage avec le fils du duc de Montbarrey?

BALTHAZAR.

Je l'ai entendu.

MARGUERITE.

Vous oubliez donc que cette union est devenue impossible depuis que vous vous êtes fait aimer de moi?

BALTHAZAR.

Je n'ai rien oublié, Marguerite.

MARGUERITE.

Mais alors, vous ne m'aimez donc plus?.. Oh! répondez-moi comme vous le feriez si mes larmes ne coulaient pas... si mon visage était calme... je veux que ce soit votre cœur qui parle et non pas votre pitié.

BALTHAZAR.

Je vous ai dit que je vous aimais et devant Dieu, je n'ai pas menti! tout ce que j'ai passé ici d'instans heureux, c'est vous qui me les avez faits, car vous étiez tout pour moi... Et cependant, ne me suis-je pas conduit loyalement? le devoir ne l'a-t-il pas toujours emporté sur l'amour, sur le délire? votre honneur, enfin, n'est-il pas demeuré pur?..

MARGUERITE.

Mais, monsieur, ceux qui savent que vous m'aimez et que je vous aime, que penseront-ils?.. que diront-ils?.. à leurs yeux, je serai... oui, je serai perdue!..

BALTHAZAR.

Calmez-vous, Marguerite, j'ai été auprès de vous ce que sont auprès des autres dames, tous ceux que reçoit le comte, votre père... je vous ai adressé quelquefois la parole, mais rarement.

MARGUERITE.

Vous n'avez pas entendu comme moi, les amères railleries que l'on m'adressait, monsieur?.. Vous n'avez pas vu, comme moi, des regards curieux nous épier sans cesse, un doigt insolent nous désigner tous les deux? car vous sembliez prendre plaisir à afficher votre amour et vos assiduités. Hier, encore, dans le jardin, le fils du duc de Montbarrey ne vous a-t-il pas surpris à mes genoux, pressant ma main contre vos lèvres?.. Et qui dit, monsieur, que son père en ce moment n'instruit pas le mien de ce qui s'est passé? Oh! vous le voyez bien, tous ceux qui n'auront pas osé élever la voix tant que vous étiez là pour me protéger, parleront une fois que vous serez parti... Et comme aucun d'eux ne croira, ni ne pourra croire à mon innocence, tout le monde m'accusera... oui... tout le monde, à commencer par les serviteurs de mon père.

BALTHAZAR.

Ne me parlez pas ainsi, Marguerite, vous me brisez l'ame... (Après un moment de silence.) Et cependant il faut que je parte, que je trahisse mes sermens! mais au nom du ciel! quoique je dise et quoique je fasse ne me croyez pas, car je vous aime, Marguerite, et vous aimerai toujours!..

MARGUERITE.

Vous m'aimez.. et vous m'abandonnez sans raison, sans motifs!..

BALTHAZAR.

Il le faut... je le dois!

MARGUERITE.

Qui vous y force?

BALTHAZAR.

Vous me le demandez! oh!.. il y a dans mon cœur, un secret affreux... horrible... un de ces secrets qui remplissent la vie de larmes et de deuil!..

MARGUERITE.

N'importe... je veux le connaître parlez!.. je vous en conjure!

BALTHAZAR.

Non, Marguerite, non! c'est impossible!.. mais je vous le répète, avant une heure j'aurai quitté cette maison. (Il sort.)

SCENE VII.

MARGUERITE, seule.

Etait-ce donc là le bonheur que je rêvais autrefois?.. Oh! mon père, pourquoi vous ai-je menti? pourquoi ai-je eu des secrets pour vous? votre tendresse m'aurait préservée des écueils... et maintenant je ne serais pas condamnée à m'accuser des larmes que je vous verrai répandre!.. Mon père!.. (Le comte paraît à la porte de gauche.) Dieu!.. c'est lui!.. (Le comte arrive s'appuyant sur les meubles jusqu'à un fauteuil près duquel il demeure.) Comme il est pâle, agité!.. plus de doutes, le duc à parlé!..

SCENE VIII.
MARGUERITE, LE COMTE.

MARGUERITE, se jetant aux genoux du comte.

Mon père!..

LE COMTE, la relevant.

Faites-moi grace de vos larmes, je sais tout!.. J'avais deux enfans, que j'aimais d'une égale tendresse, l'un se faisait un jeu du repos et de l'honneur des familles... je l'ai repoussé... l'autre a jeté la honte dans la mienne... je le repousserai de même et je resterai seul... demain, vous entrerez au couvent.

MARGUERITE.

Au couvent!..

LE COMTE.

Oui, mademoiselle; croyez-vous que maintenant une famille honorable veuille vous recevoir dans son sein? Tout Paris connaît votre scandaleux amour!.. Le duc a rompu lui-même l'union qu'il avait sollicitée... j'ai éprouvé cette humiliation, mademoiselle, et si le duc n'eut pas été mon meilleur ami, sur mon honneur, je l'aurais tué!

MARGUERITE.

Je ne suis pas coupable, mon père, je vous le jure!..

LE COMTE.

Point de sermens, je ne vous croirais pas!..

MARGUERITE, à part.

Oh! mon Dieu!.. le châtiment commence!

SCÈNE IX.
LES MÊMES, MOREL.

MOREL.

Monseigneur, M. Dupré demande à vous parler.

LE COMTE, à part.

Lui!..

MOREL.

Il paraît fort pressé et il demande à vous rendre ses comptes avant de quitter ce château.

LE COMTE.

Qu'il vienne... (Morel sort.)

MARGUERITE.

Grace, mon père, grace pour lui et pour moi!

LE COMTE.

Ni pour l'un ni pour l'autre! (Il lui fait impérieusement signe de rentrer.)

SCÈNE X.
BALTHAZAR, LE COMTE.

(Le comte se laisse tomber dans un fauteuil. Balthazar entre.)

LE COMTE, à part.

Que vais-je faire, mon Dieu!.. achever de perdre ma fille, sans lui rendre l'honneur! Et pourtant... comment renoncer à punir l'infâme!.. (A Balthazar, demeuré à l'écart.) Approchez, monsieur; on vient de m'apprendre que vous vouliez quitter mon service, me rendre vos comptes, est-ce vrai, monsieur?

BALTHAZAR.

Oui, monseigneur.

LE COMTE.

Pourquoi quittez-vous mon service?

BALTHAZAR.

Monseigneur, c'est la santé de ma sœur... la profession d'avocat à laquelle je me destinais d'abord et que je veux reprendre...

LE COMTE.

Vous demeurerez ici, monsieur.

BALTHAZAR.

Cependant, monseigneur...

LE COMTE, se levant.

Vous demeurerez, vous dis-je! (Il va à une armoire l'ouvre et prend un portefeuille. Balthazar le suit des yeux. Puis il revient en scène.) Vos noms de baptême?

BALTHAZAR, surpris.

Mes...

LE COMTE.

Vos noms de baptême!

BALTHAZAR.

Louis Balthazar.

LE COMTE.

Sa majesté Louis XV, pour reconnaître quarante années de ma vie employées à la défense de l'état, m'a bien voulu donner, avec pouvoir de le transmettre à l'un des miens, le château de Montbrison et le titre de baron attaché à ce fief; inscrivez vos noms sur ces titres de noblesse, monsieur.

BALTHAZAR.

Mais monsieur le comte...

LE COMTE.

De plus, monsieur, j'avais acheté pour mon fils, qui n'est encore que lieutenant, une compagnie... ce brevet est à vous!..

BALTHAZAR, stupéfait.

Mais, je ne comprends pas...

LE COMTE.

Vous ne comprenez pas!.. je vous offre ma fille en mariage, monsieur.

BALTHAZAR.

A moi! (A part.) Moi, l'époux de Marguerite!.. elle que j'aime tant!.. oh! ma sœur! ma sœur!..

LE COMTE.

Eh bien! monsieur?

BALTHAZAR, froidement.

Je ne puis épouser votre fille, monseigneur.

LE COMTE.

Vous ne pouvez épouser ma fille!

BALTHAZAR.

Je ne le veux pas.

LE COMTE.

Mais, tu n'as donc pas d'amour pour elle?

BALTHAZAR.

Non.

LE COMTE, hors de lui.

Comment, misérable, tu as condamné de sang-froid à la honte, une famille ancienne, illustre, afin de satisfaire un caprice! Et quand le chef de cette illustre et ancienne famille s'abaisse jusqu'à te ramasser, toi, perdu dans la poussière, et te propose d'unir à tes blasons d'un jour ses blasons séculaires, tu refuses, mendiant, la riche aumône que sa main prodigue laisse tomber sur toi!

BALTHAZAR.

Je suis accoutumé à l'insulte, monsieur le comte!

LE COMTE.

Mais apprends-moi donc ce qui t'a fait agir ainsi? car on ne se rend pas coupable d'un tel crime sans motif!

BALTHAZAR, sourdement.

Oh! non! non!..

LE COMTE.

Tiens! je vais te le dire, moi. C'est parce que tu me savais âgé, souffrant, criblé de blessures, incapable de te châtier!.. Oui, c'est parce que tu comptais sur l'impunité, lâche, que tu as été si hardi! Tu savais que ce bras ne pouvait plus soutenir une épée ou lâcher la détente d'un pistolet; mais tu ignores donc que le désespoir peut ranimer un instant des forces éteintes, et que la rage peut soulever à deux mains une épée et t'en frapper avec le tranchant!.. (Il cherche à soulever son épée.) Ah!..

BALTHAZAR.

Votre épée retombe, monsieur le comte, votre bras si fort autrefois est sans vigueur maintenant, mais vous avez un fils! (On entend du bruit au dehors. — Ouvrant une fenêtre.) Et le voilà, monseigneur, le voilà qui entre dans votre hôtel!

(Balthazar sort.)

LE COMTE.

Mon fils!.. ainsi donc pour venger l'honneur d'un enfant, il faut que j'expose la vie de l'autre!.. malheureux vieillard... et que me restera-t-il à moi? Mon Dieu!.. pourquoi avez-vous si long-temps prolongé mon existence?.. J'étouffe!.. j'étouffe... oh!.. si je pouvais mourir!

(Il tombe anéanti sur un fauteuil.)

SCÈNE XI.
LE COMTE, EMMANUEL, FÉLIX, MOREL.

EMMANUEL.

Mon père!.. mon père!

LE COMTE, se relevant à sa voix.

Emmanuel!

(Ils se jettent dans les bras l'un de l'autre et se tiennent long-temps embrassés. Puis Emmanuel donne son manteau, son chapeau, au page et se tourne ensuite vers Morel.

EMMANUEL.

Bonjour, mon vieil ami, bonjour.

MOREL.

Enfin!.. nous voilà de retour.

EMMANUEL.

Laisse-nous, Morel. (Félix et Morel sortent.)

SCENE XII.
EMMANUEL, LE COMTE.

EMMANUEL, vivement.

Marguerite, mon père, où est-elle?

LE COMTE.

Ta sœur!..

EMMANUEL.

Pourquoi n'est-elle pas auprès de vous?

LE COMTE.

Emmanuel, l'honneur de votre famille est en péril.

EMMANUEL.

C'est pour cela, mon père, que je suis revenu!

LE COMTE.

Quoi!.. tu savais!.. si loin de Paris, à l'armée, le bruit de ma honte est déjà parvenu!

EMMANUEL.

Oh! mon père!.. comment avez-vous fait?

LE COMTE.

J'étais souffrant, cet homme était malheureux et je l'ai accueilli!

EMMANUEL.

Vous ne l'avez pas laissé partir?

LE COMTE.

Il est ici!

EMMANUEL.

C'est bien! (Il sonne et Félix entre.) Ma voiture sur-le-champ, fais-y placer des armes.

FÉLIX.

Un duel!.. vive Dieu!.. vous ne perdez pas de temps, monseigneur.

EMMANUEL.

Va vite!

FÉLIX, en sortant.

Mes beaux jours vont donc enfin revenir?

EMMANUEL.

Mon père, il faut que je parle à cet homme.

LE COMTE.

Je vais donner des ordres... Point de scandale, mon fils, le scandale tue. Vous lui parlerez avec calme, et s'il se refuse encore à la réparation que j'ai exigée de lui...

EMMANUEL, portant la main à son épée.

Il n'y en a qu'une possible.

LE COMTE, avec calme.

S'il s'y refuse... Eh bien! tu auras pour venger notre honneur l'épée des Mauran, et pour t'absoudre si tu le tues, ton bon droit.

(Le comte sort par la droite.)

EMMANUEL.

Oh! qu'il vienne!.. qu'il vienne!..

BALTHAZAR, à la porte du fond.

Le voici, monsieur le vicomte!

SCENE XIII.
BALTHAZAR, MARIE, EMMANUEL.

(Balthazar s'avance en tenant sa sœur par la main.)

EMMANUEL.

Balthazar!

BALTHAZAR.

Balthazar Dupré, secrétaire du comte de Mauran.

EMMANUEL.

Et Marie! (Marie fait un mouvement.)

BALTHAZAR, lui prenant la main.

Marie... pas un mot!.. vous me l'avez promis.

EMMANUEL, se remettant.

Monsieur, la nature de l'entretien que nous devons avoir, exige que nous soyons seuls.

BALTHAZAR, à voix haute.

Seuls!.. pourquoi?.. vous pouvez parler devant ma sœur.

EMMANUEL.

Soit, monsieur. (Après un temps.) L'injure que vous avez faite à ma famille ne peut demeurer impunie.

BALTHAZAR.

Je ne vous comprends pas, monsieur.

EMMANUEL.

J'ai fait placer des armes dans ma voiture!

MARIE.

Des armes!.. Oh! mon Dieu!

EMMANUEL.

Je vous attends, monsieur.

MARIE.

Mon frère!

BALTHAZAR.

Vous savez bien, vicomte, qu'un grand seigneur ne peut pas descendre jusqu'à se battre avec un homme comme moi! je n'aurais pas de parchemins à montrer à vos témoins!

EMMANUEL.

Nous nous battrons sans témoins.

BALTHAZAR.

Il est vrai que si j'avais voulu, j'aurais pu être noble, porter l'épée de gentilhomme!.. être officier comme vous, être capitaine d'un beau régiment; mais il m'aurait fallu acheter ces choses de votre père, en épousant votre sœur, et c'est ce que je n'ai pas voulu!

EMMANUEL.

Oh!.. mais venez donc, monsieur, venez donc.

BALTHAZAR.

Je ne me battrai pas, monsieur.

EMMANUEL.

Vous ne vous battrez pas!..

BALTHAZAR.

Ah! vous pensez, parce que vous êtes gentilhomme, que vous aurez le droit de séduire les femmes et les jeunes filles obscures, sans accorder réparation à leurs maris ou à leurs frères!.. Non, non!.. cela ne sera point ainsi. Vous avez flétri ma sœur... j'ai flétri la vôtre!.. Il y a six mois, vous vous êtes trouvé, après m'avoir insulté, trop grand pour vous mesurer avec moi; je vous ai insulté aujourd'hui, et à mon tour, je me trouve trop petit pour me mesurer avec vous, monsieur le vicomte.

EMMANUEL.
Vous vous battrez!..
BALTHAZAR.
Vous me le demanderiez à genoux que je répondrais je ne me battrai pas!.. A présent, monsieur, nous sommes quittes!
(Il prend la main de sa sœur et se dispose à sortir.)
EMMANUEL.
Pas encore, Balthazar!
LE COMTE, paraissant à la porte de droite avec Marguerite.
Si, monsieur, vous êtes quittes!

SCÈNE XIV.
Les Mêmes, LE COMTE, MARGUERITE.
EMMANUEL.
Quoi! mon père!.. vous avez entendu!..
LE COMTE.
Oui, monsieur, et je dis qu'il a raison de ne pas vouloir se battre avec vous!.. Pensez-vous donc, monsieur, que ces hommes du peuple n'ont point d'ame, point de cœur, et qu'ils doivent tout souffrir sans se plaindre, sans maudire? Un autre sang que le leur coule-t-il dans vos veines à vous?.. et vous ne voulez pas qu'il rende insulte pour insulte... honte pour honte? j'ai bien voulu le tuer, moi!.. j'ai bien voulu venger l'honneur de ma fille!..
BALTHAZAR.
L'honneur de votre fille est resté pur, monseigneur!.. croyez-le, Balthazar n'a jamais menti! Un instant j'ai eu, par devoir, la pensée d'un crime; mais un sentiment plus fort et dont je ne vous dois pas compte, l'a emporté dans mon cœur. Je me suis fait aimer de votre fille... mais en la compromettant à dessein, j'ai su la respecter! (Au vicomte.) Oui, monsieur, ma sœur, séduite par vous, était perdue aux yeux du monde! votre sœur, compromise par moi, l'était de même!.. vous m'aviez refusé réparation!.. je vous ai refusé réparation!.. impunité pour impunité, monseigneur!.. c'est la peine du talion!

SCENE XV.
Les Mêmes, FÉLIX.
FÉLIX, à Emmanuel.
Monsieur le vicomte, les armes sont dans le carosse, et l'on attend vos ordres. (A part.) Que vois-je?.. la petite Marie et l'homme de la rue de Sorbonne!
LE COMTE, à son fils.
Eh bien! monsieur? il y a ici deux hommes blessés dans leur honneur, à vous les premiers torts! qu'attendez-vous?
EMMANUEL.
Mon père, il n'y a qu'une seule excuse que je puisse faire... une seule que je puisse recevoir. (Désignant Marie.) M. Dupré, voici ma femme!
BALTHAZAR, désignant Marguerite.
Monsieur le vicomte, voici la mienne.
MARIE.
Ah! monseigneur!
MARGUERITE.
Mon père!
LE COMTE, les pressant contre son cœur.
J'avais bien raison, ce matin, de vous nommer mes filles!
FÉLIX, à part.
Ses filles!.. quelles mésalliances!

FIN.

MICAELA,

ou

PRINCESSE ET FAVORITE,

DRAME EN TROIS ACTES, MÊLÉ DE CHANT,

PAR MM. COGNIARD, POUJOL et F. MAILLARD,

Musique arrangée par M. Adolphe.

REPRÉSENTÉ POUR LA PREMIÈRE FOIS, A PARIS, SUR LE THÉATRE DES FOLIES-DRAMATIQUES, LE 6 AVRIL 1837.

— Cette chambre? — C'est la mienne... et je veillerai sur toi.   (ACTE II, SC. IX.)

PARIS,
NOBIS, ÉDITEUR, RUE DU CAIRE, N° 5.

—

1837.

Personnages. *Acteurs.*

MARIE-DE-BOURGOGNE, fille de Charles-le-Téméraire. Mme A.-HENRI.
MICAELA, sa favorite. Mlle NATHALIE.
L'ARCHIDUC MAXIMILIEN. M. MILET.
STÉPHEN, COMTE DE MONTFORT, gentilhomme français. M. ST-MAR.
VANDERLINDEN, sénéchal du palais. M. NEUVILLE.
VANBISHOP, premier échevin et tuteur de Marie-de-Bourgogne. M. BELMONT.
UN CHEF DE PATROUILLE. M. FRANCIS.
UN GARDE PARLANT. M. DESQUEL.
UN PAGE PARLANT. Mlle CÉSARINE.
PAGES.
DOMESTIQUES.
HOMMES D'ARMES.

La scène se passe dans le palais ducal de la ville de Gand, en 1477.

Imp. J.-R. MEVREL, pass. du Caire, 54.

MICAELA,

DRAME EN TROIS ACTES, MÊLÉ DE CHANT.

ACTE I.

Les jardins du palais ducal. A droite, un péristyle; à gauche, un bosquet; au fond, une grille donnant sur une place de la ville.

SCÈNE I.

VANBISHOP, L'ARCHIDUC MAXIMILIEN, ÉCHEVINS, du côté de Vanbishop et un peu en arrière: en dehors, DEUX FACTIONNAIRES.[*]

(Le sénéchal arrive par le péristyle, tandis que le duc et les autres entrent par la grille du fond.)

LE SÉNÉCHAL, à la cantonade.

Fermez toutes les fenêtres, gardez soigneusement toutes les portes, et ne laissez sortir quoi que ce soit du palais, avant qu'on n'ait retrouvé la perruche et la favorite de la princesse. (Apercevant le duc et les échevins.) Ah! monseigneur... messieurs les échevins, je ne vous avais point aperçus. (Saluant.) J'ai bien l'honneur...

LE DUC.

Bonjour, mon cher sénéchal, bonjour; rentrez au palais, et demandez à notre gracieuse souveraine si son bon plaisir est de nous recevoir, moi et messieurs les échevins de sa bonne ville de Gand?

LE SÉNÉCHAL.

Prêt à vous obéir, monseigneur; mais je crains que votre demande ne soit pas favorablement accueillie en ce moment.

LE DUC.

Et qui peut vous le faire croire, cher sénéchal?

LE SÉNÉCHAL.

La mauvaise humeur de notre auguste souveraine.

VANBISHOP.

Expliquez-vous mieux, messire Vanderlinden.

LE SÉNÉCHAL.

Vous savez, messeigneurs, ou vous ne savez pas, que la princesse n'aime rien tant au monde que sa vieille perruche et sa jeune favorite Micaëla?..

LE DUC, avec fatuité.

Je sais quelqu'un qu'elle aime encore plus que tout cela... mais ceci n'est pas de votre compétence, mon cher... continuez.

LE SÉNÉCHAL.

Si bien que perruche et favorite ont disparu depuis ce matin. La princesse s'ennuie de ne point jouir des saillies de l'une et du caquet de l'autre; et je le conçois, car Micaëla est une charmante fille pleine de malice, et la perruche dit : Baisez vite! d'une façon toute particulière.

LE DUC.

Eh bien! mon cher sénéchal pour chasser l'ennui de votre souveraine, annoncez-lui ma visite, et je me flatte qu'elle ne regrettera plus l'absence de son perroquet.

LE SÉNÉCHAL.

J'obéis, monsieur le duc, mais je doute...

AIR : Pour mettre un terme. (FILS DE THIROULET.)

De remplacer sa bête favorite,
Vous n'aurez pas, croyez-moi, le talent;
Vous ne pourrez lui dire : Baisez vite!
Son perroquet a seul ce droit charmant.

LE DUC.

De cet oiseau, quoi! peut-elle être éprise,
Quand il lui dit, sans rien changer jamais,
Les mêmes mots et la même bêtise,
Pour l'égayer, du moins, je varîrais.

---

[*] Les personnages sont inscrits dans l'ordre qu'ils occupent à la scène, le premier tient la gauche du spectateur; les changemens sont indiqués par des notes.

ENSEMBLE.

LE SÉNÉCHAL.
De remplacer... etc.
LE DUC.
De remplacer perruche et favorite,
Ah! croyez-moi, j'ai le secret charmant;
Allez, mon cher, annoncer ma visite,
Je vous réponds d'un succès éclatant.
VANBISHOP.
De remplacer perruche et favorite,
Le noble duc a le secret charmant;
Allez, mon cher, annoncer sa visite,
Nous répondons d'un succès éclatant.

(Le sénéchal rentre dans le palais par le péristyle.)

SCÈNE II.
Les Échevins, LE DUC, VANBISHOP.

LE DUC.

Et maintenant, messieurs les échevins, je vous le répète, si vous me secondez dans mes projets, si je deviens l'époux de Mademoiselle Marie-de-Bourgogne, vous pouvez compter sur ma reconnaissance; les ducs Maximilien ne furent jamais des ingrats; l'histoire est là pour le prouver.

VANBISHOP.

Nous n'en doutons pas, monseigneur... du moins j'aime à le croire. Mais avant d'être présenté à notre souveraine, permettez, monsieur le duc, que je reprenne les choses d'un peu haut, afin d'établir un juste équilibre entre le service et la reconnaissance : Charles-le-Téméraire, de glorieuse mémoire, (Il se découvre, les autres échevins l'imitent.) légua, en mourant, à sa fille bien-aimée, Marie-de-Bourgogne, les duchés de Flandre et de Brabant, et voulut qu'elle restât sous la tutelle des échevins de sa bonne ville de Gand, jusqu'au jour où elle prendrait un époux; or, nous, ici présens, étant lesdits échevins, nous sommes naturellement les tuteurs de notre gracieuse souveraine : mon raisonnement est clair et limpide... du moins j'aime à le croire.

LE DUC.

Aussi clair et aussi limpide que la bière que vous fabriquez, maître Vanbishop. (A part.) Je ne connais rien de plus bavard et de moins amusant qu'un échevin.

VANBISHOP.

Poursuivons... Feu notre souverain, le duc de Bourgogne, voulut en outre, toujours par son testament, que sa fille ne fût libre de prendre un époux qu'autant qu'il serait gentilhomme et agréé par nous. Dans cet état de choses, vous vous êtes mis, monseigneur, au nombre des prétendans à la main de Mlle Marie-de-Bourgogne; mais ils sont nombreux. Le comte de Rivière, le duc de Clarence, le...

LE DUC, l'interrompant et lui frappant familièrement sur l'épaule.

Maître Vanbishop, quand on se nomme Maximilien, qu'on est archiduc d'Autriche, qu'on a vingt-cinq ans, de l'esprit, de la tournure et deux cent mille florins de revenu, on peut, je crois, élever ses prétentions jusqu'à la fille de Charles-le-Téméraire, ce n'est pas trop haut; je pourrais aller plus haut, mais je ne veux pas. Apprenez, maître Vanbishop, qu'avec la moitié de tous ces avantages je gagerais ne pas trouver dans toute la Flandre et tout le Brabant une seule femme qui eût la force de me résister.

VANBISHOP.

Certainement, monseigneur, du moins j'aime à le croire. Bref, aujourd'hui vous nous avez priés de venir solennellement et en corps, vous présenter à la princesse comme l'époux qui ferait infailliblement son bonheur et celui de ses sujets... vos qualités éminentes, que nous connaissions déjà, et que vous avez pris la peine de nous redire, les brillantes promesses que vous nous avez faites nous ont décidés; et nous sommes prêts à vous servir de tout notre pouvoir de tuteurs, espérant que... si... un jour... vous étiez... nous serions... peut-être... du moins... j'aime à le croire.

LE SÉNÉCHAL, dans la coulisse.

Les voilà! les voilà!..

SCENE III.

LE DUC, LE SÉNÉCHAL, VANBISHOP, puis MICAELA, qui entre avec le perroquet sur son doigt.

LE SÉNÉCHAL, entrant.

Les voilà ! les voilà !..

LE DUC.

Les voilà ? qui ça ?..

LE SÉNÉCHAL.

La perruche et la favorite... je viens de les apercevoir, l'une portant l'autre... c'est la favorite qui portait l'autre... Dieu que la princesse va être enchantée !.. *(Micaëla entre.*)*

CHOEUR.

Air du Forgeron.

Ah ! quelle allégresse !
C'est le perroquet ;
Entendez-vous son gentil caquet !
Vers notre princesse,
Courons à l'instant
Lui reporter son oiseau charmant.

LE DUC, à Micaëla.

Charmante Micaëla, vous vous étiez donc égarée ?

MICAELA.

Oui, monseigneur, j'ai poussé ma promenade plus loin que de coutume, sans m'en apercevoir. Ce perroquet me répétait sans cesse le même compliment, et je me croyais toujours dans les salons du château, au milieu de vous tous messieurs les courtisans.

LE SÉNÉCHAL.

Vous rirez donc toujours à nos dépens, petite espiègle.

MICAELA.

Oui monsieur le sénéchal, à moins que vous ne cessiez d'être risibles.

LE SÉNÉCHAL.

Elle est adorable !... Monsieur le duc, je vous engage à profiter, pour vous présenter à notre souveraine, du plaisir qu'elle va éprouver en revoyant son oiseau chéri.

MICAELA.

Monsieur le sénéchal a raison, monseigneur, c'est un excellent introducteur, d'autant meilleur qu'il vous évitera les premiers frais de conversation. Oh ! ce n'est pas un perroquet comme un autre.

LE DUC, faisant le gracieux.

Je n'en doute pas, jolie Micaëla ; tout, dans cette cour, tient du prestige... et mérite un nom particulier.

Air : Ah ! si madame me voyait.

Ici, quand tout change d'aspect,
Et prend une riante image,
Cet oiseau, malgré son plumage,
Et sa couleur et son joli caquet,
Ne devrait pas se nommer perroquet.
Dans cette demeure céleste,
Où sont logés les Graces et les Ris,
Chacun le prendrait, je l'atteste,
Pour un oiseau... de Paradis,
Car c'est ici le Paradis !

MICAELA.

Vous parlez comme un ange, monseigneur. *(A part.)* Si toutefois il y a des anges fats et prétentieux. *(Elle donne le perroquet à un page.)*

LE DUC.

Messieurs, allons chez la princesse. *(A part.)* Je lui redirai le compliment de tout à l'heure... ça la flattera.

LE SÉNÉCHAL.

Venez-vous avec nous, Micaëla ?

* Le duc, Micaëla, le sénéchal, Vanbishop, deux pages derrière Micaëla.

MICAELA.

Non, sénéchal... vous allez parler d'affaires graves, sans doute...j'aime mieux rester ici et attendre l'heure à laquelle la princesse fait sa promenade du matin.

LE SÉNÉCHAL, à part.

En ce cas, je reste aussi. (Haut.) Monseigneur, nous vous suivons.

(Tout le monde, excepté Micaëla et le sénéchal, entre au palais et suit le duc en répétant :)

Ah! quelle allégrese!

SCÈNE IV.
MICAELA, LE SÉNÉCHAL.*

LE SÉNÉCHAL, à lui-même.

Et dire que mon cœur de cinquante-cinq ans est sous la dépendance d'une jeune fille de dix-huit... J'ai beau me dire : Vanderlinden, mon ami, vous devriez vous en tenir là ; vous avez enterré, il y a un an, votre troisième femme, c'est assez! je me dis cela, et pourtant je me sens disposé à en enterrer... (Se reprenant.) Je veux dire, à en épouser une quatrième. Si Micaëla voulait, on l'appellerait, dès demain, madame la sénéchale, mais elle a autre chose dans la tête. (Il s'approche d'elle.) Micaëla?

MICAELA, qui continue d'arranger son bouquet.

Tiens! vous n'êtes pas allé chez la princesse, sénéchal?

LE SÉNÉCHAL, avec exaltation

Non, car ma princesse à moi, c'est vous! ma reine, c'est vous! mon soleil, c'est vous!

MICAELA, d'un air moqueur.

Sénéchal, comment va votre goutte... boitez-vous toujours?

LE SÉNÉCHAL.

Méchante. (A part.) Elle détourne toujours la conversation... c'est étonnant comme, à cet âge-là, elle détourne déjà les conversations.

MICAELA, se levant.

Comment trouvez-vous ces fleurs?

LE SÉNÉCHAL.

Presque aussi fraîches que vous. Vous en avez fait une ample provision; pour qui donc ce beau bouquet... serait-ce pour moi, charmante colombe?

MICAELA, sur le même ton.

Non, respectable tourtereau, c'est pour mon auguste maîtresse, notre excellente Marie-de-Bourgogne.

LE SÉNÉCHAL.

Et ce joli bouton de rose, que vous avez à votre corsage, à qui le destinez-vous?

MICAELA.

Oh! pour cela, c'est mon secret.

LE SÉNÉCHAL.

Je parie que je le devine?

MICAELA.

Je gage le contraire.

LE SÉNÉCHAL.

Un baiser sur votre blanc front.

MICAELA.

Un baiser! oh! je ne joue pas si gros jeu, messire.

LE SÉNÉCHAL.

Vous tiendriez un autre langage.... si j'avais seulement une trentaine d'années de moins.

MICAELA.

Et une vingtaine de dents de plus, c'est possible...

LE SÉNÉCHAL, se rapprochant d'elle.

Voyons, petite sirène, approchez-vous de moi; avez-vous peur que je vous morde.

MICAELA.

Oh! non, messire; il y a de bonnes raisons pour cela.

* Le sénéchal a remonté la scène en suivant le duc, tandis que Micaëla va s'asseoir à gauche sur un banc de gazon et arrange les fleurs d'un bouquet.

LE SÉNÉCHAL.

Revenons à ce bouton de rose ; voulez-vous que je vous dise à qui vous le destinez ?

MICAELA.

A qui ?.. voyons, magicien ?

LE SÉNÉCHAL.

A un jeune gentilhomme que vous aimez, et qui se nomme Stéphen.

(Il l'examine.)

MICAELA, troublée.

Stéphen !

LE SÉNÉCHAL, appuyant.

Oui, Stéphen... Hé bien ! ai-je deviné juste ?

MICAELA, avec douleur.

Stéphen !

LE SÉNÉCHAL, à part.

J'ai touché la corde sensible. (Haut, et sans remarquer l'état de Micaëla.) Quand je dis que c'est à lui que cette rose est destinée, je me trompe ; c'est à son portrait que vous avez dans votre oratoire ; portrait peint par vous-même, sans doute, et de souvenir... au moyen d'un ressort secret, vous le dérobez à tous les regards sous une image de sainte Thérèse, votre patronne.

MICAELA.

Grand Dieu !.. comment avez-vous découvert ?..

LE SÉNÉCHAL.

Il y a quelques semaines, en passant devant votre oratoire, je soulevai doucement, comme j'ai coutume de le faire, la tapisserie qui en masque la petite porte. Je vous vis agenouillée et priant en silence ; j'admirais votre ferveur, quand en levant les yeux vers l'image à laquelle s'adressaient vos vœux, je n'aperçus plus sainte Thérèse, ou si c'était elle... bon Dieu, qu'elle était changée !..

AIR : J'ai toujours aimé, ma chère, à voir danser les anglais.

Elle avait une moustache,
Un uniforme complet,
Dans sa main, une cravache
Tenait lieu de chapelet.
Des saints, je connais l'histoire,
Mais, je n'ai pu, cependant,
De celui d' votre oratoire
Reconnaîtr' le signal'ment.

MICAELA.

Mais, comment savez-vous le nom que vous venez de prononcer ?

LE SÉNÉCHAL.

Parcequ'il y a un an, lorsque vous êtes tombée auprès de cette grille, mourante de fatigue, de besoin, c'est moi qui vous ai recueillie par les ordres de la princesse, qui vous ai prodigué tous les soins qu'exigeait votre état. Dans la fièvre brûlante qui vous dévorait, vous répétiez sans cesse le nom de Stéphen ; et moi j'ai auguré de là, tout de suite, que Stéphen était quelque beau cavalier qui vous avait trompée, et qu'à la suite de son cruel abandon, la tête perdue d'amour et de désespoir, vous aviez quitté le toit paternel. (Micaëla va s'asseoir.) C'est que voyez-vous, charmante Micaëla, on n'a pas l'avantage d'être veuf en troisièmes noces sans avoir eu le temps d'étudier à fond le cœur des femmes... et je suis très fort sur le cœur des femmes.

MICAELA, tombant sur un banc.

Quel souvenir il vient de réveiller !..

LE SÉNÉCHAL.

Et tout à l'heure, en me quittant, vous vous rendrez dans votre oratoire, vous découvrirez le portrait, et vous effeuillerez devant lui cette fleur, en adressant à l'image de l'infidèle de tendres reproches sur sa conduite et de douces paroles d'amour... Eh bien ! vous ne répondez pas ? (Il s'approche d'elle.) Ah ! mon Dieu ! quelle immobilité... allons, encore un de ces accès de mélancolie auxquels elle est sujette... je croyais qu'ils étaient passés sans retour. (La regardant avec intérêt.) Qui reconnaîtrait, dans cette jeune fille triste et abattue, la sémillante Micaëla, la favorite de la princesse, qui charme toute la cour par son esprit et sa gentillesse. (Lui prenant le bras.)

Micaëla! Micaëla! revenez à vous, reprenez votre gaîté; elle sied à votre âge comme elle sied au mien. Imitez-moi, je suis toujours jovial et plaisant, moi!.. Laissons là le passé, et préparons-nous un gracieux avenir.

MICAELA, se levant, et passant à la droite comme pour rentrer au château.

Pardon, monsieur le sénéchal, si je me retire... mais...

LE SÉNÉCHAL, la retenant.

Vous laisser partir dans cet état de tristesse... non pas, ma charmante... j'ai votre secret et je ne consens à le garder qu'à la seule condition que le sourire va revenir bien vite sur ces jolies lèvres. Allons, rions tout de suite; je veux tout faire pour vous égayer. Voyons, Micaëla, qu'est-ce qui pourrait vous distraire? voulez-vous que je vous fasse cadeau de ma superbe jument blanche, richement caparaçonnée... nous irons fendre l'air... au pas... le galop ne me va plus... voulez-vous des parures à vous en fatiguer les épaules?..

MICAELA.

Merci, monsieur le sénéchal.

LE SÉNÉCHAL.

Air de la fille de Dominique.

Désirez-vous, ma toute belle,
Des jeux, des spectacles divers;
Des bijoux où l'or étincelle,
Des fêtes, de brillans concerts?
Ah! si votre ame était ravie
Par une douce mélodie,
Je prendrais mes légers chalumeaux
Pour charmer les côteaux, les échos! (Il imite le bruit de la flûte.)
Lou, lou, lou, lou, lou, etc. (Micaëla sourit.)

Ou bien, aimez-vous davantage,
Le silence de la forêt;
Désirez-vous, dans le bocage,
Cueillir des frais's, boire du lait?
Préférez-vous, sous la coudrette,
Au bruit joyeux de la musette,
Savourant un nouveau plaisir,
Gambader, sautiller et bondir?

(Parlant.) Pour vous, Micaëla, je retrouverais mes mollets de vingt ans... pour vous plaire, je danserais jusqu'à extinction!.. dût ma dignité de sénéchal en être compromise... tenez, je la compromets ma dignité de sénéchal, je la foule aux pieds.

Tra la, la, la, la, la, la, la, etc.

(Il danse en chantant et sans voir entrer Marie et sa suite.)

SCÈNE V.

LE DUC, MARIE, LE SÉNÉCHAL, MICAELA, VANBISHOP,
ECHEVINS et PAGES.

TOUS, riant.

Ah! ah! ah!

LE SÉNÉCHAL, à part.

Ouf!.. ah! ah!.. on m'a vu.

MARIE.

Je vous fais mon compliment, sénéchal, vous dansez à ravir.

LE SÉNÉCHAL.

Votre altesse est trop bonne. (A part.) Elle se moque de moi.

LE DUC.

Mon cher Vanderlinden, je ne vous connaissais pas ce talent.

VANBISHOP.

Le fait est que vous êtes gracieux pour votre vieil âge.

LE SÉNÉCHAL, à part.

Un chef de justice dans un pareil état! je suis tout hérissé... je dois avoir l'air excessivement ridicule...

MICAELA, *s'approchant de Marie et lui présentant son bouquet.*
Permettez-moi, ma gracieuse souveraine, de vous offrir ce bouquet.
MARIE.
J'ai bien envie de te gronder pour être restée si long-temps éloignée de moi... mais non, j'éprouve trop de plaisir à te revoir, et j'accepte ton bouquet... les jolies fleurs?..
LE DUC.
Et maintenant, belle princesse, vous voilà en famille.
MARIE.
Ah! duc, vous êtes d'une galanterie.
VANBISHOP, *à lui-même.*
Je ne comprends pas... Oh! si fait... c'est relativement aux fleurs... du moins j'aime à le croire. (Haut.) Ce que vient de dire monseigneur est très joli. (A Marie.) Madame en verra bien d'autres... en Flandre, nous sommes très facétieux, très amusans.
MICAELA, *souriant avec malice.*
Votre souveraine s'en est souvent aperçue, maître Vanbishop.
LE SÉNÉCHAL, *à part.*
La malice revient... l'accès de mélancolie est passé.
VANBISHOP.
Princesse, après la démarche matrimoniale que nous venons de faire auprès de vous, monseigneur l'archiduc Maximilien doit être impatient de connaître votre décision... nous vous laissons donc à vos réflexions... puissent-elles être conformes aux nôtres!
MARIE.
Messieurs les échevins, je vous ai demandé jusqu'à demain pour vous faire connaître ma réponse... et d'ici là, j'ai besoin, en effet, de me recueillir et d'être seule. ** (A part.) Ah! messieurs mes tuteurs, quoique vous fassiez, je n'épouserai pas un homme que je ne saurais aimer... et certes, je n'aimerai jamais celui-là...
LE DUC, *bas à Vanbishop.*
Elle est à moi!.. mais la décence lui ordonne d'attendre à demain pour avouer son amour.
MICAELA, *au sénéchal.*
La princesse ne m'a rien dit, mais je puis vous promettre de vous épouser, sénéchal, quand le duc sera son époux.
LE SÉNÉCHAL.
Vrai!..
LE DUC, *à Marie.*
Avant de me retirer, gracieuse souveraine, permettez-moi de vous remercier de la manière flatteuse avec laquelle votre altesse a écouté le conseil que ses tuteurs lui ont donné, de m'accorder la préférence sur mes rivaux.
MARIE.
J'ai obéi, monsieur le duc, à mon devoir et aux convenances; je n'ai rien fait de plus.
LE DUC.
Je sais que la noble fille de Charles-le-Téméraire, ne pouvait laisser échapper un aveu qui eût blessé sa pudeur; mais si j'ai bien lu au fond de son âme...
MARIE.
Attendez à demain, monsieur le duc : on lit mal... quand on lit trop vite.
LE DUC.
C'est juste, noble dame... aussi, je me résigne... je ne rappellerai pas à votre altesse les avantages que je lui offre et les riches alliances que j'ai refusées pour elle... je ne lui dirai qu'une chose, c'est que je suis à elle corps et âme... et que le corps et l'âme d'un duc Maximilien ne sont pas choses à dédaigner.
VANBISHOP.
J'aime à le croire.

* Le duc, Marie, Micaëla, Vanbishop, le sénéchal.
** Vanbishop, passant à gauche avec les échevins, le duc, Marie, Micaëla, le sénéchal.

MARIE, au duc.

Vous êtes trop certain de votre mérite, pour que je m'avise de le contester. (Aux échevins.) Messieurs, je désire être seule. (A Micaëla.) Micaëla, reste auprès de moi.

Air des Chevau-Légers. (PRÉ-AUX-CLERCS.)

ENSEMBLE.

Encore un peu de patience !
Jusqu'à demain, oui, oui, jusqu'à demain ;
De l'éloigner, j'ai l'espérance,
Et d'échapper à mon destin.
Jusqu'à demain,
Triste destin,
Jusqu'à demain, oui, oui, jusqu'à demain.

LE DUC.

Encore un peu de patience,
Jusqu'à demain, oui, oui, jusqu'à demain ;
De l'épouser j'ai l'espérance,
Ah ! pour moi, quel heureux destin.
C'est pour demain,
Heureux destin ! etc

LES ÉCHEVINS.

Encore un peu de patience,
Jusqu'à demain, oui, oui, jusqu'à demain ;
Ils combleront notre espérance,
Ah ! pour nous quel heureux destin ! etc.

MICAELA.

Encore un peu de patience,
Jusqu'à demain, oui, oui, jusqu'à demain ;
Au duc la princesse, je pense,
N'ira pas lier son destin, etc.

(Tout le monde sort, excepté Marie et Micaëla ; les pages rentrent au palais.)

SCENE VI.

MICAELA, MARIE.

MICAELA.

Eh bien ! ma noble maîtresse que dites-vous de l'époux que vous offrent vos tuteurs ? Ils n'ont pas la main heureuse, vos tuteurs.

MARIE.

Oh ! je t'en prie, Micaëla, parle-moi de toute autre chose que de ce vilain duc. Quel supplice d'écouter les fades discours de cet homme !

MICAELA.

Il peut rivaliser de galanterie avec votre sénéchal. Vous ne savez pas que ce vieux fou veut absolument se remarier, lui, déjà trois fois veuf. Il prétend qu'une femme de plus ou de moins ne l'effraie pas. Lui, c'est possible, mais ce serait effrayant pour sa femme. (S'approchant de Marie.) Mais, vous ne m'écoutez pas, ma noble bienfaitrice, vous avez repris ce visage triste et chagrin que je vous vois depuis plusieurs jours, et qui me fait passer aux yeux de vos courtisans pour une tête aussi creuse que celle des échevins, vos tuteurs. Voulez-vous donc que, chargée de vous amuser, votre favorite Micaëla soit rabaissée au niveau du savoir de messieurs les guérisseurs qui ne comprennent rien à votre mal ?

MARIE, tristement.

Ce n'est pas ta faute, chère enfant, tu ignores le souci du rang et de la grandeur. On ne veut pas te marier contre ton gré, toi. Tu n'es pas obligée de cacher tes moindres pensées, de feindre, selon l'occasion, l'indifférence ou la tendresse. Si tu distingues un homme entre tous ceux qui t'assiègent de leurs hommages, tu peux le choisir à ton gré, personne n'a le droit de te demander compte de ta préférence ; tu es libre enfin : moi, je suis esclave ; et pour me choisir un époux, il faut que je consulte ces tyrans qui me parlent un genou en terre et qui me commandent en se nommant mes sujets.

MICAELA, fixant Marie.

Vous aimez donc quelqu'un madame ?

MARIE.
Pourquoi te le cacherais-je, ma bonne Micaëla, toi, ma seule amie, la confidente de mes pensées les plus secrètes; mais, avant de t'ouvrir entièrement mon ame, il faut que je te demande un conseil.

MICAELA.
Parlez, ma bonne maîtresse. Les meilleurs conseils viennent souvent des têtes les plus légères... c'est tout naturel; ne les gardant pas pour elles, elles peuvent en disposer en faveur des autres.

MARIE.
Réponds-moi donc avec franchise. Si tu étais la fille de Charles-le-Téméraire, et que tu rencontrasses sans cesse sur tes pas un jeune gentilhomme dont les regards passionnés trahissent à ton aspect l'émotion la plus vive, que ferais-tu?

MICAELA.
Mais, je le regarderais... un peu...

MARIE, hésitant.
C'est ce que j'ai fait, Micaëla... et si sa figure était belle et distinguée, sa tournure noble et fière?..

MICAELA.
Alors, peut-être je le regarderais... beaucoup.

MARIE.
C'est encore ce que j'ai fait. Maintenant, écoute (Elle tire un papier de son sein.*) « Madame, il est bien audacieux à un simple gentilhomme d'avoir
» osé lever les yeux sur la noble fille du duc de Bourgogne, mais ce gen-
» tilhomme est Français, il a appris la contrainte que l'on exerce envers
» vous, et il croit de son devoir de vous offrir l'appui de son bras, quelque
» faible qu'il soit... Peut-être ne vous sera-t-il pas inutile pour vous sous-
» traire au joug que l'on fait peser sur vous... Daignez, en sortant de l'é-
» glise, tenir votre livre d'heures de la main gauche; ce sera me com-
» mander de mourir pour votre service; et dût-il m'en coûter la vie, je
» saurai pénétrer jusqu'à vous, malgré les grilles et les gardes de votre
» palais.» Micaëla, si ce matin, en entrant dans la cathédrale, tu avais senti, parmi la foule, une main glisser ce billet dans la tienne?

MICAELA.
Comme vous, ma belle souveraine, je l'aurais pris et lu.

MARIE.
Et.. après?

MICAELA.
Et en sortant de l'église, j'aurais tenu mon livre d'heures de la main gauche.

MARIE, avec joie.
C'est aussi ce que j'ai fait, ma chère Micaëla.

MICAELA.
Vraiment?

ENSEMBLE.
Air de la Chanoinesse.
Toutes les deux,
Que c'est heureux,
Nous raisonnons de même,
Plaisir extrême,
Ah! c'est charmant!
Quel accord ravissant!

MARIE.
Oui, chaque jour,
En fait d'amour,
Simples bourgeoises, grandes dames,
Toutes les femmes,
Sans nul effort,
Sur ce point là seront d'accord.

MICAELA.
Mais... à présent

MARIE.
Oh! doucement!

* Micaëla remonte un peu la scène pour s'assurer si elles sont seules et revient se placer à droite.

Tu le sais bien, femme propose,
Amour dispose,
Je sais cela ;
Qu'il commande, on obéira.

REPRISE ENSEMBLE.
Toutes les deux, etc.

MICAELA.

Mais cependant, vous avez des projets...

MARIE.

Le sais-je, moi-même? cet étranger, quel est-il? un gentilhomme français; mais son nom, ses titres?.. est-il digne de la confiance de la fille de Charles-le-Téméraire? voilà ce que mes tuteurs auront le droit de me demander, eux si fiers de leurs prérogatives, et qui voudraient m'imposer un époux de leur choix... Ah! Micaëla, combien de fois, déjà, n'ai-je pas envié ton sort!

MICAELA, avec un soupir.

Mon sort!.. oh! ma bienfaitrice, si vous connaissiez mieux la pauvre orpheline, que vous avez généreusement recueillie... mais il ne s'agit pas de moi, c'est de votre bonheur seul que je veux m'occuper.

(On entend le bruit d'une arme à feu. — A l'orchestre, musique; l'air de GILLETTE :
Allons, faisons silence !...)

MARIE.

Qu'est-ce que cela?

MICAELA, qui a remonté la scène.

Madame, madame, le poste du palais vient de prendre les armes...

MARIE.

Que se passe-t-il donc?

MICAELA.

Voici le sénéchal, il va sans doute nous l'apprendre.

SCENE VII.

MICAELA, LE SÉNÉCHAL, MARIE, GARDES.

MARIE, au sénéchal qui entre.

Qu'y a-t-il, Sénéchal?

LE SÉNÉCHAL.

Madame, c'est un malfaiteur qui cherchait à s'introduire dans le palais, en escaladant le mur des jardins.

MARIE.

Un malfaiteur, dites-vous? (A part.) Grand Dieu! si c'était...

LE SÉNÉCHAL.

Heureusement, il a été aperçu par l'homme d'armes qui est en faction auprès de l'orangerie, et c'est sur lui qu'a été tiré le coup d'arquebuse que votre altesse vient d'entendre.

MARIE, avec inquiétude.

Serait-il blessé?

LE SÉNÉCHAL.

Je ne le pense pas, car le scélérat a disparu, et on ignore s'il est parvenu à mettre son infâme projet à exécution.

MICAELA.

Mais quel est-il, son projet?

LE SÉNÉCHAL.

Je n'en sais rien...mais ça doit-être infâme, on n'escalade pas sans d'affreuses raisons. (Bas à Micaëla.) Il n'y a que votre cœur que je voudrais escalader, petit roc. (Haut.) Quoi qu'il en soit, mesdames, n'ayez aucune crainte, j'ai ordonné que l'on fît une perquisition générale dans l'enceinte du palais, et moi-même, à la tête de ces gardes, je vais patrouiller dans les jardins.

MARIE.

Rentrons, Micaëla. (A part.) Puisse-t-il leur échapper?

LE SÉNÉCHAL, aux gardes.

Et nous, continuons nos recherches.

(La princesse, suivie de Micaëla, rentre dans le palais, tandis que le sénéchal sort par le fond à droite; le jour commence à baisser; à peine le sénéchal et ses gardes ont-ils disparu, que Stéphen entre précipitamment par le deuxième plan à gauche.)

SCÈNE VIII.
STÉPHEN, seul.

Ils s'éloignent... Enfin, me voici dans le palais ducal, près de la belle Marie!.. ma foi! ça n'a pas été sans peine ni danger... escalader un mur, essuyer le feu d'une arquebuse!.. qu'importe... Marie n'est-elle pas française? n'est-elle pas opprimée, esclave dans ce château? et d'ailleurs, Marie ne mérite-t-elle pas qu'on affronte pour elle quelque péril?.. n'a-t-elle pas agréé l'offre de mon secours?.. dût-il m'en coûter la vie, je jure Dieu qu'il ne lui manquera pas... Etrange destinée que la mienne... sur le point de lier mon sort à celui d'une femme charmante, un duel, dans lequel je tue mon adversaire, me force de quitter précipitamment la France, et de venir chercher un asile en Flandre ; mais en voulant fuir un danger, je tombe dans un autre... Marie-de-Bourgogne s'offre à mes regards... sa beauté, ses graces, et plus encore la tyrannie que l'on fait peser sur elle, m'enflamment d'une ardeur nouvelle ; dès ce moment, elle devient l'unique objet de ma pensée... et j'oublie celle qui avait reçu mes premiers sermens... celle enfin à qui j'allais donner mon nom... Ah ! ne pensons pas à cela... tâchons de pénétrer jusqu'à la princesse... (Il regarde à gauche.) Comment?.. des hommes d'armes... ils viennent de ce côté... (Il fait quelques pas vers la droite.) et par ici... encore une patrouille... que faire ? je suis cerné... Ah! c'est cet imbécile de sénéchal qui les commande... payons d'audace...

(Il se cache dans le bosquet. Même musique qu'à la première entrée de la patrouille.)

SCÈNE IX.
STÉPHEN, LE SÉNÉCHAL, à la tête de quelques hommes d'armes.
(Une patrouille entre par la gauche, le sénéchal arrive par la droite, en avant du péristyle.)

LE SÉNÉCHAL, au chef de la patrouille.
Hé bien ?

LE CHEF DE LA PATROUILLE.
Nous avons parcouru les jardins, visité le palais, et nous n'avons rien trouvé, messire.

LE SÉNÉCHAL.
Ni moi non plus... où diable a-t-il pu se cacher ?

STÉPHEN, à part.
Abordons-le le premier, pour éviter tout soupçon. (Il s'approche du sénéchal avec beaucoup d'assurance.) Salut, messire.

LE SÉNÉCHAL, un peu effrayé.
Un étranger ?..
(Il descend la scène tandis que Stéphen la remonte, et le suivant, fait ainsi tourner le sénéchal qui se trouve alors à la place de Stéphen.)

STÉPHEN.
N'est-ce pas à messire Vanderlinden que j'ai l'honneur de m'adresser ?

LE SÉNÉCHAL.
A lui-même... mais d'abord, étranger, je trouve étrange de vous trouver ici... Comment êtes-vous entré dans le palais ?

STÉPHEN.
Mais par la porte, messire ; j'ai dit que je voulais vous parler, et les hommes d'armes m'ont laissé passer.

LE SÉNÉCHAL.
Ils ont eu tort ; car le premier venu n'aurait qu'à dire qu'il veut me parler, il s'introduirait donc ainsi dans le palais... et rien ne me dit que vous n'êtes pas un premier venu... en attendant que je m'en assure, que me voulez-vous ? que réclamez-vous ? que désirez-vous ?

STÉPHEN.
D'abord, vous embrasser, cher sénéchal. (Il veut l'embrasser.)

LE SÉNÉCHAL, le repoussant.
Un moment, un moment, mon gaillard ; on n'embrasse pas un sénéchal... comme on embrasse une fille d'auberge... je veux savoir, d'abord, si vous êtes digne de ma joue... déclinez-moi qui vous êtes... déclinez, mon cher...

STÉPHEN.
Je suis votre cousin, votre parent...

LE SÉNÉCHAL.
Mon parent? je n'en ai plus, je ne dois plus en avoir...
STÉPHEN.
Nous sommes liés par la branche femelle, nous nous tenons par les femmes... je suis cousin de la vôtre...
LE SÉNÉCHAL.
Ah! ah! et de laquelle?.. de la première, de la seconde, de la troisième?
STÉPHEN, à part.
Diable, il y a du choix. (Haut.) De la troisième, cher sénéchal, de la troisième... et je viens savoir comment elle se porte, cette chère troisième?
LE SÉNÉCHAL.
Elle est morte depuis un an... je porte encore son deuil... dans mon cœur... (A part.) Ce garçon-là m'a tout l'air d'un fripon; j'ai vu cette figure-là quelque part.
(Il remonte la scène, dit un mot au chef de patrouille, et redescend à droite.)
STÉPHEN, à part.
Il est intéressé... je le tiens. (Haut.) Morte, dites-vous?.. je ne pourrai donc pas, alors, accomplir la mission pour laquelle j'étais venu dans cette ville...
LE SÉNÉCHAL.
Vous avez une mission?
STÉPHEN.
Hélas, oui!.. je lui apportais la succession de notre oncle...
LE SÉNÉCHAL.
Hein?.. qu'est-ce que vous dites?.. il y a une succession? serait-ce par hasard l'oncle Vanterloop, de Bruxelles, que nous aurions perdu?
STÉPHEN.
Lui-même, messire... c'est l'oncle Van... que vous venez de dire.
LE SÉNÉCHAL.
Ah! quel coup vous me portez!.. ce cher oncle est mort... ah!... Il était riche, n'est-ce pas?
STÉPHEN.
Mais oui, assez riche.
LE SÉNÉCHAL.
Quelle perte!.. mais attendez donc.... plus je t'examine, et plus je vous reconnais à présent... c'est bien toi!.. Oh! je vous remets parfaitement... tu te nommes... Christian...
STÉPHEN.
Oui, oui, je me nomme Christian.
LE SÉNÉCHAL.
Ma pauvre défunte me parlait si souvent de toi!.. ce cher cousin! mais venez donc que je t'embrasse. (Il lui tend les bras.)
STÉPHEN.
De tout mon cœur. (Ils s'embrassent.)
LE SÉNÉCHAL, aux gardes, en remontant la scène, et descendant ensuite à gauche.
Retirez-vous, vous autres : je réponds de ce jeune homme, corps pour corps... il a une mission. (Les soldats sortent par la droite.)
STÉPHEN, à part.
Le danger est passé.
LE SÉNÉCHAL.
Mais donne-moi donc quelques détails; de quelle maladie est-il mort, cet honnête Vanterloop?
STÉPHEN.
Oh! on ne sait pas trop... il avait fini son temps...
LE SÉNÉCHAL.
Comment fini son temps?.. il avait tout au plus quarante ans.
STÉPHEN, à part.
Ahie! ahie!.. (Haut.) Lui, quarante ans!.. laissez donc... il disait cela, parce qu'il était bien conservé, mais il était très vieux... c'est un homme qui nous avait toujours caché son âge.
LE SÉNÉCHAL.
Et avait-il caché beaucoup d'argent? combien laisse-t-il à ses malheureux héritiers, pour les consoler de sa perte?
STÉPHEN.
Trente mille florins, environ.

LE SÉNÉCHAL.

Trente mille florins!.. c'était un digne homme!.. et dire que nous l'avons perdu! ah!.. Tu m'apportes ma part dans cette pénible succession?

STÉPHEN.

Je l'apportais à votre femme.

LE SÉNÉCHAL.

Puisqu'elle est morte, j'hérite de son héritage... je suis même deux fois à plaindre... et sommes-nous beaucoup pour le partage?

STÉPHEN.

Une cinquantaine d'héritiers...

LE SÉNÉCHAL.

Cinquante héritiers! mais c'est épouvantable!

STÉPHEN, à part.

Diable! j'ai trop mis d'héritiers!

LE SÉNÉCHAL.

Tu n'avais pas besoin de te déranger pour venir m'annoncer cette nouvelle... cinquante héritiers!.. mon garçon, j'ai beaucoup d'affaires, je vais t'ouvrir cette grille, et tu reprendras sur-le-champ la route de Bruxelles, donne-moi vite ce qui me revient, et bonjour... Cinquante héritiers!..

STÉPHEN, à part.

Diable!.. ça ne fait pas mon compte... (Haut et l'arrêtant.) Permettez, cher cousin, permettez... il y a cinquante héritiers, il est vrai, mais il n'y a que vous et moi qui hériterons...

LE SÉNÉCHAL.

Comment cela?

STÉPHEN.

J'étais auprès de mon oncle à ses derniers momens, et il me dit en me remettant une cassette : « Mon ami, cet or est pour toi et pour ta cousine Vanderlinden, vous partagerez ensemble, sans rien donner à vos autres parens.

LE SÉNÉCHAL.

Excellent oncle!.. j'accomplirai religieusement ta volonté dernière, je le jure au nom de ma troisième!.. (A Stéphen.) Et cette cassette, l'as-tu apportée avec toi?

STÉPHEN.

Elle est à mon auberge...

LE SÉNÉCHAL.

Eh bien! mon ami, allons vite accomplir le vœu d'un mourant; viens, nous partagerons, et tout sera dit.

STÉPHEN, embarrassé.

Je le veux bien... et pourtant, je crains une chose... nos parens ont des doutes... si l'on nous voit ensemble... ce sera confirmer leurs soupçons et donner lieu à quelque procès... on nous forcerait peut-être de partager avec eux.

LE SÉNÉCHAL.

Diable... diable... je n'entends pas cela!.. que faire? (A part.) S'il s'en va seul, le bruit de son arrivée va se répandre, nos parens iront le voir... on le fera jaser... et puis, je veux être là, à l'ouverture de la cassette. (Haut.) Décidément, mon ami, il serait imprudent de sortir... tu vas rester avec moi, tu passeras la nuit dans le palais, et demain, au point du jour, nous nous rendrons à ton hôtel, et tu t'en retourneras plus vite que tu n'es venu.

(Il remonte encore pour s'assurer qu'il n'y a personne et descend à droite.)

STÉPHEN, à part.

Enfin!

LE SÉNÉCHAL.

D'ici là, je te cacherai dans mon appartement... Silence! j'entends des pas... jette-toi derrière cette charmille.

(Stéphen se cache, à gauche dans le bosquet.)

SCÈNE X.

STÉPHEN caché, **LE SÉNÉCHAL, VANBISHOP, LE DUC,** Valets du Duc.

LE DUC.

Sénéchal, est-il vrai qu'un homme ait osé s'introduire dans les jardins du palais?.. s'est-on emparé de sa personne?

LE SÉNÉCHAL.

Jusqu'à ce moment, monseigneur, il n'a pas été possible de l'appréhender au corps.

LE DUC.

Faites en sorte qu'il n'échappe pas. (Aux valets.) Qu'on remue le palais, qu'on fouille tous les buissons, qu'on parcourt les parcs... tout enfin. (Les valets sortent de différens côtés.) C'est le prélude des obstacles qu'on veut apporter à mon avénement... Messire Vanbishop, il faut être sévère... nous sommes entourés de piéges.

VANBISHOP.

Pendant que nous agirons au-dehors, voici une petite ordonnance qui ôtera l'envie de porter le trouble au dedans du palais... du moins j'aime à le croire... Sénéchal, vous voudrez bien la remettre au gouverneur du château, afin qu'il la fasse publier dans tous les quartiers de la ville... mais lisez-la d'abord, car elle vous concerne aussi.

LE SÉNÉCHAL.

Moi, messire Vanbishop... (Il lit.) « Les échevins de la bonne ville de
» Gand, ayant découvert qu'une conspiration a été ourdie dans l'inten-
» tion criminelle d'enlever Mlle Marie-de-Bourgogne, afin de la soustraire
» à l'autorité de ses tuteurs, nommés par son noble père; sachant de plus
» qu'un des conjurés s'est introduit par escalade dans le palais ducal,
» ont ordonné ce qui suit : Tout étranger qui sera trouvé dans l'enceinte
» du palais, sera condamné à la peine de mort...

STÉPHEN, caché.

Elle est gracieuse l'ordonnance!

LE SÉNÉCHAL, continuant.

» Et quiconque aura prêté la main au coupable, l'aura aidé de son pou-
» voir, ou lui aura donné asile, sera puni de la même peine. »

STÉPHEN, derrière la charmille.

Ah! le sénéchal se taira.

VANBISHOP.

Qu'avez-vous donc, messire?

LE SÉNÉCHAL, embarrassé.

Je dis... de la même peine... (A part.) Cette lettre m'a donné une migraine affreuse.

VANBISHOP, au duc.

Et nous, monseigneur, rendons-nous auprès de notre souveraine afin de nous assurer si elle n'est pour rien dans tout ceci.

LE DUC.

Je vous garantis le contraire, maître Vanbishop, la princesse a bien autre chose en tête... elle rêve sans doute à notre entrevue de ce matin.

VANBISHOP.

J'aime à le croire, monsieur le duc, mais il est bon de prendre ces précautions... on m'a parlé d'un Français qui se trouve sans cesse sur les pas de Mlle Marie-de-Bourgogne... un grand brun, à moustaches...

LE SÉNÉCHAL.

Un grand brun à moustaches... comme ça ressemble à mon cousin... si j'avais été trompé?

VANBISHOP.

Il y a de la politique dans tout cela... et je ne serai tranquille qu'après votre hymen. Il nous faut, pour le bonheur des Flamands, un prince qui boive de la bière...

LE DUC.

J'en boirai, mon cher Vanbishop, j'en boirai!.. et tenez... voyez-vous la princesse se diriger de ce côté? Elle m'a vu, c'est bien naturel!

STÉPHEN, à part.

C'est-elle!.. c'est Marie!..

LE SÉNÉCHAL, à part.

Que faire?.. j'ai bien envie de le dénoncer... Pour sûr, il m'a trompé!

SCÈNE XI.

Les Mêmes, MARIE, suivie de quelques pages qui portent des flambeaux.*

MARIE, à part.

Je meurs d'inquiétude. (Haut.) Eh bien! messieurs, la tranquillité règne-

---

* Stéphen, caché, Le sénéchal, Marie, le duc, Vanbishop.

elle enfin dans le palais... qu'y a-t-il de nouveau?.. a-t-on découvert ce malfaiteur?

LE SÉNÉCHAL.

Non, princesse, pas encore. (A part.) Décidément, que ce gaillard-là soit ou non mon cousin, je vais le dénoncer.

LE DUC.

Soyez sans crainte, noble dame ; avant peu, nous serons maîtres du téméraire... et une bonne ordonnance de messieurs les échevins empêchera d'imiter de pareilles tentatives.

STÉPHEN, se montrant à la princesse, bas, vivement.

Ils ne m'ôteront pas le bonheur d'être parvenu jusqu'à vous, et de vous dire que je suis prêt à mourir pour Marie-de-Bourgogne.

MARIE, surprise.

C'est lui!.. quelle imprudence!..

LE SÉNÉCHAL, à part.

Qu'ai-je vu?.. la princesse le connaît... décidément, ce n'est pas mon cousin.

MARIE, haut.

Le frais du soir se fait sentir... messires; rentrons au château.

CHOEUR GÉNÉRAL.

AIR : Quadrille espagnol.

Rentrons, et dans ces lieux,
Qu'à des plaisirs joyeux,
La fin de la soirée,
Soit toute consacrée ;
L'effroi, de ce séjour,
Est banni, sans retour ;
Ne pensons qu'au bonheur, à l'amour !

MARIE, à Stéphen.

Ah! par pitié, de ces lieux partez vite !

STÉPHEN, bas à Marie.

Je brave tout, j'ai l'amour pour soutien !

LE DUC.

Heureux mortel, ma présence l'agite !

LE SÉNÉCHAL.

Foi d' sénéchal ! je n'y comprends plus rien.

REPRISE DU CHOEUR.

Rentrons et dans ces lieux, etc.

(Marie jette un dernier regard vers Stéphen et rentre dans le palais, suivie du duc et de sa suite.)

FIN DU PREMIER ACTE.

ACTE II.

Le théâtre représente l'appartement de Micaëla. Un petit salon gothique ; une portière à droite et une autre à gauche au deuxième plan. Au premier plan et à droite, une fenêtre ; en face à gauche, un portrait de sainte Thérèse, couvert d'un rideau ; au fond une portière semblable aux deux autres latérales.

SCENE I.

MICAELA, seule.

(Elle sort de la chambre de gauche.)

Personne dans le palais n'est encore levé... La princesse m'a dit hier qu'elle se rendrait ici de bonne heure ; sans doute pour me parler de ce gentilhomme français qu'elle aime déjà, sans s'en douter... oh! oui ; elle l'aime... je l'ai devinée... car j'aime aussi, moi... Pauvre Marie!.. puisse

* Stéphen, Marie, le sénéchal, le duc, Vanbishop.

son amour être plus heureux que le mien... puisse son amour ne pas se changer en regrets et en larmes!.. O Stéphen! Stéphen!.. si tu savais combien je souffre... oh! j'en suis sûre, tu reviendrais à moi... Pendant que je suis seule encore... donnons un souvenir à l'ingrat... ce sera un moment de bonheur, et ces momens-là sont si rares pour moi. (Elle va vers le portrait de sainte Thérèse, qu'elle découvre en tirant le rideau.) Son image est là, derrière celle de ma sainte patronne... Ce vilain sénéchal a découvert mon secret... que d'autres, du moins, ne viennent pas me surprendre.

(Elle va voir au fond en soulevant la tapisserie, et revient s'agenouiller devant sainte Thérèse.)

AIR : Je puis la recevoir encore. (DU CURÉ DE CHAMPAUBERT.)

Sainte Thérèse, ô ma patronne,
Ah! daignez calmer mon tourment,
Tout mon cœur à vous s'abandonne,
Ayez pitié de votre enfant!
Quand je vous implore, en échange
De ma ferveur et de ma foi,
Sainte Thérèse, ô mon bon ange,
Rendez-le moi, rendez le moi! (bis.)

Quelqu'un!

SCÈNE II.
MICAELA, LE SÉNÉCHAL.

MICAELA, allant au fond soulever la portière.

C'est le sénéchal... que vient-il faire ici?

LE SÉNÉCHAL, à part en entrant.

Impossible de le retrouver... j'ai passé la nuit à visiter le palais, à fouiller mes appartemens, à fureter dans toutes mes armoires... personne... Bien certainement, ce n'est pas mon cousin... il ne connaîtrait pas la princesse... et elle a fort bien dit : « C'est lui!.. » c'est lui!.. ça peut renfermer bien des choses... Dois-je parler? dois-je me taire? Cette maudite ordonnance m'épouvante... Micaëla est peut-être fourrée là-dedans... il faut que je sache par elle... Oh! la voilà.

MICAELA.

Vous ici, messire? à cette heure... qui vous y amène?

LE SÉNÉCHAL.

Pardon, ma toute belle, c'est quelque chose que j'ai perdu, et que je cherche... un rien, une bagatelle... (A part.) Un homme de cinq pieds six pouces...

MICAELA.

Sénéchal, vous voulez faire excuser votre indiscrétion, mais je ne vous crois pas, et je crains fort que vous ne veniez pour me reparler encore de votre amour...

LE SÉNÉCHAL.

Je vous avouerai, ma charmante, que ce n'est pas seulement le petit Dieu aux flèches de feu qui m'a poussé de ce côté... et qu'il y a dans ma démarche autant de peur que d'amour.

MICAELA.

Que voulez-vous dire?

LE SÉNÉCHAL, avec mystère.

Ma chère Micaëla, il faut absolument que je parle à la princesse... il y va de mon repos, de mon honneur, de ma charge, de ma... enfin il y va de beaucoup de choses.

MICAELA.

Oh! mon Dieu! de quoi s'agit-il donc?

LE SÉNÉCHAL, la regardant fixement.

Vous ne vous en doutez pas?

MICAELA.

Non, vraiment.

LE SÉNÉCHAL.

Bien vrai? vous n'avez pas trempé dans aucun petit complot?

MICAELA, riant.

Un complot?

LE SÉNÉCHAL, à part.
Son air candide me rassure... elle n'a pas trempé...
MICAELA.
Mais expliquez-vous donc mieux.
LE SÉNÉCHAL.
Non, non, ma belle... c'est à la princesse seule que je dois un aveu. Marie est bonne, trop bonne, peut-être... je suis prudent, nous nous entendrons, je l'espère... et dès que j'aurai retrouvé ma tranquillité, c'est à vous, méchante, que je m'adresserai pour guérir une autre blessure.
MICAELA.
Et que faudra-t-il faire pour cela?
LE SÉNÉCHAL.
La moindre chose... m'aimer.
MICAELA, souriant.
Sénéchal, votre blessure est incurable.
LE SÉNÉCHAL.
L'espiègle! comme elle se plaît à me faire languir!.. oh! ces femmes, montrez-leur trop d'amour, et elles ressemblent à ces marchands qui vous surfont sans pitié, dès qu'ils sont sûrs qu'on a envie de leur étoffe.
MICAELA.
La comparaison...
LE SÉNÉCHAL.
Est vraie... car quelquefois aussi le marchand rabat de ses exigences, et vous en rabattrez... vous m'aimerez, n'est-ce pas, chère petite? vous finirez par où j'ai commencé.
MICAELA.
Je finirai comme j'ai commencé.
LE SÉNÉCHAL.
Eh bien! épousez-moi tout de même, ça m'est égal, je suis sûr que ça viendra... je serai si tendre, si complaisant! je resterai sans cesse auprès de vous... je vous envelopperai d'attentions délicates, vous ne sortirez pas de votre appartement; je vous enfermerai même, s'il le faut, afin que, séquestrée entièrement du monde, vous ne voyiez jamais que moi, votre excellent mari; de cette manière, vous vous habituerez à mon air, à ma figure, et comme l'habitude est une seconde nature, vous serez parfaitement heureuse... hein? qu'en dites-vous?
MICAELA.
Tout cela, messire, est trop séduisant!.. je ne résisterais pas à tant de bonheur... et je refuse...
LE SÉNÉCHAL, piqué.
Vous préférez donc rester fille, et contempler à tout jamais, ce portrait devant lequel je vous ai surprise... ça n'est pas gai.
MICAELA.
Celui-là du moins est plus discret que vous. (A part.) Et moins laid surtout. Je reviendrai plus tard près de l'image de mon Stéphen. (Elle sort.)

SCÈNE III.

LE SÉNÉCHAL, croyant toujours Micaëla présente.

D'ailleurs, autant que j'ai pu voir, il n'a rien d'extraordinaire, ce portrait... et puis un sénéchal en chair et en os vaut bien, ce me semble un morceau de toile barbouillé... Charmante Micaëla... (Il se retourne et ne l'apercevant pas, il dit:) Eh bien! où est-elle donc?.. oh! c'est trop fort... Micaëla! Micaëla! oh! je t'attraperai, petit démon...
(Il sort en courant et en appelant : MICAELA! MICAELA!)

SCÈNE IV.

MARIE, STÉPHEN.

MARIE, entrant par la droite.
Enfin, je suis libre... ici, seulement, je puis me soustraire à la foule de ces importuns qui tout à la fois m'obsèdent et me surveillent... mon Dieu! quand donc finira cette pénible contrainte... je ne vois pas Micaëla. (Stéphen entre par la fenêtre; Marie l'aperçoit.) Ciel!

STÉPHEN.
Bannissez toute crainte, madame, c'est le plus respectueux, le plus dévoué de vos sujets...

MARIE.
Vous ici, chevalier.

STÉPHEN.
Oui, madame, c'est moi qui hier ai franchi les murs du palais ducal, et qui viens d'escalader cette fenêtre, pour avoir le bonheur de vous approcher, de vous parler un instant.

MARIE.
Mais ignorez-vous donc les périls qui vous menacent en ces lieux?

STÉPHEN.
Non, madame, je les connais, et je suis heureux de les braver pour le service de votre altesse : je sais que les échevins de la ville de Gand, sous le prétexte de remplir leur mandat de tuteurs, vous tiennent prisonnière dans votre propre palais, et prétendent vous imposer un époux de leur choix, malgré les intentions du duc de Bourgogne ; ils veulent se venger d'avoir fléchi le genou devant votre auguste père, en vous forçant à courber la tête devant eux... votre âge, la faiblesse d'une femme, voilà ce qui les enhardit... mais qu'ils sachent bien, qu'à la voix de Marie-de-Bourgogne, se lèveront des hommes prêts à tout entreprendre, pour la délivrer d'un despotisme qui doit révolter sa fierté de souveraine... et je viens me présenter à elle comme le plus dévoué de ses défenseurs.

MARIE.
Mais j'ignore qui vous êtes, et mon premier désir est de savoir le nom de celui qui m'offre si généreusement son appui.

STÉPHEN, s'inclinant.
Je me nomme Stéphen, comte de Montfort.

MARIE.
C'est un beau nom, chevalier, que je connaissais avant de vous avoir vu... et je m'estime heureuse que le ciel m'ait envoyé un protecteur tel que vous.

STÉPHEN.
Qu'il serait glorieux pour moi de mériter ce titre, et avec quelle joie je ferais le sacrifice de mes jours, si mon trépas me valait un seul regret de vous.

MARIE.
Que parlez-vous, de mourir, comte? vivez... Ah! vivez pour accomplir votre noble mission.

STÉPHEN.
Vivre pour vous, madame!.. Ah! ce serait le comble de la félicité... ordonnez, disposez de moi, et la plus entière soumission, le dévoûment le plus absolu...

MARIE.
Et l'intérêt de la pauvre Marie est le seul motif qui dirige votre conduite?..

STÉPHEN.
M'est-il permis d'en avouer un autre, à moi, simple chevalier, qui pour toute fortune, n'ai que la gloire de mes ancêtres, et d'autre titre à votre estime, que l'offre de mon faible bras... et si me présentant devant une noble princesse, j'osais lui dire : « L'amour le plus tendre et le plus pur a rempli mon ame, enflammé mon courage, et fait naître en moi le désir de vous protéger, de vous défendre... cet amour n'espère et ne demande rien, mais cet amour qui peut de grandes choses a besoin de s'échapper de ma poitrine et de paraître au grand jour. » Si je lui parlais ainsi, ne m'accuserait-elle pas de folie, d'extravagance... « Comte de Montfort, me dirait-elle, vous oubliez qui je suis et qui vous êtes... » N'est-ce pas, madame, qu'elle me jetterait cette réponse, et qu'un tel aveu serait un crime dans ma bouche?

MARIE.
Un crime? non... car la franchise fut toujours le caractère d'une belle ame, et la vôtre ne saurait être coupable.

STÉPHEN.
Hé quoi! vous daigneriez pardonner à tant d'audace?

MARIE.

Stéphen, comte de Montfort, je vous accepte pour mon chevalier; je suis votre dame, et vous me devez foi et amour.

STÉPHEN.

Ah! je le jure par le ciel! je me rendrai digne de ce beau titre.
(Il met un genou en terre, et baise la main que Marie lui abandonne.)

MARIE.

Air : Prêt à partir pour la rive africaine.

Je dois payer ce dévoûment extrême :
A votre honneur, oui, je veux me fier ;
Que mes couleurs deviennent votre emblème !
Relevez-vous, Stéphen, mon chevalier.
(Elle détache un nœud qu'elle lui donne.)

STÉPHEN.

Dès ce moment, cette épée invincible,
Est toute à vous, et peut tout défier !
Qu'ordonnez-vous ? oh ! rien n'est impossible,
Quand de Marie on est le chevalier.

MARIE.

Soyez fidèle à votre serment... Témoin de vos efforts généreux, le ciel aplanira peut-être bien des obstacles, et ma reconnaissance... mais on vient... (Soulevant vivement la portière du fond.) C'est le sénéchal.

STÉPHEN.

Il n'y a pas de danger... je n'ai rien a redouter de lui, grace à certaine parenté de mon invention.

MARIE.

N'importe, je ne veux pas qu'il vous trouve ici... où vous cacher !

STÉPHEN.

Là... dans cette galerie.
(Il se cache derrière la portière de droite, tandis que Marie va s'asseoir à droite.)

SCÈNE V.
LE SÉNÉCHAL, MARIE, assise.

LE SÉNÉCHAL, entrant par le fond.

Pardon, princesse, de vous relancer jusqu'ici... mais j'ai le cœur gros d'inquiétude... j'ai un poids qui m'étouffe !... et vous seule pouvez me rendre le repos. (A part.) En m'y prenant ainsi, je me sauve.

MARIE.

Qu'est-il donc arrivé, sénéchal ?

LE SÉNÉCHAL.

Un malheur, princesse, dont je suis la source.

MARIE.

Un malheur ?

LE SÉNÉCHAL.

Quand je dis un malheur... je ne sais pas si c'en est un.. car enfin... il se pourrait !... et cependant je n'ose supposer... (A part.) C'est très embarrassant à lui dire.

MARIE.

Mais expliquez-vous donc ?

LE SÉNÉCHAL.

Grande souveraine, voici la vérité dans toute sa nudité... je vous le jure sur ma foi de sénéchal... je vous le jure sur mon crâne... sur la cendre de mes trois défuntes.

MARIE.

Mais parlez donc.

LE SÉNÉCHAL.

Je parle, princesse, je parle. Hier au soir, je venais de faire une battue générale dans les jardins... quand tout à coup, un homme se présente à moi... cet homme se dit mon parent, mon cousin... Il vient, ajoute-t-il, m'annoncer le trépas de je ne sais quel oncle, et m'apporter une part de la succession du défunt. A ce mot de succession, moi, je l'accueille avec bonté, je lui offre un logement dans le palais... mais, le croirez-vous, cet homme que je choyais si bien... c'était...

MARIE.

C'était?...

LE SÉNÉCHAL, embarrassé.

Je ne sais pas ce que c'était, car il m'a glissé dans la main, et je n'ai pu le retrouver. J'avais d'abord cru que c'était un conspirateur.

MARIE.

Un conspirateur?

LE SÉNÉCHAL.

Oh! mais non, non, je me trompais... car il avait trop bonne façon... et pourtant un homme qui escalade... (Examinant la princesse.) Un homme qui escalade...

MARIE, à part.

Que lui dire?

LE SÉNÉCHAL, continuant.

Doit avoir un motif... un gros motif même... Qu'en pense votre altesse?

MARIE.

Je pense, sénéchal, qu'avant de porter un jugement, on doit bien réfléchir, et craindre de commettre une faute en agissant légèrement.

LE SÉNÉCHAL.

Sans doute, princesse, sans doute... mais l'ordonnance des échevins est précise... et si l'on découvre cet inconnu, je suis perdu, moi!

UN PAGE DU PALAIS, annonçant.

Monseigneur l'archiduc Maximilien, d'Autriche; messire Vanbishop.

MARIE.

Faites entrer.

LE SÉNÉCHAL, examinant la reine.

Par pitié, princesse, dois-je parler? dois-je me taire?... ne serait-il pas de mon devoir de tout leur dire.

MARIE, avec dignité.

Sénéchal, vous ne direz rien... je vous le défends.

LE SÉNÉCHAL.

Comment?... votre altesse...

MARIE, impérativement.

Vous vous tairez... et pour prix de votre silence, je vous nomme mon grand-veneur, et je double votre traitement.

LE SÉNÉCHAL.

Grand-veneur!... (A part.) Définitivement, ce grand drôle est un ami intime de la princesse.

SCÈNE VI.

LE SÉNÉCHAL, VANBISHOP, LE DUC, MARIE.

LE DUC, après s'être incliné devant la princesse, qui est toujours assise.

Laissez-nous, sénéchal.

LE SÉNÉCHAL.

Oui, monseigneur. (A part.) Grand-veneur!... je serai muet... un titre de plus, et je consens à être sourd.   (Il salue et sort.) *

MARIE, avec impatience.

Que venez-vous m'apprendre, messieurs... est-il question d'une nouvelle ordonnance de mes gracieux tuteurs?

VANBISHOP.

Non, princesse; il s'agit d'une mission plus agréable... du moins, j'aime à le croire!.. Nous venons, au nom de mes honorables collègues, rappeler à votre altesse la promesse qu'elle a faite de choisir aujourd'hui même un époux, parmi les prétendans à sa main. L'Autriche et l'Angleterre attendent et espèrent; mais nous avons aussi la Flandre et le Hainaut. Je ne parle pas de la France, mauvais pays où l'on ne boit que du vin.

MARIE.

Je n'ai point oublié, messire Vanbishop, que vous êtes brasseur.

VANBISHOP.

J'aime à le croire, princesse, et c'est à ce titre, que j'ose vous recommander notre bon royaume, si passionné pour le houblon... et je vous

---

* Vanbishop, le duc, Marie.

avouerai que notre désir et notre intention à tous, c'est que notre roi boive de la bière.

LE DUC.
C'est parler en bon patriote, en vrai Flamand.

MARIE, se levant, et passant au milieu d'eux.
Messieurs... J'ai dit qu'aujourd'hui je me déciderais sur le choix d'un époux, il est vrai... mais aujourd'hui doit durer toute la journée... veuillez donc attendre jusqu'à ce soir pour connaître ma réponse définitive.

LE DUC, à part.
Manége de femme... elle veut me rendre encore plus amoureux, en me faisant languir.

VANBISHOP.
Mes honorables collègues sont réunis en ce moment dans la salle des États... je supplie votre altesse de venir elle-même leur faire savoir qu'elle désire un délai de quelques heures.

MARIE.
Ne pourriez-vous, vous-même...

VANBISHOP.
Pardon, mais l'étiquette...

MARIE, à part.
Refuser... ce serait éveiller leurs soupçons... rendons-nous auprès d'eux, et revenons ensuite délivrer notre prisonnier. (Haut.) Votre main, monsieur le duc.

LE DUC.
Les voici toutes les deux, princesse, choisissez. (Il lui présente la main et dit à part.) Elle est émue, tremblante... ce soir, je serai roi des Flamands.

LE DUC et VANBISHOP.
AIR : A rire qu'on s'apprête.

ENSEMBLE.
{
Aux lois de l'étiquette
Il faut qu'on se soumette;
Conservons notre espoir.
Il faut attendre encore,
Mais celui qu'elle adore
Sera connu ce soir.

MARIE.
Aux lois de l'étiquette
Il faut qu'on se soumette;
Pour moi, quel désespoir.
Il faut attendre encore;
Mais ce duc que j'abhorre,
Connaîtra tout ce soir.
}

(Marie accepte la main du duc et ils sortent tous les trois par le fond.)

SCÈNE VII.

STÉPHEN, seul. Il sort de derrière la portière.

Les importuns! arriver au moment où j'espérais le plus tendre aveu... « Le ciel, m'a-t-elle dit, aplanira bien des obstacles! ah! ces paroles qui résonnent encore à mon oreille... je n'ose les comprendre!.. puis-je jamais espérer d'être l'époux de Marie?.. moi souverain!.. moi roi!.. insensé que je suis!.. La fille de Charles-le-Téméraire peut-elle descendre jusque là?.. (Une pause.) Et cependant, tout-à-l'heure, elle semblait provoquer l'aveu que ma bouche a laissé échapper... Encore quelqu'un, allons, il est dit que je dois toujours être invisible.

(Il retourne derrière la portière de droite.)

SCÈNE VIII.

MICAELA, entrant par le fond, STÉPHEN, caché.

MICAELA.
Enfin, j'ai échappé à cet ennuyeux sénéchal! Tout le monde est réuni dans la salle des États, et je puis sans crainte d'être dérangée... hâtons-nous... (Elle se dirige vers le tableau de sainte Thérèse, qu'elle touche et qui, en glissant sur lui-même, laisse voir le portrait de Stéphen.) Chère image, devant toi du moins, je puis laisser parler mon cœur, et couler mes larmes.

STÉPHEN, à part et se montrant à demi.

Qu'entends-je? ce son de voix...

MICAELA, au portrait.

Oui, le voilà bien... mon Stéphen! mon beau comte de Montfort!

STÉPHEN, à part.

On a prononcé mon nom!

MICAELA, de même.

Voyons, monsieur, regardez-moi, souriez... oh! mieux que cela... souriez à votre Micaëla.

STÉPHEN, à part et se montrant tout-à-fait.

Micaëla?.. dans ce palais?.. et ce portrait...

MICAELA, toujours au portrait.

Oui, c'est bien lui! oh! ma mémoire ne m'a pas trahie, le jour, où trouvant une consolation dans mes faibles talents, je saisis avec joie mes pinceaux!.. ce fut alors que vint se retracer à mon esprit le passé si doux et si cruel à la fois... je me vois encore joyeuse et fêtée dans le château de mon oncle...

STÉPHEN, à part

Je n'en reviens pas... c'est bien elle!..

MICAELA.

Je t'entends encore, mon Stéphen... je me crois au jour de notre hymen, on va poser sur ma tête la couronne nuptiale... mais tu ne viens pas, et je t'attends en vain : une lettre arrive... lettre fatale dont chaque mot jette le désespoir dans mon ame...« Micaëla, me disait cette lettre, notre » union est impossible, en ce moment : au nom du ciel, ne m'accuse pas, » la fatalité seule m'éloigne de toi. » J'étais trahie, abandonnée!.. oh! alors, la pauvre orpheline perdit la raison... elle erra dans la campagne, combien de jours, je l'ignore... car ce ne fut que bien long-temps après que je pus comprendre que la fille du duc de Bourgogne m'avait accueillie dans son palais.

STÉPHEN, à part.

Pauvre enfant!

MICAELA.
Air de l'Anglais à Paris.

J'ai pleuré long-temps,
Chagrins et tourmens,
J'ai supporté chaque peine ;
Tout mon cœur saigna,
Et malgré cela,
Pour vous, je n'ai point de haine.
Plein d'amour, et plein de feux,
Vous vous disiez amoureux,
Ah! monsieur, fi, c'est affreux !

Oui, car vous ne pensiez pas ce que vous disiez... et moi, je vous écoutais avec confiance, avec délices!.. et malgré tous vos torts, si vous veniez me dire : Micaëla, grâce, je t'aime encore... eh bien! je serais assez faible pour vous excuser.

Vraiment, je suis trop bonne,
Monsieur, repentez-vous,
Pour que je vous pardonne,
Venez vite à mes genoux.

Hélas! loin de moi,
Oubliant la foi
Que vous m'aviez tant promise,
D'une autre beauté,
Quelle indignité!
Votre ame est peut-être éprise ;
Je vous déteste! je vous hais!
Et je veux, à tout jamais,
Bien loin, chasser mes regrets.

Non, monsieur, je ne veux plus vous aimer, je ne veux plus penser à vous!.. Folle que je suis!.. s'il se présentait à mes regards, le bonheur qui brillerait dans mes yeux, trahirait mon cœur et je lui dirais malgré moi :

Vraiment, je suis trop bonne ;
Monsieur, repentez-vous,
Allons !.. je vous pardonne,
Tombez vite à mes genoux.

(Stéphen se jette à ses genoux; Micaëla jette un cri, et, stupéfaite, le contemple.)

STÉPHEN.

Micaëla, Micaëla ! pardonne-lui, car il est à tes genoux.*

MICAELA.

O mon Dieu ! est-ce une illusion ? un rêve ?

STÉPHEN.

Non, Micaëla, non... c'est Stéphen qui est devant toi... c'est Stéphen qui t'ouvre ses bras. (Il la tient embrassée.)

MICAELA.

C'est lui !.. c'est bien lui... oh ! le bonheur fait donc mal aussi ?

STÉPHEN.

Pauvre Micaëla... tu as bien souffert ?

MICAELA.

Oh ! je ne m'en souviens plus... Mais quel miracle te rend à ma tendresse ? qui a guidé tes pas jusqu'ici ?

STÉPHEN.

Tu vas tout savoir ; car j'ai besoin de me justifier à tes yeux... Écoute, chère Micaëla, et juge si je fus coupable. Le jour de notre hymen, un homme jaloux de l'amour que tu me portais, m'appela en duel, au moment de la cérémonie ; l'honneur ne me permettait pas de refuser, et tout en acceptant le combat, je dus me taire... La crainte de t'alarmer, et les peines infligées aux duellistes, me commandaient le silence. Je tuai mon adversaire. Après quelques jours d'absence forcée, je revins ; tu avais disparu ; je m'informai, je partis, long-temps je te cherchai, mais en vain... Quelques indices me firent croire que tu avais passé la frontière et que tu étais en Flandre... alors, plus de repos... je voyageai le jour, je voyageai la nuit ; partout je demandais Micaëla, et partout Micaëla manquait à mon amour.

MICAELA.

Et moi qui l'accusais !

STÉPHEN.

Enfin, après avoir visité toutes les villes du Hainaut, du Brabant et de la Flandre, j'arrive ici, à Gand. Je cours aux promenades, dans les églises ; mon œil scrutateur te cherche vainement, lorsque le hasard offre à mes yeux, Marie-de-Bourgogne...

MICAELA, avec effroi.

Marie !.. cet inconnu... c'était lui !

STÉPHEN.

Et te l'avouerai-je ?.. sa réputation, la tyrannie qu'on fait peser sur elle excitent en moi de l'intérêt... Des idées d'ambition, de gloire, de grandeur, viennent m'agiter !.. je te croyais à jamais perdue pour moi... et mon ame, un moment, se laissa captiver ; malgré tous les périls, je m'introduisis dans ce palais, et j'en remercie le ciel, puisqu'il m'a conduit dans les bras de ma bien-aimée, de ma Micaëla.

MICAELA, avec crainte.

Mais Marie...

STÉPHEN.

Oh ! ne crains rien... dès ce moment, je te le jure sur ma foi de gentilhomme, son souvenir est banni pour jamais de mon cœur... Je t'ai retrouvée, Micaëla ! A toi mes vœux, à toi ma vie, à toi tout mon amour !

MICAELA.

Oh ! parle, parle encore... Il y a si long-temps que je ne t'ai entendu... mais ton regard paraît inquiet... Stéphen...

STÉPHEN.

Micaëla... si la princesse venait... si elle me trouvait avec toi... (Micaëla va tirer le rideau sur le portrait et reste à gauche.) Que pourrais-je lui dire ?.. comment lui avouer, sans exciter son courroux, que seule tu règnes sur mon ame... il faut que je m'éloigne...

* Stéphen, Micaëla.

MICAELA.

T'éloigner? mais c'est impossible... toutes les issues sont gardées... Ignores-tu qu'un arrêt de mort pèse sur la tête de tout étranger qui osera s'introduire dans le palais.

STÉPHEN.

Comment faire?

MICAELA.

Oh! je ne te quitterai pas!.. mon Stéphen, tu ne m'abandonneras plus, n'est-ce pas?.. tu es toujours mon fiancé... et bientôt, je serai ta femme.

STÉPHEN.

Oui, bientôt.

(Il la presse dans ses bras; à ce moment, Marie soulève la tapisserie du fond, sans être aperçue; elle reste immobile d'étonnement en voyant Micaëla dans les bras de Stéphen.)

SCÈNE IX.
LES MÊMES, MARIE.

MARIE, à part.

Ciel! que vois-je?

MICAELA.

Écoute... cette nuit, nous quitterons ensemble ce palais; mais, jusque-là, il faut te dérober à tous les regards. (Désignant son appartement.) Cette chambre t'offre un asile impénétrable.

STÉPHEN.

Cette chambre?

MICAELA.

C'est la mienne... et je veillerai sur toi.

MARIE, à part.

Trahie!.. j'étais trahie!..

MICAELA.

Allons, beau prisonnier, venez, qu'on vous mette sous les verroux.

AIR : Embarquez-vous, ma toute belle.

Obéissez, je suis sévère,
Il le faut, c'est ma volonté ;
Tremblez devant votre geolière
Qui bientôt, vous rendra, j'espère,
Au bonheur, à la liberté !

(Stéphen entre dans la chambre de gauche.)

SCÈNE X.
MICAELA, MARIE.

MICAELA, après avoir baissé la portière se retourne et aperçoit Marie. A part.

Ciel! la princesse... tout est perdu!

MARIE, avec une tranquillité feinte.

Tu m'attendais, Micaëla?.. moi-même j'étais impatiente de venir près de toi, joyeuse que je suis toujours, quand je puis confier mes plaisirs ou mes peines à celle qui sait si bien les partager.

MICAELA, à part.

Je respire... elle n'a rien entendu!..

MARIE.

Je viens un peu plus tard que de coutume; mais ce n'est pas à moi qu'il faut t'en prendre.

MICAELA.

Ne suis-je point aux ordres de ma bienfaitrice, à tous les instans de la journée?

MARIE.

Et même de la nuit, n'est-ce pas?.. si ta présence m'était nécessaire... cette nuit, par exemple... je pourrais compter sur toi... je le sais, et je t'en remercie.

MICAELA.

Ne dois-je pas à ma bienfaitrice un dévoûment sans bornes.

MARIE.

Je ne veux que ton amitié et tes conseils... A propos de conseil, tu n'as pas oublié sans doute celui que je n'ai pas craint de te demander, hier, au sujet de cet inconnu qui osa glisser un billet dans ma main, au moment où j'entrais dans la cathédrale. (Elle fixe Micaëla, mais sans affectation.)

MICAELA, cachant avec peine son émotion.

Je n'ai rien oublié, madame.

MARIE.

Hé bien! apprends que cet inconnu a cessé de l'être pour moi, et que, si son amour est vrai, son dévoûment sincère, je puis peut-être, avant la fin du jour, placer sur sa tête la couronne de Flandre.

MICAELA, vivement.

Vous, madame!

MARIE.

Est-ce que tu ne me le conseillerais pas?.. s'il m'aime?

MICAELA.

Pardon, mais dans une circonstance aussi grave, je n'ose me permettre... moi, pauvre fille sans expérience... vous seule, madame...

MARIE.

Oui, tu as raison, en pareille circonstance on ne doit consulter que son cœur. (Appuyant.) Et c'est ce que je ferai... Mais occupons-nous d'objets moins sérieux... après l'ennuyeuse conférence que je viens de subir, j'ai besoin de me distraire... Micaëla, cherche à m'égayer... conte-moi quelque folie... ou plutôt, chante-moi une ballade, une romance... tiens, par exemple, celle que tu me fis entendre, il y a deux jours... elle avait je crois, pour refrain : « Voilà comme aime une espagnole. »

MICAELA.

Pardon, ma noble maîtresse, mais je sais à peine cette romance... et je craindrais...

MARIE.

De l'amour-propre, avec moi!.. quel enfantillage! n'es-tu pas sûre de mon indulgence?.. va donc prendre ton luth, et reviens avec confiance.

MICAELA, dont l'embarras augmente.

Si j'osais faire observer à votre altesse...

MARIE, d'un ton impérieux.

Micaëla, obéissez.

MICAELA, interdite.

Oui madame. (A part.) Comme elle m'a regardée!..

(Elle jette des regards inquiets sur la princesse, et entre dans sa chambre.)

SCÈNE XI.
MARIE, seule.

Imprudente!.. penses-tu m'avoir outragée impunément? je connais le secret de ton ame, et malheur à toi! malheur à lui, surtout!.. Il me trahissait!.. au moment où j'allais peut-être l'asseoir sur le trône des ducs de Bourgogne! Comte de Montfort, vous avez été fourbe et dissimulé avec moi; je serai franche avec vous! (Appelant.) Quelqu'un. (Un page paraît; Marie va s'asseoir et écrit quelques lignes. Musique. Au page.) Remettez en toute hâte ce billet au duc Maximilien, allez.

(Le page sort. Micaëla, tenant un luth à la main, entre en scène; elle se place debout, à quelque distance de Marie, qui est restée assise dans le fauteuil.)

SCENE XII.
MICAELA, MARIE.

MARIE, qui a repris un air calme.

Allons, Micaëla, commence, je t'écoute.

MICAELA, à part.

Puisse mon trouble ne pas tout lui dire!

MARIE.

J'attends.

MICAELA.

Air de la Fête de la Madone. (PANSERON.)

Enfant de la belle Castille,
Du ciel en recevant le jour,
Je reçus un rayon d'amour,
Qui de mes yeux s'élance et brille.

> Celui qui fait battre mon cœur,
> Tout haut, je le dis, j'en suis folle !
> Voilà comme aime une espagnole ;
> Oui, l'amour au grand jour, voilà le vrai bonheur !

(A ce moment, on entend les pas des hommes d'armes que l'on place autour de l'appartement : Micaëla effrayée s'arrête.)

MARIE.

Hé bien ! Micaëla, tu ne continues pas ?..

MICAELA.

Ce bruit ?.. qu'est-ce donc, madame, des hommes d'armes viennent d'être placés autour de mon appartement ?

MARIE.

Oui, c'est par mon ordre... sois sans crainte ; on est à la recherche d'un misérable qui a osé s'introduire dans ce palais et me faire entendre des paroles d'amour... continue.

MICAELA, à part.

Tout est découvert... mon Dieu ! pitié sur lui !.. Oh ! ne nous trahissons pas... il y va de sa vie. (Haut, en s'efforçant de sourire.) Je poursuis.

(Elle chante d'une voix tremblante et qui s'affaiblit peu à peu.)

Même air.

> A toi, mon ame et ma tendresse !
> T'aimer, c'est mon culte et ma loi :
> Aussi, je veux toute ta foi,
> Toi qui m'appelles ta maîtresse.
> Malheur à qui trompe mon cœur,
> Malheur ! celui-là, je l'immole !
> Voilà comme aime une espagnole,
> La vengeance pour elle est encor du bonheur.

(Micaëla succombe à son émotion, et laisse tomber à terre son luth qui lui échappe des mains ; elle est prête à défaillir. Trémolo à l'orchestre.)

MARIE, se levant.

Hé bien ! qu'as-tu donc ?

MICAELA, qui cherche à se remettre.

Moi !.. rien... rien...

MARIE.

Oh ! si, car tu trembles !.. car tu dois trembler... car je sais tout... Micaëla, moi aussi, j'aime comme une espagnole... moi aussi, je me venge comme une espagnole !

MICAELA.

Il est perdu !

SCÈNE XIII.

MICAELA, LE DUC, MARIE, VANBISHOF, LE SÉNÉCHAL, HOMMES D'ARMES, puis STÉPHEN.

LE DUC, l'épée à la main.

Est-il vrai, madame, on a enfin découvert la trace du misérable qui s'est introduit dans le palais ?

MARIE.

Oui, monsieur le duc. (Désignant la porte de Micaëla.) Il est là... dans cette chambre.

LE DUC.

Qu'ordonne votre altesse ?

MARIE.

Entrez, et saisissez-le.

LE DUC.

Et s'il défend sa vie.

MARIE, hésitant.

S'il défend sa vie ?..

VANBISHOP.

Qu'il tombe sous vos coups.

STÉPHEN, sortant de la chambre et remettant ses armes au duc.

Me voici.*

* Micaëla, Stéphen, le duc, Vanbishop, Marie, le sénéchal.

LE SÉNÉCHAL.

C'est mon homme !

STÉPHEN.

Madame, j'ai mérité mon sort... à vos yeux, je dois être coupable; mais pitié pour cette enfant... elle est innocente... Micaëla, adieu !

MARIE, à elle-même.

Je suis vengée !

MICAELA.

Mon Dieu ! comment le sauver ?..

(Le duc fait un geste aux hommes d'armes; ils emmènent Stéphen, tandis que Micaëla tombe dans un fauteuil en sanglottant, et que Marie jouit de sa vengeance.

FIN DU DEUXIÈME ACTE.

ACTE III.

Une salle du palais ducal, ouverte au fond sur une galerie. Portes latérales.

SCÈNE I.
MICAELA.

(Elle entre vivement et se dirige vers la porte de gauche; un garde se présente et lui barre l'entrée.)

Chez la princesse !

LE GARDE.

Elle ne reçoit pas. J'ai l'ordre de ne laisser entrer personne.

MICAELA.

Mais cette défense ne peut s'adresser à moi, Micaëla, sa favorite.

LE GARDE.

L'ordre est pour tout le monde.   (Il rentre dans la galerie.)

MICAELA.

Elle refuse de me recevoir !.. ah ! malheureuse, tout est perdu ! Pauvre Stéphen... tout à l'heure, à mes genoux, dans mes bras... et maintenant dans un cachot, sous le coup de la mort !.. Il n'y a qu'un instant, le bonheur, la joie... à présent, le désespoir ! Oh ! mais je veux le sauver, je le sauverai ! oui... Mon projet est bien téméraire, mais le ciel me guidera. Marie a surpris notre entretien, elle sait tout; je n'en puis plus douter... Stéphen ne cherchera pas à se défendre, et ses juges le condamneront... mais je serai là, moi, pour lutter contre Marie, contre Stéphen et contre ses juges. Il m'en coûtera le bonheur... n'importe... je ne balancerai pas. Mais pour cela il faut que je voie la princesse, que je lui parle... Il faut que je prévienne Stéphen... comment?.. Oh ! le courage et la patience ne me manqueront pas, mais je crains de mourir avant d'avoir accompli mon projet... la fièvre me brûle, mes pensées se heurtent, se confondent... et je tremble... oui, je tremble de devenir folle.

AIR : Vous avez pleuré. (PANSERON.)

Oui, je le sens, oui, ma tête s'égare !
Un trouble affreux m'agite malgré moi ;
Est-ce un malheur encor qui se prépare?
O mon Stéphen, je veux vivre pour toi !
Oui, j'ai l'espoir de lui sauver la vie,
Je puis encor faire ouvrir sa prison ;
Ah ! jusque-là, mon Dieu, je vous supplie,
Ah ! jusque-là, laissez-moi ma raison.   (bis.)

LE SÉNÉCHAL, dans la coulisse.

Dites à monsieur le duc que toutes les mesures nécessaires ont été prises.

MICAELA.

C'est le sénéchal... il peut me servir... je dois le ménager.

SCÈNE II.
MICAELA, LE SÉNÉCHAL.

LE SÉNÉCHAL, entrant de la gauche, et sous un costume plus brillant qu'au 1ᵉʳ acte.

Mon homme est coffré, je suis tranquille maintenant... Vanderlinden, mon ami, vous voilà en beau chemin. (Apercevant Micaëla.) Ah! voici Micaëla... voyons l'effet de ma métamorphose. (Haut.) Salut à la plus charmante!

MICAELA.

C'est vous, sénéchal?.. je ne vous reconnaissais pas sous ce costume.

LE SÉNÉCHAL.

C'est celui de ma nouvelle dignité.

MICAELA.

Il vous sied à ravir.

LE SÉNÉCHAL.

Oh! vous êtes indulgente, vous me flattez... après tout, il est vrai qu'il faut savoir porter ces choses-là.

LE SÉNÉCHAL.

Et qui vous a valu cette subite élévation?

LE SÉNÉCHAL.

Chut!.. c'est un secret!

MICAELA.

De la discrétion... avec moi?.. vous refusez de me dire...

LE SÉNÉCHAL.

Ce que je ne sais pas moi-même... Oui, ma belle, c'est une énigme!... foi de grand-veneur!... Croiriez-vous que je dois cet honneur à ce grand drôle qu'on a arrêté ce matin?

MICAELA.

Comment cela?

LE SÉNÉCHAL.

Je voulais le dénoncer... lorsque la princesse m'ordonna de garder le silence, et m'éleva à cette dignité, pour me récompenser de ma discrétion.

MICAELA.

Vraiment?

LE SÉNÉCHAL.

J'avais cru comprendre alors que le jeune homme... vous m'entendez. Je me disais : On a vu des reines épouser des bergers... mais ne voilà-t-il pas que notre souveraine, un quart-d'heure après, fait saisir elle-même le berger en question... alors, ma foi, je n'y ai plus rien compris, si ce n'est que je suis grand-veneur... pourquoi? ça m'est égal... le principal est que je le sois, et je le suis.

MICAELA.

Je vous en félicite sincèrement, sénéchal.

LE SÉNÉCHAL, avec un désir vaniteux.

Dites grand-veneur, si vous voulez bien... et moi aussi, chère Micaëla, je m'en félicite, puisque c'est un titre de plus que je puis rouler à vos pieds... En avez-vous assez à vos pieds, hein?

MICAELA.

Votre amour pour moi est donc bien grand?

LE SÉNÉCHAL.

Immense, pyramidal, gigantesque, effrayant!

MICAELA.

Eh bien! sénéchal...

LE SÉNÉCHAL, lui rappelant son titre.

Grand-veneur...

MICAELA.

Eh bien! grand-veneur, je veux vous mettre à l'épreuve, et si je suis satisfaite... je vous permets... de tout espérer...

LE SÉNÉCHAL, dans le ravissement.

Oh! oh! oh! ne dites pas de ces choses-là... voyons, reine des anges, empereur des amours!.. que faut-il faire pour vous prouver mon feu?.. ordonnez... je suis prêt à tout, tout, tout, tout! demandez-moi des choses impossibles, des choses mythologiques!.. des tours de force et d'esprit... je ferai tout! Oh! tenez, je voudrais être encore au temps des paladins, pour aller, dans un tournoi, rompre une lance sous vos yeux, avec des genouillères en fer battu, un casque d'or et une plume verte!

(Il se pose en combattant, et d'une manière ridicule.)

MICAELA.

Je serai moins exigeante... écoutez-moi...

LE SÉNÉCHAL.
Tant que vous voudrez.
MICAELA.
Je vais écrire une lettre.
LE SÉNÉCHAL.
A moi ?
MICAELA.
Ne m'interrompez pas. Je vais écrire une lettre.
LE SÉNÉCHAL.
Ah! ah!
MICAELA.
Vous prendrez cette lettre... vous vous dirigerez vers la prison dans laquelle est enfermé le gentilhomme français que l'on a arrêté ce matin.
LE SÉNÉCHAL.
Ah! ah!
MICAELA.
Sous un prétexte quelconque, vous parviendrez jusqu'à lui, et quand personne ne pourra vous voir, vous lui remettrez mon billet.
LE SÉNÉCHAL.
Ah! ah!
MICAELA.
Sans lui dire de quelle part il vient, sans me questionner à ce sujet; sans rien supposer, sans vous souvenir même demain de ce que vous aurez fait aujourd'hui.
LE SÉNÉCHAL.
Permettez, chère Micaëla... un semblable message...
MICAELA.
Vous refusez ?
LE SÉNÉCHAL.
Non; mais cette lettre, j'en ignore le contenu, et je ne serais pas fâché de savoir...
MICAELA.
Et s'il faut que vous ne sachiez rien?
LE SÉNÉCHAL.
Ah! ah!.. au fait, s'il faut que je ne sache rien.
MICAELA.
Rassurez-vous... ce que je demande n'est contraire ni aux intérêts de la princesse, ni aux vôtres.
LE SÉNÉCHAL.
Et vous me jurez que je ne puis pas me compromettre...
MICAELA.
Je vous le jure.
LE SÉNÉCHAL, à part.
Qui sait; c'est peut-être Marie-de-Bourgogne qui fait faire tout cela... Les femmes sont de vrais labyrinthes... ma foi, je me décide. (Haut.) Micaëla, vous pouvez compter sur moi, je serai votre Mercure; je porterai la lettre; j'en porterai dix, si cela vous fait plaisir... et pour prix de mon obéissance...
MICAELA.
Mon amitié vous est à jamais acquise...
LE SÉNÉCHAL.
Si cela vous était égal, je préférerais votre amour.
MICAELA.
Une femme peut-elle prononcer ce mot.
LE SÉNÉCHAL.
Oh! c'est vrai!.. ne le prononce pas, mais pense-le, ce mot charmant; je respecte ta pudeur... la pudeur est la robe de l'innocence.
MICAELA.
Je vais donc écrire cette lettre...
LE SÉNÉCHAL.
Oui, oui... et quand il me faudrait traverser à la nage des torrens écumeux... je la remettrai à son adresse.
MICAELA.
Très bien. (A part.) Stéphen va être prévenu... il ne s'agit plus que de voir la princesse..: et je saurai bien parvenir jusqu'à elle.

Air : Vite aux beaux arts etc. (LE RAPIN.)
Messire, adieu, de la prudence ;
Nous allons nous revoir bientôt,
Surtout, gardez bien le silence !
LE SÉNÉCHAL.
Je ne soufflerai pas le mot.
Ah ! je touche au bonheur suprême !
Femme charmante ! et riche emploi,
MICAELA, à part.
Je sauverai celui que j'aime,
O mon Stéphen compte sur moi !
ENSEMBLE.

LE SÉNÉCHAL.	MICAELA.
Adieu, comptez sur ma prudence,	Messire, adieu, de la prudence,
Nous allons nous revoir bientôt,	Nous allons nous revoir bientôt,
Je saurai garder le silence,	Surtout, gardez bien le silence.
Je ne soufflerai par le mot.	Et n'allez pas souffler le mot.

SCÈNE III.
LE SÉNÉCHAL, puis MARIE.

LE SÉNÉCHAL.
Au fait, qu'est-ce que je risque, en cédant à sa demande? bientôt le délinquant ne sera plus de ce monde...C'est égal, c'est singulier ! et je parierais... Vanderlinden, pas de curiosité... ne cherchez pas à deviner ce que cache ce mystère...d'abord, parceque vous ne devineriez rien... et ensuite... non, non... restons heureux les yeux fermés... « Je vous permets de tout espérer » m'a dit Micaëla... Tout !.. vaurien que je suis ! C'est inouï ! Il y a des gens qui courent ventre à terre après le bonheur, sans pouvoir l'attraper... moi, c'est différent... c'est le bonheur qui me poursuit, et ma foi, je me laisse attraper !.. Silence, voici la princesse... Ah ! mon Dieu ! comme elle paraît abattue !..

Air de Pauvre Jacques.
Quel air de tristesse,
Et quelle pâleur !
Redoublons d'adresse,
En adroit flatteur ;
Chasser sa tristesse,
C'est une faveur.

MARIE, entrant de la gauche
Hélas ! la vengeance,
Pour qui sait aimer,
Double la souffrance
Loin de la calmer.

LE SÉNÉCHAL.
Quel air de tristesse ! etc.

ENSEMBLE.
MARIE.
Amour et tendresse,
Fuyez de mon cœur ;
Tout n'est que tristesse,
Tout n'est que malheur.

LE SÉNÉCHAL, à part.
Elle ne me voit pas.

MARIE, à part.
Les imprudens ! les ingrats !

LE SÉNÉCHAL, à part.
Présentons-lui mes hommages... et tâchons de la distraire par quelques gracieusetés.

MARIE, à part.
Ils voulaient fuir ensemble... cette nuit !

LE SÉNÉCHAL, s'approchant. Haut.
Permettez, noble princesse...

MARIE.
Que me veut-on?... ah ! c'est vous... (A part.) Cet homme me déplaît...

c'est lui qui a donné à Stéphen l'entrée du palais, et sa vue me fait mal. (Haut.) Que voulez-vous?

LE SÉNÉCHAL.

Remercier sa hautesse de la faveur insigne qu'elle m'a accordée... et lui dire que son grand-veneur lui est aussi dévoué que son ex-sénéchal.

MARIE.

C'est bien... est-ce là tout?

LE SÉNÉCHAL.

Vous savez, princesse, que l'insensé qui a souillé de sa présence votre palais, est maintenant en lieu de sûreté. J'ai voulu assister moi-même à son installation.

MARIE.

Je vous remercie, messire; j'ai bonne mémoire, et je n'oublie aucun service.

LE SÉNÉCHAL, s'inclinant et à part.

Est-ce qu'elle voudrait me nommer encore quelque chose?.. (Haut.) Je n'ai fait que mon devoir, princesse; j'avoue que j'ai eu une certaine satisfaction à voir incarcérer notre homme... Ce sont bien là les jeunes gens!.. leur imagination travaille! leur tête s'échauffe!.. brrr! les voilà partis!.. ils ne doutent de rien... Ils osent regarder en face des trônes et des princesses... Ils ne savent pas que ça brûle les yeux... Heureusement, nous sommes là pour réprimer la fougue de ces écervelés.

MARIE, impatientée.

C'est bien, messire... assez... Rendez-vous auprès du duc Maximilien, et dites-lui de me venir trouver... allez.

LE SÉNÉCHAL, à part.

Elle n'est pas aussi aimable que ce matin, la princesse; heureusement, que j'ai en poche ma nomination de grand-veneur. (Il s'incline et sort.)

SCÈNE IV.
MARIE, seule.

Quel tourment j'éprouve!.. ah! qu'il me tarde qu'on le juge, qu'on le condamne... Le cruel!..puisse-t-il éprouver la moitié de mes souffrances... Quand, au lieu de le punir de son audace, j'ai eu la faiblesse de l'écouter sans colère, de lui jeter une espérance... il me trompait! j'étais la dupe d'une passion mensongère!

AIR : Il fut toujours mon compagnon fidèle.

Quand il m'offrait son appui, sa tendresse,
Moi, je croyais à ce beau dévoûment;
La fausseté dictait chaque promesse...
Ah! pour punir son langage insolent,
Oui, je réclame un juste châtiment.
Impunément, a-t-il pensé le traître,
A-t-il donc cru me pouvoir outrager?
Femme, j'oublîrais tout peut-être;
Mais je suis reine, et je dois me venger.

En le punissant, d'ailleurs, c'est punir Micaëla... Micaëla... je ne puis croire, cependant... mais n'est-elle pas coupable aussi, puisqu'elle en est aimée?.. Oh! que je souffre!.. Déjà le duc...

SCENE V.
MARIE, LE DUC.

LE DUC.

Princesse, je me rends à votre invitation.

MARIE.

Monsieur le duc, j'ai témoigné le désir de voir juger promptement l'homme que j'ai fait arrêter... A-t-on exécuté mes ordres?

LE DUC.

Avant une heure, noble dame, les échevins seront réunis dans la salle voisine, et l'affaire sera bien vite jugée: nous avons des charges suffisantes; quoique cet étranger ait été saisi dans la chambre de Micaëla, tout nous prouve qu'il ne s'était introduit ici que pour arriver jusqu'à vous.

MARIE.

Vous vous trompez, peut-être...

LE DUC.

Non pas, car cet homme a été plusieurs fois remarqué sur votre passage... vous sembliez être l'objet de toute son attention, de toutes ses poursuites... De plus, j'ai appris par des gardes du palais, qu'il avait, à force d'argent sans doute, gagné le sénéchal, afin qu'il le fît passer pour son parent. Ce Vanderlinden, ce félon sera puni comme il le mérite. Le premier échevin a donné l'ordre de s'emparer de sa personne, et bientôt il sera interrogé.

MARIE.

Interrogé... à quoi bon?.. qu'on le bannisse, je le préfère.

LE DUC.

Il suffit, nous le bannirons... mais laissons là ces petits ennuis d'un moment, qui sont venus troubler cette délicieuse journée... Savez-vous, belle Marie, que j'ai à vous adresser des complimens par milliers...

MARIE.

A moi, monsieur le duc?

LE DUC.

Sans doute... en faisant arrêter, vous-même cet étranger, ne m'avez-vous pas donné la preuve que j'ai bien interprété les sentimens de votre ame.

MARIE.

Duc, je vous ai déjà dit...

LE DUC.

Ce que vous ne pensiez pas, madame; pardon, accusez-moi de fatuité, d'audace même, si vous voulez; mais je suis certain d'occuper quelque place dans ce joli cœur; ce qui vient de se passer m'en donne la plus douce assurance... Oh! je sais que vous n'en ferez pas l'aveu, et pourtant mon amour serait si discret!.. je jouirais de mon bonheur en avare, sans en parler à personne... Pourquoi, belle princesse, vous complaire à me tourmenter?

MARIE.

Assez, monsieur le duc, assez!..

LE DUC.

Je me tais, madame; mais n'oubliez pas qu'après le jugement qui va être prononcé... nous en attendons un autre... et que je suis au nombre des accusés.

MARIE.

Vous?

LE DUC.

Air : Oui, je promets. (PRÉVILLE ET TACONNET.)

Par tout le monde, oui, je suis soupçonné
D'avoir volé le cœur d'une princesse,
Je tremble, hélas, de me voir condamné!
Car j'ai commis ce vol... tout bas, je le confesse...
De me sauver, vous avez le moyen,
Ah! dites-leur, afin que tout s'arrange,
Que, pour ce cœur, j'ai donné tout le mien,
Et que Marie accepte cet échange;
Daignez, madame, accepter cet échange.

MARIE, à part.

Qu'il me fatigue!.. (Haut.) Duc, c'est devant toute ma cour que je vous répondrai... et d'ici là, n'oubliez pas qu'en amour, le plus sûr moyen d'obtenir, est souvent de ne rien demander.

LE DUC.

J'attendrai, belle dame; je vous laisse... je cède la place à votre favorite qui vient de ce côté. (Il remonte la scène.)

MARIE, troublée.

Micaëla!

LE DUC, redescend à gauche; à part.

Elle redoute l'explosion de son amour; mais elle a beau se débattre, elle est prise! elle est prise! (Il salue et sort par le fond à droite.)

SCENE VI.

MARIE, MICAELA, entrant de la gauche.

MARIE, à part.

La voilà... que peut-elle espérer?

MICAELA, à part.

Je tremble!.. oserai-je soutenir ses regards?.. oserai-je lui dire?.. Oh! il le faut... je n'ai que ce moyen... elle l'aime, elle se laissera tromper. (S'approchant de Marie. Haut.) Madame, je viens auprès de vous...

MARIE.

Pour implorer ma pitié, n'est-ce pas?..

MICAELA.

Non, madame, pour demander justice... pour dissiper les doutes affreux qui vous tourmentent... pour ramener dans votre cœur le bonheur et la joie... pour sauver un innocent!

MARIE.

Quel langage?

MICAELA.

Écoutez-moi, madame, car les apparences vous ont entraînée bien loin... car de tout ce qui vient de se passer vous ne savez que la moitié...

MARIE, à part.

Que veut-elle dire?..

MICAELA, à part.

O mon courage, ne m'abandonne pas! (Marie lui fait le signe de continuer.)

MICAELA.

Hier, madame, un gentilhomme s'introduisit dans le palais, pour voir une dame de la cour, la plus belle, la plus noble, entre les plus nobles et les plus belles... la reine enfin!... La passion la plus violente lui avait fait braver tous les périls... après une nuit d'attente et de dangers, il venait d'entrevoir celle qu'il adorait... Caché derrière une tapisserie, évitant tous les regards, il attendait son retour, lorsque le hasard lui fit rencontrer la favorite de la princesse. La favorite connaissait les pensées de sa maîtresse... elle accueillit le gentilhomme; celui-ci la conjurait de le guider vers sa noble dame, en protestant de son amour et de son dévoûment... quand tout à coup, un bruit léger se fit entendre dans la galerie voisine... on les avait surpris!.. un homme écoutait... cet homme, c'était le tuteur de la princesse, messire Vanbishop!

MARIE.

Mon tuteur... il se pourrait!

MICAELA.

Le gentilhomme, alors, pour ne pas compromettre l'honneur de la princesse, feignit d'adresser ses hommages à la favorite, qui dut les accepter... Tous deux faisaient leur devoir, et cependant, quelques instants après, gentilhomme et favorite étaient traités en coupables; l'une indignement repoussée, l'autre traîné en prison.

MARIE.

Micaëla!.. as-tu dit vrai!.. oh! non, c'est impossible, tu me trompes... oh! je t'en supplie, ne me trompe pas... Ce que tu viens de me dire là... c'est faux, n'est-ce pas?.. oui, c'est faux... car nous nous sommes trouvées seules, toutes deux, et tu ne m'as rien dit.

MICAELA.

On écoutait encore... on avait les yeux sur nous... ou, du moins, je le craignais. Ne devais-je pas, avant tout, songer à votre honneur?.. et quand vous croyant outragée, vous fîtes venir vos hommes d'armes, me fût-il possible de parler? non, je dus me taire; lui, aussi.

MARIE, à part.

Ah! je n'ose me laisser aller au bonheur de la croire... c'est pour le sauver, peut-être. (Haut.) Micaëla, Micaëla, crains de me tromper!

MICAELA.

Je ne crains rien, madame... et pour n'avoir plus à souffrir l'humiliation de vos soupçons, je préviens votre altesse que demain je quitterai ce palais.

MARIE.

Toi, me quitter?

MICAELA.

J'ai aussi ma fierté, madame... vous m'avez méconnue...votre confiance, je ne pourrais plus la reconquérir... mieux vaut m'éloigner de ces lieux.

MARIE.

Mais que vas-tu faire?

MICAELA.

Me marier.

MARIE.

Te marier, et avec qui?

MICAELA.

Le sénéchal m'aime... je l'épouserai.

MARIE.

Le sénéchal? lui qu'hier encore, tu poursuivais de tes railleries...

MICAELA.

J'avais tort, cette union me convient; le sénéchal m'adore, je serai la maîtresse; il est vieux, je serai coquette; il est riche, je brillerai... que puis-je espérer de mieux?..

MARIE, à part.

Oh! j'en suis sûre, maintenant... elle a dit vrai... Stéphen était innocent. (Haut.) Micaëla, j'ai été coupable envers toi... mais je veux te forcer à m'aimer encore... puisque cet hymen satisfait ton ambition, il s'accomplira, aujourd'hui même... et si je perds ma favorite, je veux conserver mon amie... oh! je suis bien heureuse, Micaëla!..

MICAELA.

Et moi aussi, madame.

MARIE.

J'aperçois le sénéchal... il arrive à propos.

SCÈNE VII.
MICAELA, LE SÉNÉCHAL, MARIE.

LE SÉNÉCHAL, accourant.

Grâce, ma noble souveraine, grâce!.. vous voyez un homme perdu! un homme noyé!.. un homme qui rend son avant-dernier soupir, si vous n'avez pitié de lui.

MARIE.

Qu'avez-vous, sénéchal?

LE SÉNÉCHAL.

Ce que j'ai, princesse...oh! c'est un malheur horrible qui me glace, qui me coupe les jambes, qui me fige le sang!..

MARIE.

Mais enfin?

LE SÉNÉCHAL.

On me chasse, grande souveraine, on me bannit!.. on m'exile au fin fond du monde...afin que je ne revienne pas... vous connaissez mon crime, j'ai été trompé par ce grand serpent... mais j'ignorais ses projets... je les ignore encore... qu'on le charge de fers, le gueusard! il le mérite : mais qu'on me laisse ma liberté... qu'on le fasse mourir par toute sorte de supplices, mais qu'on épargne mes cheveux gris... ils n'ont rien à se reprocher, mes pauvres cheveux gris; je le jure par les mânes de mes trois épouses! (Il tombe aux pieds de Marie.)

MARIE.

Relevez-vous, sénéchal... vous avez commis, il est vrai, une grande faute; mais votre repentir et votre obéissance peuvent la racheter.

LE SÉNÉCHAL, se relevant.

Oh! oui, je vous jure de me repentir... je ne ferai que ça du matin au soir... quant à mon obéissance... parlez! que faut-il faire? qu'ordonnez vous? je suis préparé à tout...

MARIE.

Il faut d'abord accepter une pension de cinq cents rixdalles.

LE SÉNÉCHAL.

Pardon, ma noble souveraine, je n'ai pas entendu.

MARIE.

Il faut d'abord accepter une pension de cinq cents rixdalles.

LE SÉNÉCHAL, ébahi.

Moi?.. cinq cents rixdalles... princesse...

MARIE.

Vous refusez?

LE SÉNÉCHAL.

Non, princesse, non... j'accepte, sans me plaindre... je suis préparé à tout... (A part.) Il est probable que je dors.

MARIE.

Il faut, en outre, que vous preniez le titre de comte d'Oudenarde...

LE SÉNÉCHAL.

Comment, madame? moi, comte?..

MARIE.

Vous refusez?..

LE SÉNÉCHAL.

Non, princesse, non... j'accepte... sans me plaindre... je suis préparé à tout. (A part.) C'est une vision!

MARIE.

Il faut enfin que vous épousiez une femme jeune et jolie, que j'aime comme une sœur... en un mot, Micaëla.

LE SÉNÉCHAL, au comble de l'étonnement.

Micaëla... l'épouser!.. moi? oh! ma noble souveraine veut plaisanter son pauvre sénéchal... c'est une punition, sans doute.

MARIE.

J'ai dit la vérité.

LE SÉNÉCHAL, à part.

Je voudrais me voir dans une glace pour m'assurer que je suis bien moi...

MARIE.

Eh bien! ce dernier ordre vous déplaît-il?

LE SÉNÉCHAL.

Me déplaire, oh! ciel!.. Micaëla au lieu de l'exil... mais c'est le miel substitué au poison! le soleil au brouillard... la joie à la torture!.. ah! princesse... la surprise, la reconnaissance... ah! c'est trop! c'est trop!.. j'en pleure, j'en ris, j'en divague!.. et Micaëla consent?.. vous consentez, Micaëla?..

MICAELA.

A devenir votre femme, oui, sénéchal!

LE SÉNÉCHAL.

Elle a dit : Oui, sénéchal!..tout cela est vrai!..ah! maintenant, rien ne peut plus m'étonner sur terre... l'impossible est possible... l'incroyable est croyable!..

Air : Ces postillons.

Que les zéphirs annoncent la tempête,
Que l'on grelotte au beau milieu du feu,
Que les humains marchent tous sur la tête,
Qu'on nomme vert ce qu'on appelait bleu,
Rien ne peut plus me surprendre, mon Dieu;
De superflu que chaque peuple vive,
Qu'on voie, au soir, le soleil se lever,
Je croirai tout... après ce qui m'arrive,
Oui, tout peut arriver. (bis.)

MARIE, à Micaëla.

Es-tu contente de moi?

MICAELA.

Oui, madame, bien contente.

LE SÉNÉCHAL.

Elle m'aimait! (A Micaëla.) Charmante dissimulée, vous voulez donc devenir ma quatrième?.. eh bien! vous la serez... et, malgré mes cheveux blancs, vous ne vous en repentirez point... je vous prouverai que sous la neige on trouve encore à cueillir... des violettes... (A part.) Je sens que je n'ai plus peur, car je redeviens aimable.

MARIE, à part.

Stéphen, il n'aimait que moi, et il se dévouait aussi généreusement!

MICAELA, bas au sénéchal.

Sénéchal, vous m'avez promis...

LE SÉNÉCHAL.
De faire parvenir une lettre au prisonnier.
MICAELA, lui remettant un papier cacheté.
La voici.
LE SÉNÉCHAL.
Il l'aura.
MICAELA.
A l'instant?
LE SÉNÉCHAL.
A l'instant.
MARIE, au sénéchal.
Comte.
LE SÉNÉCHAL se retourne, ne sachant à qui s'adresse la princesse ; il se rappelle bientôt son nouveau titre et s'incline.
Ah !.. j'oubliais, c'est à moi... ça s'est fait si vite...
MARIE.
Comte, allez, avec votre jolie fiancée, faire les apprêts de votre mariage : je veux qu'il se célèbre aujourd'hui même dans la chapelle du palais... nous y assisterons en personne.
LE SÉNÉCHAL.
Ah ! princesse, quel honneur ! (A part.) Je donnerais une foule de choses, pour être à demain matin ; car d'ici là, le vent pourrait bien encore changer.
MARIE.
Avant tout, vous ferez conduire ici le prisonnier ; je veux le voir, l'interroger.
MICAELA, à part.
Il est sauvé.
LE SÉNÉCHAL.
Il suffit, princesse... (A part.) Bonne occasion pour remettre ma lettre. (A Micaëla.) Venez, charmante comtesse d'Oudenarde.
MICAELA, à part.
Ah ! Stéphen, puisse ce sacrifice assurer ton bonheur.

ENSEMBLE.
Air de Don Juan.

MARIE.	LE SÉNÉCHAL.	MICAELA.
Elle est comtesse !	Venez, comtesse.	Être comtesse,
Plus de tristesse ;	Quelle allégresse !	Quelle tristesse !
Heureux espoir,	Heureux espoir,	Ah ! plus d'espoir !
Je vais donc le revoir.	Je l'épouse, ce soir.	Je ne dois plus le voir.

(Micaëla sort avec le sénéchal.)

SCENE VIII.

MARIE, seule.

C'est moi qu'il aimait !.. et c'est moi qui l'ai livré à ses juges... à ses bourreaux, peut-être... Stéphen, devais-je te faire un crime de tant d'amour ?.. Ah ! je serais la plus insensible, la plus cruelle des femmes, si je ne partageais pas tes sentimens si tendres, si je ne te sauvais point !.. Oui, je réparerai mes torts ; je le dois, je le veux... j'en prends ici le ciel à témoin ! (Musique. Elle regarde vers la galerie de droite.) Le voici !.. ah ! bientôt, ces gardes qui l'entourent se courberont devant lui.

SCÈNE IX.

MARIE, STÉPHEN, entouré d'hommes d'armes.

STÉPHEN, à part.

La princesse,

MARIE. Elle fait un geste aux gardes qui se retirent au fond du théâtre. A Stéphen.

Approchez, comte de Montfort.

STÉPHEN, faisant quelques pas vers elle.

Madame...

MARIE.

Oh ! ne détournez pas ainsi vos regards... si j'ai été injuste et cruelle envers vous, pardonnez-moi, Stéphen.

STÉPHEN.
Vous pardonner, madame, quand c'est moi qui devrais vous demander grace...

MARIE.
Chevalier, personne ici ne nous écoute... mon honneur est à l'abri... soyez sans crainte... ne cherchez donc plus à déguiser votre pensée; que vos paroles soient libres et franches!

STÉPHEN.
Elles l'ont toujours été, madame.

MARIE.
Oh! bientôt, je vous ferai oublier mes injustices... car je sais tout, Stéphen... car Micaëla...

STÉPHEN.
Micaëla vous a trompée, madame.

MARIE.
Trompée!..

STÉPHEN.
Oh! pardonnez-lui; la pauvre enfant, elle se sacrifiait!.. Oui, madame, cette Micaëla, dont j'avais payé la tendresse par le plus coupable abandon... cet ange de bonté voulait se dévouer pour moi, se dévouer pour vous... mais ce dévoûment, je le refuse, je le repousse, car il y aurait lâcheté à moi de l'accepter.

MARIE.
Je ne vous comprends pas.

STÉPHEN, lui donnant une lettre.
Lisez, madame.

MARIE, prenant la lettre.
Cette lettre?

STÉPHEN.
Lisez.

MARIE, ouvrant la lettre, et cherchant d'abord la signature.
Micaëla!... (Lisant.) « Mon Stéphen...» (A part.) Son Stéphen! « Ta vie est » en danger; si tu meurs, je meurs; laisse-moi te sauver; pour cela, il » faut me perdre, je me perdrai!... Ecoute. Tu es aimé de Marie-de-» Bourgogne; un avenir glorieux se prépare pour toi; accepte-le, il le » faut; je le veux!... pour te forcer à être heureux, je renonce à toi. Ce » soir, j'appartiendrai à un autre. J'ai dit à Marie que tu l'aimes, que tu » n'aimes qu'elle... que ce matin, on nous écoutait quand tu me parlais » de tendresse... qu'il t'a fallu mentir... tu dois comprendre... Laisse-lui » donc son erreur, et tu es sauvé!.. à Marie tes hommages! à Marie ton » amour!... à Micaëla, un souvenir!... adieu. » (Lui rendant la lettre.) Ainsi, vous me trompiez!!!

STÉPHEN.
Oh! Dieu m'est témoin, madame, que, lorsque je vous jurai un dévoûment sans bornes, mon cœur était d'accord avec mes lèvres... mais en revoyant celle qui avait reçu mes premiers sermens, je ne fus plus maître de ce cœur qui lui appartenait... et je devins ingrat envers vous, pour n'être point parjure envers elle.

MARIE, à part.
Oh! c'est affreux!.. Micaëla! Micaëla!.. et je suis forcée de l'admirer!.. oui, car c'est beau, ce qu'elle faisait là... oh! elle l'aime bien aussi, elle!.. O ma couronne, mon trône! vous ne valez pas un battement de cœur de celui que l'on aime! (Musique.)

SCÈNE X.
MARIE, STÉPHEN, VANBISHOP.
(Vanbishop fait signe à Stéphen de se remettre sous la garde des hommes d'armes. Stéphen obéit et remonte la scène.)

VANBISHOP, à Marie.
Madame, le tribunal est assemblé, et je viens chercher votre altesse pour qu'elle y préside.

MARIE.
Il suffit... Mais avant, messire, dites-moi quelle issue vous prévoyez à ce jugement?

VANBISHOP.
C'est bien simple, princesse. L'ordonnance porte que l'on punira de

mort quiconque s'introduira dans le palais. L'accusé s'est introduit, il mourra... du moins, j'aime... c'est un exemple qui nous profitera.
MARIE, à part.
Il mourra!... (Haut.) Et cette sentence une fois rendue...
VANBISHOP.
Personne au monde ne pourra en suspendre l'exécution.
MARIE.
Cependant, si tel était notre bon plaisir?
VANBISHOP.
Votre altesse ne le pourrait point : sa volonté serait impuissante devant la loi, car vous êtes mineure, sous la tutelle des échevins de la ville de Gand, et vous n'avez pas le droit de faire grace... ce pouvoir ne vous sera dévolu qu'à l'époque de votre majorité.
(Il remonte la scène et va parler aux hommes d'armes.)
MARIE, à part.
Ma majorité!... je ne puis le sauver!.. il faut qu'il meure... oh! non, cela ne doit pas être... Que faire? mon Dieu!
VANBISHOP, à Marie.
J'attends votre altesse.
MARIE, après un moment d'indécision.
Je suis prête... allons au tribunal.
(Musique.—Vanbishop et Marie entrent dans la salle de droite, sans jeter un regard sur Stéphen.)

SCÈNE XI.
MICAELA, STÉPHEN, HOMMES D'ARMES.
(Micaëla entre vivement par la gauche, s'assure du départ de Marie, et court vers Stéphen.)
STÉPHEN, qui, à la vue de Micaëla, a descendu la scène.
Micaëla!
MICAELA, se jetant dans ses bras.
Cher Stéphen!... Libre encore, je viens te dire un dernier adieu. Dans une heure, un autre que toi aura reçu les sermens de la pauvre Micaëla... dans une heure, une barrière éternelle sera élevée entre nous.
STÉPHEN.
Et dans une heure, Stéphen se préparera à mourir.
MICAELA.
Toi, mourir!... oh! non, car un mot de Marie-de-Bourgogne peut briser tes fers et te placer sur son trône, à côté d'elle... et ce mot, elle le dira... oh! elle le dira, car elle t'aime!
STÉPHEN.
Ce mot, Micaëla, elle ne le dira pas; car elle connaît toute la vérité, car je lui ai tout avoué.
MICAELA.
Grand Dieu! qu'as-tu fait!
STÉPHEN.
J'ai démenti tes paroles mensongères... j'ai dit à Marie, que pour toi seule j'avais de l'amour; car lui laisser son erreur, c'était manquer à ma foi de gentilhomme, c'était jeter sur moi la honte et le déshonneur.
MICAELA.
Mais malheureux, tu viens de prononcer toi-même ton arrêt?
STÉPHEN.
Tu as pu penser que j'accepterais ton cruel sacrifice?.. que je consentirais à te voir devenir la femme d'un autre... d'un autre que tu ne peux aimer, et qui t'apporterait en échange de ton dévoûment le désespoir et le deuil... oh! non, non, cela ne pouvait être.
MICAELA.
Et c'est pour moi!.. mais je te l'ai dit, Stéphen, si tu meurs, je mourrai!..
STÉPHEN.
Toi, toi si jeune et si belle... oh! tais-toi!.. il faut que tu vives, entends-tu, il le faut!... je l'exige au nom de notre amour,.... oh! jure-le-moi!.. jure-moi d'être plus forte que ton désespoir... Micaëla, je t'en supplie à mains jointes... songes-y bien... c'est le vœu d'un mourant.

Air : Faut l'oublier.

Oui, c'est ma volonté dernière,
Ah! consens à ne pas mourir!
Pour me donner un souvenir,
Pour me donner une prière,
Au condamné promets cela...
Laisse-lui l'espoir plein de charmes,
Sur l'herbe qui le couvrira,
Que l'on viendra verser des larmes !...
Si tu n'es plus... qui donc viendra?
Oui, tu viendras verser des larmes !...
Si tu n'es plus... qui donc viendra?

SCÈNE XII.

MARIE, STÉPHEN, VANBISHOP, entrant de la droite.

VANBISHOP, aux hommes d'armes.

Conduisez l'accusé devant ses juges... (Il rentre à droite.)

STÉPHEN.

Je vous suis.

MICAELA, avec fermeté.

Stéphen, adieu !.. je t'obéirai... je serai forte... que mon courage soutienne le tien...

STÉPHEN, lui baisant les mains.

Bien, Micaëla, bien... ah! maintenant, je puis braver mes juges et leur sentence. Adieu... à toi ma dernière pensée !.. (Se plaçant au milieu des hommes d'armes.) Marchons !.. (Ils sortent par la droite. — Musique.)

SCÈNE XIII.

MICAELA, seule.

(Dès que Stéphen est sorti, elle fond en larmes, et se laisse aller au plus violent désespoir.)

Je ne le reverrai plus !.. perdu !.. il est perdu !.. oh! mon Dieu! n'auras-tu pas pitié de lui?.. Si j'allais me jeter aux pieds de la reine... aux pieds des échevins !.. mais que leur dire... quels sont mes droits pour les implorer... ils me repousseraient !.. Pauvre Micaëla... pleurer, voilà désormais ton destin !.. (Elle regarde vers la chambre de droite.) Ses juges sont là... je les vois... ils se lèvent !.. ils se consultent !..

Air de Riquet.

L'effroi vient me glacer!
Partout on fait silence;
O ciel! c'est la sentence
Que l'on va prononcer,
Ah! veillez sur son sort.
Mon Dieu! je vous supplie!
Ah! laissez-lui la vie !..

(Musique. — Roulement de timballes)

VANBISHOP, en dehors.

« Les témoins entendus, les voix recueillies... nous, échevins de la ville
» de Gand, en vertu de nos pouvoirs et de l'ordonnance rendue par nous...
» condamnons le chevalier Stéphen de Monfort, à la peine de mort. »

MICAELA, achevant l'air.

La mort !.. la mort !..

Et il veut que je vive !.. ah! oui... pour prier sur sa tombe...

(Elle tombe à genoux et prie.)

SCÈNE XIV.

MICAELA, MARIE, puis LE SÉNÉCHAL.

MARIE, sortant de la chambre du conseil de droite.

Condamné !.. ils l'ont condamné... (Apercevant Micaëla qu'elle relève.) Ah! malheureuse, tu étais là... tu as entendu...

MICAELA, s'éloignant de Marie et reculant d'indignation.

Ah! laissez-moi! laissez-moi; car vous l'avez fait condamner.

MARIE, la retenant.

Reste là... attends encore pour me juger.

LE SÉNÉCHAL, entrant vivement.

Princesse, je viens annoncer à votre altesse que, suivant ses ordres, j'ai fait avertir le chapelain qui doit bénir mon union avec la belle Micaëla... il attend.

MARIE.

Vous! l'époux de Micaëla!.., vous... Qui a pu vous donner une telle espérance?

LE SÉNÉCHAL, étourdi.

Qui? moi?... mais, pardon, sublime princesse... j'avais cru... il me semblait... mais du moment que... (A part.) Je retombe dans mes visions.

MARIE, à Micaëla.

Micaëla... Marie-de-Bourgogne ne sera pas moins généreuse que toi!..
Sénéchal, attendez mes ordres. (Musique.)

SCENE XV.

LE SÉNÉCHAL, MICAELA, LE DUC, VANBISHOP, MARIE, STÉPHEN, au fond, HOMMES D'ARMES, qui le conduisent, ÉCHEVINS, PAGES, PEUPLE.

MARIE, à demi-voix aux gardes.

Arrêtez. (Haut.) Duc Maximilien, et vous messieurs les échevins, votre souveraine vous demande la grace du comte de Montfort?

VANBISHOP, après avoir consulté les échevins.

Il nous en coûte de refuser à notre auguste princesse... mais l'arrêt du tribunal est irrévocable...

MARIE, avec énergie.

Vous me refusez! et que suis-je donc ici?..moi, fille de Charles-le-Téméraire?.. Messieurs mes tuteurs!.. je vous abandonne tous mes autres droits; mais celui de faire grace, je le veux, je le réclame!.. car ce droit est le plus beau, le plus sacré des priviléges de la royauté!.. parce que je suis sous votre tutelle, vous me refusez le droit d'être généreuse...eh bien! cette tutelle, je m'en affranchis!.. J'ai pris l'engagement de donner aujourd'hui même un souverain aux états de Flandre? l'instant est venu d'accomplir ma promesse. (A Vanbishop.) Placez-vous là, messire, et écrivez: (Vanbishop s'assied près de la table et écrit.) Moi, Marie-de-Bourgogne, je déclare prendre pour époux, l'archiduc Maximilien d'Autriche, ici présent, qui devient mon premier sujet.

LE DUC.

Ah! princesse!.. (A part.) J'en étais sûr!

(Vanbishop lui présente la plume, elle va signer.)

MARIE, après avoir signé.

Et le premier acte de la puissance que me donne mon mariage, est la grace pleine et entière que j'accorde au comte de Monfort!

TOUS.

Vive Marie-de-Bourgogne!

MICAELA.

Sa grace!

STÉPHEN.

Ah! madame, quelle noble vengeance!.. Micaëla!

(Il tombe aux genoux de Marie, dont Micaëla baise les mains.)

MARIE, bas à Micaëla et à Stéphen.

Assez, assez... pour être heureux, attendez que je ne sois plus là. (Haut.) Comte de Monfort, conduisez votre fiancée à la chapelle... l'autel est prêt, le ministre vous attend.

LE SÉNÉCHAL.

Comment il épouse ma quatrième femme? ah ça! et moi, princesse, et moi?..

MARIE.

Vous, sénéchal... vous servirez de père à notre jeune orpheline.

LE SÉNÉCHAL.

De père... (Prenant une mine gracieuse.) Toujours comme comte d'Oudenarde?

MICAELA.

MARIE.
Toujours comme comte d'Oudenarde !..
LE SÉNÉCHAL, à part.
Si la femme m'échappe... du moins le titre me reste.
VANBISHOP.
Princesse, nous vous félicitons au nom de votre peuple qui applaudira à votre choix.
MICAELA, à Marie.
Et nous, madame, nous vous bénirons toute notre vie.
TOUS.
Vive Marie-de-Bourgogne !

(Stéphen donne la main à Micaëla, Marie reste accablée ; le duc s'approche d'elle, et la remercie. Tableau. L'orchestre joue l'introduction de FRA-DIAVOLO.

FIN.

NOTA. S'adresser, pour la musique de cette pièce, à M. Adolphe, chef d'orchestre, au théâtre.

CROUTON CHEF D'ÉCOLE,

OU

LE PEINTRE VÉRITABLEMENT ARTISTE,

TABLEAU EN UN ACTE, MÊLÉ DE COUPLETS,

PAR MM. THÉAULON, GABRIEL ET F. DE COURCY.

REPRÉSENTÉ POUR LA PREMIÈRE FOIS, A PARIS, SUR LE THÉATRE DES VARIÉTÉS, LE 11 AVRIL 1837.

Vous êtes Crouton? — Je m'en flatte... (SC. XII.)

PARIS,
NOBIS, ÉDITEUR, RUE DU CAIRE, N° 5.

1837.

Personnages.   Acteurs.

CROUTON, peintre.	MM. ODRY.
RIGAUD, marchand de couleurs.	RÉBARD.
COLIBRI, rapin; élève de Crouton.	ADRIEN.
STUPIDORFF, amateur de tableaux.	PROSPER GOTHI.
FIFINE, portière; ancien modèle.	Mmes LECOMTE.
ESTHER, fille Crouton.	ESTHER.
UN DOMESTIQUE.	
UN GARDE MUNICIPAL.	
ÉLÈVES EN PEINTURE.	

La scène est à Paris, chez Crouton, en 1837.

Imp. J.-R. MEVREL, pass. du Caire, 54.

CROUTON CHEF D'ÉCOLE,

TABLEAU EN UN ACTE, MÊLÉ DE COUPLETS.

Un atelier de peinture ; on y voit des bras de toutes les dimensions. A droite, sur une étagère, un bras en plâtre dont la main tient une clé. L'entrée au fond, deux portes latérales, une fenêtre, un chevalet, etc.

SCENE I.
COLIBRI, puis ESTHER.

COLIBRI, broyant des couleurs.

J'aurais pourtant été flatté d'aller faire un tour à l'ouverture du salon, mais M. Croûton est en course, et tant que la portière ne sera pas montée faire le ménage, on ne peut pas laisser l'atelier tout seul...Quand je pense qu'un homme comme M. Croûton, depuis vingt-trois ans qu'il est dans la partie, est confondu avec de vils badigeonneurs... A quoi que je peux prétendre, moi, Colibri, ex-garçon teinturier ? Ah ! si ce n'était le sentiment que j'ai pris pour la fille du bourgeois, il y a long-temps que j'aurais quitté l'état de rapin... Elle est là... cette pauvre Mlle Esther, (Il va regarder par le trou de la serrure.) La voilà qui travaille près de sa fenêtre... son père a la mauvaise habitude de l'enfermer quand il sort... il faut que je lui dise un petit bonjour par le trou de la serrure. Bonjour, mamzelle Esther.

ESTHER, de sa chambre.

Mon père est donc sorti, M. Colibri ?

COLIBRI.

Il est allé donner un coup de pied au Louvre, pour savoir la réponse du juri sur son Polyphême.

ESTHER.

Je m'ennuie ici, moi.

COLIBRI.

Vous vous ennuyez mamzelle ?.. Voulez-vous que je vous chante le Postillon de Lonjumeau, pour vous amuser ?

ESTHER.

Non, j'aime mieux que vous m'ouvriez la porte.

COLIBRI.

C'est que je ne suis ni un Fichet, ni un Huret... si je savais seulement où M. Croûton a mis la clé... (Il aperçoit une clé suspendue au bras de plâtre.) Tiens, en voilà une au bras de saint Pierre... si c'était celle de ma bien-aimée. (Il prend la clé.) C'est que ça m'a tout l'air de ça ! (Il l'essaie.) C'est ça ! (Il ouvre et appelle avec joie.) Mamzelle Esther ! mamzelle Esther !

SCÈNE II.
COLIBRI, ESTHER, FIFINE.

FIFINE, un plumeau sous le bras et un balai à la main.

Eh bien ! ne vous gênez pas ! c'est du joli ! ouvrir la porte de la chambre de la fille, pendant que le père est sorti.

COLIBRI, à part.

Ah ! la portière.(Haut.) V'là t'il pas un grand mal !

FIFINE.

Et je suis bien sûre qu'elle était cachée cette clé.

COLIBRI.

Cachée ?... puisque je l'ai trouvée accrochée au bras de saint Pierre.

FIFINE.

Je lui en fais mon compliment, à saint Pierre...s'il ne garde pas mieux les clés du Paradis...

ESTHER.

Pouvez-vous penser, Mme Fifine...

FIFINE.

Je pense...je pense, que je me méfie de ce gaillard-là...je les connais les rapins d'atelier... c'est une graine qui pousse, qui pousse... et qui est en maturité avant l'âge.

COLIBRI.

Tenez, Mme Fifine, vous m'en voulez, et vous avez tort... car enfin, qu'est-ce que je vous ai fait ?

FIFINE.

Il faudrait me demander plutôt ce que tu ne m'as pas fait ?.. des niches de toute espèce, des infamies.

COLIBRI.

Tout ça date de votre bocal de prunes, que vous m'avez mis sur le dos.

FIFINE.

Comment, Satan que tu es, tu vas le renier encore ! Imaginez-vous, mamzelle Esther, que l'épicier du coin m'avait donné, pour mes étrennes, un petit bocal de prunes à l'eau-de-vie, que je gardais comme mes yeux, pour avoir quelques douceurs à prendre, si jamais je devenais malade... je l'avais placé sur ma fenêtre, à l'entresol ; v'là t'il pas qu'un beau matin je regarde, plus de prunes dans le bocal... plus même une seule goutte d'eau-de-vie... tout ça était remplacé par un billet attaché au bout d'une allumette.

ESTHER.

Un billet qui disait quelque chose ?

FIFINE.

Un billet qui disait : « Il est défendu, sous peine de punition, d'exposer » au soleil des prunes à l'eau-de-vie ! »

COLIBRI, riant.

C'est toujours pas un vol avec effraction.

FIFINE.

Tu n'as peut-être pas crevé le papier qui était dessus le bocal ?.. je te conseille de rire, malin singe... que ça t'arrive encore, et les autorités en seront instruites.

COLIBRI.

Pour un ancien modèle de femme, comme vous l'avez été dans votre temps, vous comprenez bien peu les charges d'artistes.

FIFINE.

Toi... t'es un artiste ?

COLIBRI.

La preuve, c'est que je vas aller voir les tableaux. Au revoir, mamzelle Esther. (A Fifine.) Sans adieu, Vénus de l'empire !

FIFINE.

Ah ! tu me manqueras de respect ! (Elle le menace avec son plumeau.)

Air : Vaudeville de l'Étude.

Sors d'ici, révolutionnaire !
Ce gamin-là sait tout oser.

COLIBRI.

Si jamais je peins la Colère,
Je vous promets d' vous fair' poser.

FIFINE.

Avec une audac' criminelle,
Il me met toujours en courroux ;
J' plains ceux qui t'prendront pour modèle...

COLIBRI, sortant.

On peut en dire autant de vous.
Si je n' suis pas un beau modèle,
On peut en dire autant de vous

(Il sort en coudoyant Rigaud, qui entre.)

SCÈNE III.

ESTHER, FIFINE, RIGAUD.

RIGAUD.

Bonjour, Mlle Esther, enchanté de vous rencontrer... je ne croyais trouver que votre père, auquel j'apporte un petit mémoire.

ESTHER, froidement.

Il est sorti, monsieur... je ne sais pas quand il rentrera...

RIGAUD.

Je l'attendrai avec plaisir, en compagnie de mademoiselle.

FIFINE, à part.

Est-ce que M. Rigaud aurait aussi des idées ?

RIGAUD.

Il me tardait de venir compter avec le cher papa, pour avoir le bonheur de saluer sa jolie fille, et de leur dire mes intentions à tous les deux.

FIFINE, à part.

J'en étais sûre.

ESTHER.

Monsieur, vous pouvez attendre mon père, si vous voulez... je ne parle jamais d'affaires en son absence... (A part à Fifine.) Restez là, entendez-vous !

FIFINE, de même à Esther.

Je vous comprends. (Haut.) Y a-t-il long-temps que nous nous connaissons, M. Rigaud ! ai-je posé devant vous, quand vous étiez peintre et que je n'étais pas portière... ce que c'est que les vicissitudes terrestres !

RIGAUD.

Parbleu ! Fifine... l'ancien modèle de Girodet... qui est-ce qui ne connaît pas ça !

FIFINE.

Ah ! quand je posais Galatée ! tout l'atelier était comme des Pygmalion... et, sans moi, Atala n'aurait pas vu le jour, je m'en vante... j'ai pourtant posé soixante-dix fois... M. Girodet peignait lentement... il n'allait pas comme aujourd'hui... on dirait qu'ils ont des balais à la main.

ESTHER.

Comment, Mme Fifine, cette belle Atala qui est au Musée, dans la grande galerie...

FIFINE.

C'est moi, en personne naturelle. Ah ! j'étais à la mode dans ce temps-là... nous posions tous les jours trois à la fois chez le grand maître, moi et deux hommes, le père Aubry et Chactas... je me rappelle encore leurs petits soins, leurs minauderies à mon égard !

Air de ma Tante Aurore.

Le père Aubry tendre et sincère
M' parlait toujours de son ardeur,
C'était un gros commissionnaire,
Et Chactas un ancien frotteur.
A tous les deux je savais plaire,
Mais c'est envain qu'ils soupiraient ;
Non, rien ne pouvait me distraire
Quand les beaux-arts me réclamaient.
J' posais souvent chez Girodet,
Le lend'main Guérin me r'tenait ;
C'était David qui m' dessinait,
C'était Gérard qui me peignait.
L'Ecol' française à mes attraits
    D'vait ses
    Succès ;
  Oui mes attraits
    Frais
   Et coquets,
Tous les ans faisaient ses
    Succès.

Pour faciliter les études,
J'allais dans tous les ateliers,
Et je prenais mille attitudes,
Devant plus d' cinquante écoliers.
Plus d' cent artistes, mes pratiques,
M'ont dit, en m'ôtant leur chapeau ;
Que j' possédais les form's antiques,
Et qu'ils n'avaient rien vu d' si beau !
J' posais souvent ; etc.

CROUTON, dans la coulisse.

Là, là, commissionnaire... placez là mon Polyphème... et prenez garde au vernis...

ESTHER.

C'est papa! on dirait qu'il est en colère.

SCÈNE IV.

Les Mêmes, CROUTON. Il entre furieux sans voir les autres.

CROUTON.

Ah! les Vandales! les Ostrogots! les ignares!.. il n'y a plus de beaux-arts... on peut fermer le Muséum et en faire une orangerie, ou un magasin de fourrage!

RIGAUD et FIFINE.

Que vous est-il donc arrivé, M. Croûton?

CROUTON, se calmant.

Ah! c'est vous, vous autres? je ne vous voyais seulement pas... je suis si embêté!

ESTHER.

Eh bien! papa, votre Polyphème?

CROUTON.

Ne me parle plus de mon Polyphème, ne me parle plus de mes bras... ne me parle plus de rien du tout... au moment où je croyais sortir enfin de mon illustre obscurité!.. car je ne vous l'avais pas dit... j'ai fait partie du jury de peinture, tel que vous me voyez!

ESTHER.

Vous, papa?

FIFINE et RIGAUD.

Vous, M. Croûton?

CROUTON.

Moi-même.

RIGAUD.

Voilà du nouveau.

FIFINE.

Et comment que ça s'est donc fait?

CROUTON.

Vous allez voir... hier, comme j'étais dans l'antichambre, attendant que mon tour vînt de présenter mon Polyphème... prenant un bain de mer à Dieppe, avec ses deux bras en l'air, une superbe marine dans laquelle il n'y a que les eaux qui ne sont pas de moi... la porte des délibérations s'ouvre... ils étaient là une vingtaine, qui parlaient tous à la fois et qui disaient mon nom... à chaque instant... Croûton, Croûton, Croûton... je crois qu'on m'appelle et j'entre...un monsieur me dit: Apportez une bûche et fermez la porte... Je prends un cotret et je ferme la porte... par amour pour les arts, je me mettrais au feu... j'y mets la bûche.

FIFINE.

Vous voilà dedans.

CROUTON.

On me prend pour un membre du juri... et l'on se met à délibérer... je délibère comme les autres... et voilà que nous refusons des tableaux!.. mais nous en refusons! je me rappelais le temps de ma jeunesse et la manière dont j'avais été traité! aussi, pour ma part, j'en ai refusé cinq cents en deux heures!

FIFINE.

Cinq cents!

RIGAUD.

Comme vous y allez!

CROUTON.

Nous ne prenions seulement pas le temps de les regarder... le nom de l'auteur?.. monsieur un tel... emportez-moi ça... monsieur chose... emportez-moi ça!.. enfin, on appelle mon Polyphème, et alors je me suis en allé... d'abord, par modestie... et puis, j'étais si en train de refuser les autres, que je me serais peut-être refusé moi-même.

RIGAUD.

Après?

CROUTON.

Après? ils l'ont bien refusé sans moi, les malheureux...

ESTHER et FIFINE.

Refusé!

CROUTON.

A l'unanimité!..

RIGAUD, à part.

A la bonne heure... je disais aussi...

CROUTON.

Ce matin, quand j'ai été chercher la réponse... ils m'ont dit, à mon tour : Emportez-moi ça! emportez-moi ça! et j'ai encore été obligé de prendre un commissionnaire, à qui je dois neuf sous.

ESTHER.

Ah! ce pauvre petit père!

FIFINE.

Ce pauvre M. Croûton.

CROUTON.

On me dira peut-être : Pourquoi avez-vous choisi ce sujet colossal de Polyphême, déjà esquissé par le Poussin? je répondrai à ça que n'ayant jamais pu réussir à faire deux yeux pareils, j'ai préféré ce cyclope, parce qu'il n'en avait qu'un... je l'ai même pris après son aventure avec Ulysse, afin qu'il n'en ait pas du tout.

FIFINE.

C'était pas si maladroit!

CROUTON.

Dam! je vous le demande... oh! je ne dis rien, mais je rage en dedans, et ils me le paieront!

RIGAUD.

Qu'est-ce que vous leur ferez?

CROUTON.

Ce que je leur ferai?.. je renonce à la peinture... je brise mes pinceaux!

RIGAUD.

Oui, je conçois que cela décourage; j'ai été peintre aussi, moi, avant d'être marchand de couleurs... ça me fait penser que je vous apportais un petit mémoire...

CROUTON.

Je ne suis pas pressé... nous verrons ça au commencement du mois... je ne paye que le 3 ou le 25.

FIFINE.

Et nous sommes au 4.

RIGAUD, à part.

Il est de mauvaise humeur... le moment serait mal choisi pour lui parler de sa fille... je reviendrai plus tard. (Haut.) Au revoir, mon cher Croûton; croyez-moi, reprenez votre brosse et faites des bras d'or...

FIFINE.

C'est ça, faites des bras d'or, faites des bras d'or... comme disait M. de Voltaire.

RIGAUD.

Sans adieu, charmante Esther.

FIFINE.

M. Croûton, je redescends à ma loge... si vous aviez besoin que je pose pour un de mes deux bras, ils ne sont pas encore trop déjetés... le droit surtout.

CROUTON.

Laissez vos bras, si vous voulez; mais, vous, allez-vous-en!

ENSEMBLE.

Air : Liberté chérie. (VALLÉE-DES-FLEURS.)

RIGAUD, FIFINE et ESTHER.	CROUTON.
Allons, du courage,	Non, je perds courage,
Et faites bientôt	Et j'aurai bientôt
Des bras, des bras, c'est ce qu'il vous faut.	Les bras, les bras croisés, c'est mon lot.
Ce genre d'ouvrage	Un pareil outrage
Est votre ballot,	Est plus qu'il n'en faut ;
Des bras, des bras, voilà votre lot.	Les bras, les bras, m'en tombent d'en haut.

(Rigaud et Fifine sortent.)

SCÈNE V.
CROUTON, ESTHER.

ESTHER.

Allons, papa, remettez-vous.

CROUTON.

Oh! ma fille! l'injustice du siècle est bien criante pour ton père, et mes ingrats concitoyens...

ESTHER, le caressant.

Votre Esther vous consolera...

CROUTON.

Oui... tu es mon Antigone... et, si j'étais aveugle, je me peindrais en Bélisaire!

SCÈNE VI.
LES MÊMES, COLIBRI.

COLIBRI, accourant.

Ah! maître! maître! recevez mes félicitations... que je suis donc content de ce qui vous arrive! on vous rend donc justice, à la fin!

CROUTON.

Qu'est-ce à dire, Colibri? auriez-vous l'intention de me narguer aussi?.. de vous ficher de moi?

COLIBRI.

Me ficher de vous?

CROUTON.

Oui, vous ficher de moi... un méchant rapin! un ignoble rapin!

COLIBRI.

Comment, bourgeois! quand je sors du Musée où le nom de Croûton est dans toutes les bouches!

CROUTON.

On est indigné, n'est-ce pas? pourquoi ont-ils des préférences, des coteries?.. et qu'est-ce que tu as vu de beau au Musée?

COLIBRI.

Ce que j'ai vu? mais des tableaux... de toutes les dimensions... et des chairs... de toutes les couleurs!

AIR : On dit que je suis sans malice.

J'ai vu ce pauvre Jérémie,
Qui pendant qu'il était en vie,
Pleura tant sur Jérusalem,
Sujet neuf comme Mathusalem...
Mais dans le Salon de peinture,
Savez-vous, depuis l'ouverture,
Pourquoi l' prophète a tant pleuré?
C'est d'se voir si mal entouré.

CROUTON.

La faute à qui?.. tu n'as vu que ça?

COLIBRI.

Vous me le demandez, bourgeois! mais j'ai vu votre tableau! votre magnifique tableau!..

CROUTON.

Mon Polyphème?.. il est là, dans le corridor.

COLIBRI.

Eh! non, votre Danaé!

CROUTON, très étonné.

Ma Danaé?

ESTHER, surprise.

Sa Danaé?

COLIBRI.

Eh bien! oui, sa Danaé, qui est exposée dans le grand salon, en face de la porte, et qui arrache des cris d'admiration à tout le monde. — Comment, c'est Croûton qui a fait ça? lui qui n'avait encore rien exposé! — C'est qu'il ne voulait pas, dit un autre. — Diable! diable! disent les connaisseurs, il a fait des progrès, dans ses voyages. — Et moi je criais plus fort qu'eux tous : Gare que je passe ! je suis son élève !.. et je me rengorgeais, dam ! fallait voir !

ESTHER.

Qu'est-ce qui aurait dit ça, pourtant.

CROUTON.

Ah ça ! mais, ah ça ! mais, ah ça ! mais !

COLIBRI.

Et ben, c'est bon, je vous conseille de faire l'étonné.

CROUTON, à part.

C'est fabuleux ! (A Colibri.) Tu dis que tu as vu ma Danaé ? tu en es bien sûr.

COLIBRI.

Aussi sûr que mes deux yeux qui s'ouvraient comme des portes cochères, d'admiration... D'ailleurs, laissez-nous donc tranquilles, vous, avec vos malices cousues de fil blanc... puisque votre nom est au bas : CROUTON FECIT, en lettres rouges.

CROUTON.

Y a ça ?

COLIBRI.

Vous le savez bien !

CROUTON, à part

Par exemple, voilà qui est particulier !

COLIBRI.

Sournois de bourgeois qui nous fait des mystères... à nous, à nous.

ESTHER.

C'est vrai, papa ; quand donc avez-vous fait ce tableau ? moi qui ne vous ai jamais quitté ?

CROUTON.

Ah ! voilà ! vous ignorez comment j'ai pu le faire ! (A part.) Je le sais encore moins, si c'est possible !

ESTHER.

Vous avez donc travaillé la nuit ?

CROUTON.

Il faut croire. (A part.) En dormant ou en rêvant... je suis peut-être somnambule. (Haut.) Au surplus, mon enfant, il est des secrets paternels qu'une fille doit respecter... Ainsi, Colibri, il est convenu que tu l'as vu, mais là, bien vu.

COLIBRI.

Combien de fois qu'il faut vous le dire ?

CROUTON.

Croûton fecit.

COLIBRI.

Croûton fecit. (A Esther.) Ça l'amuse de me faire aller.

CROUTON, à part.

Allons, allons, j'en aurai le cœur net.

COLIBRI.

Quant à votre Polyphème, je sais l'aventure ; mais ne faut pas vous affecter pour ça, M. Croûton... nous en ferons une exposition particulière, comme ces autres messieurs.

CROUTON.

A la Foire-Saint-Laurent régénérée.

COLIBRI.

Ou autre part.

Air de Préville et Taconnet.

Chassé du Louvre, il est plus d'un Apelle
Qui, sans façon, en s'exposant chez lui,
Au jugement du public en appelle,
Car le public quelquefois juge aussi,
Et s'y connaît presqu'autant qu'un juri.
Pour mainte toile au Louvre refusée,
On voit venir des flots d'admirateurs ;
Quant aux tableaux reçus, j'en sais plusieurs,
Qu'on a bien fait de placer au Musée,
On n'irait pas les admirer ailleurs.
On a bien fait de les mettre au Musée ;
On n'irait pas certes les voir ailleurs.

CROUTON.
Quant à moi, je vais voir ma Danaé. (A part.) Il trop juste que je fasse connaissance avec elle.
COLIBRI, le retenant.
Ah! M. Croûton, en l'honneur de votre beau tableau...
CROUTON.
Qu'est-ce que tu me veux? je suis sur le gril... je suis sur des charbons ardens!
COLIBRI.
Vous devriez bien nous marier, moi et mamzelle Esther.
ESTHER.
Oh! mon petit papa, il y a si long-temps que vous nous le promettez.
CROUTON.
Eh ben! oui, là, vous serez unis... L'artiste n'a qu'une parole... Colibri est fils d'un marchand de brosses et de cirage, il n'y a pas de mésalliance avec la peinture... mais avant d'être mon gendre, je veux qu'il soit exposé.
ESTHER, ingénûment.
Ah! papa, quand je serai sa femme, il aura bien le temps.
CROUTON.
Eh ben! c'est bon... je le veux bien. Es-tu contente?.. Mais je veux voir ma Danaé... qu'on me laisse aller voir ma Danaé.

Air de la Chevalière d'Éon.

Oui, je veux y courir sur l'heure,
Tout en gardant le décorum ;
Heureusement que je demeure
A quatre pas du Muséum.

COLIBRI.

Il est tout simple qu'un grand maître
Veuill' juger lui-mêm' de l'effet.

CROUTON, à part.

J' donn'rais bien deux sous pour connaître
Le tableau qu' j'ai soi-disant fait.

REPRISE ENSEMBLE.

(Croûton sort.)

SCENE VII.
ESTHER, COLIBRI.

ESTHER.
Danaé! Danaé... je n'y comprends rien!..
COLIBRI, sautant.
Ah! mamzelle Esther! grace à Danaé, il serait Dieu possible qu'on nous unirait matrimonialement!
ESTHER.
Ah! que j'en serais contente!.. à cause de M. Rigaud.
COLIBRI.
J'aurais cru que ça serait à cause de moi.
ESTHER.
Puisqu'il voulait me faire la cour.
COLIBRI.
Le marchand de couleurs! il aurait eu l'infamie de jeter les yeux sur vous, ô vierge de Raphaël!.. qu'il s'avise de les y jeter encore, et je le broie plus fin que vermillon!
ESTHER.
N'allez-vous pas être jaloux?.. Allons, monsieur, ne pensons qu'à notre bonheur.
COLIBRI.
Je l'ai vu au Salon, notre bonheur, dans tous les amoureux qui nous ressemblent.. Juliette et Roméo, Henri IV et Fleurette, Phébus et la Esméralda... Tenez, dans notre petit ménage, nous aurons l'air de deux portraits sous le même numéro, et de deux jolis portraits encore... mettez votre figure à côté de la mienne.
ESTHER.
Je voudrais bien aussi aller au Salon voir la Danaé de mon père, et toutes les belles choses qu'il y a.

COLIBRI.

Et vous ferez bien ; car, voyez-vous, je n'ai pas voulu le dire devant le bourgeois, mais il y a de belles choses.

Air du Premier Prix.

Dans notre Salon de peinture,
Pour les arts, regrets superflus,
Tout du temps atteste l'injure,
David, Gros, Gérard, n'y sont plus ;
Mais, réalisant l'espérance
Que maint chef-d'œuvre nous donna,
La jeune École prouve en France,
Que le génie est toujours là !

SCÈNE VIII.
Les Mêmes, FIFINE.

FIFINE, *entrant.*

Qu'est-ce qu'il a donc, M. Croûton? il est parti comme un fou. J'ai eu beau lui crier : M. Croûton! M. Croûton! la quittance du loyer... ça le faisait courir encore plus vite.

COLIBRI.

La quittance du loyer!... est-ce qu'il faut jamais parler de ça à un véritable artiste, et surtout à un artiste qui va voir son tableau, sa Danaé.

FIFINE.

Danaé, je connais ça... quand j'aurai fini mon ouvrage, j'irai faire un tour par là. (*Cherchant à se rappeler.*) Voyons donc, j'ai posé pour Flore, j'ai posé pour Junon, pour Psyché, pour Terpsychore, la danseuse... Ah! Terpsychore!.. c'est que j'aimais tant la danse... ça m'allait si bien !

COLIBRI.

C'est comme moi! Dieu! quel danseur! Aussi, à notre mariage, mamzelle Esther...

Air de la Cachucha.

Après le gala,
Mon amour précoce
Veut ouvrir la noce
Par la cachucha ;
C'est un pas charmant,
Il est à la mode,
Et surtout commode
Pour le sentiment.

ESTHER.

L'aimable danse!
Ah! comme ce jour là,
Pour la cadence
Mon cœur s'élancera !
Douce espérance,
Gentille cachucha,
Ah! quand j'y pense,
J'y crois être déjà !

ENSEMBLE.

Après le gala, etc.

(*Fifine jette son balai et danse la cachucha avec eux.*)

CROUTON, *en dehors.*

Ah! c'est trop pour un jour !

FIFINE.

V'là M. Croûton qui revient!.. je vas faire sa chambre.

(*Elle entre dans la chambre à gauche.*)

SCÈNE IX.
COLIBRI, ESTHER, CROUTON.

CROUTON, *enchanté.*

Ah! mes amis!

COLIBRI.

Eh ben! bourgeois?

CROUTON.

C'est délirant, c'est exorbitant de succès et de gloire!... assez de gloire comme ça... je demande quartier pour la gloire... mes nerfs raphaéliques ne peuvent pas y suffire!

ESTHER.

Qu'avez-vous donc, papa?

CROUTON.

Ce que j'ai?... j'ai de la renommée par-dessus la tête... je suis assassiné par ma renommée!.. Je l'ai vu ce tableau... c'est-à-dire, mon tableau... il est bien... oh! ça je ne peux pas dire le contraire... (S'oubliant.) L'auteur serait là... (A part, se reprenant.) Eh bien! qu'est-ce que je?.. (Haut.) Les bras surtout! le bras de Danaé, qui soutient sa petite tête... et le bras de l'autre qui verse la pluie d'or. Du reste, Colibri avait raison... CROUTON FECIT.

COLIBRI.

N'est-ce pas que ça y est?

CROUTON.

Ça y est... je ne me souvenais pas de l'avoir signé... Et une foule autour!... une queue!... une cohue!... encore plus que devant Monsieur de Laroche... il n'est plus question de Laroche, il n'est plus question de Lacroix!... il n'est plus question de Gudin... de Picot... de Scheffer... il n'y a plus qu'un peintre au monde, moi!.. moi! Crouton! Enfin, j'y ai laissé un pan de mon habit. (Il montre le pan déchiré.)

ESTHER.

Avec une reprise, il n'y paraîtra plus.

CROUTON.

Et le morceau, où le retrouver?... je suis sûr qu'à l'heure qu'il est, ils se le disputent entre eux, les fanatiques!

COLIBRI.

Comme la redingote de Napoléon.

CROUTON.

Je suis dans le livret!... je l'ai loué à la porte, vingt-cinq centimes... imprimé tout vif... M. Croûton, UNE DANAÉ, rue des Beaux-Arts, n° 1866. Et puis les femmes qui me suivaient, et les beaux messieurs qui me montraient au doigt... Tenez, tenez, le voilà... c'est Croûton... l'auteur de la Danaé. Moi, je profitais de ça pour distribuer des adresses.

COLIBRI.

Et avez-vous trouvé quelque chose de bon, au Salon, après vous?

CROUTON.

C'est bien mêlé, bien mêlé. Allons, ma fille, va broder ton bonnet de mariée, et toi, Colibri, va garnir ma palette. Laissez-moi à mes méditations artistiques!

COLIBRI, en s'en allant.

Dites donc, mamzelle Esther, votre bonnet de mariée!

(Il sort. Esther entre dans sa chambre.)

SCÈNE X.

CROUTON, seul.

Je veux être pendu... dans le grand salon, à la place d'un tableau quelconque, si je comprends rien à ce qui m'arrive en 1837... En voilà une situation de peintre d'enseignes devenu peintre d'histoire : Je fais un Polyphème, je le présente à messieurs du jury, il est refusé, bon... je ne fais pas de Danaé... je ne présente aucune espèce de Danaé... elle est reçue, très bien!.. j'ai beau chercher dans ma tête quand j'aurais fait ce merveilleux tableau... je suis comme ma fille... impossible de deviner... après tout, je serais bon enfant de me tracasser pour ça... a-t-il de l'agrément, le tableau?.. oui... vous voulez qu'il soit de moi? il est de moi... si je ne l'ai pas fait, une supposition... j'aurais pu le faire... ainsi ça revient au même, je ne me sens pas le courage de réclamer.

SCÈNE XI.
CROUTON, COLIBRI.

COLIBRI, accourant.

Ah! maître! voilà le commencement de la gloire!.. Un milord allemand qui vient pour vous acheter des tableaux.

CROUTON.

Un milord allemand!

COLIBRI.

Oui, un prince étranger; qui porte sur sa poitrine d'homme autant de décorations qu'il y en a dans les coulisses de l'Opéra!

CROUTON.

Et tu lui fais faire antichambre, animal!

COLIBRI.

Entrez, mon prince!

SCÈNE XII.
LES MÊMES, STUPIDORFF.

STUPIDORFF.

Air : J'ons un curé patriote.

Musique, littérature,
Moi je fuis vos étendards!
Mais j'adore la peinture,
Car c'est le premier des arts;
Des grands peintres, je suis fou,
Partout je leur saute au cou,
    Je suis fou, (bis.)
Oui, des peintres je suis fou.

Vous êtes Crouton?

CROUTON.

Mais je m'en flatte...

STUPIDORFF.

Moi, je suis le prince Stupidorff... (Faisant son tic.) Breck!.. le plus grand amateur de tableaux des quatres parties du monde...

CROUTON.

Mon prince! nous fraternisons! (Il lui donne une poignée de main.)

STUPIDORFF.

Ainsi, c'est vous!.. Il y a bien long-temps que je vous cherche, homme pyramidal! vous faites comme le vrai génie, vous vous cachez, et vous faites bien! breck!..

COLIBRI.

Tiens, le prince qui a un tic... j'ai vu un homme à Charenton qui avait un tic comme ça.

CROUTON.

Sortez, Colibri... laissez-moi seul avec mon prince.

COLIBRI.

Mais bourgeois...

CROUTON, avec dignité.

Sortez!.. (Colibri sort.)

SCÈNE XIII.
CROUTON, STUPIDORFF.

CROUTON.

Je vois que j'ai celui de parler à un fameux amateur de peinture.

STUPIDORFF.

Oh! je coucherais dans les ateliers... je prendrais mes quatre repas au Muséum... ainsi que le soldat qui se vante d'être monté le premier à l'assaut, je vous dirai, moi : Je suis entré le premier au Salon de 1837, et je n'en veux plus sortir.

Air : Contredanse du Postillon de Lonjumeau.

Ah! quels tableaux! (bis.)
Qu'ils sont beaux!
Partout des chefs-d'œuvre nouveaux;
Ah! c'est charmant! (bis.)

Oui vraiment,
Tous nos peintres ont du talent.

Voilà cent combats pour Versailles,
En vérité chez les Français,
On n'a jamais vu tant d' batailles
Que d' puis qu'on est en temps de paix.

Ah! quels tableaux etc.

CROUTON.

Devant Arnal, je me prosterne,
Mais quel est donc ce nouveau saint?
C'est le dieu du roman moderne
Sous la robe d'un capucin!

Ah! quels tableaux etc.

STUPIDORFF.

J'ai découvert un seul Achille,
Qui m'a paru bien en retard,
Plus loin j'ai vu sainte Cécile,
Jouant sur un piano d'Erard.

Ah! quels tableaux etc.

CROUTON.

Maintenant, mon prince, pourrais-je savoir ce qui me procure l'honneur et l'avantage?..

STUPIDORFF.

L'ambition de connaître un phénomène tel que vous, et le désir de savoir où vous avez pris votre Danaé... parlez, répondez... breck!

CROUTON, à part.

Je serais bien embarrassé de lui répondre.

STUPIDORFF.

Et dites-moi, homme supérieur! comment avez-vous pu laisser si longtemps dans l'oubli une pareille merveille?.. quand je pense que c'est au hasard seul que je dois cette découverte!

CROUTON, à part.

Absolument comme moi.

STUPIDORFF.

Je passais sur le quai de la Ferraille... Des tableaux, de la vaisselle, des bouquins, et des chandeliers, étaient étalés, çà et là, avec des casseroles et des fers à papillottes... une toile à demi-roulée gisait sur le pavé... je la déroule avec le pied, et je vois une tête ravissante!.. Combien cette toile? dis-je au marchand. Soixante-quinze centimes, me dit-il. Je paie comptant et j'emporte. Arrivé chez moi, je déroule tout-à-fait, et je tombe à genoux, foudroyé d'admiration... car cette toile, c'était votre Danaé... CROUTON FECIT!... Aussitôt, le tableau est restauré, verni, placé dans une bordure gothique qui m'a coûté mille écus, et quinze jours après, le voilà livré à l'enthousiasme national, qui vous proclame, vous, Croûton, le plus grand peintre de l'époque, le Raphaël de 1837, comme Raphaël était lui-même le Croûton de l'antiquité... breck!

CROUTON.

Comment, mon prince, c'est à vous que le Musée doit l'envoi de mon immense tableau?

STUPIDORFF.

Oui, oui, et j'en suis fier... puisque cela m'a mis en rapport avec son illustre auteur, et m'aidera peut-être à trouver un objet charmant, qui est indispensable au repos de ma vie!

CROUTON, à part.

Ça se complique de plus en plus.

STUPIDORFF.

Oui, grand artiste! je vous dois un aveu! j'ai une passion qui me mine, qui me brûle, qui me dévore.

CROUTON.

Je ne hais pas les gens passionnés...

STUPIDORFF.

Je suis fou de votre Danaé! en peinture et en nature!.. et je veux que vous me présentiez la femme adorable qui vous a servi de modèle!..

CROUTON, à part.
En voilà encore une bonne!

STUPIDORFF.
C'est peut-être une faiblesse... mais je n'en dors ni jour, ni nuit... il faut que je la trouve ou je mourrai de langueur... oh! vous me la trouverez, n'est-ce pas? dites que vous me la trouverez... breck!

CROUTON.
Oui, mon prince, nous la trouverons. (A part.) Si je sais où la prendre, que le diable m'emporte!

STUPIDORFF.
Oh! alors, votre fortune est faite! vous me suivrez en Allemagne, dans ma principauté... vous peindrez ma grande galerie d'un quart de lieue.

CROUTON.
A l'huile?

STUPIDORFF.
Je veux y faire figurer toute la race des Stupidorff, et montrer à l'empereur, quand il fera sa ronde triennale, tous les bras de ma famille qui seront au service de la sienne.

CROUTON.
Des bras! ça rentre dans mon genre... voyez ces échantillons.

STUPIDORFF.
En effet, voilà des bras d'une force...

CROUTON.
De la première force... tenez... le serment des trois Suisses, et, en pendant, le serment des trois Horaces...

STUPIDORFF.
Je ne vois ni les Horaces, ni les Suisses.

CROUTON.
Vous voyez leurs six bras... le grand talent du peintre est de laisser toujours quelque chose à désirer.

STUPIDORFF.
Je les achète... Ah! mon Dieu! voilà une main qui a six doigts!

CROUTON.
Les cinq doigts et le pouce... c'est une commande; on est forcé quelquefois de sacrifier la nature au caprice des amateurs.

STUPIDORFF.
Je l'achète aussi.

CROUTON.
Ici, un bras d'enfant... et, plus haut, un bras de mer...
(Il montre une marine.)

STUPIDORFF.
J'achète tout ça, tout ça... et je vous laisse pour aller à une vente de tableaux! votre fortune est faite, entendez-vous? votre fortune est faite.

CROUTON.
Votre adresse, mon prince?.. j'ai besoin de vous revoir.

STUPIDORFF.
A Montmartre, à la maison Blanche, un petit château sur la hauteur, qui est rempli de princes et de princesses; ainsi, je compte sur vous, je verrai cette beauté incomparable!

CROUTON.
Si je la vois, vous la verrez.

STUPIDORFF.
AIR : Valse de Strauss.
Le tourment que j'endure
Finira quelque jour;
J'aurai, mieux qu'en peinture,
L'objet charmant de mon amour.

CROUTON.
Que l'espoir vous rassure;
Vous pourrez, un beau jour,
Avoir mieux qu'en peinture,
L'objet charmant de votre amour. (Stupidorff sort.)

SCENE XIV.
CROUTON, puis COLIBRI.
CROUTON.
Ma fortune! ma fortune!
COLIBRI, accourant.
Bourgeois! bourgeois! en voilà bien d'une autre.
CROUTON.
Qu'est-ce, Colibri?
COLIBRI.
Des élèves qui vous arrivent, en veux-tu en voilà.
CROUTON.
En fait d'élèves, je n'ai que toi.
COLIBRI.
Jusqu'alors; mais v'là qu'il vous en vient de tous les côtés... sur la réputation de votre chef-d'œuvre.
CROUTON.
Fais-les entrer, Colibri... attends, attends une minute... je ne peux pas donner leçon avec un pan déchiré... je vais passer ma blouse et mon bonnet grec; la blouse est le costume du génie. (Il entre à gauche.)

SCENE XV.
COLIBRI, LES ÉLÈVES EN PEINTURE, puis CROUTON.
CHOEUR.
Air du Commis et la Grisette.
Chacun de nous à l'atelier,
Vient travailler
Rire
Et s'instruire;
Devant Crouton, prosternons-nous,
Amis, c'est notre maître à tous.
COLIBRI.
De bouche en bouche son nom vole,
Si quelqu'un doute que Crouton,
Dans la peinture a fait école,
Qu'il fasse le tour du Salon.
CHOEUR.
Chacun de nous à l'atelier, etc.
COLIBRI, montrant Crouton qui entre avec une blouse bariolée de taches de couleur.
Messieurs, voici le maître.
CROUTON.
Bonjour, mes enfans, bonjour, enchanté de votre confiance... Colibri, as-tu dit à ces messieurs que j'enseigne le dessin en une seule leçon?
TOUS LES ÉLÈVES.
Une seule leçon!
COLIBRI, aux élèves.
Seulement, on est tenu de payer un mois d'avance.
CROUTON.
Ceux qui veulent payer deux mois, ont la même facilité.
COLIBRI.
Vous entendez, messieurs, ainsi ne vous gênez pas.
CROUTON.
Je dois prévenir aussi, que chez moi, on ne commence ni par le nez... on ne commence ni par les oreilles; mais bien par ceci. (Il étend un bras.) Et ici, vous y avez la main... étudiez mes bras, mes enfans, et la gloire vous ouvrira les siens.
COLIBRI, à qui un élève vient de parler.
Je vais distribuer des modèles à mes nouveaux camarades... Ah! bourgeois, voilà un commençant qui dit qu'il dessine déjà d'après l'antique.
CROUTON.
Jeune homme, vous dessinez d'après l'antique?... (A Colibri.) Faites monter la portière.

COLIBRI, appelant au fond.

Mme Fifine! Mme Fifine!

CROUTON.

Allons, la vieille, allons!

FIFINE, à la porte.

Voilà!

SCÈNE XVI.

Les Mêmes, FIFINE, plusieurs lettres à la main.

CROUTON.

Fifine, posez pour votre bras gauche ou votre bras droit, à volonté... (Aux élèves.) Le bras droit c'est cinquante sous, et le gauche dix-huit, vu qu'il est un peu défectueux...

FIFINE, à Crouton.

Est-ce celui de dix-huit ou celui de trente?

CROUTON.

Il n'y a pas ici de bras à trente sous, c'est deux francs cinquante. (Bas à Fifine.) Vous savez bien qu'il y a vingt sous pour moi, grosse bête. (Les élèves se sont assis et se mettent à dessiner sur des album; Croûton en levant le bras de Fifine, aperçoit les lettres qu'elle tient à la main.) Qu'est-ce que c'est que tout ça?

FIFINE.

Tiens, et moi qui oubliais... c'est des lettres pour vous, M. Croûton.

CROUTON, les prenant.

Donnez et posez...

COLIBRI, regardant les lettres.

Tiens! y en a de toutes couleurs et de toutes grandeurs.

CROUTON.

Franches de port! bon! (Il lit successivement plusieurs lettres.) Hum! hum! hum! «Monsieur... faire mon portrait.» (Parlant.) Colibri, une commande!

COLIBRI, étonné.

Vrai?

CROUTON, lisant.

Hum! hum! hum! « Un tableau d'histoire. » (A Colibri et aux élèves.) On me demande un tableau d'histoire.

COLIBRI.

Oh!

CROUTON, ouvrant une troisième lettre.

Hum! hum! hum! « Un paysage. »

COLIBRI.

Un paysage aussi.

CROUTON.

Il paraît que je peins tout... des commandes pour la Russie, des commandes pour l'Angleterre, des commandes pour l'Italie... Hein? comme ça mousse! comme ça mousse... me voilà maintenant chef d'école!

SCÈNE XVII.

Les Mêmes, UN GARDE MUNICIPAL.

LE GARDE, au fond.

M. Croûton?

COLIBRI.

Tiens, un municipal, à c'te heure.

CROUTON, effrayé.

Un garde municipal dans mon domicile, dans mes ateliers!...

LE GARDE.

C'est une lettre, de la part de la rue de Grenelle.

(Il remet la lettre sous enveloppe, à Croûton qui la lit tout bas.)

FIFINE, qui pose toujours.

Bel homme, tout d'même, le municipal, il aurait fait un fier modèle... je me souviens que j'ai posé dans le temps avec un sapeur-pompier...

CROUTON, qui a lu tout bas.

Ah! pour le coup... Ah! ben non! je n'en suis plus... (Il tombe en faiblesse.)

COLIBRI, accourant.

Eh ben! eh ben! soutenez-le, soutenez-le!

(Les élèves se lèvent et entourent Crouton; Fifine cesse de poser.)

COLIBRI.

Voulez-vous respirer un peu d'essence?
(Il va chercher une bouteille, et la fait respirer à Crouton.)

CROUTON, faisant la grimace.

Ah! c'est de la térébentine! c'est égal, respirons ferme... Ah! c'est trop fort!

COLIBRI.

Je crois bien... Mais qu'est-ce qu'il y a donc?

CROUTON, lui passant la lettre.

Tiens, lis, je n'ai pas la force de parler... le ministre, monsieur le ministre de l'intérieur qui m'invite à dîner, sous son couvert!..
(Il montre l'enveloppe.)

FIFINE.

Pas possible!

COLIBRI.

C'est pourtant vrai.

CROUTON.

En voilà donc un qui encourage les arts... (A Colibri.) Qu'est-ce que tu veux? j'irai... je ne peux pas faire autrement.

FIFINE.

Dites que M. Croûton ira demain, manger la soupe de son excellence.

CROUTON.

Dites à son excellence que j'irai manger son excellente soupe. (A lui-même.) Et je profiterai de l'occasion pour demander la croix.

FIFINE, au garde.

Attendez! je tiendrai la bride de votre cheval. (Elle sort avec le garde.)

COLIBRI, se prosternant.

Ah! maître! maître! (Il baise le pan de son habit.)

CROUTON, aux élèves.

Mes amis!.. pas de faiblesse.. il faut être à la hauteur de sa position... (A lui-même.) Ah ça! mais voyons donc, voyons donc! est-ce que la Danaé? elle doit être de moi... le ministre m'invite, elle est de moi. (Aux élèves.) Mes enfans, vous voyez où mène le mérite... que ceci vous serve d'exemple, et en réjouissance de ce qui m'arrive, je vais vous chanter la ballade du peintre véritablement artiste.

AIR de Plantade.

Depuis que j'me suis mis artiste,
C'est uniqu' comm' j'ai des succès;
N'y a pas d'ouvrage qui m' résiste,
Je suis le vrai peintre français. (bis.)
Les Gérard, les Gros, les Horace,
Ont un bon p'tit genr' de talent,
Mais moi, n'y a pas d' genre qui fasse,
J' les risque tous inclusivement. (bis.)

Je m'adonne avec la même facilité à la colle, à l'essence, à l'huile, au vernis, et même à l'encaustique quand ça se trouve.

Aussi quand je parl' de la peinture,
Ça me tortille la figure...
Superbe art! art fameux!
Tu me met tout en feux, (bis.)
Depuis la plant' des pieds jusqu'à la point' des ch'veux!
(Les élèves reprennent le refrain.)

Faut voir comm' ma propriétaire
Rend bien justice à mon talent;
J' l'ai peinte ainsi qu' madam' sa mère,
J'ai peint son chat et son enfant. (bis.)
J'ai peint aussi sa cuisinière,
Son frotteur et puis son portier,
Bref, j'ai peint la maison entière,
Y compris même l'escalier. (bis.)

Oh! quand j'y suis, je ne me connais plus... je suis coloriste, je m'abreuverais de couleurs! j'en mangerais sur mon pain!

Aussi quand je parl' de la peinture etc.
(Les élèves reprennent le refrain.)

CROUTON, aux élèves.

Mes enfans, la séance est levée. Je vous donne campo pour retourner au Salon et entretenir la foule devant ma Danaé... allez, mes amis... poussez ferme... en avant la camaraderie, la courte échelle... quelques bons coups de poing ne feraient pas de mal au tableau... allez, mes dignes condisciples!

COLIBRI, passant près des élèves et les prenant à part.

Oh! une idée qui me vient... il faut lui décerner un triomphe, dans le genre de celui de Musard au fameux bal du Mardi-Gras.

COLIBRI et TOUS LES ÉLÈVES.

Chacun de nous à l'atelier, etc.

(Tout le monde sort.)

SCENE XVIII.
CROUTON, seul.

Des élèves! des commandes! des invitations!.. Ah ça! il n'est pas possible, le tableau est de moi... décidément, il est de moi. (Fixant les yeux sur un buste en plâtre.) Tu en as menti! il est de moi!.. tu as beau me regarder!

SCENE XIX.
CROUTON, RIGAUD.

RIGAUD, arrivant.

C'est une horreur! une infamie! c'est un vol manifeste!

CROUTON.

Encore un enthousiaste... ça devient fatigant... tiens! c'est l'ami Rigaud. Oh! Rigaud! vous voyez le bonheur en chair et en os... tout m'arrive aujourd'hui comme une bénédiction!

RIGAUD.

Parbleu! je le crois sans peine!

CROUTON.

Sans la moindre peine... avez-vous vu ma Danaé?

RIGAUD, avec ironie.

Votre Danaé!

CROUTON.

Vous ne saviez pas que j'avais fait une Danaé?

RIGAUD.

Justement, je viens vous dire que ce n'est pas vous qui l'avez faite.

CROUTON, reculant.

Ce n'est pas moi! allons donc, il veut me faire poser... et d'ailleurs qu'en savez-vous?

RIGAUD.

Je dois en savoir quelque chose, puisque c'est mon ouvrage.

CROUTON.

Vous dites que vous êtes l'auteur de mon tableau... vous!

RIGAUD.

Oui, moi!

CROUTON.

Allons donc! vous me faites trop rire... Une simple chose... pourquoi donc avez-vous mis mon nom au bas?.. ah! je vous y prends... vous êtes donc un faussaire!.. la loi punit les faussaires.

RIGAUD.

Eh! ce n'est pas moi; c'est toute une histoire.

CROUTON, souriant.

Oui, une histoire ou un conte.

RIGAUD.

Vous savez qu'avant d'être marchand de couleurs, j'ai été peintre.

CROUTON.

C'est-à-dire vous avez essayé... enfin tout le monde ne perce pas.

RIGAUD.

Oh! j'étais peintre dans l'âme! à vingt ans, dans ma mansarde, après cinq ans de travail et l'étude des modèles... les femmes surtout... c'est amusant... j'étais le Dubuffe de mon temps... enfin, j'étais parvenu à faire une superbe Danaé.

CROUTON.

Oui, sans bras... d'ailleurs, c'est un sujet historique qui appartient au premier venu... les Danaé sont tombées dans le domaine public.

RIGAUD.

Quelle touche! quelle vigueur! comme ce temps orageux faisait bien ressortir ce corps de femme, si beau! si poétique! c'était une création! je croyais avoir fait un chef-d'œuvre.

CROUTON, avec ironie.

N'en fait pas qui veut.

RIGAUD.

Ça ne ressemblait en rien à ce qu'on faisait alors... c'était travaillé... comme on travaille aujourd'hui.

CROUTON.

Eh ben?

RIGAUD.

Je fis porter mon tableau chez Girodet, jaloux d'avoir son suffrage; par malheur, ce peintre avait fait aussi une Danaé... une Danaé classique.

CROUTON.

Girodet aussi? (Haussant les épaules.) Tout le monde s'en mêle; il n'y a plus d'enfans!

RIGAUD.

En voyant la mienne, il prit son pinceau et il écrivit au bas...

CROUTON.

Son nom?

RIGAUD.

Non, il écrivit: CROUTON FECIT.

CROUTON.

Oh! le flatteur! le flatteur!

RIGAUD.

Découragé... humilié! je vendis mon tableau quinze francs à un brocanteur des rues, et je me mis dans le commerce.

CROUTON.

Quinze francs, c'est un beau placement... mais il est sans façons, Girodet, de prendre ma signature. (Faisant le geste d'écrire.) CROUTON FECIT, allez!.. Ah ça! il croyait donc votre Danaé digne de moi?

RIGAUD.

Il la regardait comme une croûte, le nom de Croûton était passé en proverbe pour dire un devant de cheminée.

CROUTON, à lui-même.

Est-il vexé, ce pauvre Rigaud!

RIGAUD.

Mais le genre a changé, et mon temps sombre et noir, mes chairs pâles, mes formes nature, sont devenues autant de beautés... aussi, ce matin, en vous quittant, sur le récit pompeux d'une Danaé, qui attirait tous les regards, je me rendis au Salon, où j'avais juré de ne plus remettre les pieds, et, du premier coup d'œil, je reconnus mon ancien chef-d'œuvre.

CROUTON, élevant la voix.

Il faut des preuves!

RIGAUD.

J'en aurai.

CROUTON.

Vous ne serez pas cru sur votre déposition, et Girodet est décédé.

RIGAUD.

J'ai des témoins, des amis... qui vivent encore et qui vous confondront.

CROUTON.

Mais Rigaud, vous voulez donc me donner le coup de la mort? vous ne savez donc pas que votre tableau m'a procuré des élèves, des commandes? vous ne savez donc pas que je suis invité à dîner chez le ministre de l'intérieur, toujours à cause de votre immense tableau, et que je ne suis pas éloigné de faire ma fortune et de demander la croix?

RIGAUD.

Raison de plus pour que tout ça me revienne.

CROUTON.

Égoïste!... mais enfin, mon petit Rigaud, est-ce qu'il n'y aurait pas moyen de s'arranger... voyons... Rigaud... Rigaud... je te tutoie... des fois,

on fait des vaudevilles à trois... qu'est-ce qu'empêche de faire un tableau à deux?
####### RIGAUD.
L'ouvrage est fini, je n'ai pas besoin de collaborateur.
####### CROUTON.
Ce n'est pas une raison... Eh bien! écoute, Rigaud, ne dis rien, nous partagerons le pécuniaire comme une paire d'amis.
####### RIGAUD.
Ce n'est pas de l'argent que je veux, c'est mon nom, ma gloire.
####### CROUTON.
Rigaud, vous êtes un féroce... je ne vous tutoie plus!
####### RIGAUD.
Il y aurait une seule chose...
####### CROUTON.
Une seule chose?.. demande-moi tout... je te tutoie encore.
####### RIGAUD.
Non, vous ne voudrez pas... depuis long-temps j'aime votre fille, j'étais même venu ce matin pour vous la demander, mais j'ai su depuis que vous l'aviez promise à un autre.
####### CROUTON, enchanté.
Ma fille!.. il ne te faut que ça? (Appelant.) Esther!
####### RIGAUD.
A ce prix, je garderais le silence; mais vous êtes engagé.
####### CROUTON.
Tu vas voir comme je me gêne pour me dégager... l'artiste n'a qu'une parole. (Appelant.) Esther! Esther!

SCÈNE XX.
Les Mêmes, ESTHER.
####### ESTHER, sortant de sa chambre.
Mon petit père?
####### CROUTON.
Ma fille, voici M. Rigaud... que je vous ordonne de considérer... comme votre futur mari.
####### ESTHER.
Mais papa, vous avez dit ce matin...
####### CROUTON.
Silence! ma fille! c'est comme si tous les notaires de Paris y avaient passé.
####### ESTHER, pleurant.
Oh! mon Dieu! mon Dieu! ce pauvre Colibri!
####### RIGAUD.
Voilà ce qui s'appelle parler.
####### CROUTON.
L'artiste n'a qu'une parole... touche-là et retouche-là... je te tutoie définitivement!

Air de la Chaise cassée (MUSARD.)

ENSEMBLE.

Sans adieu, mon cher gendre,
Je vous accorde sa main,
Je n' vous f'rai pas attendre,
Vous l'épouserez demain.
####### RIGAUD.
Enfin, je s'rai son gendre,
D'Esther j'aurai donc la main,
On n' me fait pas attendre,
Je l'épouserai demain.
####### ESTHER.
Ah! que viens-je d'entendre,
Il veut lui donner ma main;
Voilà le second gendre
Qu'il a depuis ce matin. (Rigaud sort.)

SCENE XXI.
CROUTON, ESTHER, STUPIDORFF.

STUPIDORFF. Il est très pâle.

Breck!... c'est encore moi.

CROUTON.

Qu'avez-vous donc, mon prince, vous êtes rouge comme un coq?

STUPIDORFF.

Eh bien! l'avez-vous trouvé?... notre divin modèle?

CROUTON, à part.

Ah ça! il croit que je l'ai dans ma poche?

ESTHER, à elle-même.

Il a un drôle de nez, ce monsieur là!

STUPIDORFF.

Avant de vous connaître, je l'avais fait mettre dans les Petites-Affiches, avec une récompense honnête de dix mille francs... j'en viens, personne ne s'est présenté.

CROUTON.

Dix mille francs, c'est pourtant bien honnête!

STUPIDORFF.

Ce n'est rien que ça... je veux l'épouser!

CROUTON.

L'épouser, le modèle?

STUPIDORFF.

Je veux en faire la princesse d'Hilburgausen!.. Breck!.. (Il se retourne et aperçoit Esther.) Quelle est cette jolie enfant?

CROUTON.

Cette jolie enfant, mon prince, c'est ma fille, ma pure fille, pur sang des Crouton! modèle de toutes les vertus et de tous mes tableaux!

STUPIDORFF, vivement.

De tous vos tableaux! (Contemplant Esther.) En effet! oui!.. c'est-elle! je la reconnais!

CROUTON.

Qui, elle? mon prince?

STUPIDORFF.

Eh! notre Danaé!... vous ne me le disiez pas!...

CROUTON, à part.

Il la reconnaît! (Frappé d'une idée.) Oh! qu'est-ce que je risque! (Haut.) Eh bien! je vous le dis, je suis franc, c'est-elle, c'est bien elle. (A Esther.) Ma fille, saluez mon prince.

ESTHER.

Mais papa...

CROUTON, bas.

Silence, tu seras princesse!

STUPIDORFF.

Oui, voilà ma déesse! mon amour, ma passion!.. mon idée fixe!...

(Il s'approche d'Esther.)

CROUTON, à part.

Le fait est que si c'est moi qui ai fait le tableau, c'est-elle qui a posé.

STUPIDORFF, près d'Esther.

Breck!

ESTHER.

Il me fait peur!

STUPIDORFF.

Danaé! Danaé! laisse-moi te contempler... oh! oui, elle est jolie, bien jolie!

CROUTON.

J'ai fait mon possible... tenez, ces deux bras... Levez les bras, Esther.

STUPIDORFF.

Mon cher artiste!

CROUTON.

Mon prince!

ESTHER, à part.

Sont-ils drôles, tous les deux.

STUPIDORFF.

Dites un mot et je me regarde comme le plus heureux des princes de la confédération germanique.

CROUTON.

Un mot, mon prince ? soufflez-le moi.

STUPIDORFF.

J'aime ! j'adore votre fille... accordez-moi sa main.

ESTHER.

Qu'entends-je ?

CROUTON, bas.

Silence ! (Haut.) Mon prince, je vous l'accorde en légitime mariage... l'artiste n'a qu'une parole... demain, venez dîner avec moi, je vous montrerai mon dernier tableau et nous casserons la croûte.

STUPIDORFF.

Ainsi vous me l'accordez ! (Musique et acclamations au dehors.)

VOIX, dans la coulisse.

Vive Croûton ! vive Croûton !

(L'orchestre joue en sourdine jusqu'à la fin de la scène l'air du triomphe de la MUETTE.)

STUPIDORFF, CROUTON et ESTHER.

Vive Croûton ?

CROUTON, allant voir au fond.

Quelles sont ces acclamations ?

STUPIDORFF.

Et cette musique harmonieuse ? breck !

CROUTON, qui regarde à la cantonnade,

Tous mes élèves, chargés de lauriers, de palmes et de couronnes d'or... on dirait d'un triomphe qui se prépare... ah ! je vais avoir encore une attaque de nerfs !...

SCENE XXII.

LES MÊMES, COLIBRI, tenant à la main une couronne de papier doré, LES ÉLÈVES, portant des palmes et des branches de lauriers, puis RIGAUD.

CHOEUR.

AIR : Honneur, honneur et gloire. (MUETTE DE PORTICI.)

Honneur au grand artiste,
Honneur cent fois honneur !
Croûton rien ne résiste
A ton talent vainqueur !

CROUTON, ému

Mes amis, mes enfans... qu'est-ce que vous me voulez ? me voilà... Eh ben ! voyons, couronnez-moi... abîmez-moi de palmes et de lauriers.

COLIBRI, lui présentant la couronne.

Bourgeois, recevez par mes mains de tous vos élèves la récompense nationale qui était due à votre Danaé. (Colibri lui pose la couronne sur la tête.)

CROUTON.

Enfonce, enfonce, Colibri... ça me va-t-il bien ?

COLIBRI.

Non contens de ça, nous venons vous chercher, comme Mazaniello, pour vous porter en triomphe AU VRAU QUI TETTE.

CROUTON.

Un banquet aussi !

STUPIDORFF.

J'en suis ! c'est moi qui paie !

CROUTON.

O Danaé ! Danaé ! tu m'en fais trop !.. j'accepte mes enfans ! et à mon tour, je vous invite tous au mariage de mon Esther avec le prince Stupidorff... le père des artistes.

RIGAUD, qui a paru au fond pendant ces derniers mots ; à part.

Eh bien ! voilà du nouveau !

COLIBRI, étonné.

Qu'est-ce que vous dites donc là, M. Croûton ?

CROUTON.

Silence, rapin !

UN ÉLÈVE.

Maître... vos élèves demandent la faveur de vous porter sur leurs épaules!

CROUTON.

Ça me paraît juste et naturel! (Les élèves le hissent sur leurs épaules.)

COLIBRI, à part.

Moi qui venais de lui arranger un triomphe!

RIGAUD.

Moi qui lui abandonnais mon tableau!

(Le cortége se met en marche et fait le tour du théâtre.)

REPRISE DU CHOEUR.

Honneur au grand artiste, etc.

RIGAUD, s'avançant et arrêtant le cortége au moment où il va pour sortir.

Halte-là! puisque M. Croûton manque à sa parole je me trouve dégagé de la mienne... (Elevant la voix.) La Danaé n'est pas de lui!...

TOUS.

Oh!.. (On laisse tomber Croûton à terre.)

RIGAUD.

Elle est de moi.

TOUS.

Ah!

CROUTON.

Tout ça n'est pas encore prouvé! mais enfin... quand bien même... ma fille n'en est pas moins le vrai modèle!

SCENE XXIII.

Les Mêmes, FIFINE.

FIFINE, accourant.

Voilà, voilà le modèle demandé!

TOUS, excepté Stupidorff.

Fifine!

STUPIDORFF, reculant.

Qu'est-ce que c'est que ça?

FIFINE.

Votre Danaé, mon prince... j'ai lu l'annonce dans les Petites-Affiches, et je viens toucher la récompense honnète.

STUPIDORFF, stupéfait.

Comment! ce n'est pas elle, que?... (Il montre Esther.)

FIFINE.

Non, mon prince... demandez plutôt à M. Rigaud.

STUPIDORFF, montrant Crouton.

Et ce n'est pas lui, qui?..

FIFINE.

Non, mon prince... demandez encore à M. Rigaud.

STUPIDORFF.

Et c'est vous que?... breck!!!

CROUTON, à part.

Je suis enfoncé dans le troisième dessous.

FIFINE.

M. Stupidorff, je me suis laissé dire que vous étiez dans l'intention d'épouser le joli modèle?

STUPIDORFF.

Breck!.. Je n'ai pas dit ça. (Tirant un papier de sa poche.) Tenez, voilà un bon de dix mille francs, payable à la maison Blanche, et que je ne vous revoie plus!

FIFINE, prenant le papier.

Vous êtes trop honnête, M. Stupidorff.

STUPIDORFF, troublé.

Et j'épouse toujours la ravissante Esther, et j'emmène avec moi monsieur Croûton!

CROUTON, à part.

Se pourrait-il?.. je surnage!

STUPIDORFF.

Et je vous emmène tous, tous... et j'achète tous vos tableaux... Qu'est-ce qui a des tableaux à vendre? je ne marchande pas... un million, deux millions, trois millions.

CROUTON.

Oh! le grand prince!

SCÈNE XXIV.

LES MÊMES, UN DOMESTIQUE, qui guettait dans le fond.

LE DOMESTIQUE, à Stupidorff, à mi-voix.

Monsieur?... il est l'heure de rentrer.

STUPIDORFF, changeant de ton.

Ah! oui, oui... adieu, tout le monde... adieu! adieu!
(Il sort en faisant des signes de tête.)

CROUTON, courant après lui.

Où allez-vous donc, mon prince?

LE DOMESTIQUE, le retenant.

Chut!.. c'est un fou!

TOUS.

Un fou!

CROUTON, effrayé.

Un fou!

LE DOMESTIQUE.

N'ayez pas peur, c'est un fou paisible... (En confidence.) On l'a interdit parce qu'il se ruinait en tableaux; il a la monomanie des croûtes.

STUPIDORFF, rentrant.

Je vais acheter la moitié du Salon!... et je reviendrai à la prochaine exposition pour voir si la peinture continue à faire des progrès dans ce genre-là... (A Croûton.) Breck!

CROUTON.

C'est convenu.

STUPIDORFF, au domestique.

Allons chez le docteur Blanche!

CROUTON.

Ah! oui, la maison Blanche. (Stupidorff sort avec le domestique.)

SCÈNE XXV.

LES MÊMES, excepté STUPIDORFF et LE DOMESTIQUE.

RIGAUD.

Faisons la paix, M. Croûton.

CROUTON.

Vous! ma fille, imposteur!.. jamais. Elle revient à Colibri... l'artiste n'a qu'une sa parole.

COLIBRI.

Bravo, bourgeois, je vous reconnais là! et pour vexer les malins, nous allons nous remettre d'arrache-pied à nos peintures en plein-vent... faut terminer sur-le-champ vos forges de Vulcain, pour le quincaillier du coin de la rue, qui vous a demandé une enseigne.

CROUTON.

Une enseigne! Colibri, je la garde pour le Salon de 1838.

CHOEUR.

    Honneur au grand artiste,
    Honneur, cent fois honneur!
    Croûton, rien ne résiste,
    A ton talent vainqueur.

CROUTON, au public.

Air de la Ballade.

    Puisque de mes tableaux d'histoire
    Décidément l'on ne veut pas,
    Je vais, dans l'intérêt d' ma gloire,
    En revenir à mes pauvr's bras.

J' vas mettr' la main à d' nouveaux bras ;
Mais faut du neuf, et j'imagine,
Pour vous l'exposer tous les soirs,
Un genr' de bras qui se termine,
Au lieu de mains, par des battoirs. (bis.)

De beaux battoirs... des énormes battoirs... j'en veux peindre douze ou quinze cents sur une grande toile, applaudissant... claquant, tapant... comme dans un bateau de blanchisseuses. (Il fait le geste d'applaudir.) Eh puis ! si vous étiez bien gentils, ça pourrait servir d'enseigne au théâtre des Variétés... Ah ! c'est pour le coup que ça me tortillerait la figure, quand je parlerais de la peinture, et que je m'écrirais avec l'accent de l'enthousiasme et de l'amour-propre satisfait :

Superbe art, art fameux !
Tu me mets tout en feux, (bis.)
Depuis la plant' des pieds, jusqu'à la point' des ch'veux !

REPRISE DU CHOEUR.

Honneur au grand artiste, etc.

FIN.

www.ingramcontent.com/pod-product-compliance
Lightning Source LLC
Chambersburg PA
CBHW050907230426
43666CB00010B/2057